本报告由国家自然科学基金面上项目"多中心群网化中国城市新体系的决定机制研究"（项目批准号：71774170）支持。

中国社会科学院创新工程学术出版资助项目

智库 中社 年度报告
Annual Report

ANNUAL REPORT ON CHINA'S URBAN
COMPETITIVENESS (No. 17)

中国城市竞争力报告
No. 17

住房，关系国与家

主　　编：倪鹏飞
副 主 编：侯庆虎　李　超　徐海东
特邀主编：沈建法　林祖嘉　刘成昆

中国社会科学出版社

图书在版编目（CIP）数据

中国城市竞争力报告.No.17，住房，关系国与家/倪鹏飞主编.
—北京：中国社会科学出版社，2019.6
ISBN 978 - 7 - 5203 - 4609 - 2

Ⅰ.①中…　Ⅱ.①倪…　Ⅲ.①城市—竞争力—研究报告—中国
Ⅳ.①F299.2

中国版本图书馆 CIP 数据核字（2019）第 116102 号

出　版　人　赵剑英
责任编辑　喻　苗
责任校对　张依婧
责任印制　王　超

出　　　版　中国社会科学出版社
社　　　址　北京鼓楼西大街甲 158 号
邮　　　编　100720
网　　　址　http://www.csspw.cn
发　行　部　010 - 84083685
门　市　部　010 - 84029450
经　　　销　新华书店及其他书店

印刷装订　北京君升印刷有限公司
版　　　次　2019 年 6 月第 1 版
印　　　次　2019 年 6 月第 1 次印刷

开　　　本　710×1000　1/16
印　　　张　35.25
插　　　页　2
字　　　数　538 千字
定　　　价　158.00 元

中国社会科学院财经战略研究院简介

中国社会科学院财经战略研究院（NATIONAL ACADEMY OF ECO-NOMIC STRATEGY，CASS）简称"财经院"，成立于1978年6月。其前身为中国社会科学院经济研究所财政金融研究组和商业研究组。初称"中国社会科学院财贸物资经济研究所"。1994年，更名为"中国社会科学院财贸经济研究所"。2003年，更名为"中国社会科学院财政与贸易经济研究所"。2011年12月29日，作为中国社会科学院实施哲学社会科学创新工程的一个重大举措，也是在创新工程后成立的首批跨学科、综合性、创新型学术思想库和新型研究机构，以财政与贸易经济研究所为基础，组建综合性、创新型国家财经战略研究机构——财经战略研究院，并从此改用现名。

著名经济学家刘明夫、张卓元、杨圣明、刘溶沧、江小涓、裴长洪、高培勇、何德旭先后担任所长。现任院长为何德旭研究员，党委书记为闫坤研究员。

作为中国社会科学院直属的研究机构，自成立以来，财经院与祖国的改革开放事业共同成长，始终以天下为己任，奋进在时代前列。几代财经院人，不辱使命，在中国经济社会发展进程中的几乎每一个环节，都留下了自己的印记。经过将近40年的努力，今天的财经院，已经发展成为拥有财政经济、贸易经济和服务经济等主干学科板块、覆盖多个经济学科领域的中国财经科学的学术重镇。

中国社会科学院城市与竞争力研究中心简介

　　中国社会科学院城市与竞争力研究中心是 2010 年 4 月 26 日成立的一个有关城市与竞争力的院级非实体研究中心。中心的主要任务是组织国内外各界相关研究人员，开展城市经济、城市管理、城市化、城市竞争力、房地产经济、房地产金融相关的学术研究，发表城市与房地产相关的研究论文、出版专著和研究报告；开展国内外学术交流，组织中心学者进行国际学术访问；组织国内外相关领域专家、城市市长等各界人士召开城市竞争力国际论坛以及相关学术会议；与相关单位开展合作研究、社会实践、专项调研等活动；承担国内外政府、企业、非政府组织等委托，开展相关的政策和战略咨询研究；可接受研究生实习、学者学术访问，通过举办高级研修班等多种形式的培训，培养学以致用的学术和城市管理人才。

　　近年来，中国社科院这支研究团队在城市与竞争力方面做了许多的创新探索，关于中国城市竞争力的研究获得了"孙冶方经济科学奖"；关于中国住房发展的研究获国家重大社科基金支持。城市竞争力蓝皮书等已成为中国社会科学院重要的学术品牌，在国内外产生了十分广泛的影响，进一步确立了中国社会科学院在这些领域的全国领先地位，也为中央及地方政府的相关决策提供了参考。中心组织和联合全世界的城市竞争力研究专家，成立全球城市竞争力项目组，与世界银行集团及世界著名城市学者开展相关领域的高端合作，举办城市竞争力国际论坛，扩大了中国社会科学院在这些国际学术领域的话语权和影响力。

主要编撰者简介

倪鹏飞　男，南开大学经济学博士。中国社会科学院城市与竞争力研究中心主任，中国社科院财经战略研究院院长助理，研究员，博士生导师。曾获第十一届"孙冶方经济科学奖"。主要研究领域：国家竞争力、城市竞争力、城市经济学与房地产经济学。

侯庆虎　男，南开大学数学博士，天津大学应用数学中心教授，博士生导师。主要研究领域：机械证明、城市竞争力计量。

沈建法　男，伦敦经济学院地理学博士，香港中文大学香港亚太研究所教授，亚太城市与区域发展研究计划主任。主要研究领域：城市竞争力与中国城市化。

林祖嘉　男，加州大学洛杉矶分校经济学博士，台湾政治大学经济学教授。主要研究领域：城市竞争力与房地产经济。

刘成昆　男，南开大学经济学博士，澳门科技大学商学院副教授、会计与财务金融系主任。主要研究领域：城市和区域经济、澳门经济。

李　超　男，经济学博士，中国社会科学院财经战略研究院副研究员，中国社会科学院城市与竞争力研究中心副主任。主要研究领域：区域经济协调发展与产业结构演进。

蒋　震　男，中国社会科学院财经战略研究院副研究员、博士后，经济学博士，主要研究方向：财税理论与政策。

姜雪梅 女，日本东北大学信息科学博士，现就职于中国社会科学院财经战略研究院城市与房地产经济研究室，主要研究方向：城市经济学、房地产经济学、住房社会保障。

蔡书凯 男，安徽工程大学副教授，中国社会科学院财经战略研究院博士后，管理学博士，主要研究领域：城乡经济发展。

刘　凯 男，中南财经政法大学、英国拉夫堡大学联合培养博士，中南财经政法大学工商管理学院硕士研究生导师，主要研究领域：区域经济。

郭　晗 男，西北大学经济管理学院副教授，经济学博士，主要研究领域：城市与经济增长。

魏　婕 女，西北大学经济管理学院副教授，经济学博士，主要研究领域：经济增长与创新。

李　冕 男，毕业于中国社会科学院研究生院，经济学博士，现供职于中国人民银行西安分行，主要研究领域：货币政策、金融市场、城市与房地产金融。

曹清峰 男，天津财经大学现代经济管理研究院讲师，经济学博士，主要研究领域：区域经济学。

马洪福 男，天津财经大学现代经济管理研究院讲师，经济学博士，主要研究领域：区域经济学。

李启航 男，山东财经大学经济研究中心副教授，主要研究领域：区域经济学。

李　博　男，天津理工大学副教授，经济学博士，主要研究领域：城市与区域经济。

程　栋　男，哈尔滨商业大学经济学院讲师，经济学博士，主要研究领域：区域经济合作与区域治理。

丁如曦　男，西南财经大学讲师，中国社会科学院财经战略研究院博士后。主要研究领域：城市与房地产经济学。

张安全　男，经济学博士，西南财经大学经济学院副研究员，主要研究领域：房地产经济。

周晓波　男，中国光大银行博士后，主要研究领域：城市与房地产金融。

龚维进　男，暨南大学经济学博士，中国社会科学院财经战略研究院博士后。主要研究领域：城市与房地产经济学。

王雨飞　女，北京邮电大学经济管理学院讲师，主要研究领域：区域经济学。

刘　梅　女，西南财经大学博士后，主要研究领域：城市与房地产经济学。

张洋子　男，中国光大银行博士后，主要研究领域：城市与房地产金融。

刘尚超　男，毕业于中国社会科学院研究生院，主要研究领域：城市与房地产金融。

杨　杰　男，中国社会科学院城市与竞争力研究中心副研究员，主要研究领域：国土资源经济。

沈　立　男，中国社会科学院研究生院金融学博士研究生，主要研究领域：城市与房地产金融。

刘笑男　女，中国社会科学院研究生院金融学博士研究生。主要研究领域：城市与房地产金融。

徐海东　男，中国社会科学院研究生院金融学博士研究生，主要研究领域：城市与房地产金融。

徐小凡　男，北京邮电大学经济管理学院应用经济学硕士研究生，主要研究领域：区域经济学。

中国社会科学院竞争力模拟实验室简介

中国社会科学院竞争力模拟实验室是中国社会科学院城市与竞争力研究中心成员经过对城市与竞争力十余年的跟踪研究，建立的涵盖国家竞争力、城市竞争力、城市联系度、教育竞争力、人才竞争力、商务环境、住房发展等多个方面的大型综合模拟实验室，实验室的数据库目前已经拥有数百项指标的数据，样本包括世界主要国家和地区，全球500个城市，中国300个城市，是全球有关城市与竞争力的最重要数据库之一。数据库中系统性总结了中心专家十余年调研成果，构建了城市与竞争力案例库。

为保证数据权威性与准确性，模拟实验室将数据来源、数据处理方法和指数合成方法等附在数据之中，便于数据库的使用者随时查阅。库藏城市与竞争力案例库是经由中心联合国内外专家悉心总结，综合中心多部著作及调研成果，制作了包含数百个经典案例的城市与竞争力案例库。

摘　　要

《中国城市竞争力报告 No.17》延续了去年从城市看中国这一研究视角，通过城市来观察中国城市经济当前和未来的趋势，有如下新的发现和突破：一是中国迈向基本现代化的爬坡跨坎期；二是中国进入城市社会的风险过渡期；三是中国进入区域兴衰的博弈期；四是中国进入城乡关系的转折期；五是中国处在城市格局和形态转变的定型期。

本报告延续了往年的理论框架和指标体系，仅对个别指标进行稍微修改，并在原有理论框架的基础上增加了宜商竞争力指标，总体构建了综合经济竞争力、可持续竞争力、宜居竞争力和宜商竞争力四大竞争力指标体系，并运用大数据技术采集关键数据，突出强调了关键性指标在城市竞争力中的重要作用。

本报告的年度主题是"住房，关系国与家"，包括"住房发展与经济增长：经验事实、假设检验与情景模拟""住房发展与结构调整：经验事实、假设检验与情景模拟""住房发展与经济风险：经验事实、假设检验与情景模拟""住房保障与居住民生：经验事实与对策建设"四大部分，主要从促增长、调结构、防风险和惠民生四大角度出发，详尽研究了房地产对其的影响，并判断其在未来的总体走向，为稳定我国宏观经济运行提供建议。

在分项报告和区域报告中，本次报告主要聚焦都市圈的研究，对全国成熟型都市圈和发展型都市圈的综合经济竞争力、可持续竞争力、宜居竞争力和宜商竞争力的基本现状、格局、现象与规律着重进行分析。

Abstract

The perspective of Annual Report on China' Urban Competitiveness (No. 16) is studying China from the city like last year. Through cities to observe China's economic agglomeration, talent competition and industrial migration. The new discoveries and breakthrough are as follows: First, China is moving towards basics. The modern ramp-up period; the second is the risk transition period of China's entry into urban society; the third is the game period of China's entry into the regional rise and fall; the fourth is the turning point of China's entry into urban-rural relations; and the fifth is the critical period for China's entry into urban form.

This report continues the theoretical framework and indicator system of previous years. It only slightly modifies individual indicators, and increases the competitiveness index of Business on the basis of the original theoretical framework. It has comprehensively built comprehensive economic competitiveness and sustainable competitiveness. The four competitiveness index systems of competitiveness and commercial competitiveness, and the use of big data technology to collect key data, highlighting the important role of key indicators in urban competitiveness.

The annual theme of this report is " Housing relation to country and home", including "Real Estate and growth promotion", "Real Estate and Restructuring", "Real Estate and Anti-risk", "Real Estate and Benefit People", mainly promoting growth. From the four perspectives of adjusting structure, preventing risks and benefiting people's livelihood, we thoroughly studied the impact of real estate on it and judged its overall trend in the future, providing suggestions for stabilizing China's macroeconomic operation.

In the sub-reports and regional reports, this report focuses on the study of the metropolitan area, the comprehensive economic competitiveness, sustainable competitiveness, livable competitiveness and competitive competitiveness of the mature metropolitan and development metropolitan areas across the country. The basic status, pattern, phenomena and laws are mainly analyzed.

目　　录

第一部分　总体报告

第一章　中国城市竞争力 2018 年度排名 …………………………… (3)

第二章　中国城市竞争力 2018 年度综述
　　　　——从城市看中国:中国正处在迈向
　　　　现代化的关键期 ……………………… 倪鹏飞　李　超(45)

第二部分　主题报告

第三章　住房发展与经济增长:经验事实、假设检验与
　　　　情景模拟 ……………………………… 曹清峰　马洪福(61)

第四章　住房发展与结构调整:经验事实、假设检验与
　　　　情景模拟 ………………………………………… 李启航(112)

第五章　住房发展与经济风险:经验事实、假设检验与
　　　　情景模拟 ………… 倪鹏飞　沈　立　龚维进　蒋　震(136)

第六章　住房保障与居住民生:经验事实与对策建议 ……… 姜雪梅(196)

第三部分　城市竞争力分项报告

第七章　中国城市经济竞争力报告 ………………… 丁如曦　刘　梅(209)

第八章　中国城市宜居竞争力报告 ………………………… 李　博(245)

第九章　中国城市可持续竞争力报告 ……………………… 王雨飞(275)

第十章　中国城市宜商竞争力报告 ………………… 倪鹏飞　徐海东(299)

第四部分　区域报告

第十一章　中国(东南地区)城市竞争力报告 …… 张洋子　刘尚超(343)

第十二章　中国(环渤海地区)城市竞争力
　　　　　报告 ……………………………… 徐海东　杨　杰(369)

第十三章　中国(东北地区)城市竞争力报告 ……………… 程　栋(399)

第十四章　中国(中部地区)城市
　　　　　竞争力报告 ……………… 蔡书凯　郭　晗　刘　凯(417)

第十五章　中国(西南地区)城市竞争力报告 …… 张安全　刘笑男(451)

第十六章　中国(西北地区)城市竞争力报告 …… 魏　婕　李　冕(481)

第十七章　中国(粤港澳地区)城市竞争力
　　　　　报告 ……………… 沈建法　刘成昆　周晓波(512)

附　录 ……………………… 倪鹏飞　侯庆虎　徐海东(531)

后　记 ………………………………………………… (538)

Contents

Part Ⅰ General Report

Chapter 1 Annual Ranking of General China Urban
Competitiveness in 2018(3) ································· (3)

Chapter 2 Reviews of General China Urban Competitiveness in 2018
—Overlooking china from the perspective of urban:
China is in the critical period of modernization
··· Ni Pengfei,Li Chao(45)

Part Ⅱ Topic Report

Chapter 3 Housing Development and Economic Growth:
Empirical Facts,Hypothesis Testing and
Scenario Simulation ··········· Cao Qingfeng,Ma Hongfu(61)

Chapter 4 Housing Development and Structural
Adjustment:Empirical Facts,Hypothesis
Testing and Scenario Simulation ··············· Li Qihang(112)

Chapter 5 Housing Development and Economic risk:
Empirical Facts Hypothesis Testing and
Scenario Simulation
··········· Ni Pengfei,Shen Li,Gong Weijing,Jiang Zhen(136)

Chapter 6 Housing Security and Living in People's Livelihood: Empirical Facts and Counter measures ·································· Jiang Xuemei(196)

Part Ⅲ Report on Classified Urban Competitiveness

Chapter 7 Report on Economic Competitiveness from the perspective of urban ·············· Ding Ruxi, Liu Mei(209)

Chapter 8 Report on Livability Competitiveness from the perspective of urban ···················· Li Bo(245)

Chapter 9 Report on Sustainable Competitiveness from the perspective of urban ···················· Wang Yufei(275)

Chapter 10 Report on Business Competitiveness from the perspective of urban ············ Ni Pengfei, Xu Haidong(299)

Part Ⅳ Regional Report

Chapter 11 Urban Competitiveness Report on Southeast China ········· Zhang Yangzi, Liu Shangchao(343)

Chapter 12 Urban Competitiveness Report on Bohai Rim of China ·············· Xu Haidong, Yang Jie(369)

Chapter 13 Urban Competitiveness Report on Northeast China ···················· Cheng Dong(399)

Chapter 14 Urban Competitiveness Report on Middle China ············ Cai Shukai, Guo Han, Liu Kai(417)

Chapter 15 Urban Competitiveness Report on Southwest China ············ Zhang Anquan, Liu Xiaonan(451)

Chapter 16 Urban Competitiveness Report on Northwest China ···················· Wei Jie, Li Mian(481)

Chapter 17　Urban Competitiveness Report on Hong Kong,
Macao and Taiwan Regions of China

················ Shen Jianfa, Liu Chengkun, Zhou Xiaobo(512)

Appendix　·························· Ni Pengfei, Hou Qinghu, Xu Haidong(531)

Postscript　·· (538)

第一部分

总体报告

第 一 章

中国城市竞争力 2018 年度排名

第一节 2018 年中国 293 个城市综合
经济竞争力(见表1—1)

表1—1　　　　　　2018 年中国293 个城市综合经济竞争力

城市	经济竞争力		综合增量竞争力		综合效率竞争力	
	指数	排名	指数	排名	指数	排名
深圳	0.667	1	0.853	3	0.523	2
香港	0.559	2	0.194	39	1.000	1
上海	0.419	3	0.955	2	0.207	4
广州	0.306	4	0.764	5	0.132	7
北京	0.259	5	1.000	1	0.073	16
苏州	0.222	6	0.521	8	0.091	12
南京	0.200	7	0.480	9	0.077	14
武汉	0.195	8	0.562	7	0.063	19
台北	0.188	9	0.105	105	0.206	5
东莞	0.184	10	0.247	25	0.110	8
无锡	0.183	11	0.272	21	0.101	10
佛山	0.179	12	0.243	26	0.106	9
成都	0.155	13	0.579	6	0.032	32
澳门	0.155	14	0.028	276	0.268	3
新北	0.153	15	0.094	128	0.146	6
天津	0.153	16	0.364	13	0.051	22
厦门	0.148	17	0.160	51	0.095	11

续表

城市	经济竞争力		综合增量竞争力		综合效率竞争力	
	指数	排名	指数	排名	指数	排名
常州	0.146	18	0.258	23	0.063	20
杭州	0.144	19	0.474	10	0.032	31
长沙	0.144	20	0.416	11	0.038	28
郑州	0.142	21	0.354	14	0.043	24
青岛	0.142	22	0.381	12	0.040	26
宁波	0.131	23	0.302	17	0.040	25
重庆	0.130	24	0.827	4	0.007	106
中山	0.128	25	0.136	68	0.078	13
镇江	0.117	26	0.189	42	0.047	23
南通	0.116	27	0.309	15	0.027	36
济南	0.115	28	0.251	24	0.034	30
珠海	0.112	29	0.117	90	0.063	18
合肥	0.108	30	0.303	16	0.021	46
泉州	0.107	31	0.276	20	0.023	40
西安	0.107	32	0.278	19	0.023	42
扬州	0.105	33	0.219	31	0.029	34
台中	0.105	34	0.074	182	0.076	15
高雄	0.104	35	0.077	174	0.073	17
福州	0.103	36	0.285	18	0.019	48
泰州	0.102	37	0.205	36	0.029	35
嘉兴	0.100	38	0.154	55	0.036	29
烟台	0.100	39	0.240	27	0.021	45
徐州	0.098	40	0.264	22	0.017	51
南昌	0.096	41	0.203	37	0.023	41
绍兴	0.094	42	0.182	44	0.025	38
淄博	0.094	43	0.149	58	0.031	33
石家庄	0.089	44	0.222	30	0.014	62
威海	0.088	45	0.145	61	0.025	37
贵阳	0.087	46	0.215	34	0.014	64
长春	0.087	47	0.236	28	0.011	73

续表

城市	经济竞争力		综合增量竞争力		综合效率竞争力	
	指数	排名	指数	排名	指数	排名
台南	0.086	48	0.062	209	0.053	21
温州	0.085	49	0.205	35	0.013	67
舟山	0.083	50	0.080	161	0.038	27
盐城	0.082	51	0.218	32	0.009	82
潍坊	0.080	52	0.200	38	0.010	80
沈阳	0.080	53	0.128	75	0.021	47
昆明	0.079	54	0.216	33	0.007	105
东营	0.079	55	0.115	92	0.022	43
济宁	0.079	56	0.177	45	0.011	71
汕头	0.078	57	0.115	91	0.022	44
芜湖	0.078	58	0.139	63	0.017	54
台州	0.077	59	0.150	56	0.014	61
唐山	0.077	60	0.126	78	0.018	50
惠州	0.077	61	0.168	48	0.011	74
淮安	0.077	62	0.172	46	0.010	77
金华	0.076	63	0.158	52	0.012	70
廊坊	0.076	64	0.145	62	0.014	65
宜昌	0.076	65	0.193	40	0.007	103
大连	0.076	66	0.100	114	0.023	39
哈尔滨	0.076	67	0.223	29	0.004	144
襄阳	0.075	68	0.193	41	0.006	113
泰安	0.075	69	0.136	67	0.014	63
漳州	0.074	70	0.172	47	0.008	92
太原	0.073	71	0.122	84	0.015	55
南宁	0.072	72	0.186	43	0.005	128
许昌	0.071	73	0.113	93	0.015	59
莆田	0.071	74	0.112	96	0.015	57
湖州	0.071	75	0.111	98	0.015	58
焦作	0.070	76	0.099	117	0.017	53
洛阳	0.070	77	0.147	60	0.008	95

续表

城市	经济竞争力		综合增量竞争力		综合效率竞争力	
	指数	排名	指数	排名	指数	排名
岳阳	0.070	78	0.156	53	0.006	114
临沂	0.070	79	0.161	50	0.006	123
连云港	0.069	80	0.132	72	0.009	81
宿迁	0.069	81	0.138	64	0.008	96
湘潭	0.069	82	0.109	101	0.013	68
德州	0.068	83	0.133	71	0.008	91
聊城	0.068	84	0.129	74	0.009	83
呼和浩特	0.068	85	0.135	70	0.008	93
海口	0.068	86	0.088	148	0.017	52
咸阳	0.067	87	0.138	65	0.007	109
常德	0.067	88	0.150	57	0.005	130
枣庄	0.067	89	0.092	134	0.015	60
沧州	0.067	90	0.131	73	0.007	104
衡阳	0.066	91	0.147	59	0.004	135
株洲	0.066	92	0.127	76	0.007	100
鄂尔多斯	0.066	93	0.156	54	0.003	167
遵义	0.066	94	0.164	49	0.002	203
包头	0.065	95	0.121	86	0.007	107
揭阳	0.064	96	0.113	94	0.008	94
茂名	0.064	97	0.124	81	0.006	119
兰州	0.064	98	0.125	79	0.006	122
菏泽	0.064	99	0.135	69	0.004	142
日照	0.064	100	0.093	129	0.011	72
鄂州	0.063	101	0.064	203	0.019	49
保定	0.063	102	0.138	66	0.003	164
柳州	0.063	103	0.124	80	0.004	136
滨州	0.063	104	0.099	116	0.009	86
乌鲁木齐	0.063	105	0.111	97	0.006	116
湛江	0.062	106	0.123	83	0.004	137
德阳	0.062	107	0.095	125	0.009	88

城市	经济竞争力		综合增量竞争力		综合效率竞争力	
	指数	排名	指数	排名	指数	排名
开封	0.061	108	0.102	110	0.006	112
北海	0.061	109	0.085	151	0.010	78
郴州	0.061	110	0.120	87	0.003	158
南阳	0.061	111	0.126	77	0.002	185
濮阳	0.060	112	0.089	143	0.009	89
江门	0.060	113	0.093	130	0.008	98
周口	0.060	114	0.120	88	0.003	162
新乡	0.060	115	0.102	113	0.006	121
银川	0.060	116	0.097	120	0.007	110
肇庆	0.060	117	0.110	99	0.004	138
九江	0.060	118	0.119	89	0.003	171
马鞍山	0.060	119	0.068	189	0.013	69
蚌埠	0.059	120	0.095	127	0.006	120
宝鸡	0.059	121	0.110	100	0.003	157
毕节	0.059	122	0.124	82	0.001	239
安阳	0.059	123	0.088	149	0.007	108
宁德	0.059	124	0.103	108	0.004	145
六盘水	0.058	125	0.104	107	0.004	153
铜陵	0.058	126	0.071	187	0.010	75
赣州	0.058	127	0.122	85	0.001	243
信阳	0.058	128	0.112	95	0.002	189
邯郸	0.058	129	0.089	146	0.006	118
新余	0.058	130	0.059	222	0.013	66
龙岩	0.058	131	0.099	115	0.004	151
驻马店	0.058	132	0.107	102	0.002	184
自贡	0.057	133	0.079	167	0.008	99
漯河	0.057	134	0.066	198	0.010	76
商丘	0.057	135	0.102	112	0.003	174
孝感	0.057	136	0.096	124	0.004	152
桂林	0.057	137	0.106	103	0.002	204

续表

城市	经济竞争力		综合增量竞争力		综合效率竞争力	
	指数	排名	指数	排名	指数	排名
三明	0.057	138	0.099	118	0.003	165
黄石	0.057	139	0.071	186	0.009	87
荆州	0.057	140	0.103	109	0.002	183
宜春	0.057	141	0.105	106	0.002	200
荆门	0.056	142	0.092	135	0.004	147
上饶	0.056	143	0.105	104	0.001	220
黄冈	0.056	144	0.102	111	0.002	209
娄底	0.056	145	0.089	142	0.004	143
绵阳	0.056	146	0.098	119	0.002	191
阳江	0.056	147	0.084	153	0.005	132
益阳	0.056	148	0.095	126	0.003	176
西宁	0.056	149	0.081	159	0.005	129
南充	0.055	150	0.096	122	0.002	194
鹤壁	0.055	151	0.060	216	0.010	79
泸州	0.055	152	0.092	133	0.003	175
萍乡	0.055	153	0.067	192	0.008	97
宜宾	0.055	154	0.090	140	0.003	169
内江	0.055	155	0.078	169	0.005	126
滁州	0.055	156	0.091	137	0.002	182
邢台	0.055	157	0.088	147	0.003	172
永州	0.055	158	0.096	123	0.001	221
潮州	0.054	159	0.066	199	0.007	102
邵阳	0.054	160	0.096	121	0.001	244
衡水	0.054	161	0.083	156	0.003	156
乌海	0.054	162	0.041	264	0.015	56
十堰	0.054	163	0.092	136	0.001	213
宿州	0.054	164	0.089	144	0.002	196
南平	0.054	165	0.090	139	0.002	208
玉林	0.054	166	0.087	150	0.002	195
乐山	0.054	167	0.082	157	0.003	168

续表

城市	经济竞争力		综合增量竞争力		综合效率竞争力	
	指数	排名	指数	排名	指数	排名
吉安	0.054	168	0.092	132	0.001	228
攀枝花	0.054	169	0.070	188	0.005	124
眉山	0.054	170	0.078	168	0.004	150
曲靖	0.053	171	0.090	138	0.001	227
赤峰	0.053	172	0.093	131	0.001	262
榆林	0.053	173	0.082	158	0.002	179
咸宁	0.053	174	0.079	165	0.003	163
阜阳	0.053	175	0.089	145	0.001	226
怀化	0.053	176	0.089	141	0.001	240
广安	0.053	177	0.075	177	0.003	154
平顶山	0.053	178	0.067	191	0.005	125
遂宁	0.053	179	0.074	180	0.004	148
玉溪	0.052	180	0.077	172	0.003	173
渭南	0.052	181	0.080	163	0.002	198
鹰潭	0.052	182	0.060	217	0.006	115
梧州	0.052	183	0.078	170	0.002	186
通辽	0.052	184	0.084	154	0.001	229
钦州	0.052	185	0.079	166	0.002	201
汉中	0.052	186	0.085	152	0.001	242
衢州	0.052	187	0.066	197	0.004	134
三亚	0.052	188	0.052	239	0.008	90
铜仁	0.052	189	0.084	155	0.001	246
淮北	0.052	190	0.057	227	0.007	111
抚州	0.052	191	0.080	162	0.001	222
丽水	0.052	192	0.075	179	0.002	188
达州	0.051	193	0.077	173	0.001	216
宣城	0.051	194	0.072	184	0.002	190
辽源	0.051	195	0.059	219	0.005	127
亳州	0.051	196	0.075	176	0.001	217
景德镇	0.051	197	0.061	214	0.005	131

城市	经济竞争力		综合增量竞争力		综合效率竞争力	
	指数	排名	指数	排名	指数	排名
安顺	0.051	198	0.075	178	0.001	215
秦皇岛	0.051	199	0.061	211	0.005	133
百色	0.051	200	0.079	164	0.001	257
韶关	0.051	201	0.074	183	0.002	210
三门峡	0.051	202	0.063	206	0.004	139
呼伦贝尔	0.051	203	0.081	160	0.000	286
牡丹江	0.051	204	0.076	175	0.001	235
安康	0.051	205	0.077	171	0.001	251
清远	0.050	206	0.072	185	0.002	211
防城港	0.050	207	0.059	220	0.004	141
随州	0.050	208	0.067	196	0.002	192
绥化	0.050	209	0.074	181	0.001	261
安庆	0.050	210	0.065	202	0.002	181
汕尾	0.049	211	0.061	213	0.003	166
松原	0.049	212	0.062	208	0.002	178
淮南	0.049	213	0.058	224	0.003	160
云浮	0.049	214	0.063	205	0.002	197
张家口	0.049	215	0.068	190	0.001	245
梅州	0.049	216	0.067	193	0.001	238
贵港	0.049	217	0.066	200	0.001	225
承德	0.049	218	0.067	195	0.001	241
河源	0.049	219	0.065	201	0.001	230
吉林	0.049	220	0.058	226	0.003	170
商洛	0.049	221	0.067	194	0.001	253
大庆	0.048	222	0.037	270	0.009	85
六安	0.048	223	0.062	210	0.001	234
崇左	0.048	224	0.060	215	0.001	232
保山	0.047	225	0.062	207	0.000	267
昭通	0.047	226	0.063	204	0.000	288
临沧	0.047	227	0.061	212	0.000	278

续表

城市	经济竞争力		综合增量竞争力		综合效率竞争力	
	指数	排名	指数	排名	指数	排名
池州	0.047	228	0.055	230	0.002	206
四平	0.047	229	0.054	231	0.002	202
广元	0.047	230	0.059	223	0.001	254
齐齐哈尔	0.047	231	0.059	221	0.000	266
普洱	0.047	232	0.060	218	0.000	287
石嘴山	0.047	233	0.047	250	0.003	155
晋城	0.047	234	0.048	248	0.003	161
乌兰察布	0.046	235	0.058	225	0.000	268
黄山	0.046	236	0.053	235	0.001	214
晋中	0.046	237	0.053	234	0.001	219
运城	0.046	238	0.053	232	0.001	224
天水	0.046	239	0.056	228	0.000	272
资阳	0.046	240	0.043	258	0.004	146
佳木斯	0.046	241	0.055	229	0.001	259
张家界	0.046	242	0.052	238	0.001	231
大同	0.046	243	0.051	241	0.001	218
通化	0.046	244	0.049	243	0.002	212
雅安	0.046	245	0.052	237	0.001	248
阳泉	0.046	246	0.042	262	0.004	149
巴中	0.045	247	0.053	233	0.000	277
白山	0.045	248	0.049	244	0.001	223
巴彦淖尔	0.045	249	0.053	236	0.000	271
武威	0.045	250	0.052	240	0.000	282
吴忠	0.045	251	0.050	242	0.000	265
贺州	0.045	252	0.049	245	0.001	252
忻州	0.044	253	0.049	246	0.000	270
白城	0.044	254	0.047	249	0.001	256
黑河	0.044	255	0.048	247	0.000	289
庆阳	0.044	256	0.047	253	0.000	273
河池	0.044	257	0.047	251	0.000	284

续表

城市	经济竞争力		综合增量竞争力		综合效率竞争力	
	指数	排名	指数	排名	指数	排名
朔州	0.044	258	0.039	268	0.003	177
张掖	0.044	259	0.047	254	0.000	285
定西	0.044	260	0.047	252	0.000	292
陇南	0.044	261	0.047	255	0.000	291
铜川	0.044	262	0.040	265	0.002	205
丽江	0.044	263	0.046	256	0.000	281
中卫	0.043	264	0.044	257	0.000	275
来宾	0.043	265	0.043	260	0.001	250
盘锦	0.043	266	0.021	285	0.009	84
长治	0.043	267	0.038	269	0.002	193
固原	0.043	268	0.043	259	0.000	283
营口	0.043	269	0.025	279	0.006	117
临汾	0.043	270	0.039	266	0.001	233
平凉	0.043	271	0.042	263	0.000	279
酒泉	0.043	272	0.042	261	0.000	292
白银	0.042	273	0.039	267	0.000	276
葫芦岛	0.041	274	0.032	273	0.001	237
伊春	0.041	275	0.034	271	0.000	290
鸡西	0.041	276	0.033	272	0.000	269
延安	0.040	277	0.029	275	0.001	247
金昌	0.040	278	0.030	274	0.001	255
锦州	0.039	279	0.024	282	0.002	187
嘉峪关	0.039	280	0.024	281	0.002	207
鹤岗	0.039	281	0.027	277	0.000	280
双鸭山	0.039	282	0.026	278	0.000	274
阜新	0.039	283	0.025	280	0.000	263
七台河	0.038	284	0.023	283	0.001	260
朝阳	0.038	285	0.022	284	0.000	264
克拉玛依	0.038	286	0.014	288	0.004	140
丹东	0.037	287	0.018	287	0.001	236

续表

城市	经济竞争力		综合增量竞争力		综合效率竞争力	
	指数	排名	指数	排名	指数	排名
吕梁	0.037	288	0.018	286	0.001	249
辽阳	0.035	289	0.008	289	0.003	159
鞍山	0.034	290	0.000	293	0.007	101
抚顺	0.034	291	0.007	290	0.002	199
本溪	0.033	292	0.004	291	0.002	180
铁岭	0.031	293	0.003	292	0.001	258

第二节　2018 年中国 288 个城市宜居竞争力（见表1—2）

表1—2　　　　　　　　2018 年中国 288 个城市宜居竞争力

城市	宜居竞争力		优质的教育环境	健康的医疗环境	安全的社会环境	绿色的生态环境	舒适的居住环境	便捷的基础设施	活跃的经济环境
	指数	排名	排名	排名	排名	排名	排名	排名	排名
香港	1.000	1	3	12	3	1	281	84	4
无锡	0.780	2	16	36	158	110	56	135	11
杭州	0.741	3	24	4	205	71	206	202	6
南通	0.734	4	51	55	21	64	63	187	36
广州	0.732	5	13	9	263	25	196	235	7
南京	0.732	6	11	20	99	48	268	251	8
澳门	0.712	7	25	124	285	4	55	104	5
深圳	0.708	8	17	17	253	6	283	208	9
宁波	0.707	9	26	39	230	49	117	190	10
镇江	0.704	10	29	121	49	199	31	98	28
厦门	0.704	11	4	32	249	7	274	234	13
上海	0.703	12	2	23	254	44	258	218	2
北京	0.703	13	1	7	216	92	277	230	3

城市	宜居竞争力		优质的教育环境	健康的医疗环境	安全的社会环境	绿色的生态环境	舒适的居住环境	便捷的基础设施	活跃的经济环境
	指数	排名	排名	排名	排名	排名	排名	排名	排名
长沙	0.702	14	9	8	222	131	82	261	21
武汉	0.701	15	7	5	248	122	180	212	30
舟山	0.697	16	80	153	172	5	90	36	15
苏州	0.697	17	31	52	137	100	203	201	1
大连	0.696	18	6	28	107	46	223	280	43
济南	0.692	19	30	6	96	226	156	232	27
青岛	0.688	20	33	22	199	37	257	196	25
成都	0.674	21	12	3	234	127	106	241	49
常州	0.671	22	55	49	169	119	72	158	20
沈阳	0.666	23	10	16	159	145	186	265	38
包头	0.658	24	53	38	123	148	84	198	31
马鞍山	0.652	25	62	119	119	178	6	66	41
大庆	0.649	26	38	34	231	39	239	140	55
南昌	0.648	27	44	11	218	56	36	268	58
福州	0.644	28	34	35	223	14	237	243	39
威海	0.639	29	151	151	97	17	16	63	33
呼和浩特	0.623	30	21	21	190	163	199	257	32
东莞	0.620	31	40	44	245	72	195	206	26
佛山	0.620	32	82	19	236	55	98	197	24
昆明	0.615	33	22	26	256	63	157	263	45
烟台	0.611	34	46	144	80	40	67	238	40
合肥	0.610	35	20	33	112	136	259	273	51
鄂尔多斯	0.609	36	104	138	186	32	126	58	29
天津	0.607	37	5	37	187	225	264	211	37
泰州	0.591	38	123	175	35	126	45	61	44
景德镇	0.591	39	57	76	207	104	8	160	78
扬州	0.587	40	39	116	44	141	169	220	57
宜昌	0.586	41	50	54	18	211	162	191	102

城市	宜居竞争力		优质的教育环境	健康的医疗环境	安全的社会环境	绿色的生态环境	舒适的居住环境	便捷的基础设施	活跃的经济环境
	指数	排名	排名	排名	排名	排名	排名	排名	排名
海口	0.586	42	52	15	284	3	280	200	80
郑州	0.584	43	23	14	142	250	179	258	65
攀枝花	0.582	44	164	24	87	146	9	165	71
太原	0.580	45	14	1	224	228	253	231	109
珠海	0.574	46	125	63	241	9	250	136	18
芜湖	0.569	47	45	113	63	177	51	217	68
泉州	0.569	48	43	112	262	19	133	226	35
湖州	0.564	49	94	122	261	111	22	76	23
贵阳	0.564	50	19	13	281	68	138	254	108
西安	0.561	51	8	25	244	244	184	250	54
哈尔滨	0.561	52	18	18	162	190	242	288	67
银川	0.559	53	32	30	225	162	92	240	90
克拉玛依	0.559	54	110	141	179	107	208	5	56
中山	0.558	55	136	64	243	53	46	166	22
丽水	0.558	56	103	165	197	50	129	55	47
嘉兴	0.557	57	84	220	238	84	41	62	12
黄山	0.554	58	73	203	139	10	161	24	138
新余	0.549	59	122	160	152	207	4	8	70
东营	0.546	60	124	159	106	232	19	52	34
绍兴	0.545	61	72	98	266	94	33	188	14
潍坊	0.542	62	113	72	103	233	143	71	64
金昌	0.540	63	108	162	151	114	95	33	73
南宁	0.540	64	27	42	286	27	150	278	85
乌鲁木齐	0.539	65	28	2	219	280	226	225	59
重庆	0.538	66	36	45	125	132	114	286	107
九江	0.534	67	102	69	140	135	124	95	96
牡丹江	0.533	68	97	48	167	79	158	88	137
盘锦	0.531	69	134	88	72	160	13	183	66

城市	宜居竞争力		优质的教育环境	健康的医疗环境	安全的社会环境	绿色的生态环境	舒适的居住环境	便捷的基础设施	活跃的经济环境
	指数	排名	排名	排名	排名	排名	排名	排名	排名
金华	0.526	70	56	148	277	75	89	172	19
嘉峪关	0.526	71	174	147	251	76	40	3	62
绵阳	0.525	72	63	93	114	121	39	214	111
玉溪	0.525	73	139	107	221	51	165	69	60
湘潭	0.523	74	58	166	118	204	5	171	75
铜陵	0.521	75	106	218	22	227	10	127	53
漳州	0.518	76	96	214	180	41	235	13	82
淮安	0.517	77	109	92	26	171	105	167	93
泰安	0.506	78	41	155	32	184	132	224	95
吉安	0.506	79	115	99	60	206	32	110	114
温州	0.504	80	70	85	269	42	249	216	16
株洲	0.496	81	92	178	104	179	1	237	42
盐城	0.495	82	105	185	78	103	49	134	87
莆田	0.495	83	131	135	271	11	217	64	69
乌海	0.494	84	221	182	145	209	43	4	46
酒泉	0.492	85	199	118	20	115	181	83	98
衢州	0.486	86	149	213	198	151	205	1	48
桂林	0.480	87	37	81	279	62	130	245	101
长春	0.478	88	15	31	138	91	254	283	202
唐山	0.477	89	90	47	50	272	53	260	63
锦州	0.476	90	87	62	5	205	147	242	144
呼伦贝尔	0.476	91	129	127	81	99	282	11	130
淄博	0.471	92	65	109	55	268	111	228	52
三明	0.470	93	75	205	210	31	177	86	103
蚌埠	0.468	94	78	126	193	200	154	35	125
惠州	0.463	95	143	164	188	20	125	193	61
兰州	0.462	96	35	27	283	167	222	246	104
宣城	0.461	97	226	225	45	166	128	10	81

续表

城市	宜居竞争力		优质的 教育 环境	健康的 医疗 环境	安全的 社会 环境	绿色的 生态 环境	舒适的 居住 环境	便捷的 基础 设施	活跃的 经济 环境
	指数	排名	排名	排名	排名	排名	排名	排名	排名
雅安	0.456	98	77	157	143	143	172	27	166
三亚	0.453	99	169	140	273	2	288	32	77
西宁	0.449	100	49	10	175	175	238	269	160
齐齐哈尔	0.448	101	91	58	57	144	224	56	241
秦皇岛	0.446	102	48	169	161	164	284	121	92
长治	0.445	103	117	50	7	260	140	180	152
荆门	0.445	104	148	108	52	176	79	149	122
抚州	0.443	105	64	200	76	174	66	93	167
台州	0.441	106	153	181	268	22	108	189	17
鞍山	0.441	107	60	97	156	216	209	248	83
广元	0.439	108	257	117	65	21	134	19	205
江门	0.435	109	114	106	260	113	83	106	106
廊坊	0.427	110	182	73	171	220	248	124	50
宝鸡	0.426	111	180	221	91	222	3	112	74
济宁	0.425	112	161	87	174	218	151	80	100
本溪	0.421	113	86	84	121	155	178	233	129
襄阳	0.416	114	120	56	16	252	191	249	120
临沂	0.414	115	141	125	177	242	34	145	79
衡阳	0.414	116	112	67	68	224	11	287	126
龙岩	0.413	117	119	199	275	12	251	81	91
上饶	0.411	118	189	145	134	152	54	99	118
吉林	0.410	119	42	29	39	198	285	255	219
安庆	0.408	120	81	222	27	183	60	91	191
丹东	0.405	121	118	82	12	89	271	185	206
张掖	0.400	122	95	104	46	86	236	51	272
抚顺	0.399	123	68	71	82	212	243	227	140
晋中	0.399	124	89	103	102	262	96	162	121
黄石	0.392	125	100	139	189	241	141	119	94

续表

城市	宜居竞争力		优质的教育环境	健康的医疗环境	安全的社会环境	绿色的生态环境	舒适的居住环境	便捷的基础设施	活跃的经济环境
	指数	排名	排名	排名	排名	排名	排名	排名	排名
徐州	0.391	126	61	68	178	263	85	236	134
韶关	0.389	127	130	70	226	96	15	141	199
佳木斯	0.389	128	107	51	61	95	194	195	238
柳州	0.388	129	69	53	287	112	170	267	99
通辽	0.387	130	85	207	170	102	167	90	164
湛江	0.386	131	140	59	128	26	142	215	224
赣州	0.386	132	76	90	54	173	91	281	171
连云港	0.384	133	111	120	155	169	182	143	148
洛阳	0.383	134	71	66	133	265	200	277	84
新乡	0.381	135	79	80	90	245	81	194	180
营口	0.380	136	193	177	74	221	70	182	72
钦州	0.379	137	157	137	282	47	94	117	115
开封	0.376	138	47	96	111	246	52	177	236
十堰	0.364	139	132	40	113	93	245	244	195
梅州	0.364	140	170	270	13	81	71	25	250
黄冈	0.363	141	138	211	47	142	113	41	231
资阳	0.362	142	286	223	115	38	104	48	135
鹰潭	0.360	143	200	251	195	105	116	46	119
萍乡	0.360	144	210	201	147	223	27	123	86
石嘴山	0.359	145	146	180	141	240	7	22	207
巴彦淖尔	0.359	146	222	187	77	138	213	2	192
黑河	0.359	147	260	219	2	34	228	34	244
自贡	0.356	148	230	75	136	251	68	118	136
滨州	0.356	149	172	168	98	276	37	115	89
石家庄	0.355	150	59	46	215	282	227	252	88
南充	0.354	151	99	132	37	77	193	259	200
日照	0.349	152	198	230	66	161	204	67	141
荆州	0.348	153	98	111	42	187	202	279	157

续表

城市	宜居竞争力		优质的教育环境	健康的医疗环境	安全的社会环境	绿色的生态环境	舒适的居住环境	便捷的基础设施	活跃的经济环境
	指数	排名	排名	排名	排名	排名	排名	排名	排名
南平	0.348	154	156	198	228	8	171	156	156
北海	0.348	155	253	210	264	33	65	75	113
安康	0.346	156	270	130	9	65	118	125	229
赤峰	0.346	157	133	163	117	125	255	108	165
聊城	0.345	158	88	128	48	278	122	9	256
沧州	0.344	159	249	78	84	247	107	151	127
广安	0.343	160	235	288	41	159	23	60	143
朔州	0.341	161	225	262	168	231	12	21	131
焦作	0.340	162	66	101	196	264	42	161	185
遂宁	0.339	163	241	195	108	45	110	102	174
宁德	0.339	164	179	246	229	29	168	79	142
延安	0.338	165	137	190	203	85	17	264	116
阳泉	0.335	166	162	94	153	270	74	78	163
孝感	0.334	167	165	184	85	214	47	147	147
淮北	0.334	168	116	43	173	273	252	100	169
德阳	0.332	169	181	216	95	172	164	153	117
双鸭山	0.331	170	224	61	8	157	190	107	273
乌兰察布	0.331	171	267	283	25	78	59	47	186
泸州	0.329	172	150	152	69	215	69	256	124
池州	0.328	173	218	255	17	229	166	6	193
榆林	0.327	174	242	110	217	123	276	92	97
玉林	0.326	175	217	276	280	57	100	29	105
汉中	0.326	176	192	100	11	230	50	219	210
晋城	0.325	177	158	86	51	269	230	142	149
鄂州	0.325	178	171	131	126	235	26	144	173
清远	0.321	179	265	248	30	54	57	77	212
枣庄	0.320	180	163	57	201	255	219	85	154
滁州	0.310	181	185	206	53	197	187	72	189

城市	宜居竞争力		优质的 教育 环境	健康的 医疗 环境	安全的 社会 环境	绿色的 生态 环境	舒适的 居住 环境	便捷的 基础 设施	活跃的 经济 环境
	指数	排名	排名	排名	排名	排名	排名	排名	排名
阜新	0.310	182	67	105	131	186	246	148	249
岳阳	0.309	183	177	191	59	134	62	247	158
常德	0.307	184	126	167	15	128	214	270	187
白山	0.305	185	142	172	28	147	262	20	283
郴州	0.304	186	186	156	146	52	101	272	153
庆阳	0.303	187	231	242	130	82	88	43	217
咸阳	0.303	188	74	189	164	277	75	274	76
防城港	0.303	189	273	277	242	118	87	7	110
承德	0.300	190	232	83	38	120	278	114	227
绥化	0.299	191	159	245	40	60	198	57	278
来宾	0.297	192	262	263	250	202	2	23	123
辽阳	0.294	193	252	79	135	188	269	139	151
铜川	0.294	194	227	215	235	217	18	28	159
白城	0.294	195	202	247	10	67	229	30	284
四平	0.291	196	93	114	105	191	160	173	253
遵义	0.290	197	121	65	270	87	173	271	168
咸宁	0.290	198	183	197	239	154	76	37	201
张家口	0.289	199	209	209	58	70	207	163	190
宜春	0.286	200	205	264	24	219	159	109	162
梧州	0.282	201	236	226	212	66	77	94	170
临汾	0.280	202	83	102	67	288	155	159	177
安阳	0.277	203	135	77	213	285	29	150	146
濮阳	0.272	204	243	89	36	243	225	164	188
平顶山	0.270	205	207	123	29	258	215	170	172
肇庆	0.268	206	144	243	259	109	35	82	203
曲靖	0.267	207	155	268	237	116	185	154	112
丽江	0.264	208	258	278	120	16	267	137	145
鸡西	0.263	209	233	91	14	130	273	103	285

续表

城市	宜居竞争力		优质的教育环境	健康的医疗环境	安全的社会环境	绿色的生态环境	舒适的居住环境	便捷的基础设施	活跃的经济环境
	指数	排名	排名	排名	排名	排名	排名	排名	排名
平凉	0.261	210	251	149	19	106	256	97	254
百色	0.260	211	187	129	267	168	144	111	176
淮南	0.259	212	152	241	83	266	24	210	133
乐山	0.253	213	212	179	94	253	136	181	132
汕头	0.251	214	54	170	288	18	270	222	221
河池	0.250	215	234	236	43	88	93	101	260
六安	0.246	216	211	231	101	97	263	49	239
大同	0.246	217	188	41	252	140	220	253	196
云浮	0.244	218	272	228	71	153	64	14	270
天水	0.241	219	248	150	31	69	247	129	265
吕梁	0.240	220	254	133	116	261	99	17	245
内江	0.240	221	261	115	64	236	112	262	150
茂名	0.239	222	213	232	165	23	103	132	252
永州	0.237	223	175	143	160	98	131	205	237
信阳	0.237	224	127	258	62	139	218	128	246
益阳	0.235	225	184	224	75	129	78	204	230
铜仁	0.234	226	229	196	209	24	120	138	234
眉山	0.233	227	287	239	144	201	21	155	128
白银	0.231	228	168	254	79	180	183	122	218
许昌	0.229	229	191	158	208	239	44	176	175
鹤壁	0.226	230	197	269	184	257	30	38	198
武威	0.223	231	284	186	4	156	163	130	255
商洛	0.223	232	277	249	23	108	61	199	214
普洱	0.221	233	256	282	163	43	97	74	232
保山	0.220	234	237	285	211	83	260	65	155
鹤岗	0.220	235	145	173	1	80	286	229	286
伊春	0.218	236	204	161	182	73	188	87	275
渭南	0.214	237	245	234	88	284	115	42	161

续表

城市	宜居竞争力		优质的教育环境	健康的医疗环境	安全的社会环境	绿色的生态环境	舒适的居住环境	便捷的基础设施	活跃的经济环境
	指数	排名	排名	排名	排名	排名	排名	排名	排名
运城	0.213	238	166	204	73	283	38	89	216
中卫	0.213	239	201	273	33	203	210	50	261
阳江	0.213	240	276	235	258	74	189	15	213
贺州	0.209	241	239	286	276	149	25	39	179
邵阳	0.207	242	173	240	56	192	152	133	258
宿迁	0.200	243	228	193	194	193	139	68	235
南阳	0.199	244	190	265	157	170	174	184	178
通化	0.197	245	154	194	127	101	221	209	248
忻州	0.196	246	195	192	183	279	127	12	233
巴中	0.189	247	283	274	34	28	48	282	204
保定	0.185	248	101	60	132	281	261	276	208
固原	0.181	249	128	275	206	137	244	45	267
怀化	0.181	250	219	176	100	90	119	223	262
临沧	0.180	251	203	280	181	59	149	105	259
辽源	0.180	252	167	183	150	124	279	40	288
娄底	0.177	253	176	238	200	165	14	174	247
阜阳	0.176	254	223	208	93	259	135	131	215
潮州	0.175	255	215	272	214	35	123	73	277
宜宾	0.170	256	220	95	233	256	201	266	139
漯河	0.164	257	244	202	240	195	28	207	182
崇左	0.163	258	259	281	272	13	121	178	184
松原	0.161	259	214	233	109	36	266	126	287
毕节	0.160	260	275	250	124	182	234	70	225
吴忠	0.160	261	238	260	149	210	192	53	257
揭阳	0.159	262	281	188	247	30	86	120	263
亳州	0.155	263	285	279	86	254	80	26	220
河源	0.151	264	263	256	265	58	153	31	271
宿州	0.147	265	240	212	191	271	212	44	209

续表

城市	宜居竞争力		优质的教育环境	健康的医疗环境	安全的社会环境	绿色的生态环境	舒适的居住环境	便捷的基础设施	活跃的经济环境
	指数	排名	排名	排名	排名	排名	排名	排名	排名
商丘	0.144	266	196	259	148	248	20	213	222
衡水	0.137	267	178	267	227	274	73	18	243
定西	0.131	268	269	271	6	181	287	59	281
周口	0.129	269	206	257	129	194	58	186	269
随州	0.126	270	279	227	176	133	197	152	228
驻马店	0.124	271	208	237	257	189	137	113	240
铁岭	0.117	272	274	134	70	234	275	96	282
邯郸	0.116	273	147	74	232	287	233	239	183
贵港	0.114	274	280	284	274	208	109	54	181
葫芦岛	0.112	275	194	229	220	238	265	157	194
汕尾	0.111	276	288	287	278	15	175	16	266
七台河	0.103	277	255	146	202	196	145	169	276
达州	0.097	278	282	136	89	237	216	284	197
张家界	0.095	279	246	252	154	158	231	116	279
德州	0.084	280	160	217	192	267	102	168	264
三门峡	0.082	281	216	244	204	249	176	179	223
昭通	0.080	282	278	261	166	117	241	146	251
安顺	0.066	283	247	253	246	61	272	221	226
朝阳	0.053	284	250	174	185	213	211	203	274
邢台	0.050	285	264	142	110	286	148	192	242
六盘水	0.047	286	271	171	255	185	146	285	211
菏泽	0.027	287	268	154	122	275	240	175	268
陇南	0.000	288	266	266	92	150	232	275	280

第三节 2018 年中国 288 个城市
可持续竞争力（见表 1—3）

表 1—3　　　　　　　　2018 年中国 288 个城市可持续竞争力

城市	可持续 竞争力		知识 城市 竞争力	和谐 城市 竞争力	生态 城市 竞争力	文化 城市 竞争力	全域 城市 竞争力	信息 城市 竞争力
	指数	排名	排名	排名	排名	排名	排名	排名
香港	1.000	1	6	1	1	1	1	1
北京	0.846	2	1	27	17	2	8	4
上海	0.834	3	2	125	7	3	3	2
深圳	0.706	4	3	104	6	66	22	5
广州	0.677	5	7	164	12	11	17	6
杭州	0.674	6	5	128	25	5	7	11
南京	0.666	7	8	77	18	4	15	26
澳门	0.627	8	13	90	250	10	2	3
成都	0.625	9	4	195	28	6	29	10
苏州	0.622	10	10	41	103	23	6	16
青岛	0.618	11	14	45	4	20	42	14
大连	0.601	12	30	8	2	52	35	27
厦门	0.597	13	20	82	9	44	32	8
武汉	0.572	14	12	170	56	8	27	19
重庆	0.571	15	9	31	93	35	21	42
济南	0.560	16	17	37	101	9	49	38
天津	0.551	17	24	156	82	17	10	21
宁波	0.544	18	15	193	88	25	13	15
无锡	0.540	19	19	155	67	33	9	31
舟山	0.531	20	60	99	11	78	12	23
郑州	0.530	21	18	118	106	12	40	30
长沙	0.527	22	21	210	39	15	20	49
珠海	0.526	23	93	112	5	77	16	9
烟台	0.526	24	58	35	31	31	41	35

续表

城市	可持续 竞争力		知识 城市 竞争力	和谐 城市 竞争力	生态 城市 竞争力	文化 城市 竞争力	全域 城市 竞争力	信息 城市 竞争力
	指数	排名	排名	排名	排名	排名	排名	排名
西安	0.525	25	11	269	24	7	79	20
沈阳	0.520	26	29	67	76	18	44	40
东莞	0.519	27	28	178	91	106	5	7
长春	0.517	28	23	61	20	24	67	86
合肥	0.510	29	16	87	21	68	39	69
太原	0.485	30	32	189	110	19	38	22
淄博	0.466	31	62	6	172	26	69	67
南昌	0.464	32	31	218	40	13	74	75
扬州	0.463	33	34	114	75	30	51	71
福州	0.463	34	25	236	64	21	62	33
常州	0.462	35	49	159	147	28	24	37
佛山	0.461	36	64	126	193	41	23	13
镇江	0.461	37	38	158	70	46	28	51
哈尔滨	0.457	38	22	106	97	22	59	141
南通	0.457	39	35	65	72	80	33	53
宜昌	0.455	40	63	10	57	47	71	153
银川	0.453	41	57	136	36	36	77	57
威海	0.448	42	181	24	22	139	43	17
昆明	0.444	43	26	239	87	16	104	43
温州	0.431	44	41	275	30	59	26	36
呼和浩特	0.431	45	51	204	16	42	78	113
黄山	0.422	46	114	93	15	43	91	125
嘉兴	0.421	47	81	252	129	49	11	24
绍兴	0.418	48	80	258	127	32	18	25
惠州	0.417	49	94	196	66	64	48	18
秦皇岛	0.412	50	48	60	173	53	143	62
金华	0.409	51	39	282	102	39	31	29
海口	0.409	52	43	232	73	40	139	39

续表

城市	可持续 竞争力		知识 城市 竞争力	和谐 城市 竞争力	生态 城市 竞争力	文化 城市 竞争力	全域 城市 竞争力	信息 城市 竞争力
	指数	排名	排名	排名	排名	排名	排名	排名
乌鲁木齐	0.406	53	53	127	119	90	36	46
徐州	0.396	54	33	96	128	70	100	118
东营	0.396	55	214	30	43	158	63	28
南宁	0.395	56	36	274	14	58	102	90
泉州	0.390	57	46	281	34	60	54	50
湖州	0.379	58	76	266	169	55	19	34
芜湖	0.377	59	37	74	142	170	34	92
吉林	0.376	60	56	21	183	57	149	197
中山	0.376	61	119	223	226	54	25	12
潍坊	0.373	62	130	59	120	91	64	68
大庆	0.373	63	44	215	53	124	57	74
洛阳	0.370	64	40	146	163	34	158	154
安庆	0.365	65	105	43	33	126	106	171
佳木斯	0.365	66	104	12	13	228	175	157
泰安	0.364	67	54	137	81	94	68	149
咸阳	0.363	68	50	190	47	72	192	155
兰州	0.360	69	27	271	114	51	206	59
锦州	0.358	70	102	18	201	108	99	88
湘潭	0.357	71	52	32	210	128	52	120
鄂尔多斯	0.356	72	227	101	3	166	4	184
襄阳	0.355	73	140	86	116	37	108	183
丽水	0.354	74	95	181	148	76	66	60
景德镇	0.351	75	84	212	95	29	116	170
泰州	0.348	76	141	105	107	122	55	70
江门	0.346	77	88	176	156	138	61	32
牡丹江	0.344	78	132	80	23	181	89	132
岳阳	0.342	79	110	53	42	107	154	210
桂林	0.340	80	55	276	38	38	155	167

续表

城市	可持续竞争力		知识城市竞争力	和谐城市竞争力	生态城市竞争力	文化城市竞争力	全域城市竞争力	信息城市竞争力
	指数	排名	排名	排名	排名	排名	排名	排名
新乡	0.340	81	65	115	35	146	161	188
漳州	0.339	82	103	227	90	75	53	89
通化	0.339	83	188	11	113	86	187	192
株洲	0.338	84	82	133	86	129	46	133
贵阳	0.338	85	42	261	180	81	65	48
常德	0.337	86	120	14	27	196	179	225
三亚	0.337	87	157	224	59	73	122	73
南阳	0.335	88	109	213	19	50	156	227
淮安	0.333	89	137	17	192	118	92	127
晋城	0.333	90	233	15	178	74	145	142
韶关	0.331	91	138	70	71	190	152	77
盐城	0.331	92	90	160	77	134	70	109
绵阳	0.330	93	66	154	55	184	115	105
九江	0.330	94	133	162	37	130	85	112
赣州	0.328	95	74	83	137	116	217	140
呼伦贝尔	0.327	96	206	20	29	187	114	207
石家庄	0.327	97	47	250	219	48	127	72
汉中	0.326	98	125	9	98	99	274	277
丹东	0.326	99	192	26	157	174	123	61
鞍山	0.324	100	89	68	258	92	87	96
铜陵	0.323	101	166	36	78	221	188	78
廊坊	0.323	102	129	208	74	131	132	45
台州	0.321	103	131	279	79	112	30	41
梅州	0.321	104	168	2	280	111	225	108
焦作	0.321	105	69	165	136	104	101	150
柳州	0.318	106	97	253	58	63	153	134
十堰	0.317	107	121	81	122	69	265	208
伊春	0.314	108	258	16	50	183	118	189

续表

城市	可持续竞争力		知识城市竞争力	和谐城市竞争力	生态城市竞争力	文化城市竞争力	全域城市竞争力	信息城市竞争力
	指数	排名	排名	排名	排名	排名	排名	排名
唐山	0.314	109	72	73	263	115	98	97
荆州	0.313	110	75	163	118	97	112	185
抚顺	0.312	111	100	42	233	125	110	106
滁州	0.311	112	123	84	63	198	84	145
四平	0.311	113	91	5	112	194	166	249
衢州	0.308	114	162	157	223	88	56	56
聊城	0.307	115	83	71	246	110	159	107
酒泉	0.306	116	229	34	83	127	86	217
宝鸡	0.306	117	165	113	60	82	246	209
克拉玛依	0.303	118	215	123	144	215	14	144
包头	0.303	119	78	145	167	148	93	115
汕头	0.303	120	61	288	68	120	58	47
延安	0.302	121	111	234	124	14	272	258
晋中	0.301	122	85	51	254	85	133	180
信阳	0.300	123	96	79	45	165	258	247
本溪	0.300	124	218	89	179	182	76	44
大同	0.299	125	136	109	245	27	213	191
保定	0.299	126	45	192	206	93	203	143
济宁	0.299	127	124	194	160	83	73	123
齐齐哈尔	0.298	128	87	38	125	144	190	267
长治	0.298	129	173	13	196	103	135	231
黄石	0.297	130	115	85	231	147	75	93
临沂	0.297	131	98	111	187	136	167	102
盘锦	0.296	132	250	29	215	150	105	79
日照	0.294	133	240	52	202	149	128	55
承德	0.291	134	144	161	100	62	205	251
宣城	0.288	135	245	75	89	167	177	122
肇庆	0.288	136	149	260	96	96	126	82

续表

城市	可持续竞争力		知识城市竞争力	和谐城市竞争力	生态城市竞争力	文化城市竞争力	全域城市竞争力	信息城市竞争力
	指数	排名	排名	排名	排名	排名	排名	排名
西宁	0.287	137	70	148	225	100	189	146
开封	0.283	138	59	263	150	45	201	228
黄冈	0.283	139	148	185	26	179	83	213
蚌埠	0.282	140	71	188	51	236	111	152
湛江	0.282	141	106	117	121	188	194	131
荆门	0.281	142	213	19	182	171	82	187
马鞍山	0.279	143	67	180	130	268	47	80
吉安	0.279	144	112	169	134	161	162	114
乐山	0.277	145	128	58	247	113	176	151
北海	0.275	146	196	278	46	87	185	84
双鸭山	0.273	147	274	4	164	199	163	215
自贡	0.272	148	139	203	84	121	121	199
新余	0.272	149	217	78	216	155	94	100
泸州	0.271	150	126	66	161	137	140	239
营口	0.270	151	232	47	248	201	60	66
池州	0.267	152	208	103	170	117	196	166
衡阳	0.267	153	79	95	181	211	80	195
连云港	0.266	154	113	246	80	195	113	85
许昌	0.266	155	143	152	168	119	160	172
三明	0.264	156	134	216	52	235	81	116
滨州	0.264	157	147	201	208	164	117	52
阜新	0.260	158	77	179	220	135	129	161
德阳	0.257	159	117	72	131	266	109	126
嘉峪关	0.257	160	235	119	217	218	45	58
张家口	0.256	161	174	147	185	79	218	212
潮州	0.255	162	167	267	224	67	233	54
鸡西	0.255	163	210	39	145	200	236	194
南充	0.253	164	99	28	146	222	212	280

续表

城市	可持续竞争力		知识城市竞争力	和谐城市竞争力	生态城市竞争力	文化城市竞争力	全域城市竞争力	信息城市竞争力
	指数	排名	排名	排名	排名	排名	排名	排名
沧州	0.253	165	194	200	104	89	130	237
运城	0.250	166	186	62	273	105	252	128
随州	0.249	167	275	262	8	224	134	103
丽江	0.249	168	251	167	143	61	215	262
白山	0.248	169	230	69	133	207	241	159
黑河	0.248	170	207	48	155	243	195	124
张掖	0.248	171	170	172	188	71	137	274
郴州	0.246	172	177	130	94	223	148	174
安阳	0.245	173	127	207	276	56	184	156
六安	0.245	174	152	174	152	102	251	232
巴彦淖尔	0.244	175	242	100	141	246	97	101
清远	0.242	176	231	143	191	197	191	64
濮阳	0.242	177	253	91	126	173	210	200
安康	0.241	178	200	23	154	180	281	281
淮南	0.241	179	73	132	274	84	219	229
永州	0.239	180	142	124	85	203	232	248
德州	0.238	181	135	244	159	123	142	158
松原	0.237	182	249	92	54	206	164	272
宁德	0.236	183	171	221	211	151	151	81
龙岩	0.234	184	156	280	115	159	120	95
辽源	0.233	185	255	22	138	258	146	206
鄂州	0.231	186	248	44	257	177	119	163
赤峰	0.231	187	191	49	123	250	172	220
玉溪	0.231	188	180	256	117	168	170	104
鹰潭	0.231	189	260	226	41	255	90	94
临汾	0.230	190	92	120	270	132	228	202
上饶	0.229	191	212	265	44	169	239	136
遂宁	0.228	192	264	121	32	249	183	223

续表

城市	可持续竞争力		知识城市竞争力	和谐城市竞争力	生态城市竞争力	文化城市竞争力	全域城市竞争力	信息城市竞争力
	指数	排名	排名	排名	排名	排名	排名	排名
抚州	0.227	193	86	220	212	156	181	179
雅安	0.227	194	68	55	177	263	235	254
金昌	0.226	195	239	197	214	212	72	65
河池	0.224	196	209	64	92	239	277	233
益阳	0.224	197	146	98	175	213	198	230
梧州	0.223	198	182	222	62	219	207	182
武威	0.223	199	259	7	230	162	257	283
茂名	0.222	200	118	50	149	274	209	211
孝感	0.222	201	122	205	251	133	138	162
普洱	0.222	202	257	131	108	240	227	130
南平	0.221	203	145	259	174	142	147	139
漯河	0.218	204	270	198	140	141	173	196
平顶山	0.216	205	175	46	259	193	180	224
邯郸	0.212	206	101	283	256	65	168	177
咸宁	0.212	207	161	255	69	209	171	193
崇左	0.210	208	224	285	10	273	237	76
邵阳	0.209	209	160	142	105	256	136	216
白城	0.209	210	164	40	186	253	278	235
河源	0.207	211	222	171	198	227	144	98
怀化	0.207	212	187	122	99	208	242	287
石嘴山	0.206	213	256	139	204	245	50	121
通辽	0.205	214	108	108	205	226	208	243
中卫	0.205	215	246	183	253	109	276	164
菏泽	0.204	216	221	88	272	175	260	129
朝阳	0.204	217	211	56	278	186	220	175
资阳	0.202	218	284	102	109	233	182	244
莆田	0.202	219	150	287	158	172	96	83
天水	0.199	220	169	191	227	143	280	204

续表

城市	可持续竞争力		知识城市竞争力	和谐城市竞争力	生态城市竞争力	文化城市竞争力	全域城市竞争力	信息城市竞争力
	指数	排名	排名	排名	排名	排名	排名	排名
钦州	0.199	221	184	229	49	276	223	117
辽阳	0.199	222	288	76	189	280	95	99
三门峡	0.197	223	243	211	207	152	169	173
乌海	0.196	224	226	202	218	230	37	148
鹤岗	0.195	225	276	3	184	288	244	168
广元	0.194	226	241	25	195	237	245	273
宿迁	0.194	227	223	225	48	269	197	147
百色	0.194	228	163	242	111	248	231	138
邢台	0.192	229	216	150	279	154	150	160
阳泉	0.192	230	234	54	281	191	178	198
铁岭	0.192	231	278	33	221	272	157	178
宜宾	0.191	232	159	166	282	140	165	201
遵义	0.190	233	107	240	194	178	247	203
攀枝花	0.190	234	158	153	255	231	88	190
萍乡	0.190	235	220	107	284	216	103	135
乌兰察布	0.189	236	193	116	151	242	107	278
衡水	0.188	237	205	264	176	176	259	111
铜仁	0.188	238	225	214	61	220	234	268
枣庄	0.185	239	202	134	199	254	131	176
阜阳	0.184	240	151	140	240	204	271	222
淮北	0.184	241	116	177	197	260	200	181
渭南	0.184	242	185	182	235	160	226	240
鹤壁	0.183	243	252	248	200	114	125	219
榆林	0.182	244	197	245	228	95	124	261
宜春	0.182	245	190	199	239	205	202	169
巴中	0.181	246	271	110	165	210	253	275
驻马店	0.176	247	153	254	132	189	248	259
周口	0.174	248	198	237	65	234	255	241

续表

城市	可持续竞争力		知识城市竞争力	和谐城市竞争力	生态城市竞争力	文化城市竞争力	全域城市竞争力	信息城市竞争力
	指数	排名	排名	排名	排名	排名	排名	排名
绥化	0.174	249	155	186	135	247	266	266
汕尾	0.168	250	285	243	171	244	261	87
商洛	0.163	251	228	129	241	202	283	234
忻州	0.163	252	189	138	285	163	275	218
商丘	0.162	253	154	187	268	157	273	271
揭阳	0.161	254	273	273	139	241	240	91
宿州	0.161	255	203	230	266	101	262	255
张家界	0.160	256	272	238	236	98	285	252
吴忠	0.155	257	263	219	162	217	222	256
亳州	0.152	258	267	97	269	214	254	250
朔州	0.151	259	269	151	283	153	216	257
吕梁	0.147	260	237	184	267	192	243	221
平凉	0.143	261	277	63	238	259	263	270
庆阳	0.142	262	201	235	242	145	282	276
内江	0.140	263	179	57	265	279	204	253
云浮	0.140	264	280	206	209	275	256	110
临沧	0.135	265	283	141	190	281	270	186
防城港	0.134	266	265	228	262	278	214	63
娄底	0.126	267	178	175	244	277	250	205
阳江	0.125	268	236	270	261	229	174	119
铜川	0.123	269	254	231	271	185	229	238
曲靖	0.123	270	172	277	229	225	186	214
达州	0.122	271	204	94	277	262	230	279
眉山	0.119	272	266	168	252	271	141	226
葫芦岛	0.118	273	268	144	260	286	238	137
七台河	0.116	274	262	233	203	251	211	242
广安	0.114	275	238	149	286	238	199	246
白银	0.106	276	261	173	264	284	221	165

续表

城市	可持续竞争力		知识城市竞争力	和谐城市竞争力	生态城市竞争力	文化城市竞争力	全域城市竞争力	信息城市竞争力
	指数	排名	排名	排名	排名	排名	排名	排名
保山	0.105	277	219	217	237	257	264	264
六盘水	0.104	278	244	247	166	267	268	265
贺州	0.103	279	183	241	222	261	267	260
定西	0.100	280	287	135	234	265	284	286
玉林	0.096	281	199	286	153	264	193	236
陇南	0.083	282	286	251	232	232	286	282
安顺	0.074	283	195	268	213	270	279	269
固原	0.065	284	176	284	243	252	249	285
昭通	0.039	285	282	209	249	282	288	288
来宾	0.026	286	281	257	275	283	269	263
毕节	0.003	287	247	249	288	285	287	284
贵港	0.000	288	279	272	287	287	224	245

第四节 2018 年中国 288 个城市宜商竞争力(见表 1—4)

表 1—4　　　　　　　2018 年中国 288 个城市宜商竞争力

城市	宜商城市竞争力		当地要素	当地需求	软件环境	硬件环境	对外联系
	指数	排名	排名	排名	排名	排名	排名
香港	1.000	1	1	5	1	16	3
北京	0.934	2	2	2	88	64	1
上海	0.833	3	6	1	269	12	2
深圳	0.776	4	3	4	226	26	7
广州	0.741	5	13	3	271	6	5
南京	0.718	6	4	12	133	32	11
杭州	0.705	7	7	9	214	15	9

续表

城市	宜商城市竞争力		当地要素	当地需求	软件环境	硬件环境	对外联系
	指数	排名	排名	排名	排名	排名	排名
天津	0.704	8	11	8	108	50	13
重庆	0.694	9	30	7	130	62	6
青岛	0.689	10	22	13	91	5	14
成都	0.669	11	17	10	232	114	4
澳门	0.650	12	5	107	144	1	19
苏州	0.649	13	9	6	183	51	21
大连	0.645	14	23	26	117	11	15
厦门	0.641	15	10	40	205	30	10
西安	0.634	16	8	28	187	137	8
济南	0.631	17	16	21	47	63	34
无锡	0.611	18	21	16	186	9	27
合肥	0.597	19	15	31	65	95	37
郑州	0.593	20	14	23	159	155	12
南通	0.593	21	27	24	51	46	48
武汉	0.588	22	12	11	255	70	16
烟台	0.586	23	52	25	124	4	24
宁波	0.583	24	19	14	277	3	20
沈阳	0.571	25	33	22	169	31	23
潍坊	0.549	26	95	35	8	29	67
芜湖	0.547	27	29	67	37	60	86
长沙	0.538	28	18	15	263	38	40
东莞	0.537	29	20	18	251	55	35
镇江	0.523	30	46	46	106	33	68
中山	0.521	31	28	48	203	10	52
佛山	0.518	32	57	17	167	37	44
淄博	0.515	33	71	43	7	84	119
扬州	0.515	34	40	45	54	105	62
长春	0.515	35	32	84	82	107	36
常州	0.514	36	42	30	189	36	46
温州	0.511	37	38	19	247	41	32

城市	宜商城市竞争力		当地要素	当地需求	软件环境	硬件环境	对外联系
	指数	排名	排名	排名	排名	排名	排名
海口	0.509	38	34	104	147	49	30
威海	0.504	39	96	58	54	18	41
福州	0.503	40	35	27	275	22	29
泉州	0.500	41	43	20	280	2	43
徐州	0.485	42	51	62	33	138	99
昆明	0.478	43	36	38	213	192	17
南昌	0.477	44	31	44	259	73	31
嘉兴	0.476	45	64	37	219	13	49
石家庄	0.475	46	39	39	128	196	33
珠海	0.474	47	37	69	264	54	18
唐山	0.473	48	75	34	137	17	111
临沂	0.464	49	80	41	19	168	75
太原	0.464	50	24	87	209	164	22
哈尔滨	0.461	51	26	33	257	104	45
南宁	0.453	52	48	50	242	78	39
咸阳	0.449	53	55	63	75	183	50
马鞍山	0.445	54	61	72	81	93	94
湛江	0.444	55	112	166	12	57	106
秦皇岛	0.442	56	54	101	161	68	63
衡阳	0.441	57	77	75	71	44	148
日照	0.437	58	172	143	2	81	54
绍兴	0.434	59	68	29	239	61	58
株洲	0.433	60	79	55	93	40	171
惠州	0.431	61	56	56	282	21	38
东营	0.429	62	150	61	38	91	69
呼和浩特	0.425	63	66	54	233	14	112
湖州	0.425	64	65	53	235	45	66
济宁	0.420	65	117	52	24	132	121
舟山	0.420	66	91	90	188	28	47
洛阳	0.417	67	58	51	90	146	160

城市	宜商城市竞争力		当地要素	当地需求	软件环境	硬件环境	对外联系
	指数	排名	排名	排名	排名	排名	排名
台州	0.414	68	109	32	241	24	53
银川	0.412	69	45	113	218	96	65
保定	0.411	70	44	114	120	127	135
淮安	0.406	71	82	68	4	260	125
贵阳	0.405	72	41	82	268	80	57
泰州	0.405	73	110	42	175	72	70
金华	0.405	74	49	36	252	178	51
湘潭	0.405	75	50	91	223	59	141
绵阳	0.403	76	53	94	86	173	129
蚌埠	0.403	77	74	129	87	83	122
连云港	0.400	78	84	122	118	89	61
宜昌	0.400	79	69	78	17	243	149
泰安	0.396	80	59	65	36	236	182
盐城	0.395	81	86	47	43	234	96
锦州	0.394	82	108	141	95	42	109
营口	0.394	83	167	96	153	8	71
三亚	0.391	84	81	174	177	102	25
江门	0.382	85	73	92	245	67	59
新乡	0.380	86	63	137	52	139	201
安庆	0.379	87	118	165	11	157	138
许昌	0.377	88	97	148	24	136	168
滁州	0.375	89	115	177	45	92	126
宣城	0.374	90	206	100	15	106	133
兰州	0.373	91	25	97	286	160	26
铜陵	0.372	92	147	133	54	124	73
遵义	0.370	93	116	124	80	71	172
乌鲁木齐	0.369	94	47	66	125	288	28
宝鸡	0.362	95	143	70	71	90	194
漳州	0.361	96	93	64	254	52	88
丽水	0.360	97	87	89	224	82	89

城市	宜商城市竞争力		当地要素	当地需求	软件环境	硬件环境	对外联系
	指数	排名	排名	排名	排名	排名	排名
九江	0.356	98	126	79	228	43	90
赣州	0.356	99	70	106	135	199	95
黄石	0.350	100	119	118	84	134	120
淮北	0.349	101	127	197	10	182	174
宁德	0.348	102	130	151	210	20	92
吉林	0.346	103	88	189	44	122	213
黄冈	0.346	104	76	191	129	69	211
孝感	0.345	105	90	125	156	77	175
聊城	0.343	106	78	206	5	284	103
肇庆	0.340	107	105	187	198	66	82
丹东	0.340	108	189	228	136	27	64
盘锦	0.338	109	281	112	89	7	105
枣庄	0.338	110	165	138	21	142	178
大庆	0.338	111	60	60	279	119	108
德阳	0.337	112	100	108	85	174	157
滨州	0.332	113	134	77	48	270	77
莆田	0.331	114	113	86	283	19	87
常德	0.331	115	121	136	49	126	224
本溪	0.329	116	184	163	115	75	85
开封	0.329	117	72	220	67	150	228
包头	0.327	118	168	49	222	23	192
鄂尔多斯	0.323	119	249	59	126	25	197
上饶	0.321	120	186	80	215	58	91
茂名	0.318	121	111	207	76	120	185
岳阳	0.318	122	102	109	83	195	200
鞍山	0.317	123	212	74	220	34	116
六安	0.315	124	158	219	60	88	198
钦州	0.313	125	265	117	63	110	79
襄阳	0.312	126	120	83	40	271	167
北海	0.311	127	169	155	191	112	42

城市	宜商城市竞争力		当地要素	当地需求	软件环境	硬件环境	对外联系
	指数	排名	排名	排名	排名	排名	排名
淮南	0.307	128	85	150	164	103	229
南充	0.305	129	122	156	42	163	260
辽阳	0.300	130	233	190	110	47	131
廊坊	0.300	131	89	57	258	98	218
桂林	0.297	132	98	76	246	166	104
郴州	0.297	133	164	126	132	143	134
柳州	0.296	134	104	85	171	207	146
荆门	0.295	135	175	130	18	256	177
乐山	0.295	136	144	132	78	193	186
牡丹江	0.294	137	194	145	106	109	163
抚顺	0.294	138	179	169	114	97	164
运城	0.293	139	129	184	14	281	144
宿迁	0.293	140	156	205	41	212	140
韶关	0.292	141	142	217	105	165	115
宿州	0.292	142	214	179	16	172	214
焦作	0.292	143	67	170	167	223	162
晋中	0.291	144	123	119	68	198	254
沧州	0.289	145	178	71	149	74	275
梅州	0.287	146	187	240	34	217	93
衢州	0.286	147	140	88	199	213	78
邵阳	0.285	148	162	215	172	65	165
池州	0.282	149	204	251	35	153	151
菏泽	0.280	150	181	204	13	280	98
抚州	0.279	151	137	158	234	94	132
四平	0.278	152	176	253	20	115	283
平顶山	0.276	153	152	140	60	209	233
景德镇	0.276	154	107	123	260	100	156
阜阳	0.276	155	183	159	6	283	153
张家口	0.270	156	199	178	172	48	204
商丘	0.269	157	124	168	78	202	249

续表

城市	宜商城市竞争力		当地要素	当地需求	软件环境	硬件环境	对外联系
	指数	排名	排名	排名	排名	排名	排名
荆州	0.269	158	92	120	151	257	170
曲靖	0.269	159	180	81	146	149	215
邯郸	0.268	160	114	103	192	215	155
咸宁	0.268	161	227	231	116	39	216
承德	0.266	162	132	230	195	53	251
遂宁	0.266	163	251	180	62	101	210
渭南	0.265	164	139	131	149	128	266
安阳	0.262	165	138	111	109	268	152
黄山	0.261	166	141	200	176	197	102
衡水	0.259	167	151	235	152	180	113
信阳	0.258	168	153	198	46	230	226
德州	0.258	169	106	221	97	264	145
内江	0.257	170	244	142	31	154	268
泸州	0.257	171	188	105	50	237	240
鹰潭	0.257	172	218	193	261	56	74
清远	0.255	173	207	209	140	170	83
西宁	0.255	174	99	183	272	135	107
吉安	0.254	175	160	98	184	262	81
酒泉	0.252	176	217	172	23	204	263
娄底	0.252	177	148	241	253	35	187
宜宾	0.250	178	135	116	133	249	188
汕头	0.250	179	62	186	287	171	56
南阳	0.250	180	125	99	147	269	173
中卫	0.249	181	220	281	24	175	154
汉中	0.246	182	136	208	22	274	258
嘉峪关	0.246	183	171	233	170	156	117
宜春	0.246	184	149	127	193	231	130
齐齐哈尔	0.245	185	154	210	204	85	222
广安	0.244	186	239	146	122	121	203
大同	0.242	187	146	195	190	141	205

续表

城市	宜商城市竞争力		当地要素	当地需求	软件环境	硬件环境	对外联系
	指数	排名	排名	排名	排名	排名	排名
新余	0.242	188	200	134	180	188	123
资阳	0.242	189	271	152	59	117	250
阜新	0.241	190	101	267	248	79	193
铁岭	0.239	191	286	271	29	76	183
赤峰	0.238	192	267	144	29	224	199
长治	0.237	193	128	147	54	275	272
邢台	0.235	194	155	194	162	203	159
通辽	0.233	195	209	160	154	116	246
三明	0.233	196	131	115	238	221	143
河池	0.232	197	269	256	3	226	212
朝阳	0.230	198	201	263	58	227	147
鄂州	0.230	199	222	249	119	125	189
亳州	0.230	200	246	203	9	276	195
永州	0.229	201	173	211	104	233	176
汕尾	0.228	202	202	262	178	159	80
延安	0.227	203	103	110	202	218	278
通化	0.225	204	236	261	32	205	202
梧州	0.223	205	245	173	74	210	196
攀枝花	0.223	206	170	128	196	169	241
佳木斯	0.221	207	190	258	64	254	158
益阳	0.220	208	166	218	244	86	208
商洛	0.219	209	226	242	39	222	231
榆林	0.219	210	161	95	215	176	262
葫芦岛	0.219	211	230	214	131	194	139
濮阳	0.219	212	224	185	27	278	190
晋城	0.219	213	145	164	97	279	191
揭阳	0.218	214	157	226	266	185	60
玉溪	0.215	215	192	93	211	258	124
萍乡	0.214	216	235	121	180	211	137
雅安	0.208	217	83	224	100	282	276

续表

城市	宜商城市竞争力		当地要素	当地需求	软件环境	硬件环境	对外联系
	指数	排名	排名	排名	排名	排名	排名
达州	0.206	218	216	167	28	277	255
松原	0.206	219	266	252	73	113	264
眉山	0.205	220	263	135	91	179	256
龙岩	0.204	221	133	102	284	232	114
阳泉	0.203	222	260	213	94	147	248
吕梁	0.202	223	159	236	182	184	232
安康	0.202	224	195	227	52	245	284
黑河	0.201	225	273	266	112	140	136
呼伦贝尔	0.199	226	256	139	141	167	244
临汾	0.198	227	94	154	121	285	252
朔州	0.197	228	205	161	113	220	274
漯河	0.197	229	280	201	144	131	181
崇左	0.192	230	278	225	229	111	101
贺州	0.191	231	232	223	101	189	259
怀化	0.189	232	197	244	142	161	277
驻马店	0.187	233	191	192	157	228	239
忻州	0.187	234	193	237	162	191	234
百色	0.187	235	219	175	200	255	118
十堰	0.184	236	196	196	110	272	209
阳江	0.184	237	203	238	278	108	127
乌兰察布	0.179	238	240	222	160	133	271
防城港	0.179	239	257	188	285	99	55
天水	0.179	240	177	260	155	250	169
巴中	0.178	241	238	212	77	252	247
铜仁	0.177	242	261	243	206	87	227
南平	0.176	243	208	162	256	190	166
周口	0.175	244	182	202	139	273	220
来宾	0.174	245	270	153	126	186	265
三门峡	0.174	246	231	245	143	247	161
潮州	0.172	247	163	270	274	187	84

续表

城市	宜商城市竞争力		当地要素	当地需求	软件环境	硬件环境	对外联系
	指数	排名	排名	排名	排名	排名	排名
广元	0.168	248	242	232	69	246	285
云浮	0.166	249	250	272	172	225	97
毕节	0.162	250	279	181	158	177	236
双鸭山	0.161	251	284	280	102	118	225
辽源	0.161	252	285	276	66	162	219
玉林	0.159	253	259	73	243	208	235
绥化	0.159	254	237	247	206	130	261
武威	0.157	255	225	273	97	214	282
河源	0.156	256	213	265	262	216	76
六盘水	0.154	257	274	229	166	158	245
金昌	0.154	258	228	199	281	219	72
巴彦淖尔	0.153	259	277	239	165	253	100
鹤壁	0.150	260	243	246	138	241	223
克拉玛依	0.148	261	198	182	103	287	238
白城	0.147	262	255	278	70	240	253
石嘴山	0.145	263	262	269	215	144	184
白银	0.142	264	241	259	237	206	150
白山	0.134	265	282	285	96	201	206
自贡	0.133	266	185	149	193	286	221
临沧	0.130	267	254	264	208	242	142
贵港	0.129	268	275	171	197	238	230
随州	0.129	269	272	257	185	259	128
保山	0.129	270	229	176	249	244	207
铜川	0.127	271	268	250	227	129	270
鹤岗	0.126	272	287	287	123	123	237
安顺	0.124	273	210	255	230	239	242
固原	0.123	274	211	282	225	148	288
丽江	0.118	275	221	216	276	229	180
定西	0.117	276	234	274	230	152	280
乌海	0.116	277	223	157	270	235	257

续表

城市	宜商城市竞争力		当地要素	当地需求	软件环境	硬件环境	对外联系
	指数	排名	排名	排名	排名	排名	排名
庆阳	0.114	278	174	248	240	251	269
吴忠	0.106	279	252	277	211	181	267
普洱	0.105	280	258	254	266	261	110
鸡西	0.102	281	283	279	220	151	217
平凉	0.099	282	248	268	179	248	273
张掖	0.079	283	215	286	201	267	279
张家界	0.053	284	276	283	250	266	179
伊春	0.052	285	288	284	236	200	243
昭通	0.048	286	253	234	273	265	286
陇南	0.038	287	247	275	265	263	281
七台河	0.000	288	264	288	288	145	287

第 二 章

中国城市竞争力 2018 年度综述

——从城市看中国:中国正处在迈向现代化的关键期

倪鹏飞　李　超

21 世纪被认为是中国的城市世纪。作为一个幅员辽阔的文明古国和发展中大国,中国史诗级的城市化加速进程仍在续写最精彩的华章。截至 2018 年末,中国常住人口城镇化率已达到 59.58%,户籍人口城镇化率已达到 43.37%,两项指标已经非常接近于《国家新型城镇化规划(2014—2020 年)》中提出的"2020 年常住人口城镇化率达到 60% 左右,户籍人口城镇化率达到 45% 左右"的阶段目标。中国城市化本身已不仅成为经济社会转型过程的一部分,而且也将是当前中国应对转型过程中诸多挑战的重要措施。因此,从城市层面观察其时空变化和未来走势,也就成为观察中国经济社会发展转型的一个重要视角。

第一节　中国迈向基本现代化的爬坡跨坎期

一　回顾与趋势:局部区域和产业呈现转型升级趋势,大部分区域仍处在艰难的转型之中

经过改革开放 40 年来的高速发展,中国城市充分利用第一种机会窗口[①],

---

① 演化经济学家佩蕾丝和苏蒂认为,后发国家和地区实现经济赶超存在两种机会窗口:一是在发达国家和地区成熟的技术体系下,后发国家和地区利用劳动力成本优势实现经济追赶;二是在新技术革命的酝酿阶段,对新兴产业进行大规模的激进创新来实现跨越发展。在此基础上,演化经济学家莱纳特进一步指出:"在成熟的技术上不可能存在追赶机会。"因此,后发国家和地区要想实现跨越式发展,必须牢牢抓住新技术革命所提供的"第二种机会窗口"。19 世纪下半叶美国和德国实现"弯道超车",遵循的就是这种演化经济学范式。

已经积累起了丰富的资本和技术基础、门类齐全的产业体系和差异化的区域空间结构。2018 年，中国 GDP 总量突破 90 万亿元大关。其中，GDP 万亿俱乐部城市达到 18 个（含香港），上海、北京的 GDP 总量超过 3 万亿元，深圳、香港、广州、重庆的 GDP 总量超过 2 万亿元，宁波、佛山和郑州 2018 年 GDP 总量首次突破万亿元。内地 17 个万亿俱乐部城市 GDP 合计超过 29 万亿元，约占全国 GDP 总量的 32.4%。在 18 个 GDP 万亿俱乐部城市中，有 12 个城市经济增速要高于全国平均水平，有 2 个城市经济增速与全国平均增速持平，只有 4 个城市经济增速滞后于全国平均水平。由此可见，中国城市的极化效应总体而言仍在进一步增强。

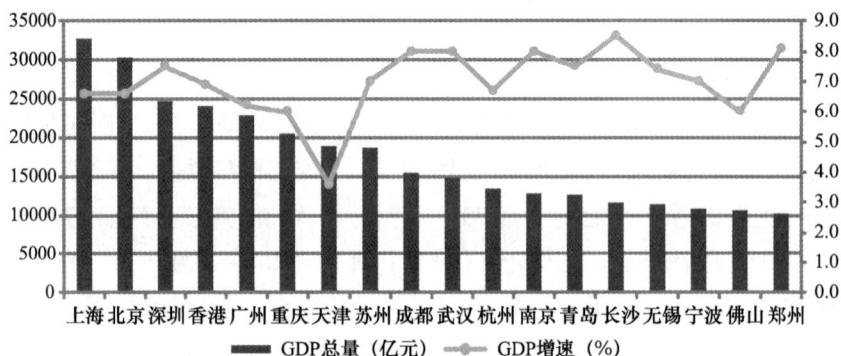

图 2—1　2018 年中国 GDP 万亿俱乐部城市情况（含香港）

资料来源：根据各城市政府工作报告和统计公报整理而成。

　　然而，我国大多数沿海城市虽然通过大力发展出口加工业、以成本低廉的方式获得技术进步，从而率先融入全球价值链体系。但由于这些国际产业转移内涵的技术水平并不处于国际技术前沿，因而很难帮助我国缩小与发达国家的相对位势。随着本地技术越来越接近国际技术前沿，干中学的回报将会不断降低，可供引进和吸收的技术越来越少，西方发达国家对我国的高新技术出口限制越来越严。外资和跨国公司在充分利用中国要素禀赋比较优势的同时，又将自身对代工企业的技术关联局限在安全可控的范围，这就使得代工企业和所在城市长期处于被俘获的价值链体系之中，在一定程度上实现了工艺升级和产品升级，但并未完成功能升级和链条升级。从目前来看，中国在芯片制造、光刻机、汽车及航空发动机、工业机器人、医学影像设备元器件、ITO 靶材、高端轴承钢、铣刀超硬合金材料、操作系统、航空软件、化学和生物制药、燃料电池、锂离子电池等领域，均不同程度地存在"卡脖子"技术难题。

二　面临的主要问题：潜在增长率下降、外部环境变化、金融和债务风险上升

第一，投资和消费呈现出了后劲不足的苗头，未来宏观经济增长仍面临较大下行压力。2018 年固定资产投资（不含农户）仅增长 5.9%，其中基础设施投资（不含电力等）同比仅增长 3.8%，增速下降了 15.2 个百分点。一方面，经过连续多年 20% 左右的高速增长，基础设施投资需求已明显减少；另一方面，地方政府融资渠道收缩，处置隐性债务等导致基建资金来源不足。

第二，随着中国的产业升级越发接近欧美国家技术前沿，中国与其爆发贸易摩擦的概率也在逐年增加。从中长期来看，经过此前多年快速发展，中国产品在发达国家成熟市场中的份额已基本见顶，而增长潜力较大的"一带一路"沿线及发展中国家市场还需进一步培育。此外，双边、多边贸易规则及国际局势演变也给出口带来诸多不确定性。

三　目标与对策：跨入基本现代化门槛，走上高质量发展之路

改革开放以来我国成功构建起了一个从高收入后工业化社会到低附加值代工模式的城市经济体系连续谱，两种机会窗口在中国城市体系中都能找到与之相匹配的要素配置条件。这种互补性的要素禀赋结构，为构筑中国城市之间进一步深化互利合作的基石创造了条件。此外，与历次技术革命中我国均处于明显的后发劣势不同，在本次新技术革命中我国与发达国家差距相对较小，甚至在网上购物、移动支付、高速铁路和共享单车等"新四大发明"领域更具比较优势。为此，中国经济转型升级的关键就在于是否能牢牢把握当前新技术革命所释放的第二种机会窗口，全面深化改革和扩大开放，积极吸引和对接全球创新资源与科技前沿领域，构建开放型融合发展的区域协同创新共同体，努力突破西方国家对中国的技术锁定状态，成为全面创新改革试验的引领者和国际前沿技术的开拓者。

第二节 中国进入城市社会的风险积聚期

一 回顾与趋势：城镇化率持续上升带来就业和公共服务压力增大，人口抚养比上升导致社会经济负担过重

改革开放以来，伴随着我国工业化、城镇化进程的不断加快，人口流动和迁移已经成为中国社会经济转型的重要阶段特点。传统、封闭、单一、不变的自然村落，正在转向开放、多元、流动的城市社区。过去的农业文化、历史文化和当地文化，被外来文化、城市文化、现代文化所融合和替代。

2018年中国常住人口城镇化率已达到59.58%，流动人口总数①为2.41亿人。大量的人口进入城市，在就业、收入、公共安全等方面带来很大的压力。2019年我国就业总量压力不减，城镇新成长劳动力达1500万人，其中高校毕业生达到830余万人，此外还有相当规模的转岗人员和就业困难人员。中美贸易摩擦对劳动力市场的冲击正在显现，部分外向型企业用工出现下降趋势。受生育政策调整和人口结构因素影响，"十三五"时期总体呈现出少儿抚养比和老年抚养比持续增加的趋势。2018年，我国少儿抚养比、老年抚养比和人口抚养比分别上升到25.84%、27.43%和53.26%，整个社会的抚养保障负担持续增大。

表2—1　　　　　　　2011年来中国主要人口指标变化趋势

年份	城镇化率（%）	流动人口（亿人）	少儿抚养比（%）	老年抚养比（%）	人口抚养比（%）
2011	51.27	2.30	23.64	19.63	43.27
2012	52.57	2.36	23.84	20.66	44.51
2013	53.73	2.45	23.87	21.69	45.55
2014	54.77	2.53	24.26	22.80	47.06

---

① 流动人口是指人户分离人口中不包括市辖区内人户分离的人口。市辖区内人户分离的人口是指一个直辖市或地级市所辖区内和区与区之间，居住地和户口登记地不在同一乡镇街道的人口。

续表

年份	城镇化率 （%）	流动人口 （亿人）	少儿抚养比 （%）	老年抚养比 （%）	人口抚养比 （%）
2015	56.10	2.47	24.54	23.91	48.45
2016	57.35	2.45	24.96	25.05	50.02
2017	58.52	2.44	25.47	26.26	51.74
2018	59.58	2.41	25.84	27.43	53.26

资料来源：根据国家统计局相关年鉴和统计公报数据整理计算。

二　面临的主要问题："就业压力""房地产化"与"未富先老"

在城市化的加速进程当中，中国不同等级规模的城市分别出现了交通拥堵、环境污染、贫困失业、住房紧张、健康危害、城市灾害、安全弱化等"城市病"现象。上述问题使城市建设与发展处于失衡和无序状态，造成资源要素的巨大浪费、城市居民幸福感下降和经济社会发展成本提高，在一定程度上阻碍了城市的可持续发展。与此同时，城市经济房地产化问题也日益突出。2018 年末个人住房贷款余额为 25.8 万亿元，占住户贷款的 53.9%。居民长期高额举债购房所存在的风险应引起警惕，未来一旦收入或就业状况出现波动，家庭债务风险将迅速暴露，甚至可能引发房地产市场和宏观经济的较大波动。人口红利的逐步消失，以及人口结构变迁对城市经济和住房市场的消极影响逐步显现，"三农"问题可能转化为城市问题。

三　目标与对策：建立智能化城市社会，保持产业发展可持续性，积极应对社会抚养比上升

当前全球发展进入信息智能时代，城市治理已经逐渐步入高质量发展和创新要素驱动时代。如何将城市管理中的不同领域实现信息化并进行有效整合，实现城市管理的集约化、规范化以及智能化，从而提高城市管理的信息化效率，是有效应对中国城市社会转型的必由之路。为此，首先要改变地方政府激励机制。从单纯追求 GDP 增长，逐步转变为追求经济增长、民生改善、环境保护等多维度的发展目标，切实提高居民幸福感。其次要以产业为支撑来增强人口附着力。未来单纯以住宅为主的城市功能规划将会受到严格限制，推动单一生产功能向城市综合功能转型，推进功能混合和产城融合，是未来中国城市实现转型发展的战略所向。此外，为了积极应对社会抚养比上升趋势，可以参考西方发达国家经验，通过开发老年劳动力资源、增加退休老年人就业比例，鼓励获得较高教育技能、具有深厚专业背景且有就业意愿的老年人工作更长的年限，从而缓解经济增速下降和提升养老体系可持续性。

第三节　中国进入区域兴衰的博弈期

一　回顾与趋势：区域振兴战略相继出台，人才竞争成为区域竞争的主战场，东中一体和南北分化趋势明显

21 世纪以来，国家先后出台多项区域振兴规划。2018 年 11 月，中共中央和国务院正式对外发布《关于建立更加有效的区域协调发展新机制的意见》，明确提出要加强"一带一路"建设、京津冀协同发展、长江经济带发展、粤港澳大湾区建设等重大战略的协调对接，推动各区域合作联动。并强调"充分考虑区域特点，发挥区域比较优势，提高财政、产业、土地、环保、人才等政策的精准性和有效性，因地制宜培育和激发区域发展动能"。

随着中国人口红利的逐渐消失以及经济发展进入新常态，区域发展动力正在由过去的投资驱动型向消费和创新驱动型转变，而人口特别是高素质人才的竞争成为区域竞争的主要战场。近年来，"抢人大战"成为城市竞争的新形式。谁拥有了人口特别是高素质人才，谁就拥有在城市竞争获胜的最大筹码。图 2—2 显示，"十三五"以来的全国公共财政支出中，引进人才费用出现了显著上升的态势。为了吸引和留住人才，各区域和城市之间竞相出台优惠政策。

从交通、人口和经济空间格局来看，随着发达地区经济要素的扩散释放以及现代交通网络体系建设带来的显著时空压缩影响，东部地区及其近邻的中部地区构成的区域，北至京呼线、东南临海、西抵东经 110 度经线附近山区绵延带的网络状城市体系，聚合成"一网"的趋势越发明显。与此同时，伴随着中部地区人口的持续流入，中部地区的人口占全国的比重也有所回升，在四大板块中仅次于东部地区，如果将东中部地

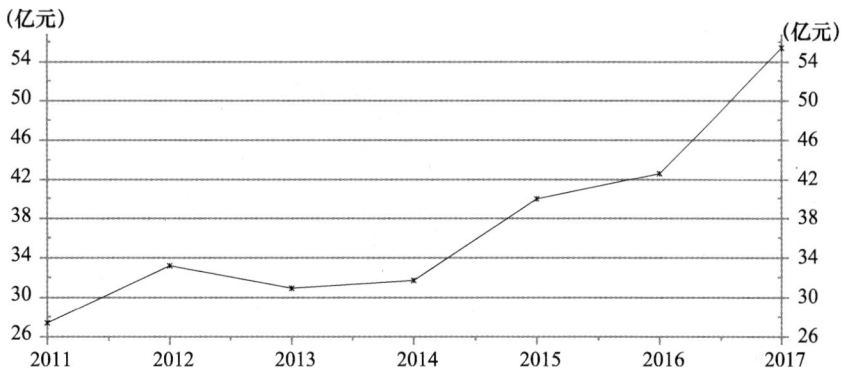

图 2—2　2011—2017 年全国公共财政支出中引进人才费用变化趋势

资料来源：根据 Wind 数据库相关数据资料整理而成。

区的人口加总，其占全国人口的比重更是达到 63%。由此可见，东中部地区已经成为中国人口的主要承载地，东中一体的趋势也越加明晰。

若大致以秦岭—淮河一线为界划分中国南北方，可以发现 2018 年中国省区 GDP 增速总体上呈现"南高北低"的态势，而常住人口增幅较大省份同样大多分布在南方地区。以 GDP 增速 6.6%、常住人口增速 0.5% 为两条基准线，可以将全国各省份按 GDP 和常住人口增速划分为四象限图。第一象限为 GDP 和常住人口增速均较快的区域，第三象限为 GDP 和常住人口增速均较慢的区域。从图 2—3 可以看出，第一象限除了陕西、青海、宁夏等西北省区外，其他省份均为南方省份，而第三象限则均为北方省份。

二　面临的主要问题：区域无序开发与恶性竞争仍然存在，区域差距面临扩大隐忧

在"地区锦标赛"的区域竞争机制下，地方政府的发展冲动往往会超越其现实的比较优势，在城市建设和产业选择上重表轻里、贪大求洋。在招商引资和人才引进等方面，往往会出台一些以邻为壑、不符合实际的政策优惠措施。部分区域振兴规划往往会成为地方房地产炒作的利器，出现"规划落地、地产先行"的怪圈，从而进一步波及实体经济发展。与此同时，近年来高收入人群的地理集中也呈现出与人口流向一致的趋势。北京、广东、上海、浙江、江苏五省市不仅是全国跨省流动人口最

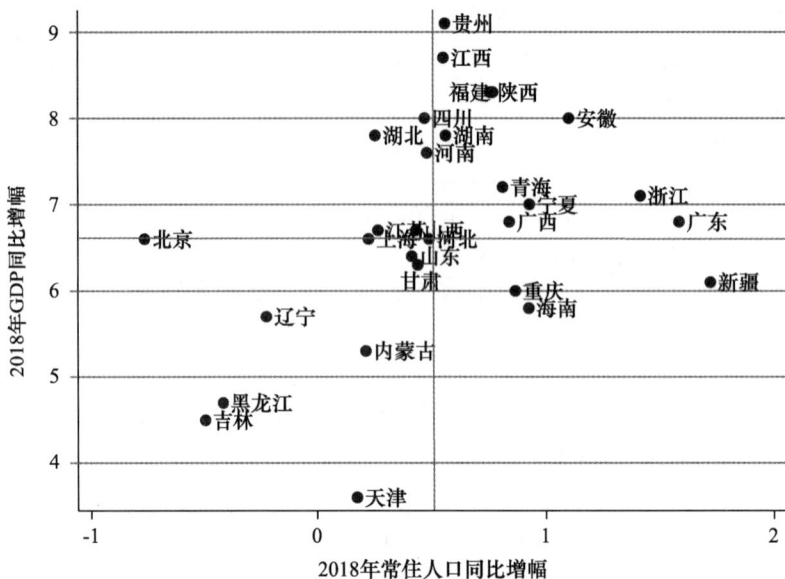

图2—3　2018 年各省区 GDP 和常住人口同比增速四象限图（单位：%）

注：根据 Wind 数据库相关数据资料整理而成，暂缺云南、西藏和港澳台数据。

集中的五个省市，同时也是高收入群体最为集中的五个省市。在区域兴衰的博弈期，各种优质要素资源向沿海地区和大城市集中的趋势下，区域差距和城乡差距仍面临进一步扩大的隐忧。

三　目标与对策：促进高质量的区域一体化，发挥关键经济区作用，带动衰退区域走向低谷

党的十九大报告指出，"我国当前社会主要矛盾已经转化为人民日益增长的美好生活需要和不平衡不充分的发展之间的矛盾"。从当前形势来看，东部与中部的发展差距有望进一步缩小，而与西部和东北两大区域板块之间的差距仍将客观存在。为此，要充分考虑各大板块特点实行差别化的区域均衡政策，发挥区域比较优势，提高财政、产业、土地、环保、人才等政策的精准性和有效性，因地制宜培育和激发区域发展动能。通过进一步发挥"一带一路"建设、京津冀协同发展、长江经济带发展、粤港澳大湾区建设等重大战略的引领作用，带动衰退区域板块走出经济社会发展低谷。总体以东中一体，来应对南北分化，通过重要的经济带、

经济区、城市群、都市圈的一体化，扩散中心城市的外溢效益，带动边缘地区发展，阻止扩大繁荣地区，压缩衰退地区，加快筑牢中国高质量发展的长江防线。

第四节　中国进入城乡关系的转折期

一　回顾与趋势：城乡统筹和户籍制度改革取得显著进展，城乡要素市场改革和公共服务一体化稳步推进

21 世纪的城市化进程催生了城乡统筹改革的步伐。比较有代表性的包括重庆、成都的统筹城乡户籍制度改革，嘉兴的"二分二换"改革实践，苏州的"四个三"模式，温州的"三分三改"等。随着地方政府制度创新试验的不断增加，各区域城市的制度体系建设也在逐步完善。2019 年 5 月 5 日，《中共中央 国务院关于建立更加有效的区域协调发展新机制的意见》公开发布，体现了中央重塑新型城乡关系、破除体制机制障碍的坚强决心。

伴随着中国城镇化的加速推进和一系列相关政策的出台，城乡关系在"十三五"时期出现了好转的迹象，城乡居民人均可支配收入差距近年来出现持续下降的趋势。受益于近年来大力推进的户籍制度改革，人户分离人口和流动人口在 2014 年达到顶峰后开始出现下降趋势，大多数城市的落户限制近年来已经有所实质性放松。与此同时，农村建立了免费义务教育、新型农村合作医疗、农村最低生活保障、农村社会养老保险等制度，使得城乡基本公共服务向均衡的方向发展。一些先发区域和城乡统筹试点区域，正在迈向包括城乡产业、要素市场等更大范围和更高层次的一体化和融合发展。

从城乡一体化的区域推进程度来看，东中西部大致呈现出梯度变化和层级性差异态势，大部分城市的城乡一体化得分较低。东南沿海城市、主要大中城市在城乡一体化发展方面呈现明显的优势，率先突破城乡二元结构瓶颈，在城乡一体化方面走在前列。但中西部城市则截然相反，大部分内陆城市的城乡一体化得分较低，城乡分离严重，特别是西北地区城乡一体化推进程度较低。

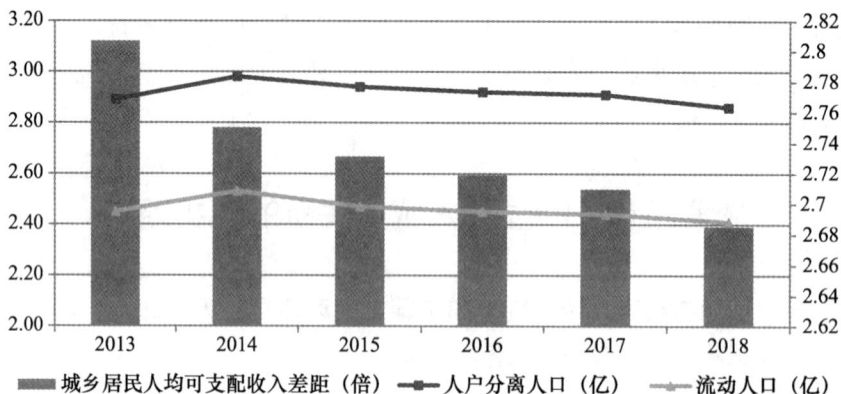

图2—4　2013—2018年城乡居民人均可支配收入差距、人户分离
人口和流动人口变化趋势

注：根据 Wind 数据库相关数据资料整理而成。

二　面临的主要问题：乡村建设规模效率低下，城乡要素市场改革困难较大，财政支出责任需要进一步明晰

尽管城乡关系加剧恶化的趋势有所缓解，但由于城乡分割的户籍制度影响尚存，以及城市剥夺农村的传统城镇化模式没有根本改变，城乡分化的趋势仍然在持续。就目前全国整体而言，城乡基础设施与环境建设落差巨大，城乡基本公共服务差距较远，城乡居民的收入悬殊过大，法律规定和赋予的公民基本权利在城乡之间还存在差别，城乡产业发展相互绝缘，城乡生产要素还远不能自由流动和等价交换；与此同时，"空城""鬼城""病城"与"空心村""留守村""候鸟村"并存；半城镇化的进城农民工与被城镇化的无地农民数以亿计。由于我国城市化的进程很大程度上是通过"撤地改市""撤县改市""撤乡改镇""撤县改区"等行政区划的调整来实现的，大量农业用地被征用为建设用地，但失地农民的就业保障、生活习惯、思想观念等并未发生根本转变。

更为棘手的两难问题是：试图通过要素市场化建设与改革，来扩展农民权益的改革，结果可能被利益团体利用来侵害农民的权益。试图通过差别化的社会保障及公共服务体系构建，来因地制宜地促进城乡一体，结果导致社会保障及公共服务的碎片化，城乡及地区的分割。试图通过大规模地在农村和小城镇布局公共资源，以促进城乡均衡配置公共资源，

结果因为农村人口分散，导致基础设施和公共服务规模不经济或相对过剩，从而严重损害了经济的效率。

三　目标与对策：积极推进兼顾公平与效率的政策措施，基本实现城乡一体化发展格局

建立健全城乡融合发展体制机制和政策体系，是党的十九大做出的重大决策部署。未来城乡融合发展需要循序渐进，分段推进。首先要推进个项一体化，包括城市落户限制逐步消除、城乡要素自由流动，逐步实现权益平等和要素自由流动。其次要加快实现基本公共服务均等和基本基础设施共建共享，提升金融服务乡村振兴的能力，加快城乡统一的建设用地市场和农村产权保护交易制度框架基本形成，积极推进土地资产股权化、权益民主化和农民股东化，最后实现城乡基本公共服务均等化，基本实现城乡人民共同富裕。在推进过程中，需要进一步明晰中央和地方的财政支出责任。关于城乡居民的基本权益、基本公共服务和全国性基础设施，由国家统筹推进。有关就业、住房保障及地方性基础设施，由地方政府统筹推进。医疗、教育等具有典型外部性的公共服务领域，由中央与地方政府共同推进。

第五节　中国正处在城市格局和形态转变的定型期

一　回顾与趋势：城市集群化、网络化发展，城市形态迎来剧烈变化

21 世纪以来，大量的城市群发展规划被提升到国家战略层次，规模大型化、功能国际化、形态群网化已经成为中国城市形态变化的重要形式。随着城镇化的稳步推进，资源也日益向北上广深等全国性和区域性中心城市集中，这些城市承载着越来越多的就业人口，也成为地方经济的发动机。日趋完善的高铁网络增进了城市群内部和区域之间的空间经济联系，也加速了资本、劳动、信息等生产要素的流动和扩散，以及基础设施和公共服务的共建共享。近几年来，我国相继出台的"一带一路"、京津冀协同发展以及长江经济带等区域发展战略中，都要求各地区

在一个更广泛的空间范围内实现互联互通，通过与其他地区建立更广泛的经济社会联系来实现自身的共享式发展。

与此同时，21 世纪以来中央根据城市化的阶段特点适时调整了城市化战略的思路，用"大中小城市和小城镇协调发展"的新举措代替了长期实行的"严格控制大城市规模"的传统政策。党的十八大报告提出，"科学规划城市群规模和布局，增强中小城市和小城镇产业发展、公共服务、吸纳就业、人口集聚功能"。然而在具体政策的执行方面，包括人口在内的各项要素依然优先流向大城市并形成集聚，并未因大城市严格的落户条件和其他限制措施而趋缓。21 世纪以来，100 万—500 万人口的大城市人口增长了近 6000 万。另外，"合理发展中小城市"的方针也未能取得明显效果，中小城市（镇）所拥有的人口数在全部城镇人口中所占的比重甚至还有所下降，特别是乡镇一级的发展仍相对滞后。从图 2—5 可以看出，21 世纪初中国地级市和市辖区数量出现增加趋势。进入 2004 年后，地级市和市辖区的数量开始渐趋稳定。而进入"十三五"以来，"撤地建市""撤县建区"的速度开始提升，地级市和市辖区的数量开始迅速增加。与此同时，在镇的数量相对稳定的形势下，街道办事处的数量呈现稳步增加的趋势，而乡的数量在 21 世纪以来呈现大幅下降的趋势。

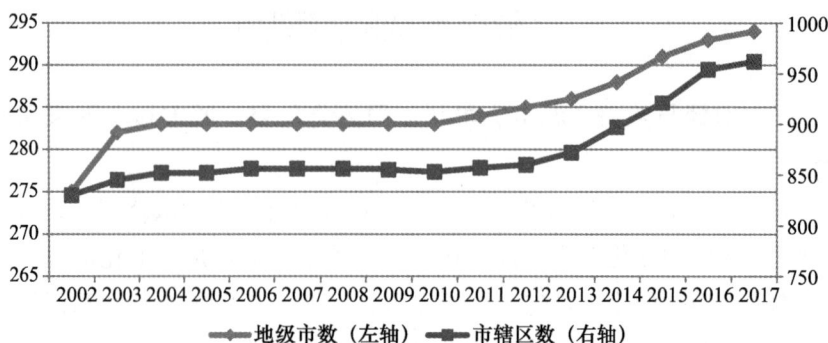

图 2—5　2002—2017 年中国地级市和市辖区数量变化趋势

注：根据 Wind 数据库相关数据资料整理而成。

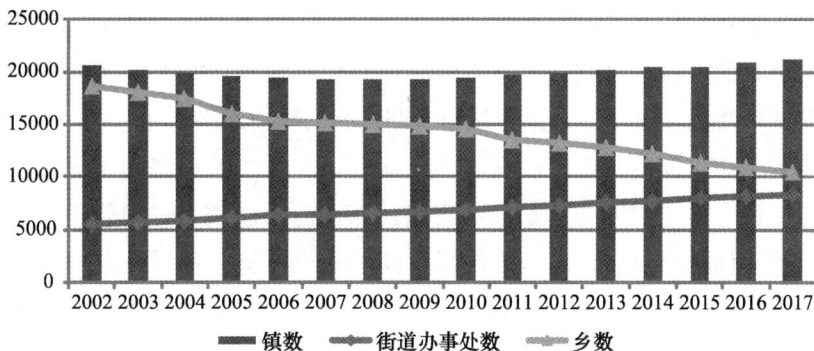

图 2—6　2002—2017 年中国乡、镇、街道办事处数量变化趋势

注：根据 Wind 数据库相关数据资料整理而成。

二　面临的主要问题：城市和区域分化严重，区域协调发展机制不畅

在我国的城市体系中，大城市的行政等级高、财力雄厚，因而拥有更雄厚的财力来提供高质量的基础设施和公共服务，加之大城市在市场规模、产业结构、技术创新等方面的优势，导致劳动力和产业在大城市过度集聚，出现高房价、拥堵、污染等"大城市病"问题。以京津冀地区为例，北京由于人口膨胀而面临严重的疏解压力，但河北省的周边部分市县则长期面临发展困境，出现"环首都贫困带"。如何推动不同规模城市协调发展，有效解决"大城市病"以及部分中小城市集聚不足的困境，是我国城镇化推进和城市体系建设面临的重要难题。此外，与改革开放初期乡镇企业异军突起形成鲜明对比，近年来乡镇一级的发展在建设用地配置、人口和资源集聚方面都出现明显下降的趋势。

三　目标与对策：顺应城市发展规律，加快基础设施建设步伐，优化城市空间体系

根据国际经验，当人口城镇化率超过 50% 后，人口由农村向城市流动的速度将减缓，而人口从小城市向大城市集聚的状况将变得更加突出。而中国已经走过小城镇、大城市快速发展时代，正在转向都市圈和城市群时代，新的定型的城市形态体系将在十四五确定。未来中国城镇化的总体目标是：城镇人口比例以 75% 为理想目标，人口密度以每平方公里

一万人为标准，城镇地区总面积 10 万平方公里。其中，25% 的人口在农村，25% 的人口在小城镇，25% 的人口在中小城市，25% 的人口在大城市，逐步建成多层次、开放合作和协调发展的城市网络体系。

为了顺应上述城市发展规律，必须进一步加快城市基础设施和公共服务建设，逐步完善高速铁路、高速公路、内河航道、运输管道、输电线路等立体交通建设，缩短不同城市间的通勤距离，使城市群内部以及各大城市群之间资源和信息流实现共建共享。从城市空间体系的构建来看，未来中国将逐步形成由城市带、城市群、大城市、中小城市、小城镇和村落协调发展的空间格局。在一个比较合理的城市体系中，大城市将主要承担现代服务业的功能，特别是知识密集型和资本密集型产业；而中小城市则承担大城市衍生出的配套产业，如相关制造业等。由于中国目前的要素流动障碍依然存在，因此，在未来的一段相当长的时间内，同城化、集群化、网络化仍将是城市空间体系建设的重点，交通基础设施建设在城市空间体系的重构中将会发挥巨大的导向作用。

第二部分

主题报告

第 三 章

住房发展与经济增长:经验事实、假设检验与情景模拟

曹清峰　　马洪福

作为国民经济行业的一个重要部门，房地产主要通过影响消费和投资两条路径对经济增长产生影响。首先，从消费层面来看。住房对于家庭既是生存必需品，又是一种高价值的特殊商品。房价与消费两者之间的关系，已经成为近年来国内宏观经济研究的焦点之一。我国自 1998 年全面实施住房商品化改革以来，房地产市场进入了加速发展的上升渠道，房地产价格大幅上涨。2003 年以来，全国住宅商品房销售价格年均增幅高于 10%，其中北京、广东、上海等城市的房价年均涨幅均在 20% 以上，这意味着拥有优质公共资源的一线城市可能面临着严峻的房价问题。房价的持续快速上涨对居民的生活造成重要影响，鉴于房价飞涨和国内消费不足，国内政府部门、学术界和媒体都有人认为房价上涨抑制了消费，如颜色等（2013）通过构建基于生命周期的动态模型，研究发现房价的永久上涨，会造成消费增长的"财富效应"；相反，房价上涨的不可持续性会造成"房奴效应"。但是，也有学者研究发现住房的财富效应对居民消费具有显著的促进作用（Berger 等，2015；黄静和屠梅曾，2009）。其次，从房地产对投资的影响来看。近年来，随着中国房价的日益上涨，关于房地产在中国经济发展中的作用颇具争议。特别是高企的房价产生了一系列负面影响，加剧了居民的生活负担、降低了居民福利水平、不利于创新与生产率的提升、阻碍了转型升级、加剧了收入分配的不公等，

这也使得房地产业存在被"妖魔化"的现象。但是，不可否认的是，无论在政策还是实践层面，房地产是拉动投资、促进经济增长的重要动力，在中国经济快速增长过程中发挥了重要推动作用。因此，鉴于房地产对拉动经济增长"三驾马车"中的消费与投资存在重要影响，因此本章分别测算了房地产对居民消费与全社会固定资产投资的正向与负向影响，以期更全面地考察房地产对经济增长的影响。

第一节 房价与消费的典型事实分析

一 城市房价与总消费之间的关系

（一）全国城市房价与消费间存在倒"U"型关系，房价的财富效应呈边际递减，挤出效应已显现

通过分析全国城市房价和社会消费品零售总额的数据可知，房价与消费存在倒"U"型关系。从散点图可以看出，2004年以来，全国城市房价均处在倒"U"型的左侧，即房价对消费的财富效应一直以来占据主导位置，房价与消费存在正相关关系，房价的财富效应较为显著。2016年后，房价对消费的挤出效应开始显现，房价与消费之间的倒"U"型拐点出现。北京、上海、深圳、广州等一线城市一直处于高房价与高消费并存的"双高"状态，这表明一线城市房价对消费的带动相对较强，即财富效应较大。一线城市由于房价上涨过快，房价收入比（或房价泡沫）较大在一定程度上限制了房价上涨对消费的带动作用，北京、上海、深圳等东部一线城市房价已经处于倒"U"型的顶部，存在向右侧移动的趋势，这表明这些一线城市由于过高的房价，对于居民消费的挤占效应逐步增强，但是财富效应仍占主导地位。

同时，二线城市房价和消费亦呈现快速增长趋势，厦门、杭州、南京、福州等城市房价快速上升。然而，随着房价的不断上升，二线及以下城市房价的财富效应的边际递减幅度比一线城市大，房价上涨对居民消费的挤出效应比一线城市更明显。二线及以下城市房价与消费之间的倒"U"型关系已经形成，房价过快上涨对城市居民消费的挤出效应较大。总体上看，我国城市房价上涨的财富效应逐渐饱和，挤出效应初步显现。城市房价的过度增长在一定程度上开始挤压消费，但是不同城市

发展水平之间存在较大的差异，一线城市仍以房价的财富效应占主导，二线及以下城市的挤出效应逐渐增强，房价与消费倒"U"型关系显著。

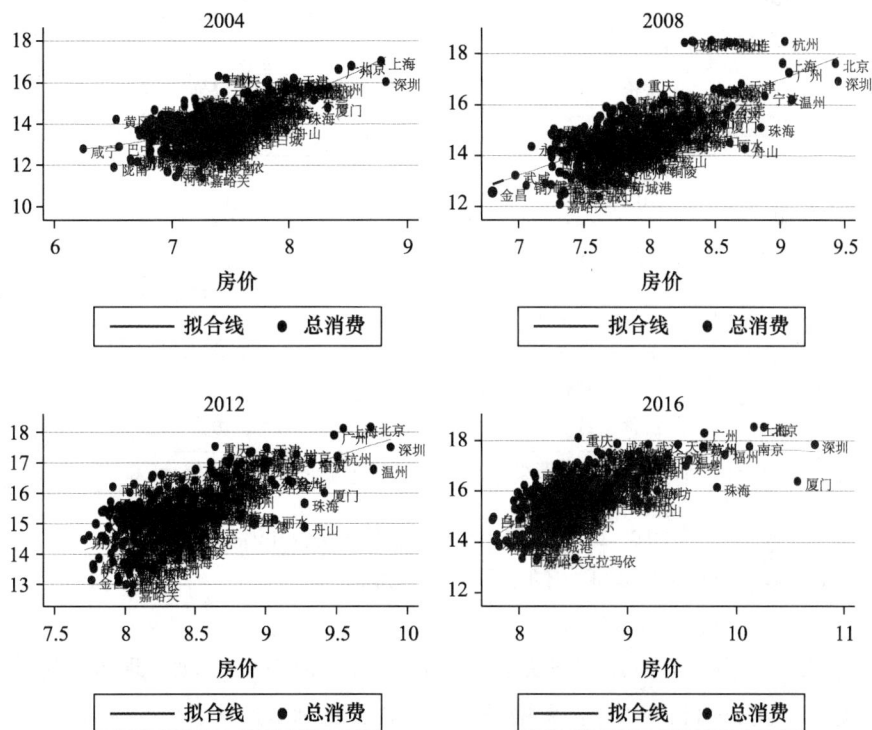

图3—1　部分年份全国268个城市房价和消费

资料来源：根据《中国城市统计年鉴》数据整理而得。

（二）不同发展水平城市间房价和消费间的关系呈现较大的差异，其中与一线相比，二线及以下城市的挤出效应较为明显

1. 一线城市主要以房价的财富效应为主，财富效应的增长呈边际递减趋势

从图3—2中可以看出，一线城市房价的财富效应较为显著，房价上涨对于城市消费总量的拉动相对较大，即处于房价和消费倒U形关系的左侧。但是，随着房价的快速上涨，消费增长率与房价增长率之间的差距进一步加大，房价上涨的挤出效应将会逐步增大。图3—2中曲线的斜率可以判断出，消费增加和房价上涨之间呈现边际递减趋势。

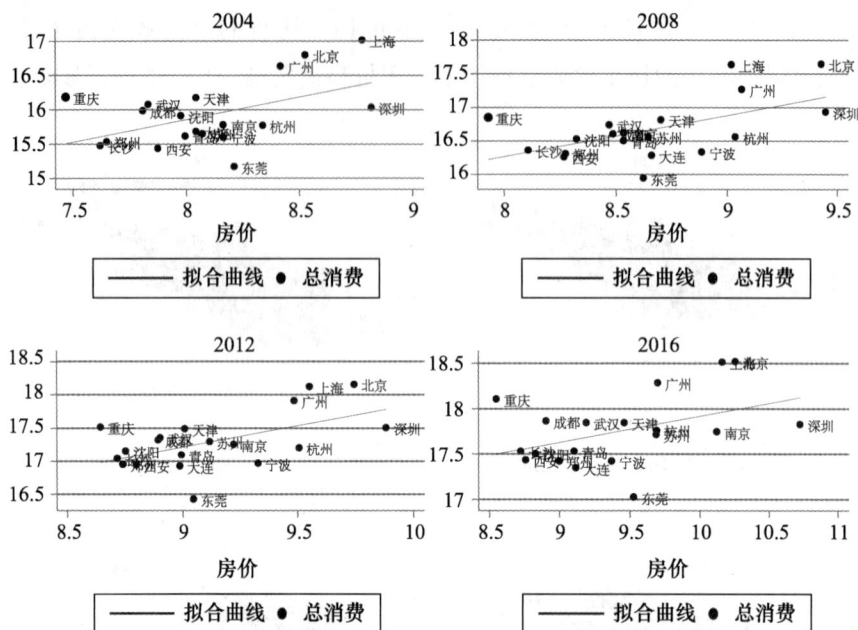

图3—2 部分年份全国一线城市房价和消费

资料来源：根据《中国城市统计年鉴》数据整理而得。

表3—2进一步显示了房价上涨对于城市消费水平的拉动呈现边际递减的趋势，房价增长率大于消费增长率，且两者比例呈递增。表3—1显示一线城市消费增长率与房价增长率比差异较大，受2008年金融危机影响，上海、广州、深圳等城市房价出现下降，在一定程度上限制了消费的增长。近年来，随着房价的飞速上涨，消费增长率与房价增长率之比呈递减趋势。除个别城市外，多数城市的消费增长率与房价增长率比小于1，表明消费增长率小于房价增长率，房价上涨的财富效应将会被进一步挤压。

表3—1　　　　　一线城市部分年份消费增长率与房价增长率比

城市	2004	2008	2012	2016
北京	0.42	2.77	11.26	0.25
长沙	−5.95	41.93	3.87	2.33
成都	0.79	1.44	1.78	2.09
大连	2.03	5.48	−25.55	4.94
东莞	0.57	2.51	0.70	0.32

续表

城市	2004	2008	2012	2016
广州	1.57	−11.83	1.60	0.76
杭州	2.49	1.94	12.44	0.82
南京	1.58	−4.85	1.76	0.09
宁波	0.63	1.26	8.15	0.99
青岛	0.78	−10.77	1.95	9.92
上海	0.39	−14.13	−2.88	0.34
深圳	1.77	−1.78	−1.68	0.29
沈阳	−70.54	1.92	2.08	−8.02
苏州	0.77	2.27	12.97	0.19
天津	0.60	7.04	−1.76	0.26
武汉	0.58	8.71	7.82	0.67
西安	0.68	1.62	1.96	−4.39
郑州	21.38	2.35	1.56	1.53
重庆	2.78	10.65	0.79	−2.24

资料来源:根据相关统计年鉴测算。

收入与消费存在正相关关系,即收入越多,居民的消费会增加更多。居民消费函数中,不仅考虑当期收入和支出,未来预期收入和支出水平依然影响居民消费意愿。从弗雷德曼将居民长期收入的预期引入货币需求函数开始,预期长期收入在居民消费行为中扮演越来越重要的角色。当房价上升,房地产名义财富增加时,消费者的实际预防性储蓄额度得以减少,并最终引起居民消费增多,这一传导路径是房地产财富效应的预防性储蓄渠道。当前,我国房地产市场面临诸多的不确定性,影响着消费者的预期。表3—2 显示出了,四大一线城市出现了收入增长与消费支出增长背离的现象;同时,伴随而来的是居民储蓄率的增加。2016 年以来,北京的收入增长率为 8.35%,大于消费增长率 6.45%,两者背离趋势较为明显,居民储蓄率获得较大幅度增长。这表明房价上涨减速,加上政策的不确定性,居民对未来的收入预期受到影响,房价上涨的不可持续性预期直接导致了房价财富效应减弱。同时,居民购房后一次性的首付款压力削弱了当期消费支出能力,再加上不确定性带来的预防性储蓄的增加，当期高企的房价造成的长期贷款压力也在一定程度上挤压了居民未来消费需求。这也说明房价对消费的挤出效应存在一定的延续性，并可能受外部因素的影响得以放大。

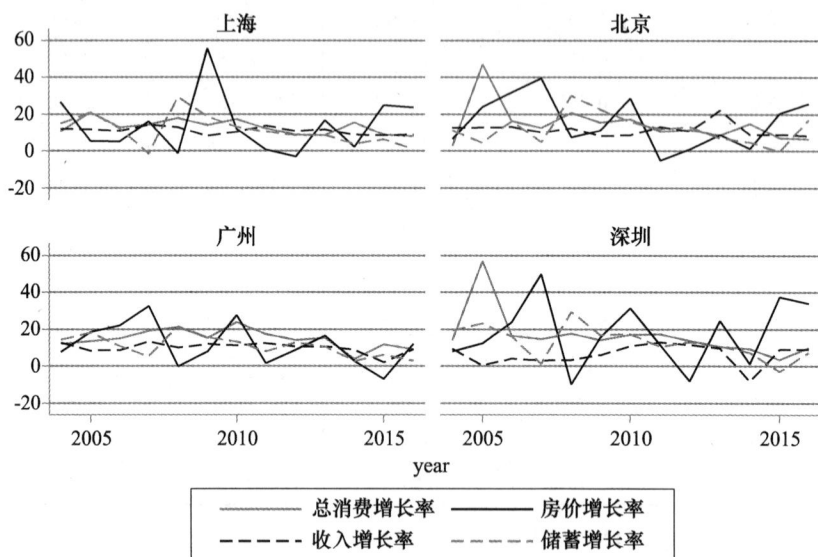

图3—3　四大一线城市消费、房价、人均可支配收入与储蓄增长率

资料来源：根据《中国城市统计年鉴》数据整理而得。

2. 二线城市房价的财富效应逐年递减，并且房价的挤出效应较为明显

通过前文分析可知，一线城市房价上涨的财富效应较为明显，但是房价上涨的财富效应空间已经相对有限。与一线城市相比，二线城市房价的挤出效应更明显，房价和消费间的倒"U"形关系已经显现，如图3—4所示。其中，厦门、珠海、温州、福州等城市房价和消费呈现出逆向关系，图3—5给出了房价增长率和消费增长率的散点图，总体上消费增长率和房价上涨率呈现倒"U"形，这进一步印证了二线城市房价上涨对消费存在挤出效应。

从消费增速和房价增速来看，房价增速对二线城市消费增速的贡献整体上小于一线城市；同时，二线城市消费下降幅度要小于一线城市，且波动幅度相对较小。表3—2显示2004年以来，二线城市房价增速与消

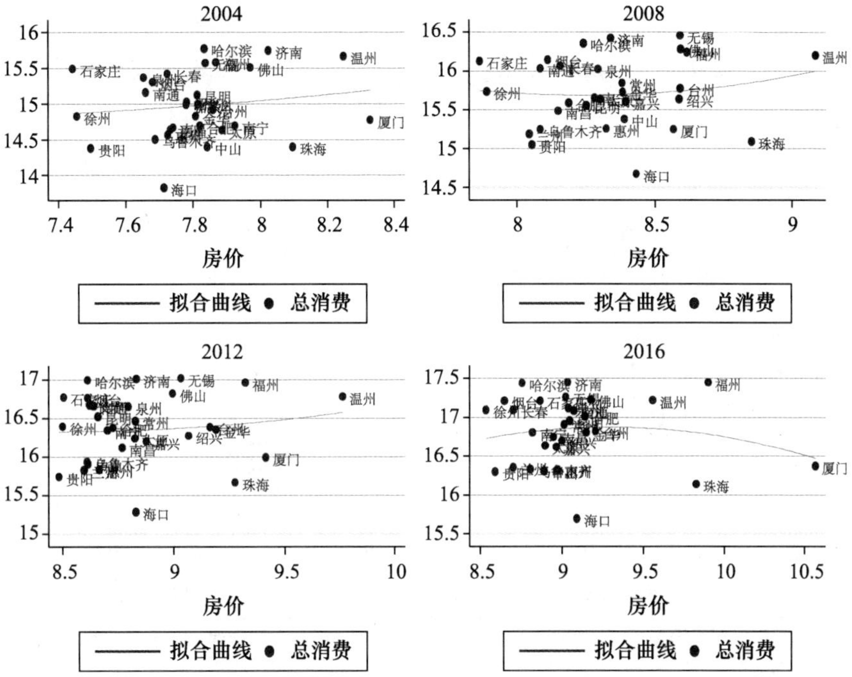

图3—4　部分年份全国二线城市房价和消费

资料来源：根据《中国城市统计年鉴》数据整理而得。

费增长之比维持在较低水平，这也与二线城市居民的收入与消费支出存在直接关系。从图3—4、图3—5和表3—2可以看出，厦门房价上涨造成的挤出效应较为明显。2004年以来，厦门房价从4145元/平方米上涨到2016年的38883元/平方米，增长了9.38倍，年均增长0.69；社会消费品零售总额约增长了4.9倍，年均增长0.32，两者之比仅为0.46，即房价每增长一个点，仅能拉动消费增长0.46个点。同时，二线城市收入增长和消费支出增长相背离得较为明显，居民的边际消费倾向较低；与之相伴随的是居民储蓄水平较高，这表明二线城市居民对于预防性储蓄的偏向较高。这也是房价上涨对居民消费支出拉动作用较小的原因，房价上涨对居民财富增加进而刺激消费的作用相对有限。尤其是，当房价存在不确定预期时，消费者更偏向于储蓄来保证流动性，此时房价的挤出效应就会增强。

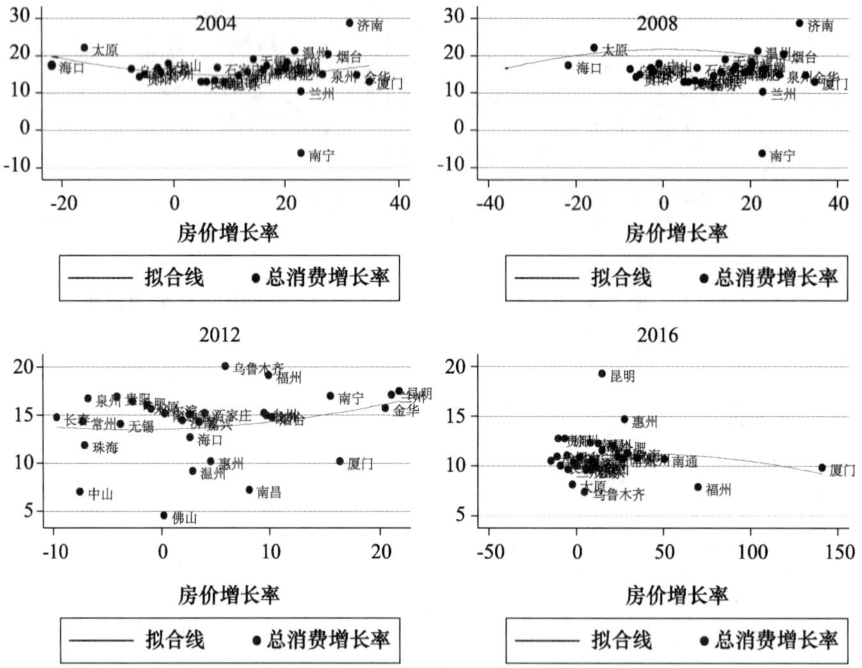

图 3—5 部分年份全国二线城市房价增长率和消费增长率

资料来源：根据《中国城市统计年鉴》数据整理而得。

表 3—2　　　　　　部分年份二线城市消费增速与房价增速之比

城市	2004	2008	2012	2016
常州	1.16	2.26	−1.98	0.40
长春	2.64	2.95	−1.53	−1.08
佛山	1.25	12.27	21.57	0.78
福州	0.89	3.16	1.93	0.11
贵阳	−2.30	2.70	−4.10	−1.22
哈尔滨	1.80	0.91	−15.79	−6.81
合肥	0.83	3.18	−6.11	0.57
惠州	1.02	6.17	2.24	0.53
济南	0.91	2.15	7.41	1.11
嘉兴	0.81	2.05	4.09	1.10
金华	0.45	−2.42	0.77	−1.00
昆明	1.41	0.00	0.80	1.30

续表

城市	2004	2008	2012	2016
兰州	0.46	3.24	0.81	−2.04
南昌	−5.92	−8.78	0.89	1.51
南宁	−0.27	1.41	1.09	5.93
南通	0.99	−2.67	53.22	0.21
泉州	0.56	1.49	−2.48	0.31
绍兴	−2.83	3.38	5.87	39.06
石家庄	2.12	3.48	3.79	−0.72
台州	−7.08	3.48	1.60	0.94
太原	−1.39	4.87	−11.52	−3.51
温州	0.98	1.10	3.15	0.99
乌鲁木齐	−2.13	1.20	3.40	1.54
无锡	1.32	1.29	−3.70	1.73
厦门	0.37	−0.43	0.62	0.07
徐州	0.81	2.06	1.54	−1.89
烟台	0.74	4.86	1.44	−2.01
中山	−20.00	2.10	−0.94	0.47
珠海	2.20	2.31	−1.69	0.39

资料来源:根据相关年鉴测算而得。

3. 三线及以下城市房价和消费间存在倒"U"形关系,但大部分城市仍处于房价的财富效应增长阶段

图3—6显示出,我国三线及以下城市房价和消费存在倒"U"形关系,房价上涨的财富效应虽然占据主导,但挤出效应逐渐增强。2004年三线城市房价和消费呈现负相关,房价的挤出效应明显。但是,2008年以后,随着城镇化的加快推进,农民进城以及外出务工人员的返乡,在一定程度上增加了对三线及以下城市房地产的需求,这也刺激了三线及以下城市房价的上涨。房地产的快速发展也带动了其他行业发展,增加了城市居民人均可支配收入,促进了居民消费支出的增加。当房地产价格上升时,房地产财富的增加会使得这些家庭产生自己在未来更加富有的预期,这会对居民消费造成一定的刺激作用,即房价的财富效应增加。因此,2008年以后房价上涨在一定程度上刺激了消费,带来了三线城市

消费水平的提升；然而，受宏观政策调控的影响，房价存在很大的不确定，三线及以下居民对未来财富的不确定性更加敏感，制约居民消费支出。居民购房后一次性的首付款压力，以及房价飞速上涨造成的长期贷款压力，对于三线及以下城市居民影响要大于一线和二线城市，因此房价不确定性会放大房价上涨的挤出效应。

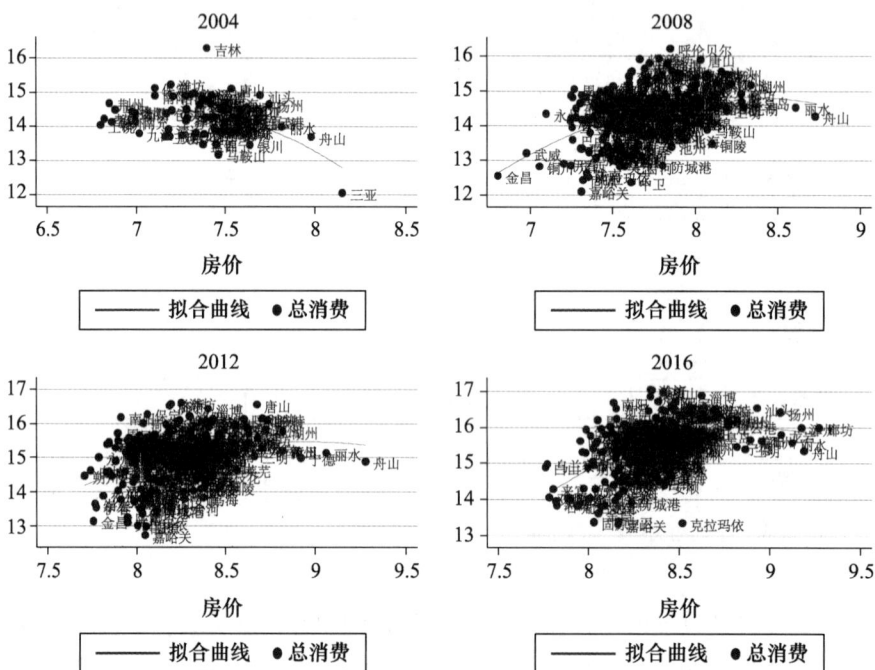

图3—6 部分年份全国三线及以下城市房价和消费

资料来源：根据《中国城市统计年鉴》数据整理而得。

同时，由于三线及以下城市房价本身上涨空间就有限，因此房价上涨对居民财富增加的相对预期低，这也会影响未来三线城市居民消费支出。然而，三四线城市的消费增长放缓将拖累我国消费增速。近年来，三四线及以下城市消费占全国消费的比重稳定在45%左右，这意味着三四线城市消费增速下滑1个百分点将拖累全国消费增速下降0.45个百分点。目前，三四线城市的房价上涨对消费的影响正从促进转变为挤出，未来高房价对我国消费的挤出效应将更为明显。

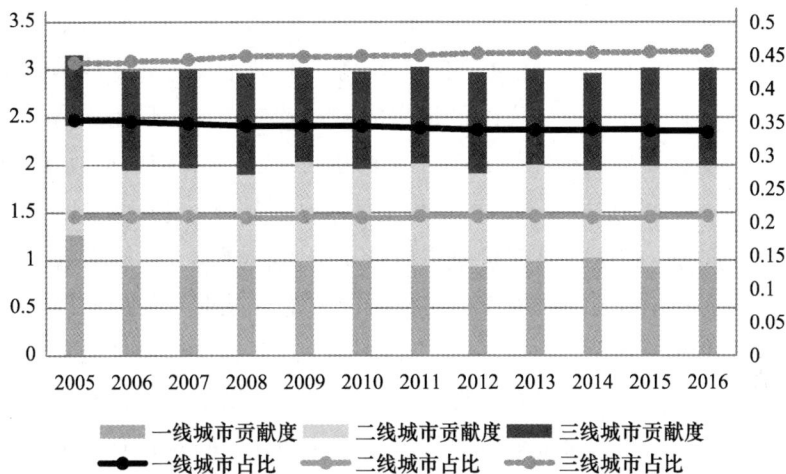

图3—7 我国不同城市消费占比及其贡献度

资料来源：根据《中国城市统计年鉴》数据整理而得。

二 全国城市房价与人均消费水平的关系

为了探究房价对城市居民消费水平和质量的影响，本章进一步分析了全国城市房价与人均消费水平之间的关系。人均消费水平是指一定时期内平均每人占有和享受的物质生活资料和服务的数量。它是一个国家整个经济活动成果的最终体现，也是反映人民物质和文化生活需要的满足程度。居民人均消费水平结构的变化，在一定程度上反映了居民生活质量的变化。城镇居民人均消费支出26112元，增长6.8%，其中居住支出4647元，约占23.4%，表明城市居民消费支出中，与房产相关的支出仍占据较大的比例。然而，房价持续上涨会使居民财富上涨，进而促进居民消费，即房价的财富效应增强；但当房价上涨放缓或下降时，购房带来的人均可支配收入、贷款还款压力等造成消费压缩，此时房价的挤出效应就会增强。那么，当前，我国城市房价上涨对人均消费存在哪种效应呢？本章对全国268个城市的房价和人均消费支出研究发现：

（一）总体上，全国城市房价与人均消费水平开始向倒"U"形转变，但城市等级、区域之间存在一定的差异

图3—8显示全国城市房价和消费之间呈现正相关，该时期房价快速上涨增加了居民的财富预期，房价上涨带来的财富效应较大。同时，城

市之间的财富效应的差距也较为明显，基本呈现依城市等级递减。其中，2004 年以来，北京、上海、广州、深圳等一线城市房价和人均消费水平均处在"双高"水平，城市房价带来的财富效应较大。但是，与二线城市以及三线及以下城市相比，一线城市房价和人均消费均呈放缓趋势。依据 Paciorek（2013）研究，当房价泡沫水平较高时，迫于生产、生活成本压力，部分人口会从高房价城市向低房价城市迁移，导致后者需求增加，房价上升。由于一线城市高房价会促使部分就业人员向二线城市外迁，以及农民工返乡，增加了对二线与三线以下城市房地产的需求，这会使本地拥有住房的居民财产性收入增加，进而增加居民消费水平。换句话说，一线城市高房价造成的挤出效应的增强，同时具有一定的筛选效应；在短期内会影响城市消费的提升，但是长期看会改善城市的消费结构。此外，二三线城市承接一线人口的转移，以及本地农民工市民化，增加了对房地产的刚性需求，房价上涨的财富效应获得增强。

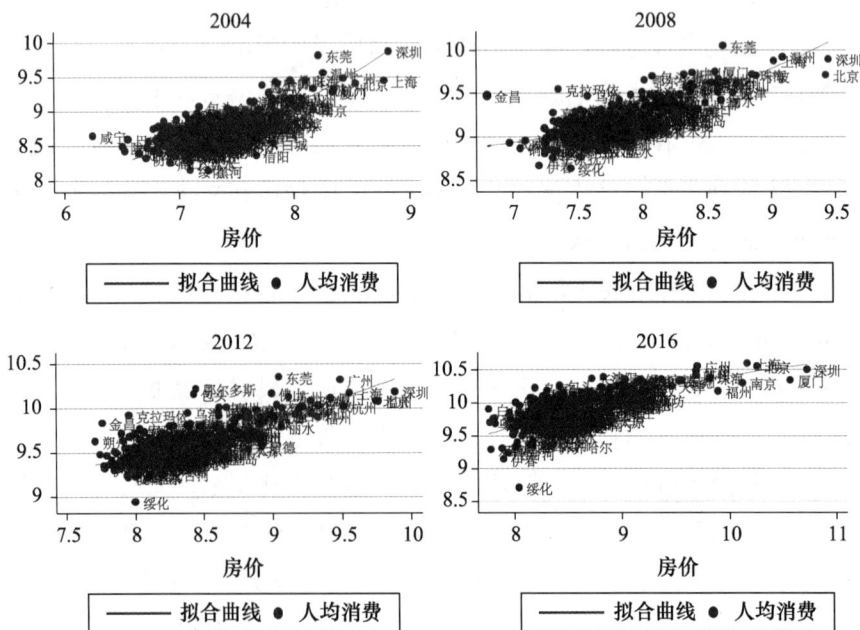

图 3—8　部分年份全国 268 个城市房价和人均消费

资料来源：根据《中国城市统计年鉴》数据整理而得。

　　总体上，全国城市房价和人均消费水平间存在动态变化关系，房价上涨带来的财富效应已经获得较大释放，挤出效应在逐步增强。全国城市间房价上涨和人均消费水平变化存在较大的差异，整体上一线城市已经进入高房价泡沫阶段，未来随着城市房价上涨，房价上涨的挤出效应将会增强，如图3—9所示。房价泡沫化不仅导致城市的中低收入阶层难以实现"住有所居"，还可能将大量资源引入房地产行业，对实体经济产生挤出效应（孟庆斌和荣晨，2017）。住房除具有消费品属性外，还具有投资品属性，当人口流动产生的购房需求增长被低房价城市居民理性预期到时，会将本地住房作为投资品，"炒高"房价，导致房价增长率显著高于人均收入与GDP，产生房价泡沫。当房价上涨时，由于收入效应、财富效应等因素，房地产会对消费有一定的带动作用，居民债务攀升对消费的抑制作用没有那么明显。但当房价下跌时，房地产泡沫越大，房价跌幅就越大，居民消费受到的冲击也就越大。

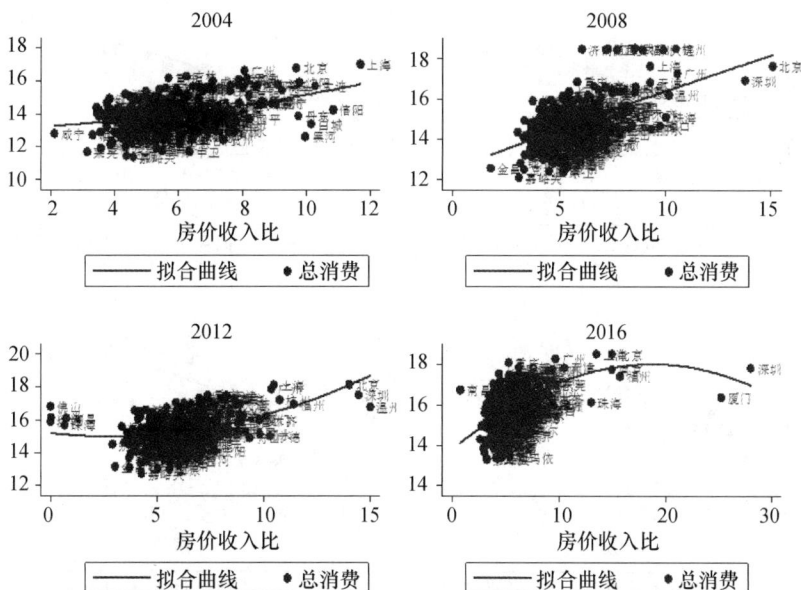

图3—9　部分年份全国城市房价收入比与消费间的关系

资料来源：根据《中国城市统计年鉴》数据整理而得。

图3—9显示我国一二线城市房价收入大多已经超越合理的区间，房地产泡沫较大，房地产泡沫上升对消费支出的挤出效应开始显现，随着房地产泡沫的上升，城市居民的消费增长缓慢甚至出现下降。除深圳外，北京、上海、广州三大一线城市的房地产泡沫虽然抑制了消费的增长，但是其挤出效应尚未超越财富效应。然而，一些二线城市房价由于过快上涨，房价泡沫对消费的挤出效应较为明显，如厦门、福州、南京等城市，其中厦门市变化幅度相对较大。此外，我国大多数三线及以下城市房价收入比处在10以下，处于一个相对合理的区间范围内，房价上涨带来的财富效应比挤出效应大，其消费空间提升仍较大。

（二）分城市房价与人均消费散点图

1. 一线城市房价和人均消费存在倒"U"形关系，但房价上涨对消费的拉动作用仍相对强劲

图3—10给出了一线城市房价和人均消费之间的动态变化图，房价和

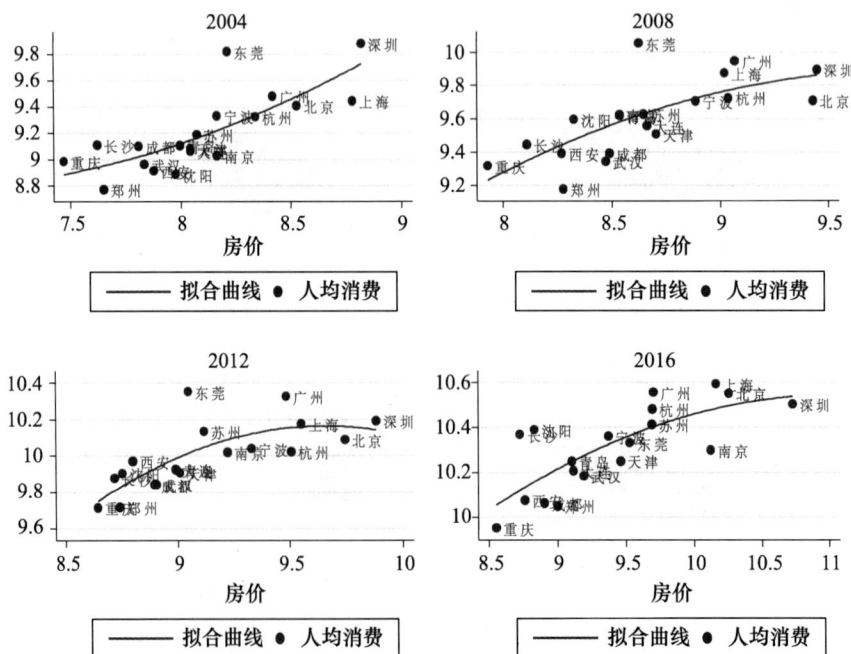

图3—10　部分年份全国城市房价和人均消费

资料来源：根据《中国城市统计年鉴》数据整理而得。

人均消费之间存在倒"U"关系，但总体上房价上涨和人均消费呈正相关，这表明房价上涨带来的财富效应大于挤出效应。同时，一线城市间存一定的差异，北京、上海、广州、深圳等一线城市房价和人均消费水平均处于高位，即高房价带来高消费，这主要与一线城市居民的可支配收入高相关，图3—3给出了四大一线城市人均可支配收入的增长率，在一定程度上出现了与消费增长率相背离的趋势，这也是近年来这些城市房价上涨的财富效应下降的重要因素。同时，我们可以看到重庆、西安、武汉、郑州等城市处于房价和人均消费均相对较低的水平，城市房价上涨对消费的贡献相对较低。与北京、上海等四大一线城市相比，其他一线城市房价收入比相对较低。图3—11显示，北京、上海、深圳的房价收入比均在10以上，房价收入比制约着消费支出的增加，尤其是深圳房价收入比和消费呈现负向关系，这表明房价上涨造成的挤出效应大于财富效应。

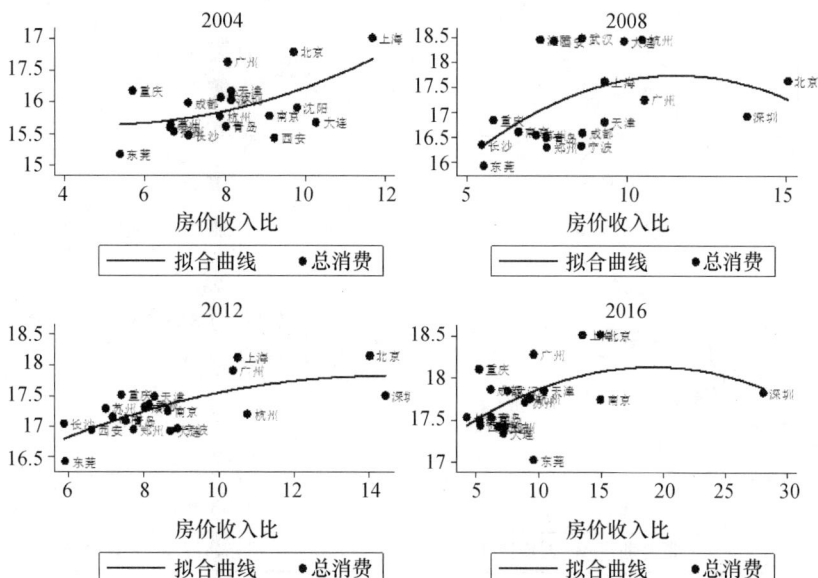

图3—11　一线城市房价收入比和消费

资料来源：根据《中国城市统计年鉴》数据整理而得。

2. 二线城市房价和消费呈现一定的倒"U"型，且多处于其左侧，

房价的财富效应大于挤出效应

总体上，二线城市房价和人均消费水平之间存在正相关关系，房价上涨促进了居民消费的增加，财富效应占据主导。但是随着城市房价增长，房价上涨在一定程度上挤压了居民消费支出，即挤出效应逐步增加。图3—12显示，2016年二线城市房价和人均消费之间的倒"U"型关系更加显著，其中厦门市房价和人均消费呈现负相关关系。同时，其他二线城市房价上涨带来的消费增加，即房价的财富效应呈递减趋势。此外，与一线城市相比，二线城市的房价收入比相对较低，但也超出了合理区间。随着房价收入比扩大，二线城市房价上涨对消费挤出效应更加明显，整体而言，房价收入比的增大放大了房价对消费的挤出效应。尤其是东部沿海的厦门、温州、福州、珠海等城市挤出效应增加相对明显，而处于一些中西部的城市则相对较小。

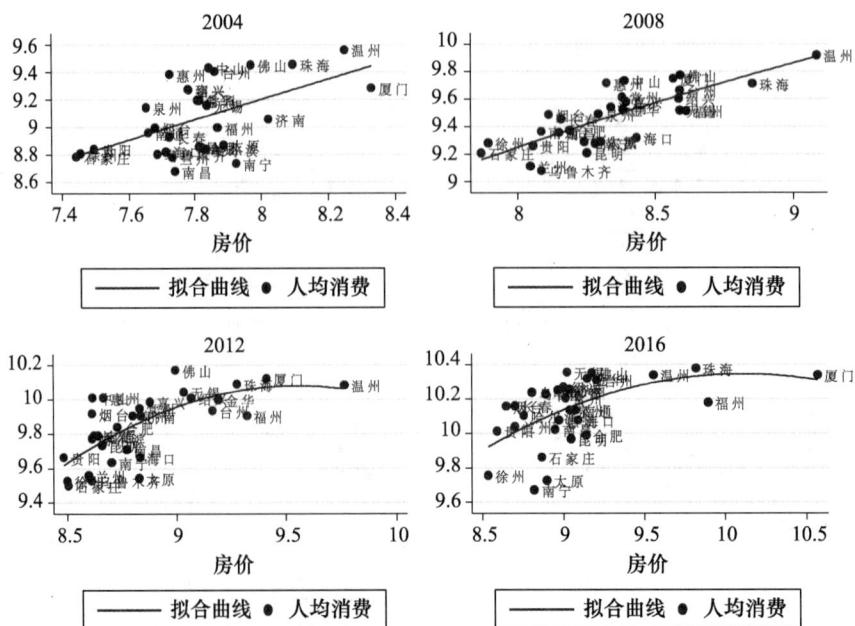

图3—12 二线城市房价和城市居民人均消费之间的关系

资料来源：根据《中国城市统计年鉴》数据整理而得。

3. 三线及以下城市的房价对人均消费处于低于水平的财富效应阶段，

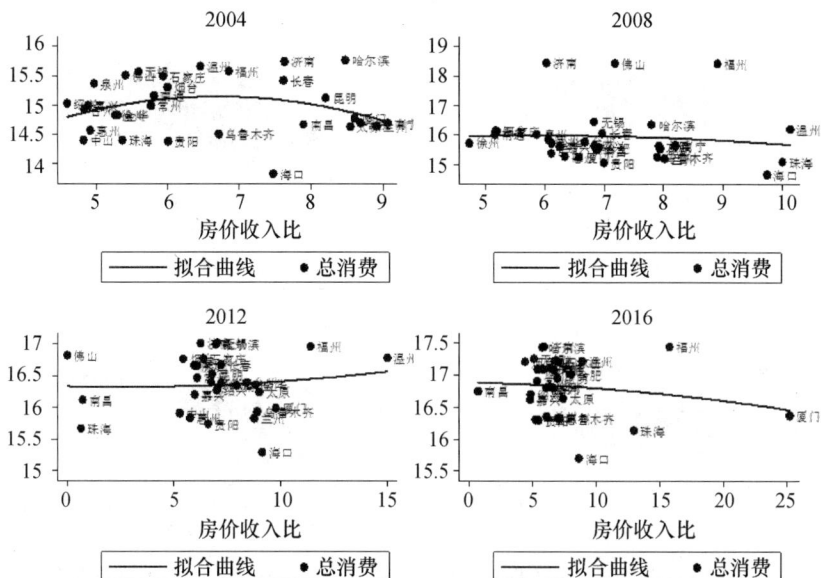

图3—13　二线城市房价收入比和消费关系

资料来源：根据《中国城市统计年鉴》数据整理而得。

但对消费的拉动作用相对有限

　　三线及以下城市房价和人均消费水平关系随时间存在较大的差异，但整体呈正向关系，房价上涨的财富效应要大于挤出效应。然而，随着房价上涨，房价的财富效应下降较快，挤出效应逐渐增强，如图3—14所示。从图中可以看出，2004年房价和人均消费呈负相关，房价上涨抑制了三线城市消费支出，房价的挤出效应较为明显。但是2008年以来，房价与人均消费水平之间呈正相关，房价上涨带来的财富效应大于挤出效应。其中，东部地区城市房价上涨带来的城市消费提升较大，丽水、廊坊、舟山、台州等城市房价对消费带动作用相对明显。同时，图3—15也显示大多数三线及以下城市房价收入比小于8，处于一个合理的区间范围。但由于三线及以下城市居民人均可支配收入相对较低，随着城市房价收入比的上升，房价上涨对消费的挤出效应更加显著，房价收入比和消费之间的倒"U"型关系也更加明显。

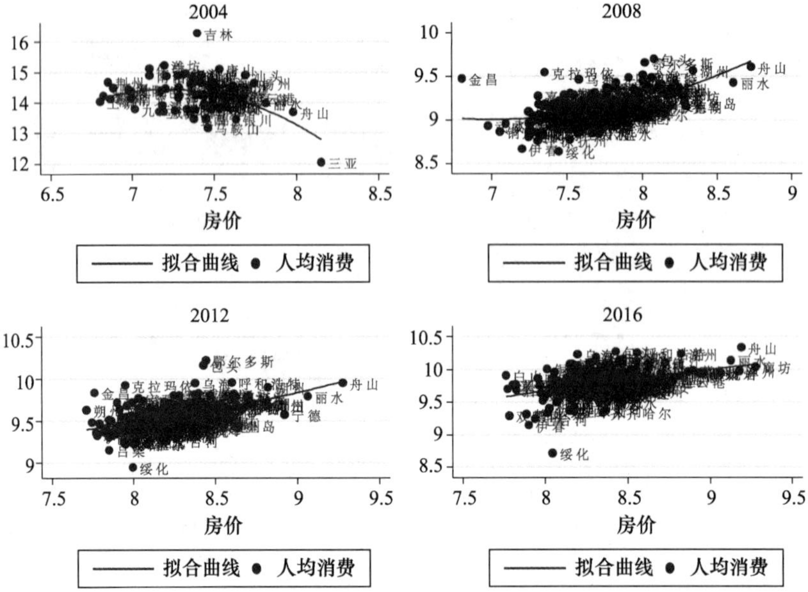

图 3—14 三线及以下城市房价和人均消费间的关系

资料来源：根据《中国城市统计年鉴》数据整理而得。

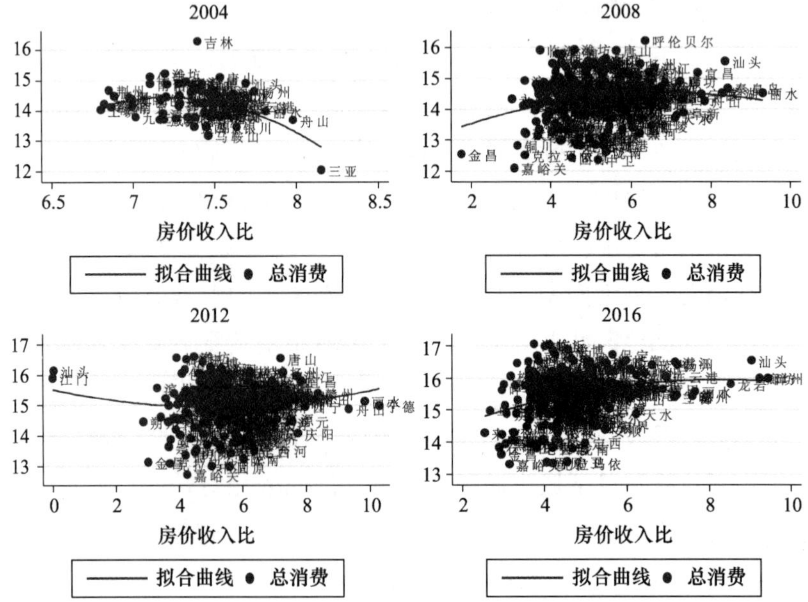

图 3—15 三线及以下城市房价收入比和消费间的关系

资料来源：根据《中国城市统计年鉴》数据整理而得。

第二节 房价、住房支出对消费的影响机制

财富效应与挤出效应的作用机制在任何房地产市场都是同时存在的，房价对消费影响取决于两者的净效应。根据生命周期和持久收入理论，消费是收入和财富的函数，房产作为许多家庭的重要财富，其价格的上升会引起住房持有者财富存量的增加，从而引起消费支出的增加，产生直接的财富效应。同时，房地产价格上涨，消费者购置房屋的成本上升了，进而不得不在约束的收入预算下增加购房储蓄减少其他消费，最终导致整体消费下降，导致挤出效应。因此，是否拥有住房是房价上涨对消费产生财富效应还是挤出效应的重要条件之一。本章拟从是否拥有住房及投资性房产来分析房价变化、住房支出的变动的财富效应和挤出效应。

一 房价变化、住房支出影响消费的财富效应机制

根据生命周期理论，家庭财富的大小和财富的变动会影响到消费支出，房地产作为家庭的重要财富，当房价波动时，人们的财富存量发生变化，从而直接影响人们的收入分配、消费支出和消费决策，进而影响总需求和经济增长，这就是房地产财富效应。从财富效应的定义来看，财富效应的实现有一定条件：消费者拥有房产并且拥有的房产不用于满足刚性自住需求，即消费者拥有投资性房产是房价财富效应产生的重要前提条件（张明，2019）。部分学者已研究得出房地产财富对居民消费有显著的促进作用；房价上涨并没有使我国房地产财富效应增强，反而有所减弱；住房来源于"自己的"家庭的财富效应高于住房来源于"单位的"和"国家的"家庭（黄静等，2009）。所以，是否拥有住房及投资性房产是房价财富效应发生的前提，影响着财富效应的大小。

Ludwig 和 Slok（2002）指出，房地产价格上升还可以通过兑现的财富效应、未兑现的财富效应、流动性约束效应和信心效应机制促进私人消费。住房自有者可以将其拥有的住房用于出租、出售或者通过其他金融市场抵押再融资来增加货币需求。这也就是说，房价上涨通过增加住房自有者的财富，促进了住房自有者消费的增加。在房地产价格上升时，

财富效应将导致"有房族"扩大其总体消费；同时，由于住房自有者已经拥有一定的财富满足于基本生活需要，不用考虑未来房贷压力，在一定程度上房产财富的增加会引起消费升级，这就是房价直接财富效应。同时，随着房价的上涨，住房是优质的抵押品，依赖于房地产的抵押担保，能使消费者更容易地获得低成本贷款。房价上升会提高抵押品的价值，进而放松住房所有者的流动性约束来增加其消费。流动性约束渠道主要作用于那些拥有房产且面临流动性约束的消费者，在这一渠道下居民的消费能力随着房价的上涨而提高，使其更有能力将原本只能在未来增加的消费提前到当期，从而表现为当期消费增加。此外，房价上涨会增加居民对未来收入和价格预期，能够增强持有住房的消费者对未来经济发展的信心，提高其短期内的边际消费倾向，从而促进消费水平的提高。基于此，本章提出以下假设：

假设1：住房自有率影响房价财富效应的大小，且房价上升会通过房产财富增加、租金收入等财产性收入增加，促进居民总消费的增加。

二 房价变化、住房支出影响消费的挤出效应机制

与财富效应不同的是，挤出效应是指随着房价上涨，消费者购置房屋的成本上升了，或者租房者的租金上升了，进而不得不在约束的收入预算下增加购房储蓄减少其他消费，最终导致整体消费下降。挤出效应的实现同样需要满足一定的条件：消费者属于没有房屋且有购置房屋的刚性需求，消费者的劳动收入在短期内是有限的，且一般而言，预期劳动收入增长率小于房地产价格的增长率。Ludwig 和 Slok（2002）分析了房价波动对无房者的影响，认为房价上升带来的租金上涨会使居住成本增加，在总收入一定的情况下势必会挤压其他的消费支出；同时，房价的上涨还会使欲购房家庭为实现未来的购房计划，不得不增加储蓄、减少当前的消费。他们指出房价上升会通过预算约束效应、替代效应抑制私人消费。

颜色等（2013）将房价上涨导致的消费压缩称为"房奴效应"，认为房价上涨过快使得年轻无房的一代为了购房而极力储蓄，压缩消费。有时甚至不仅是年轻无房一代压缩消费，父母也为了资助子女购房而节衣缩食，拿出一辈子积蓄购房。这些家庭不仅在购房前为了支付首付而拼

命压缩消费，而且在购房后由于沉重的还贷压力也被迫牺牲日常消费。换句话说，房价过快上涨增加无房者的购房负担，或提高了购房贷款杠杆，以及租房租金，从而挤出了无房者的消费。尤其是对那些收入增长率低于房价增长率的无房者，促使其更加注重通过减少消费支出，即挤出效应会更大。同时，房价上涨带来的财富增加更多地向城市住房自有者、开发商、政府等转移，无房者的财产性收入相对会下降，进一步地影响其对未来收入的预期，导致其边际消费倾向的降低。一般而言，与低收入阶层相比，高收入阶层边际消费倾向相对较低，房价上涨导致低收入阶层收入和财富的下降，会引起总需求增速的放缓，即房价挤出效应逐步增强，财富效应减弱。基于此，本章提出以下假设：

假设2：房价上涨会通过购置成本、租金等方式挤压无房者消费，随着无房者边际消费倾向的降低，房价的财富效应逐步增强。

第三节 房价变化、住房支出对消费影响效应的识别与实证研究

房价上涨的财富效应和挤出效应大小受居民是否拥有住房及是否拥有投资性房产、预期收入变化、地区等存在非对称影响；房价会影响住房成本大小，进而对有房者和无房者产生差异化的影响。本章将运用中国家庭追踪调查（China Family Panel Studies，CFPS），通过微观住房主体的特征，能够更好地识别出房价上涨的财富效应和挤出效应，以及住房成本支出对居民消费支出的影响。

一 模型设定与数据处理

（一）样本来源

本章使用的数据来自中国家庭追踪调查（China Family Panel Studies，CFPS），该数据库旨在通过跟踪收集个体、家庭、社区三个层次的数据，反映中国社会、经济、人口、教育和健康的变迁。CFPS样本覆盖25个省/市/自治区，目标样本规模为16000户，调查对象包含样本家户中的全部家庭成员；目前，该数据库进行了2010—2016年7年全国跟踪调查，并对数据进行了修正。该数据库包含了较为翔实的家庭消费、家庭支出、

家庭收入以及住房信息等微观数据，因此完全可以用它进行较好的房地产财富效应的实证研究。

鉴于本章研究目的，本章选取了 2010 年、2012 年、2014 年、2016 年四次调查数据中的城镇家庭的调查数据；同时，为了能够获得数据的动态变化特征，本章按照家庭代码进行了数据的筛选和提出，得到总样本数为 697。

（二）模型设定和指标说明

基于生命周期假说和持久收入假说，以及前文分析的研究假设，为了估计房价对消费的弹性系数，以及弹性系数随时间的大小变化，本章设定如下模型：

$$\text{ln}pce = \partial_0 + \partial_1 \text{ln}inc + \partial_2 \text{ln}hp + \partial_3 \text{ln}house + \sum_{t=2010}^{+2016} \partial_i \text{ln}hp \times T_t +$$

$$\sum_k \partial_k \text{ln}hp \times V_k + \sum_j \partial_j X_j + \varepsilon \qquad (3\text{—}1)$$

其中，$\text{ln}pce$、$\text{ln}inc$、$\text{ln}hp$ 和 $\text{ln}house$ 分别代表家庭在 t 期的除住房外的消费支出、收入、房价对数和居民住房支出。$\text{ln}hp \times T_t$ 为房价和年度的虚拟变量，用来分析四次调查的房地产财富效应大小。通过构建 $\text{ln}hp \times V_k$ 交叉项，来反映是否拥有住房、拥有几套住房、不同地区等因素造成的房价非对称影响。本章认为，随着房价上涨，有房者的财产收入会提高，尤其是两套以上（或者存在出租）的住户的财富效应较大；然而，对于无房者由于房租上升，进而会挤压其当期和未来消费，即存在挤出效应。X_j 为各家户的个体特征，包括户主的年龄、性别、有无工作、家庭规模、婚姻状态以及对未来的信心。通过估算 ∂_2、∂_i 和 ∂_k，可以得出房价对消费的弹性系数，并通过系数的对比可以识别出房价的财富效应的增强或减弱，以及挤出效应的大小。

（三）数据描述

表 3—3 给出了样本中关键指标的描述性统计，在 2010—2016 年间，全国城镇居民家庭的收入、消费和房地产财富随着时间的推移而增长，特别是房地产价格增长较大，但是出现一定程度的分化。家庭人口基本维持在 3—4 口人，数据相对稳定，适合于进行房价财富效应的检验。

表3—3　　　　　　　　　　　　变量描述性统计

Variable	Obs	Mean	Std. Dev.	Min	Max
lnpce	2784	10.61682	0.822972	5.480639	15.34157
lnhp	2784	8.185811	1.298635	4.71053	16.75995
lninc	2784	10.58259	0.9489	0	15.20181
lnhouse	2784	7.93027	1.1913	2.302585	12.56024
fs	2784	3.691451	1.394249	1	11
fq	2784	0.860632	0.346392	0	1
gender	2784	0.571018	0.49502	0	1
age	2784	47.3574	12.28622	16	87
emp	2784	0.701509	0.457678	0	1
enq	2784	3.761853	1.06442	0	5
married	2784	0.054957	0.227937	0	1

二　房价的财富效应与挤出效应大小识别与分析

（一）房价上涨存在财富效应，但是增长速度有所减缓

为了检验房价变动对居民消费的影响程度，尤其是房价上涨对居民消费究竟是存在财富效应还是挤出效应，根据方程（3—1），对模型进行初步回归，以消费的对数为因变量，收入、房价、住房支出的对数及其交互项为自变量；同时控制家庭人口特征以及对未来不确定性的期望，具体回归结果见表3—4。

从表3—4中的结果可以看出，2010年房价上涨存在显著的财富效应。模型（1）给出了房价对于消费的弹性系数，且统计上较为显著，均值为0.041。模型（3）估计出了四次调查的弹性系数分别为 −0.046、0.036、0.062和0.077，这表明住房价格每上升1%，将导致消费增长 −0.046%—0.077%，这也与黄静等（2009）得出的0.08%—0.12%的房地产财富的消费弹性结论较接近。虽然与Case、Quigley和Shiller（2005）对欧洲国家20世纪90年代房地产财富的消费弹性为0.11—0.17之间的结论相比，以及与收入的消费弹性系数0.27相比，我国房价上涨对消费的影响也不容被忽视。从房价和时间虚拟变量的交叉项来看，我国房价对消费的财富效应弹性系数呈先上升后下降的趋势，2010—2014

年房价的财富效应弹性系数逐年上升，这表明随着我国房价上涨，对于城市消费的拉动作用在不断上升，即房价上涨带来的财富效应在增强。但是，我们看到2016年，房价的财富效应弹性系数出现明显的下滑，表明房价对于消费的拉动作用减弱，房地产财富效应的弹性系数增长仅约为前一年度的1/3；房价的财富效应在下降，这也与我国实施严格的房地产管控政策相关。

表3—4 　　　　　　　　　　　　房价的财富效应存在性检验

	（1）	（2）	（3）	（4）
lninc	0.1218 ***	0.121 ***	0.0616 ***	0.0624 ***
	（0.01862）	（0.0186）	（0.0178）	（0.0177）
lnhp	0.04187 ***	0.0430 ***	− 0.0463 ***	0.171 **
	（0.0147）	（0.0156）	（0.0154）	（0.0777）
lnhouse	0.1361 ***	0.158 ***	0.0797 ***	0.297 ***
	（0.01253）	（0.0139）	（0.0124）	（0.0770）
lnhp × 无房		− 0.0058		
		（0.0064）		
ln$house$ × 租私人房屋		− 0.0212 ***		
		（0.00559）		
lnhp × T_{2012}			0.0361 ***	0.0366 ***
			（0.00417）	（0.00416）
lnhp × T_{2014}			0.0622 ***	0.0622 ***
			（0.00436）	（0.00435）
lnhp × T_{2016}			0.0773 ***	0.0773 ***
			（0.00463）	（0.00462）
lnhp × ln$house$				− 0.0263 ***
				（0.00923）
fs	0.04322 ***	0.0384 ***	0.0396 ***	0.0397 ***
	（0.0123）	（0.0124）	（0.0116）	（0.0116）
age	0.0275 ***	0.0266 ***	0.00353	0.0031
	（0.0028）	（0.0028）	（0.0029）	（0.0029）

续表

	（1）	（2）	（3）	（4）
enq	0.0374 **	0.0357 **	0.0149	0.0130
	（0.0144）	（0.0144）	（0.0136）	（0.0136）
emp	0.0994 **	0.101 **	0.0177	0.0131
	（0.0398）	（0.0397）	（0.0376）	（0.0376）
married	0.3452 **	0.331 ***	− 0.0286	− 0.0290
	（0.0922）	（0.0922）	（0.0890）	（0.0889）
gender	0.1335 *	0.128 *	0.171 ***	0.175 ***
	（0.0709）	（0.0708）	（0.0662）	（0.0661）
_cons	6.1346 ***	6.094 ***	8.870 ***	7.104 ***
	（0.2525）	（0.253）	（0.283）	（0.680）
N	2778	2778	2778	2778
R^2	0.285	0.212	0.275	0.278

资料来源：作者计算而得。

注：括号内是标准误，***、**、*分别表示在1%、5%、10%的水平上是统计显著的。

模型（2）通过将消费者划分为有房者和无房者，并通过虚拟变量将其引入，回归结果显示，房价对有房者的财富效应显著为正，其财富效应弹性系数为0.043。相反，房价上涨对无房者存在负向作用，其系数为 −0.0058；虽然统计上不显著，但是表明存在一定的挤出效应。当本章引入了居住成本后发现，居住成本指数的增加会影响居民的消费，而租赁房屋的租金又是居住成本的重要组成部分，房价上涨势必会引致租金的上涨，进而对租房者或者无房者的消费产生影响，即产生挤出效应。本章估计得出房价通过居住成本会挤出居民 −0.021 个百分点的消费。

因此，运用 CFPS 微观数据可以证明，存在较为显著的房价财富效应；同时通过引入居住支出，也可以估计出房价的挤出效应，其总效应大小已归结为表3—5。从表中可以看出，房屋持有者和租赁者之间存在显著差别，其中前者主要以财富效应为主，后者则是挤出效应。房价变动的净财富效应为0.029，即房价每变动1个百分点，会带动消费增长0.029个百分点。

表3—5 房价变动的效应

	财富效应	挤出效应	净财富效应
房屋持有者	0.043	-0.005	0.038
房屋租赁者	-0.006	-0.021	-0.027
净效应	—	—	0.029

注：挤出效应考虑到了居住成本的增加对居民消费支出的影响，除租金支出外，还有房价上涨带来的物业费、装修费等上涨影响，故房屋持有者也存在一定的挤出效应。同时最后采用住房自有率作为权重进行加总。

（二）居住支出是影响居民消费水平的重要因素，房价上涨会通过增加居住消费负担进而对消费产生挤出效应

居住支出或住房支出是居民消费支出的重要的组成部分，其支出大小会影响其他消费支出水平。其中，住房租赁支出是居住支出的重要构成，而租金在一定程度上会受房价上涨影响。随着房价上涨，居民所需支付的房租会增加，进而需减少其他生活或更高层次的支出，会挤出无房者的消费。但是，对于出租房屋者来说，房价上涨带来的租金的上涨则会优化其消费。因此，房价上涨引致的居住成本的增加究竟是否会产生挤出效应存在不确定性。本章利用 CFPS 微观数据研究发现，单纯的居住支出对消费存在正向影响，其弹性系数在 0.079—0.279 间，表明在不考虑房价变动时，居住支出对居民消费的影响为正效应。这可能是因为当前居住支出占居民支出比重相对较小，且在考虑房价不变的情况下，居住支出在较小挤压无房者消费下，会较大幅度提升有房者的消费，进而使得居住支出与消费呈正相关。

但是，当考虑房价变动时，房价会直接增加无房者的房屋租赁支出，房价上涨的挤出效应出现。模型（4）给出了房价和居住支出的交互项估计系数，估计值为 -0.0263，这表明房价每上涨 1 个百分点，就会通过居住支出使居民消费下降 -0.0263 个百分点。这一变化主要来自于居住支出中房租支出的影响，本章将在差异化分析中分析居住支出对有房者和无房者的差异。这也在一定程度上表明，当房价上涨时，房价引致的居住支出所造成的挤出效应（主要对无房者而言）要超过财富效应（主要

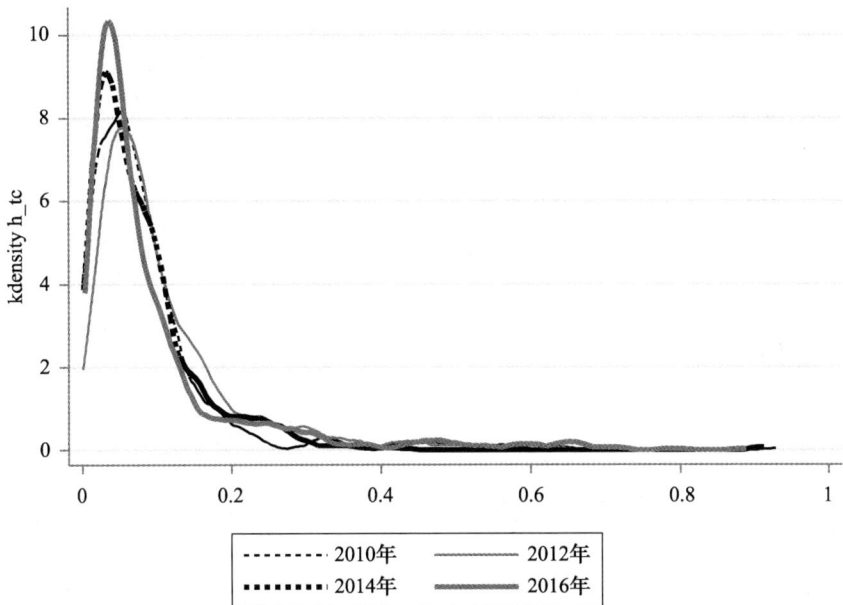

图3—16 居住支出占消费总支出的比重核密度图

对有房者而言）。

（三）房价财富效应与挤出效应的差异性检验

以上模型已经分析得出，房价会通过住房支出的增长影响居民消费支出水平，为了进一步分析房价对无房者和有房者的差异，本章将通过构造相关变量，探究房价对有房者和无房者的影响。本章认为房租对于房屋出租者而言，是一种财产性收入，对租房者是一种住房支出。房价上涨会增加出租者的财产性收入，进而增加出租者的家庭收入，最终促进家庭消费支出的增加，即财富效应增强；反之，房价上涨会增加租房者的支出，如果房价上涨速度大于工资上涨速度，那么家庭消费将会减少，即存在挤出效应，财富效应减弱。基于此，本章通过构造是否拥有产权以及是否有房出租，来反映房租对于出租者和租房者的影响。还要考虑房地产泡沫（或不同房价收入）下，房价财富效应的变化。具体估计结果见表3—6。

表3—6 房价财富效应的差异化检验

	(4)	(5)	(6)
lninc	0.0616 ***	0.0614 ***	0.0622 ***
	(0.0177)	(0.0178)	(0.0177)
lnhp	− 0.0538 ***	− 0.0462 ***	− 0.0476 ***
	(0.0161)	(0.0154)	(0.0154)
lnhouse	0.0809 ***	0.0774 ***	0.0923 ***
	(0.0124)	(0.0125)	(0.0137)
$\ln hp \times T_{2012}$	0.0359 ***	0.0360 ***	0.0361 ***
	(0.00417)	(0.00417)	(0.00416)
$\ln hp \times T_{2014}$	0.0624 ***	0.0620 ***	0.0615 ***
	(0.00436)	(0.00436)	(0.00437)
$\ln hp \times T_{2016}$	0.0779 ***	0.0778 ***	0.0764 ***
	(0.00464)	(0.00464)	(0.00464)
$\ln hp \times$ 住房自有	0.0905 *		
	(0.00426)		
$\ln hp \times$ 住房出租		0.0573 **	
		(0.00412)	
$\ln hp \times$ 租房			− 0.0112 **
			(0.00515)
fs	0.0388 ***	0.0386 ***	0.0368 ***
	(0.0116)	(0.0116)	(0.0116)
age	0.00342	0.00351	0.00339
	(0.00298)	(0.00298)	(0.00298)
enq	0.0151	0.0150	0.0145
	(0.0136)	(0.0136)	(0.0136)
emp	0.0191	0.0160	0.0200
	(0.0376)	(0.0376)	(0.0376)
married	− 0.0228	− 0.0279	− 0.0275
	(0.0891)	(0.0890)	(0.0889)
gender	0.167 **	0.170 **	0.166 **
	(0.0662)	(0.0662)	(0.0662)

续表

	(4)	(5)	(6)
_cons	8.864 ***	8.885 ***	8.808 ***
	(0.283)	(0.283)	(0.284)
N	2778	2778	2778
R^2	0.276	0.275	0.276

资料来源: 作者回归得到。

从表中可以看出, 是否拥有住房以及是否出租都对房价上涨的财富效应具有重要的影响。模型 (4) 可以得出, 拥有自住房者的房价财富效应弹性系数为 0.095, 远高于无房者的弹性系数 - 0.058;这表明房价上涨会对有房者的消费刺激作用大于无房者的消费的抵消作用, 也在一定程度上说明住房支出为何对消费仍呈现正相关作用。由于有房者仅承担虚拟房租, 房价的上涨会使有房者认为虚拟房租上升, 进而认为自身的财富增加, 最终引致消费增加。此外, 模型 (5) 给出了拥有两套房且出租的住房自有者的估计结果, 房价财富效应弹性系数为 0.0573, 表明房价上涨对于拥有多套房产的家庭较为明显, 这也符合本章的研究假设。相反, 模型 (6) 给出房价对于无房者的影响, 需要支付房租的家庭的财富弹性系数为负, 值为 - 0.011, 且在统计上显著, 这在一定程度上表明, 房价的财富效应在减弱, 挤出效应开始在增强。无房者承担的是真实房租, 房价上涨意味着必须压缩开支, 减少当期消费。但是, 整体而言, 房价上涨带给有房者的财富效应系数要远大于挤出效应系数, 且依据 CFPS 数据得出, 样本住房自有已达到85% , 所以净财富效应仍为正。

总之, 通过运用 CFPS 微观家庭样本数据, 研究得出房价上涨对消费存在双向影响, 并且受家庭特征、收入不确定以及其他外部条件的影响, 房价对消费的不对称影响较为明显。本章研究发现房价对消费的影响主要以财富效应为主, 其中净财富效应大小约为 0.029。但是, 值得注意的是, 随着居住成本占消费比重的提升, 房价上涨的挤出效应已经显现, 研究发现当前居住成本的挤出效应为 - 0.0263;其中无房者是主要受影响者。按照是否拥有自住房以及几套房产, 可以得出房价上涨对于拥有房产尤其是多套房产的财富效应较大, 而对于租房者而言, 房价上涨会产生挤出效应。特别是，随着房价收入比的提高，房价上涨的挤出效应不断增强。这在一定程度上会削弱房地产的财富效应，这也是当前房价和消费间出现向倒"U"型转变的重要原因；然而短期内大多数地区仍将会处于房价的财富阶段。

本研究从理论和实证上探究了房价变化、住房支出对消费的影响，并通过收集 286 个城市房价和消费相关的数据，以及中国家庭追踪调查（China Family Panel Studies，CFPS）数据，研究发现：

一是短期内房价上涨仍以财富效应为主，但是财富效应呈边际递减趋势；同时，不同城市之间存在较大的差异性。通过分析 286 个城市以及 697 个微观样本，本研究发现房价和消费之间存在明显的财富效应，财富效应的弹性系数在 [-0.046%，0.077%] 内变化。同时，研究发现拥有住房者和无房者之间的财富效应存在较大的差异，前者的财富效应弹性系数为 0.043，后者的财富效应弹性系数为 -0.0058，这表明房价上涨对无房者存在挤出效应。为了能够得出房价变化的净财富效应，本研究通过构建无房者和房价的虚拟交叉项，估算出房价变化的净财富效应为 0.029，这也表明随着我国居民住房自有率的提升，短期内房价上涨引致的财富效应仍占据主导地位。

二是居住支出是影响居民消费水平的重要因素，房价上涨会通过增加居住消费负担进而对消费产生挤出效应。本研究通过运用 CFPS 微观数据，通过将消费者划分为有房者和无房者，研究发现当不考虑房价变动时，纯粹的住房支出增加对居民消费总支出存在正向效应。但是，当将房价上涨纳入进来，房价会通过增加无房者的住房支出，挤出无房者的其他消费支出。同时，房价上涨对拥有多套住房者的消费拉动效应要大于一套住房，这也符合本章的研究假设。然而，房价收入比衡量的是普通家庭的购房负担；其是对于无房者的消费产生较大的挤出效应。所以，房价上涨引致的住房支出的增加会随着房价收入比上升产生挤出效应；对于无房者的挤出效应大于拥有自住房者。受消费倾向、消费需求结构等因素影响，房价上涨引致的住房支出对消费的挤出效应会增强，促使房价和消费间倒"U"型关系转变。

第四节 房地产投资对经济增长
影响的特征事实

图3—17报告了1986—2018年我国房地产开发投资占全社会固定资产投资比重的变化趋势,可以发现,2000年以后,房地产开发投资占全社会固定资产投资的比重一直在15%以上;如果考虑到房地产对上下游产业固定资产投资的拉动作用,那么房地产投资对固定资产投资的影响就更大。因此,房地产投资是推动中国宏观经济增长不容忽视的力量。

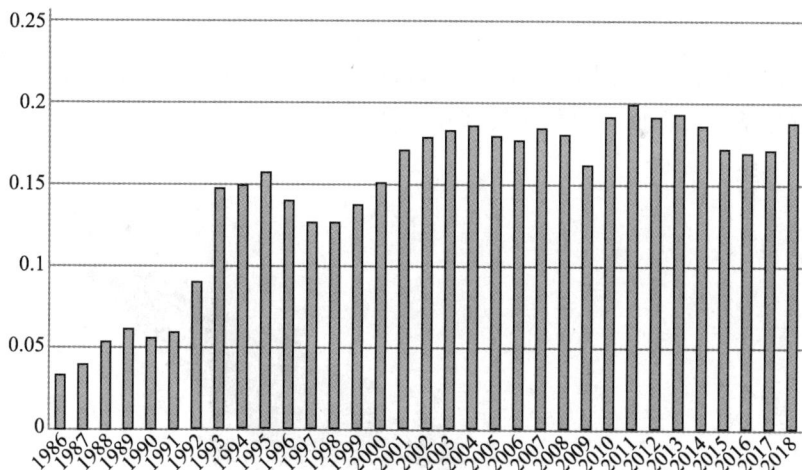

图3—17 房地产开发投资占全社会固定资产投资的比重

图3—18报告了1987—2018年房地产投资对经济增长的贡献度,可以发现2000年以后,房地产开发建设投资对经济增长的贡献度长期维持在10%以上,是中国经济增长的重要动力。特别是在2007年国际金融危机以后,房地产开发建设投资对经济增长的贡献度不断提高,在2013年达到最高的25%,这表明房地产投资也是中国应对外部冲击的重要政策选项。

因此,尽管中国房地产行业发展过程中房价的快速上涨导致了一系

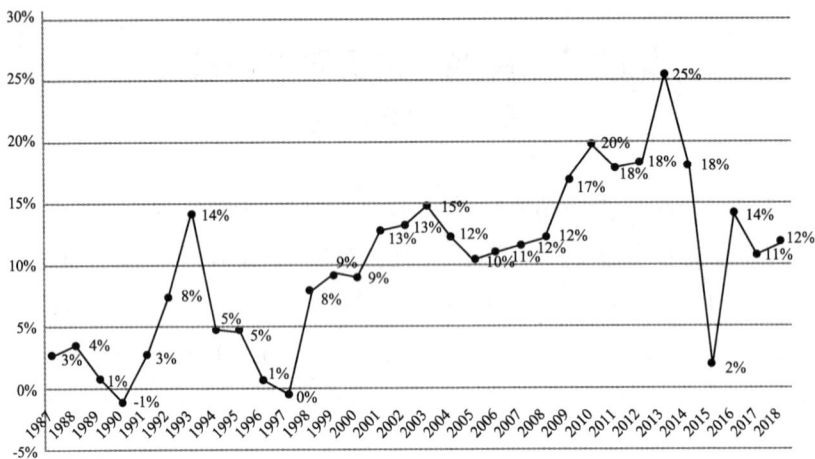

图3—18　房地产开发投资对经济增长的贡献度

列负面影响，但我们也应该客观承认房地产行业在拉动固定资产投资、促进经济增长方面发挥的积极作用。图3—19报告了2003—2015年地级

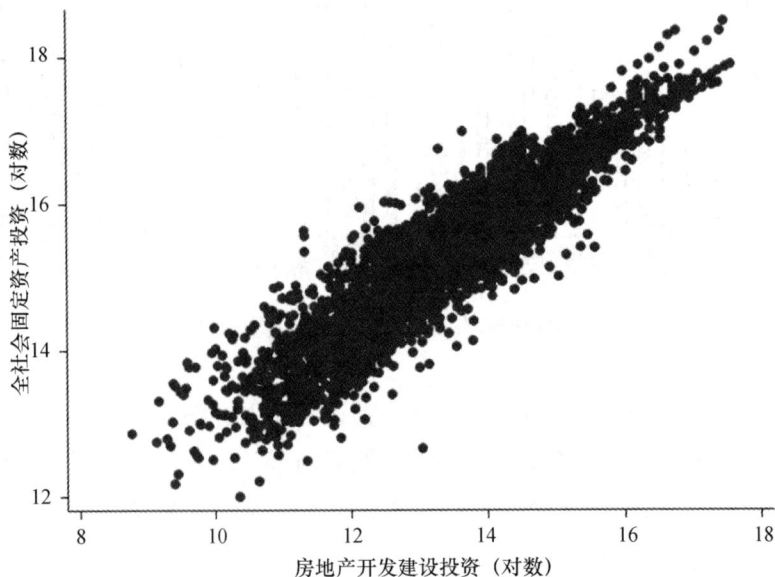

图3—19　房地产开发投资与全社会固定资产投资的散点图

市层面房地产开发建设投资与全社会固定资产投资的散点图,可以发现两者呈现出高度正相关关系,房地产相关投资仍然是拉动固定资产投资的重要动力。

作为房地产市场景气程度的重要指标,房地产投资水平高的城市往往是房地产市场活跃,房价较高的城市。从数据来看,房地产开发建设投资与房价水平高度正相关,1991—2017 年中国全国层面房地产开发建设投资与全国平均房价水平的相关系数为 0.976,两者高度相关,表明房地产行业投资强度是房地产市场活跃度的重要信号;而过高的房价会提高实体经济成本,降低利润率,从而不利于实体经济部门扩大固定资产投资。房地产市场与劳动力市场的这种联动关系也使得房地产投资对固定资产投资的影响存在多重影响,特别是当房地产市场对劳动力市场存在影响时,房地产投资变化引起的房价波动会改变劳动力市场的均衡工资,进而影响资本在产业间的流动,这使得房地产投资对全社会固定资产投资的影响变得更加复杂。因此,从理论上看,房地产投资除了对固定资产投资存在拉动效应外,还可能产生挤出效应。基于上述考虑,本章试图从拉动效应与挤出效应两方面来全面考察房地产投资对固定资产投资的影响。

第五节　房地产投资对固定资产投资
拉动与挤出效应的机理分析

一　拉动效应的机理与测算方法

由于住房开发建设投资本身属于固定资产投资的重要组成部分,所谓拉动效应,指的是房地产投资除了提高房地产部门的投资水平外,还会通过产业关联效应来扩大全社会的固定资产投资。这是因为房地产部门是一个产业链条非常长的行业,在房地产的开发、建设、出售、居住等不同环节涉及了大量其他行业,其上游行业有建材业、冶金、化工、机械、仪表等;下游行业有装饰、装修业、电气家具业、旅游、园林业、运输业和服务业等。因此,房地产部门扩大再生产的过程中会增加对其他关联行业最终品的需求,这会导致其他行业扩大再生产进而增加固定资产投资,本章将其称为拉动效应,这是房地产投资促进固定资产投资的一面。房地产投资对固定资产投资的拉动效应本质上反映了房地产投资的城市效应，即当房地产部门增长 1 单位投资时，会导致所有行业增加多少单位投资。

本章利用投入—产出方法来测算房地产投资的拉动效应。具体而言，本章使用了 2002 年、2005 年、2007 年、2010 年、2012 年与 2015 年中国 42 个部门的价值型投入产出表数据，首先根据第 j 部门生产单位产出直接消耗第 i 部门的产品量 x_{ij}，计算出第 j 部门对第 i 部门的价值直接消耗系数为：$a_{ij}=x_{ij}/X_j$；在此基础上，通过计算里昂惕夫逆矩阵来得到完全需要系数矩阵，从而得到房地产行业最终需求增加 1 个单位时，对其他部门总需求的拉动水平。由于投资也属于最终需求，因此可利用完全需要系数来衡量房地产投资对全社会固定资产投资的拉动效应。表 3—7 与表 3—8 分别报告了相应年份房地产行业对所有行业的完全需要系数。

表 3—7　　　　2002 年、2005 年、2007 年与 2010 年房地产行业
对所有行业的完全需要系数

部门	2002	2005	2007	2010
农业	0.01685	0.01497	0.01408	0.01044
煤炭开采和洗选业	0.01160	0.01442	0.00685	0.02254
石油和天然气开采业	0.01009	0.00985	0.01551	0.05555
金属矿采选业	0.00446	0.00465	0.00573	0.02403
非金属矿采选业	0.00361	0.00273	0.00178	0.01351
食品制造及烟草加工业	0.00855	0.00951	0.01438	0.01082
纺织业	0.00406	0.00357	0.00729	0.01037
服装皮革羽绒及其制品业	0.00288	0.00240	0.00623	0.01141
木材加工及家具制造业	0.00735	0.00476	0.00388	0.01140
造纸印刷及文教用品制造业	0.01717	0.01359	0.01534	0.03313
石油加工、炼焦及核燃料加工业	0.01575	0.01860	0.02333	0.03402
化学工业	0.03480	0.03394	0.04893	0.02263
非金属矿物制品业	0.02194	0.02146	0.00696	0.00882
金属冶炼及压延加工业	0.03892	0.03455	0.03302	0.01405
金属制品业	0.01380	0.01114	0.01575	0.02090

续表

部门	2002	2005	2007	2010
通用、专用设备制造业	0.02597	0.01732	0.01533	0.01037
交通运输设备制造业	0.02299	0.01663	0.01351	0.00863
电气、机械及器材制造业	0.02149	0.02128	0.01926	0.01636
通信设备、计算机及其他电子设备制造业	0.02787	0.03126	0.02024	0.01141
仪器仪表及文化办公用机械制造业	0.00379	0.00353	0.00571	0.02528
其他制造业	0.00206	0.00181	0.00228	0.01672
废品废料	0.00205	0.00219	0.00350	
电力、热力的生产和供应业	0.02130	0.03212	0.02510	0.02365
燃气生产和供应业	0.00081	0.00070	0.00057	0.01226
水的生产和供应业	0.00164	0.00130	0.00079	0.01239
建筑业	0.04454	0.02260	0.01298	0.00613
交通运输及仓储业	0.03178	0.02798	0.01675	0.01876
邮政业	0.00082	0.00054	0.00083	0.03605
信息传输、计算机服务和软件业	0.01695	0.01261	0.00603	0.01591
批发和零售贸易业	0.02645	0.01217	0.01100	0.01143
住宿和餐饮业	0.02266	0.02149	0.01728	0.03715
金融保险业	0.09571	0.06121	0.03521	0.05741
房地产业	1.01579	1.00916	1.01201	1.01863
租赁和商务服务业	0.04647	0.04780	0.02872	0.06441
旅游业	0.00056	0.00048	0.00087	0.01247
科学研究事业	0.00034	0.00303	0.00284	0.01751
综合技术服务业	0.00300	0.00121	0.00076	0.00882
其他社会服务业	0.00533	0.00428	0.00922	0.02859
教育事业	0.00201	0.00179	0.00101	0.00101
卫生、社会保障和社会福利事业	0.00081	0.00135	0.00081	0.00166
文化、体育和娱乐业	0.00301	0.00280	0.00510	0.04329
公共管理和社会组织	0.00000	0.00000	0.00052	0.00098

资料来源:根据国家统计局公布的历年投入产出表数据计算得到。

表3—8 2012年与2015年房地产行业对所有行业的完全需要系数

部门	2012	2015
农林牧渔产品和服务	0.01588	0.01197
煤炭采选产品	0.00879	0.01677
石油和天然气开采产品	0.01170	0.04813
金属矿采选产品	0.00527	0.01817
非金属矿和其他矿采选产品	0.00244	0.01674
食品和烟草	0.01811	0.01326
纺织品	0.00743	0.01189
纺织服装鞋帽皮革羽绒及其制品	0.00532	0.01043
木材加工品和家具	0.00360	0.00928
造纸印刷和文教体育用品	0.02325	0.03756
石油、炼焦产品和核燃料加工品	0.01744	0.02155
化学产品	0.03117	0.01267
非金属矿物制品	0.00947	0.00879
金属冶炼和压延加工品	0.02608	0.01181
金属制品	0.00894	0.01349
通用设备	0.00538	0.00705
专用设备	0.00294	0.00583
交通运输设备	0.00823	0.00806
电气机械和器材	0.01091	0.01094
通信设备、计算机和其他电子设备	0.01452	0.01260
仪器仪表	0.00150	0.01193
其他制造产品	0.00260	0.05105
废品废料	0.00196	0.02045
金属制品、机械和设备修理服务	0.00048	0.02300
电力、热力的生产和供应	0.02097	0.02048
燃气生产和供应	0.00268	0.03999
水的生产和供应	0.00089	0.02338
建筑	0.02802	0.00780
批发和零售	0.01882	0.01276
交通运输、仓储和邮政	0.02460	0.02210
住宿和餐饮	0.01396	0.03294

续表

部门	2012	2015
信息传输、软件和信息技术服务	0.01091	0.01937
金融	0.13323	0.09182
房地产	1.04436	1.05955
租赁和商务服务	0.06352	0.07803
科学研究和技术服务	0.00421	0.00788
水利、环境和公共设施管理	0.00109	0.00976
居民服务、修理和其他服务	0.00509	0.01587
教育	0.00122	0.00256
卫生和社会工作	0.00011	0.00056
文化、体育和娱乐	0.00426	0.03194
公共管理、社会保障和社会组织	0.00217	0.00610

资料来源：根据国家统计局公布的历年投入产出表数据计算得到；2012 年与 2015 年的行业分类与之前存在一定差异。

二　挤出效应的机理与测算方法

房地产投资对固定资产投资的间接挤出效应是指，房地产投资的提高往往意味着房地产市场过热，而高房价会通过"成本效应"导致固定资产投资的下降。所谓"成本效应"，指的是房价上涨会导致城市居民生活成本的提高，而城市居民生活成本的提高会进一步传导到劳动力市场上，导致劳动力均衡工资的提高，提高其他产业部门的生产成本，从而降低其利润率，这会导致其扩大再生产受限以及资本要素由非房地产部门向房地产部门流动，引起非房地产部门固定资产投资数量的减少。从房价与非房地产行业固定资产投资占全社会固定资产投资比重来看，1991—2017 年两种的相关系数为 - 0.602，呈显著负相关，即房价越高，会降低全社会固定资产投资中非房地产行业固定资产投资的比重。由图 3—20 进一步可以发现，房价越高，会使得全社会非房地产行业固定资产投资增速逐渐变小。由于房地产投资与房价高度正相关，这也反映了房地产投资对其他部门固定资产投资可能存在的挤出效应。

因此，本章将房地产投资扩大导致非房地产部门固定资产投资下降的现象称为挤出效应，这种挤出效应对全社会固定投资的影响是负向的。

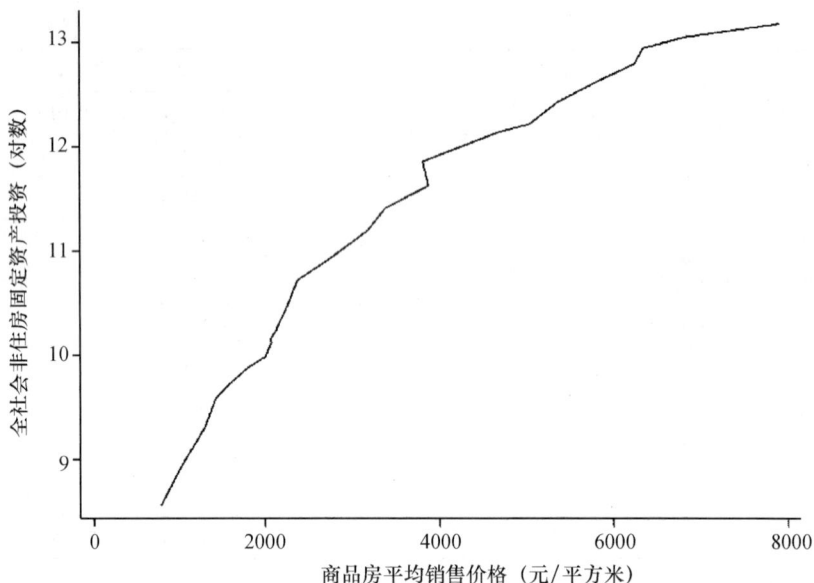

图 3—20 房价与全社会非房地产行业固定资产投资关系

相对于拉动效应，挤出效应是难以直接观测的。从理论上来看，利用投入产出法计算出来的拉动效应，衡量的是短期内固定要素投入比例生产技术下的结果，因此，基于投入产出法计算出来的拉动效应数值，反映了在既定的技术与经济结构下房地产投资所能够拉动的全社会固定资产投资理论上的最大值。但是，在长期中，房地产投资波动引发的房价波动，会导致企业进入与退出市场以及生产要素投入比例的调整，当挤出效应较大时，会使得实际中房地产投资对固定资产投资的拉动效应要小于利用投入产出法计算出来的理论最大值。基于上述思路，为了测算挤出效应的大小，本章首先估计长期中房地产投资对固定资产投资的总效应，具体设定如下计量模型：

$$I_{it} = \beta_0 + \beta_1 HI_{it} + \lambda X + \mu_{it} \qquad (3—2)$$

上式中 i 为城市，t 为年度，I_{it} 为城市 i 在 t 年的固定资产投资总额，用全社会固定资产投资总额来衡量；HI_{it} 为城市 i 在 t 年的房地产开发建设投资。X 为其他影响固定资产投资的因素组成的向量，具体包括实际利率，用经过 CPI 调整后的每年 1—3 年贷款利率来表示；融资约束，用每个城市的金融机构年均贷款余额来表示；市场需求，用人均 GDP 来衡量；

产业结构，用第二产业产值占 GDP 的比重与第三产业产值占 GDP 的比重来衡量；基础设施，用每千人平均宽带用户数与货物运输总量来衡量；对外开放度，用外资企业总产值占工业总产值的比重来衡量；劳动力成本，用工资水平来衡量。

具体而言，β_1 衡量的是房地产投资对固定资产投资的总效应，我们可以初步预期 $\beta_1 > 0$。同时，由于 β_1 衡量的是房地产投资对固定资产投资的总效应，因此，如果 β_1 小于基于投入产出表计算出来的拉动效应数值，那么两者间差值衡量的是挤出效应的大小；如果大于或者等于投入产值表计算出来的拉动效应数值，那么则认为挤出效应不显著，在统计意义上为零。

本章在估计式（3—1）时所使用的样本为 2003—2015 年我国 285 个城市组成的面板数据，相关数据根据历年《中国区域经济统计年鉴》《中国城市统计年鉴》以及各城市统计公报整理得到，各名义变量都利用固定资产投资价格指数与 CPI 调整为以 2000 年为基期。

第六节　房地产投资对固定资产投资拉动与挤出效应的测算结果分析

一　拉动效应的测算结果分析

（一）近年来房地产投资的拉动效应呈现出波动中上升的趋势

图 3—21 根据表 3—9 与表 3—10 的测算结果，报告了房地产投资对所有行业投资总拉动效应的年度值。总体而言，2012—2015 年房地产行业的平均拉动效应为 1.67，即房地产行业增加 1 单位投资时，会拉动所有行业 1.67 单位的总投资。从时间变化趋势来看，2002—2015 年房地产投资的拉动效应呈现出相对稳定的状态，均值在 1.63 左右，但在 2015 年房地产投资的拉动效应迅速提高，达到 1.896，已经接近 2。这是因为 2015 年以来棚户区改造货币化、去库存等进一步提升了房地产市场的活跃度，房地产开发建设投资增长迅速，对全社会固定资产投资的拉动效应也更明显。

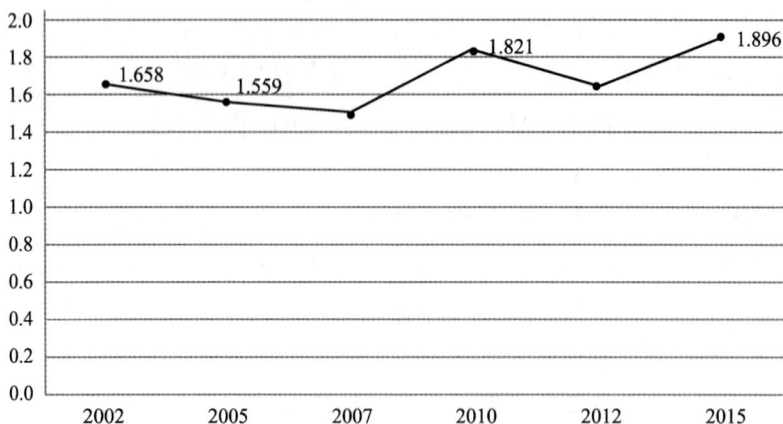

图3—21 2002—2015年房地产投资的拉动效应

（二）房地产投资所主要拉动的行业分布非常广泛，并具有相对稳定性

表3—9报告了历年房地产投资拉动效应最强的前十大行业，其中，属于房地产行业上游行业的有建筑业、金属冶炼及压延加工业、通信设备、计算机及其他电子设备制造业、电气、机械及器材制造业等制造业相关行业，下游行业有金融保险、租赁和商务服务业、批发和零售贸易业、住宿和餐饮业等。其中，金融保险业、租赁和商务服务业等在历年的排名中都比较靠前，基本位于前两名的位置。因此，总体而言房地产投资拉动效应最强的是第三产业部门；同时，房地产投资的拉动效应包括了大量的制造业，这表明房地产行业是一个产业链条非常广泛的行业。

表3—9 历年房地产投资拉动效应最强的前十大行业

2002	2005	2007	2010	2012	2015
金融保险业	金融保险业	化学工业	租赁和商务服务业	金融	金融
租赁和商务服务业	租赁和商务服务业	金融保险业	金融保险业	租赁和商务服务	租赁和商务服务
建筑业	金属冶炼及压延加工业	金属冶炼及压延加工业	石油和天然气开采业	化学产品	其他制造产品

续表

2002	2005	2007	2010	2012	2015
金属冶炼及压延加工业	化学工业	租赁和商务服务业	文化、体育和娱乐业	建筑	石油和天然气开采产品
化学工业	电力、热力的生产和供应业	电力、热力的生产和供应业	住宿和餐饮业	金属冶炼和压延加工品	燃气生产和供应
交通运输及仓储业	通信设备、计算机及其他电子设备制造业	石油加工、炼焦及核燃料加工业	邮政业	交通运输、仓储和邮政	造纸印刷和文教体育用品
通信设备、计算机及其他电子设备制造业	交通运输及仓储业	通信设备、计算机及其他电子设备制造业	石油加工、炼焦及核燃料加工业	造纸印刷和文教体育用品	住宿和餐饮
批发和零售贸易业	建筑业	电气、机械及器材制造业	造纸印刷及文教用品制造业	电力、热力的生产和供应	文化、体育和娱乐
通用、专用设备制造业	住宿和餐饮业	住宿和餐饮业	其他社会服务业	批发和零售	水的生产和供应
交通运输设备制造业	非金属矿物制品业	交通运输及仓储业	仪器仪表及文化办公用机械制造业	食品和烟草	金属制品、机械和设备修理服务

二　挤出效应的测算结果分析

（一）房地产投资对全社会固定资产以正向的拉动效应为主，挤出效应明显小于拉动效应

表3—10 的结果显示，长期中房地产投资增加1单位，会提高全社会固定资产投资1.18单位；结合上文对拉动效应的测算结果，2002—2015年间房地产投资的拉动效应均值在1.67左右，两者间的差值0.49反映了挤出效应的大小，这意味着房地产投资每增加1元，在平均意义上，会

拉动全社会固定资产投资 1.67 元，同时挤出全社会固定资产投资 0.49 元，最终是全社会固定资产投资增加 1.18 元。因此，总体上房地产投资对固定资产投资的影响仍然主要以拉动效应为主，拉动效应与基础效应的比值为 3.4 : 1。

表3—10　　　　　　　　房地产投资对全社会固定资产投资的总效应

解释变量	模型 1
房地产投资	1.178 ***
	(0.031)
其他控制变量	控制
城市固定效应	控制
时间固定效应	控制
样本量	3146
R^2	0.94

注：括号内是标准误，*** 、** 、* 分别表示在 1%、5%、10% 的水平上是统计显著的。

（二）房地产投资对全社会固定资产的挤出效应在时间上不断变大

为了测算房地产投资对固定资产投资挤出效应的年度变化情况，我们在式（3—2）的基础上，进一步估计如下面板数据变系数模型：

$$I_{it} = \beta_0 + \beta_{t1}HI_{it} + \lambda X + \mu_{it} \qquad (3—3)$$

式（3—3）表明，HI_{it} 的系数 β_{t1} 是随着时间变化的，也就是每年房地产投资对固定资产投资的总效应都是不同的。

表3—11 的估计结果显示，房地产投资对全社会固定资产投资的总效应显著为正，即仍然是以正向的拉动效应为主，但总效应的数值在不断下降，房地产投资增加 1 元所导致的全社会固定资产投资的增加由 2003 年的 3.886 元下降为 2015 年的 1.5 元，这反映了房地产投资对全社会固定资产投资的挤出效应在不断增大。

根据上文测算结果，2002—2015 年房地产投资对全社会固定资产投资的平均拉动效应为 1.674，按照这一标准，可以发现在 2012 年之前，房地产投资对全社会固定资产投资的挤出效应是不显著的，在统计意义上为零；从 2012 年开始，房地产投资对全社会固定资产投资的挤出效应开始为正，并逐年变大，2012—2015 年房地产投资每增加 1 元，会挤出全社会固定资产投资分别为 0.009 元、0.09 元、0.16 元与 0.174 元。

表 3—11　　房地产投资对全社会固定资产投资总效应的年度变化

年份	HI_{it}系数	年份	HI_{it}系数
2003	3.886 ***	2010	2.005 ***
	(0.1851)		(0.0667)
2004	3.202 ***	2011	1.702 ***
	(0.1458)		(0.0577)
2005	3.115 ***	2012	1.665 ***
	(0.1403)		(0.0512)
2006	2.871 ***	2013	1.584 ***
	(0.1227)		(0.0447)
2007	2.506 ***	2014	1.514 ***
	(0.1038)		(0.0399)
2008	2.309 ***	2015	1.500 ***
	(0.0977)		(0.0379)
2009	2.474 ***		
	(0.0846)		

注：括号内是标准误，***、**、*分别表示在 1%、5%、10% 的水平上是统计显著的。

（三）房地产投资对全社会固定资产挤出效应的区域差异明显，且房价越高的区域、挤出效应越大

为了测算不同省份房地产投资对固定资产投资挤出效应的大小，我们进一步估计如下面板数据变系数模型：

$$I_{it} = \beta_0 + \beta_{j1}HI_{it} + \lambda X + \mu_{it} \tag{3—4}$$

式（3—4）中 HI_{it} 的系数 β_{i1} 是随着不同省份 j 变化的，由此可得到每个省份房地产投资对固定资产投资的总效应，其他控制变量与式（3—2）相同。表 3—12 报告了对式（3—4）的估计结果。

表 3—12　　房地产投资对全社会固定资产投资总效应的区域差异

省份	HI_{it} 系数	省份	HI_{it} 系数
北京	0.743 ***	河南	1.21 ***
天津	3.648 ***	湖北	1.32 ***
河北	1.843 ***	湖南	2.058 ***
山西	1.456 ***	广东	0.171 ***
内蒙古	1.372 ***	广西	0.395
辽宁	1.598 ***	海南	0.125
吉林	1.98 ***	重庆	1.904 ***
黑龙江	3.155 ***	四川	1.203 ***
上海	− 0.316 ***	贵州	1.137 ***
江苏	0.973 ***	云南	0.861 ***
浙江	0.843 ***	陕西	1.513 ***
安徽	1.537 ***	甘肃	1.288 ***
福建	1.459 ***	青海	0.743
江西	3.207 ***	宁夏	0.548 *
山东	1.481 ***	新疆	1.09 ***

注：括号内是标准误，***、**、* 分别表示在1%、5%、10%的水平上是统计显著的。

图 3—22 进一步在表 3—12 的结果上，报告了不同省份房地产投资对全社会固定资产投资挤出效应的测算结果。具体而言，按挤出效应的大小，可将全部省份分为三种类型：（1）强挤出效应型。该类型的省份房地产投资对固定资产投资的挤出效应要大于或等于拉动效应，包括上海、广西、海南和青海四个省份。其中，上海市因为其房地产投资对全社会固定资产投资的总效应为负，即挤出效应已经超过了拉动效应；而广西、海南和青海则主要是因为其房地产投资对全社会固定资产投资的总效应不显著，即在统计上为零，这意味着其拉动效应与挤出效应相互抵消，可将其挤出效应视为 1.673。（2）弱挤出效应型。该类型的省份挤出效应要小于拉动效应，包括广东、宁夏、北京等 19 个省份。（3）无挤出效应型。该类型的省份总效应要超过拉动效应，因此不存在显著的挤出效应，包括河北、重庆、吉林、湖南、黑龙江、江西和天津 6 个省份。从区域

分布来看，无挤出效应的区域主要以中西部省份为主，房价较高的发达地区其挤出效应要倾向于更大。在样本期内，各省的平均房价水平与其挤出效应的相关系数为 0.52，呈现出明显的正相关，这反映了房价水平是影响挤出效应大小的重要因素。

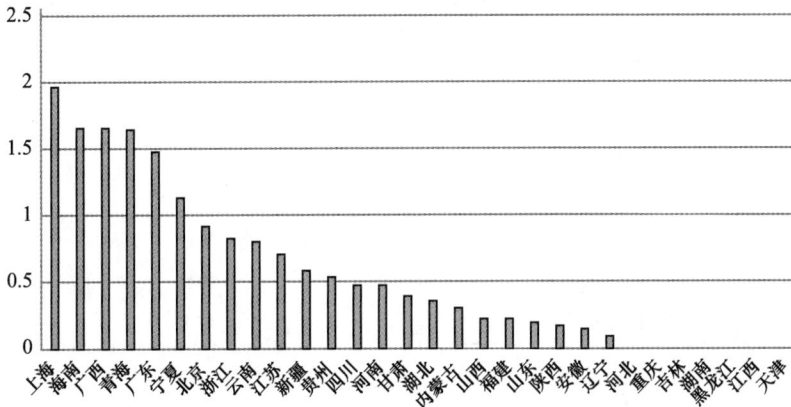

图 3—22　不同省份房地产投资对固定资产投资的挤出效应

第七节　房地产对经济增长影响的情景分析

本章的研究显示，无论是住房消费还是房地产投资，其对消费与投资都存在正向的拉动效应与挤出效应，且拉动与挤出效应的相对大小取决于房价水平的高低。我们进一步对不同房价水平下房地产消费与投资的拉动与挤出效应进行了情景分析。

一　不同房价收入比下住房消费支出对居民消费的拉动与挤出效应

本章对住房成本支出对消费影响的实证研究表明，房价会通过增加住房成本，进而对消费产生挤出效应；同时，随着住房成本占总支出比重的上升，住房成本支出对消费的挤出效应将会更加明显。为了检验这一效应，本章估计以下方程：

$$\ln pce = \partial_0 + \partial_1 \ln inc + \partial_2 \ln hp + \partial_3 \ln house + \ln house \times h\_p + \lambda X + \varepsilon$$

$$(3—5)$$

式（3—5）中引入了住房支出（lnhouse）和房价收入比（h_p）的交互项，其中房价收入比按照人均住房面积 30 平方米计算而得。表 3—13 给出了模型的估计结果。

表 3—13 房价收入比对住房支出对消费支出总效应的调节效应

	lnpce
住房支出	0. 152 ***
	(0. 0126)
住房支出 × 房价收入比	− 0. 039 ***
	(0. 00252)
其他控制变量	控制
城市固定效应	控制
时间固定效应	控制
N	2778
R2	0. 350

注：数据来源于 CFPS 数据库。

注：括号内是标准误，*** 、** 、* 分别表示在 1%、5%、10% 的水平上是统计显著的。

通过表 3—13 可以看出，高的房价收入比下住房成本支出挤出了居民消费。本章进一步计算了在不同的房价收入比下，受房价变动影响的住房成本拉动与挤出效应相对大小，表 3—14 报告了计算结果。表 3—14 结果显示，当房价收入比小于 1. 85 时，住房支出对居民消费支出不存在挤出效应，只存在拉动作用或者财富效应。当房价收入比大于 1. 85 时，随着房价收入比的上升，住房支出对消费的挤出效应边际递增。住房支出对消费的总效应呈下降趋势，挤出效应会随着房价收入比的上升在某点超越财富效应，即住房支出和消费之间存在倒"U"型关系。当前，我国绝大多数城市房价收入比已经超越 1. 85 这一临界点，这也表明我国城镇居民的住房支出的挤出效应已经产生，且随着房价上涨，这一效应不断增强。同时，当房价收入比高于 4 时，挤出效应将显著超过拉动效应。

表 3—14　　　　不同房价收入比水平下拉动与挤出效应的情景分析

房价收入比	拉动效应与挤出效应之比
小于 1.85	挤出效应为 0
2	13.98：1
3	1.78：1
4	0.95：1
5	0.64：1
6	0.49：1
7	0.39：1
8	0.33：1
9	0.28：1
10	0.25：1
10	0.22：1
11	0.20：1
12	0.18：1
13	0.16：1
14	0.15：1
15	0.14：1

资料来源：根据相关数据测算而得。

二　不同房价收入比下房地产投资对固定资产投资的拉动与挤出效应

本章对房地产投资对全社会固定资产投资挤出效应的理论与实证检验表明，房价是影响房地产投资对全社会固定资产投资挤出效应大小的重要因素，且房价越高、房地产投资对全社会固定资产投资的挤出效应倾向于越大。为了检验这一调节效应，我们估计如下方程：

$$I_{it} = \beta_0 + \beta_1 HI_{it} + \beta_2 HI_{it} \times HP_{it} + \lambda X + \mu_{it} \qquad (3—6)$$

式（3—6）引入了房地产投资 HI_{it} 与房价收入比 HP_{it} 变量的交互项，其中房价收入比是按照人均消费住房面积 30 平方米，并利用人均可支配收入计算得到的。上文的分析，可以预期 $\beta_2 < 0$。表 3—15 报告了相应的估计结果。

表3—15　　房价收入比对房地产投资影响全社会固定资产投资
总效应的调节效应

解释变量	模型1
房地产投资	1.94 ***
	(0.0515)
房地产投资 × 房价收入比	−0.0797 ***
	(0.0044)
其他控制变量	控制
城市固定效应	控制
时间固定效应	控制
样本量	3146
R^2	0.95

注：括号内是标准误，*** 、** 、* 分别表示在1%、5%、10%的水平上是统计显著的。

根据表3—15 的结果，我们进一步计算了不同房价收入比水平下房地产投资拉动与挤出效应的相对大小，表3—16 报告了相应的结果。可以发现，如果房价收入比小于3.33，房地产投资不存在挤出效应，只存在拉动效应；随着房价收入比的提高，挤出效应不断变大。按照房价收入比3.33 的标准，我国目前绝大多数城市的房价收入比都已经超过这一临界点，例如2015 年有84% 的城市房地产投资已经产生挤出效应。同时，当房价收入比高于11 时，房地产投资的拉动效应将小于挤出效应，也就是说，此时增加1 单位房地产开发建设投资，全社会固定资产投资的增加将小于1 单位。

表3—16　　　　不同房价收入比水平下房地产投资拉动与
挤出效应的情景分析

房价收入比	拉动效应与挤出效应之比
小于3.33	挤出效应为0
4	13.73∶1
5	5.21∶1
6	3.22∶1

房价收入比	拉动效应与挤出效应之比
7	2.33 : 1
8	1.82 : 1
9	1.50 : 1
10	1.27 : 1
11	1.10 : 1
12	0.98 : 1
13	0.87 : 1
14	0.79 : 1
15	0.72 : 1

注：房价收入比按人均 30 平方米住房计算；为了与表 3—14 的结果可比，表 3—16 中房地产投资的拉动效应已经剔除了房地产部门自身的影响。

三　不同房价收入比下房地产投资与消费对经济增长的拉动与挤出效应

为了综合房地产投资与消费对经济增长的影响，我们进一步模拟了当房地产开发建设投资增加 1 单位与居民住房消费增加相同 1 单位时，对 GDP 总体拉动与挤出效应之比，表 3—17 报告了相应结果。

总体而言，在综合了房地产投资与消费的影响后，当房价收入比为 9 时，房地产投资和消费对 GDP 的拉动与挤出效应基本相等，也就是说，当房价收入比超过 9 时，房地产开发建设投资与居民住房消费分别增加 1 元时（总共增加了 2 元），GDP 的增加将少于 2 元。因此，综合来看，房价收入比为 9 是合理房价区间的上限，房价收入比超过 9 后，房地产对经济增长的负面效应将大于正面效应。

表 3—17　　不同房价收入比水平下房地产投资与消费对 GDP 拉动与挤出效应的情景分析

房价收入比	对 GDP 的总拉动效应与挤出效应之比
1.85	不存在挤出效应
2	131.53 : 1

房价收入比	对 GDP 的总拉动效应与挤出效应之比
3	16.77：1
3.33	13.73：1
4	5.66：1
5	2.98：1
6	2.03：1
7	1.53：1
8	1.23：1
9	1.03：1
10	0.89：1
11	0.78：1
12	0.69：1
13	0.62：1
14	0.57：1
15	0.52：1

第八节　总体结论

本章主要从消费与投资两方面对房地产与经济增长的关系进行了研究，对房地产在经济增长中的正向与负向效应进行了相对全面的分析，研究主要得到以下结论：

1. 住房消费对其他消费存在正向的拉动效应（即财富效应）与负向的挤出效应，按照 2018 年中国城市房价收入比，住房消费主要以挤出效应为主。

2018 年我国总体上的房价收入比为 9.1，那么按照表 3—14 的计算结果可知，拉动效应与挤出效应之比为 0.28：1，挤出效应已经超越拉动效应。目前，我国四大一线城市的房价收入比均维持在 15 以上，房价上涨带来的财富效应已被挤出效应超越；同时，一些新一线城市、二线城市的房价收入比相比较高，如厦门、福州、杭州等城市房价收入比在 20 及以上，房价上涨的挤出效应逐渐增强。同时，三线及以下城市房价收入比小于4，房价上涨对消费的拉动作用较为明显。因此，在目前的整体房价水平上，住房消费的增加主要以负向的挤出效应为主。

2. 房地产投资对固定资产投资也存在正向的拉动效应与负向的挤出效应，2018年房地产投资仍然以正向的拉动效应为主。

根据表3—16的结果，2018年中国城市总体上房地产投资的拉动效应与挤出效应之比为1.5：1，仍然是以拉动效应为主，挤出效应约为拉动效应的三分之二，总体上房地产投资对固定资产投资仍然以正向的拉动效应为主。但是，需要引起关注的是，部分高房价城市，例如北京、上海、广州以及绝大多数二线城市2018年的房价收入比已经超过11，此时房地产投资对固定资产投资的影响以负向的挤出效应为主。因此，尽管房地产投资仍然是拉动固定资产投资的有力工具，但对高房价城市而言，其负面效应已经超过正面效应。

3. 总体上，房地产（投资与消费）对经济增长同时存在拉动效应与挤出效应，其中，挤出效应超过拉动效应的临界房价收入比为9，2018年中国城市整体房价正处于这一临界点。

综合房地产消费与投资的影响，房地产既可以拉动经济增长，也可以通过挤出效应阻碍经济增长，因此我们必须全面认识房地产在经济增长中的双重属性。同时，表3—17的测算结果表明，当房价收入比超过9时，房地产投资与消费的扩张对经济增长的负面效应将超过正面效应。上文已经指出，2018年我国总体上的房价收入比为9.1，刚超过合理房价收入比的上限区间，这意味着整体层面中国的房价已经够高。因此，2018年是中国城市房价的一个关键时间点，如果未来房价继续上涨，房地产对中国经济增长将以负面效应为主，从而降低中国经济增长率。未来中国应继续加强房地产市场调控，坚决将房价保持在合理区间内，才能发挥房地产对经济增长的正面效应。

第四章

住房发展与结构调整:经验事实、假设检验与情景模拟

李启航

第一节 引言

党的十九大报告和2019年政府工作报告专门指出,当前应加快推进制造业优化升级,实现高质量增长,这在客观上依赖于制造业微观主体中要素流动方向的选择,而制造业企业所在地区房价对企业内和企业间要素流动存在直接影响。因此通过对微观企业主体的行为分析,从房价对不同类型的要素流动影响入手,在统一的框架中观察房价对产业转移、企业多元化及企业投资选择具有重要的理论和现实意义。

本章通过对于不同城市、行业在长时间发展过程中的经验数据,重点研究制造业企业投资选择所带来的制造业资本要素、人力要素和创新要素的流动,根据空间和行业两个维度,可具体分为企业内部的要素配置变化、企业的跨行业多元化转移以及企业通过企业进入退出某个区域带来的产业转移三个层面,通过"配置效应"和"筛选效应"的相互影响,形成了制造业企业微观投资选择带来的制造业要素流动,进而带来一系列的后果。本项目希望以房价变化作为外因,观察对于制造业企业生产要素转移的影响,以及带来的经济后果,思考房价变化何时以及如何带来企业的转型升级,如何通过宏微观政策,对其中不利的影响加以控制。

一　内容概述与框架

本章沿着"现状分析—机制研究—实证检验—政策建议"为主线的研究思路，在进行机制分析和数据分析相结合的基础上，以微观计量研究为主要研究方法，通过多个数据库的数据提炼和检验之后，提出合理的政策建议。

第一，建立房价波动影响制造业企业要素转移的机制分析。

机制研究首先描述房价与制造业企业要素流动的现实特征，然后以理论模型为基础，构建制造业要素转移的共同特征，即在房价变化中基于成本收益原则的要素集聚与分散。

本部分重点在对要素转移的空间、行业和企业内选择多种形态进行模型分析：主要使用 CRRA 函数，分析企业持有房产和进行生产性投资的权衡，在一个离散的动态模型中，获取任意期企业最优持有量，并在此基础上研究均衡可能和均衡条件。

第二，对房价波动影响制造业企业要素转移进行实证检验。

本部分尝试对地理、行业和企业内三层要素流动进行检验：首先，地理层面，使用工业企业数据与上市公司数据相结合，获取精确地理信息，观察行政区划层面和个体位置层面的异质性进入与退出，尤其是观察不同制造业行业间的异质性，分析房价波动对上述进入退出的影响；其次，行业层面，通过上市公司的多元化数据细分，配合上市公司房地产细节数据（通过财报附注和工业企业对接获得信息），获得企业在不同房价环境下，对于多元化选择的偏好，进而获得这种多元化的经济后果；最后，企业层面，对于企业内部的投资选择，进行微观数据层面的详尽分析，以获得由于房价波动带来的企业投资选择和扭曲的情况和后果。

第三，房价波动影响制造业企业要素转移的政策研究。

政策研究分为两大部分，首先是对当前治理条件下的经济后果加以分析。通过分析当前要素转移的经济后果，计算出房价的上涨幅度，对于三个层面经济后果的影响，是否存在上升的拐点，并对既有政策进行相关评价。

并以此为基础建立以激励微观主体为基础的制度设计，在对供给侧结构改革为核心的全面深化经济体制改革进行重点分析的基础上，对如何通过改善微观主体激励，激发市场配置资源的活力和增长潜力，以及房地产价格应该维持在何种水平上才有利于产业结构的合理化，进而通过政策引导房地产和制造业发展。

二 既有研究回顾

对于房地产与制造业的研究早在多年前已经成为西方研究者关注的焦点，大量研究发现房地产市场是总体宏观经济的先行指标，代表了经济主体对要素流动方向的选择。早在 Burns 和 Mitchell（1946）的研究中就已经初步发现住房投资和耐用品消费在商业周期中领先于非住房商业投资的现象（Fisher，2007）。Greenwood 和 Hercowitz（1991）则更明确地揭示了这种现象，他们发现家庭投资（主要是住房）和商业投资（企业的厂房、机械设备等）同向波动（Co-movement），相应体现出房价上升对于企业内和企业间投资的影响，进而实现整个经济环境中的要素流动。

国内房价对实体经济影响研究起源于虚拟经济研究的兴起，随着2008年后全国房地产市场快速发展，房价上涨对实体经济影响迅速凸显，一系列研究随之涌现（王千，2006；刘骏民和宛敏华，2009；刘晓欣，2009 等），而房价对制造业的影响成为研究的核心之一，这主要源于房价高企与制造业下行导致的资源流动现象，如吕江林（2010）基于上市公司的数据计算2008年房地产企业的平均利润率高达28.7%，而工业企业仅为7.4%。众多制造业企业购买投资性房地产等待增值或直接进入房地产行业。王红建等（2016）发现2009年以来，平均每年有250家实体企业不同程度进入金融或房地产行业，而这些企业在房地产与金融行业获得的收入约占其主营业务收入的20%，且存在不断上升趋势。

相对于少量研究房价上涨（通过抵押效应）促进企业创新（Mao，2015），大部分研究更加关注资本要素挤出效应对创新影响（Miao 和 Wang，2014；王文春和荣昭，2014；Rong 等，2016；王红建等，2016；张杰等，2016；黄彦彦和李雪松，2017；余泳泽和张少辉，2017）。代表思路为房价上涨使房地产业具有高收益的投资机会，房地产业吸引更多投资资金，挤出制造业部门的研发资金，进而抑制研发部门创新活动（Miao 和 Wang，2014）。

配置效应，即房价影响资源配置效率，配置效应不仅关注创新部门和行为资金人力的挤出，更重要的是资源向低效率部门的误配所导致的全要素生产率下降。罗知和张川川（2015）指出城市房地产投资的增加导致制造业部门资源配置效率显著下降。而陈斌开等（2015）发现高房价将导致资源错配，降低资源再配置效率，进而降低全要素生产率。Chen 等（2015）也发现，土地价格每上升 1%，资本错配将会带来 5%—8% 的全要素生产率损失。余静文等（2017）认为高房价并没有通过流动性效应改善资源配置效率，反而导致要素配置扭曲程度加大。

筛选效应，即高房价将低效率资源淘汰出特定地区，使高效率的创新资源集中于高房价城市，提高城市内制造业的创新能力，相对而言研究筛选效应的成果较少。高波等（2012）发现城市间的相对房价升高，导致相对就业人数减少，促使产业价值链向高端攀升，进而实现了产业升级。余泳泽等（2019）进一步具体分析了城市房价快速上涨对工业企业的"筛选效应"，迫使留下企业具备较高的全要素生产率，同时由于配置效应的存在，房价快速上涨（流量）累积形成的高房价（存量）与工业企业生产率之间会存在一种"倒 U 形"曲线关系，这一结果加总到城市级别，使房价快速上涨及高房价城市中工业企业全要素生产率较高，但城市整体生产率水平较低。潘红玉和刘亚茹（2019）发现房价上涨推动制造业产业结构高度化，得到了类似结论。

三　现状分析与研究意义

近年来，中国制造业出现了持续的"脱实入虚"现象，制造业企业主动偏离自身的主营业务并且大规模地进行多元化投资，将自有资金甚至贷款资金投入到与主营业务和企业核心竞争力相关性较小的金融和房地产投资项目之中，这种现象对中国制造业部门微观企业进行转型升级的内在动力产生了不容忽视的抑制效应。已经成为阻碍中国产业结构优化升级的突出因素（张杰，2016）。

由于房地产能够在短期内推动当地 GDP 和土地财政增长，同时也能够带动钢铁、水泥、能源等部门的增长，往往被各地作为促进经济增长的抓手。由此，中国住房价格快速上涨，2006—2015 年，中国商业经营用房平均销售价格从 5247 元/平方米上升到 9566 元/平方米，在不到 10

年时间里翻倍。近年来，类似于"四成上市公司全年利润买不下一套房"（其中绝大部分为制造业企业），"上市公司卖两套北京的学区房就能成功保壳（ST 宁通 B）"等新闻，显示出目前我国房地产过度膨胀与制造业萎靡不振的双重困境。

宏观房价与微观企业投资

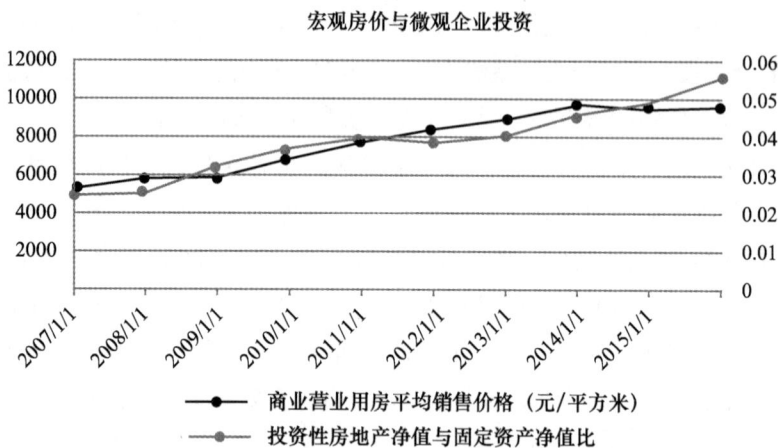

图4—1 房价与上市公司投资性房地产比例

根据图 4—1 我们不难发现，随着全国平均房价的增长，上市公司所持有的投资性房地产净值与固定资产净值的比值不断上升（上市公司投资性房地产绝大部分以历史成本计价，且剔除公允价值计价部分后结论不变，说明增持确实存在而非价格问题），在十年内，增长了两倍，其增长速度在 2013 年之后进一步加快，三年增加了近 50%。必须认识到，在固定资产中，还有相当数量的"生产经营用"房地产在十年内高速增长，而无形资产中"土地使用权"的增量同样不可小觑，如果考虑到上述资产，房地产类资产占固定资产比重和增速还会大幅增加。

当前，新旧动能转换要求基于新理念进行结构性改革。但制造业企业仍然面对房地产的高回报以及制造业发展的不确定性，由此所做出的投资选择、带来的经济后果以及微观治理策略，成为供给侧结构性改革中必须面对的关键问题，研究这一问题，具有理论和实际应用双重价值。

第二节 房价与经济结构机制分析

一 理论模型构建

本部分尝试构建一个无限期企业选择模型,来模型化企业投资选择思路,并以此基础模型进行理论和实证方面的拓展。

模型假定社会上存在理性代表性企业,该企业会永远维持下去,企业的投资决策目标为最大化自己的收益,企业选择受到外生变量的约束,如期初资产、经营收入回报率、房地产市场回报率、融资约束、通胀水平等。通过模型希望获知,代表企业最优化个人收益之后,其外生给定的多个条件是否对最终选择存在影响以及存在怎样的影响。

首先,建立一个 CRRA 函数,并在给定的约束条件下求解最大化。方程(4—1)中 c 为控制变量,代表内生的生产资源投入选择;M_t 为 t 期末持有的企业非生产性财富,模型假定投资性收益来源于企业的全部非生产性财富,这一假设并不会影响最后的结论,但能够简化计算;τ 为跨期替代弹性;β 为折现系数;y 为企业除了投资性收益之外的全部收入;p 为价格向量,设定基期为 1,所以其经济意义为投资品物价指数(可推广到包括税负情况)。

$$\text{Max} \sum_{t=0}^{\infty} \beta^t \frac{c_t^{1-\tau}}{1-\tau} \quad \text{s. t.} \quad M_t = M_{t-1}(1+r) + y_t - p_t c_t \quad r = f(finance, X)$$

$$(4-1)$$

作为核心变量的 r 代表"投资房地产(或其他非生产性资产)产生收入的能力",受到包括房地产价格(*RE price*)、金融发展程度(*finance*)在内的众多变量(X)的影响,由于包括房地产在内的投资品对于收入生成的影响是复杂且相互促进的,在基准模型中,不妨假定房地产价格对于 r 始终为稳定正向影响。

本模型是经典的离散最优化问题,使用动态规划求解,建立贝尔曼方程如下:

$$V_t(M_{t-1}) = \max^c \{u(c_t) + \beta V_{t+1}(M_t)\} \quad \& \quad u(c_t) = \frac{c^1 - \tau_t}{1-\tau}(4-2)$$

一阶条件为:

$$u'(c_t) - \beta p_t V_t'(M_t) = 0 \tag{4—3}$$

根据效用函数的形态，可通过猜解得到：

$$V_t(M_t) = A_t \frac{c^{1-\tau}}{1-\tau}$$

$$\begin{cases} c_t = \dfrac{1}{1 - \beta^{1/\tau} p_t^{(1-\tau)/\tau}} M_t \\ A_t = \left[\dfrac{1}{1 - \beta^{1/\tau} p_t^{(1-\tau)/\tau}} \right] \end{cases} \tag{4—4}$$

经验证无误后，得到最优的要素投入数值为：

$$c_t = \left[1 - \beta^{1/\tau} p_t^{(1-\tau)/\tau} \right] M_t \tag{4—5}$$

$$M_t = M_{t-1}(1 + r) + y_t - p_t \left[1 - \beta^{1/\tau} p_t^{(1-\tau)/\tau} \right] M_t \tag{4—6}$$

经过一系列迭代，可以获得每一期（令其为 T）的非生产性资产数为：

$$M_T = M_0 \prod_{t=1}^{T} \frac{1 + r_t}{\left[1 + p_t - (\beta p_t)^{1/\tau} \right]} + \sum_{t=1}^{T} y_t \prod_{i>t}^{T} \frac{1 + r_i}{\left[1 + p_i - (\beta p_i)^{1/\tau} \right]}$$

$$\tag{4—7}$$

二 机制分析

方程（4—7）即为任意期企业选择的最优投资性资产的持有数量，其经济意义是显而易见的：全部企业财富被理性地划分为生产投资和财产投资两部分，随着外部条件，如房地产价格水平提高，单位非生产性财产能够产生更多的投资收益，但这种投资收益存在较高的风险和不确定性，影响企业长远发展。

但制造业企业根据由于贴现、跨期弹性和通胀的共同影响，最终会在生产性投资与非生产性投资以获取投资收益之间存在某种权衡，在房地产价格持续上涨的预期下，企业会将更多资源投入到投资性资产中，用以生成更多的未来收入，降低了生产性投资和创新性投资，形成配置效应。

通过观察公式（4—7）的形式可不难发现每个变量比较静态的结果，非生产性资产回报率 r 对于财产总量为正向影响，相应地对于投资收益也是一个正向影响；企业整体经营规模 y 对于投资性房地产总量同样为正向影响；但通胀 p 对于投资性房产投资会有影响，即投资品价格指数与生产者物价指数的比例变化会改变（提高或降低）企业投资房地产的热情；最后，金融中介会因为企业持有更多的房地产而增加信贷投放，上述作用在无限循环的经济周期内会形成不断加强的趋势。此时较低效率的实体经济生产者将会逐渐增加高房价地区分支机构的房地产投资比重，最终可能在这一地区退出实体经济生产，只有高效率的实体经济生产者才会保留下来，这就形成了筛选效应，即高房价地区的实体经济效率更高。

第三节 房价与经济结构的机制检验与测度

本部分尝试将我国房价与经济结构变化的机制表述出来，具体分析不同情况下经济结构怎样传导房价的影响，导致创新要素的宏观流动，进一步展现在配置效应和筛选效应的共同作用下，房地产的价格对生产性企业带来的产业迁移、产业多元和产业升级的三种不同影响。

一 房价影响机制：成本压力下的创新要素流动

本部分主要研究成本压力下的创新要素流动因素，以地级市专利流入流出作为衡量创新要素流动的指标，其中，考虑到流入流出两个方面，以对外技术许可即地级市本年专利被其他地级市购买转让的数目作为衡量创新要素流出的指标，以全部技术流入与发明专利技术流入作为衡量创新要素流入的指标。

同时以上一期房价作为本实验的核心解释变量，来衡量成本压力。同时为了最大限度地减少遗漏变量问题造成的估计偏误，在控制了主要的控制变量的同时，还控制了地级市固定效应、年份固定效应和地级市聚类稳健标准误。

表4—1　　房价对于地级市专利流入流出的线性关系分析

	对外技术许可		全部技术流入		发明专利技术流入	
	(1)	(2)	(3)	(4)	(5)	(6)
上一期房价	-0.432**	-0.280*	0.021	0.133	0.002	0.186*
	(-2.31)	(-1.84)	(0.17)	(1.06)	(0.02)	(1.77)

续表

	对外技术许可		全部技术流入		发明专利技术流入	
	(1)	(2)	(3)	(4)	(5)	(6)
人口密度		0.001 **		0.000		0.000
		(2.51)		(0.60)		(0.46)
土地面积		-0.00 ***		0.000		-0.000
		(-2.69)		(0.78)		(-0.66)
客运总量		0.000		-0.000 **		-0.00 ***
		(0.95)		(-2.17)		(-4.45)
货运总量		-0.000		0.000		0.00 ***
		(-1.08)		(0.76)		(3.50)
电话接入数		0.008		0.057		0.131 ***
		(0.21)		(1.41)		(3.66)
三产比重		0.069 ***		0.032 ***		0.029 ***
		(5.59)		(3.53)		(3.51)
三产人员比重		-0.004		-0.002		0.002
		(-0.72)		(-0.37)		(0.38)
当地平均工资		0.000		0.000 *		0.000 **
		(1.01)		(1.97)		(2.23)
卫生机构数		-0.000		-0.000		0.000
		(-0.18)		(-0.33)		(0.57)
文化机构数		0.003		-0.001		-0.004 **
		(1.11)		(-0.60)		(-2.53)
Constant	3.691 **	0.113	0.468	-1.593	0.202	-2.150 **
	(2.56)	(0.08)	(0.51)	(-1.46)	(0.22)	(-2.19)
城市固定效应	yes	yes	yes	yes	yes	yes
时间固定效应	yes	yes	yes	yes	yes	yes
聚类标准误	yes	yes	yes	yes	yes	yes
Obs	1586	1308	2230	1881	2230	1881
R^2_a	0.623	0.596	0.761	0.744	0.701	0.749
F	157.717	44.844	287.805	149.176	181.678	134.884

注：回归使用了城市聚类稳健型标准误，括号中是 t 统计量，*、** 和 *** 分别代表10%、5%和1%的显著性水平。

通过分析回归表4—1结果发现：城市房价上升，企业成本增高，在成本压力下对外技术许可度降低，创新要素流出减少，但与此同时，在高成本压力下，创新要素的流入增加。

考虑回归结果可能是非线性的，我们尝试将房价的二次项加入回归，进行进一步分析，结果如表4—2所示，无论是对于创新流出还是流入而言，房价原项的影响为负，而交互项为正，都通过了1%的显著性检验，可以得出房价水平与创新要素的流入和流出都为正U形关系。

综合考量两个计量模型的结果，不难发现加入二阶项的结果拟合更好，这说明很可能房价的作用对于专利流动的影响在本质上是统一的，即中等水平的房价会导致当地的创新流入流出都下降，而较低的房价和较高的房价都会导致创新流动的活跃。同时应该注意到，由于发展阶段的差异，房价对于创新进出的影响处于不同的影响阶段，对于专利流出，目前的影响处于负向阶段，而对于专利流入，则处于正向阶段，就是说，当前情况下，如果房价上升，会单向导致某一地级市的房价流入大于流出，进而带来产业研发和产业升级的专业化。

表4—2　　房价对于地级市专利流入流出的影响分析：一个正U形

	对外技术许可		全部技术流入		发明专利技术流入	
	(1)	(2)	(3)	(4)	(5)	(6)
上一期房价	−10.174***	−7.762***	−5.486***	−5.854***	−9.806***	−4.89***
	(−4.54)	(−3.48)	(−6.50)	(−6.85)	(−8.69)	(−5.95)
房价二次项	0.653***	0.504***	0.372***	0.405***	0.662***	0.342***
	(4.71)	(3.51)	(6.65)	(7.08)	(8.99)	(6.38)
Constant	39.835***	27.755***	20.765***	20.454***	36.351***	16.576***
	(4.35)	(3.14)	(6.45)	(6.20)	(8.29)	(5.15)
控制变量	yes	yes	yes	yes	yes	yes
城市固定效应	yes	yes	yes	yes	yes	yes
时间固定效应	yes	yes	yes	yes	yes	yes
聚类标准误	yes	yes	yes	yes	yes	yes
Obs	1586	1308	2230	1881	2230	1881
R^2_a	0.648	0.611	0.771	0.755	0.735	0.757
F	146.544	48.821	286.446	149.420	223.960	157.408

注：回归使用了城市聚类稳健型标准误，括号中是t统计量，*、**和***分别代表10%、5%和1%的显著性水平。

另外，在控制变量中，对外技术许可与第三产业占 GDP 比重的相关系数为 0.063，全部技术流入与发明专利技术流入和第三产业占 GDP 的比重的相关系数分别为 0.026 和 0.024，且均通过了 1% 的显著性检验，说明第三产业占 GDP 比重越高，对外技术许可的能力以及吸引创新要素流入的能力越大，这与经验一致。

为了分析房价对于创新流入的影响机制，我们认为，当地房价高企会将高级技术人员的生活成本提高，进而影响人力资本与创新要素的结合，最终会影响创新要素的流入流出，为了证明这一个假设，我们特地引入了上一年城市有无高铁（hw_1）这一虚拟变量，有高铁的城市赋值为 1，没有高铁的城市赋值为 0，进行分析后发现引入 hw_1 后该地级市房价带来的影响完全转为负向，在高铁本身带来正向影响的前提下（因为高铁可以让外部人力资本更加方便流入），这一结论无疑强化了房价的负面作用，即将人力资本排斥出本地导致本地不得不依靠自发研发的技术，无法吸纳外部发明的同时，对于本地流出的限制也增强了。

表 4—3　　　　房价与基础设施对于地级市专利流入流出的影响分析

	对外技术许可		全部技术流入		发明专利技术流入	
	(1)	(2)	(3)	(4)	(5)	(6)
上一期房价	− 0.390 **	− 0.267 *	0.025	0.138	0.025	0.179 *
	(− 2.18)	(− 1.78)	(0.20)	(1.11)	(0.20)	(1.74)
是否通高铁	0.899	8.866 **	2.261 *	− 0.974	− 2.318	31.762 ***
	(0.39)	(2.16)	(1.79)	(− 0.17)	(− 1.29)	(2.77)
房价高铁交互	− 0.024	− 0.898 **	− 0.240 *	0.151	0.351 *	− 3.55 ***
	(− 0.10)	(− 2.01)	(− 1.75)	(0.25)	(1.81)	(− 2.81)
Constant	3.360 **	− 0.023	0.441	− 1.628	0.036	− 2.194 **
	(2.44)	(− 0.02)	(0.48)	(− 1.50)	(0.04)	(− 2.26)
城市固定效应	yes	yes	yes	yes	yes	yes
时间固定效应	yes	yes	yes	yes	yes	yes
控制变量	yes	yes	yes	yes	yes	yes
聚类标准误	yes	yes	yes	yes	yes	yes
Obs	1586	1308	2230	1881	2230	1881

续表

	对外技术许可		全部技术流入		发明专利技术流入	
	（1）	（2）	（3）	（4）	（5）	（6）
R^2_a	0.628	0.596	0.761	0.744	0.705	0.753
F	153.871	258.986	273.748	125.096	214.362	125.793

注：回归使用了城市聚类稳健型标准误，括号中是 t 统计量，*、** 和 *** 分别代表 10%、5% 和 1% 的显著性水平。

二　房价与产业迁移的关系分析

以上述研究为基础，本部分尝试从产业迁移角度分析房价与产业的关系。我们将工业企业数据库 2004—2007 年的数据，根据法人代码和企业名称进行对接，然后根据对接后每个企业的进入、退出与存活三种状态进行识别。参照毛其淋和盛斌（2012），我们将因为规模未达到门槛的企业进行分离，采用以下方法进行处理：第一，借鉴马弘等（2012）的方法，使用企业的成立年份和出现在样本中的初始年份来进一步识别企业是进入、退出还是存活；第二，对于企业在某年份消失而后又出现的情形，统一将其视为存活企业，因为这很有可能是由于企业规模变动导致的，否则将会高估企业的更替程度。

根据上述思路，参照 Disney et al.（2003）、周黎安等（2006）、毛其淋和盛斌（2012），如果企业 i 在第 t–1 期不存在，同时成立年份至少等于（可以大于）t，且在第 t 期存在，则 i 为第 t 期进入的企业；如果企业 i 在第 t–1 期存在，而在第 t 期以及之后时期均不存在，则 i 为第 t 期退出的企业；剩余企业定义为存活企业。

我们将通过上述方式得到的两个虚拟变量 in 和 out 与房价水平和增速分别进行交互回归（原项也在其中，都显著为负，表明无论进入还是退出企业，其 TFP 皆小于存在企业，这与既有研究一致），通过表 4—4 可以发现，在既有结论不变的情况下，在房价增速较高的城市，退出企业和进入企业的 TFP 都会更高，显示出确实存在筛选效应（进入）和配置效应（退出）。

同时，较高的房价导致城市的全要素生产率较低，对于退出企业而言房价对于效率的影响更大，而对于进入企业而言，房价对于企业效率的负向影响相对较小。

表4—4　　　　　房价对进入（退出）企业生产效率的影响分析

	（1）	（2）	（3）	（4）
	lnvatfpop	lnvatfpop	lnvatfpop	lnvatfpop
dhp	0.055 ***	0.033 ***		
	(8.62)	(5.21)		
out#dhp	0.048 **			
	(2.51)			
in#dhp		0.226 ***		
		(8.01)		
lhp			− 0.24 ***	− 0.216 ***
			(− 20.51)	(− 18.40)
out#lhp			− 0.026 ***	
			(− 2.64)	
in#lhp				0.139 ***
				(13.40)
城市固定效应	yes	yes	yes	yes
时间固定效应	yes	yes	yes	yes
控制变量	yes	yes	yes	yes
聚类标准误	yes	yes	yes	yes
_cons	5.18 ***	5.188 ***	6.95 ***	6.778 ***
	(317.06)	(324.09)	(79.66)	(77.62)
Obs	829668	829668	830052	830052
R^2_a	0.117	0.120	0.117	0.120
F	432.063	446.821	434.074	448.279

注：回归使用了城市聚类稳健型标准误，括号中是 t 统计量，*、** 和 *** 分别代表10%、5%和1%的显著性水平。

三　房价与产业多元的关系分析

本部分尝试从产业多元化角度分析房价与产业的关系。我们收集了制造业上市公司2007—2016年的分部报告数据，从中获得了上市公司在一个行业内以及行业间多元化的水平，按照研究习惯，我们计算获得了企业收入来源的赫芬达尔指数（HHI），作为多元化的代理变量。

表4—5   房价对于上市公司多元化的影响分析（全行业多元化）

	全部上市公司		国有上市公司		非国有上市公司	
	（1）	（2）	（3）	（4）	（5）	（6）
lhp	0.207*	0.198*	−0.067	−0.080	0.324**	0.325**
	（1.75）	（1.67）	（−0.32）	（−0.39）	（2.19）	（2.19）
lhp#lhp	−0.013*	−0.012*	0.002	0.003	−0.019**	−0.019**
	（−1.76）	（−1.68）	（0.18）	（0.26）	（−2.16）	（−2.16）
size		−0.013**		−0.034***		0.006
		（−1.98）		（−3.56）		（0.64）
ROE		−0.000		−0.000		−0.000
		（−0.77）		（−1.31）		（−0.07）
stronglend		−0.000		−0.000		0.000
		（−0.14）		（−0.34）		（0.23）
degree_ls		−0.001		−0.001		−0.000
		（−0.92）		（−0.84）		（−0.31）
Constant	−0.034	0.292	1.195	1.991**	−0.502	−0.631
	（−0.07）	（0.55）	（1.29）	（2.12）	（−0.81）	（−0.96）
公司固定效应	yes	yes	yes	yes	yes	yes
时间固定效应	yes	yes	yes	yes	yes	yes
聚类标准误	yes	yes	yes	yes	yes	yes
Observations	4764	4763	1829	1828	2935	2935
F	1.483	1.491	0.675	2.064	1.808	1.210

注：回归使用了城市聚类稳健型标准误，括号中是t统计量，*、**和***分别代表10%、5%和1%的显著性水平。

全行业多元化中，表4—5全部上市公司回归和非国有上市公司子样本回归显示，随着上一期房价的增长，全要素生产率也增长，且上一期房价一次项为正，二次项为负，呈"倒U形"曲线关系。全部上市公司和国有上市公司回归数据显示随着企业规模增加，全要素生产率水平也增加，通过了5%的显著性检验。

表4—6　　　房价对于上市公司多元化的影响分析（跨行业多元化）

	全部上市公司		国有上市公司		非国有上市公司	
	（1）	（2）	（3）	（4）	（5）	（6）
lhp	0.200*	0.197*	0.397*	0.362	0.140	0.138
	（1.74）	（1.71）	（1.71）	（1.59）	（1.04）	（1.02）
lhp#lhp	−0.012*	−0.012*	−0.023*	−0.021	−0.009	−0.009
	（−1.76）	（−1.71）	（−1.68）	（−1.55）	（−1.09）	（−1.07）
size		−0.02***		−0.045***		0.003
		（−3.13）		（−4.83）		（0.39）
ROE		−0.000		−0.000		−0.000
		（−0.49）		（−0.26）		（−0.35）
stronglend		−0.000**		−0.000*		0.000
		（−2.04）		（−1.85）		（0.01）
degree_ls		−0.001		−0.002		−0.000
		（−1.36）		（−1.48）		（−0.31）
Constant	0.097	0.530	−0.798	0.347	0.377	0.316
	（0.19）	（1.03）	（−0.80）	（0.34）	（0.65）	（0.52）
公司固定效应	yes	yes	yes	yes	yes	yes
时间固定效应	yes	yes	yes	yes	yes	yes
聚类标准误	yes	yes	yes	yes	yes	yes
Observations	3256	3256	1066	1066	2190	2190
F	1.924	3.039	1.301	4.131	1.125	0.745

　　注：回归使用了城市聚类稳健型标准误，括号中是 t 统计量，*、** 和 *** 分别代表 10%、5% 和 1% 的显著性水平。

　　跨行业多元化中，表4—6 全部上市公司回归显示上期房价通过了10% 的显著性检验，且一次项为正，二次项为负。国有上市公司未加入解释变量前通过 10% 的显著性检验，但是加入解释变量后不显著。国有上市公司随着企业规模增加，全要素生产率水平也增加，通过了 1% 的显著性检验。

　　由上述结果可知，房价的升高对于上市公司多元化存在正面影响，只是这种正面影响可能存在倒 U 关系，即高房价导致较低的多元化水平，即专业化的公司才能在高房价地区生存下来，但太高的房价将导致多元

化水平再次提高，对于跨行业多元化而言也是如此，但国企的影响显得
更为显著，这可能是因为国企在经营中所受到的政策约束较少，能够自
由地选择更多行业。

为了进一步检验上述机制，我们将金融业集中度引入房价与多元化
影响的研究。

表4—7　　金融业集中、房价对于上市公司多元化的影响分析

（全行业多元化）

	全部上市公司		国有上市公司		非国有上市公司	
	（1）	（2）	（3）	（4）	（5）	（6）
lhp	−0.046	−0.046	−0.044	−0.042	−0.059	−0.059
	（−1.40）	（−1.40）	（−0.85）	（−0.81）	（−1.37）	（−1.36）
hhi_c_y	−2.579**	−2.602**	−1.206	−1.255	−3.399**	−3.398**
	（−2.17）	（−2.19）	（−0.64）	（−0.67）	（−2.19）	（−2.19）
lhp#hhi_c_y	0.256*	0.257*	0.105	0.104	0.343*	0.342*
	（1.80）	（1.81）	（0.46）	（0.46）	（1.85）	（1.84）
size		−0.013*		−0.034***		0.007
		（−1.96）		（−3.59）		（0.73）
ROE		−0.000		−0.000		−0.000
		（−0.78）		（−1.25）		（−0.15）
stronglend		−0.000		−0.000		0.000
		（−0.04）		（−0.28）		（0.17）
degree_ls		−0.001		−0.001		−0.000
		（−0.94）		（−0.86）		（−0.33）
Constant	1.275***	1.561***	1.205***	1.95***	1.423***	1.282***
	（4.51）	（4.97）	（2.74）	（4.06）	（3.81）	（3.05）
公司固定效应	yes	yes	yes	yes	yes	yes
时间固定效应	yes	yes	yes	yes	yes	yes
聚类标准误	yes	yes	yes	yes	yes	yes
Observations	4762	4761	1827	1826	2935	2935
F	2.051	1.926	0.772	2.048	2.046	1.426

注：回归使用了城市聚类稳健型标准误，括号中是 t 统计量，＊、＊＊ 和 ＊＊＊ 分别代表10％、
5％和1％的显著性水平。

全行业多元化中，表4—7中全部上市公司回归显示金融分支机构的集中度越高，多元化水平越低，通过了5%的显著性检验，上一年房价水平不显著，但上一年房价水平与金融分支机构的集中度的交互项显示，二者的互联互动会增强金融分支机构的集中度对全要素生产率的影响，这意味着，由于金融存在垄断，企业往往无法实现多元化经营，但是随着房价的上涨，金融的负向影响减少了，非国有公司的结果与全部上市公司的结果一致，国有上市公司的结果不显著。

表4—8 **金融业集中、房价对于上市公司多元化的影响分析**

（跨行业多元化）

	全部上市公司		国有上市公司		非国有上市公司	
	（1）	（2）	（3）	（4）	（5）	（6）
lhp	− 0.066 **	− 0.063 **	− 0.086	− 0.075	− 0.053	− 0.053
	（− 2.16）	（− 2.06）	（− 1.54）	（− 1.36）	（− 1.43）	（− 1.41）
hhi_c_y	− 3.325 ***	− 3.261 ***	− 5.26 ***	− 4.669 **	− 2.407 *	− 2.390 *
	（− 3.00）	（− 2.95）	（− 2.70）	（− 2.43）	（− 1.77）	（− 1.76）
lhp#hhi_c_y	0.363 ***	0.359 ***	0.582 **	0.519 **	0.260	0.257
	（2.73）	（2.71）	（2.47）	（2.24）	（1.59）	（1.57）
size		− 0.02 ***		− 0.045 ***		0.003
		（− 3.12）		（− 4.77）		（0.39）
ROE		− 0.000		− 0.000		− 0.000
		（− 0.55）		（− 0.31）		（− 0.41）
stronglend		− 0.000 *		− 0.000 *		0.000
		（− 1.91）		（− 1.66）		（0.01）
degree_ls		− 0.001		− 0.002		− 0.000
		（− 1.38）		（− 1.50）		（− 0.32）
Constant	1.531 ***	1.927 ***	1.697 ***	2.584 ***	1.419 ***	1.347 ***
	（5.85）	（6.59）	（3.64）	（5.20）	（4.45）	（3.65）
公司固定效应	yes	yes	yes	yes	yes	yes
时间固定效应	yes	yes	yes	yes	yes	yes
聚类标准误	yes	yes	yes	yes	yes	yes

	全部上市公司		国有上市公司		非国有上市公司	
	(1)	(2)	(3)	(4)	(5)	(6)
Observations	3254	3254	1064	1064	2190	2190
F	2.741	3.443	1.899	4.183	1.377	0.948

注:回归使用了城市聚类稳健型标准误,括号中是 t 统计量, * 、** 和 *** 分别代表10%、5%和1%的显著性水平。

跨行业多元化中,表4—8 全部上市公司回归显示金融分支机构的集中度(hhi_c_y)越高,全要素生产率越低,通过了1%的显著性检验,上一年房价水平(lhp)通过了5%的显著性检验,上一年房价水平与金融分支机构的集中度的交互项(lhp#hhi_c_y)显示,二者的互联互动会增强金融分支机构的集中度(hhi_c_y)对全要素生产率的影响。国有上市公司随着企业规模增加,全要素生产率水平也增加,通过了1%的显著性检验。

四　房价与产业升级的关系分析

最后,借鉴余泳泽和李启航(2019)的研究,从产业升级角度分析房价与产业的关系。将工业企业数据库2004—2007年的数据,根据法人代码和企业名称进行对接,使用 OP 方法测算出全要素生产率,通过分析城市快速上涨及形成的高房价与工业企业全要素生产率之间的关系检验,获得房价水平(势能)与房价上涨速度(动量)两个层面对于产业升级的关系。

表4—9　　　房价对于工业企业全要素生产率的影响分析

	(1)	(2)	(5)	(3)	(4)	(6)
房价增长率	0.043 ***	0.04 ***	0.040 **			
	(7.38)	(7.06)	(2.02)			
上年房价				0.886 ***	0.823 ***	0.823 **
				(9.32)	(8.84)	(2.27)

续表

	（1）	（2）	（5）	（3）	（4）	（6）
上年房价平方项				−0.711 ***	−0.659 ***	−0.659 ***
				（−11.71）	（−11.09）	（−2.56）
出口替代		−0.098 ***	−0.098 ***		−0.098 ***	−0.098 ***
		（−27.92）	（−3.76）		（−27.96）	（−3.77）
企业规模		0.228 ***	0.228 ***		0.228 ***	0.228 ***
		（156.82）	（25.77）		（157.12）	（25.77）
金融深化		−0.227 ***	−0.227 ***		−0.225 ***	−0.225 ***
		（−41.53）	（−8.87）		（−41.32）	（−8.82）
资本密度		0.00 ***	0.00 ***		0.00 ***	0.00 ***
		（8.43）	（6.97）		（8.45）	（6.97）
企业时间		−0.002 ***	−0.002 **		−0.002 ***	−0.002 **
		（−5.99）	（−2.06）		（−6.00）	（−2.06）
时间固定	YES	YES	YES	YES	YES	YES
地区固定	YES	YES	YES	YES	YES	YES
行业固定	YES	YES	YES	YES	YES	YES
聚类城市	NO	NO	YES	NO	NO	YES
_cons	5.286 ***	4.383 ***	4.383 ***	2.612 ***	1.891 ***	1.891
	（282.08）	（222.35）	（104.13）	（6.91）	（5.10）	（1.44）
N	631778	631669	631669	632244	632134	632134
r2_a	0.119	0.174	0.174	0.119	0.175	0.175
F	360.573	531.191	.	359.876	529.788	.

注：＊、＊＊和＊＊＊分别代表通过10％、5％和1％的显著性检验，括号内为t值，回归选择使用稳健型或城市聚类稳健型标准误。

以上回归结果显示，无论加入不加入控制变量，房价增长率越高的城市留存的工业企业全要素生产率水平也越高，系数为正，且通过了5％的显著性检验。同时，我们发现，随着房价的高速上涨，企业难以企及的房价也会导致工业企业全要素生产率出现下降，城市房价的水平值与工业企业全要素生产率之间存在一定的"倒U"形曲线关系，表现为一次向系数显著为正，二次项系数显著为负。以上实证结果为筛选效应提供了经验证据，即房价快速上涨的城市工业企业全要素生产率水平较高，但房价快速上涨累积形成的高房价也会使得部分企业难以通过技术创新等途径实现生产率提升，使得过高的房价也会导致留存工业企业的生产率下降。

第四节　结论与展望

本部分根据我国房价与经济结构变化，具体分析不同情况下经济结构怎样传导房价的影响，在配置效应和筛选效应的共同作用下，总结出本部分的研究结论，以及这一结论所发现的未来房地产价格对生产性企业带来的不同影响和发展趋势。

一　房价影响结构：倒 U 关系

根据上文对于房价带来的三种影响的实证检验，不难发现房价整体上的作用普遍存在倒 U 影响，即对于结构调整的多重影响，房价的效应都呈现边际递减的变化。以全要素生产率为例，房价对于企业全要素生产率的倒 U 影响意味着，房价对于产业升级的作用而言存在一个可能的分界点，分界点之前，房价的提升会通过筛选效应，将高效率的企业分离出来留在高房价的城市，导致整体效率的提升，但突破分界点之后，过高的房价会产生更大的配置效应，将更多资源配置于房价相关的资产，多元化进程开始，导致企业整体效率下降。

二　经济结构变化的三条路径

房价对于经济结构的影响的根本在于要素在房价驱动下在不同空间、不同产业和不同用途之间的流动，这就导致了离开高房价地区、投资非生产性行业和产业升级的三种效应，在三种效应的基础上，可以发展出应对房价的三条路径：产业迁移、产业多元和产业升级。需要注意的是，这三条路径并非完全分离或者有明确的先后顺序，而是往往同时发生，如以产业多元化与产业升级为例，一般而言，某个产业中的企业，往往会在房价的影响下产生分化，一部分企业无法通过创新提高效率，进而适应房价的变化，占领高端市场，不得不将资源配置于本业以外的资产中，被动地实现了产业多元化，而另一部分企业则通过将资源配置在创

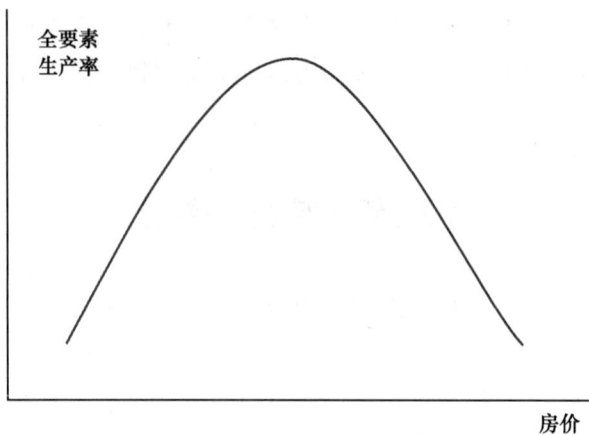

图4—2　房价与全要素生产率关系

新产品方面，改善了产业结构。即使在企业内部，也存在一部分资源用于多元化，一部分资源用于产业升级的现实情况。

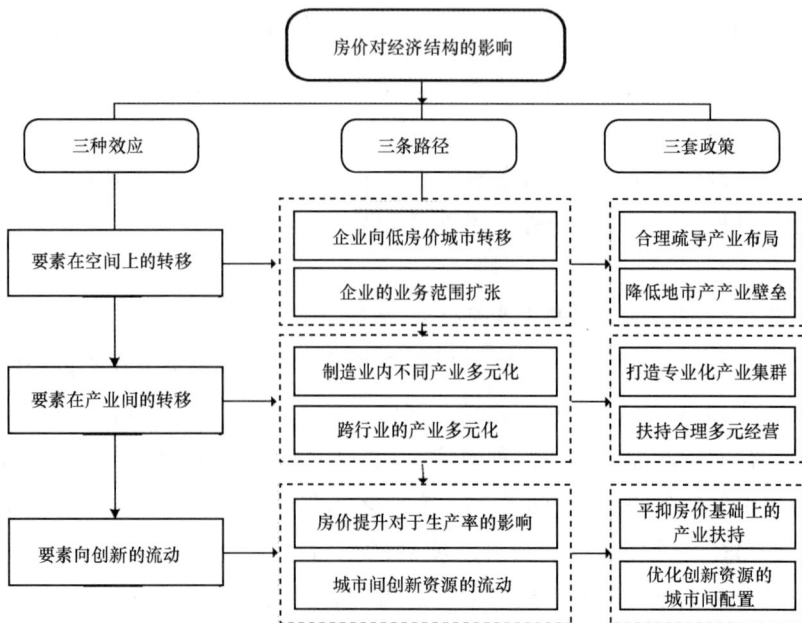

图4—3　房价对经济结构的影响框架图

三　当前我国各省市房价整体水平

以三条路径的发展思路为基础,我们考察了各省市近五年来的平均商品房住宅房价(当年价格),不难发现,近五年来,我国大部分地区的房价都出现了高速的上升势头,考虑到各省内部地级市房价的分布差异,工业行业集聚的城市其房价上升速度还会更快。

表4—10　　各省市近五年商品房住宅房价(人民币元/平方米)

省市	2017	2016	2015	2014	2013
北京市	32140	27497	22633	18833	18553
天津市	15331	12830	10107	9219	8746
河北省	7203	6438	5759	5131	4897
山西省	5619	4984	4870	4734	4433
内蒙古自治区	4628	4546	4441	4333	4301
辽宁省	6681	6080	5758	5373	5122
吉林省	6021	5364	5476	5112	4483
黑龙江省	6471	5295	5144	4882	4738
上海市	23804	24747	20949	16787	16420
江苏省	9195	8805	7356	7006	6909
浙江省	12855	11121	10525	10526	11042
安徽省	6375	5924	5457	5394	5080
福建省	9746	9218	8881	9136	9050
江西省	6150	5709	5358	5288	5203
山东省	6319	5855	5560	5315	5049
河南省	5355	4964	4611	4366	4205
湖北省	7675	6724	5863	5513	5266
湖南省	5228	4640	4304	4227	4243
广东省	11776	11097	9796	9083	9090
广西壮族自治区	5834	5237	4960	4854	4593
海南省	11837	9878	9339	9315	8669
重庆市	6792	5485	5486	5519	5569
四川省	6217	5762	5475	5597	5498

续表

省市	2017	2016	2015	2014	2013
贵州省	4771	4307	4415	4312	4295
云南省	5919	5269	5300	4998	4494
西藏自治区	6626	5112	4111	5774	4174
陕西省	6840	5471	5362	5166	5280
甘肃省	5709	5201	4913	4544	3886
青海省	6001	5400	5242	5081	4163
宁夏回族自治区	4544	4241	4413	4117	4232
新疆维吾尔自治区	4965	4632	4653	4628	4268

资料来源：国家统计局。

根据实证研究的结果，大于5%的增速的房价，很可能导致当地企业的全要素生产率下降，可以看到我国各省市在平均意义上，大部分省份已经超过上述比例，因此未来的房地产政策应在稳定房价的基础上，有选择地引导制造业产业优化和升级，当然这一政策需要建立在对于不同地区房价差异的基础上。

四 不同发展路径的对策选择

如图4—3所示，应对房价上升带来的实体企业发展三条路径，可以从降低房价与疏导产业发展两个维度出发，设计三套有针对性的策略：

首先，应对产业转移方面，应采用根据产业特征，尤其是对于房价上升的产业迁移弹性，合理布局产业分布，将部分产业有规划地安排在房价较低的地区，同时打破地区间产业壁垒，允许支持其他省份的产业进入本省市发展。

其次，应对产业多元方面，一方面，应尽力打造专业化产业集群，以政策降低房价对产业的影响，防止脱实向虚在本地优势产业中蔓延；另一方面，要保护企业合法选择经营范围的权利，以产业多元化是否真正影响了企业的制造业主业运行为标准，支持合理的多元化经营，方便企业在资金和资源方面进行自我调整。

最后，应对产业升级方面，应在尽力控制预防房价过快上涨的前提下，扶持以创新为应对方式的企业发展，以高效率的生产，降低房价上涨带来的负面作用，此外，应打造城市间产业升级相关要素的流通机制，让专利、人才、创新企业能够自由流转于不同城市之间，才能发挥各自的优势，提升制造业产业结构升级，实现新旧动能转换。

第 五 章

住房发展与经济风险：经验事实、假设检验与情景模拟

倪鹏飞　　沈　立　　龚维进　　蒋　震

第一节　房地产与金融风险

一　房地产市场风险

（一）房地产市场存在价格泡沫风险

1. 从房价角度来看，房价快速上涨正在引发房地产泡沫风险

首先，从时间趋势来看，自2001年以来，全国房价一直处于上涨趋势，但就房价增速而言，从2001年到2010年，房价处于加速上涨阶段，2010年以后，房价增速开始逐步趋缓，总体房价呈现"S"形曲线。对比285个城市在2001年和2016年的房价均值，可以发现，2001年和2016年的房价均值分别是1305元/平方米、5590元/平方米，2016年的房价均值是2001年的4倍多，增长了328%，增长速度不可谓不快，这从一定程度上引发了房价泡沫的担忧。

其次，从国际对比来看，中国主要城市的绝对房价已经处于世界城市的前列。表5—1列示了2017年中国房价最高的20个城市，它们分别是香港、北京、上海、深圳、台北、厦门、温州、南京、广州、杭州、天津、苏州、宁波、青岛、珠海、合肥、武汉、大连、福州、济南。在这些城市，平均房价最高的城市是香港，其平均房价为20945美元/平方米，市中心房价更是高达25946美元/平方米，而平均房价最低的城市则

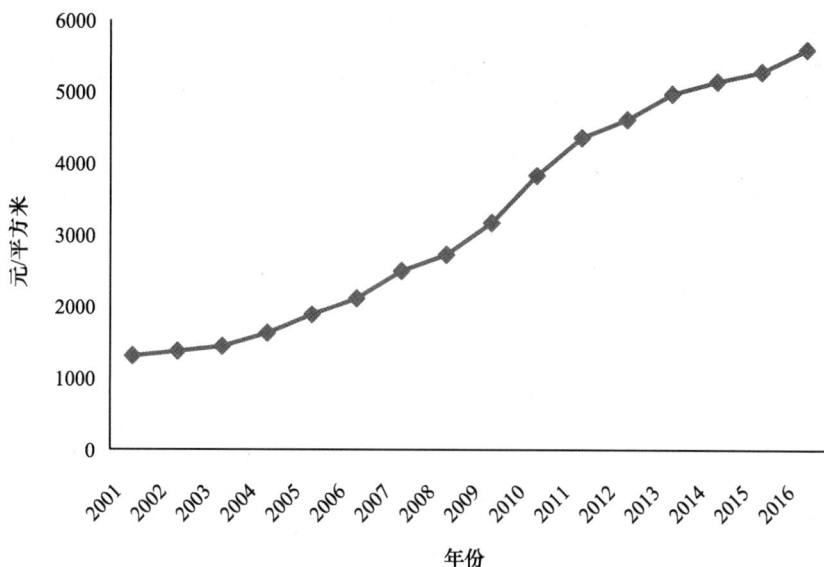

图5—1　285个城市平均房价走势

资料来源:国家统计局。

是济南,其平均房价为2151美元/平方米,市中心房价则为3154美元/平方米。与此同时,2017年国外房价最高的二十大城市则分别是新加坡、伦敦、特拉维夫、东京、苏黎世、日内瓦、水原、纽约、巴黎、旧金山、斯德哥尔摩、富川、悉尼、耶路撒冷、首尔、慕尼黑、奥斯陆、波士顿、罗马、米兰。其中,排名第一的新加坡平均房价为14180美元/平方米,市中心房价则为18962美元/平方米,排名最后的米兰平均房价为6407美元/平方米,市中心房价则为8821美元/平方米。对比国内外主要城市的房价水平,我们可以发现,中国房价最高的香港的平均房价远高于国外诸如新加坡、伦敦等高房价城市的平均房价,即使是北京、上海、深圳等内地城市的房价也与新加坡、伦敦、东京、纽约、巴黎、旧金山等全球主要城市的房价不相上下。总的来说,中国一线城市的平均房价已经达到了世界前列,考虑到中国的发展水平,中国一线城市的房价确实存在一定的房价泡沫风险。

表5—1　　　　　　　　**2017年中国房价最高的20个城市**　　　单位：美元/平方米

城市	市中心房价	非市中心房价	平均房价
香港	25946.2	15943.9	20945.05
北京	15254	6668.92	10961.46
上海	13985	6328.49	10156.75
深圳	12791.6	7123.35	9957.475
台北	10508.4	4805.4	7656.9
厦门	6308.19	3754.87	5031.53
温州	6157.99	1902.47	4030.23
南京	5757.47	3244.21	4500.84
广州	5712.22	2737.37	4224.795
杭州	5069.08	2431.02	3750.05
天津	4660.22	2403.12	3531.67
苏州	4462.28	1912.41	3187.34
宁波	4130.36	2302.99	3216.67
青岛	4005.2	2252.92	3129.06
珠海	3754.87	2002.6	2878.73
合肥	3546.27	1588.78	2567.52
武汉	3214.17	1401.82	2307.99
大连	3204.16	1708.47	2456.31
福州	3154.09	1690.3	2422.19
济南	3154.09	1148.99	2151.54

资料来源：中国城市与竞争力研究中心数据库。

表5—2　　　　　　　　**2017年国外房价最高的20个城市**　　　单位：美元/平方米

国家	城市	市中心房价	非市中心房价	平均房价
新加坡	新加坡	18962.3	9397.77	14180.04
英国	伦敦	18046.7	9038.54	13542.62
以色列	特拉维夫	14917.4	8596.35	11756.88
日本	东京	14488.1	6561.77	10524.93
瑞士	苏黎世	14349.8	9141.8	11745.8
瑞士	日内瓦	13388.8	9941.5	11665.15
韩国	水原	12927.7	7492.17	10209.94
美国	纽约	12542.3	6928.77	9735.53
法国	巴黎	11731.2	7736.22	9733.71

续表

国家	城市	市中心房价	非市中心房价	平均房价
美国	旧金山	11721.1	8042.71	9881.90
瑞典	斯德哥尔摩	11572.6	6753.09	9162.84
韩国	富川	11482.6	2888.8	7185.7
澳大利亚	悉尼	11286.5	6731.96	9009.23
以色列	耶路撒冷	10996.9	4207.57	7602.23
韩国	首尔	10449	6327.36	8388.18
德国	慕尼黑	10122.8	6919.79	8521.29
挪威	奥斯陆	9915.1	6771.82	8343.46
美国	波士顿	9612	4098.83	6855.41
意大利	罗马	9553.06	4295.07	6924.06
意大利	米兰	8821.14	3993.23	6407.18

资料来源：中国城市与竞争力研究中心数据库。

2. 从房价收入比的角度来看，中国主要城市的房价已经出现房价泡沫的迹象，为房地产市场风险埋下隐患

从全国 285 个城市的平均房价收入比来看，自 2001 年到 2016 年，全国平均房价收入比基本维持在 5.3 至 6.4 之间，总体呈现波浪式起伏，在 2011 年达到最高值，之后开始逐步下降，一直降到 2016 年的最低点。从中我们可以发现，就全国房价收入比的平均水平而言，中国大部分城市并未存在典型的房价泡沫。

但是，再看 2017 年国内外主要城市房价收入比排名（见表 5—3），我们可以发现，中国主要发达城市的房价收入比已经处于世界前列。在房价收入比排名前十位的城市中，中国城市占据 8 席，分别是北京、深圳、上海、厦门、香港、天津、南京、广州，其中，北京、深圳、上海的房价收入比位居国内外主要城市的前三位。另外，在房价收入比排名前二十位的城市中，中国城市占据 16 席，在房价收入比排名前四十位的城市中，中国城市总共占据 20 席。从上述数据分析中，我们明显可以看出中国主要城市的房价收入比已经处于世界前列，并普遍高于国外诸如纽约、东京、伦敦等中心城市，这也就意味着中国主要城市已经产生了较为明显的房价泡沫问题。

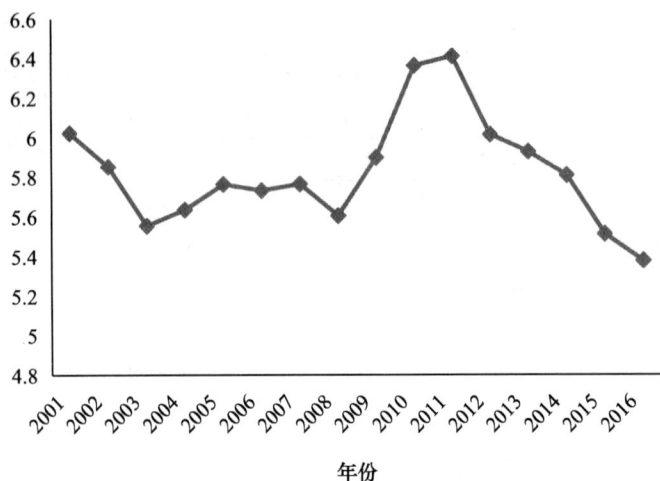

图5—2 285个城市平均房价收入比走势

资料来源：国家统计局。

表5—3 2017年国内外主要城市房价收入比排名

排名	国家	城市	排名	国家	城市
1	中国	北京	21	中国	宁波
2	中国	深圳	22	以色列	特拉维夫
3	中国	上海	23	日本	东京
4	韩国	水原	24	中国	苏州
5	中国	厦门	25	中国	武汉
6	韩国	富川	26	以色列	耶路撒冷
7	中国	香港	27	英国	伦敦
8	中国	天津	28	中国	济南
9	中国	南京	29	法国	巴黎
10	中国	广州	30	意大利	罗马
11	中国	温州	31	瑞典	斯德哥尔摩
12	韩国	首尔	32	澳大利亚	悉尼
13	中国	台北	33	瑞士	日内瓦
14	中国	合肥	34	意大利	米兰
15	新加坡	新加坡	35	德国	慕尼黑
16	中国	杭州	36	瑞士	苏黎世
17	中国	青岛	37	挪威	奥斯陆
18	中国	珠海	38	美国	纽约
19	中国	大连	39	美国	旧金山
20	中国	福州	40	美国	波士顿

资料来源：中国城市与竞争力研究中心数据库。

3. 从住房空置率角度来看，住房空置率虽然在近几年有所下降，但总体上一直处于上升态势

由于目前缺乏比较权威完整的住房空置率数据，本文只能找到部分省份的商品房空置面积进行分析，但是总体而言，通过对部分省份的住房空置情况进行分析也能反映全国的大致情况。由图5—3可以看出，自2006年以来，北京、山西、安徽、福建、江西、山东、河南七个省市的商品房空置面积总体处于上升态势，只是在2015年以后，由于去库存政策的影响，部分省市的商品房空置面积有所下降。具体来看，北京商品房空置面积由2006年的1039万平方米逐步增加到2017年的2092万平方米，上涨将近一倍，同样，福建商品房空置面积也是一路上涨，由2006年的267万平方米上升到2017年的2080万平方米，上涨679%；山西商品房空置面积由2006年的153万平方米上升到2015年的1816万平方米，增加1087%，之后则有所下降，下降到2017年的1225万平方米，与此类似，安徽、江西、山东的商品房空置面积也是快速上涨，在2015年达到最高点时分别上涨633%、533%、665%，之后趋于缓慢下降，而河南的商品房空置面积则是在2014年达到最高点，与2006年相比上涨1263%，之后趋于下降。总的来说，商品空置率的快速上涨正预示着中国城市房价已经出现泡沫风险。

4. 从住房租金收益率角度来看，租金收益率的持续低迷和超长期的回报周期显示中国主要城市存在一定的泡沫风险

表5—4报告了2018年9月至2019年3月的百城住宅租金收益率和回报周期。从中我们可以看出，百城住宅租金收益率基本稳定在2.26%左右，购买住宅的回报周期则高达46年，这也就意味如果以目前的租金收入计算，需要出租住宅46年才能收回原来的购房投资。再细分一二三四线城市，可以发现，一线城市的平均回报周期约为45年，二线城市的平均回报周期约为37年，三线城市的平均回报周期约为35年，即使按照三线城市来算，中国主要城市住宅的平均回报周期无疑也是过长的。从中我们可以得出，中国主要城市的住宅市场租金收益率过低和房价过高的问题十分严重，这也显示中国主要城市可能存在一定的泡沫风险。

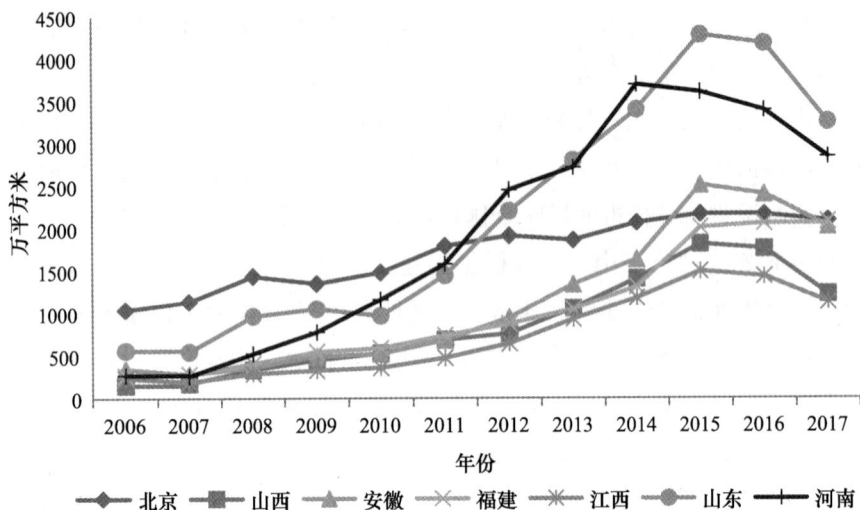

图5—3 部分省市商品房空置面积

资料来源：Wind。

表5—4 百城住宅租金收益率和回报周期

时间	租金收益率（%）	平均回报周期（年）	一线城市平均回报周期（年）	二线城市平均回报周期（年）	三线城市平均回报周期（年）
2018 – 09	2.26	45.56	45.64	36.35	34.91
2018 – 10	2.27	45.85	45.70	36.71	35.12
2018 – 11	2.27	46.11	45.50	36.90	35.50
2018 – 12	2.27	46.07	45.51	36.92	35.50
2019 – 01	2.25	46.24	45.34	37.18	35.71
2019 – 02	2.25	45.99	45.72	36.87	35.53
2019 – 03	2.25	46.12	45.28	37.02	35.71

资料来源：Wind。

5. 从库存去化周期的角度来看，过高的库存去化周期问题已经得到明显缓解

从房地产库存的视角来看，过高的库存去化周期一般预示着巨大的房地产市场泡沫风险。从2011年开始，伴随着房价的节节攀升，房地产

企业疯狂拿地盖楼，从而导致中国房地产市场的库存去化周期不断上升，房地产库存去化周期由 2011 年的 9.28 个月上升到 2015 年的 20.96 个月，之后，伴随着去库存政策的落地，中国房地产市场的库存去化周期开始趋于下降，由最高点的 20.96 个月快速下降到 2017 年 11.58 个月，基本恢复到合理水平，虽然 2018 年的库存去化周期有所上升，但总体来看还是比较合理的。由此，可以得出结论即中国的房地产市场虽然一度出现库存激增的现象，但是在国家政策的宏观调控下，已经基本恢复到了较为合理的库存水平。

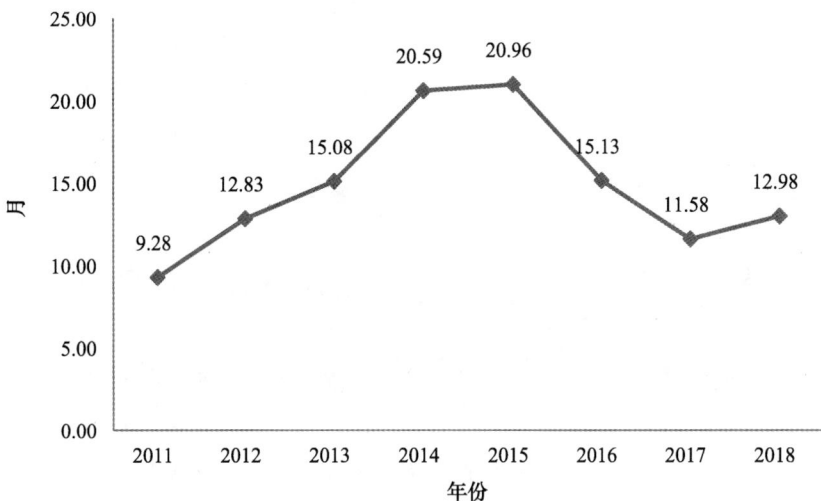

图 5—4　2011—2018 年库存去化周期

资料来源：Wind。

（二）房地产市场存在结构性风险

1. 不同层级城市房价分化加剧，一线城市房地产市场风险极大。

从不同层级城市的房价走势来看，一二三四线城市之间的房价分化日趋明显，一线城市房地产泡沫风险明显。从图 5—5 中可以看出，一二三四线城市的房价依次呈现递减态势，其中，一线城市与二三四线城市的绝对房价差距呈现不断扩大的趋势，同时，二三四线城市之间的绝对房价差距也有所扩大，具体来看，2001 年，一二三四线城市的平均房价分别是 4774 元/平方米、2135 元/平方米、1441 元/平方米、1038 元/平方米，而到了 2016 年，一二三四线城市的平均房价则分别是 28443 元/平方米、9657 元/平方米、5885 元/平方米、4296 元/平方米，差距之大，今非昔比。进一步地，就房价增速而言，一线城市的房价在 16 年内增长了 495%，而二三四线城市的房价则分别增长了 352%、308%、313%，可以看出，一线城市房价的增速远高于二三四线城市。从中我们可以得出，不同层级城市之间的房价分化日趋严重，特别是一线城市与其他城市之间的房价分化现象更为明显，一线城市房地产泡沫风险较大，而二三四线城市的房地产泡沫风险不太明显。

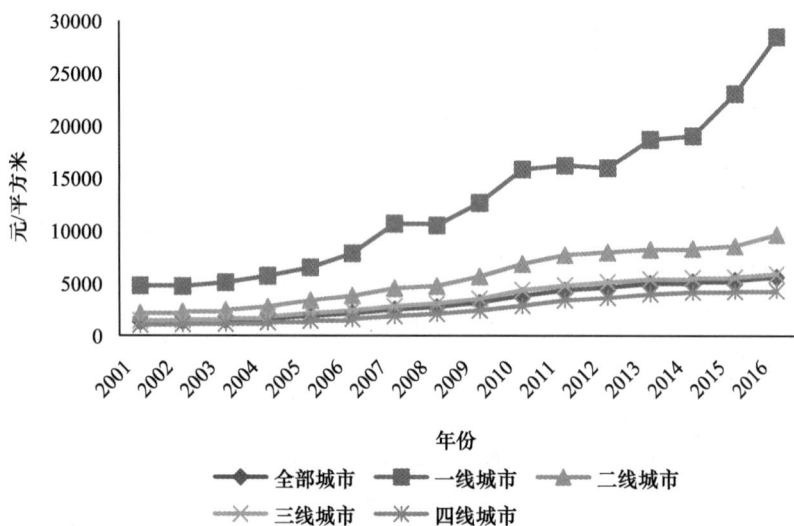

图 5—5 不同层级城市平均房价走势

资料来源：国家统计局。

从不同层级城市的房价收入比走势来看，一二三四线城市之间也存在明显的分化趋势，一线城市房地产泡沫风险巨大。从房价收入比的平均水平来看，一二三四线城市的房价收入比依次递减，但从时间趋势来看，一二三四线城市的房价收入比日趋分化，特别是一线城市与二三四线城市的房价收入比差距不断扩大，2001 年，一二三四线城市的房价收入比分别是9.65、7.42、5.82、5.78，2016 年，一二三四线城市的房价收入比则分别为16.18、7.13、5.29、4.87，分别上升73.8%、－3.9%、－9.1%、

-15.7%,从中可以得出,一线城市房地产市场持续走强,房价收入比快速上升,远远超出合理区间,房地产泡沫风险极大,而二三四线城市的房价收入比则不升反降,并且层级越低的城市,房价收入比下降幅度也就越大。总之,不同层级城市的房地产市场形势正在持续分化,一线城市房地产泡沫风险加剧,而二三四线城市的房地产泡沫风险不明显。

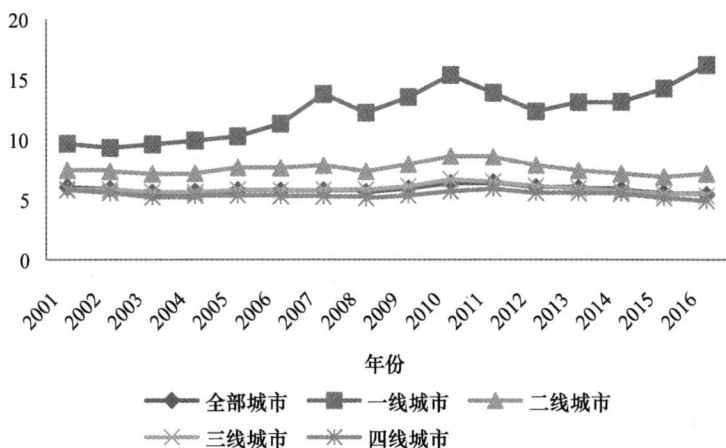

图5—6 不同层级城市平均房价收入比走势

资料来源:国家统计局。

2. 不同区域之间的房价分化明显,东部地区房地产泡沫风险相对较大。

从不同区域城市的房价走势来看,东部、中部、西部和东北城市之间的房价分化日趋明显,东部城市房地产泡沫风险较为明显。从图5—7中可以看出,东部城市和其他区域城市之间的绝对房价差距呈现不断扩大的趋势。2001年,东部、中部、西部和东北城市的平均房价分别是1692元/平方米、990元/平方米、1082元/平方米和1609元/平方米,而到了2016年,东部、中部、西部和东北城市的平均房价则分别是8232元/平方米、4489元/平方米、4451元/平方米和4235元/平方米,分别增长387%、353%、311%和163%,由此可以看出,不同区域城市之间的房价分化正在日趋严重,特别是东部城市房价上涨较为迅猛,房地产泡沫风险较大。

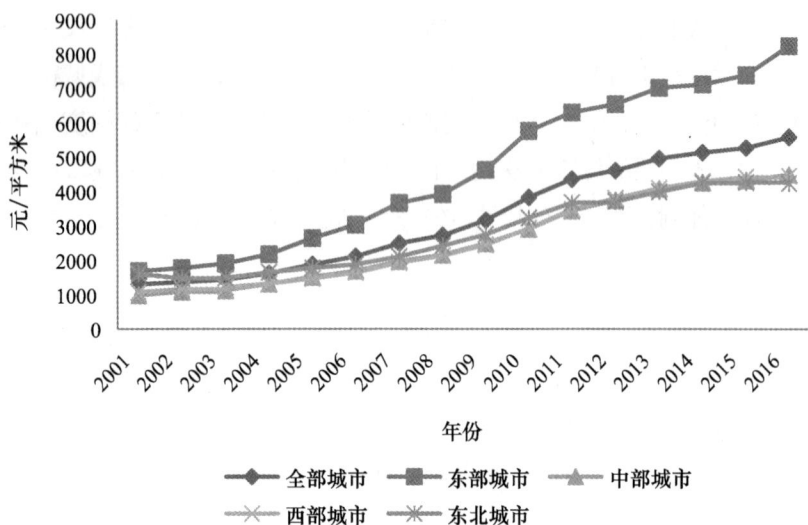

图5—7 不同区域城市平均房价走势

资料来源：国家统计局。

从不同区域城市的房价收入比走势来看，东部、中部、西部和东北城市之间也存在一定的分化趋势，东北城市和东部城市交替出现房地产泡沫风险。从时间趋势来看，2001年，东部、中部、西部和东北城市的房价收入比分别是5.87、5.28、5.47和9.51，此时，东北城市存在较为明显的房地产泡沫风险，但是到了2005年之后，东部城市的房价收入比超过东北城市，成为房价收入比最高的区域，直至2016年，东部、中部、西部和东北城市的房价收入比则分别为6.79、4.78、4.72和4.76，分别上升16%、-9%、-14%和-50%，从中可以得出，东部城市房地产市场持续走强，房价收入比上升较快，房地产泡沫风险相对较大，而其他区域城市的房价收入比则不升反降，东北城市房价收入比下降幅度最大。总之，不同区域城市的房地产市场形势正在持续分化，东部城市房地产泡沫风险有所加大，但总体处于合理区间，而其他区域城市的房地产泡沫风险不太明显。

二 房地产金融风险

（一）居民部门的房地产金融风险

由于房地产市场涉及大量资金，与金融部门存在十分紧密的联系，

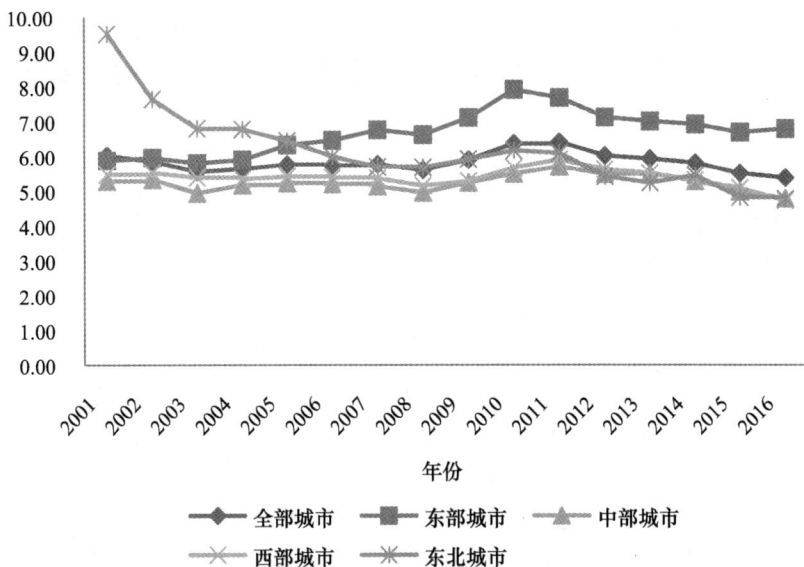

图5—8　不同区域城市平均房价收入比走势

资料来源：国家统计局。

因此，伴随着房地产市场的持续火热，金融部门也会受到十分巨大的影响，甚至引发金融风险。目前，中国居民部门的债务比率并不是很高，尚在合理区间内。就居民部门杠杆率而言（见图5—9），截至2017年末，在世界主要经济体中，居民部门杠杆率由高到低依次为澳大利亚（121.7%）、加拿大（100.2%）、英国（86.7%）、美国（78.7%）、法国（58.7%）、日本（57.4%）、德国（52.9%）、中国（49%）、南非（33.1%）、巴西（24.7%）、印度尼西亚（17%）、俄罗斯（16.2%）、印度（10.9%）。其中，中国的居民部门杠杆率位居第8，低于发达经济体的平均值（76.1%）和国际平均值（62.1%），但要高于新兴市场国家经济体平均值（39.8%）。再观察居民部门偿债比率（见图5—10），在世界主要经济体中，该比率由高到低依次为荷兰（16.6%）、澳大利亚（15.5%）、丹麦（15%）、挪威（14.9%）、加拿大（12.7%）、韩国（12.1%）、瑞典（11.5%）、英国（9.7%）、中国（9.4%）、美国（8.3%）、芬兰（7.2%）、葡萄牙（6.7%）、日本（6.7%）、西班牙（6.7%）、法国（6.1%）、德国（6.1%）。其中，中国的居民部门偿债比率在主要经济体中排名第9，总体处于中下水平，这再次说明，与国际水平比较，中国居民部门的负债比率相对较低，尚未出现大的金融风险。

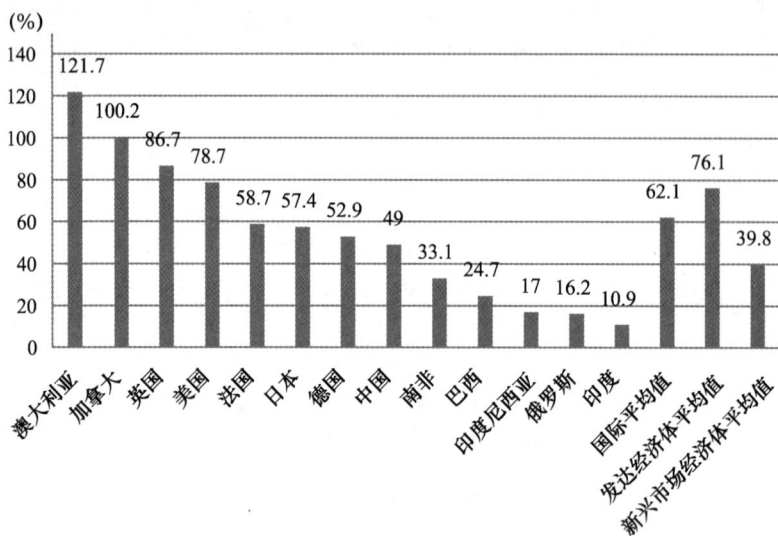

图5—9 2017年末主要经济体居民部门杠杆率

资料来源：中国人民银行。

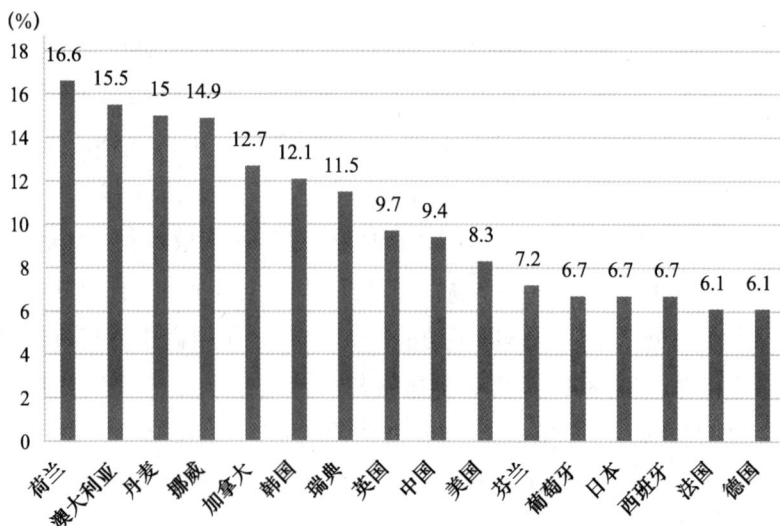

图5—10 2017年主要经济体居民部门偿债比率

资料来源：中国人民银行。

与国际水平相比,中国居民部门的债务负担虽然不是很高,居民债务风险总体可控,但是,房地产市场的过热引致的居民部门债务快速上升也可能引发一定的金融风险。由图5—11可以看出,从2005年至2015年,中国银行业住户贷款由31587亿元增加到267226亿元,增长746%,其中,中长期消费性贷款由2005年的20664亿元上升到145861亿元,增长605%,从中可以看出,房地产市场的火爆正在带动居民中长期消费性贷款的高速增长,其中,中长期消费性贷款中很大一部分属于居民购房贷款。再观察住户贷款和中长期消费性贷款占各项贷款的比重变化趋势,还可以发现,住户贷款占各项贷款的比重由2005年的16.2%上升到28.5%,其中,中长期消费性贷款占各项贷款的比重由2005年的10.6%上升到15.5%,与此同时,居民杠杆率由2005年的16.8%上升到38.7%,这也再次说明房地产市场的火热正在快速推动居民部门负债的增加和杠杆率的上升,虽然总体上居民部门杠杆率并未出现过高现象,但这无疑会增加居民部门的金融风险。

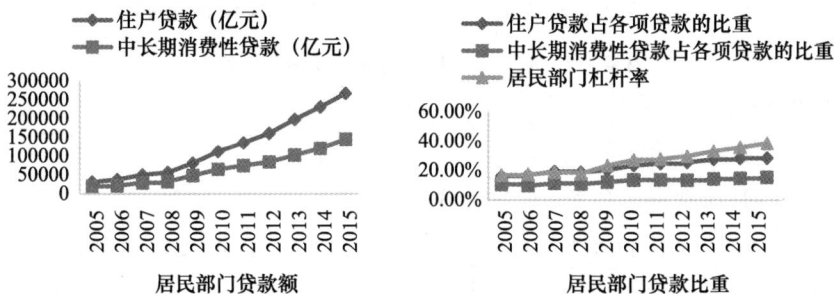

图5—11　居民部门贷款情况

资料来源:Wind。

进一步观察个人住房贷款余额及其同比增长率(见图5—12),可以发现,从2006年6月至2018年12月,个人住房贷款余额由21000亿元猛增到258000亿元,上涨了11倍,特别是2016年,随着房地产市场的过热,个人住房贷款出现井喷态势。另外,从个人住房贷款同比增长率来看,从2006年到2018年,中国房地产市场出现了四个周期,并且个人住房贷款余额同比增长率分别在2007年、2010年、2013年和2016年达到高峰，其中，2007 年 12 月、2010 年 3 月、2013 年 6 月、2016 年 12 月的个人住房贷款余额同比增长率分别上升 33.6%、52.6%、20.8%、38.1%，出现了非常明显的井喷现象，大大加剧了居民部门的金融风险。

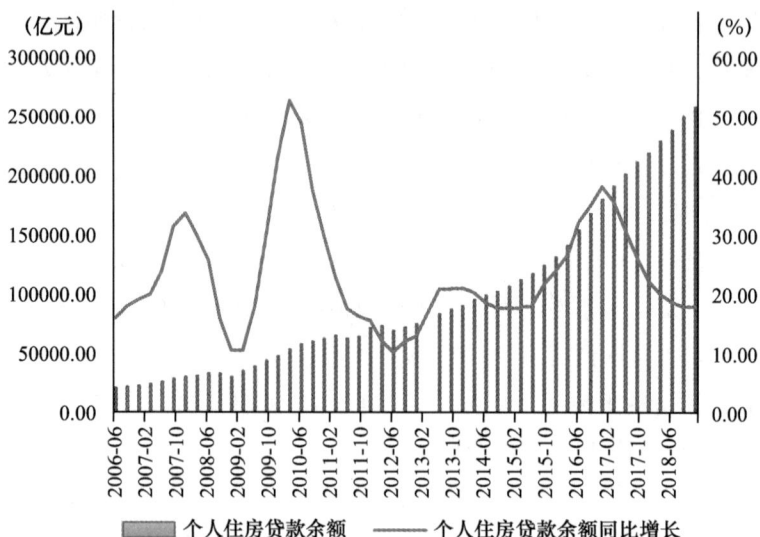

图 5—12 个人住房贷款余额及其同比增长率

资料来源：Wind。

（二）企业部门的房地产金融风险

房地产市场的持续火热不仅会增加居民部门的金融风险，同时还会对企业部门产生十分重要的影响，特别是会显著影响房地产开发企业部门的金融风险。首先，房地产开发贷款的过快积累可能会增加房地产开发企业的金融风险。从房地产开发贷款的角度来看，从 2004 年起，中国房地产开发贷款余额一直处于上升态势，特别是 2013 年开始，房地产开发贷款余额加速上涨，这也就意味着房地产开发行业的负债正在快速增加，进而增加了房地产行业的金融风险隐忧。另外，从房地产开发贷款余额的同比增长率来看，2004 年以来，房地产市场经历了四个周期，房地产开发贷款余额的同比增长率分别在 2006 年、2010 年、2015 年和 2018 年达到高点，其值分别为 37.8%、31.15%、24.08% 和 24.23%，而房地产开发贷款在短期内的暴增无疑会对企业部门造成明显的金融风险。

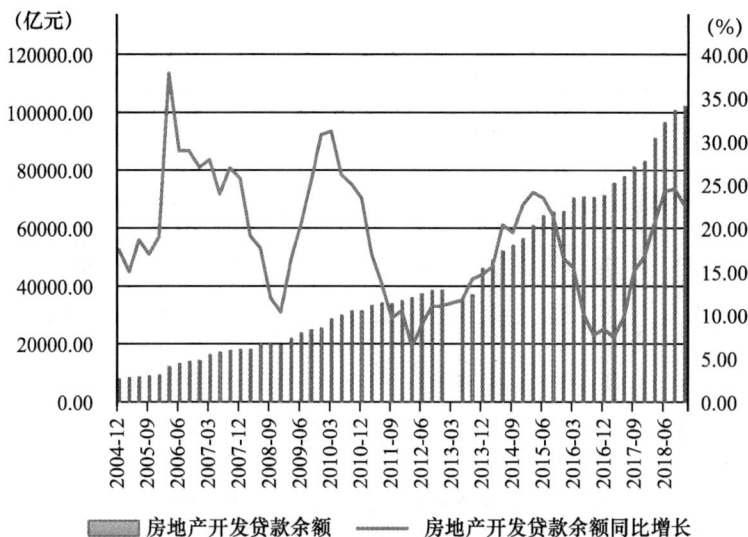

图5—13　房地产开发贷款余额及其同比增长率

资料来源：Wind。

其次，房地产市场热潮引发房地产开发企业资产负债率的居高不下和较高的不良资产率。正是由于房地产开发企业的高速扩张，导致房地产行业的资产负债率高居不下，一直维持在70%，2001年的房地产开发行业的资产负债率高达79.6%，远高于其他行业水平，之后逐步下降，2013年以后，受到去杠杆政策的影响，房地产开发行业的资产负债率一度下降6%，但是截至2017年，全行业的资产负债率依旧高达69.5%，房地产企业的金融风险依旧较高。再看房地产开发行业的不良资产率，可以发现，从2001年起，中国房地产开发行业的不良资产率经历了四波高潮，第一波发生在2002年，当时的房地产开发行业不良资产率达到了4%，第二波发生在2008年，房地产开发行业不良资产率达到2.5%，第三波则发生在2012年，房地产开发行业不良资产率达到2.7%，第四波则发生在2016年，房地产开发行业不良资产率又再度达到4%。这说明伴随着房地产市场的火爆，房地产开发行业的不良资产率也在上升，进而可能引发一定的金融风险。

最后，房地产市场的热潮还会导致房地产开发企业的速动比率的下降和现金流动负债比率的下降，进而引发企业流动性危机。观察房地产

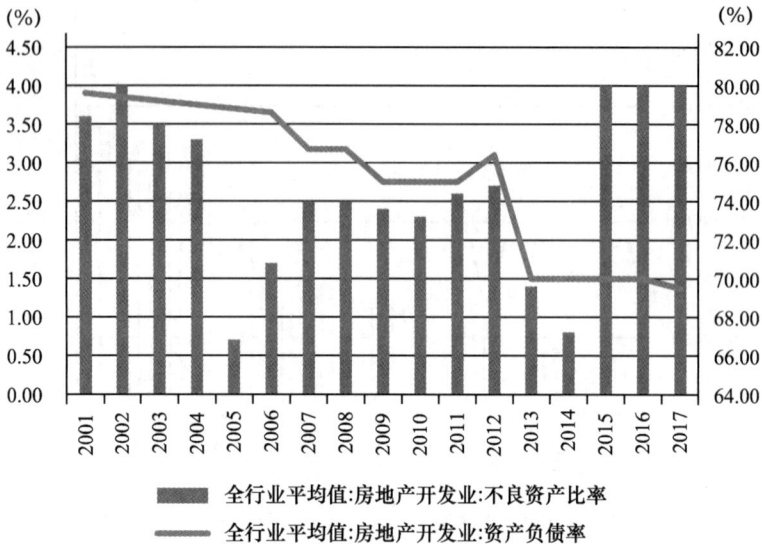

图5—14 房地产开发行业不良资产比率和资产负债率

资料来源：Wind。

开发行业速动比率的变化趋势，我们可以发现，房地产开发行业平均速动比率基本维持在50%到70%之间，呈现先缓慢上升后缓慢下降的过程，特别是在2013年以后，下降幅度较大，这也在一定程度增加了房地产开发企业出现流动性危机的概率。再看现金流动负债比率的变化趋势，可以发现，自2001年开始，房地产开发行业平均现金流动负债比率先出现震荡式下跌，由2001年的2.5%下降到2011年的－2.1%，之后虽有所反弹，但基本维持在2%左右，总的来看，房地产开发企业的现金流动负债比是非常低的，个别年份甚至出现负数，这也反映房地产开发行业存在发生严重流动性危机的可能，一旦房地产市场急速降温，极有可能引发连锁反应，最终导致严重的金融危机。

（三）金融机构的房地产金融风险

众所周知，房地产市场与金融机构关系向来十分紧密，房地产市场的风吹草动都会影响金融机构资产的安全与否。伴随着房地产市场的快速发展，金融机构也出现了各种问题和风险，房地产市场的风险正在通过多种渠道威胁金融体系。

首先，金融机构新增人民币贷款中居民中长期贷款额持续增长使得

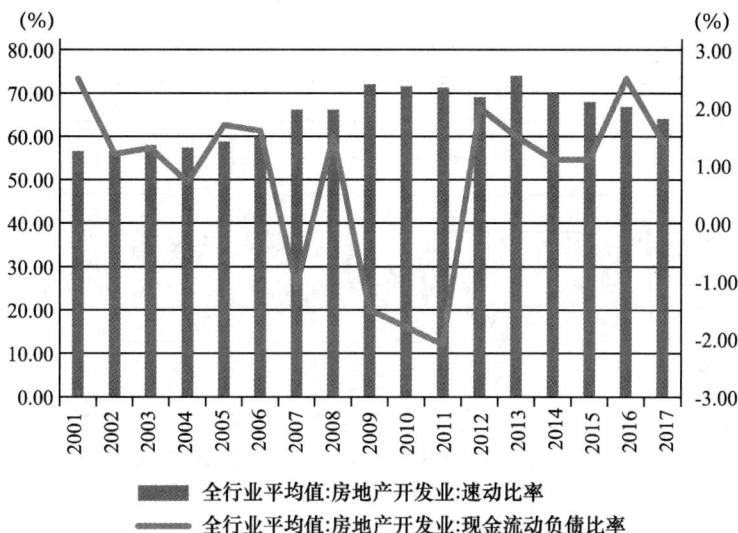

图5—15 房地产开发行业速动比率和现金流动负债比率

资料来源: Wind。

金融机构积累了较大的风险隐患。从2009年至今,金融机构新增人民币贷款中居民中长期贷款额经历了几轮周期,但总体上呈现增长趋势,由2009年的17000亿元上涨到2018年的49500亿元,增长200%,其中,2016年金融机构新增人民币贷款中居民中长期贷款额更是高达56800亿元。另外,在新增人民币贷款中,中长期贷款比重也总体呈现震荡式上升趋势。2009年,金融机构新增人民币贷款中,居民中长期贷款比重平均为30.52%,比重最高的一个月竟然达到68.25%,之后该比重趋于下降,并维持在20%左右的水平,到了2016年,居民中长期贷款比重平均高达53.39%,远远超过之前的水平,虽然之后又有所下降,但总体依旧维持在较高水平,2018年,该比重平均值依旧高达33.01%,总的来说,在大部分时间内,金融机构新增人民币贷款中居民中长期贷款比重是稳定的,但在个别年份确实出现暴涨的情况,这极易引发金融体系风险。

其次,房地产贷款余额持续攀升,房地产贷款余额增速居高不下,为金融体系出现风险埋下了隐患。自2004年至2018年,商业性房地产贷款余额一直处于上升通道,特别是2013年以后更是处于加速上涨态势,2004年末,商业性房地产贷款余额为23800亿元,但到了2018年末,商

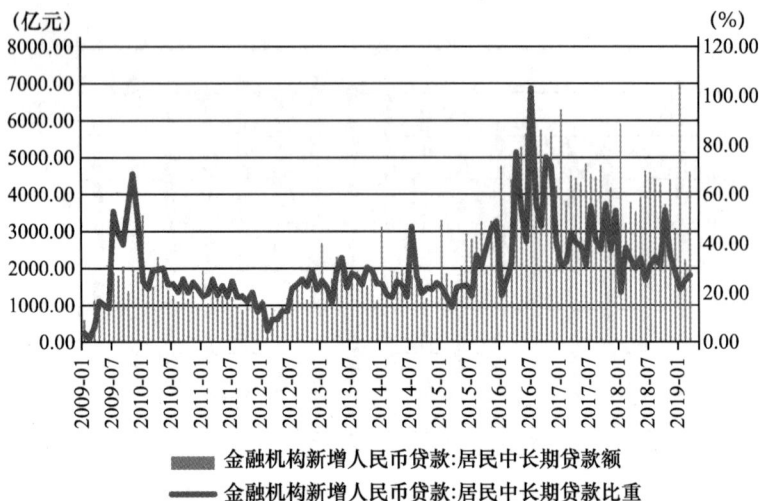

图5—16 金融机构新增人民币贷款中居民中长期贷款额及比重

资料来源：Wind。

业性房地产贷款余额已经高达 387000 亿元，比 2004 年末增长了 15 倍，与此同时，房地产贷款余额同比增长率呈现周期性波动，但其平均值也一直维持在 21.68%，同比增长最快的时候甚至高达 44.3%，这从一个方面说明房地产市场的持续升温正在催生金融体系的风险。

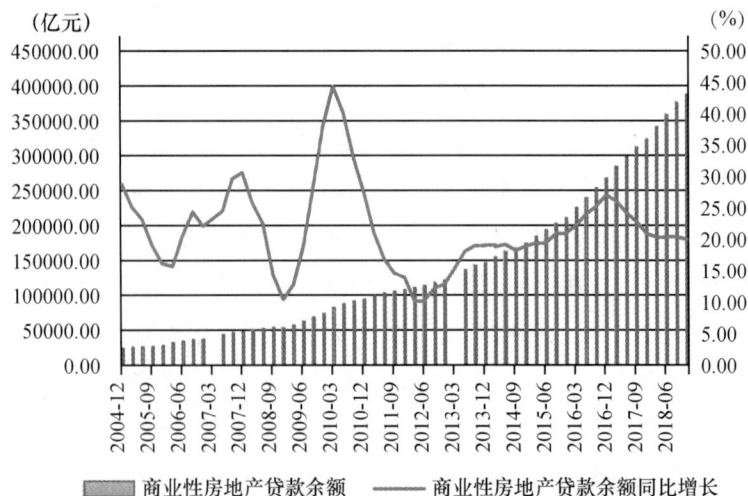

图5—17 商业性房地产贷款余额及其同比增长率

资料来源：Wind。

　　由于大量贷款是以房地产作为抵押品的，因此，房地产价格波动将导致房地产市场风险向金融行业传导，并且房地产价格波动还会对众多上下游产业的财务状况经营产生影响，反过来影响金融体系。因此，我们再观察上市公司抵押贷款额的变化趋势，同样可以看到，上市公司抵押贷款额总体呈现急剧上涨态势进而加剧了房地产金融风险。根据国泰安数据库统计，2010 年，上市公司人民币贷款总额为 108.89 亿元，但从 2011 年开始，上市公司抵押贷款额开始快速上涨，并在 2015 年达到创纪录的 1386.58 亿元，之后虽有下降，但是截至 2017 年，上市公司抵押贷款额依旧维持在 882.84 亿元。由于上市公司的抵押贷款多以房地产为抵押品，因此，抵押贷款的快速增加也会导致房地产贷款违约风险的上升，加剧房地产金融风险，使得房地产市场风险有更大的可能性转化为金融风险。

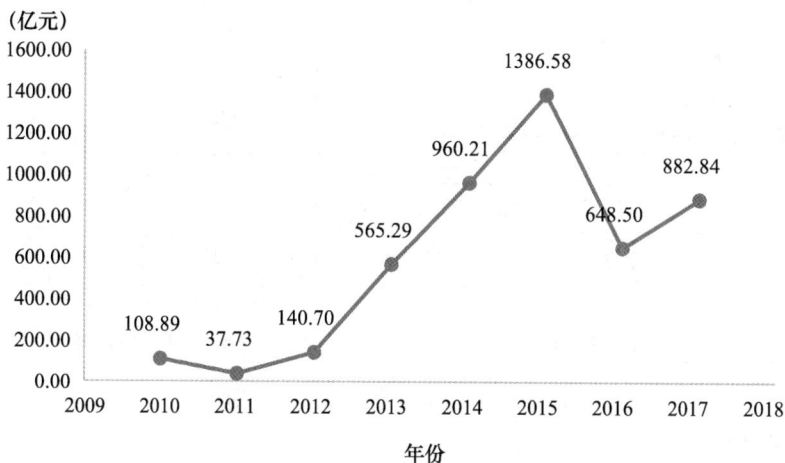

图 5—18　上市公司抵押贷款额

资料来源：国泰安数据库。

　　房地产市场的持续火热推动了房地产相关贷款数量的持续攀升，进而也对商业银行的有关金融指标造成了一定的压力。从图 5—19 中可以看出，伴随着房地产行业贷款数量的飙升，商业银行存贷比也在逐步上升，并且近年来有加速上涨的态势，总的来看，商业银行存贷比已经由 2010 年 12 月的 64.5% 上升到 2018 年 12 月的 74.34%。与此同时，商业银行杠杆率在近几年中也一直处于上升通道,由2016年3月的6.4%小幅上升到2018年12月的6.73%。另外,商业银行的不良资产率在经历了一轮下降之后又开始进入上涨态势,从2011年9月的0.9%上涨到2018年12月的1.83%,增长了近一倍。虽然商业银行的存贷比、杠杆率和不良贷款率都有所上升,但是商业银行的资本充足率基本维持在较高的水平,这说明商业银行的金融风险随着房地产市场的火热而不断增加,但总体风险是可控的。

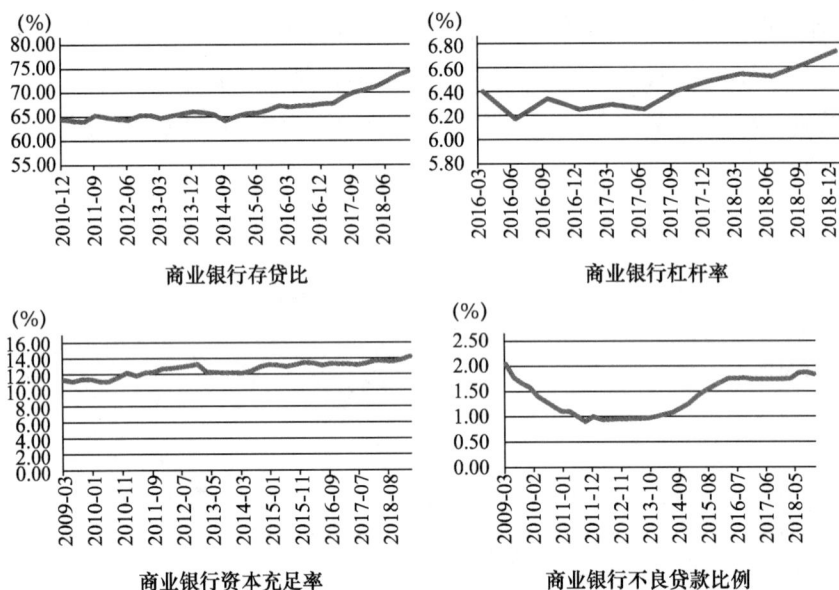

图5—19 商业银行主要金融指标

资料来源:Wind。

总体来看,虽然在房地产市场持续升温的背景下,金融体系的风险正在不断累积,但是,总体而言,金融风险依然在可控范围内。首先,总体住房首付比的提升有助于减弱房地产市场风险对金融体系的冲击。自2016年以来,首套房首付比例为2成的银行数量正在不断减少,其比例由2016年2月的19.66%下降到2019年3月的5.82%,而首套房首付比例为3成的银行数量则明显增加,其比例由2016年2月的26.68%迅速上升到2019年3月的77.11%,另外,首套房首付比例为3成以上的银行比例也有一定程度的上升。总之，商业银行的住房首付比普遍有所提升，这也在一定程度上减弱了房地产市场风险对金融体系的冲击。

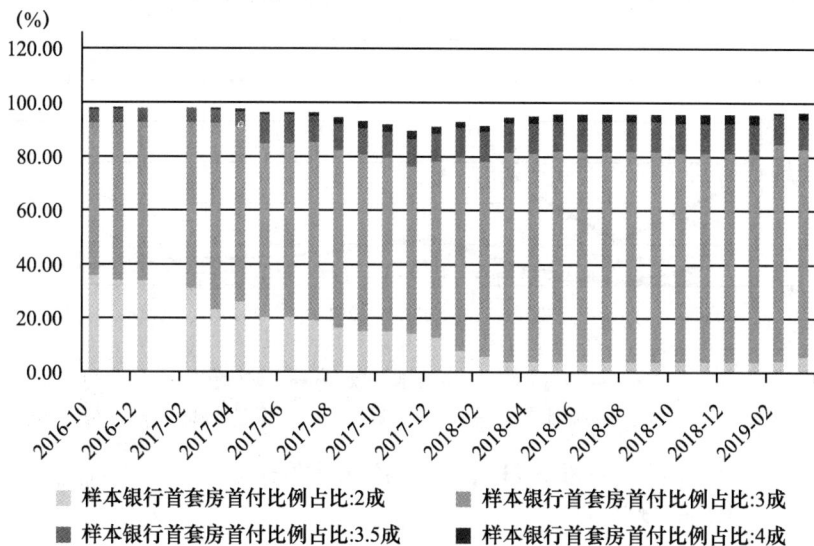

图5—20 样本银行首套房首付比例

资料来源：Wind。

其次，国泰安数据库显示，上市公司抵押贷款占各类贷款比重相对较小，对金融体系的可能冲击相对有限。从图5—21中可以看出，上市公司抵押贷款占比在2010年至2017年间基本维持在5%以下，并且呈现逐年下降的趋势，由2010年的4.59%下降到2017年的1.09%，相对而言，占比较大的贷款类型主要是保证贷款和其他授信。从中我们也可以得出，上市公司抵押贷款额的增加对金融体系的冲击相对较为有限。

三 房地产金融风险的传导机制

（一）房价对企业流动性风险的影响机制

1. 理论机制分析

由于房地产行业属于资金密集型产业，因此，房地产市场的发展就与金融体系存在十分紧密的联系，进而也会对实体经济发展产生不可忽视的作用，特别是对企业的流动性具有十分重要的影响。一般来说，企

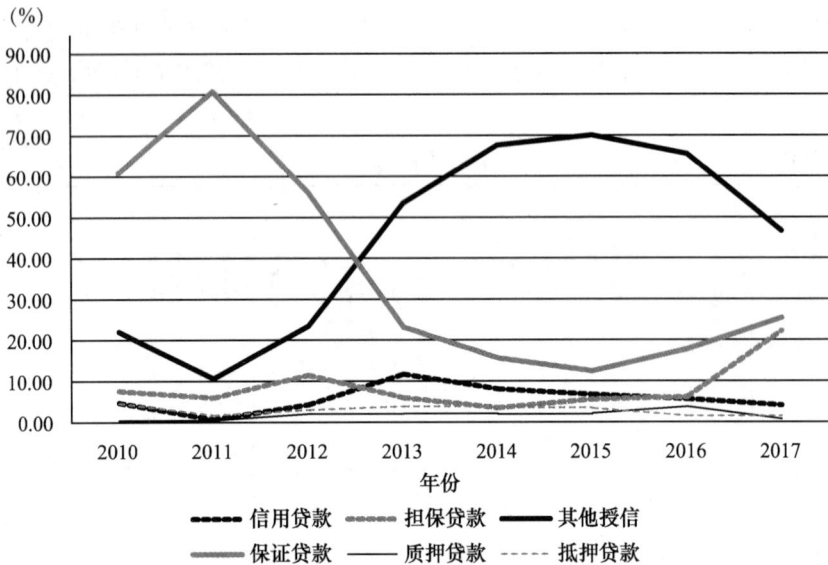

图5—21　上市公司各类贷款占比

资料来源：国泰安数据库。

业要保持可持续发展就必须要有持续的财务来源，这就要求资产结构与资本结构保持协调，同时，在现金流动上形成良好的造血机制，使得生产经营过程中现金流入量和现金流出量在时间和数量上保持良性协调。因此，企业流动性可以被定义为企业获取现金并随时满足现金支付需求的能力。而企业流动性风险则包含两种含义即企业资产变现能力出现问题和企业偿还债务的能力出现问题。从理论上来说，房价上涨对企业流动的影响主要有两种效应：挤入效应和挤出效应。挤入效应是指存在金融摩擦或金融抑制的情况下，金融资源无法得到最优配置，部分企业无法获得充足的金融资源，此时，房价上涨有助于提升企业所拥有的房地产资产价值，从而增强其抵押负债能力，进而改善其面临的融资约束困境，最终有助于提升企业的流动性。挤出效应则是指随着房价的上涨，房地产行业成为具有较低进入门槛的高盈利行业，因此，就会有大量的产业资本和金融资本涌入房地产行业，从而挤出原本应该进入实体经济的资金，最终加剧了实体经济企业的融资约束，不利于改善企业的流动性。房价上涨主要通过这两种效应分别从正反两个方面来影响企业的流动性。因此，房价上涨对企业流动性的综合影响就主要取决于挤入效应和挤出效应之间的大小比较。

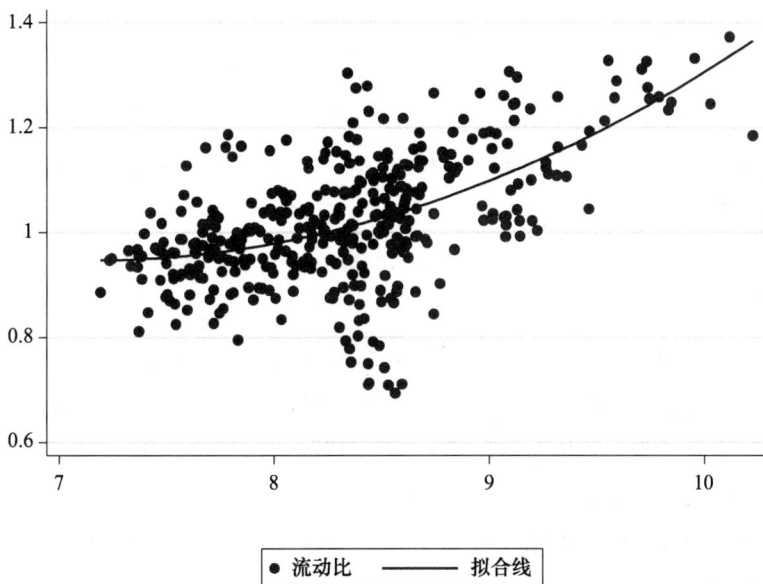

图5—22　房价与企业流动性之间的关系

资料来源：作者绘制。

2. 识别模型设计

企业流动性指标一般采用货币现金/短期借款、流动资产/流动负债、速动资产/流动负债等三种财务指标来衡量，货币现金/短期借款这一指标反映企业现金资源用于偿还短期借款的能力，该指标越高，则表明企业流动性越强，流动性风险越低。流动资产/流动负债这一指标也叫流动比，反映企业流动较高资产用于偿还及时性要求较高的流动负债的能力，该指标越高，则表明企业资产流动性越强，流动性风险越低。速动资产/流动负债这一指标也叫速动比，反映企业速动资产用于偿还及时性要求较高的流动负债的能力，该指标越高，企业资产流动性越强，流动性风险也就越低。因此，本文选择将流动比（流动资产/流动负债）作为主要被解释变量。另外，由于本文主要研究房价对企业流动性的影响，因此，本文的解释变量就是房价。另外，影响企业流动性的因素还有多种，包括企业规模、资产收益率、净资产收益率、财务杠杆等，因此，本文将企业规模、资产收益率、净资产收益率、财务杠杆作为控制变量。基于此，本文构建了如下计量模型：

$$ldrate_{it} = \beta_0 + \beta_1 hp_{it} + \beta_2 hp_{it}^2 + \beta_3 size_{it} + \beta_4 leverage_{it} + \beta_5 roa_{it}$$
$$+ \beta_6 roe_{it} + \varepsilon_{it} \tag{5—1}$$

其中，$ldrate$ 表示流动比（流动资产/流动负债），hp 表示房价，hp^2 表示房价的二次项，$size$ 表示企业资产规模，$leverage$ 表示资产负债比（企业负债/企业资产），roa 表示总资产收益率（利润/资产），roe 表示净资产收益率（利润/净资产）。以上数据均来自 EPS，样本时间段为 2004—2016 年。

3. 实证结果分析

表 5—5 报告了房价与企业流动性之间的关系。模型（1）介绍了房价与企业流动比之间的关系，可以发现，房价的一次项在 10% 的显著性水平下显著为负，其值为 -2.936，而房价的二次项则在 10% 的显著性水平下显著为正，其值为 2.623，这说明房价与企业流动比呈现"U"型关系，由此，我们可以得出，房价与企业流动性之间确实存在挤入效应和挤出效应，但是这两种效应的大小在不同的房价水平上并不相同，当房价低于拐点时，房价的挤出效应要大于挤入效应，而当房价高于拐点时，房价的挤入效应则要大于挤出效应。同样，模型（2）介绍了房价与企业速动比之间的关系，可以发现，房价的一次项在 5% 的显著性水平下显著为负，而房价的二次项则在 5% 的显著性水平下显著为正，这进一步证明了上述结论即房价与企业流动性呈现"U"型关系，当房价低于拐点时，企业速动比会随着房价的上涨而下降，即房价的挤出效应要大于挤入效应，而当房价高于拐点时，企业速动比会随着房价的上涨而上升，即房价的挤入效应则要大于挤出效应。

表 5—5   房价与企业流动性之间的关系

模型	（1）	（2）
被解释变量	流动比	速动比
房价	-2.936*	-3.988**
	(-1.83)	(-2.22)

续表

模型	（1）	（2）
房价二次方	2.623*	3.800**
	(1.75)	(2.24)
控制变量	控制	控制
地区固定效应	控制	控制
时间固定效应	控制	控制
N	390	390
adj. R^2	0.8454	0.8261

注：括号内是标准误，***、**、*分别表示在1%、5%、10%的水平上是统计显著的。

为了进一步识别房价的挤入效应和挤出效应，我们在式（5—1）的基础上又构建了一个包含房价与贷款利息交互项的模型（见表5—6），由于现有数据缺乏企业房地产等可抵押资产的数据，我们姑且使用贷款利息来作为房地产等可抵押资产的代理变量，一般来说，房地产等可抵押资产越多，企业的贷款可能性也就越大，贷款数量也就越高，从而导致贷款利息支出也就越高。从表5—6中可以发现，在模型（1）中，房价和贷款利息的交互项系数在10%的显著性水平下显著为正，这说明当房地产等可抵押资产越多时，房价上涨就越有利于提升企业的流动性，反之，当房地产等可抵押资产越少时，房价上涨就越不利于企业流动性的提升。再看模型（2），同样可以发现，房价和贷款利息的交互项系数在5%的显著性水平下显著为正，这进一步证明当房地产等可抵押资产越多时，房价上涨就越有利于提升企业的流动性这一结论，进而说明房价上涨确实可以通过挤入效应来增强企业流动性。另外，在模型（1）中，房价系数在10%的显著性水平下显著为负，而在模型（2）中，房价系数在5%的显著性水平下显著为负，这说明房价上涨具有降低企业流动性的作用，即房价对企业流动性具有挤出效应。

表5—6 挤入效应和挤出效应的识别

模型	（1）	（2）
被解释变量	流动比	速动比
房价	－1.089 *	－1.226 **
	（－1.74）	（－1.98）
房价 * 贷款利息	3.594 *	4.817 **
	（1.88）	（2.37）
贷款利息	－3.545 **	－4.781 ***
	（－2.08）	（－2.64）
控制变量	控制	控制
地区固定效应	控制	控制
时间固定效应	控制	控制
N	390	390
adj. R^2	0.8598	0.8510

注：括号内是标准误，*** 、** 、* 分别表示在1%、5%、10%的水平上是统计显著的。

4. 情景分析

由于房价与企业流动比呈现"U"型关系，由此，我们可以计算其拐点处的房价水平为13359元/平方米，即当房价低于13359元/平方米时，企业流动比会随着房价的上涨而下降，而当房价高于13359元/平方米时，企业流动比会随着房价的上涨而上升，由于房价对企业流动性存在挤入效应和挤出效应，以此，我们可以得出，当房价低于13359元/平方米时，房价的挤出效应要大于挤入效应，而当房价高于13359元/平方米时，房价的挤入效应则要大于挤出效应。同样，由于房价与企业速动比也存在"U"型关系，由此，我们也可以计算得出其拐点处的房价水平变为7707元/平方米，当房价低于7707元/平方米时，企业速动比会随着房价的上涨而下降，即房价的挤出效应要大于挤入效应，而当房价高于7707元/平方米时，企业速动比会随着房价的上涨而上升，即房价的挤入效应则要大于挤出效应。

一般而言，流动负债需要在一年之内偿还，而流动资产可以在一年之内变现，因此，当流动资产大于流动负债时，企业流动性是比较安全的，不会出现偿债问题，但是当流动资产小于流动负债时，企业就会出现偿债问题，因此，一个企业出现流动性风险的流动比临界点是1，但是传统上，流动比的最优区间是1.5—2。与此同时，就国际上而言，速动比保持在1以上是比较合适的，但在我国，企业较好的速动比临界点为0.9，如果速动比低于0.9，企业就可能存在较大的流动性风险。基于以上标准，我们对各省份的流动比和速动比进行了比对（见图5—23），可以发现，2016年，辽宁、陕西、黑龙江、河北、云南、甘肃、内蒙古、宁夏、新疆、山西、青海等省份企业的流动比低于1，存在较大的流动性风险，与此同时，上海、福建、广东、湖南、河南、北京、江苏、浙江等省份的企业的速动比大于0.9，具有较好的流动性。

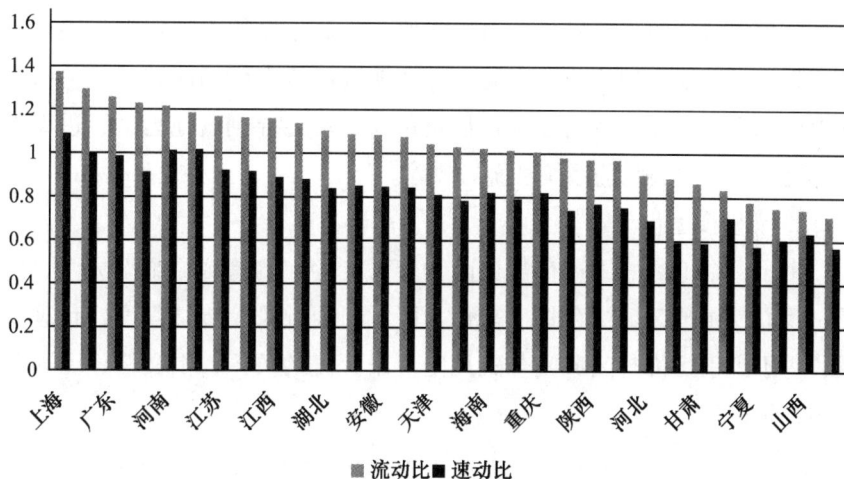

图5—23 2016年各省份的流动比和速动比

资料来源：作者制作。

（二）房地产金融风险空间传染机制

1. 理论机制分析

一直以来，银行体系就是中国金融体系的"中流砥柱"，银行信贷作为主要的融资方式在中国经济发展中发挥着举足轻重的作用。2004年，人民币贷款占全社会融资规模的比重就高达79%，之后随着金融市场的发展，银行信贷比重相对有所下降，但是截至2016年，该比重依旧高达69.8%。因此，要研究区域金融体系之间的风险传染，关键在于研究银行信贷。由于不同地区的经济发展水平并不一致，各地区吸收存款的额度和银行信贷的需求也并不一致，再加上相关监管法律法规只对商业银行有总的存贷比要求，并不对各地分行的存贷比做出具体要求，因而，采用总分行模式的全国性商业银行一般都会在全国范围内调配资金，即在一个地区吸收存款，但在另一个地区发放贷款，这就在客观上形成了区域间金融风险传染的渠道。我们通常使用某一地区的存贷比（金融机构本外币贷款与存款的比值）来衡量这个地区的银行信贷调配差异，存贷比较高的地区往往意味着该地区存在资金的流入，而存贷比较低的区域则意味着该地区存在资金的流出。如果资金流入地区发生金融危机，则极易会通过银行信贷调配渠道传导到其他地区，并且存贷比越高，这一传导现象就越明显。另外，由于房地产行业相关的银行贷款在银行各类贷款中占据很大的比重，因此，一个地区房地产市场的波动极易引发该地区的金融风险，并通过银行信贷调配渠道传导到其他地区，进而将局部性金融风险转化为系统性金融风险。

2. 识别模型设计

由于一个地区的银行存贷比隐含着可能存在的跨区域金融风险，因此，我们使用地区银行存贷比来作为区域间金融风险传染程度的代理变量，为了识别房价与区域间金融风险传染程度的关系，本文构建了如下基本计量模型：

$$\text{ldr}_{it} = \alpha_0 + \alpha_1 \text{hp}_{it} + \alpha_2 \text{roa}_{it} + \alpha_3 \text{gdp\_gwth}_{it} + \alpha_4 \text{struc}_{it} + \alpha_5 \text{gov}_{it} + \varepsilon_{it}$$

$$(5\text{—}2)$$

其中，ldr 表示存贷比，hp 表示房价，roa 表示规上工业企业资产收益率，gdp_gwth 表示 GDP 增长率，$struc$ 指第二产业增加值/第三产业增加值，表示产业结构，gov 指政府财政支出占 GDP 的比重，表示政府干预程度。以上数据均来自于 EPS，样本时间段为 2005—2016 年。

在上述计量模型的基础上，为了进一步检验地区之间金融风险的传染强度以及房价对其他地区存贷比的影响，本文又增加了如下空间杜宾模型：

$$ldr_{it} = \rho W ldr_{it} + \beta hp_{it} + \theta W hp_{it} + \gamma \ln \vec{X}_{it} + \varepsilon_{it} \qquad (5\text{—}3)$$

其中，被解释变量 ldr 表示存贷比，W 为空间权重矩阵，$W \cdot ldr$ 是被解释变量的空间滞后项，ρ 为空间自相关回归系数，hp 表示房价，$W \cdot hp$ 是房价的空间滞后项，$\ln \vec{X}_{it}$ 表示控制变量的集合，与式（5—2）中的控制变量相同。基于可能存在的内生性问题，本文采用空间面板极大似然法对相关模型进行估计，同时，综合 Hausman 检验结果，本文采用固定效应模型。另外，我们使用省级邻接权重矩阵来作为空间权重矩阵。

3. 实证结果分析

表5—7 报告了房价与存贷比之间的关系，从中可以发现，随着解释变量的陆续加入，各解释变量的回归系数在回归方程（1）—（5）中的符号方向与显著性基本保持一致，这说明回归结果具有一定的稳健性。其中，随着控制变量的逐步加入，房价的回归系数在1%的显著性水平下一直显著为正，这说明房价对存贷比具有正向影响，房价越高，则该地区的存贷比也就越高，也就意味着该地区更有可能通过银行信贷调配渠道将本地区的金融风险传递给其他地区。更进一步观察，还可以发现，随着解释变量的逐步加入，地区企业资产收益率的回归系数在1%的显著性水平下一直显著为负，同样，地区 GDP 增速的回归系数也一直显著为负，即企业资产收益率越高，GDP 增长越快，存贷比反而越低，即银行信贷资金反而向外流失，这说明银行信贷在地区之间的配置存在错配现象，银行信贷资源并没有配置到最有效率的地区，这也为银行贷款质量埋下了隐患，银行信贷资金流入地区更有可能由于贷款质量问题爆发金融风险，并进而将金融风险传递给其他地区。

表5—7　　　　　　　　　　房价与存贷比之间的关系

模型	（1）	（2）	（3）	（4）	（5）
被解释变量	存贷比	存贷比	存贷比	存贷比	存贷比
房价	0.059 ***	0.059 ***	0.045 ***	0.043 ***	0.053 ***
	(3.43)	(3.92)	(2.79)	(3.04)	(3.07)
企业资产收益率		− 0.877 ***	− 0.721 ***	− 0.695 ***	− 0.726 ***
		(− 6.53)	(− 6.34)	(− 4.90)	(− 5.35)
GDP 增速			− 0.183 ***	− 0.177 **	− 0.178 **
			(− 2.64)	(− 2.07)	(− 2.09)

续表

模型	(1)	(2)	(3)	(4)	(5)
产业结构				−0.008	−0.005
				(−0.20)	(−0.12)
政府支出比					−0.022
					(−1.02)
常数项	0.231*	0.288**	0.423***	0.435***	0.320*
	(1.69)	(2.45)	(3.27)	(3.74)	(1.94)
样本量	360	360	360	360	360

注：括号内是标准误，***、**、*分别表示在1%、5%、10%的水平上是统计显著的。

表5—8报告了空间杜宾模型下基于邻接权重矩阵的房价空间溢出效应。在控制地区固定效应的情况下，我们发现，空间自相关系数在1%的显著性水平下显著为正，其值为0.398，这说明地区之间的存贷比存在很强的相关性，一个地区存贷比的提升会带动邻近地区存贷比的上升，即在空间上存在金融风险集聚的现象。此外，我们再看房价的间接效应在1%的显著性水平下显著为正，其值为0.100，这说明本地区的房价除了会对本地区的存贷比产生影响外，还会对邻近地区的存贷比产生正向作用，即本地区房价的上涨会促进邻近地区存贷比的提升，从而加剧邻近地区的金融风险传染能力。

表5—8　　空间杜宾模型下基于邻接权重矩阵的房价空间溢出效应

模型	(1)
被解释变量	存贷比
间接效应	0.100**
	(2.01)
空间自相关系数	0.398***
	(3.82)
地区固定效应	YES
时间固定效应	NO
sigma2	0.001***
	(5.54)
N	360

注：括号内是标准误，***、**、*分别表示在1%、5%、10%的水平上是统计显著的。

4. 情景分析

根据上述房价与存贷比之间的数学关系，我们首先做了简单的情景分析，即不同房价增速情况下存贷比的变动情况，由表5—9可以看出，当房价增速为1%时，存贷比变动量为0.00053，当房价增速为5%时，存贷比变动量为0.00265，当房价增速为10%时，存贷比变动量为0.0053，当房价增速为20%时，存贷比变动量为0.0106，当房价增速为30%时，存贷比变动量为0.0159，当房价增速为40%时，存贷比变动量为0.0212，当房价增速为50%时，存贷比变动量为0.0265，当房价增速为100%时，存贷比变动量为0.053。

表5—9　　　　　　　　　　　　　　情景分析

房价增速（%）	存贷比变动量
1	0.00053
5	0.00265
10	0.0053
20	0.0106
30	0.0159
40	0.0212
50	0.0265
100	0.053

资料来源：作者制作。

由于存贷比的大小直接关系到区域间金融风险传染能力，一般而言，商业银行的存贷比上限为0.75，因此，我们可以将其作为衡量地区金融风险传染能力的一个临界点，同时，我们再进一步将各省份的存贷比与全国平均水平进行比较来衡量风险传染能力的大小。2016年，存贷比大于0.75的省份有宁夏、青海、天津、福建、内蒙古、甘肃、海南、云南、浙江、吉林、广西、黑龙江、重庆、新疆、山东、贵州、江西等，其中，宁夏、青海、天津、福建、内蒙古、甘肃、海南、云南、浙江、吉林、广西、黑龙江、重庆、新疆等省份的存贷比要大于全国平均水平，因此，这些省份的金融风险传染能力相对较高。

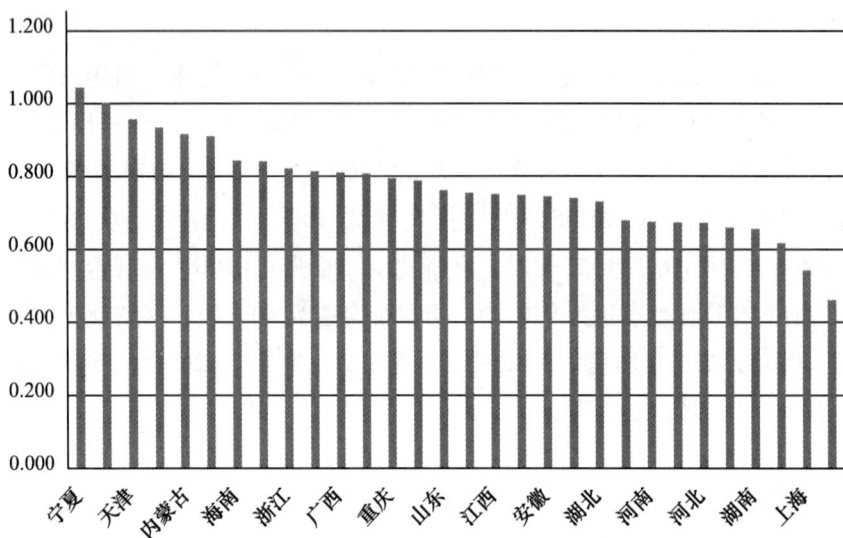

图5—24　2016年各省份存贷比

资料来源：国家统计局。

由于存贷比涉及资金流入，如果一个地区的经济快速发展，那么，该地区的存贷比上升，资金大量流入也是正常的，但是，如果一个地区的资金大量流入，但是经济发展却很慢，则意味着该地区存在较大的金融风险，由此，我们使用存贷比/GDP增速这一指标来衡量这一金融风险。就2016年而言，辽宁、内蒙古、黑龙江、山西、新疆、吉林、青海、甘肃、宁夏等省份的存贷比/GDP增速明显大于全国平均水平（辽宁因为经济增速为负，所以存贷比/GDP增速也为负，这说明其金融风险也越大），存在较为严重的金融风险，并且极易向其他地区传染。

四　结论

第一，房地产市场存在价格泡沫风险和结构性风险。就总体房地产市场而言，从房价增速、房价收入比、住房空置率、住房租金收益率、库存去化周期的角度来看，中国住房市场存在一定的价格泡沫风险。但就房地产市场结构而言，不同层级城市房价分化加剧，一线城市房地产市场风险极大，不同区域之间的房价分化也很明显，东部地区房价泡沫风险相对较大。

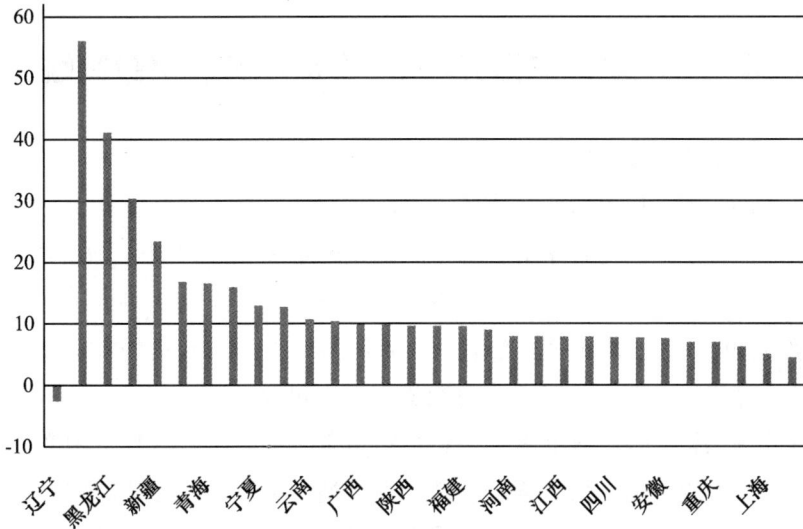

图5—25　2016 年各省份的存贷比/GDP 增速

资料来源：国家统计局。

第二，房地产市场的火热也会引发居民部门、企业部门和金融部门的金融风险。就居民部门而言，中国居民部门的债务负担虽然不是很高，居民债务风险总体可控，但是，房地产市场的过热引致的居民部门债务快速上升也可能引发一定的金融风险。就企业部门而言，房地产开发企业资产负债率居高不下，不良资产率相对较高，总体流动性风险较高。就金融部门而言，金融体系的风险正在不断累积，但是金融风险依然在可控范围内。

第三，房价对企业流动性存在挤入效应和挤出效应，房价与企业流动比呈现"U"型关系，其拐点处的房价水平为 13359 元/平方米，当房价低于 13359 元/平方米时，房价的挤出效应要大于挤入效应，而当房价高于 13359 元/平方米时，房价的挤入效应则要大于挤出效应。

第四，房地产金融风险存在空间传染机制。一个地区的存贷比越高，该地区就更有可能通过银行信贷调配渠道将本地区的金融风险传递给其他地区，而房价对存贷比具有正向影响。如果银行信贷在地区之间的配置存在错配现象，银行信贷资金流入地区有可能因为贷款质量问题爆发金融风险，并进而将金融风险传递给其他地区。

第二节 土地财政、房地产税费与政府财政风险

一 引言及文献评述

党的十九大以来防范化解重大风险、精准脱贫和污染防治成为全面建成小康社会的三大攻坚战，其中防范化解重大风险位列三大攻坚战之首。中国在宽松货币政策的背景下，通过货币超发应对经济危机和稳定经济的同时，由于房地产经济发展过快导致产业资本和信贷资金大量流向非实体经济，资本的脱实向虚积累了巨大风险。同时，地方政府利用土地作为抵押向各类政府融资平台进行借款，加之产能过程下的实体经济困难加剧等，引起信贷资金的结构性失衡，加剧了地方政府的财政风险。因此中央经济工作会议要求重点防控金融风险，服务于供给侧结构性改革，促进形成金融和实体经济、金融和房地产，以及金融体系内部的良性循环。

刘尚希（2003）指出，财政风险是指由于各种不确定因素可能给国家财政带来的损失，市政府拥有的公共资源不足以履行其承担的支出责任和义务，以至于经济、社会的稳定与发展受到损害的一种可能性。对中国而言，地方政府的财政风险是金融风险的重要内容。随着土地财政的愈演愈烈及其对非经济性共物品的挤出效应逐渐增强，土地价格扭曲、房价快速飙升几近失控，导致地方政府债务风险急剧加大和整个国家的宏观经济波动加剧。因此，2003年以来房地产业的过快发展，以及以土地作为抵押物的政府债务是引起地方政府财政风险的主要来源。

适度的土地财政在加快城市化进程和推进基础设施方面的积极作用是不可否认的，但是地方政府高度依赖土地出让金和产生土地依赖综合征却潜藏着巨大风险。因此，现有学者一致认为土地财政对地方经济社会发展具有阶段性，在发挥了一定的积极作用后，将会出现负面效果甚至负面效果逐渐大于正面效果的情形。在违约金额方面，Wind相关资讯显示2017年中国债券市场违约金额为337.5亿元，2018年快速飙升至1154.5亿元。邹秀清等（2017）指出，受土地财政的影响，房价大幅上涨将会挤出居民消费，加剧了社会不公；地方

政府依靠对土地市场的一级垄断，低价征收农民土地并通过招挂牌出让获得超额垄断利润可能引起社会风险……特别是随着时间的推移，可能出现出让土地供应不足、现有土地出让政策限制等综合影响下，进而造成地方政府土地出让收入的不确定性和财政收入的不可持续性，最终引爆一系列的系统性问题。由此可知，基于土地财政的地方政府财政风险不容小觑。

对中国而言，地方政府的财政风险正在悄然形成。周彬和周彩（2019）从企业视角探讨了土地财政与地方政府债务风险之间的关系。其认为土地财政的过度依赖将会提高企业过度负债的概率，不仅会增加企业短期的偿债风险与未来的偿债能力，同时降低企业盈利能力与持续发展能力。对于地方政府内部的企业而言，若一直维持较高水平的违约风险，不仅会限制企业的融资能力和筹资的短视，甚至诱发企业的债务危机，最终传导和增加全社会的金融风险（王红建等，2018）。洪源等（2018）认为地方政府不仅通过土地财政获得收入，随着2008年经济刺激计划实行后大量地方政府融资平台的出现，以土地为抵押通过银行贷款或者发行城投债进行大规模举债，由此导致地方政府债务规模的大幅度攀升。对于地方政府而言，举借债务越多则未来偿还到期债务的财力也就越有限，使得该地区面临更大的债务偿还风险。政府债务的形成在于地方政府在推动经济发展和提供公共服务中面临的预算缺口。财政缺口每增加1%，融资平台数量增加14%，债务规模将增加0.2%（庞宝庆和陈硕，2015）。陈宝东和邓晓兰（2018）将地方政府的举债行为划分为三个阶段。第一个阶段是地方债务扩张的初始阶段，有利于地方财政实现可持续性发展；第二个阶段是地方债务的扩张阶段，由于需要承受较大的还本付息压力而使得经济陷入下行区，此时地方的经济和财政将会出现严重问题；第三个阶段是地方债务规模的过度扩张阶段，此时地方政府由于无法获得债务资金，当期财政无法实现可持续性，最终由于债务规模过大引起地方经济和社会发展的巨大风险。根据其测算，中国个别省份已经达到了财政不可持续性阶段。

在中国经济进入新常态后，地方财政收入增速的放缓以及债务规模的持续扩张，使得地方政府在面临刚性支出的同时又将增加地方债务的还本付息压力，因此地方债务的持续扩张也引发了人们对政府财政可持续性的担忧。现有学者基本一致认为，房产税的征收有利于土地财政的退出和化解地方政府的财政风险。采用 DSGE 模型，何怡瑶（2017）证明了政府对代表性家庭征收房产税意味着对代表性企业家补贴，不仅有利于政府财政收入的增加，还有利于社会整体福利水平的改进。个人房产税的征收在增加地方政府收入的同时，也会通过房价途径在一定程度上减少地方政府收入，但是减少幅度小于增加幅度（孙少芹和崔军，2018）。换言之，征收房产税是有利于增加地方政府财政收入的。推进房地产税改革、实现房地产税的财政功能，以及将房地产税打造成地方主体税种，是有利于降低地方财政风险的（黄玉林等，2017）。与上述学者采用真实数据测算不同的是，陈平等（2018）基于重庆等城市房产税征收方式模拟了广州市征收房产税对地方财政收入的影响。结果显示，房产税征收对广州市政府的财政收入效应明显，不仅可以弥补地方财政一般预算缺口，还将通过间接传导机制产生经济社会效应和增加政府一般公共预算支出，为广州市可持续增长创造条件。当然，也有学者得到了相反的结论，认为房产税的征收并不能替代土地财政。上海和重庆等城市开征房产税仅仅能够在一定程度上替代土地财政（柴国俊和王希岩，2017），其原因是由于税率偏低、减免范围过宽等原因，因此与理想仍有一定差距。

　　综上所述，现有有关土地财政、房地产税费与中国财政风险的研究主要存在三个明显不足：一是土地资源是有限的和不可再生的，因此土地财政也是不可持续的，如何寻找能够长期替代土地财政的税收来源，即房地产税费是本文关注的重点问题。二是现有文献中在核算土地财政的收入水平时，倾向于采用土地出让作为土地财政收入，却忽视了土地财政收入不仅包括土地出让金，还包括与土地出让相关的直接和间接收入等，也需要扣除拆迁补偿款等支出，形成土地财政的净收益，因此本章将对政府财政净收入进行更加准确的核算。三是当地方政府财政收入有限和财政刚性支出缺口逐渐扩大时，如何采用土地财政的替代收入和房地产税费维持地方政府必须提供的科教文卫等公共服务和刚性公共支出等项目，是本章将要回答的重要问题。

二　土地财政与必要财政支出规模的估算

(一)土地出让金与房地产税费收入的估算

精准核对地方政府的土地财政规模是深入探讨土地财政及其替代收入与维持政府经济社会可持续发展的基础。从现有文献看,土地财政收入的度量方法主要有三种:一是以土地出让金直接度量如罗必良(2010),但是其不仅忽略了土地出让金并非是土地财政的全部收入来源,而且土地出让金也不会全部形成政府收入,如需要对征收农业用地的单位进行补偿等。二是采用土地出让金、土地相关税费之和度量(唐云峰和马春华,2017),同样忽略了土地出让收入需要对农业用地进行补偿的漏出。三是以土地出让金、土地相关税费以及利用土地融资所得收入之和来测度,受数据可得性影响很少被采用。因此,本文主要参考彭刚和朱莉(2016)的方法测定中国省际土地财政的规模。具体而言,土地财政收入主要包括三个部分:一是直接税收收入,具体包括与土地相关的最主要的契税(dt)、耕地占用税(fl)、房产税(hp)、土地增值税(la)和城镇土地使用税(ulu)共5种;二是与土地相关的间接税收入,具体包括城市维护建设税(cmc)、房地产业和建筑业的营业税(hc)共3种;三是土地出让的成交价款减去成本性支出得到的土地出让净收入,即土地出让的纯收益。因此,本部分的分析将以土地出让的净收益来衡量地方政府土地财政的规模大小。

受不同统计年鉴给出不同指标的影响,2010年以前的统计年鉴未给出住房保障数据,2018年开始统计年鉴不再给出营业税的数据,因此本文样本年份选择了2010—2016年份。本文的数据来源主要为:土地税收的直接收入主要来源于2011—2017年《中国统计年鉴》,土地税收的间接收入主要来源于2011—2017年《中国税务年鉴》,其中房地产业和建筑业营业税根据全国营业税总额数据,按照各省市营业税比重进行估算得到,土地纯收益数据来源于2011—2017年《中国国土资源统计年鉴》参考彭刚和朱莉(2016)的做法,由2011—2017年各省市区土地出让数据乘以36%进行估算得到。财政支出的数据主要来源于2011—2017年的《中国城市统计年鉴》。

随着城镇化的快速发展,土地财政是地方政府财政收入和地方政府建设支出的重要来源。为了反映地方政府对土地财政的依赖程度，本报告使用土地财政规模与地方一般预算收入的比重来衡量。表5—10 给出了中国省际 2010—2016 年中国省际土地财政占地方一般预算收入的比重的估计结果。

表5—10　　　　　　土地财政占地方一般预算收入的比重　　　单位:%

	2010 年	2011 年	2012 年	2013 年	2014 年	2015 年	2016 年
北京	55.4	54.66	40.85	55.27	51.96	48.02	38.18
天津	58.74	47.73	37.68	42.29	40.42	34.68	43.24
河北	62.28	54.73	50.55	60.88	51.99	49.71	52.28
山西	30.83	32.61	31.19	37.5	32.86	28.37	33.94
内蒙古	45.24	43.71	42.04	44.16	44.28	41.22	42.05
辽宁	69.6	79.53	60.94	62.27	50.37	49.82	47.37
吉林	55.7	57.49	51.77	52.8	46.53	41.48	41.03
黑龙江	48.06	53.57	40.91	44.33	45.83	43.2	43.48
上海	43.25	42.85	35.32	40.19	42.07	39.32	41.17
江苏	68.36	66.82	60.43	71.85	61.51	59.58	68.89
浙江	88.17	71.92	58.55	76.76	58.74	49.32	60.14
安徽	71.56	65.34	61.63	77.54	68.85	59.56	70.86
福建	67.35	60.52	52.64	63.11	52.07	49.57	51.24
江西	64.73	61.5	55.78	66.57	56.93	52.89	55.45
山东	66.65	59.82	56.32	65.35	58.64	50.64	52.9
河南	50.96	53.64	54.11	60.23	55.34	49.35	55.81
湖北	63.23	58.06	53.88	63.78	56.36	54.34	54.04
湖南	50.58	49.92	46.7	54.65	49.83	46.16	46.73
广东	39.58	39.07	39.65	48.42	44.72	40.63	39.85
广西	52.66	50.24	50.29	53.39	53.48	51.55	52.51
海南	71.59	64.49	67.24	66.6	58.55	57.63	62.01
重庆	59.35	53.38	55.35	71.52	60.9	60.25	54
四川	60.48	53.84	56.49	63.72	57.59	49.38	51.31
贵州	42.41	42.8	50.61	57.46	57.69	54.42	53.78
云南	52.57	66.05	56.15	56.2	43.67	36.58	36.7
陕西	38.66	30.1	39.99	45.25	42.16	34.28	38.29

续表

	2010 年	2011 年	2012 年	2013 年	2014 年	2015 年	2016 年
甘肃	39.38	47.89	35.84	44.25	42.31	43.87	43.66
青海	41.86	39.12	35.24	40.47	42.78	38.85	45.32
宁夏	54.48	53.03	45.71	57.43	43.35	41.61	38.48
新疆	41.45	35.8	38.27	41.25	34.88	32.67	35.51

资料来源:笔者根据统计年鉴整理和计算得到。

由表5—10的结果可知,2010年浙江对土地财政的依赖程度最大为88.17%,2015山西对土地财政的依赖程度最低为28.37%,中国30个省区7年共210个观测值中有115个观测值的依赖程度超过50%。由此不难发现,土地财政确实已经成为地方政府财政收入的重要来源之一,地方政府对土地财政的依赖整体上呈现出逐渐增强的趋势。

(二) 不含土地出让金和房地产税费的净地方财政收入

1. 中国财政总收入构成

中国财政总收入构成可分为三个部分:税收收入、非税收收入与中央转移支付部分。其中税收收入包括增值税、营业税和企业所得税等税种,非税收入包括专项收入、行政事业性收费收入等,中央转移支付部分包括中央补助收入、国债转贷收入和接受其他地区援助收入等。图5—26给出了中国不同税收收入之间的关系图。

图5—26中收入总计是包括税收收入、非税收入以及中央转移支付的总额,收入合计为税收收入与非税收入之和。由图5—26可知随着时间的推移,中央对地方的转移支付成为地方财政收入的重要来源。

2. 不含土地出让金和房地产税费的净地方财政收入

根据本报告的研究需要,接下来我们将对现有财政收入构成进行新的分类:将中国的财政总收入即包括税收收入、非税收入和中央转移支付之和分为两个部分:土地财政与财政净收入。所谓财政净收入是指财政总收入中扣除土地财政的部分。图5—27给出了中国财政收入总计、土地收入与财政净收入之间的关系图。

由图5—27不难发现,随着时间的推移中国财政总收入和土地财政均呈现出显著的上升趋势,且土地财政在中国财政收入总计中所占的比例

(亿元)

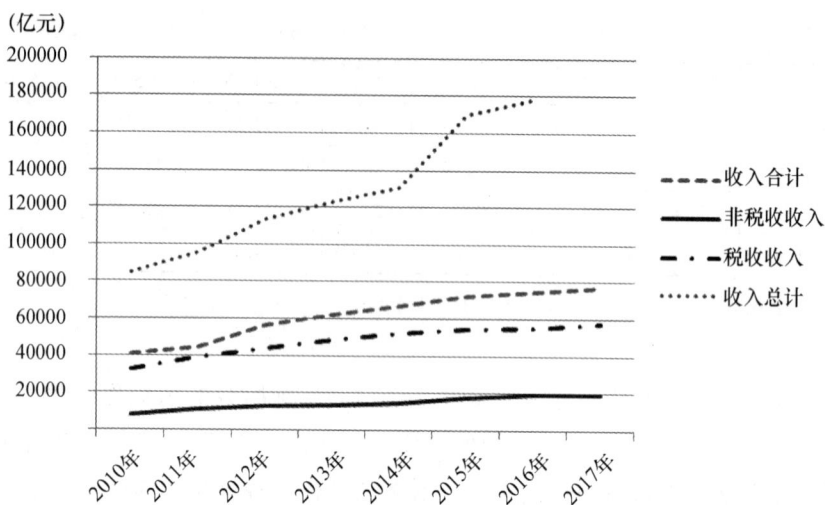

图5—26 中国财政总收入构成

(亿元)

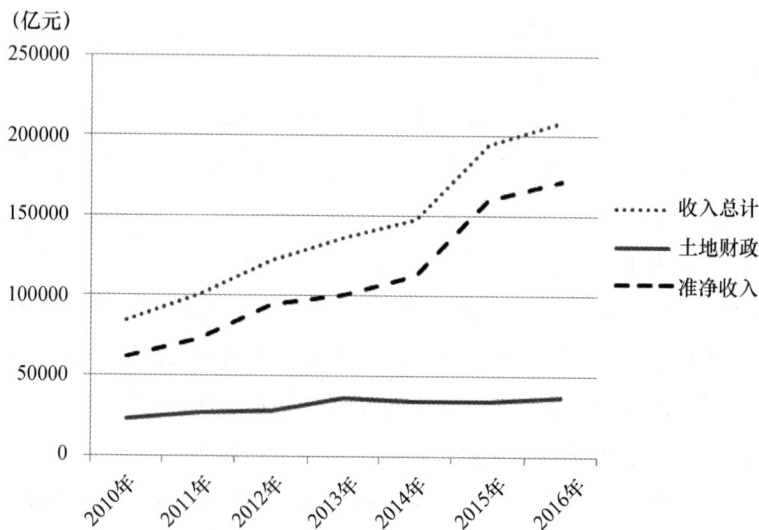

图5—27 中国财政净收入与土地财政分布图

越来越大。

为了更加直观地看出土地财政在政府财政收入中的重要作用，以及本章后文部分测算净财政收入与政府刚性支出之间的缺口，表5—11给出了中国省际财政净收入的数额。

表5—11　　　　　　　　　中国省际财政净收入　　　　　　单位:亿元

	2010 年	2011 年	2012 年	2013 年	2014 年	2015 年	2016 年
北京	1781	2252	3187	3085	3385	5331	5643
天津	964	1443	1861	2040	2326	3084	3462
河北	2222	2973	3602	3694	4208	6327	6788
山西	2020	2427	2871	2982	3162	3816	3939
内蒙古	2096	2807	3190	3463	3604	4992	6437
辽宁	2240	2630	3809	4193	4524	6077	6428
吉林	1607	1921	2305	2492	2723	3590	3916
黑龙江	2181	2716	3296	3523	3726	4821	5074
上海	2429	2871	3376	3483	3798	6127	6695
江苏	2969	3932	4885	4676	5699	9034	8976
浙江	1945	2886	3753	3517	4307	7735	7308
安徽	1921	2585	3212	3129	3597	5165	5164
福建	1331	1910	2466	2608	3040	4077	4564
江西	1874	2490	3032	3232	3700	4902	4790
山东	2796	3743	4635	4702	5315	8158	8890
河南	2934	3668	4311	4626	5213	6900	7490
湖北	2389	3212	4009	4348	5060	6922	7383
湖南	2637	3395	2158	4383	4682	6531	7380
广东	5313	6602	7424	7657	8829	13944	14614
广西	1848	2403	2820	2943	3208	4511	4577
海南	479	674	765	824	973	1239	1471
重庆	1644	2407	2751	2436	2730	3604	3998
四川	3931	4398	5129	5536	5994	7968	8612
贵州	1557	2198	2569	2764	3220	5083	5686
云南	1963	2416	3130	3559	4176	5367	5922
陕西	2018	2951	3144	3279	3564	4714	5146
甘肃	1416	1700	2043	2214	2477	3058	3230
青海	817	1062	1248	1297	1439	1740	1817

	2010 年	2011 年	2012 年	2013 年	2014 年	2015 年	2016 年
宁夏	602	734	882	873	990	1308	1421
新疆	1603	2160	2541	2783	3161	4210	4560

资料来源：中国社会科学院城市与竞争力研究中心数据库。

由表5—11可知在地方政府扣除土地出让金及相关房地产税费之后，中国30个样本省市区中仅有广东省2015—2016年间财政净收入分别为13944亿元和14614亿元，其他省市区在所有年份的财政净收入均低于10000亿元。其他省市区中，仅江苏、山东和四川三省的财政净收入高于8000亿元，河北、内蒙古、辽宁、上海、浙江、河南、湖北、湖南共7省一市的财政净收入高于6000亿元，北京、黑龙江、安徽、贵州、云南和陕西共5省一市的财政净收入高于5000亿元，其他17个省市区的财政净收入均小于5000亿元。其中海南和宁夏的财政净收入最少，仅分别为1471亿元和1421亿元，均低于1500亿元。

（三）政府刚性公共支出省际规模的估算

1. 中国政府支出总额及其构成

根据中国财政支出的现有统计方法，财政支出可以分为两类：一是地方性财政支出，具体包括一般公共服务支出、外交支出和国防支出等；二是与中央政府有关的财政支出或称为其他支出，具体包括上解中央支出、拨付国债转贷资金支出、援助其他地区支出等。图5—28给出了我国政府财政支出总计、一般支出和其他支出之间的对比图。

由图5—28可知一般支出、其他支出和支出总计之间均呈现出明显的上升趋势，但是一般支出与支出总计之间的缺口呈现出快速加大的趋势，其原因是近年来随着土地财政的增加、地方政府债务水平的快速提升，需要对到期的债务还付本金、对没有到期的债务进行支付利息等，使得政府正常运营的成本大大增加，进而提高了政府的财政支出中其他支出所占的比例。

2. 政府支出中的刚性支出

宣烨和余永泽（2016）认为政府必须提供公共服务来提升居民幸福感，具体包括基础公共服务即有关个人生存发展直接消费的产品、公共

(亿元)

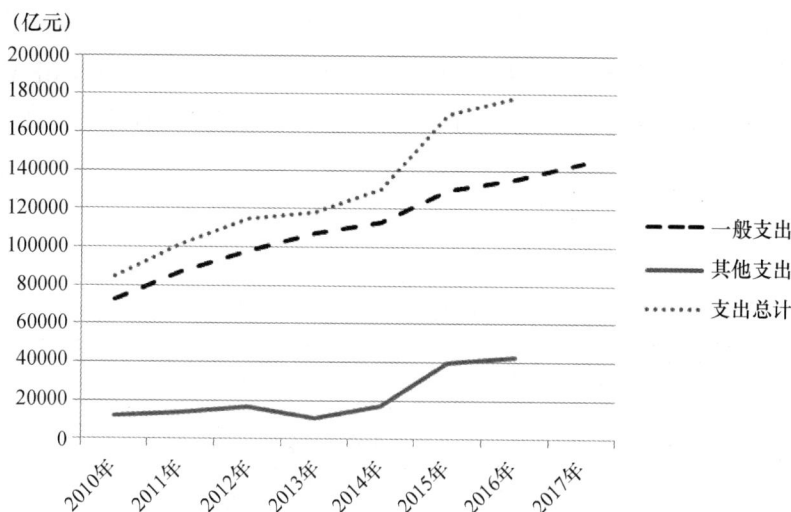

图 5—28 中国财政支出结构构成图

安全和社会性的公共服务即构建安全、稳定和公平的社会环境,以及经济公共服务即通过政策引导、行为示范或是直接给予经济利益,进而降低居民的搜寻成本和直接获得经济利益。柯善咨和尹靖华(2016)则认为政府民生目标支出包括基础教育、医疗卫生和社会保障三大支出。杨刚强等(2017)则认为城市公共服务的基本公共支出包括教育经费支出、社会保障和就业支出、医疗卫生支出、文化体育支出、公共安全支出以及交通运输支出。由此不难发现,政府支出项目中的必要支出,均为公共服务支出。事实上,为了维持地方政府机构和经济社会的正常运行,地方政府需要从其一般公共预算中扣除刚性支出。洪源和胡争荣(2018)指出,狭义的政府刚性支出包括一般公共服务、公共安全、教育支出、医疗卫生以及社会保障和就业等 5 项支出,而广义的政府刚性支出还包括外交、国防、节能环保、科学技术、文化体育与传媒、城乡社区事务和农林水利等支出。本报告在参考洪源和胡争荣(2018)的基础上,我们认为地方政府的刚性支出可分为两类:一是狭义的刚性支出,具体包括教育支出(ed)、医疗卫生与计划生育支出(mh)、公共安全支出(mh)、社会保障和就业支出(sse)、一般公共服务支出(gps)以及债务及付息支出(ip)共 6 种。广义的地方政府刚性支出在狭义支出的基础上，还包括农林水实务支出（afwc）、住房保障支出（hs）、城乡社区支出（urca）、文化与传媒支出（cpem）、外交支出（dis）、国防支出（defe）、环境保护支出（ep）以及科学技术支出（st）等14种财政支出。接下来我们将分别计算出中国省际2010—2016年的狭义政府刚性支出和广义政府刚性支出，结果分别见表6—5和表6—6。

表5—12　　　　　　　　　　　　狭义政府刚性支出　　　　　　　单位：亿元

	2010 年	2011 年	2012 年	2013 年	2014 年	2015 年	2016 年	2017 年
北京	2717	3245	3685	4174	4525	5738	6407	6825
天津	1377	1796	2143	2549	2885	3232	3699	3283
河北	2820	3537	4079	4410	4677	5632	6050	6639
山西	1931	2364	2759	3030	3085	3423	3429	3756
内蒙古	2274	2989	3426	3687	3880	4253	4513	4530
辽宁	3196	3906	4559	5197	5080	4482	4577	4879
吉林	1787	2202	2471	2745	2913	3217	3586	3726
黑龙江	2253	2794	3172	3369	3434	4021	4227	4641
上海	3303	3915	4184	4529	4923	6192	6919	7548
江苏	4914	6222	7028	7798	8472	9688	9982	10621
浙江	3208	3843	4162	4730	5160	6646	6974	7530
安徽	2588	3303	3961	4350	4664	5239	5523	6204
福建	1695	2198	2608	3069	3307	4002	4275	4684
江西	1923	2535	3019	3470	3883	4413	4617	5111
山东	4145	5002	5905	6689	7177	8250	8755	9258
河南	3416	4249	5006	5582	6029	6799	7454	8216
湖北	2501	3215	3760	4372	4934	6133	6423	6801
湖南	2702	3521	4086	4691	5017	5729	6339	6869
广东	5422	6712	7388	8411	9153	12828	13446	15037
广西	2008	2545	2985	3209	3480	4066	4442	4909
海南	581	779	912	1011	1100	1239	1376	1444
重庆	1709	2570	3046	3062	3304	3792	4002	4336
四川	4258	4675	5451	6221	6797	7498	8009	8695

续表

	2010 年	2011 年	2012 年	2013 年	2014 年	2015 年	2016 年	2017 年
贵州	1631	2249	2756	3083	3543	3940	4262	4613
云南	2286	2930	3573	4097	4438	4713	5019	5713
陕西	2219	2931	3324	3665	3963	4376	4389	4833
甘肃	1469	1791	2060	2310	2541	2958	3150	3304
青海	743	967	1159	1228	1347	1515	1525	1530
宁夏	558	706	864	922	1000	1138	1255	1373
新疆	1099	2284	2720	3067	3318	3805	4138	4637

资料来源:中国社会科学院城市与竞争力研究中心数据库。

由表5—12可知随着时间的推移,政府刚性支出的规模整体上呈不断上升趋势。2017 年在 30 个省市区中,广东省狭义政府刚性支出最高为15037 亿元,其次是江苏 10621 亿元均超过 10000 亿元。海南和青海的狭义政府刚性支出规模相对较小,分别为 1444 亿元和 1347 亿元,均低于1500 亿元。

表5—13　　　　　　　　**广义政府刚性支出规模**　　　　单位:亿元

	2010 年	2011 年	2012 年	2013 年	2014 年	2015 年	2016 年
北京	3085	3807	4429	4881	5212	7278	7284
天津	1592	2105	2477	2832	3179	3887	4465
河北	3052	3873	4574	4945	5328	7476	8068
山西	2320	2803	3310	3557	3691	4226	4398
内蒙古	2580	3369	3877	4140	4320	5693	7162
辽宁	3635	4628	5559	607	5952	7005	7327
吉林	1943	2386	2805	3042	3217	4033	4360
黑龙江	2544	3221	3731	4030	4252	5261	5504
上海	3672	4268	4598	4977	5496	7992	8892
江苏	5758	7199	8164	8945	9638	13198	13736
浙江	4244	5036	5623	6162	6459	9815	10051
安徽	2743	3491	4234	4584	4956	6449	6798
福建	2106	2773	3333	3818	4131	5177	5731

续表

	2010 年	2011 年	2012 年	2013 年	2014 年	2015 年	2016 年
江西	2377	3105	3740	4206	4646	5898	5807
山东	4628	5712	6767	7421	7955	10636	11577
河南	3637	4543	5330	5932	6549	8195	8992
湖北	3028	4050	4911	5597	6327	8332	8798
湖南	3184	4113	4763	5389	5685	7549	8465
广东	7101	8648	9705	10747	12006	17247	18127
广西	2254	2853	3357	3573	3875	5186	5272
海南	673	881	1017	1108	1255	1550	1801
重庆	2209	3161	3624	3528	3766	4739	5031
四川	4876	5443	6396	7135	7558	9416	10104
贵州	1784	2512	3044	3390	3916	5792	6404
云南	2420	3116	3827	4374	4828	5937	6487
陕西	2389	3378	3733	3985	4265	5328	5749
甘肃	1555	1904	2215	2453	2726	3339	3521
青海	863	1118	1308	1376	1532	1827	1906
宁夏	688	843	993	1031	1119	1442	1548
新疆	1811	2403	2857	3191	3545	4581	4947

资料来源：中国社会科学院城市与竞争力研究中心数据库。

　　由表5—13可知相对于狭义政府刚性支出而言，广义政府刚性支出由于还包含外交、国防和节能环保等支出，因此其规模远大于狭义政府刚性支出。基于数据的可得性，2016年全国广义政府刚性支出不仅呈现出明显的整体上升趋势，且广东、江苏、山东和浙江4省的广义政府支出分别为18127亿元、13736亿元、11577亿元和10051亿元，均超过10000亿元。同时，海南和青海的广义政府刚性支出依然是最小的，分别为1801亿元和1906亿元，接近2000亿元。

　　为了从国家层面考察广义政府刚性支出与狭义政府刚性支出与政府支出总计之间的关系，图5—29给出了中国广义政府刚性支出与狭义政府刚性支出和政府财政总支出之间的对比图。

由图5—29可知中国广义政府刚性支出由2010年的59555元持续上升至2016年的117517元，涨了1.97倍。狭义政府刚性支出由2010年的38483元持续上升至2016年的389334元，涨了1.87倍，略慢于广义政府刚性支出。与之不同的是，地方政府财政总收入在2010年至2016年间从84750元上升至177969元，上涨了2.10倍，略快于广义政府刚性支出和狭义政府刚性支出的上涨速度。因此，无论是广义政府刚性支出还是狭义政府刚性支出，均是政府支出的重要组成部分，且基本与政府总收入保持相近的增长速度持续增长。

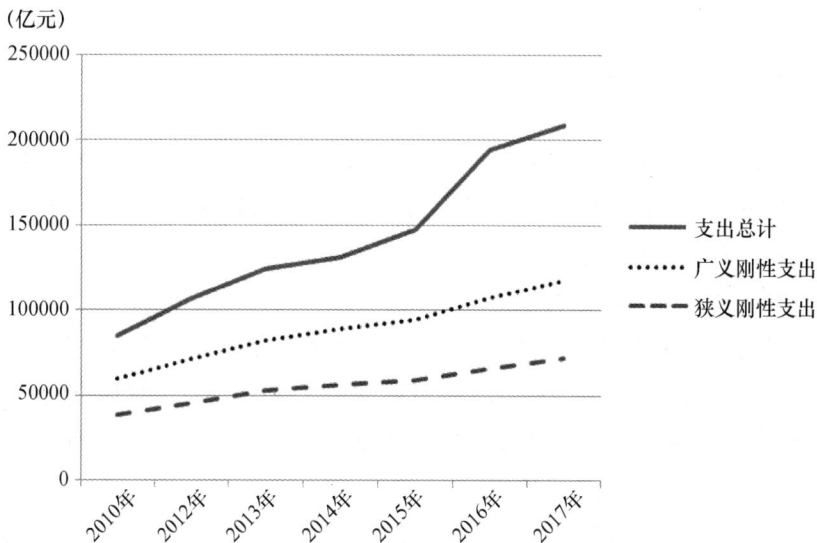

图5—29　中国广义与狭义刚性支出对比

（四）中国土地抵押与担保的贷款规模

1. 中国土地抵押的贷款规模

土地抵押是指债务人以土地使用权担保债务履行的法律行为。根据《中华人民共和国城镇国有土地使用权出让和转让暂行条例》的规定，城市土地使用权可以抵押。土地使用权抵押，抵押人与抵押权人应当签订抵押合同。抵押合同不得违背国家法律、法规和土地使用权出让合同的规定。土地使用权抵押时，其地上建筑物，其他附着物随之抵押，并且应当按照规定办理抵押登记。因此，土地成为政府债务的重要标的物之一。根据我国的《担保法》，土地使用权可以用来抵押贷款。国有土地使用权从开始的地随房走、房随地走的原则，直至贷款买房和贷款转让土地办厂等，国有土地使用权抵押贷款已经成为我国地方政府获取贷款的重要途径之一。表6—4给出了我国近年来土地抵押面积与土地抵押贷款总额的相关情况。

表5—14 全国土地抵押面积与贷款总额 单位：万公顷、万亿元

	2009 年	2010 年	2011 年	2012 年	2013 年	2014 年	2015 年
土地抵押贷款面积	21.70	25.82	30.08	34.87	40.39	45.10	49.08
土地抵押贷款总额	2.59	3.53	4.80	5.95	7.76	9.51	11.33

资料来源：Wind 数据库，经笔者整理和计算得到。

由表5—14可知近年来不仅土地抵押面积从2009年的21.70万公顷增加为2015年的49.08公顷，土地抵押贷款的总额则从2009年的2.59万亿元上升了2015年的11.33亿元，上涨了4倍。因此不难发现土地抵押担保已经成为获取贷款的重要抵押物。

根据自然资源部《关于2018年上半年国家土地督察工作情况的报告》（自然资发〔2018〕66号）的材料可知2016年1月1日后全国违规以储备土地抵押融资的抵押面积为4786.07公顷，融资金额716.18亿元。

2. 中国土地担保的贷款规模

地方政府不仅能够依靠土地作为抵押品向银行进行贷款，还可以以土地作为担保品发放城投债进行举借债务。地方政府通过以地方融资平台作为发行主体，公开发行为地方基础设施建设或公益性项目发行企业债和中期票据，即为城投债。因此城投债发行环节的所有人，从承销商到投资者，均会将城投债视为地方政府的发债。基于数据的可得性，图5—30给出了全国30个省市区的2009—2016年间以土地为担保的城投债总额。

由图5—30可知2009年以来中国以土地为抵押的城投债呈现出"井喷"状态，且增长速度越来越快。具体而言，2009年中国城投债规模仅为2991.518亿元，2016年城投债发行规模飙升至24418.15亿元，7年时间全国城投债规模上升了8.16倍。值得注意的是，对于以土地为担保而

(亿元)

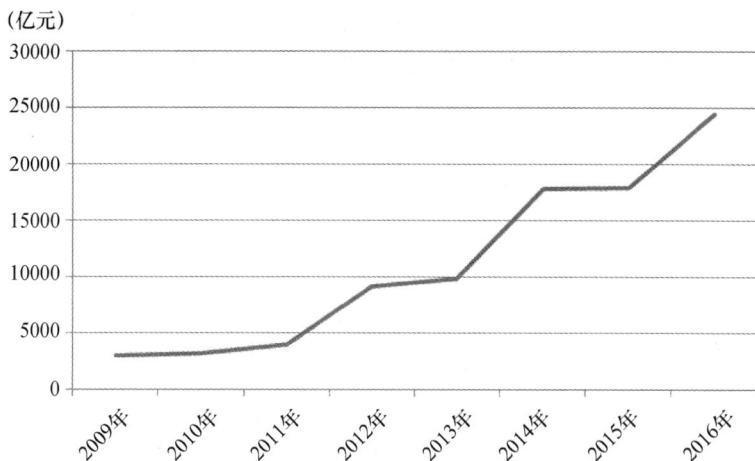

图5—30 中国2009—2016年城投债规模示意图

发行的城投债,最后是依靠土地出让收益来担保的,如果土地价格因为市场因素或者其他原因下降,将会引起利率和融资成本的上升,最终甚至影响融资渠道的畅通。有学者指出,中国大部分地方政府土地抵押和担保的债务占整个债务的比重高达30%。若将来无论是土地出让的数量减少,抑或由于市场趋冷而导致土地出让降价下降,均会对地方城府依靠土地进行还本付息的财政模式产生较大影响,并形成财政风险。

(五) 政府债务

世界银行的 Harm Polacklva 根据法律责任和道义责任的不同,以及确定性和不确定性分别将地方债务分为显性债务和隐性债务、直接债务和间接债务两大类,将其组合进行组合后可得到直接显性债务,或有显性债务直接隐性债务以及或有隐性债务共4类,并形成地方政府的财政风险矩阵。对于地方债务而言,若政府担保之后且获得了人大等权力机构批准即为政府显性债务,否则称之为显性或有债务。对于地方政府融资平台债务、新型融资模式形成的或有债务以及其他可能承担的一定救助责任的债务,则称之为隐性债务。表5—15给出了中国部分年份显性债务与隐性债务余额数。

表5—15 中国历年显性债务与隐性债务表 单位：亿元

	2007年	2008年	2009年	2010年	2011年	2013年	类别	2017年
直接隐性	18121	20096	20354	22126	24288	67110	显性	185800
或有显性	27337	41408	123341	151048	157940	23370		
或有隐性	91107	94063	41315	60806	96773	16696	隐性	235700

资料来源：Wind数据库与中国社会科学院城市与竞争力研究中心数据库。

由表5—15可知中国显性债务与隐性债务呈现出快速增长的趋势。2007—2013年间，中国直接隐性债务增长速度加快，从2007年的18121亿元飙升至2013年的67110元。不同的是，或有显性债务基本持平，从2007年的27337亿元略微增长至23370亿元。但或有隐性债务呈下降趋势，从2007年的91107亿元下降至2013年的16696亿元。但是总体而言，无论政府的显性债务还是隐性债务，均具有较大幅度上涨。根据中国社会科学院世界经济与政治研究所张明的估计结果，截至2017年底，全国显性债务与隐性债务额分别为185800亿元与235700亿元。由此不难发现，政府债务同样是中国财政风险的重要影响因素之一。

（六）年度偿债本息支出

随着中国城市化进程的加快和基础设施建设的快速发展，我国政府债务和债务余额规模迅速扩张，政府面临的债务利息负担与日俱增。虽然我国经济已经进入新常态，但是我国债务本息支出已经较重，但是后期债务发行规模仍有可能进一步增加，央行加息或进一步加重中国地方政府的债务负担。为了便于叙述中国2010—2017年间中国年度偿本付息规模，本节假设政府债务余额的年利率为5%对债务余额的利息进行估算，表5—16给出了中国年度偿债付息支出的估算结果。

表5—16 中国年度偿债付息支出估算结果 单位：亿元

	2010年	2011年	2012年	2013年	2014年	2015年	2016年	2017年
政府债务余额	107148	126565	176307	185666	212068	225960	233489	251422
付息（年利率5%）	5357	6328	8815	9283	10603	11298	11674	12571
本息和	112505	132894	185122	194949	222672	237258	245163	263993

资料来源：Wind数据库与中国社会科学院城市与竞争力研究中心数据库。

由表5—16可知，中国政府债务余额从2010年的107148亿元增加2017年的251422亿元，假设债务的年利率为5%，则政府债务的利息从2010年的5357亿元上升为2017年的12571亿元，每年应还的本息和将从2010年的112505亿元上升至2017年的263993亿元。由此可知，债务本息的快速增加使得其占财政收入的比重持续上升，这种情况必须引起我们的足够重视，并做好应对措施以防范风险。

三　净地方财政收入与政府刚性支出缺口

基于土地资源的不可再生性以及土地财政规模的快速飙升，终结土地财政和土地融资有利于社会经济健康发展。鉴于此，本报告从地方政府总收入中扣除土地出让金及相关房地产税费后的收入称为地方政府的财政净收入，同时将地方政府的刚性政府支出与债务的还款付息加总并统称为政府的刚性支出。在此基础上，采用地方政府财政净收入减去地方政府的刚性支出，即可得地方政府财政净收入与地方政府刚性支出之间的缺口。若缺口大于零，则地方政府可以维持其社会经济的正常运行，否则地方政府将无法维持其社会经济的正常运行。表6—9给出了地方政府的财政收入总计、土地财政金额、债务余额广义刚性支出以及狭义刚性支出额，以及地方政府财政净收入与广义和狭义刚性支出的缺口额。

表5—17　　　　地方政府财政净收入与刚性财政支出缺口额　　　单位：亿元

	2010年	2011年	2012年	2013年	2014年	2015年	2016年	总和	缺口（广义）	缺口（狭义）
收入总计	84750	95318	113169	122956	130229	169476	177969	835998	—	—
土地财政	23224	27179	27979	36082	34553	34149	36934	220100	—	—
债务余额	—	—	—	—	—	—	—	233489		
债务利息	—	—	—	—	—	—	—	11674		
广义刚性支出	59555	70943	82002	88953	94058	107566	117517	620593	-249858	
狭义刚性支出	38483	45589	52687	56226	58865	65595	71899	389344	—	-18609

资料来源：笔者根据Wind数据库整理和计算得到。

在2010年至2016年的样本年份内，由表5—17可知2016年全国地方政府收入总计为835998亿元，其中土地财政为220100亿元，因此地方政府的财政净收入为 615898 亿元。在地方政府财政净收入的基础上，扣除债务余额和广义刚性支出后可得到地方政府的财政净收入与广义政府刚性支出的缺口为 249858 亿元。类似地，扣除债务余额和狭义政府刚性支出后可得到地方政府财政净收入与狭义政府刚性支出之间的缺口为 18609 亿元。总之，基于目前土地财政依赖和房地产发展对地方政府财政规模是有较大风险的。

当然，政府财政净收入与广义或者狭义刚性支出之间的缺口并非是固定不变的，而是在很大程度上受土地财政规模的影响。首先，假设政府为了控制房地产风险而抑制土地出让和房地产税的增长，将会减少土地出让纯收益和房地产税费规模，因此地方政府可能无法弥补现有的狭义和广义财政刚性支出，进而形成与房地产有关的财政风险。其次，即使地方政府仍然根据当前土地出让规模进行预算，但是受消费者预期等多种因素的综合影响，若土地价格下跌或者土地出让面积的减少同样会引起地方政府的财政风险。总之，无论是政府自身的土地政策发生内生的变化，或者市场预期发生的外生变化，都有可能将土地财政风险通过地方政府财政风险转化为现实的财政风险。

四 地方财政压力与风险的化解：房产税开征及其他措施

我们认为，退出土地财政，弥补地方财政缺口，化解财政压力，需要三策并举：一是开征房地产税，二是打开市政债券，三是增加地方转移支付。研究表明，无论是对所有房产征收房产税，还是设定特定的免征额或者免征面积，选择适当的房产税税率均可有效化解地方财政风险。譬如，选择 40 平方米的免征面积，配以 0.8% 的房产税税率，以及增加适量的中央转移支付和发行少量以未来房地产税还本付息的市政债券和途径化解地方财政风险。接下来我们将重点探讨房产税开征对地方财政压力与风险化解的情景模拟。

正如第四节所言，无论是政府政策发生内生的变化，抑或市场发生外生的变化，土地财政均会对地方政府的财政风险产生重要影响。因此，土地财政终究要退出，其原因只要有两个：一是中国城市化已经进入了新的阶段，前期大规模的土地资源开发已经出让了较多土地，因此土地资源开发已经进入存量发展时代。二是土地出让金有两个功能：一个是财政功能,一个是融资功能。融资的功能主要通过建立完善的资本市场,进行市政债券融资来替代。财政的功能用房产税来替代。但是利用土地作为标的物进行抵押也带来了政府债务等风险,使得以土地财政来融资的途径不可持续。与此同时,房地产税作为地方财政收入的基本收入来源,仅进入征收的初始阶段。

需要说明的是,在征收房产税之前有必要先搞清楚房产税征收与现有有关土地交易税收的重复纳税问题。本报告计算房产税考虑两个因素:一是净土地出让收益,具体反映在征收房产税时,取消与城镇土地使用税和城市建设维护税、现有房产税以及交易环节的房地产增值税和土地增值税,本报告将扣除上述税种后的土地财政称为净土地财政收益;二是根据家庭拥有住房套数不同,采用累进计税方法进行测算。表5—18给出了在征收房产税的同时进行税改之后,地方政府获得财政净收入与其他收入之间的关系。

表5—18 **征收房产税与净土地财政收益** 单位:亿元

	2010	2011	2012	2013	2014	2015	2016
土地出让纯收益＋所有房地产税费总收入	23223.98	27178.66	27979.1	36082.04	34553.44	34148.86	36934.38
土地财政税减免	5795.007	8099.93	10206.68	11658.96	13287.48	13942.4	14669.04
土地出让纯收益＋配套税改后的房产税费	17428.98	19491.39	18541.9	25576	22815.46	22011.79	24410.04
土地出让纯收益	9848.685	11544.97	10100.64	15775.16	12326.73	11251.64	13141.01

资料来源:笔者根据统计年鉴整理和计算得到。

表5—18中,第一行即土地出让纯收益与所有房地产税费之和是进行征收房产税时不进行任何税费减免时的土地出让纯收益与所有房地产税费的总收入。土地财政税减免即为在征收房地产税时,取消城镇土地使用税等5种税费之和。土地出让纯收益加上配套税改后的房地产税费,是在对房地产进行征税的同时对部分重复征税进行减免之后,土地出让与房地产相关税费之和,即税改后的土地出让及其相关房地产税费收入。

从现有文献看，开征房产税主要有 3 种模式：模式一是对所有房屋进行征税，包括商品房和住宅等；模式二是对第一套房征收少量的房产税，对第二套及以上房产征收较高的房产税；模式三是对第一套房免征房产税，对第二套及以上房产征收较高的房产税。房产税具体的计算方法为：采用当年城镇居民的人均住房建筑面积乘以该年的城镇人口数量得到全国城镇居民的住房建筑面积总量，再按照比例分别乘以商业用房和住宅用房的销售价格，得到商业用房的总价值和住宅用房的总价值，两者相加即可得到全国商品房的市场总价值。

具体而言，参考西南财经大学中国家庭金融调查与研究中心（CHFS）发布的《2018 年城镇家庭资产指数一季度报告》中的结论，在新购房中 30.8% 为首套房，第二套房占比为 43.8%，第三套及以上的比例为 25.4%。同时，参考 2015 年 9 月发布的《中国居民金融能力报告》，假设中国家庭二套房及以上占比为 40%，其中二套房占比为 20%，三套房占比为 10%，四套及以上占比为 10%。

在此基础上，考虑房产税的征收方案。方案 1：全面开征。即对全部房产进行征税，税率分别从 0.5%—0.8%；方案 2：部分开征。实行累进税进行征收房产税，对第一套房征收 0.5% 的税率，对第二套房征收 2% 的税率，对第三套房征收 3% 的税率，对第四套及以上征收 5% 的税率。同时，参考西南财经大学中国家庭金融调查与研究中心（CHFS）的调查结果，假设第三套房的家庭的占比为 15.4%，第四套及以上住房家庭占比为 10%。方案 3：按面积部分开征。假设人均免征面积为 40 平方米，超过 40 平方米将征收房产税。表 5—19 给出了按照上述不同模式征收房地产税的征税结果。

表 5—19　　　　　　　模式 1 的不同房产税征收比较　　　　　　单位：亿元

	商品房市场总价	住宅市场总价值	模式 1（税率 0.05%）		模式 1（累进税率）		模式 1（免征，累进）	
			房产税	缺口	房产税	缺口	房产税	缺口
2010 年	117153	890043	12610	−10614	22682	−542	19661	−3563
2011 年	133109	1003796	14431	−12747	25218	−1961	21982	−5197

续表

	商品房市场总价	住宅市场总价值	模式1（税率0.05%）		模式1（累进税率）		模式1（免征，累进）	
			房产税	缺口	房产税	缺口	房产税	缺口
2012年	149181	1131764	15813	-12166	27658	-321	24104	-3875
2013年	165977	1259579	19061	-17021	31909	-4173	28055	-8027
2014年	173906	1320064	20104	-14449	33305	-1248	29345	-5208
2015年	187391	1444743	21240	-12909	35463	1314	31196	-2953
2016年	238674	1860573	24324	-12611	42258	5324	36878	-56
合计	—	—	—	-92517	—	-1606	—	-28879

资料来源：笔者根据统计年鉴整理和计算得到，缺口为与土地财政总收入之间的差额。

由表5—19可知，模式1中对所有住宅均征收0.5%的房产税，并不能可以完全替代现行的房产税，但是按照累进税制进行征税时，对所有住房进行征税在2015年即可完全替代土地财政，对第一套房减免时在2017年即可完全替代土地财政。

接下来以2016年为例，考察不同税率对土地财政和政府债务总额的替代。考虑到模式1中对所有住房进行征收房产税虽然具有力度大、见效快的优点，且在短期内即可替代土地财政。但是其缺点是可能涉及面广、征收阻力较大。接下来将以2016年为样本计算不同税率的房产税对土地财政及其相关房地产税费的替代作用。根据2015年全国人口抽样调查，全国城镇人均住房面积低于20平方米、30平方米、40平方米和50平方米的家庭占比分别为20%、43.8%、62.4%和75.2%。接下来将分别采用人均免征面积为0平方米、20平方米、30平方米、40平方米和50平方米时，采用不同的税率组合时房产税与土地财政的替代。表5—20给出了税率分别为0.3%—0.45%且免征面积在0—50平方米时的不同征收模式的房产税收入。

表5—20　　　　　　　不同税率与免征面积组合征收房产税结果　　　　　　单位：亿元

	全部征收	20平方米及以下免征	30平方米及以下免征	40平方米及以下免征	50平方米及以下免征
0.30%	5380	4304	3024	2023	1334
0.50%	8967	7174	5040	3372	2224
0.80%	14348	11478	8063	5395	3558
1%	17935	14348	10079	6743	4448
1.50%	26902	21521	15119	10115	6672
2%	35869	28695	20158	13487	8896
2.50%	44836	35869	25198	16858	11119
3%	53804	43043	30238	20230	13343
3.50%	62771	50217	35277	23602	15567
4%	71738	57390	40317	26974	17791
4.50%	80705	64564	45356	30345	20015

资料来源：笔者根据统计年鉴整理和计算得到。

　　由表5—20可知若对全部房产进行征税，当房产税税率高于0.8%时房产税收入将超过土地财政纯收益，当免征面积分别为20平方米、30平方米、40平方米和50平方米时，税率分别在1%、1.5%、2%和3%时房产税收入将超过土地出让纯收入。

　　与之不同的是若对所有房产进行征税，当房产税的征收税率超过2.5%时，房产税时将会完全替代房产税。当免征面积分别为20平方米和30平方米时，房产税率分别为3%和4%时才能完全替代土地财政。当然，如果以税改后的土地财政及其相关房地产税为标准，则当免征面积分别为0平方米、20平方米、30平方米和40平方米及以下时，仅需搭配1.5%、2%、2.5%和4%的税率即可完全取代扣除重复征税等之后的土地财政及相关房地产税费之和。

　　表5—21给出了房地产税征收税率分别为0.3%—0.45%且免征面积分别为0—50平方米时房产税占土地财政的比重，表中阴影部分表示在该种房产税率和免征面积的组合下可以完全替代土地财政。

表5—21　　　　　　　　　房产税费占土地财政比重　　　　　　　　单位:%

	全部征收	20平方米及以下免征	30平方米及以下免征	40平方米及以下免征	50平方米及以下免征
0.30%	0.15	0.12	0.08	0.05	0.04
0.50%	0.24	0.19	0.14	0.09	0.06
0.80%	0.39	0.31	0.22	0.15	0.10
1%	0.49	0.39	0.27	0.18	0.12
1.50%	0.73	0.58	0.41	0.27	0.18
2%	0.97	0.78	0.55	0.37	0.24
2.50%	1.21	0.97	0.68	0.46	0.30
3%	1.46	1.17	0.82	0.55	0.36
3.50%	1.70	1.36	0.96	0.64	0.42
4%	1.94	1.55	1.09	0.73	0.48
4.50%	2.19	1.75	1.23	0.82	0.54

资料来源:笔者根据统计年鉴整理和计算得到。

需要说明的是,表5—21中房地产税费占土地财政的比重是以房地产税费占没有减免重复征税时土地财政总收入的比重。表5—21中阴影部分与表5—20中依次对应,在此不做过多解释。

五　累进制税率下的房产税征收与土地财政

当然,上述征收房产税的方式没有考虑到累进制对房产税的影响。当考虑累进制时,税率按照超过免征标准部分逐级累进,且房产税税率依次增加0.5%,直至5%。同样以2016年为例,表5—22给出了征收税率分别在0.3%—0.45%且免征面积分别在0—50平方米时房产税征收的税收结果。

表5—22　　　　　累进制税率与免征面积组合征收房产税结果　　　　　单位:亿元

	全部征收	20平方米及以下免征	30平方米及以下免征	40平方米及以下免征	50平方米及以下免征
0.30%	16661	7533	5292	3540	2335
0.50%	24552	12554	8819	5900	3892
1%	33520	19728	13859	9272	6116

续表

	全部征收	20 平方米及以下免征	30 平方米及以下免征	40 平方米及以下免征	50 平方米及以下免征
1.50%	42487	26902	18899	12644	8340
2%	51454	34076	23938	16016	10563
2.50%	60421	41249	28978	19387	12787
3%	74769	48423	34017	22759	15011
3.50%	84633	55597	39057	26131	17235
4%	94497	62771	44097	29502	19459
4.50%	100989	69945	49136	32874	21683

资料来源：笔者根据统计年鉴整理和计算得到。

由表5—22可知采用累进制税率征收的方法，若对所有的住房进行征税，则任何税率情形下的房产税收入均超过土地出让净收益，当税率超过1.5%时房产税收入能够完全替代土地财政。当免征面积分别为20平方米和30平方米时，房产税税率分别为2.5%和3.5%时才能完全替代土地财政，当免征面积分别为40平方米和50平方米时，低于4.5%的税率均不能完全替代土地财政。值得一提的是，当免征面积分别为0平方米、20平方米、30平方米、40平方米和50平方米时，免征率分别为0、1%、1%、2%和3%时，所得房产税均能有效替代土地出让纯收益。

类似地，表5—23给出了累进制下房产税占土地财政的比重。由表5—23可以清楚看出，当免征面积分别为0平方米、20平方米和30平方米时，需要分别配以超过1.5%、2.5%和3.5%的税率才能完全替代土地财政，当免征面积超过30平方米时，低于4.5%的免征税率均无法完全替代土地财政。

表5—23　　　　　　　　　累进制房产税占土地财政比重　　　　　单位:%

	全部征收	20 平方米及以下免征	30 平方米及以下免征	40 平方米及以下免征	50 平方米及以下免征
0.30%	0.45	0.20	0.14	0.10	0.06
0.50%	0.66	0.34	0.24	0.16	0.11
1%	0.91	0.53	0.38	0.25	0.17

续表

	全部征收	20平方米及以下免征	30平方米及以下免征	40平方米及以下免征	50平方米及以下免征
1.50%	1.15	0.73	0.51	0.34	0.23
2%	1.39	0.92	0.65	0.43	0.29
2.50%	1.64	1.12	0.78	0.52	0.35
3%	2.02	1.31	0.92	0.62	0.41
3.50%	2.29	1.51	1.06	0.71	0.47
4%	2.56	1.70	1.19	0.80	0.53
4.50%	2.73	1.89	1.33	0.89	0.59

资料来源:笔者根据统计年鉴整理和计算得到。

六 小结

本章从房地产视角,通过土地财政及其相关房地产税费对地方政府财政风险进行了研究。将地方政府财政收入扣除土地财政及房地产相关税费后得到地方政府的财政净收入,与维持地方政府经济社会正常运行的必要支出,具体包括地方政府的刚性支出与债务余额之后进行对比,将其之间的差额称为缺口。鉴于土地资源具有不可再生性,以土地作为标的物抵押的地方政府债务具有较高的风险性,因此需要通过房产税征收增加地方政府的财政收入,弥补现有财政缺口。研究结论表明,可以通过设定免征面积并配以适当的税率来弥补该缺口,保证地方政府经济社会的正常运行。

本报告的研究结论具有重要的政策启示。一是通过设定适当的免征面积和特定的房产税税率组合,如实行累进税率制,人均20平方米以下免征,配以2.5%的税率即可替代现有的土地财政制度,进而加快土地财政退出历史舞台,化解因土地财政带来的地方政府财政风险。二是考虑到房产税的税收完全替代现有缺口时免征面积偏小和房产税税率较高,可以采用房产税税收加中央财政转移相结合的方式征收房产税。譬如,设定人均房产免征面积为40平方米,并配以0.8%的房产税税率,其他部分由中央转移支付和以未来房地产税还本付息的市政债券来弥补等,进而有效化解地方政府的财政风险。

第 六 章

住房保障与居住民生：
经验事实与对策建议

姜雪梅

第一节　住房保障惠及居住民生的主要途径

我国经过"十二五""十三五"规划建设已经建立多渠道、多元化的住房保障制度体系，但是面临高房价、高房租的中、低收入阶层的住房问题仍然是义不容辞的社会课题。习近平主席在十九大报告中指出："坚持'房子是用来住的、不是用来炒的'定位，加快建立多主体供给、多渠道保障、租购并举的住房制度，让全体人民住有所居。"通过大量保障房建设、棚户区改造和公租房制度建设，同时推进"租售同权"、产权多元化等模式，我国开启了新时代住房保障模式。

一　城市棚户区改造是居住民生的重点内容，创新融资工具保障大规模棚改项目落地

我国从 2009 年开始加大棚户区改造力度并且每年制订年度计划进行考核，尤其从 2013 年开始不断加码棚户区改造任务。在 2013 年国务院发布的《关于加快棚户区改造工作的意见》中确定 2013 年至 2017 年改造各类棚户区 1000 万户的目标；在 2015 年国务院印发的《关于进一步做好城镇棚户区和城乡危房改造及配套基础设施建设有关工作的意见》中明确在 2015—2017 年三年内改造包括城市危房、城中村在内的各类棚户区住房 1800 万套和农村危房 1060 万户；2017 年 5 月的国务院常务会议确定"实施 2018 年到 2020 年 3 年棚改攻坚计划，再改造各类棚户区 1500 万套"。

自 2008 年至 2018 年的 11 年间，我国进行了 4533 万套的棚户区改造。2008—2017 年间，通过棚户区改造，累计已有 1 亿多棚户区居民"出棚进楼"，帮助 1200 多万农民就地转化为市民，累计开工改造国有工矿棚户区 305 万套、林区棚户区 166 万套、垦区危房 238 万套，促进了国有工矿区、林区、垦区的可持续发展。[①]

如此庞大规模的棚户区改造是如何完成的呢？

第一，公共财政大力支持棚户区改造。将棚户区改造及配套作为中央预算投资重点，中央加大对棚户区改造的补助，对财政困难地区予以倾斜。2010 年至 2016 年，棚户区改造全国公共财政支出为 5978.57 亿元。尤其，地方政府每年大幅加大棚户区改造公共财政支出，2016 年高达 1700 多亿元（2010 年的 7.6 倍），见图 6—1。

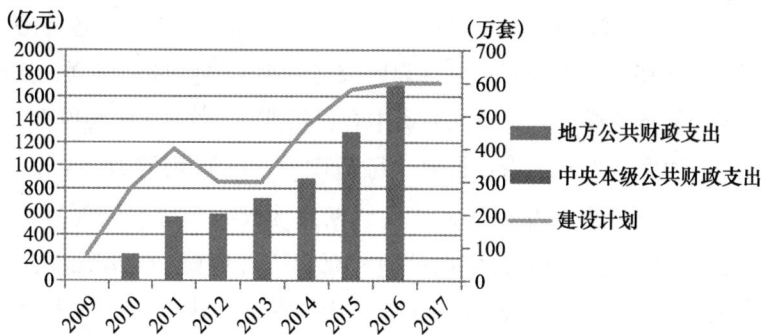

图6—1　棚户区改造建设计划与全国公共财政支出

资料来源：Wind。

第二，通过社会融资创新突破棚户区改造资金瓶颈。

首先，设立专门的金融部门支持棚户区改造。2014 年 4 月 2 日国务院召开常务会议确定，由国家开发银行成立住宅金融专项事业部，实行

---

① 李克强：《棚改要更好体现住房居住属性》，中国政府网，2018 年 10 月 10 日。

单独核算，采取市场化方式发行住宅金融专项债券，向邮储等金融机构和其他投资者筹资，鼓励商业银行、社保基金、保险机构等积极参与，重点用于支持棚改及城市基础设施等相关工程建设。2014 年和 2015 年国家开发银行分别发放棚户区改造贷款 4086 亿元（2013 年的 4 倍）和 7805 亿元。

其次，发挥开发性金融支持作用，进行市场化融资。比如，发行债、理财产品，募集资金。以萧山的"理财产品 + 券商定向资产管理计划 + 委托贷款"为例，它是中信银行萧山支行联合中信银行杭州分行贵宾理财部及中信证券为萧山区土地储备中心设计的创新型融资方案，融资金额达 12 亿元，专项用于城乡街道湖头陈村城中村改造安置房项目，用于支付村民拆迁赔偿，拆迁整理后土地由土地储备中心进行收储、拍卖，土地拍卖资金用于归还委托贷款并兑付到期理财产品。① 2018 年 3 月 1 日财政部发布《试点发行地方政府棚户区改造专项债券管理办法》，进一步规范棚户区改造融资行为。2018 年 1—10 月累计发行的地方政府专项债券 1.78 万亿元，占社会融资的比重为 11.07%、同比增长 2.16%。

再次，通过 PPP 项目进一步引进社会资本，加大棚户区改造的融资规模。国发〔2015〕37 号文件鼓励棚户区改造的创新融资体制机制，推动政府购买棚改服务，推广政府与社会资本合作模式（PPP）。至 2019 年 3 月，采取 PPP 模式的棚户区改造项目数达到 3652 个，投资额达到 6.43 万亿元。

最后，通过金融产品创新，加大"棚户区改造"等重点项目的信贷支持力度。2014 年 4 月央行创设抵押补充贷款（PSL），PSL 是棚户区改造货币化安置的主要资金来源。为加快 PSL 资金流速，央行从 2016 年 5 月起每月月初对国家开发银行、中国农业发展银行、中国进出口银行发放上月特定投向贷款对应的抵押补充贷款（PSL），支持三家银行发放棚改贷款、重大水利工程贷款、人民币"走出去"项目贷款等。在 2014 年、2015 年、2016 年、2017 年和 2018 年新增 PSL 分别为 3831 亿元、6981 亿元、9714 亿元、6350 亿元和 6920 亿元，截至 2019 年 4 月，PSL 余额已超过 3.54 万亿元。

---

① 陈怡：《金融支持棚户区改造的探索与实践——以浙江省为例》，《中国房地产》2014 年第 12 期（综合版）。

二　发展共有产权房制度，满足多元化需求，促进"房住不炒"的定位回归

2014 年 12 月住房城乡建设部印发《关于试点城市发展共有产权性质政策性商品住房的指导意见》（建保〔2014〕174 号），在北京、上海、深圳、成都、淮安、黄石 6 个城市推进共有产权住房试点。各城市的共有产权房制度的实施有所差异，各有创新。例如，上海市把共有产权房纳入到保障房体系只针对户籍人口开放，北京市的共有产权房未被纳入到保障房体系且向户籍、非户籍居民开放，成都市将经济适用住房和限价商品住房等并轨为共有产权住房并纳入到购置型保障房体系。共有产权房制度的发展可以满足先租后售、先买部分产权后租、先买后住等多元化需求。

此外，共有产权房还满足养老需求。乐成恭和家园是北京市首个、全国唯一一个共有产权、居家养老示范社区，不受北京现行普通商品房限购政策影响，用户可以与普通商品房一样出租、出售，价格由买卖双方自主确定，收益也将归卖方所有。但是，使用者必须为 60 岁以上老人，养老企业与购房者按照5%和95%的比例共同持有房屋份额，以此确保医疗和养老用地性质不变。

2017 年 9 月住房城乡建设部印发《关于支持北京市、上海市开展共有产权住房试点的意见》（以下简称《意见》），支持北京市、上海市深化发展共有产权住房试点工作。上海市截至 2016 年底已供应类似经济适用房属性的共有产权保障住房 8.9 万套。北京市 2017 年 7 月开始推广"共有产权住房"，计划在 2017—2021 年间提供 25 万套共有产权房。2017 年 9 月 30 日《北京市共有产权住房管理暂行办法》（京建法〔2017〕16 号）正式实施，进一步规范共有产权房的规划、建设、使用、交易、退出管理。2017 年北京全年供应的共有产权房项目仅为 5 个，2018 年已经开始申购的共有产权房项目达 28 个。

三　促进公共租赁房制度建设，培育发展集体建设用地的租赁住房市场，构建租购并举的住房保障制度体系

2010 年 6 月住房城乡建设部等七部门联合出台《关于加快发展公共租赁住房的指导意见》要求，大力发展公共租赁住房，完善住房供应体系，培育住房租赁市场，满足城市中等偏下收入家庭基本住房需求。2013 年 12 月三部门联合公布《关于公共租赁住房和廉租住房并轨运行的通知》，从 2014 年起各地公共租赁住房和廉租住房并轨运行，整合政府资金渠道，健全公共租赁住房分配管理制度，合理确定轮候排序规则，统一轮候配租。"十二五"期间，全国累计开工建设了公共租赁住房（含廉租住房）1359 万套，基本建成了 1086 万套。2016 年和 2017 年全国公共租赁住房基本建成 132.01 万套和 81.56 万套。从 2017 年开始，公共租赁住房分配工作已纳入国家住房保障工作目标责任书，实行目标责任管理。2018 年上半年，陕西省公共租赁住房分配 4.03 万套、分配率达到 88.15%，北京市分配公租房（含市场租房补贴）1.26 万套（户），分配率达到 84%。

为实现城镇居民住有所居目标，利用集体建设用地有效增加租赁住房供应，缓解住房供需矛盾，构建购租并举的住房制度体系。2016 年国务院办公厅印发的《关于加快培育和发展住房租赁市场的若干意见》提出要积极培育和发展住房租赁市场，2017 年 8 月国土资源部、住房城乡建设部联合印发《利用集体建设用地建设租赁住房试点方案》，推进第一批在北京、上海、沈阳、南京、杭州、合肥、厦门、郑州、武汉、广州、佛山、肇庆、成都等 13 个城市开展利用集体建设用地建设租赁住房试点。以北京市为例，2017 年已确定集体土地租赁住房项目 39 个（建设用地约 203 公顷，总建设面积约 321 万平方米），主要涉及朝阳、海淀、丰台、顺义、昌平、大兴等 12 个区，2018 年将继续供应集体土地 200 公顷以上用于租赁房建设（来源：北京市住房和城乡建设委员会网站）。2018 年 8 月 26 日北京市丰台区南苑乡成寿寺村集体土地租赁房项目（可提供租赁房源 901 套）正式开工建设，预计将在 2021 年以前竣工投入运营，这是北京首个实现开工的集体土地租赁房项目。①

四　大规模安居工程建设已进入收尾阶段，保障房管理工作将面临新的挑战

在"十二五"期间计划建设 3600 万套保障性住房，到期末全国保障

---

① 王萍：《北京首个集体土地租赁房开工》，《北京晨报》2018 年 08 月 27 日版。

性住房覆盖面达到20%左右、力争使城镇中等偏下和低收入家庭住房困难问题得到基本解决、新就业职工住房困难问题得到有效缓解、外来务工人员居住条件得到明显改善（2011年9月国务院办公厅《国务院办公厅关于保障性安居工程建设和管理的指导意见》总体要求）。

"十二五"规划期间，全国累计开工建设城镇保障性安居工程4033万套、基本建成2878万套，每年超额完成保障房任务。如图6—2所示，2011—2015年，分别计划开工城镇保障性安居工程1000万套、720万套、630万套、700万套和740万套，计划基本建成300万套、500万套、470万套、480万套和480万套，实际上分别开工1043万套、768万套、673万套、745万套和803万套，基本建成432万套、590万套、589万套、551万套和715万套。

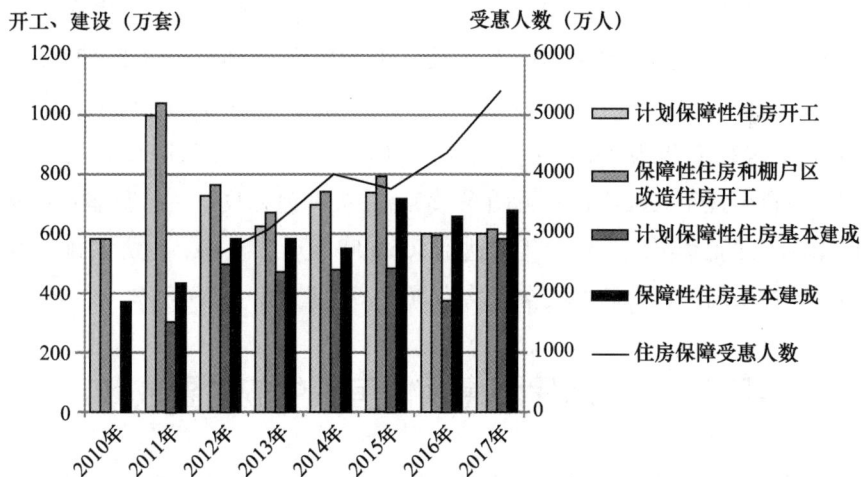

图6—2　全国保障房建设情况

资料来源:《中国统计年鉴》、Wind、住房和城乡建设部网站和《保障性安居工程跟踪审计结果》（审计署，2012—2017年）。

为了顺利完成保障房建设任务，中央政府和地方政府都大力支持保障房建设。"十二五"期间中央累计安排保障性安居工程专项补助资金高达9665.48亿元（见图6—3），年均达到1933.10亿元。此外，2013—2015年间中央财政另外投入配套基础设施建设资金2975.47亿元。

(亿元)

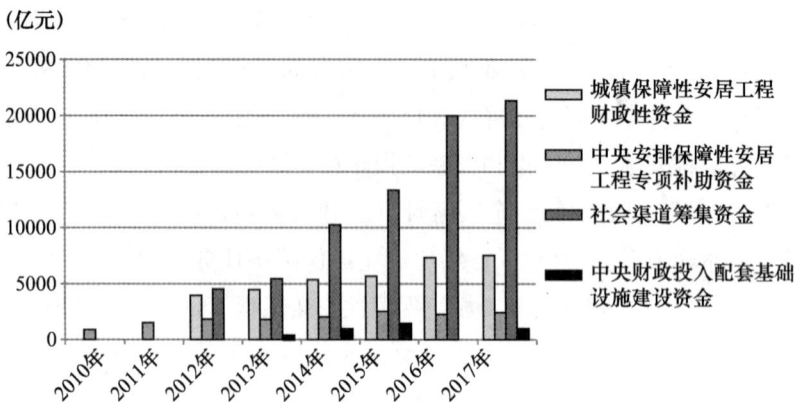

图6—3 全国保障性住房建设资金

资料来源:《中国统计年鉴》、Wind、住房和城乡建设部网站。

地方政府加大住房保障投入。2010—2017 年，地方财政住房保障支出逐年增加、年均达到 4516.44 亿元，到 2016 年达到顶峰（为 6338.77 亿元，2010 年的 3 倍多）、占地方财政一般公共预算支出比例高达 46.67%（2010 年为 23.42%）。2012—2015 年间，城镇保障性安居工程财政性资金逐年大幅增长（见图6—3），中央和地方政府一起安排的城镇保障性安居工程财政性资金年均达到 5066.58 亿元，其中，地方安排的城镇保障性安居工程财政性资金年均为 3031.71 亿元、占 59.84%。

第二节 住房保障惠及住房民生的主要成效

第一，城镇低收入家庭住房困难明显缓解，住房保障范围也明显扩大。截至 2005 年底全国仅有 32.9 万户最低收入家庭被纳入廉租住房保障范围，截至 2015 年底全国累计用实物方式解决近 4300 万户城镇中、低收入家庭的住房困难，2017 年底公共租赁住房在保家庭 1658.26 万户、涉及 4100 多万城镇中低收入住房困难群众。2008—2017 年，累计有 9000 多万户城镇家庭通过实物分配、货币化补贴等方式获得住房保障。

第二，建成 5 千万保障性住房，1.5 亿低收入人口的住房得到解决。2008 年至 2017 年，全国共开工建设城镇保障性住房和棚户区改造住房 6445 万套以上，基本建成 4901 万套以上。2011—2018 年全国城镇保障性安居工程建设总共完成投资 11.57 万亿元。

第三，大规模的保障性住房和棚户改造扩大了内需，促进经济平稳发展。如此庞大的工程带动经济增长，平均每年提供 900 万个以上就业岗位。同时，带动房屋建筑和市政基础设施上下游相关产业的投资，扩大内需，促进经济平稳发展。以棚户区改造为例，2013 年以来，棚改完成投资 7 万多亿元，有力带动建材、装修、家电等相关产业发展，棚改及相关产业总投资超过 15 万亿元。①

第三节　住房保障惠及住房民生的展望

一　人才公寓将成为热点，地方政府将继续热衷于人才保障房制度建设

住房保障制度由"保基本"向"促发展"转变。随着国家中心城市的建设升级和竞争的白热化，全国多个二线城市上演"抢人战"，满足安居需求的人才公寓成为其亮点。从 2017 年起，厦门市高标准推进"保障房地铁社区"建设，面向厦门市高层次及骨干人才申请家庭和社会申请家庭。北京市中关村创客小镇、魔方公寓、YOU＋、领鹰等长租公寓受到白领人士的青睐。

二　租赁服务业将成为新热点，保障房管理将不断引入市场机制

市场化的保障房租赁服务业正式上线，将成为新的增长点。2018 年11 月住房城乡建设部、财政部联合印发《关于印发推行政府购买公租房运营管理服务试点方案的通知》，确定在安徽等 8 个省（自治区）开展政府购买公租房运营管理服务试点。此外，企业十分看好租赁服务业前景。由开发商、地产中介、酒店集团等经营的"长租公寓"都已形成一定规模，阿里巴巴、腾讯、京东、房地产中介公司、行业协会等企业参与租房租赁平台建设，中信银行、中国银行等多家银行密集进军租赁金融服务业。

随着大量保障房的完工和入住，保障房小区管理、二手交易等一系

---

① 李克强：《棚改要更好体现住房居住属性》，中国政府网，2018 年 10 月 10 日。

列管理问题面临新的挑战。对此，政府官员可能力不从心，将引进市场机制进行管理。

第四节 问题与挑战

我国的住房保障制度建设取得显著进展，不仅改善居民的居住环境，也促进城市建设发展。作为长期制度，住房保障制度需要长远规划和与时俱进的动态调整。下面指出在短期内急需解决的问题。

一 保障房制度管理问题突出，部分城市的保障房空置率高

资金监管不到位，分配管理方面存在较大的问题。《2017 年保障性安居工程跟踪审计结果公告》显示，2017 年有 25.67 亿元安居工程资金被套取挪用或骗取侵占，2017 年有 7.21 万户不符合条件家庭违规享受城镇住房保障货币补贴 1.02 亿元、保障性住房 5.41 万套，294 个项目未取得建设用地批准而占地 1440.54 公顷进行建设，2017 年底空置超过 1 年以上的保障房全国有 23.92 万套。

二 租赁市场失灵和政策失灵问题较为突出

随着房租的快速上涨，面临租赁市场失灵和政策失灵的居民增加，尤其是新市民。市场中的住房租金的上涨降低居民的租金可支付能力，然而向非户籍人口开放的公租房制度在执行过程中倾向于人才，因此出现租赁市场的夹心层。随着棚户区改造、旧城区改造和城中村改造项目的加码，市场中的廉价租赁房源逐步减少。

三 保障房房源结构失衡，长效性保障房少，这将增加长期住房保障压力

只发挥一次性保障功能的产权式保障性住房多，长期多次发挥住房保障功能的租赁型保障房少。例如，2011—2013 年全国计划新建的公租房套数占计划新建保障房套数比例分别为 7%、22% 和 33%。加之，大部分产权式保障性住房尚未进行封闭式运营，再次上市时转化为普通商品住宅，直接降低保障房覆盖率。

第五节 政策建议

为实现"住有所居"目标,应积极建设新时代的租售并举的住房保障制度。

第一,建立保障房追溯监管管理制度,积极发展保障房二级市场,提高保障房的资金效用和利用效率。

建立保障房项目追溯监管制度和保障房消费者信用体系,促进自律和监督管理,严惩违规行为。此外,建立封闭的保障房二级市场和租赁市场,盘活错配、闲置的保障房,提高保障房的利用效率。根据业主的就业、就学等需求,在保障房二级市场上进行自由交易。在石家庄市业主可以申请互换公共保障房,但必须遵守自行协商、主动申请、责任自负和互不经济补偿原则。政府租赁服务平台可以筹集已销售的、空置的保障房作为公租房出租,同时提供人性化的服务,满足消费者的实际需求。

第二,着重发展租赁市场,合理布局租赁房源,促进梯度消费,实施租金管制,建立亲民的租赁制度。

首先,有效增加租赁住房房源,严格禁止中介的二房东行为。政府应该让利国有土地收益并采取税收优惠等措施,鼓励企业运营规模化的商品房租赁项目。通过集体建设用地的租赁住房建设和小产权房的规范,不断增加亲民的租赁房源。我们必须充分保障集体收益,鼓励集体土地入市于住房租赁市场,同时改善已有的正规小产权房的配套设施,满足广大新市民的居住需求。广州市"卡朋社区"公寓就是对城中村里的房子进行室内改造、打造后的出租屋,摆脱"脏、乱、差"旧面貌,进入了新租赁模式。同时,严格禁止中介的二房东行为。

其次,严管长租公寓贷款审批、利用制度,保证长租公寓贷款用于租赁房源的增量供给,以此避免扰乱存量租赁市场。今年,有的中介公司借着发展长租公寓的虚头,凭着资金优势吞吐市场中的租赁房源后高价转租,严重扰乱了市场秩序。

再次,科学制定棚户区改造范围,合理布局棚户区改造工作,避免存量租赁房源的大起大落。政府应科学制定棚户区改造范围,充分利用有限的资源，倡导租赁市场的梯度消费，稳步推进"购租并举"的多渠道住房供给，实现住有所居目标。棚户区的货币化安置短期内对住房交易、租赁市场供求关系的冲击较大，不仅增加购房需求和租房需求，房屋的拆迁还直接减少住房的供给量。2018年部分省市提出棚户区改造鼓励实物安置、取消货币化安置，如山东省和长春市。

最后，必须实施租金管制，稳定租金和租赁关系，促进租赁市场有序发展。深圳市房屋租赁管理办公室2017年11月发布《深圳市2017年房屋租赁指导租金》，太原市2018年底前公布各区租赁住房租金参考价。

第三，适度供给长效性保障房，并进行长期封闭式运营，长期有效地解决住房问题。

尽管我们建设了大量的保障性住房，但是已销售的"购房式"保障性住房自动终止其再次的住房保障功能，在高企的房价之下不断地涌现新的住房困难户。因此，必须发展持续解决弱势群体的住房问题的长效性保障房制度。在住房保障任务考核中，应加大长效性保障房供给比例的权重，正确引导地方政府的住房保障长期规划。长效性保障房政策应跳出户籍制约。目前非户籍中、低收入家庭的住房问题仍然无着落，尤其是农民工。将来城市可持续发展的核心竞争力是人力资本积累的时效性，积累速度越快竞争力越强。因此，住房保障应涵盖广泛的非户籍中、低收入群体，援助他们的居住过渡期，以此促进人力资本的快速积累和城市社会的融合。

第三部分

城市竞争力分项报告

第 七 章

中国城市经济竞争力报告

丁如曦　刘　梅

　　2018 年是改革开放 40 周年，是决胜全面建成小康社会以及实施"十三五"规划承上启下的关键一年。中国经济发展坚持稳中求进工作总基调和新发展理念，紧扣社会主要矛盾变化，按照高质量发展的要求，统筹推进"五位一体"总体布局和协调推进"四个全面"战略布局，坚持以供给侧结构性改革为主线，统筹稳增长、促改革、调结构、惠民生、防风险，稳妥应对中美经贸摩擦，着力稳就业、稳金融、稳外贸、稳外资、稳投资、稳预期，促使经济发展在高基数上总体平稳、稳中有进。

　　2018 年中国 GDP 规模达到 900309 亿元，总量首次突破 90 万亿元大关，GDP 增长率达到 6.9%，在世界主要经济体中居于前列；常住人口城镇化率达到 59.58%，相比于 2017 年增长了 1.06 个百分点。供给侧结构性改革力度加强并稳步推进，经济结构调整提升明显，消费在经济增长中拉动作用继续提升，新兴产业特别是现代服务业的发展速度加快，对经济增长贡献率达到 58.8%。此外，全年全国工业产能利用率也达到了76.5%。新动能持续发展壮大。全年规模以上工业中，战略性新兴产业增加值比上年增长 8.9%。高技术制造业增加值增长 11.7%，占规模以上工业增加值的比重为 13.9%。全年规模以上服务业中，战略性新兴服务业营业收入比上年增长 14.6%。全年高技术产业投资比上年增长 14.9%，工业技术改造投资增长 12.8%。空气质量持续改善，2018 年 1—12 月，全国 338 个地级及以上城市平均优良天数比例为 79.3%，比 2017 年上升1.3%；PM2.5 年平均浓度为 39 微克/立方米，比 2017 年下降 9.3%。总体高技术产业和数字产业稳步推进，中国制造 2025 实施成果显著，深入推进"互联网＋"行动和国家大数据战略，基于互联网、云计算和大数据等数字技术驱动的新兴产业已成为新的经济支柱产业，从而为中国城市的科技提升和发展注入新动力。随着中国供给侧结构性改革的继续深化和经济向高质量发展的转变，作为经济发展重要平台和空间载体的城市也呈现出一些新的阶段特点。

新中国成立以来，尤其是经过改革开放 40 年的快速发展，中国城市星火已燎原，城市及都市圈、城市群在国民经济与社会中的地位和作用不断增强。对于中国这样人口庞大、地域广袤、地区差异的大国而言，在城镇化进程持续稳步推进过程中，城市、都市圈、城市群之于中国经济发展、社会转型和生态文明的重大意义更加凸显。通过分项比较 2018 年港澳台与内地 293 个城市综合经济竞争力指数，以及在综合增量、综合效率等方面的表现，可以清晰地勾勒出中国城市经济竞争力的总体格局、区域现状等时空演进特征，并通过竞争力投入—产出视角研判中国城市经济竞争力格局演变，从城市视角审视中国经济发展。

第一节　中国城市综合经济竞争力状况

一　十强分布：深圳、香港和上海蝉联三甲，长三角、珠三角都市连绵区占据六席

2018 年综合经济竞争力十强城市依次是：深圳、香港、上海、广州、北京、苏州、南京、武汉、台北、东莞。与 2017 年相比，综合经济竞争力前 3 名没有发生变化，第 4 到第 10 名变化相对明显。具体来看，广州、北京的经济竞争力排名均上升一位，分别排在第 4 名和第 5 名，苏州、南京继续上升 2 位，依次排在第 6 名、第 7 名，东莞排在第 10 名，首次进入全国十强，天津则跌出十强。从十强城市的区域分布来看，整体分布格局与 2017 年基本一致，中部仍然只有武汉维持在十强城市中，除此之外的其他十强城市多分布在长三角、珠三角、环渤海和港澳台地区，且绝大多数城市位于都市圈内，其中长三角都市连绵区、珠三角都市连绵区各占据十强中的 3 席，其经济竞争力整体领先优势突出。

表7—1 2018 年中国城市综合经济竞争力前十强城市

城市	综合经济 竞争力指数	排名	综合增量 竞争力指数	排名	综合效率 竞争力指数	排名
深圳	0.67	1	0.85	3	0.60	2
香港	0.56	2	0.19	39	1.00	1
上海	0.42	3	0.96	2	0.27	5
广州	0.31	4	0.76	5	0.16	8
北京	0.26	5	1.00	1	0.10	16
苏州	0.22	6	0.52	8	0.11	13
南京	0.20	7	0.48	9	0.10	14
武汉	0.20	8	0.56	7	0.09	18
台北	0.19	9	0.11	105	0.32	4
东莞	0.18	10	0.25	25	0.17	7

资料来源：中国社会科学院城市与竞争力指数数据库。

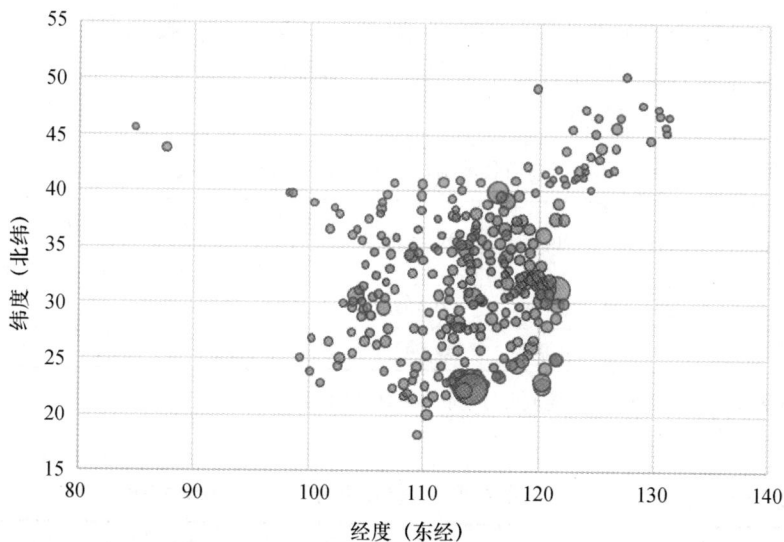

图7—1 城市综合经济竞争力分布示意图（按照经纬度排列）

注：图中圆圈代表综合经济竞争力指数的大小，圆圈面积越大，表示综合经济竞争力相对越强。

资料来源：中国社会科学院城市与竞争力指数数据库。

二 区域格局："南强北弱"逐步固化、"东中一体"进一步凸显

自 2013 年我国南方与北方之间的经济增速开始拉开以来，南北差距逐渐扩大的现象受到关注。从城市视角来看，中国经济发展"南强北弱"失衡态势进一步固化。2018 年城市经济竞争力排名前十的城市中，仅北京一座城市位于北方，排名前 20 的城市中，北方城市仅占据两席（北京和天津），排名前 30 位的城市中，仅有北京、天津、郑州、青岛和济南五座城市位于北方，其余 25 座城市皆位于南方。由此看见，经济竞争力排名前 30 强的城市存在严重的南北分布失衡现象，除北京、天津等城市外，北方严重缺乏经济实力雄厚、集聚引领和辐射带动能力较强的大城市，南方和北方城市经济竞争力上的差距逐渐扩大。由此可以认为，东北地区经济下滑的主要原因在于其大城市集聚引领和辐射带动能力的弱化与不足。此外，比较 2018 年与 2017 年南方和北方城市经济竞争力排名变动状况发现，北方城市平均下降了 6.2 位，其中，排名下降幅度较大的营口、鞍山、大庆和盘锦等城市均位于北方；与之相反，南方的城市经济竞争力平均上升了 5.4 位，排名上升幅度较大（超过 20 名）的百色、新余、十堰和临沧等城市，均位于南方地区。

表 7—2　　　　2018 年南方和北方城市经济竞争力统计情况

区域	城市数目	均值	变异系数	排名前 10 城市数量	排名前 20 城市数量	排名前 30 城市数量
北方	130	0.059	0.465	1	2	5
南方	158	0.082	0.942	9	18	25

资料来源：中国社会科学院城市与竞争力指数数据库。

表 7—3　　　　2018 年南方和北方城市经济竞争力排名变化统计情况

区域	城市数目	均值	标准差	变异系数	最小值	最大值
北方	130	− 6.200	28.240	4.555	− 143	37
南方	158	5.411	14.708	2.718	− 97	36

资料来源：中国社会科学院城市与竞争力指数数据库。

按照城市所处纬度从南北方向来看，北纬23°轴线左右（主要为粤港澳大湾区区域）、北纬31°轴线左右（长江经济带沿线）、北纬40°轴线左右（主要是首都都市圈）城市的经济竞争力要明显高于其他纬度地区的城市综合经济竞争力。表明中国综合经济竞争力较强的城市集中分布在东南部沿海、沿江（长江）等地带，"南强北弱"差异突出。

按照城市经度从东西方向来看，东经110度经线附近是中国的中部地区和西部地区的划分断裂带，也大体对应中国地形第三阶梯与第二阶梯的分界线。从中国城市综合经济竞争力按照维度大小的东西向空间分布来看，东经110度经线以东和以西地区差异明显：那些具有强竞争力优势的城市皆位于该经线以东的东中部地区，比如深圳、上海、北京、广州、苏州、武汉等城市，而且高值与高值城市在空间分布上相对集中，东部中心城市的引领带动加之中部地区中心城市的崛起，中部地区城市综合经济竞争力排名整体上缓慢提升，使得中国经济空间的"东中一体"（东中部一体化）趋势进一步凸显；在东经110度经线以西的地区，城市综合经济竞争力出现分化性倾斜分布格局，像成都、重庆、西安等具有较高行政级别的个别大城市综合经济竞争力指数得分相对较高，而其余城市普遍较低。除了成都、重庆和西安等城市外，大部分城市的经济竞争力都处于较低水平。这共同反映了中国特定自然地理特征状况与制度政策背景下城市经济竞争力在区域空间分布上的不均衡特征。

三 时空演变：总体"越发达、越分化"状态依旧明显

从全国六大区域的综合经济竞争力指数分布来看，东南地区①和环渤海地区综合经济竞争力指数的均值都高于全国水平，而中部地区、西南地区、东北地区和西北地区则低于全国平均水平，其中，东北地区城市的综合经济竞争力指数得分均值最低。从六大区域综合经济竞争力空间分布差异程度的变异系数来看，东南地区的变异系数最大，西北地区的变异系数最小；六大区域综合经济竞争力的均值和变异系数的相关系数竟高达0.983，这表明综合经济竞争力水平越高的区域变异系数也相应越

---

① 为了便于竞争力的区域比较，本章将香港、澳门归于东南地区。

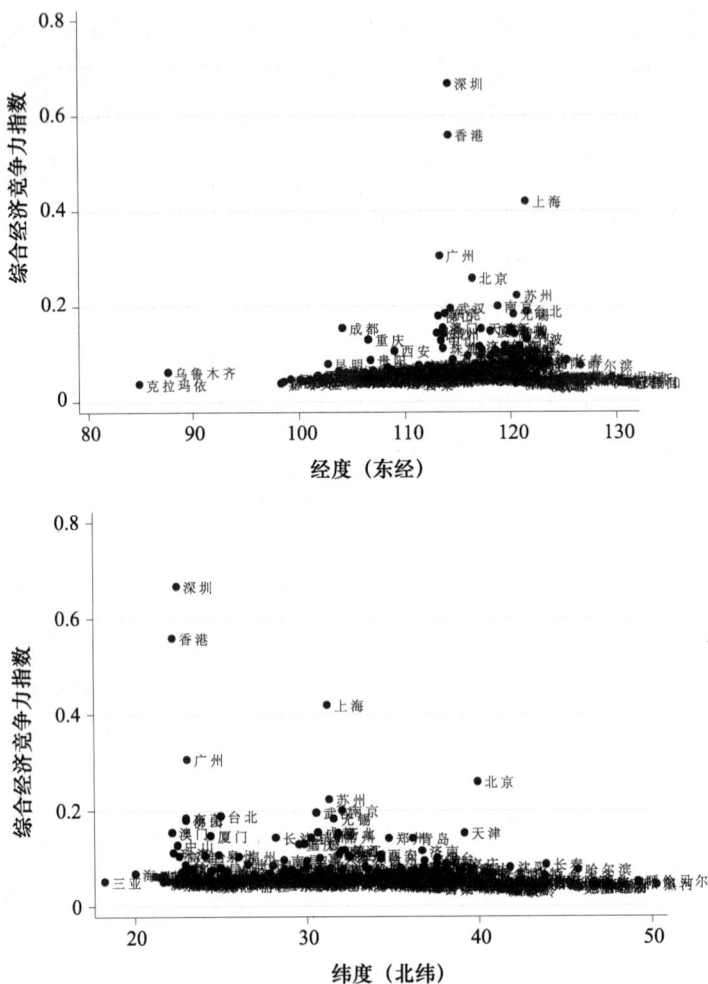

图7—2 中国城市综合经济竞争力按照经纬度的空间分布

资料来源：中国社会科学院城市与竞争力指数数据库。

大、分化也就越严重，区域总体上延续着"越发达、越分化"的状态。此外，除了东南地区以外，其余五大区域的综合经济竞争力的变异系数均小于全国城市间的变异系数，由此可见，东南地区内部的城市竞争力差异大于全国整体差异，而其他五大区域的内部差异小于全国整体城市经济竞争力差异。

表7—4　　　　　　　　**2018年六大区域综合经济竞争力指数**

区域范围	城市数目	均值	标准差	变异系数	最小值	最大值
全国	288	0.072	0.061	0.856	0.031	0.667
环渤海地区	29	0.083	0.042	0.505	0.049	0.259
中部地区	80	0.061	0.023	0.377	0.038	0.107
西北地区	39	0.051	0.012	0.242	0.019	0.179
东北地区	34	0.046	0.014	0.291	0.031	0.087
东南地区	57	0.120	0.116	0.965	0.049	0.667
西南地区	49	0.058	0.020	0.343	0.043	0.155

资料来源：中国社会科学院城市与竞争力指数数据库。

从六大区域的城市经济竞争力的纵向比较来看，各个区域经济竞争力指数得分均值的变化趋势与全国经济竞争力均值的变化趋势总体一致。从2017年和2018年变异系数的角度来看，六大区域的变异系数均有所降低。其中，东北地区降幅最大（-0.350），其次为西南地区（-0.314），降幅最低的为东南地区（-0.072），这表明六大区域城市之间的经济竞争力差异均呈现缩小状态，东北地区的缩小程度最高，而东南地区的差异缩小程度最低。

表7—5　　　　**2017—2018年六大区域城市综合经济竞争力指数**

区域范围	2017年均值	2017年变异系数	2018年均值	2018年变异系数
环渤海地区	0.126	0.750	0.083	0.505
中部地区	0.074	0.621	0.061	0.377
西北地区	0.052	0.541	0.051	0.242
东北地区	0.056	0.641	0.046	0.291
东南地区	0.179	1.037	0.120	0.965
西南地区	0.066	0.657	0.058	0.343

资料来源：中国社会科学院城市与竞争力指数数据库。

由于经济竞争力指数是经过标准化处理过以后得到的数值，因而2017年和2018年各个城市指数的大小的可比性较低。本节对六大区域排名的变化量进行统计分析，以此观察六大区域2018年城市经济竞争力的变化情况。从六大区域2018年排名的总体变化来看，东北地区、西北地区和环渤海地区城市综合经济竞争力排名总体变化是降低的，其中东北地区总体降幅最大，34个城市的排名总体降低了26.47位，表明东北地区城市经济竞争力的下滑、收缩比较严重；其次为环渤海地区，29个城市的排名总体降低3位；中部地区、西北地区、东南地区和西南地区排名的总体变化是上升的，其中西北地区城市总体排名上升的幅度最大，平均每个城市上升8.87位，其次为西南地区，49个城市的排名平均上升了6.63个单位。从各个地区排名变化的变异系数来看，各个地区经济竞争力排名变化变异系数从大到小依次为中部地区、环渤海地区、东南地区、西南地区、东北地区、西北地区。其中，中部地区经济竞争力排名变化的变异系数高达5.9，其排名变化的均值为2.51，这表明中部地区的城市综合竞争力的排名差异两极分化严重，出现了个别城市经济竞争力飞速上升和个别城市的经济竞争力大幅降低共存的情况，即局部提升隆起与局部下滑收缩并存。此外，值得注意的是环渤海地区和东南地区，其经济竞争力排名变化的变异系数分别为3.17和3.05，而其经济竞争力排名变化的均值相对较低，分别为-3和2.88，这表明环渤海地区的经济竞争力排名相对处于下降状态，且各城市排名降低的幅度较大，而东南地区的城市综合竞争力处于上升状态，且上升幅度较大。

表7—6　　2018年六大区域城市经济竞争力排名变化统计情况

区域范围	城市数目	均值	标准差	变异系数	最小值	最大值
环渤海地区	29	-3.000	9.513	3.171	-30	17
中部地区	80	2.513	14.840	5.906	-69	30
西北地区	39	8.872	11.349	1.279	-31	37
东北地区	34	-26.471	45.866	1.733	-143	21

续表

区域范围	城市数目	均值	标准差	变异系数	最小值	最大值
东南地区	57	2.877	8.765	3.046	−19	27
西南地区	49	6.633	19.165	2.889	−97	36

资料来源：中国社会科学院城市与竞争力指数数据库。

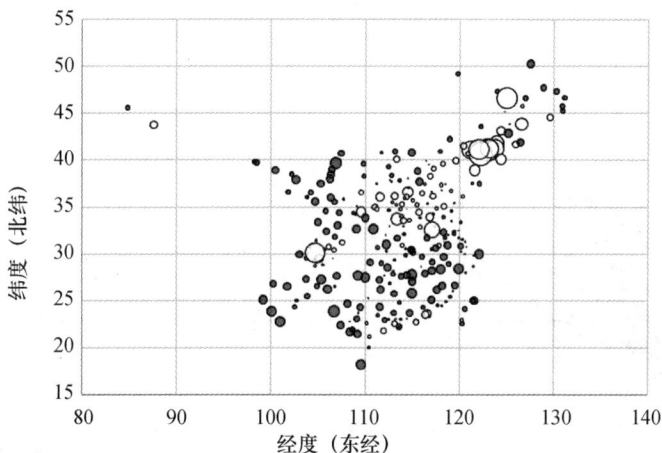

图7—3　城市综合经济竞争力排名变化情况示意图（2017—2018 年）

注：图中圆圈代表2018 年城市综合经济竞争力排名相对于2017 年排名的变化，圆圈面积越大，表示排名变化幅度越大；虚心圆圈表示排名下降，实心圆圈表示排名上升。

资料来源：中国社会科学院城市与竞争力指数数据库。

四　都市圈层面：经济竞争力呈现以中心城市为引领的梯次分布格局，且多中心、单中心特征差异明显

都市圈是城市群内部以超大特大城市或辐射带动功能强的大城市为中心、以 1 小时通勤圈为基本范围的城镇化空间形态，具有城市间距离近、城市集群性强等特征。地理学第一定律指出，任何事物都是与其他事物相关的，但相近的事物关联更紧密。随着经济全球化和区域经济一体化发展，都市圈城市间的相互联系和相互作用日渐增强，从城市经济竞争力的空间分布来看，中国经济竞争力指数的空间分布呈现为以都市圈、城市群为主体的明显的空间自相关性，存在显著的"高—高""低—低"集聚空间关联分布特征。基于地理距离空间权重矩阵测度的、用于测度变量（2018 年城市综合经济竞争力）空间自相关的莫兰指数（Moran's I）为 0.1998，且通过了 1% 显著性检验，表明中国城市经济竞争力呈现一定程度的区域空间正相关性，即具有较强综合经济竞争力的城市具有空间集聚分布特征（高值被高值包围），地理空间上距离越近，其经济竞争力的相关性越强。

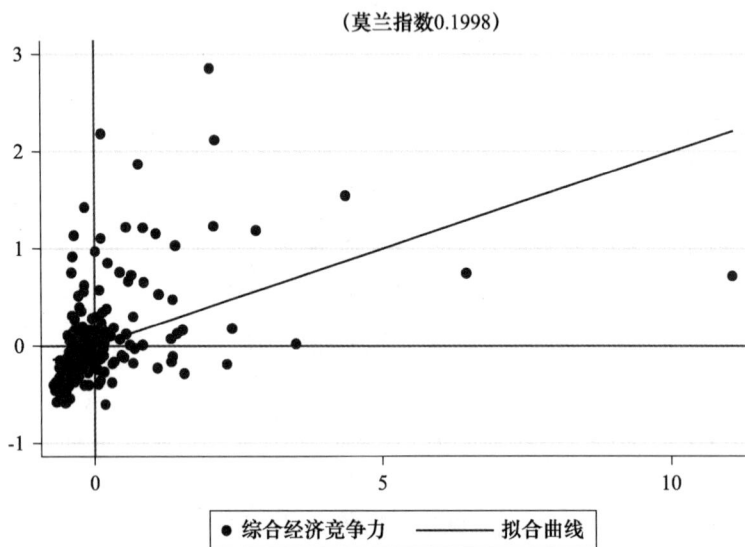

图7—4 2018 年中国城市综合经济竞争力指数莫兰散点图

资料来源：中国社会科学院城市与竞争力指数数据库。

进一步，从全国发展较为完善的 18 个都市圈来看，按照平均经济竞争力数值得分高低可以分为四个梯队。第一梯队中，整体经济实力最雄厚的分别是珠三角都市连绵区、长三角都市连绵区、首都经济圈和厦门经济圈四个都市圈，均值都在 0.1 以上，珠三角都市连绵区内城市综合经济竞争力指数得分均值为 0.197，位于 18 个都市圈首位。第二梯队中，青岛都市圈、长沙都市圈、济南都市圈和武汉都市圈城市综合经济竞争力指数得分均值在 0.09 左右。第三梯队中，郑州都市圈、贵阳都市圈、成都都市圈、西安都市圈、合肥都市圈、石家庄都市圈的经济竞争力指数得分均值在 0.06—0.07 之间。第四梯队中，长春都市圈、南宁都市圈、太原都市圈、沈阳都市圈的均值相对较低，在 0.05 左右。这表明，18 个都市圈中、珠三角都市连绵区、长三角都市连绵区、首都经济圈和厦门经济圈的优势最为明显，呈现出以中心城市为引领的发展格局。长春都市圈、南宁都市圈、太原都市圈、沈阳都市圈的经济竞争力相对较弱。

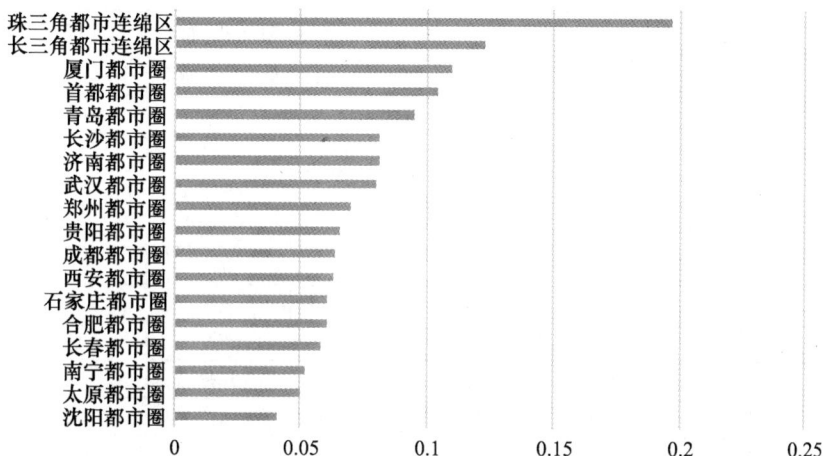

图7—5　2018年18个都市圈城市综合经济竞争力指数得分均值

资料来源：中国社会科学院城市与竞争力指数数据库。

从都市圈内城市综合经济竞争力差异程度的变异系数来看，城市综合经济竞争力变异系数较高的都市圈有珠三角都市连绵区、首都都市圈和长三角都市连绵区。说明尽管三大都市圈的经济竞争力水平较高，但其内部分化程度也比较严重，在珠三角都市连绵区、首都都市圈和长三角都市连绵区三大都市圈内部，存在一个或多个城市的经济竞争力指数要显著高于都市圈内的其他城市的现象；此外，从都市圈内经济竞争力排名第1位和第2位的城市来看，中心和次中心城市的作用突出，中心城市对都市圈内其他城市的辐射带动能力不可忽视。特别是位于东部经济发达地区的长三角都市连绵区、珠三角都市连绵区和首都都市圈内的上海和苏州、深圳和广州、北京和天津等中心城市对都市圈内部城市的引导作用最为明显，且都市圈多中心化特征相对明显。而中西部地区都市圈城市综合经济竞争力的单中心特征要更为突出，比如成都都市圈以成都为中心、武汉都市圈以武汉为中心、西安都市圈以西安为中心等。这也说明发挥中心城市（包括次中心城市）的集聚引领和辐射带动作用，对于都市圈乃至更大空间内区域经济协调发展具有重要意义。

表7—7　　　　　　　　2018年都市圈综合经济竞争力指数情况

都市圈	城市个数	均值	变异系数	都市圈内排名第一位的城市	都市圈内排名第二位的城市
长三角都市连绵区	22	0.123	0.657	上海	苏州
珠三角都市连绵区	9	0.197	0.978	深圳	广州
首都都市圈	7	0.104	0.744	北京	天津
合肥都市圈	7	0.061	0.352	合肥	蚌埠
青岛都市圈	5	0.095	0.311	青岛	烟台
成都都市圈	10	0.064	0.509	成都	德阳
西安都市圈	6	0.063	0.365	西安	咸阳
郑州都市圈	9	0.070	0.405	郑州	许昌
厦门都市圈	3	0.110	0.336	厦门	泉州
济南都市圈	6	0.081	0.251	济南	淄博
武汉都市圈	6	0.080	0.703	武汉	鄂州
石家庄都市圈	4	0.061	0.313	石家庄	邢台
长春都市圈	4	0.058	0.328	长春	辽源
太原都市圈	4	0.050	0.317	太原	晋中
长沙都市圈	5	0.081	0.441	长沙	岳阳
贵阳都市圈	4	0.066	0.238	贵阳	遵义
南宁都市圈	6	0.052	0.195	南宁	钦州
沈阳都市圈	6	0.041	0.464	沈阳	辽阳

资料来源：中国社会科学院城市与竞争力指数数据库。

五　省域层面：局部"上升隆起"与局部"下滑收缩"并存

从省域尺度来看，各个省份内城市总体经济竞争力排名的变化特征比较明显。城市经济竞争力排名变化总体下降的省份有河北、山东、辽宁、吉林、黑龙江、广东、安徽、山西、河南、四川和新疆等省区，其中辽宁、河南、新疆、吉林、四川、山西和黑龙江的排名依次降低且幅度较大。而从排名降低省区的变异系数来看，这些省区内部的城市排名分化比较严重，其中，安徽、河北、广东和黑龙江的变异系数最大，均在8.5以上，意味着这些省份的下降幅度不一，而辽宁、山东和河南内部

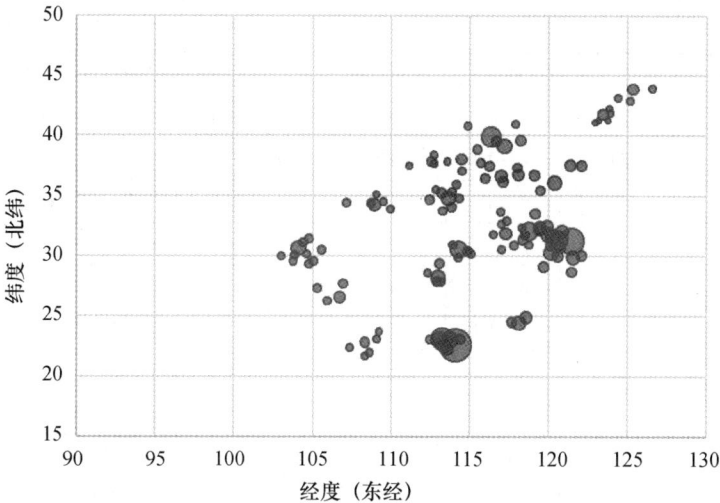

图 7—6　2018 年 18 个都市圈城市综合经济竞争力空间分布多中心—单中心特征

资料来源：中国社会科学院城市与竞争力指数数据库。

的城市排名变动的分化相对不明显，这表明辽宁和内蒙古内部的城市的下降幅度较为一致；此外，经济竞争力排名上升的省区依大小依次为：贵州、江西、宁夏、海南、云南、广西、甘肃、内蒙古、湖南、福建、浙江、湖北、陕西和江苏，其中，贵州、江西、宁夏、海南和云南等省区的平均上升幅度较大，均在 15 以上。从上升省区城市经济竞争力排名的变异系数来看，贵州、江西、宁夏、甘肃和云南等省区的变异系数均较低，表明这几个省区内部的城市排名均是普遍上升；最后，综合比较各个省份经济竞争力排名变化的均值和变异系数发现，城市经济竞争力排名变化较大的省份，其变异系数均较低，这表明城市经济竞争力排名变化较大的省份，均为处于普遍上升或普遍降低状态。

表 7—8　　　　　　**2018 年各省城市经济竞争力排名变化统计情况**

省份	城市数目	均值	变异系数	经济竞争力排名变化状态
河北	11	−1.455	9.855	总体下降、出现分化
山东	16	−3.938	1.290	普遍小幅下降
辽宁	14	−57.643	0.834	总体大幅下降
吉林	8	−5.500	3.768	普遍大幅下降

续表

省份	城市数目	均值	变异系数	经济竞争力排名变化状态
黑龙江	12	-4.083	8.504	总体下降，个别城市大幅下降
广东	21	-1.048	8.875	半数中幅下降、半数小幅上升，出现分化
江苏	13	2.385	1.063	普遍小幅上升，总体稳定
浙江	11	7.636	1.314	全部上升
福建	9	8.111	1.091	总体上升
安徽	16	-1.438	14.245	有升有降，出现分化
江西	11	16.182	0.537	普遍大幅上升
山西	11	-4.273	2.444	普遍大幅下降
河南	17	-6.941	1.511	低升高降
湖北	12	7.083	1.584	高升、低降
湖南	13	9.692	0.876	普遍上升
广西	14	11.857	0.866	普遍上升
海南	2	15.500	1.049	上升
四川	18	-5.167	4.875	低升、高降，出现分化
贵州	6	16.333	0.536	全部上升
云南	8	15.500	0.560	全部上升
内蒙古	9	10.667	0.994	全部上升，幅度不一
陕西	10	3.900	4.033	高升、低降
甘肃	12	11.250	0.487	总体上升
宁夏	5	15.800	0.137	总体上升
新疆	2	-6.000	3.300	低升高降

资料来源：中国社会科学院城市与竞争力指数数据库。

从整体分布来看，中国城市经济竞争力的核密度曲线出现较为明显的右偏特征，这表明大部分城市的经济竞争力水平均处于相对较低水平，只有极个别城市的经济竞争力处于较高水平，这同样也表明了中国城市经济竞争力差异比较突出。此外，从2014年到2018年经济竞争力的总体均值来看，2014年总均值为0.112，2018年总均值为0.072，表明中国城市经济竞争力之间的分化还在进一步扩大。

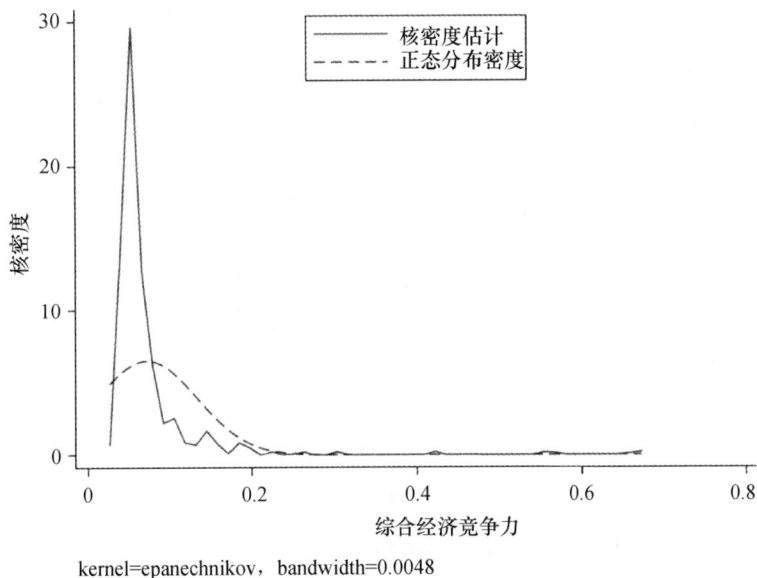

kernel=epanechnikov，bandwidth=0.0048

图7—7 2018年中国城市综合经济竞争力的核密度分布

资料来源：中国社会科学院城市与竞争力指数数据库。

第二节 中国城市综合经济竞争力分项竞争力状况

一 综合增量竞争力：东中部地区整体较高，中心城市间竞争激烈

综合增量竞争力呈现城市经济发展的活力与后劲，综合增量竞争力水平越高，表明城市经济发展潜力正在被不断激发、城市发展活力持续得到强化，并从区域空间维度上呈现经济竞争力格局的未来演变走向与趋势。从2018年城市综合增量竞争力空间分布来看，东经110度经线以东的东中部地区，城市综合增量竞争力整体水平较高，且呈现出由多个中心支撑和引领带动的特征。再一次说明中国经济空间"东中一体"趋势越发明显。

从城市综合增量竞争力指数具体排名来看，前20强城市主要分布在东部地区，中西部地区有重庆、成都、武汉、长沙、郑州、合肥、西安七个城市进入前20强榜单。具体来看，北京的综合增量竞争力指数得分较高，超越了上海并处于领先地位。中部地区的武汉、长沙、郑州和合

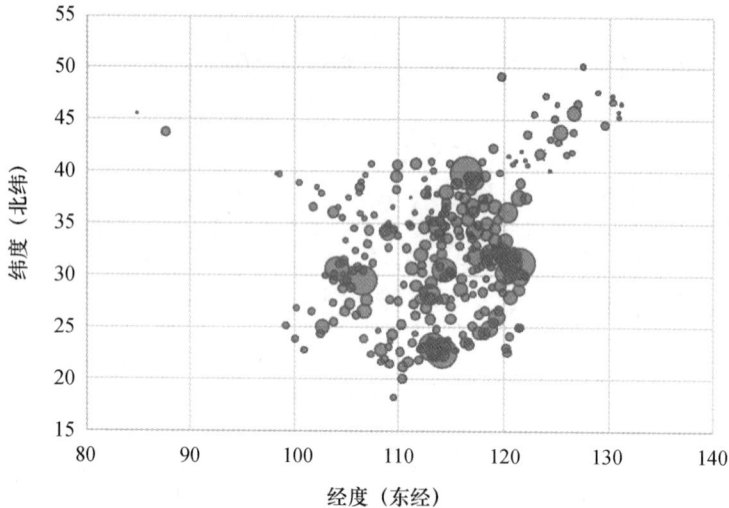

图7—8 城市综合增量竞争力空间分布示意图

注：图中圆圈代表综合增量竞争力指数的大小，圆圈面积越大，表示综合增量竞争力相对越强。

资料来源：中国社会科学院城市与竞争力指数数据库。

肥的综合增量竞争力分别处于第7、11、14和16名，西部地区的重庆、成都和西安分别处于第4、6和19位。与2017年相比，成都、武汉综合增量竞争力排名上升二位，西安、合肥排名上升了一位，长沙、郑州排名未发生变动，重庆的排名下降了一位。表明东部地区城市的经济地位优势十分明显，中部地区中心城市的经济增量相对优势有所提升，西部地区中心城市的经济增量竞争力相对水平有升有降。表明中西部中心城市间在综合增量方面呈现你追我赶的激烈竞争态势。

二 综合效率竞争力：都市圈以及中心城市综合效率整体水平较高

从综合考虑了人均产出和单位土地面积产出的城市综合效率竞争力指数看，香港和深圳分别排在全国第1、第2名，且领先全国其他城市。从空间分布格局看，综合效率竞争力较强的城市多集聚性分布在粤港澳大湾区、长江三角洲、京津冀、山东半岛等都市圈或城市群内，以及零散性分布在中西部地区一些都市圈内，比如武汉都市圈的武汉、郑州都市圈的郑州、长沙都市圈的长沙、成都都市圈的成都、西安都市圈的西安等，这些都市圈、城市群及中心城市在经济效率方面具有明显的领先优势，并将成为未来中国经济高质量发展的重要引领者和带动区。

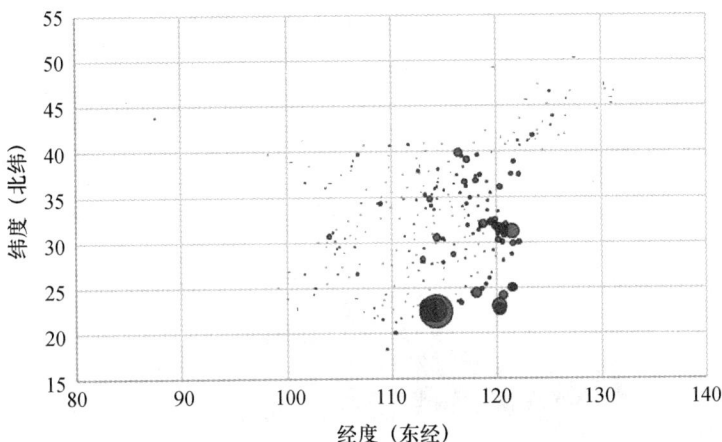

图7—9　城市综合效率竞争力空间分布示意图

注：图中圆圈代表综合效率竞争力指数的大小，圆圈面积越大，表示综合效率竞争力相对越强。

资料来源：中国社会科学院城市与竞争力指数数据库。

三　城市综合增量竞争力与城市产业结构升级优化状况密切相关

在经济增速整体放缓的大背景下，产业结构升级优化对于城市经济高质量发展具有重要意义。通过拟合城市综合增量竞争力与第三产业占比的散点关系可以看出，二者呈现出明显的正相关关系：一般而言第三产业占比相对较高的城市，其综合增量竞争力指数得分也较高。而且相对于那些位于拟合曲线下方、产业结构层次和水平较低的城市（大多分布在东北地区和中西部地区），位于拟合曲线上方而且产业结构层次和水平普遍较高的城市（大多分布在东部地区）这种正向相关关系要愈加突出，说明产业结构持续升级优化对城市综合增量的贡献更高。进一步挖掘城市经济增长潜力、激发经济发展活力，需要持续优化产业结构，通过产业结构升级促进经济增长方式的转变与经济发展模式的转轨。由此也可以推断，城市的产业结构层次、水平及升级优化状况，将在很大程度上影响其综合增量，进而影响甚至决定其在未来中国城市经济竞争力空间格局中究竟是"提升隆起"，还是"下滑收缩"。

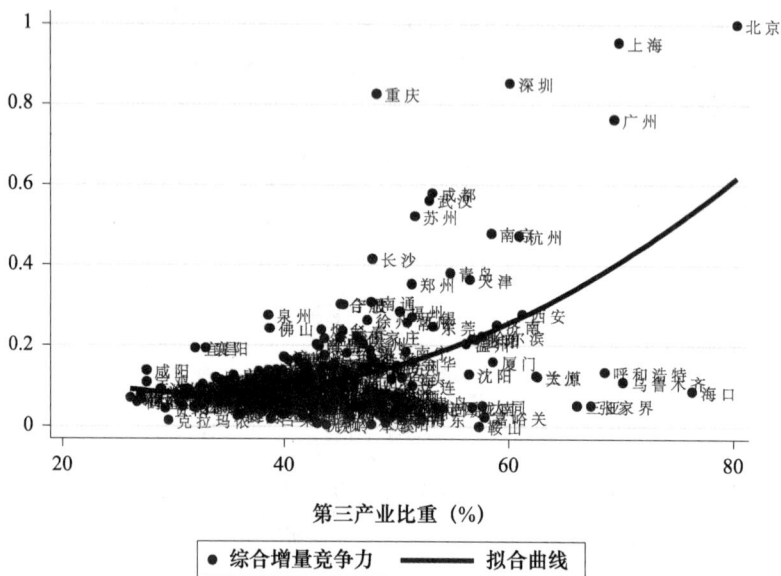

图7—10　城市第三产业比重与城市综合增量竞争力的散点关系

资料来源：中国社会科学院城市与竞争力指数数据库。

四　消费对城市综合增量竞争力提升作用越发明显

投资、消费和出口对城市经济发展具有重要影响，在宏观层面消费对中国经济增长贡献不断增强的背景下，城市综合增量竞争力提升也将受到消费驱动的影响。通过拟合2018年城市综合增量竞争力与社会消费品零售总额之间的散点关系可以看出，二者呈现出明显的正相关关系，相关系数达到了0.94。也就是说，消费规模越大、消费越强劲的城市，其综合增量竞争力指数得分也越高。

相比而言，固定资产投资（固定资产投资占GDP的比重）与城市综合增量竞争力之间整体上存在的是负相关关系。那些投资规模占GDP比重较大、投资效率较低的城市，其综合增量竞争力水平也较低。因此，提高投资效率、释放消费潜力对于激发和保持城市经济活力具有重要现实意义。

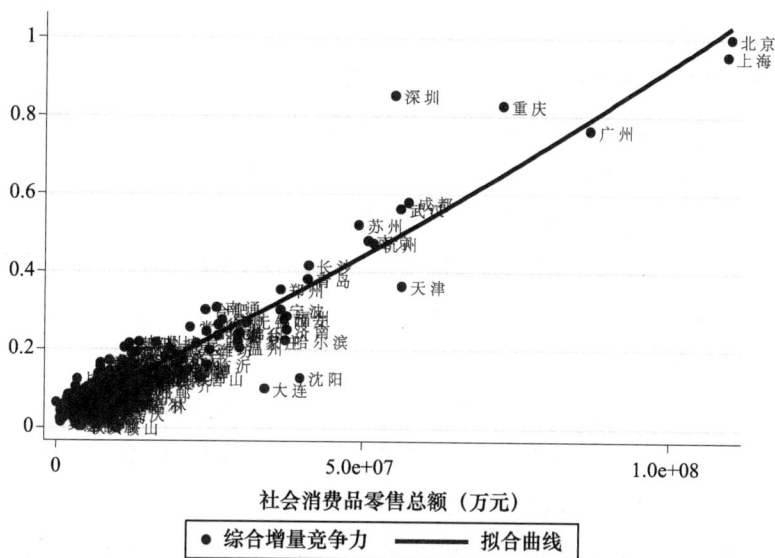

图7—11　城市社会消费品零售总额与综合增量竞争力的散点关系

资料来源：中国社会科学院城市与竞争力指数数据库。

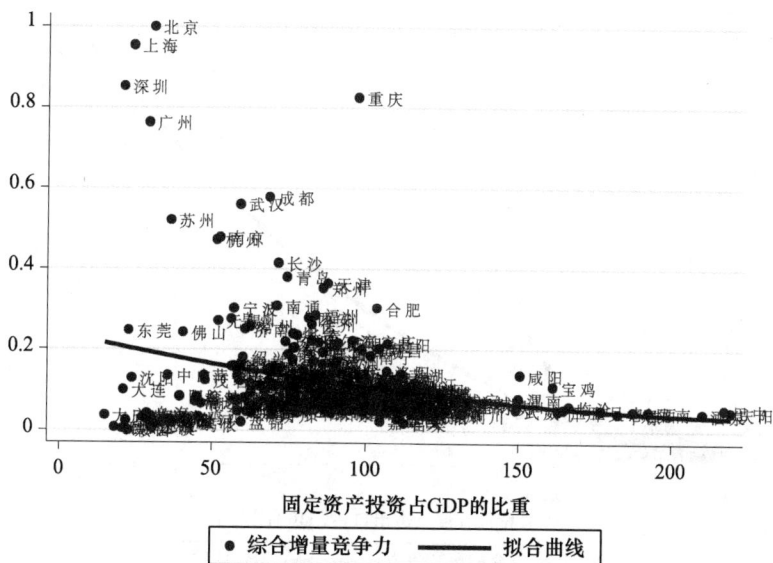

图7—12　城市固定资产投资与综合增量竞争力的散点关系

资料来源：中国社会科学院城市与竞争力指数数据库。

五 对外开放水平较高的城市综合效率竞争力普遍较强

伴随着全球化过程中网络社会的崛起，以及现代交通、通信技术的快速发展，城市间的相互联系和相互作用日渐增强，城市间竞争力角逐逐渐体现为城市能否在区域乃至全球范围内对优质资源和要素进行持续吸引集聚、优化配置和高效利用。因此，城市对外开放与联通水平的增强主要通过提升其在区域城市网络和全球城市网络中的节点集聚规模及能级，进而高效率地创造出高质量的经济产出。

通过将样本城市诸多结构性、需求性指标与城市综合效率竞争力进行对应后对比发现，城市综合效率竞争力与城市的开放水平密切相关。城市综合效率竞争力指数与反映城市开放水平的外贸依存度（进出口占GDP比重）之间存在明显的正相关关系，其中样本城市中开放水平最高（外贸依存度最高）的香港，对应的综合效率竞争力指数也最高。进一步，将反映城市开放便捷程度的信息城市指数（由城市的航空便利度、

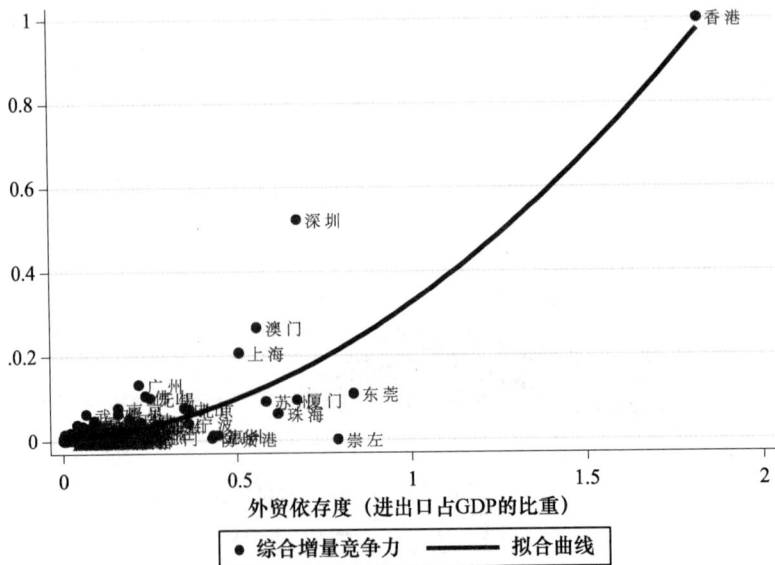

图7—13 城市外贸依存度与综合效率竞争力的散点关系

资料来源：中国社会科学院城市与竞争指数数据库。

国际商旅人员数等指标综合而成）与综合效率竞争力指数对应起来发现，二者也呈现出明显的正相关关系，对外开放联通有助于提升城市单位面积上的经济产出。由此不难理解那些开放水平较高的中心城市、都市圈和城市群为何综合效率竞争力也普遍较高。

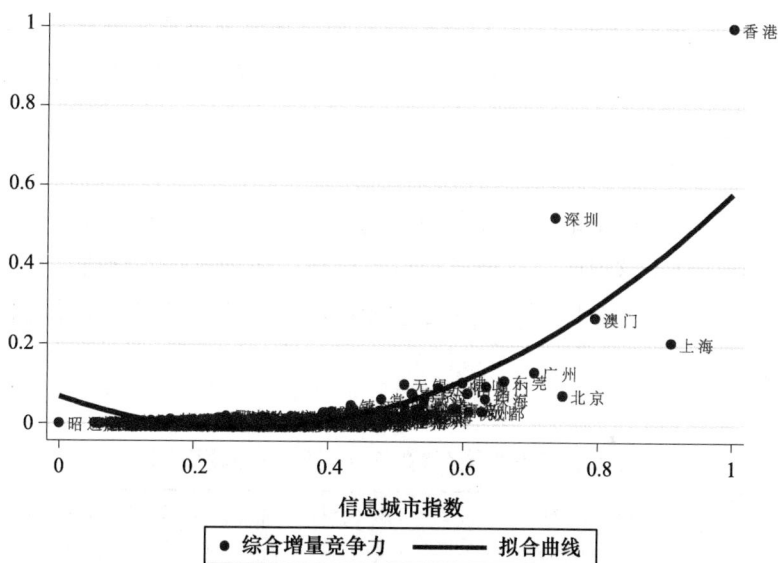

图7—14 开放便捷的信息城市指数与城市综合效率竞争力的散点关系

资料来源：中国社会科学院城市与竞争力指数数据库。

在全球化持续深入和"一带一路"建设稳步推进背景下，紧抓历史机遇、融入国家开放发展战略与进程，结合城市的资源禀赋和广义比较优势，不断提升城市对外开放联通水平、开放层次以及节点集聚引领和辐射带动能力，对于提高城市的综合效率竞争力具有重要而深远的影响。

第三节　重要经济变量关系和规律性发现

一　省域层面城市综合经济竞争力高水平分化和低水平均衡并存

从各个省份2018年综合经济竞争力的变异系数来看，综合经济竞争力变异系数较小的省区依次是甘肃、宁夏、内蒙古、广西、海南、山西、河北、贵州、云南和黑龙江，这些省区城市的综合经济竞争力指数之间差距相对较小；2018 年综合经济竞争力变异系数较大的省区分别是广东、湖北、四川、江苏、福建、江西、湖南、辽宁、新疆和陕西等，这些省区内部城市的综合经济竞争力指数差异较大。特别地，广东省的综合经济竞争力指数在 2017 年和 2018 年的变异系数均大于 1，表明，最近几年广东省内部城市之间的经济竞争力水平分化程度较深，呈现的是高水平分化。对比 2017 年各个省区综合经济竞争力指数的变异系数，所有省区的综合经济竞争力变异系数均出现了下降，其中降幅较大的省区分别为新疆、辽宁、四川、黑龙江、陕西、湖北、云南、吉林、湖南和甘肃等，表明省区内部城市之间的综合经济竞争力水平差距正在逐渐缩小，同时也说明这些省区内部的经济竞争力正在趋于平衡，个别省份还呈现出低水平均衡特征。这说明，省域层面城市经济竞争力格局在缓慢发生调整与变化，而且这种差异与各省区经济发展的不同步以及所处的发展阶段差异有关。

表7—9   省域层面城市综合经济竞争力指数变异系数及变化

省份	2017 年综合经济竞争力变异系数	2018 年综合经济竞争力变异系数	2017—2018 年变异系数变化量
河北	0.3994	0.2127	-0.1867
山东	0.3830	0.2647	-0.1183
辽宁	0.7095	0.3551	-0.3544
吉林	0.5119	0.2715	-0.2404
黑龙江	0.5496	0.2193	-0.3303
广东	1.3307	1.2120	-0.1187
江苏	0.4958	0.4163	-0.0795
浙江	0.4507	0.3292	-0.1215
福建	0.5623	0.3938	-0.1685
安徽	0.4812	0.2713	-0.2099
江西	0.4109	0.3938	-0.0171
山西	0.4025	0.1966	-0.2059
河南	0.4964	0.3187	-0.1777
湖北	0.8610	0.5656	-0.2954
湖南	0.5899	0.3686	-0.2213

续表

省份	2017 年综合经济竞争力变异系数	2018 年综合经济竞争力变异系数	2017—2018 年变异系数变化量
广西	0.3223	0.1535	− 0.1688
海南	0.3922	0.1907	− 0.2015
四川	0.7683	0.4184	− 0.3499
贵州	0.4048	0.2157	− 0.1891
云南	0.4824	0.2169	− 0.2655
内蒙古	0.3163	0.1525	− 0.1638
陕西	0.6293	0.3295	− 0.2998
甘肃	0.3617	0.1438	− 0.2179
宁夏	0.3543	0.1511	− 0.2032
新疆	0.9300	0.3527	− 0.5773

资料来源：中国社会科学院城市与竞争力指数数据库。

二　城市开放联系与综合经济竞争力呈高度正相关关系

伴随着全球化过程中网络社会的崛起，以及交通、通信技术的快速发展，一个城市的竞争力不仅体现在其自身的硬实力上，还体现在城市对内集聚、对外联系的软实力上。作为软实力的体现，城市开放联系不仅是城市的第二特征和基本功能，也是城市经济实力相互作用和反映的体现，其可将不同主体与区域之间的技术、知识、信息和思想等要素通过有形或无形的设施进行联系，从而在城市网络体系下，城市开放联系性成为吸收利用外部资源进而增强城市能级和位阶的决定性因素之一。

这里使用全球联系指数和百度指数搜索量来衡量城市开放联系，来刻画城市开放联系与城市综合竞争力之间存在的关系。就全球联系指数而言，排名前十的城市依次是香港、北京、上海、广州、深圳、厦门、澳门、重庆、南京和成都，这些城市的综合经济竞争力同样也处于较强的地位。观察全球联系指数与经济竞争力之间的散点图发现，两者之间存在较强的正向相关性，相关系数达到 0.823，这表明一个城市的全球联系能力越强，其综合经济竞争力也就相应越强。

从百度搜索指数与经济竞争力之间的散点图可以发现，两者之间也存在一定的正向相关性，相关系数达到 0.659，这表明一个城市的百度搜

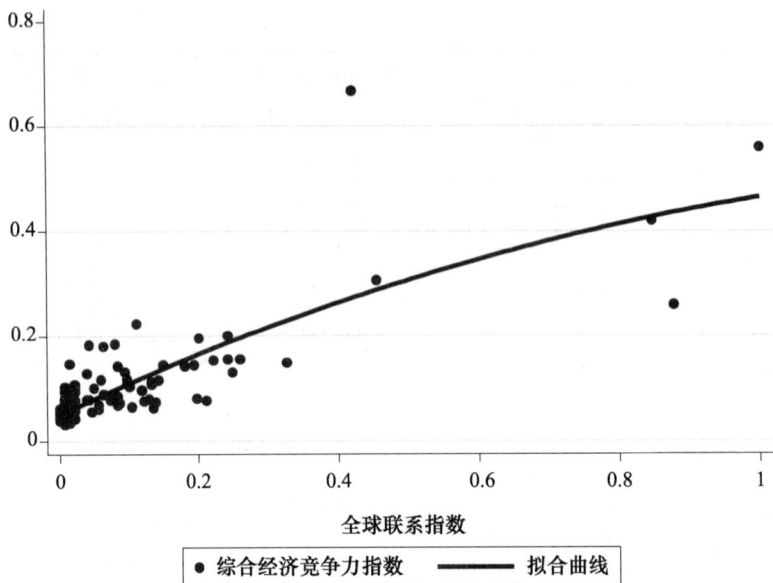

图 7—15 全球联系指数与城市经济竞争力散点拟合图

资料来源：中国社会科学院城市与竞争力指数数据库。

索关系越强，其综合经济竞争力也越强。总体而言，城市开放联系与城市综合经济竞争力存在显著的正向相关关系，一个城市的开放水平和对外联系水平越高，其经济竞争力水平也越高。

进一步，将衡量城市开放便捷程度的信息城市指数与城市综合经济竞争力指数进行对应后发现，信息城市指数和城市综合经济竞争力指数呈现右上翘的正相关关系，尤其是当城市的开放便捷程度相对越高时（比如信息城市指数超过 0.5 后），城市的综合经济竞争力更强，而且信息城市指数与城市综合经济竞争力之间的相关系数要更高。由此进一步凸显了全球化和网络社会背景下城市对外开放联系对城市经济发展的重要影响。

三 城市创新发展对城市综合经济竞争力提升影响明显

创新是一个城市保持活力与繁荣的灵魂。在现代社会，创新发展之于城市经济社会发展的重大意义越来越凸显，为此许多城市将创新发展作为城市发展的一项重要战略。从量化指标来看，R&D（研究与发展）

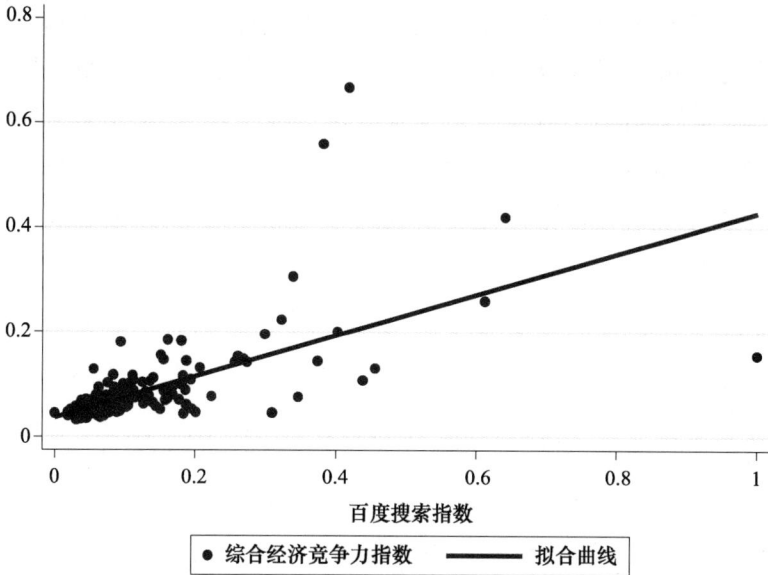

图7—16 百度搜索指数与城市经济竞争力散点拟合图

资料来源：中国社会科学院城市与竞争力指数数据库。

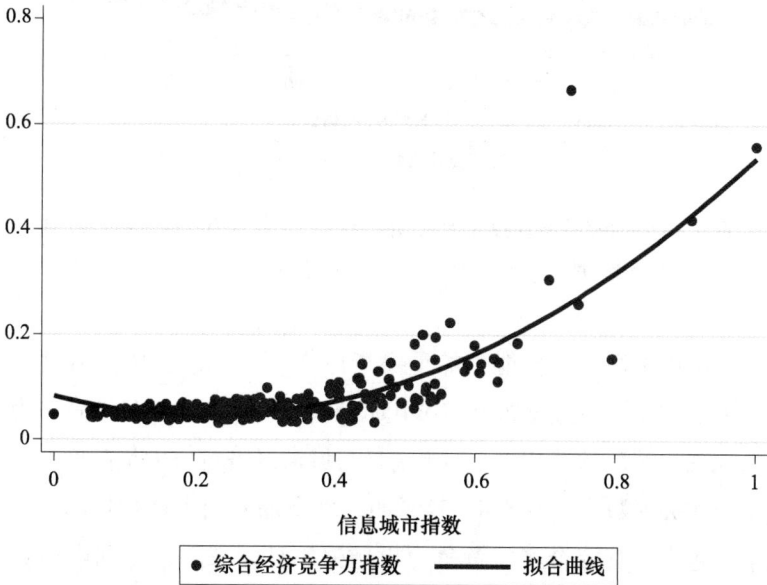

图7—17 开放便捷的信息城市指数与城市综合经济竞争力关系散点拟合图

资料来源：中国社会科学院城市与竞争力指数数据库。

投入的规模和增速反映科技创新的投入规模及强度。通过对城市综合经济竞争力与 R&D 投入指数的关系考察发现，城市综合经济竞争力与 R&D 投入指数整体保持右上翘的正相关关系，尤其对于那些具有较强综合经济竞争力的城市而言，R&D 投入的重要作用要更加凸显，这些城市间在综合经济竞争力上的较量，某种程度上体现为创新投入与创新发展上的较量。

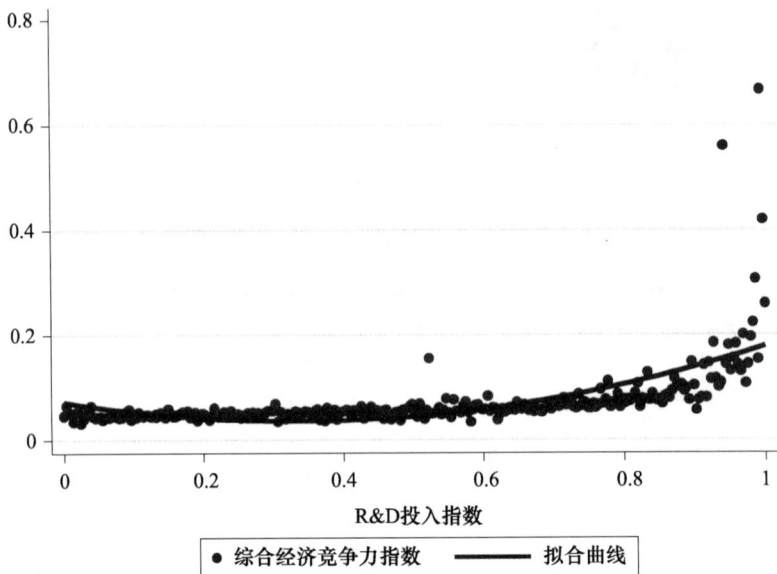

图 7—18　城市 R&D 投入指数与综合经济竞争力的散点关系拟合图

资料来源：中国社会科学院城市与竞争力指数数据库。

专利申请是衡量创新能力的重要指标之一，城市创新能力是综合经济竞争力的体现。通过分析城市 WIPO 专利申请量与城市经济竞争力之间的关系发现，城市的 WIPO 专利申请量与城市经济竞争力呈高度的正向相关关系，相关系数高达 0.824。这说明，城市的专利申请数量越多，创新驱动水平越高，其综合经济竞争力也越强。具体来看，专利申请数量排名前十的城市依次为：深圳、北京、上海、天津、苏州、广州、东莞、成都、重庆和南京，与综合经济竞争力前十强基本一致。另外，分区域来看，东南地区的 WIPO 专利申请量均值最高，环渤海地区次之，西北地区最低，与对应综合竞争力的均值大小较为一致，表明专利申请数量越多的区域，其平均经济竞争力水平也越高。

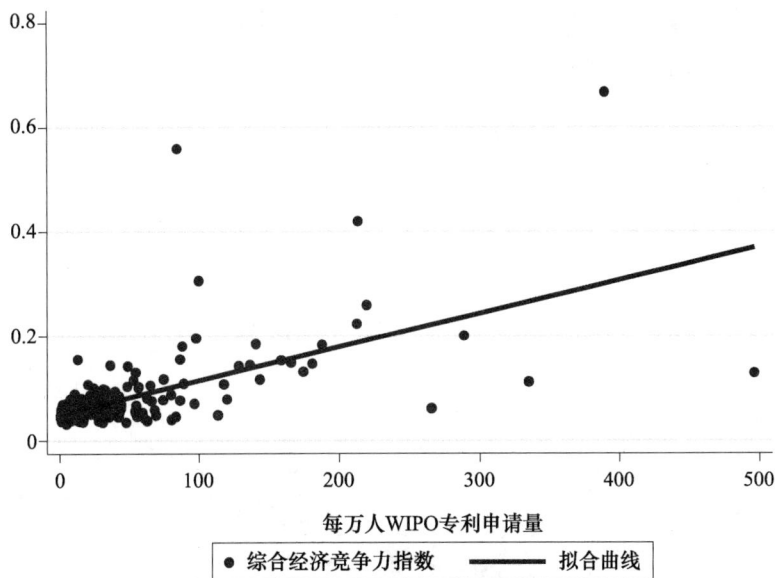

图7—19　WIPO专利申请量与城市经济竞争力散点拟合图

资料来源：中国社会科学院城市与竞争力指数数据库。

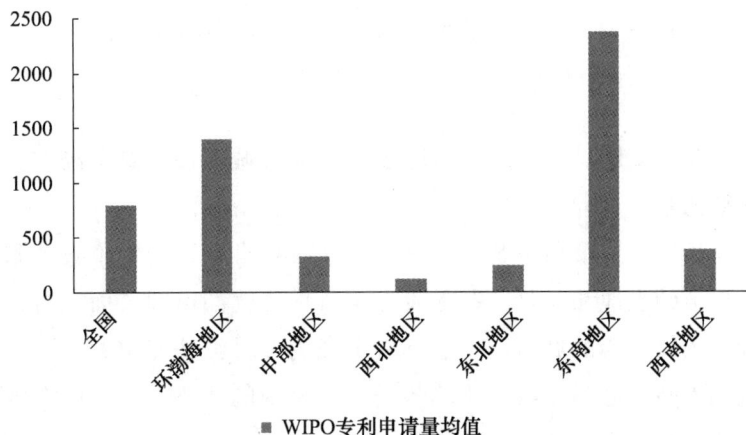

图7—20　WIPO专利申请量区域分布

资料来源：中国社会科学院城市与竞争力指数数据库。

　　进一步，将衡量创新驱动的知识城市指标与城市综合经济竞争力指数对应起来考察发现，二者的散点关系呈现出右上翘的正相关关系，即知识城市指数越高，城市综合经济竞争力越强。而且知识城市指数和城市综合增量指数之间的相关关系要更加明显，特别是对于那些人口规模较大的城市而言。由此更加凸显了创新发展对于大城市经济发展的重要意义。

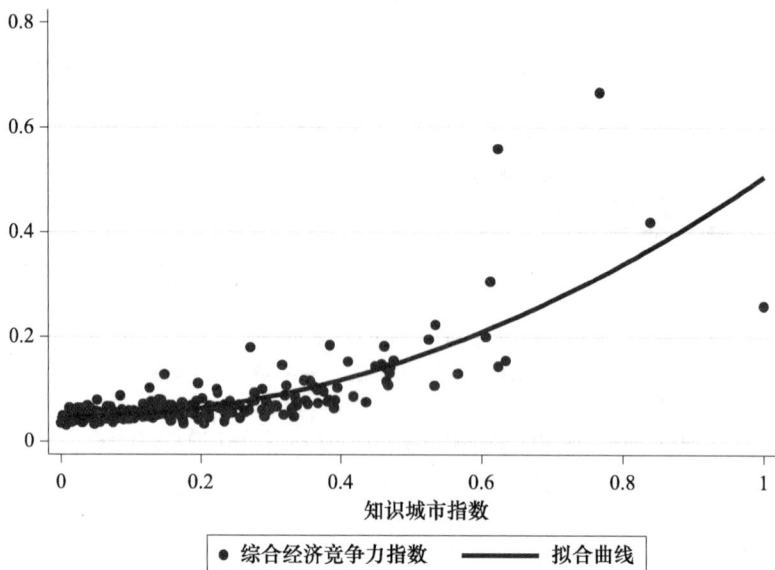

图7—21　知识城市指数与城市综合经济竞争力关系散点图

资料来源：中国社会科学院城市与竞争力指数数据库。

四　生态文明、文化繁荣和城乡一体对大城市提升综合经济竞争力具有重要影响

　　相比于中小城市和小城镇而言，大城市具有更大的集聚效应和规模效应，更节约土地和资源，更有活力与效率。就都市圈层面来看，那些拥有较大人口规模的城市，一般具有更强的综合经济竞争力。在中国城市化进程不断推进和大城市化趋势进一步显现的背景下，发挥大城市作用对于经济社会生态可持续发展具有重要意义。

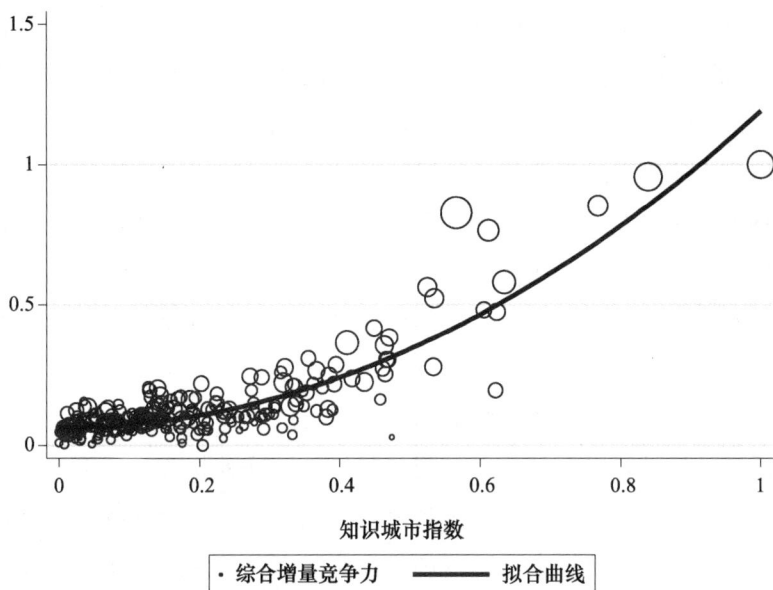

图7—22　知识城市竞争力与城市综合增量竞争力的关系散点图

注：图中圆圈的大小代表城市常住人口规模的大小，圆圈越大，表示城市常住人口规模越大。下同。

资料来源：中国社会科学院城市与竞争力指数数据库。

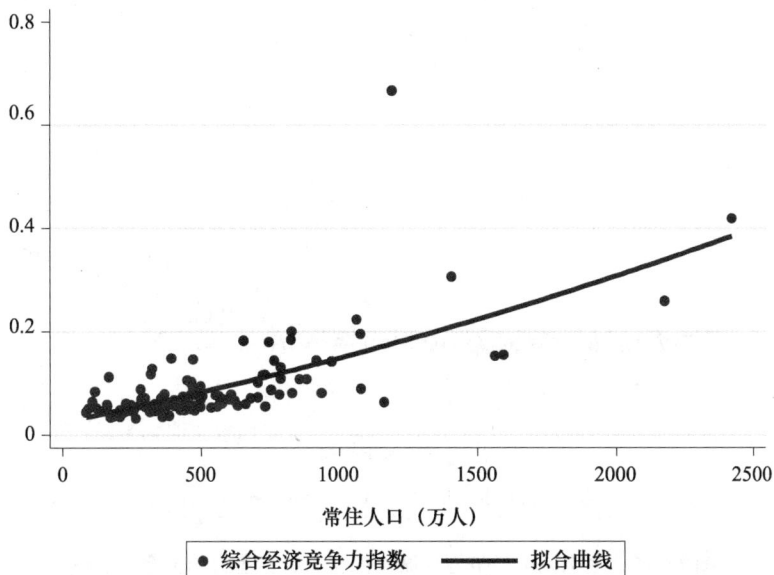

图7—23　18个都市圈内城市常住人口规模与综合经济竞争力的关系散点图

资料来源：中国社会科学院城市与竞争力指数数据库。

　　大城市是一个复杂的经济社会巨系统。当前，在资源环境约束日渐趋紧、"城市病"愈演愈烈背景下，大城市要想长久持续活力与繁荣、不断增强综合经济竞争力，除了"外联"进行广泛的互联互通以有效吸引、整合、利用外部资源要素外，还需要通过"内优"方式，进行竞争力投入结构的优化，推进城市生态文明、文化繁荣、城乡一体等多个层面的发展。这里将作为竞争力投入的变量并分别测度环境友好的生态城市、多元一本的文化城市和城乡一体的全域城市指数，按照城市规模与城市的综合经济竞争力指数对应后发现，在生态、文化和城乡发展上的这些竞争力投入因素与综合经济竞争力（竞争力产出）之间存在显著的正相关关系，而且随着城市常住人口规模的增加，这种相关关系要更强。由此凸显了大城市生态文明、文化繁荣以及城乡一体对于其综合经济竞争力提升、满足人们美好生活需要的重要意义。此外，反映城乡一体的全域城市指数与城市综合经济竞争力之间的相关程度更高，绝大多数人口规模更大的城市处于拟合曲线的上方，这进一步说明，城乡一体化发展

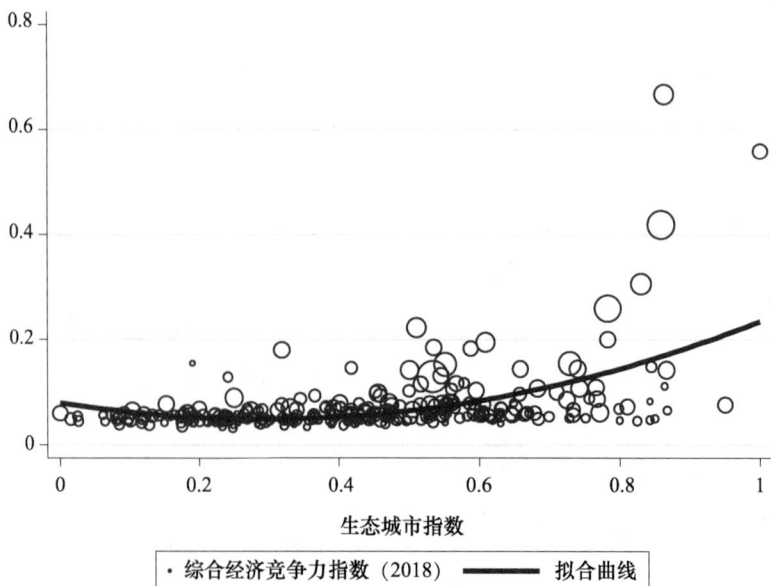

图7—24　生态城市竞争力与城市综合增量竞争力的关系散点图

资料来源：中国社会科学院城市与竞争力指数数据库。

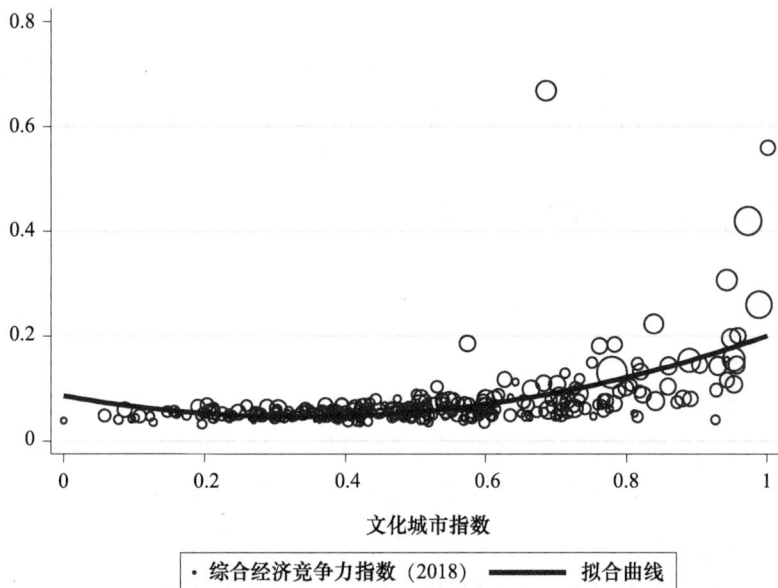

图7—25　多元一体的文化城市指数与城市综合增量竞争力的关系散点图

资料来源：中国社会科学院城市与竞争力指数数据库。

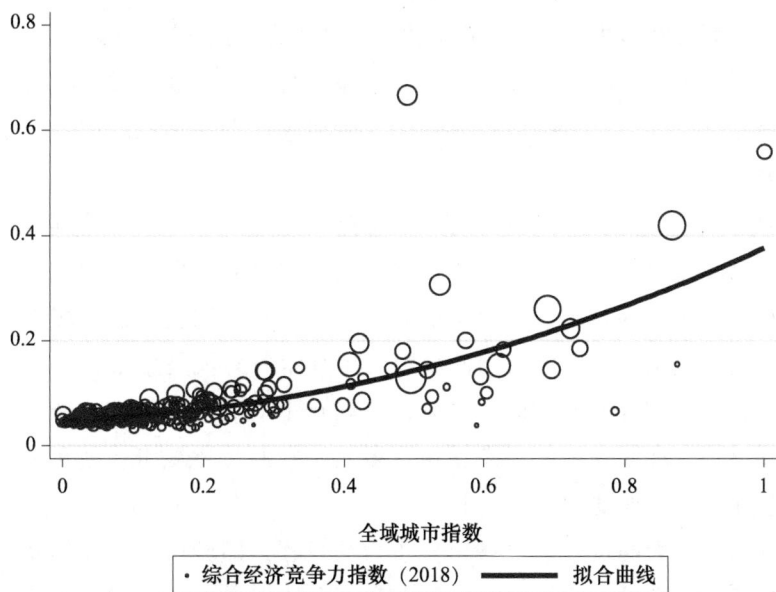

图7—26　城乡一体的全域城市指数与城市综合经济竞争力的关系散点图

资料来源：中国社会科学院城市与竞争力指数数据库。

对于大城市综合经济竞争力的提升具有重要的支持作用。大城市（中心城区）在发展过程有效带动其乡村振兴、促进城乡一体，对于做强城市规模、优化空间结构、激发整体活力具有积极的促进作用。

第四节 中国城市经济竞争力未来发展格局展望

伴随着大规模城市化的不断深入，中国已由乡土中国迈向了城乡中国，城市之于城乡发展、区域发展、经济社会发展的重要意义越加显现。随着我国经济进入高质量发展的新时代，在继续推进供给侧结构性改革、深入推进"一带一路"、长江经济带等建设，促进东西双向开放、路海统筹的区域发展大格局背景下，顺应经济规律、立足国情实际，中国城市应当构建与"创新、协调、绿色、开放、共享"的发展理念相契合、与高质量发展要求相适应的城市经济新格局。从城市建设、人口、经济、文化、生态、交通、基础设施等各个方面，全方位构建人与自然、人与人和谐共处，城市与城市、区域与区域融合互动协调发展新模式。

一 城市竞争力未来格局推演模型：竞争力投入—产出模型

为了对未来中国城市经济竞争力态势进行可靠推演和预判，这里按照课题组确立的城市竞争力投入—产出模型进行影响关系的拟合及未来研判及展望。

城市竞争力的投入又被称为城市可持续竞争力。城市可持续竞争力实质上就是城市的要素与环境的状况。城市的要素与环境作为城市发展过程中的决定性因素，其状况不仅对城市当前的发展，而且对城市未来的发展均有决定性的影响，因此城市可持续竞争力就是城市竞争力投入的、可持续的和长期的方面。具体包括创新驱动的知识城市、公平包容的和谐城市、环境友好的生态城市、多元一本的文化城市、城乡一体的全域城市、开放便捷的信息城市。

城市竞争力的投入通过城市竞争力的过程，即城市的产业体系，转化为城市竞争力的产出，同时，城市竞争力的产出也通过城市竞争力的过程反馈城市竞争力的投入。城市的产业体系是各产业的总和，各产业又是产业中各企业主体的总和，企业的经济活动最终是通过人的劳动和创造得以实现的，人和企业是在城市产业体系中发挥作用的行为主体。因此，城市产业体系的层次和结构取决于城市对人才和企业的吸引、利用能力。

城市竞争力的产出实质上就是城市当前创造价值、获取经济租金的能力。这一能力的强弱就通过城市在当期获得的竞争成果体现出来，因此城市竞争力的产出就表现为城市当前的和短期的竞争成果，具体表现为城市的人口规模和经济产出，即综合经济竞争力。

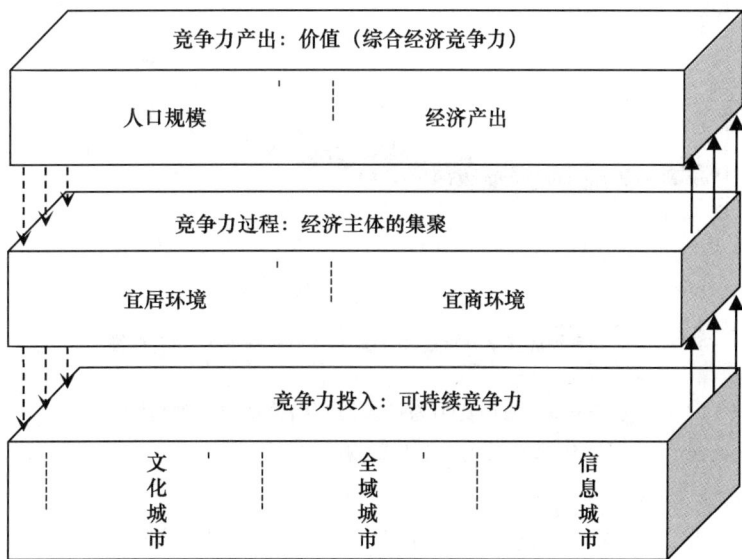

图7—27　城市竞争力的投入—过程—产出—循环机制

资料来源：中国社会科学院城市与竞争力指数数据库。

二　中国城市经济竞争力格局展望：高效协调的多中心集群网络化发展

在上述机制框架下，从竞争力投入总量上，将城市竞争力的投入——可持续竞争力指数（滞后3期值）与竞争力的产出——综合经济竞争力指数（当期值）置于投入（X轴）—产出（Y轴）坐标轴上，可以清晰地发现，二者呈现出显著的右上翘正向相关关系，即城市在知识、社会、生态、文化、全域以及对外开放等方面的整体相对投入越高，城市综合经济竞争力就越强，尤其是在可持续竞争力指数突破0.5以后的区间，城市竞争力的投入与产出之间的正向相关关系更加显著。

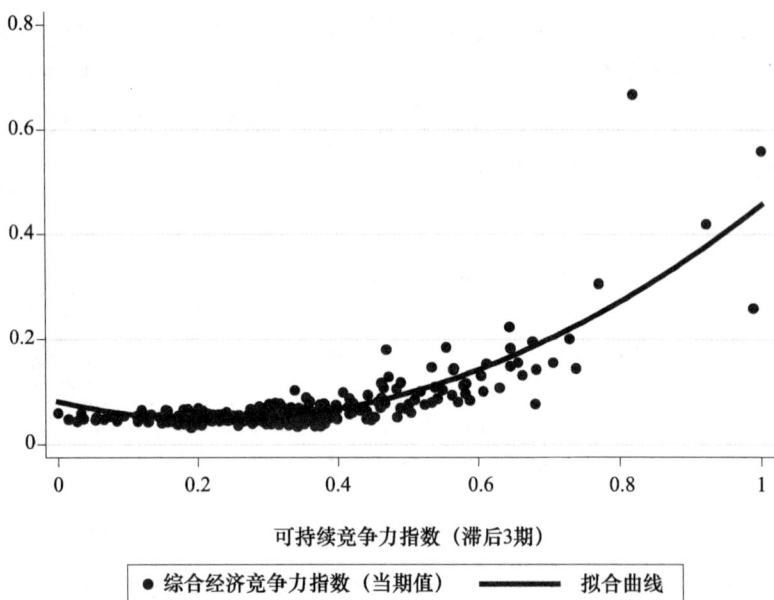

图7—28 城市竞争力投入与产出关系散点拟合图

资料来源：中国社会科学院城市与竞争力指数数据库。

进一步，从竞争力投入结构上看，用滞后一期的城市可持续竞争力各分项的协调耦合度来反映城市竞争力投入结构优化程度，从中可以发现，竞争力投入结构越优化（耦合协调度越高），城市竞争力产出就越多，综合经济竞争力越强。尤其是竞争力投入结构处在较高耦合协调区间（0.6以上区间）的城市，其竞争力产出更强（综合经济竞争力指数更高）。这种关系在都市圈层面也非常显著，且更加突出。

通过上述的经验证据及数据关系可以判断，城市在科技、社会、文化、生态等方面的综合表现及结构优化，对城市未来综合经济竞争力的提升具有重要的决定性影响。当前阶段那些在可持续竞争力方面具有不俗表现、稳步提升的中心城市、都市圈和城市群，将会在未来城市经济竞争力方面拥有相比于其他区域更强的能力。也就是说，当前中国城市可持续竞争力格局将影响甚至决定未来中国城市经济竞争力格局。其

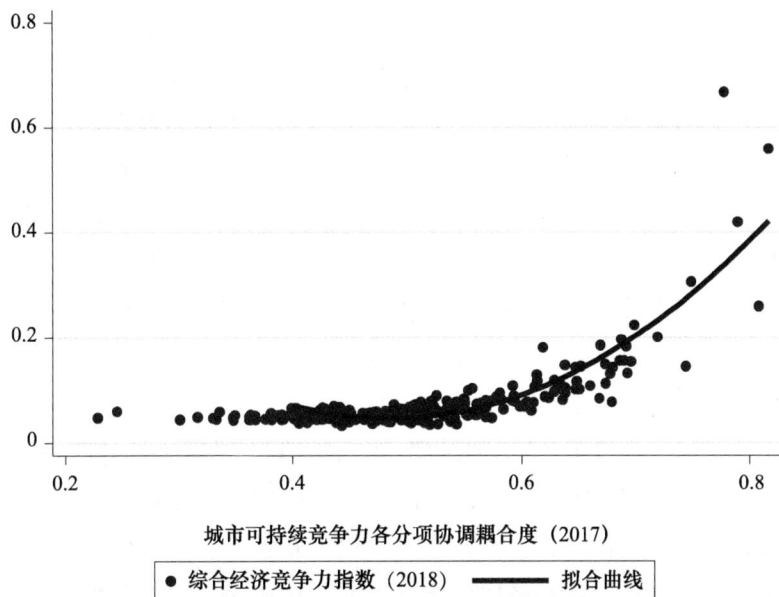

图7—29　城市竞争力投入结构优化与竞争力产出的关系

资料来源：中国社会科学院城市与竞争力指数数据库。

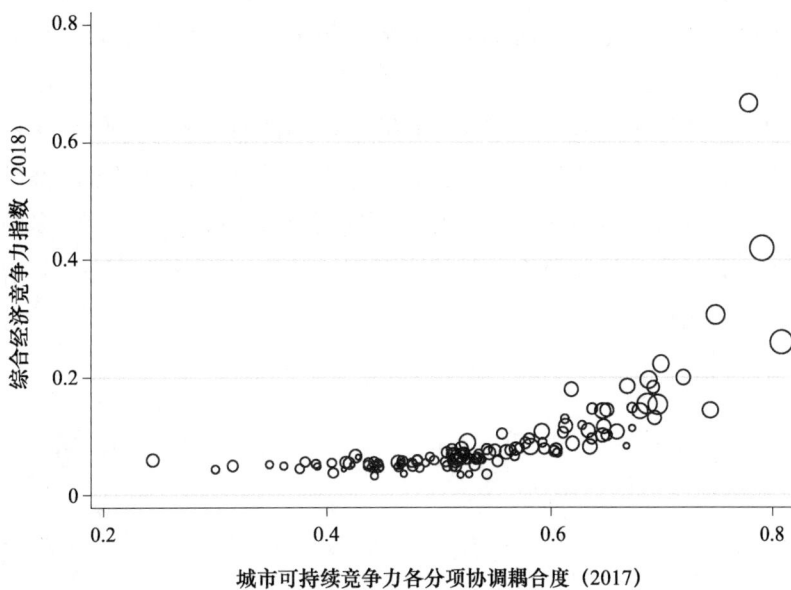

图7—30　都市圈层面城市竞争力投入结构优化与产出的关系

资料来源：中国社会科学院城市与竞争力指数数据库。

重要实践启示在于：对于中心城市和大城市而言，要在经济上保持持久的活力与繁荣，需要积极践行"创新、协调、绿色、开放、共享"的发展理念，不断优化城市在科技、文化、生态等方面的综合投入结构，推进产业、空间结构持续优化，释放居民消费潜能，以此不断激发城市发展活力，促进城市经济高质量发展；对于都市圈、城市群而言，应当不断优化空间组织结构，对超过一定人口规模的大城市、都市圈、城市群采取多中心网络化发展战略，协同提升整个都市圈、城市群在经济、社会、生态、文化等方面有效的投入力度，促进各个子系统间耦合协调和结构优化，发挥中心城市（包括次中心城市）在都市圈、城市群和区域发展中的集聚引领作用和辐射带动作用，缩小区域人均收入水平的差距。此外，应不断发挥都市圈、城市群内部具有一定发展条件和潜力的城市的后发优势和比较优势，在开放联通、优势互补发展过程中促进其内部地域功能的整合提升和经济协同增长，通过快速交通网络和中心城市间商品要素的多方向流动和产业在区域内和跨区域有序转移承载，带动部分中西部城市经济稳步高质量提升和区域经济更加充分、协调发展。同时，对于那些底子薄、基础弱且持续收缩的边缘城市，需要根据经济、人口流动规律和当地实际情况，做好收缩型城市规划，科学确立相关应对举措。

总之，通过中心城市、都市圈和城市群间的有机互动、优势互补和协同共兴，形成以中心城市引领都市圈城市群发展、都市圈城市群带动区域发展，促进区域板块间融合互动，进而促成高效协调的大国多中心集群网络化城市经济竞争力与经济发展新格局，不断满足人民日益增长的美好生活需要。

第八章

中国城市宜居竞争力报告

李 博

城市是一个系统性的概念，可以将城市看作是一个人为构造的复杂系统。而城市的宜居性可以被定义为城市为公民提供充足的生存条件与良好的生活质量的能力（Ruth 和 Franklin，2014）。然而，由于城市居民人数的空前增长，城市在保障其自身的宜居性等方面正在面临越来越大的挑战（Marans，2015）。可以说，城市的可持续性和宜居性将成为 21 世纪全球所面临的最为巨大的挑战之一。因此，联合国也将其列入了全球可持续发展的目标之一。

作为生活在"城市世纪"的第一代人类成员，我们应该改变对城市的理解，以获得可持续的生存发展适应能力，最重要的是使城市具有越来越强的宜居性。习近平总书记在党的十九大报告中指出要以城市群为主体构建大中小城市和小城镇协调发展的城镇格局，加快农业转移人口市民化，以疏解北京非首都功能为牛鼻子，推动京津冀协同发展，高起点规划、高标准建设雄安新区。习总书记高瞻远瞩地指出了以城市群为主体引领城镇化发展来解决城市可持续发展与城市宜居性问题的中国方案，同时也给出了以北京为示范，通过实现疏解非首都功能、疏解人口和疏解产业"三大疏解"来有效治理大城市病的中国措施。显然，如何不断满足居民对城市可持续性和城市宜居性的需求是每一座现代城市都在面临的挑战。宜居竞争力也是决定城市整体综合竞争力的重要方面，因此需要千方百计努力制定政策以不断加强对城市的理解，改善城市功能。

第一节 现状分析

一 特征

（一）总体特征：宜居竞争力整体波动下降，城市间差距有所削弱

综合考察 2014 年至 2018 年宜居城市竞争力综合得分情况，如表 8—1 所示，中国城市的宜居竞争力平均水平在 2014 年到 2018 年整体呈现波动下降趋势，但 2018 年 288 个城市的宜居竞争力指数均值为 0.384，较 2017 年有显著回升，更加接近高宜居城市指数年份，说明我国宜居城市建设有了明显提升效果。这一变动趋势也能从中位城市的宜居竞争力水平的变化中得到反映（见表 8—1）。进一步考察变异系数、基尼系数与泰尔指数可以发现，上述指标在 2014 年至 2017 年期间呈现不断上升的态势，但 2018 年有了明显下降。从而可以得出如下判断：中国城市间的宜居竞争力水平差异在 2017 年及以前随时间的推移不断扩大，但 2018 年城市宜居指数差异有所减小，宜居水平整体提升效果显著，空间分化的态势有所收敛。

从全国 288 个地级及以上城市宜居竞争力指数的分布直方图上看（见图 8—1 左半部分），总体接近正态分布。从城市宜居竞争力指数的核密度分布图上可以进一步观察到我国城市宜居竞争力的分布规律（见图 8—1 右半部分），表明我国仍有半数以上城市的宜居竞争力处于低于均值水平以下，整体宜居竞争力仍然有待提升。

表 8—1 近几年报告中城市宜居竞争力指数情况

年份	样本数	均值	中位数	标准差	变异系数	基尼系数	泰尔指数
2014	289	0.435	0.413	0.169	0.389	0.218	0.075
2015	289	0.384	0.376	0.163	0.426	0.239	0.094
2016	289	0.422	0.421	0.190	0.450	0.257	0.104
2017	289	0.354	0.344	0.180	0.509	0.288	0.132
2018	288	0.384	0.360	0.177	0.461	0.262	0.109

资料来源：中国社会科学院城市与竞争力研究中心数据库。

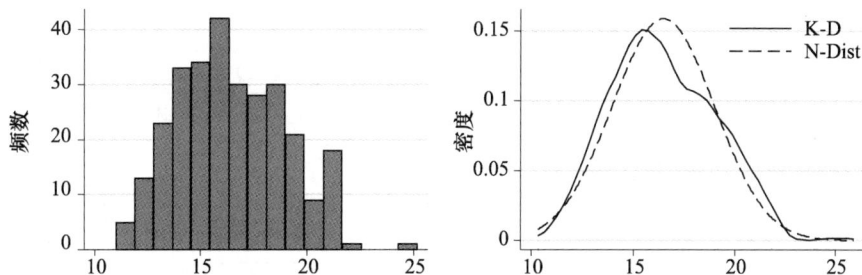

图 8—1　中国地级及以上城市宜居竞争力 2019 年指数分布直方图与核密度图

资料来源：中国社会科学院城市与竞争力研究中心数据库。

（二）全国十强：香港保持第一，城市阶梯效应削弱

从 2018 年宜居城市竞争力指数来看，在中国 288 个城市的宜居竞争力排名中（见表 8—2），香港、无锡、杭州、南通、广州、南京、澳门、深圳、宁波和镇江位居前 10 名。从前十强城市的区域分布看，长三角地区有六市入选，分别是杭州、无锡、南通、南京、宁波和镇江，且它们的宜居竞争力指数得分均在 0.7 以上；珠三角地区有两个城市入围，分别是深圳和广州，但与长三角相比，宜居竞争力略弱；此外港澳台地区中的香港和澳门分列第 1 位和第 7 位。从具体指数得分看，前十强城市中较为明显分为两个层级，位列第一的香港的宜居竞争力指数为 1.00，其他九个城市的指数均在 0.7 到 0.8 之间。对 2015 年至 2018 年宜居城市竞争力指数进行比较，可以发现香港排名有较大的稳定性，除 2015 年以外，均独占鳌头，指数得分为 1.00，并与其他城市拉开明显的差距；香港、无锡和深圳三市的排名四年间均在前 10 名之列，具有较强的稳定性。

表 8—2　　　　2015—2018 年宜居竞争力排名全国前十的城市

排名	2015 年	2016 年	2017 年（指数）	2018（指数）
1	珠海	香港	香港	香港（1.00）
2	厦门	无锡	无锡	无锡（0.780）
3	舟山	广州	杭州	杭州（0.741）
4	香港	澳门	广州	南通（0.734）
5	海口	厦门	南通	广州（0.7324）
6	深圳	杭州	南京	南京（0.7322）

续表

排名	2015 年	2016 年	2017 年（指数）	2018（指数）
7	三亚	深圳	澳门	澳门（0.712）
8	温州	南通	镇江	深圳（0.708）
9	苏州	南京	宁波	宁波（0.707）
10	无锡	上海	深圳	镇江（0.704）

资料来源：中国社会科学院城市与竞争力指数数据库。

二 格局

（一）南高北低格局延续，阶梯状分布格局整体强化内部分化

将 288 个城市进一步划分为七大区域，即东北、西北、中部、东南、西南、环渤海和港澳台，可以发现：一方面，东强西弱、南高北低的分布格局在延续；另一方面，阶梯状分布格局在整体巩固延续的同时，其内部也出现了一定程度的分化。根据各区域内部城市的宜居竞争力均值进行排序，从高至低依次为：港澳台、东南、环渤海、西北、东北、中部和西南。根据变异系数、基尼系数、泰尔指数三个指标所反映的各区域内部城市之间宜居竞争力差异情况看，首先，港澳台区域的差异程度最小，宜居竞争力发展的均衡程度最高，东南区域的均衡程度则均排在第 2 位。其次，由三个指标所反映环渤海地区与西北区域的内部城市宜居竞争力发展差异程度虽略有不同，但所反映的发展均衡程度分列第三、四位。最后，由三个指标的排序结果看，尽管三个指标的排序结果有所不同，但东北与中部区域的情况类似，发展均衡程度位列第 5、6 位。而西南区域的三个指标显示其内部城市之间的宜居水平差距始终最高，表明其发展均衡程度较为落后。

表8—3　　　　　　　　　七大区域宜居竞争力指数描述

梯队	地区	城市数量	平均值	标准差	最小值	最大值	变异系数	基尼系数	泰尔指数
第一	港澳台	2	0.856	0.204	0.712	1.000	0.238	0.084	0.014
第二	东南	55	0.491	0.182	0.111	0.780	0.371	0.210	0.075

续表

梯队	地区	城市数量	平均值	标准差	最小值	最大值	变异系数	基尼系数	泰尔指数
第三	环渤海	29	0.395	0.195	0.027	0.703	0.495	0.276	0.141
	西北	39	0.371	0.153	0.000	0.658	0.412	0.231	0.070
第四	东北	34	0.353	0.165	0.053	0.696	0.467	0.261	0.113
	中部	80	0.352	0.151	0.082	0.702	0.430	0.244	0.094
	西南	49	0.325	0.155	0.047	0.674	0.477	0.267	0.116

资料来源：中国社会科学院城市与竞争力研究中心数据库。

（二）全国城市群宜居竞争力水平发展均衡，珠三角、长三角领先

通过 2014 年至 2018 年全国主要城市群宜居竞争力指数的对比，可以发现珠三角、长三角城市群宜居竞争力明显突出，且从 2014 年到 2018 年均处于全国主要城市群宜居竞争力指数前列，在 2018 年宜居城市排名中，更是分列第 1、2 位，表明两地城市群宜居竞争力处于领先位置。2018 年长三角城市群宜居竞争力指数变异系数 0.139，珠三角城市群宜居竞争力指数变异系数则达到 0.548，可见珠三角区域城市之间宜居差异显著增大。东部地区重点关注京津唐城市群，最大值城市为北京，2014 年至 2018 年百强占比较为稳定，但是变异系数呈波动上升趋势，说明京津唐地区整体宜居城市建设水平有了明显进步，但城市间宜居差异有所扩大。因此，可以发现宜居竞争力较强的城市群主要集中在东部和东南部区域，其他多数区域城市宜居竞争力水平偏低，且区域内差异较大，城市群中心城市突出，与其他城市差距较大，城市群发展有所失衡。上述格局进一步表明，多数城市的宜居发展均刚刚起步，较少城市进入爬坡阶段，仅有个别城市已跨入成熟阶段。

表8—4　2014 年主要城市群宜居竞争力指数的统计描述（港澳归属于东部）

城市群	城市数量	均值	中位数	标准差	变异系数	百强城市	百强占比	最大值城市	指数	全国排名
京津唐	8	0.471	0.421	0.142	0.302	3	37.50%	北京	0.711	19
石家庄	5	0.482	0.470	0.121	0.250	2	40.00%	秦皇岛	0.663	33

续表

城市群	城市数量	均值	中位数	标准差	变异系数	百强城市	百强占比	最大值城市	指数	全国排名
太原	5	0.432	0.464	0.068	0.159	1	20.00%	太原	0.505	91
呼包鄂	3	0.515	0.515	0.071	0.138	2	66.67%	鄂尔多斯	0.586	57
辽中南	12	0.440	0.447	0.104	0.237	4	33.33%	沈阳	0.585	60
长春	5	0.323	0.299	0.190	0.589	1	20.00%	长春	0.601	50
哈尔滨	9	0.285	0.262	0.083	0.292	0	0.00%	哈尔滨	0.415	142
长三角	15	0.689	0.713	0.072	0.105	15	100.00%	舟山	0.780	7
浙东	3	0.632	0.644	0.046	0.072	3	100.00%	丽水	0.670	32
皖江淮	11	0.548	0.515	0.109	0.198	8	72.73%	铜陵	0.719	15
海峡西岸	6	0.626	0.638	0.140	0.224	5	83.33%	厦门	0.844	4
环鄱阳湖	6	0.530	0.530	0.069	0.130	5	83.33%	景德镇	0.610	47
山东半岛	8	0.588	0.581	0.075	0.128	7	87.50%	青岛	0.724	14
徐州	8	0.420	0.402	0.060	0.143	1	12.50%	连云港	0.547	71
中原城市群	8	0.413	0.407	0.072	0.175	1	12.50%	郑州	0.520	81
武汉	6	0.464	0.410	0.154	0.332	2	33.33%	武汉	0.684	27
长株潭	8	0.441	0.436	0.120	0.272	2	25.00%	长沙	0.605	48
珠三角	9	0.683	0.698	0.175	0.256	8	88.89%	珠海	1.000	1
南宁	5	0.476	0.426	0.175	0.368	2	40.00%	北海	0.659	34
琼海	5	0.575	0.453	0.239	0.416	2	40.00%	海口	0.868	3
成渝	11	0.411	0.421	0.112	0.273	2	18.18%	成都	0.659	35
黔中	3	0.233	0.212	0.244	1.047	1	33.33%	贵阳	0.486	100
关中	5	0.382	0.322	0.158	0.414	1	20.00%	西安	0.647	38
兰州	5	0.311	0.273	0.151	0.486	1	20.00%	西宁	0.538	73
银川	5	0.247	0.291	0.103	0.416	0	0.00%	银川	0.348	190

资料来源：中国社会科学院城市与竞争力研究中心数据库。

表8—5　2015年主要城市群宜居竞争力指数的统计描述（港澳归属于东部）

城市群	城市数量	均值	中位数	标准差	变异系数	百强城市	百强占比	最大值城市	指数	全国排名
京津唐	8	0.381	0.346	0.124	0.325	2	25.00%	天津	0.596	35
石家庄	5	0.381	0.342	0.151	0.395	2	40.00%	秦皇岛	0.605	30

续表

城市群	城市数量	均值	中位数	标准差	变异系数	百强城市	百强占比	最大值城市	指数	全国排名
太原	5	0.392	0.403	0.061	0.154	1	20.00%	太原	0.462	84
呼包鄂	3	0.433	0.413	0.064	0.148	1	33.33%	鄂尔多斯	0.504	63
辽中南	12	0.375	0.377	0.101	0.269	4	33.33%	沈阳	0.506	62
长春	5	0.261	0.243	0.162	0.622	1	20.00%	长春	0.491	69
哈尔滨	9	0.210	0.216	0.112	0.530	0	0.00%	哈尔滨	0.376	145
长三角	15	0.623	0.644	0.077	0.124	15	100.00%	舟山	0.784	3
浙东	3	0.651	0.646	0.039	0.060	3	100.00%	温州	0.692	8
皖江淮	11	0.482	0.469	0.098	0.204	8	72.73%	合肥	0.629	22
海峡西岸	6	0.581	0.571	0.146	0.252	5	83.33%	厦门	0.813	2
环鄱阳湖	6	0.487	0.491	0.078	0.159	5	83.33%	南昌	0.597	34
山东半岛	8	0.516	0.516	0.068	0.131	7	87.50%	青岛	0.620	25
徐州	8	0.364	0.352	0.062	0.170	1	12.50%	连云港	0.480	77
中原城市群	8	0.367	0.361	0.074	0.202	1	12.50%	郑州	0.480	76
武汉	6	0.402	0.346	0.168	0.417	2	33.33%	武汉	0.659	15
长株潭	8	0.435	0.424	0.111	0.255	3	37.50%	湘潭	0.600	31
珠三角	9	0.616	0.629	0.188	0.304	8	88.89%	珠海	1.000	1
南宁	5	0.429	0.490	0.216	0.502	3	60.00%	防城港	0.627	23
琼海	5	0.492	0.387	0.212	0.431	2	40.00%	海口	0.736	5
成渝	11	0.357	0.361	0.132	0.369	3	27.27%	成都	0.575	42
黔中	3	0.209	0.171	0.219	1.048	1	33.33%	贵阳	0.444	99
关中	5	0.333	0.256	0.161	0.483	1	20.00%	西安	0.613	27
兰州	5	0.289	0.218	0.140	0.484	1	20.00%	西宁	0.469	80
银川	5	0.227	0.183	0.131	0.579	0	0.00%	银川	0.423	113

资料来源：中国社会科学院城市与竞争力研究中心数据库。

表8—6　2016年主要城市群宜居竞争力指数的统计描述（港澳归属于东部）

城市群	城市数量	均值	中位数	标准差	变异系数	百强城市	百强占比	最大值城市	指数	全国排名
京津唐	8	0.391	0.330	0.211	0.538	2	25.00%	北京	0.740	15
石家庄	5	0.196	0.133	0.198	1.010	0	0.00%	秦皇岛	0.443	133

续表

城市群	城市数量	均值	中位数	标准差	变异系数	百强城市	百强占比	最大值城市	指数	全国排名
太原	5	0.396	0.463	0.176	0.443	2	40.00%	太原	0.560	73
呼包鄂	3	0.645	0.657	0.048	0.075	3	100.00%	包头	0.687	31
辽中南	12	0.461	0.465	0.144	0.312	4	33.33%	大连	0.708	25
长春	5	0.528	0.497	0.101	0.192	2	40.00%	长春	0.656	39
哈尔滨	9	0.395	0.314	0.201	0.510	4	44.44%	大庆	0.722	22
长三角	15	0.711	0.734	0.099	0.140	15	100.00%	无锡	0.896	2
浙东	3	0.508	0.543	0.076	0.150	2	66.67%	丽水	0.560	72
皖江淮	11	0.500	0.536	0.165	0.331	6	54.55%	合肥	0.736	17
海峡西岸	6	0.635	0.625	0.126	0.198	5	83.33%	厦门	0.804	5
环鄱阳湖	6	0.568	0.550	0.090	0.159	4	66.67%	南昌	0.723	21
山东半岛	8	0.592	0.630	0.127	0.214	6	75.00%	青岛	0.706	26
徐州	8	0.371	0.443	0.152	0.409	0	0.00%	临沂	0.496	106
中原城市群	8	0.363	0.372	0.138	0.380	1	12.50%	郑州	0.596	53
武汉	6	0.375	0.301	0.196	0.522	1	16.67%	武汉	0.759	11
长株潭	8	0.417	0.434	0.197	0.473	3	37.50%	长沙	0.733	19
珠三角	9	0.623	0.654	0.149	0.239	7	77.78%	广州	0.830	3
南宁	5	0.372	0.355	0.170	0.456	1	20.00%	南宁	0.621	46
琼海	5	0.360	0.401	0.226	0.627	1	20.00%	海口	0.667	34
成渝	11	0.401	0.378	0.156	0.389	3	27.27%	成都	0.714	23
黔中	3	0.298	0.304	0.248	0.833	1	33.33%	贵阳	0.542	83
关中	5	0.454	0.394	0.204	0.449	2	40.00%	西安	0.749	13
兰州	5	0.292	0.188	0.157	0.537	0	0.00%	兰州	0.467	115
银川	5	0.350	0.344	0.173	0.495	1	20.00%	银川	0.583	60

资料来源：中国社会科学院城市与竞争力研究中心数据库。

表8—7　　2017年主要城市群宜居竞争力指数的统计描述（港澳归属于东部）

城市群	城市数量	均值	中位数	标准差	变异系数	百强城市	百强占比	最大值城市	指数	全国排名
京津唐	8	0.362	0.311	0.190	0.525	2	25.00%	北京	0.687	15
石家庄	5	0.165	0.134	0.147	0.888	0	0.00%	秦皇岛	0.367	131

续表

城市群	城市数量	均值	中位数	标准差	变异系数	百强城市	百强占比	最大值城市	指数	全国排名
太原	5	0.311	0.355	0.150	0.483	1	20.00%	太原	0.476	73
呼包鄂	3	0.600	0.606	0.031	0.052	3	100.00%	包头	0.627	26
辽中南	12	0.386	0.382	0.144	0.372	4	33.33%	大连	0.64	21
长春	5	0.414	0.391	0.106	0.257	2	40.00%	长春	0.536	49
哈尔滨	9	0.343	0.275	0.182	0.532	4	44.44%	大庆	0.638	23
长三角	15	0.655	0.69	0.088	0.135	15	100.00%	无锡	0.818	2
浙东	3	0.469	0.488	0.052	0.110	2	66.67%	丽水	0.508	61
皖江淮	11	0.404	0.407	0.169	0.418	5	45.45%	马鞍山	0.646	20
海峡西岸	6	0.534	0.516	0.123	0.231	5	83.33%	厦门	0.693	11
环鄱阳湖	6	0.499	0.483	0.074	0.149	6	100.00%	南昌	0.623	28
山东半岛	8	0.513	0.526	0.099	0.192	6	75.00%	青岛	0.629	25
徐州	8	0.286	0.343	0.139	0.485	0	0.00%	淮北	0.415	101
中原城市群	8	0.280	0.298	0.133	0.477	1	12.50%	郑州	0.541	47
武汉	6	0.374	0.330	0.164	0.438	1	16.67%	武汉	0.689	14
长株潭	8	0.363	0.346	0.189	0.520	3	37.50%	长沙	0.687	16
珠三角	9	0.541	0.583	0.139	0.257	7	77.78%	广州	0.721	4
南宁	5	0.281	0.287	0.160	0.569	1	20.00%	南宁	0.506	63
琼海	5	0.278	0.323	0.208	0.747	1	20.00%	海口	0.561	43
成渝	11	0.324	0.271	0.138	0.427	3	27.27%	成都	0.625	27
黔中	3	0.273	0.270	0.214	0.785	1	33.33%	贵阳	0.488	69
关中	5	0.375	0.312	0.191	0.510	2	40.00%	西安	0.634	24
兰州	5	0.261	0.221	0.128	0.492	1	20.00%	兰州	0.429	96
银川	5	0.255	0.246	0.150	0.588	1	20.00%	银川	0.45	89

资料来源：中国社会科学院城市与竞争力研究中心数据库。

表8—8　2018年主要城市群宜居竞争力指数的统计描述（港澳归属于东部）

城市群	城市数量	均值	中位数	标准差	变异系数	百强城市	百强占比	最大值城市	指数	全国排名
京津唐	8	0.416	0.386	0.173	0.417	3	37.50%	北京	0.703	13
石家庄	5	0.221	0.137	0.170	0.771	0	0.00%	秦皇岛	0.446	102

城市群	城市数量	均值	中位数	标准差	变异系数	百强城市	百强占比	最大值城市	指数	全国排名
太原	11	0.327	0.325	0.114	0.347	1	9.09%	太原	0.580	45
呼包鄂	9	0.476	0.476	0.129	0.270	5	55.56%	包头	0.658	24
辽中南	14	0.379	0.402	0.192	0.508	4	28.57%	大连	0.696	18
长春	8	0.289	0.293	0.111	0.385	1	12.50%	长春	0.478	88
哈尔滨	12	0.364	0.345	0.160	0.440	3	25.00%	大庆	0.649	26
长三角	17	0.649	0.697	0.090	0.139	17	100.00%	无锡	0.780	2
浙东	3	0.501	0.504	0.059	0.117	2	66.67%	丽水	0.558	56
皖江淮	14	0.408	0.435	0.164	0.401	7	50.00%	马鞍山	0.652	25
海峡西岸	9	0.500	0.495	0.125	0.250	6	66.67%	厦门	0.704	11
环鄱阳湖	11	0.461	0.443	0.112	0.244	5	45.45%	南昌	0.648	27
山东半岛	8	0.567	0.578	0.117	0.206	7	87.50%	济南	0.692	19
徐州	15	0.330	0.356	0.151	0.458	3	20.00%	淮安	0.517	77
中原城市群	17	0.260	0.237	0.125	0.483	1	5.88%	郑州	0.584	43
武汉	12	0.391	0.364	0.144	0.369	2	16.67%	武汉	0.701	15
长株潭	13	0.322	0.304	0.169	0.526	3	23.08%	长沙	0.702	14
珠三角	19	0.449	0.435	0.246	0.548	9	47.37%	香港	1.000	1
南宁	14	0.310	0.300	0.115	0.371	2	14.29%	南宁	0.540	64
琼海	6	0.366	0.353	0.140	0.382	2	33.33%	海口	0.586	42
成渝	19	0.359	0.343	0.149	0.417	5	26.32%	成都	0.674	21
黔中	14	0.267	0.228	0.180	0.676	3	21.43%	昆明	0.615	33
关中	10	0.336	0.326	0.100	0.297	1	10.00%	西安	0.561	51
兰州	13	0.328	0.303	0.165	0.505	4	30.77%	金昌	0.540	63
银川	7	0.367	0.359	0.185	0.503	3	42.86%	银川	0.559	53

资料来源：中国社会科学院城市与竞争力研究中心数据库。

三 阶段判断

从2014年至2018年中国城市宜居竞争力均值和中位数的变化看，经历了波动下行的趋势，尽管2018年较2017年有明显回升，但整体仍处于较低的水平。同时，2014年至2018年反映城市群内部城市宜居竞争力均衡程度的变异系数呈现出波动上升的变化过程，说明城市群内部在均衡宜居竞争力问题上仍然存在很多需要提升与完善的环节。

环渤海延续本章一直以来对于中国城市宜居竞争力发展所处阶段的总体判断，尽管随着观念的转变，国家城市群建设力度的加强，以及国家中心城市建设的逐渐明确，中国城市的宜居竞争力的平均水平与差异程度在向着积极的方向发展，但仍然没有摆脱整体水平较低、短板突出，软硬环境建设不配套的关键突破阶段，因此必须给予高度重视。

第二节　规律聚焦与问题发现

一　以教育医疗和基础设施为代表的基本公共服务和经济环境影响明显，教育水平总体较低，区域差异大

从差异贡献分解结果来看，活跃的经济环境、优质的教育环境以及健康的医疗环境，是造成中国城市宜居竞争力差异的前三位因素，而绿色的生态环境、舒适的居住环境、安全的社会环境，以及便捷的基础设施对于中国城市宜居竞争力的总体差异影响较小（见表8—9）。根据2018年城市宜居竞争力七个准则得分均值从大到小排序，舒适的居住环境与活跃的经济环境的平均得分较高，居于前两位；健康的医疗环境方面平均得分最低，成为制约城市宜居竞争力提升的短板（见表8—10）。进一步考察反映城市间差异程度的变异系数、基尼系数与泰尔指数三个度量指标，可以发现，以教育医疗和基础设施为代表的基本公共服务和经济环境仍然是造成中国城市宜居竞争力差异的主要方面。

表8—9　　　基于回归的中国城市宜居竞争力差异贡献分解结果

排序	因素	绝对差异 贡献数值	相对差异 贡献比重
1	活跃的经济环境	0.091	34.9%
2	优质的教育环境	0.072	27.4%
3	健康的医疗环境	0.053	20.1%
4	绿色的生态环境	0.027	10.2%
5	舒适的居住环境	0.007	2.8%
6	安全的社会环境	0.007	2.8%

续表

排序	因素	绝对差异 贡献数值	相对差异 贡献比重
7	便捷的基础设施	0.005	1.9%
—	常数项	0.000	0.00%
—	总体差异	0.262	100.00%

资料来源：中国社会科学院城市与竞争力研究中心数据库。

表8—10 各维度分项指标得分情况汇总

	样本数	均值	中位数	标准差	变异系数	基尼系数	泰尔指数
活跃的经济环境	288	0.543	0.544	0.270	0.496	0.286	0.133
安全的社会环境	288	0.481	0.506	0.208	0.432	0.246	0.099
绿色的生态环境	288	0.522	0.531	0.181	0.347	0.194	0.065
舒适的居住环境	288	0.578	0.593	0.167	0.290	0.163	0.042
便捷的基础设施	288	0.448	0.432	0.250	0.558	0.320	0.169
优质的教育环境	288	0.427	0.371	0.255	0.597	0.336	0.179
健康的医疗环境	288	0.376	0.338	0.219	0.582	0.330	0.173

资料来源：中国社会科学院城市与竞争力研究中心数据库。

具体观察其中的教育指标可见，从统计数据结果来看（见表8—11），全国288个城市在教育环境的优质性方面的分项均值水平仅为0.427，半数以上的城市在两方面的得分偏低，表明各城市在教育方面的总体水平偏弱，整体环境现状并不理想。区域格局上，按照东、中、西、东北四区域的方式划分，优质的教育环境分项排名前10位的城市中，包括北京、上海、香港在内的5个城市位于东部区域，中部区域和东北区域城市分别占据3席和2席（见表8—12）。进一步按照七大区域的划分方式研究288个样本城市，教育环境分项得分排序依次为：港澳台、东南、环渤海、东北、西北和西南（见表8—13）。其中，港澳台地区以0.924的平均得分遥遥领先其他区域，表明其在教育环境方面优势明显；东南与环渤海地区教育环境得分均值为0.525与0.475，属于内地教育环境较好的地区。与此对比，西南地区平均得分仅为0.313，这也表明提升西南地

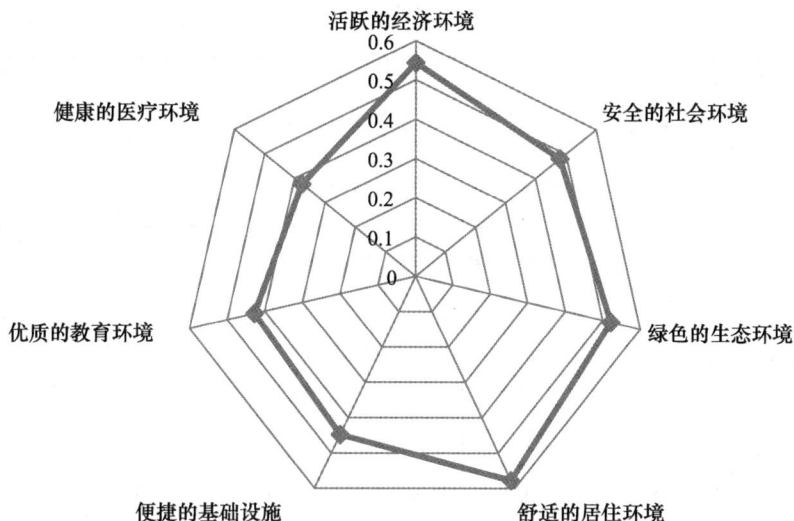

图 8—2 2019 年宜居竞争力指数七维度分项得分均值情况

资料来源：中国社会科学院城市与竞争力研究中心数据库。

区的教育质量形势严峻，改善教育环境的任务较为迫切。

表 8—11　　　　　　　　优质的教育环境质量状况

	样本数	均值	中位数	标准差	变异系数	基尼系数	泰尔指数
优质的教育环境	288	0.427	0.371	0.255	0.597	0.286	0.133

资料来源：中国社会科学院城市与竞争力研究中心数据库。

表 8—12　　　　　　　　优质的教育环境分项排名前十城市

排名	城市	省份	区域	规模	城市群	教育环境
1	北京	北京	东部	超大城市	京津唐	1.00
2	上海	上海	东部	超大城市	长三角	0.988
3	香港	香港	东部	特大城市	—	0.987
4	厦门	福建	东部	II 型大城市	海峡西岸	0.975
5	天津	天津	东部	超大城市	京津唐	0.969
6	大连	辽宁	东北	特大城市	辽中南	0.969
7	武汉	湖北	中部	超大城市	武汉	0.965

续表

排名	城市	省份	区域	规模	城市群	教育环境
8	西安	陕西	中部	特大城市	关中	0.964
9	长沙	湖南	中部	特大城市	长株潭	0.954
10	沈阳	辽宁	东北	特大城市	辽中南	0.938

资料来源：中国社会科学院城市与竞争力研究中心数据库。

表8—13 分区域城市教育环境得分情况

区域	城市个数	平均值	标准差	变异系数	最小值	最大值
港澳台	2	0.924	0.089	0.096	0.862	0.987
东南	55	0.525	0.263	0.501	0.000	0.988
环渤海	29	0.475	0.254	0.534	0.105	1.000
东北	34	0.448	0.253	0.564	0.093	0.969
西北	39	0.379	0.253	0.668	0.027	0.964
西南	49	0.313	0.260	0.832	0.004	0.935

资料来源：中国社会科学院城市与竞争力研究中心数据库。

二 区域间差异有所扩大，各区域内部差异走势持续分化

基于东、中、西、东北四区域的划分方式，以及东北、东南、港澳台、环渤海、西北、西南、中部七区域的划分方式，对288个城市的宜居竞争力得分进行泰尔指数分解。根据基于四区域划分的分解结果（见表8—14），可以发现2014年至2018年，东、中、西、东北四区域间的宜居竞争力差距在经历了连续三年的显著缩小后又出现了小幅扩大，而各区域内部城市间的宜居竞争力差距总体上呈现出一定幅度的扩大趋势。进一步观察各区域内部城市之间的差异，可以发现东部、西部以及中部区域在2018年较去年有所下降，而东北区域有所回升，说明东中西区域内城市间的宜居竞争力差距都有不同程度的缩小，但需警惕东北部区域城市间宜居竞争力差异的扩大趋势。

进一步考察基于七区域划分方式的分解结果（见表8—15），同样可以发现，2014年至2018年间，区域间差异呈现明显缩减趋势，但需注意2017年以来区域间差异有小幅回升；而区域内差异总体上呈现扩大趋势。

具体考察不同区域内部差异的变化，可以发现，2014 年至 2018 年，环渤海和中部区域内部城市间的宜居竞争力差异呈现显著扩大的趋势，东北、东南和港澳台区域内部城市间的宜居竞争力差异表现为小幅扩大的趋势，而西北和西南区域内部城市间的宜居竞争力差异呈现不同程度的缩小趋势。

总体而言，中国四个区域之间的城市宜居竞争力差异在逐渐弥合，区域内差异呈现扩大趋势。但细分为七个区域之后，区域之间的城市宜居竞争力差距近两年略有扩大倾向，但区域内的城市宜居竞争力差异仍解释了城市宜居竞争力差异的主要方面。此外，还需关注各区域内部差异变化走势有所不同，呈现出分化发展的格局。

表 8—14　　按四区域划分城市宜居竞争力差异的泰尔指数分解　　单位:%

分类	东部	中部	西部	东北	区域内总和	区域间
2014	23.88	13.80	25.31	9.80	72.78	27.22
2015	21.79	12.88	28.80	11.05	74.52	25.48
2016	35.50	21.80	25.91	7.92	91.12	8.88
2017	34.40	22.98	25.88	7.56	90.81	9.19
2018	34.26	21.83	23.79	11.17	91.05	8.95

资料来源：中国社会科学院城市与竞争力研究中心数据库。

表 8—15　　按七区域划分城市宜居竞争力差异的泰尔指数分解　　单位:%

分类	东北	东南	港澳台	环渤海	西北	西南	中部	区域内总和	区域间
2014	9.80	14.86	0.13	4.94	13.12	15.84	13.80	72.48	27.52
2015	11.42	13.51	0.11	4.63	11.78	17.25	13.31	72.01	27.99
2016	7.96	20.45	0.08	11.49	9.78	15.45	22.31	87.52	12.48
2017	7.47	22.68	0.07	8.68	9.68	15.48	23.35	87.41	12.59
2018	11.17	16.77	0.20	13.34	8.35	15.34	21.83	87.00	13.01

资料来源：中国社会科学院城市与竞争力研究中心数据库。

三 都市圈的宜居竞争力差异明显，经济发展规模与宜居竞争力水平匹配度不高

《中国都市圈发展报告2018》根据各都市圈的综合发展水平将其划分为三个层级，即成熟型、发展型，以及培育型都市圈。这里，借鉴上述都市圈的划分方法，重点针对成熟型都市圈与发展型都市圈进行探讨，分析其宜居竞争力水平，具体参见表6—16。观察表中数据结果可以发现，根据自然断裂点法的分组结果，长三角都市连绵区的城市宜居竞争力水平以均值0.613的综合发展质量位于全国首位，与厦门都市圈、青岛都市圈、珠三角都市连绵区共同组成城市宜居竞争力均值第一水平类别组。长沙都市圈等7个都市圈位列城市宜居竞争力第二水平类别组，太原都市圈等5个都市圈属于城市宜居竞争力第三水平类别组，而贵阳都市圈和石家庄都市圈城市宜居竞争力水平较低，列于第四水平类别组。其中，比较令人意外的两个结果是：一方面，尽管珠三角连绵区处于以广州市、深圳市为中心城市的城镇密集地区，其总体发展质量仅次于长三角都市连绵区，但在宜居竞争力方面，其均值竟然落后于厦门都市圈和青岛都市圈，位列第4，其原因主要在于厦门和青岛都市圈在宜居竞争力各分项方面发展相对均衡，而珠三角连绵区则主要在经济环境方面发展突出，总体均衡程度略逊一筹。另一方面，关注首都都市圈可以发现，首都都市圈的城市宜居竞争力建设总体水平明显低于成熟型都市圈的长三角都市连绵区和珠三角都市连绵区，甚至在发展型都市圈中也低于长沙都市圈的宜居竞争力平均水平，排名第6位。其主要原因有两点：一是北京市的辐射带动能力更多地体现在全国尺度，对都市圈内城市的带动作用明显弱于长三角、珠三角都市连绵区的中心城市；二是首都都市圈内的河北省相关城市，总体发展质量与北京、天津相比存在较大断层，客观上拉低了都市圈的整体宜居竞争力水平。总体而言，以成熟型和发展型都市圈为代表，都市圈的宜居竞争力差异明显，都市圈的经济发展规模与其宜居竞争力水平存在匹配度不高的问题，未来建设仍然任重而道远。

表8—16 2018年都市圈城市宜居竞争力水平对比分析

都市圈	类型	城市数量	均值	分组	中位数	最大值	标准差	变异系数
长三角都市连绵区	成熟型	22	0.613	1	0.622	0.78	0.118	0.192
厦门都市圈	发展型	3	0.597	1	0.569	0.704	0.096	0.161
青岛都市圈	发展型	5	0.566	1	0.611	0.688	0.132	0.234
珠三角都市连绵区	成熟型	9	0.553	1	0.574	0.732	0.145	0.263
长沙都市圈	发展型	5	0.453	2	0.496	0.702	0.185	0.408
首都都市圈	发展型	7	0.427	2	0.427	0.703	0.185	0.433
合肥都市圈	发展型	10	0.419	2	0.438	0.652	0.172	0.411
济南都市圈	发展型	6	0.409	2	0.413	0.692	0.203	0.496
武汉都市圈	发展型	6	0.401	2	0.349	0.701	0.151	0.377
沈阳都市圈	发展型	6	0.39	2	0.41	0.666	0.181	0.464
成都都市圈	发展型	10	0.377	2	0.347	0.674	0.14	0.37
太原都市圈	发展型	5	0.35	3	0.335	0.58	0.151	0.431
郑州都市圈	发展型	9	0.346	3	0.34	0.584	0.109	0.314
长春都市圈	发展型	4	0.34	3	0.35	0.478	0.131	0.387
西安都市圈	发展型	6	0.337	3	0.299	0.561	0.134	0.396
南宁都市圈	发展型	6	0.299	3	0.3	0.54	0.153	0.511
贵阳都市圈	发展型	4	0.27	4	0.225	0.564	0.216	0.8
石家庄都市圈	发展型	5	0.212	4	0.185	0.355	0.131	0.616

资料来源：中国社会科学院城市与竞争力研究中心数据库。

四 国家中心城市对其所在的都市圈和城市群辐射作用明显

目前我国共有9个国家中心城市，包括北京、天津、上海、广州、重庆、成都、武汉、郑州和西安。在资源环境承载条件和经济发展基础较好的地区规划建设国家中心城市，既是引领全国新型城镇化建设的重要抓手，也是完善对外开放区域布局的重要举措。通过对比国家中心城市所在都市圈与未包含国家中心城市的都市圈的城市宜居竞争力水平，如表8—17所示，可以发现国家中心城市所在都市圈的城市宜居竞争力水平普遍高于未包含国家中心城市的都市圈的城市宜居竞争力水平，且包含国家中心城市的都市圈城市宜居竞争力水平变异系数显著小于未包含国家中心城市的都市圈，说明内部城市之间宜居竞争力建设较为均衡。

北京、天津、上海和重庆四个直辖市毫无疑问已经在全国提升城市宜居竞争力水平工作中承担了重要职责，下一步要继续发挥独特优势，对全国形成更大的辐射带动作用。此外，华南的广州、中部的武汉和郑州、西北的西安、西南的成都，可以从区域空间格局的角度发挥对周边地区的引领和带动作用。

进一步观察各国家中心城市所在都市圈的城市宜居竞争力水平，如表8—18所示，可以发现，长三角和珠三角都市连绵区的宜居竞争力水平分列前两位，其次是首都都市圈。从都市圈内部城市之间宜居竞争力水平差异来看，长三角和珠三角都市连绵区城市宜居竞争力水平差异较低，说明这两个区域的城市在宜居水平建设方面较为均衡。但值得关注的是首都都市圈含有两个国家级中心城市北京与天津，但都市圈内部城市之间宜居竞争力建设水平差异却居于各都市圈之首。究其原因主要是由于其国家中心城市定位有所不同，北京是国家首都，全国的政治中心、文化中心，是世界著名的古都和现代国际城市，因此更关注对全国城市的辐射带动作用；而天津是环渤海地区的经济中心，国际港口城市，未来目标是中国北方经济中心，因此其辐射带动作用更多地表现为对环渤海乃至整个北方地区的关注，从而造成了这两个国家中心城市对首都都市圈内其他城市宜居竞争力建设带动作用不足。

表8—17　　2018年包含中心城市与未包含中心城市的都市圈城市宜居竞争力水平对比

	平均值	中位数	标准差	变异系数
未包含国家中心城市的都市圈	0.392	0.379	0.186	0.474
国家中心城市所在都市圈	0.467	0.456	0.173	0.369

资料来源：中国社会科学院城市与竞争力研究中心数据库。

表8—18　　2018年中心城市所在都市圈城市宜居竞争力水平比较

	含中心城市	城市数量	均值	中位数	最大值	标准差	变异系数
首都都市圈	北京、天津	7	0.427	0.427	0.703	0.185	0.433
长三角都市连绵区	上海	22	0.613	0.622	0.780	0.118	0.192

续表

	含中心城市	城市数量	均值	中位数	最大值	标准差	变异系数
珠三角都市连绵区	广州	9	0.553	0.574	0.732	0.145	0.263
成都都市圈	成都	10	0.377	0.347	0.674	0.140	0.370
西安都市圈	西安	6	0.337	0.299	0.561	0.134	0.396
郑州都市圈	郑州	9	0.346	0.340	0.584	0.109	0.314
武汉都市圈	武汉	6	0.401	0.349	0.701	0.151	0.377

资料来源：中国社会科学院城市与竞争力研究中心数据库。

　　从包含国家中心城市与未包含国家中心城市的城市群宜居竞争力得分对比来看，如表8—19所示，包含国家中心城市的城市群总体宜居竞争力水平显著高于未包含国家中心城市的城市群，但值得关注的是包含国家中心城市的城市群其内部城市之间宜居水平建设差异高于未包含国家中心城市的城市群。具体对比包含国家中心城市的城市群，如表8—20所示，长三角城市群的城市宜居竞争力水平显著高于其他城市群，位居首位，紧随其后的是珠三角和京津唐城市群，分列第2位和第3位。进一步比较城市群宜居竞争力水平差异水平，珠三角城市群之间宜居水平差异最大，这主要是由于将城市宜居竞争力水平较高的香港和澳门列入了珠三角城市群，导致与城市群内部其他城市宜居水平差距较大；此外，中原城市群、京津唐城市群以及成渝城市群内部城市之间宜居竞争力水平差异也较大，说明这些城市群虽包含国家中心城市，但距离城市宜居竞争力水平整体提高仍有较大的进步空间。

表8—19　　　2018年包含国家中心城市与未包含国家中心城市的
城市群宜居竞争力对比

	平均值	中位数	标准差	变异系数
包含中心城市城市群	0.413	0.363	0.196	0.475
未包含中心城市城市群	0.369	0.359	0.165	0.447

资料来源：中国社会科学院城市与竞争力研究中心数据库。

表 8—20 2018 年包含国家中心城市的城市群宜居竞争力对比

城市群	所含中心城市	城市数量	均值	中位数	标准差	变异系数	百强城市	百强占比	最大值城市	指数	全国排名
京津唐	北京、天津	8	0.416	0.386	0.173	0.417	3	37.50%	北京	0.703	13
长三角	上海	17	0.649	0.697	0.090	0.139	17	100.00%	无锡	0.780	2
中原	郑州	17	0.260	0.237	0.125	0.483	1	5.88%	郑州	0.584	43
武汉	武汉	12	0.391	0.364	0.144	0.369	2	16.67%	武汉	0.701	15
珠三角	广州	19	0.449	0.435	0.246	0.548	9	47.37%	香港	1.000	1
成渝	成都、重庆	19	0.359	0.343	0.149	0.417	5	26.32%	成都	0.674	21
关中	西安	10	0.336	0.326	0.100	0.297	1	10.00%	西安	0.561	51

资料来源：中国社会科学院城市与竞争力研究中心数据库。

第三节 城市点评

一 香港

香港是国际和亚太地区最具竞争力的城市之一，2019 年中国宜居城

图 8—3 香港

资料来源：互联网。

市竞争力表现最佳的城市。各分项指标均名列前茅，但在基础设施便捷性方面仍有一定的进步空间。具体指标排序方面，中学指数得分、三甲医院数量得分、人均社会保障、就业和医疗卫生财政支出得分均排名第一，但在居住环境舒适度方面和基础设施便捷程度方面排名落后。未来宜居城市的建设要继续关注在居住环境的舒适度与基础设施的便捷性等方面的完善发展。

二　无锡

江苏省地级市，2019 年中国宜居竞争力城市位于第 2，与 2017 年和 2018 年排名持平，宜居城市建设发展稳定。在 2019 年的分项指标排名方面，优质的教育环境排名第 16、健康的医疗环境排名第 36、活跃的经济环境排名第 11。具体指标排序方面，排水管道密度方面排名第 2，城镇居民人均可支配收入方面排名第 13。未来宜居城市的建设上，绿色的生态环境、安全的社会环境、便捷的基础设施等方面有待进一步加强。

图 8—4　无锡

资料来源：互联网。

三 杭州

浙江省省会、副省级城市、长江三角洲城市群核心城市、国家中心城市之一，2019 年中国城市宜居竞争力排名上升至第 3 位。在分项指标排名方面，健康的医疗环境排名第 4，活跃的经济环境排名第 6，但在社会环境安全性建设以及居住环境舒适度建设方面排名超过 200 名。具体指标排序方面，大学指数方面排名第 2，每万人拥有医生数排名第 9。未来宜居城市的建设上，要继续着力加强安全的社会环境、舒适的居住环境以及便捷的基础设施等方面的提升。

图 8—5 杭州

资料来源：互联网。

四 南通

江苏省地级市，历史文化悠久，雨水充沛，四季分明，2019 年中国城市宜居竞争力排名上升至第 4 位。在分项指标排名方面，绿色的生态环境排名第 64，优质的教育环境排名第 51，舒适的居住环境排名第 63，均没有进入前 50 名。未来宜居城市的建设上，要加强对便捷的基础设施、教育环境以及绿色的生态环境等方面的进一步提升。

图 8—6　南通

资料来源：互联网。

五　广州

广东省省会，副省级城市，国家历史文化名城，2019 年中国城市宜居竞争力排名第 5 位。分项指标排名方面，教育环境方面排名第 13，医疗环境方面排名第 9，经济环境方面排名第 7。具体指标排序方面，大学指数方面排名第 8，人均社会保障、就业和医疗卫生财政支出排名第 13，

图 8—7　广州

资料来源：互联网。

单位 GDP 二氧化硫排放量排名第 9。未来宜居城市的建设上，要重点发展安全的社会环境、舒适的居住环境、更高的社会保障以及便捷的基础设施等方面。

六 南京

江苏省的省会、副省级市、长三角都市连绵区核心城市、国家中心城市之一，国务院批复确定的中国东部地区重要的中心城市，在 2019 年中国城市宜居竞争力排名中居于第 6 位。分项指标排名方面，优质的教育环境排名第 11，健康的医疗环境排名第 20，活跃的经济环境排名第 8，其他相关指标排名相对靠后，尤其是舒适的居住环境位于第 268 名，需要进一步加强和提升。未来宜居城市建设方面，要重点关注舒适的居住环境的建设。

图 8—8 南京

资料来源：互联网。

七 澳门

澳门，位于中国大陆东南沿海，地处珠江三角洲的西岸，北邻广东省珠海市，西与珠海市的湾仔和横琴对望，东与香港隔海相望，南临中国南海,在2019年中国城市宜居竞争力排名中位居第7。分项指标排名方面,绿色的生态环境排名第4,活跃的经济环境排名第5,其他分类指标排名靠后,尤其是安全的社会环境,排名第285。未来宜居城市建设方面,要加强基础设施建设与社会治安的保障建设。

图8—9 澳门

资料来源:互联网。

八 深圳

广东省省辖市、副省级市、国家中心城市,是中国改革开放建立的第一个经济特区,中国改革开放的窗口,在2019年城市宜居竞争力排名中位居第8名。分项指标排名方面,深圳在生态环境建设和经济环境建设方面均排名前10,优势明显,但安全社会环境建设、居住环境舒适度以及基础设施便捷程度方面与领先城市仍有明显差距。具体指标方面,三甲医院数位列前10,但每万人医院床位数排名超过100。未来宜居城市建设方面,应当注意在社会环境安全性构建以及基础设施便捷度方面加强建设。

图 8—10　深圳

资料来源：互联网。

九　宁波

浙江省副省级市、计划单列市，现代化国际港口城市，在 2019 年城市宜居竞争力排名中位列第 9。分项指标中，宁波市在经济环境活跃度方面排名前 10，优质的教育环境、健康的医疗环境以及绿色的生态环境三

图 8—11　宁波

资料来源：互联网。

方面排名前50，未来还要在基础设施建设以及社会安全环境建设方面继续加强。具体指标方面，大学指数和每百人拥有图书馆数量、三甲医院数和每万人拥有医生数都排名前50，说明宁波在教育建设方面成果显著，同时较为重视医疗环境卫生建设。

十　镇江

江苏省省辖地级市，素有"天下第一江山"之美誉，2019年中国城市宜居竞争力排名中居于第10。分项指标排名方面，活跃的经济环境方面排名第28，教育资源的优质建设排名前30，其他相关指标排名都较落后，需要进一步加强和提升。具体指标排序方面，大学指数排名第42，较2018年排名提高1名，绿化覆盖率排名第74，排名较上一年有所提高。在未来宜居城市建设方面，要重点关注安全的社会环境和舒适的居住环境的建设。

图8—12　镇江

资料来源：互联网。

第四节　对策

城市可以被看作是其居民的文化或生活方式的综合。文化可以被定义为"社会传播的行为模式、艺术、信仰、制度以及人类工作和思想的所有其他产品的整体"，文化为个人提供了共同的身份。不同文化群体的成员以其制度、行为模式和信仰为荣。因此城市是世界城市化的最终社会经济和文化产品。可以说，宜居性就是指关于人类生活环境中质量的各个重要方面的集合。因此宜居竞争力必然涉及城市在优化人类生活方面的能力表现，反映人类个体行为与环境之间的相互作用情况，也反映了人们对理想城市生活方式与文化的追求。因此，不断提高城市的宜居竞争力是提高城市生活质量、城市可持续发展能力以及城市吸引力的必由之路。吸收借鉴国内外先进城市在宜居发展方面的先进经验，本章认为下一阶段应当着力从三大方面推进中国城市宜居竞争力的提升。

一　以公共资源服务升级仍然是弥补当前城市宜居竞争力发展短板的关键

通过本章的分析可知，教育、医疗、交通等为代表的基本公共资源与服务方面不足仍然是制约我国当前多数城市宜居竞争力提升的关键短板。而这些基本公共服务的可获得性与便利性也仍然是影响人们城市宜居满意度的重要指标，对于我国人口众多的城市而言尤其如此。显而易见的是，高质量的教育和医疗服务，以及便利的交通服务可以为城市居民提供较高的知识水平与综合素质，较好的健康水平与较长的预期寿命，以及较高的高流动性与大量出行时间的节省，从而明显有助于城市居民对城市宜居性的感知度与满意度的提升。大量研究均证实了公共服务的提供质量与城市宜居性的正向相关性。习近平总书记指出，发展是第一要务，人才是第一资源，创新是第一动力。强起来要靠创新，创新要靠人才。未来城市之间的竞争是创新能力的竞争，而归根结底是人才的竞争，只有提高高质量的公共服务，构筑具有吸引力的宜居环境，才能为打造创新环境、培养集聚优质人才创造坚实的基础。因此，以教育、医疗、交通等为代表的基本公共资源与服务的升级仍然是弥补当前城市宜居竞争力发展短板的关键，各城市应着力提升在这一方面的竞争力。

二　应以发展城市群和都市圈为手段实现城市整体宜居竞争力的有效提升

本章研究结果表明，未来以城市群和都市圈为中心的发展将很可能成为我国城市宜居竞争力整体提升的有效途径。因此，想要实现可持续的城市增长，势必要将全部城市划分为次级区块群组，然后对其进行分析，以便考虑到当地的具体情况，为每个区块群组制订合适的计划，而城市群和都市圈恰好就是实现这一目的的最佳载体。事实上，我国政府已经在相关问题上投入了较大的财力与研究力量，就是为了较好地促进城市群和都市圈的形成与发展。可以说城市群和都市圈将是中国新城市化的高级城市空间形态。目前，我国正在逐步建立城市群和都市圈，使其成为全球竞争力的核心体现。"一带一路"倡议的提出就是最好的证明。尤其是，我国已经提出了国家层面的城市群发展战略，其中，长三角、珠三角、京津冀、长江中游，以及成渝五大国家级城市群更是我国新型城镇化战略的聚焦点。凭借良好的经济基础，只要着力提高城市群的宜居竞争力建设，势必能够发挥其在经济发展与人才吸引等方面的强劲带动能力，从而促使群内城市得到更好的发展。作为世界第二大经济体和人口最多的国家，应当具有整体发展的眼光，充分发挥各城市宜居竞争力之间的正向关联作用，形成以城市群和都市圈为基础的城市间良性互动，有效提升中国城市宜居竞争力的整体水平。

三　应着力打造国家中心城市，以中心城市为辐射中心，带动城市群和都市圈在宜居竞争力方面的持续快速进步

本章的研究结果还显示出，在宜居竞争力水平方面，国家中心城市对其所在的都市圈和城市群具有明显的辐射带动作用。作为我国城镇体系层级的最高层级，目前我国已有北京、天津、上海、广州、重庆、成都、武汉、郑州、西安9座城市被明确定位为国家中心城市。较为雄厚的经济基础、较强的资源环境承载能力，以及较好的城市宜居性是这些城市被选定规划建设国家中心城市的重要原因，同时这些城市也是引领全国新型城镇化建设和完善对外开放区域布局的重要抓手。截至2018年，我国的城镇化率已经基本接近60%的关键水平，也意味着城镇化的发展进程将转入以质量效益为导向的阶段，而优越的基础条件与不可替代性也使得国家中心城市必然要在这一新型城镇化的过程中发挥良好的示范、引领和带动作用。

因此只有以国家中心城市的宜居竞争力提升为重点，打造优质的教育环境、健康的医疗环境、安全的社会环境、绿色的生态环境、舒适的居住环境、便捷的基础设施，以及活跃的经济环境，使之成为宜居竞争力的高地，成为高质量发展的领跑者，才能有效发挥其辐射带动作用，引领我国城市的发展顺利对接"一带一路"等重大国家战略，建设成为具有全球影响力与吸引力的世界级宜居城市。

第 九 章

中国城市可持续竞争力报告

王雨飞

城市化是经济增长的引擎，有助于资源的集聚与转化及社会劳动生产率的提高。改革开放以来，我国城市化发展迅速，但城市的快速发展也产生了诸多负面影响，日趋严重的生态危机以及人民群众对美好生活的向往都促使人们迫切探寻城市可持续发展之路。城市的可持续发展就是城市在发展过程中不断追求其内在的自然潜力得以实现、城市系统结构和功能得以协调、人类相互交流、信息传播和文化得到发展的过程，既满足于当代城市发展的现实需要，又满足于未来城市的发展需要。迅速的城市化发展导致的人口密度过大、城市规划不合理、空间利用不均衡、产业结构失调、生态环境恶化等问题逐渐显露，并影响着城市生态系统的可持续发展。因此，城市可持续发展具有很大的研究意义。近年来，我国经济步入新常态，追求经济、社会等多方面的可持续发展，2017 年党的十九大报告中提出了建设美丽中国的具体要求和重点任务，并且列出了时间表及路线图，说明我国对生态文明的重视达到了前所未有的高度。在此背景下，本章从城市视角下的科技创新、社会和谐包容等六个维度分析我国城市可持续竞争力状况，并通过与往年状况的对比总结出近年来我国城市可持续竞争力的发展趋势及面临的挑战，进而从城市角度探究针对我国城市可持续竞争力发展现状的可行策略。

第一节 中国城市可持续竞争力状况

一个国家处于发展初期的首要任务一般是实现经济快速增长以解决大多数居民的生存问题，甚至不惜牺牲生态环境。我国在建国初期也没能避免落入这种俗套，一味追求经济增长而过度利用自然资源、过量污染性物质的不合理排放等现象在我国发展初期时常出现。改革开放以来，我国经济稳定增长，城镇化发展迅速，但环境承受的压力不断增加，资源约束日趋紧张。从城市角度看，社保体系落后、城市污染严重、对外交流不畅等问题仍阻碍着城市可持续竞争力的提高。近年来我国主张经济"调结构、稳增长"，强调人口城镇化、经济服务化、发展低碳化、产业高端化、社会信息化、经营国际化，在一定程度上缓解了过度城市化带来的问题，但城市间的异质性决定了国家政策在各城市中有效性与投入产出比的区别，因此对于城市可持续竞争力的分析还应更有针对性、切合城市特点。

本章根据中国社会科学院可持续竞争力研究课题组确立并逐步完善后的指标体系如表9—1所示，分项指标与前一年差别不大，从6个指标、24个角度分析我国的城市可持续竞争力。

表9—1 城市可持续竞争力测度指标体系

分项		指标体系
创新驱动的知识城市	经济增长	GDP增量
	科技投入	大学指数（各城市最好大学排名）
	科技产出	专利指数（专利申请量）
	知识经济	金融业、科学研究、技术服务和地质勘查业、信息运输、计算机服务和软件业从业人数占比
公平包容的和谐城市	社会公平	户籍与非户籍的公平性（各城市非户籍人口入学政策打分）
	社会包容	参加医疗、失业、养老保险人数占常住人口比重
	社会保障	人均社会保障、就业和医疗卫生财政支出
	社会安定	每万人刑事案件逮捕人数

续表

分项	指标体系	
环境友好的生态城市	资源节约	单位 GDP 耗电
	环境质量	单位 GDP 二氧化硫排放量
	生态保护	国家级自然保护区数量和面积
	生态状况	人均绿地面积
多元一体的文化城市	历史文化	历史文明程度
	现代文化	每万人剧场、影剧院数量
	文化多元性	城市国际知名度（城市拼音名 Google 英文搜索结果条数）
	文化产业	每万人文化、体育和娱乐业从业人数
城乡一体的全域城市	居民收入	城乡人均可支配收入比
	公共服务	每百人公共图书馆藏书量比
	公共设施	城乡人均道路面积比
	结构转换	城市化率
开放边界的信息城市	客体贸易	外贸依存度
	主体交流	接待海外商旅人员数
	信息生活	千人互联网用户数
	物质交流	航空交通便利程度

资料来源：中国社会科学院城市与竞争力指数数据库。

此外，本章还在往年报告的基础上加入了对都市圈的分析。都市圈是以一个或多个城市为核心，以发达的联系通道为依托，吸引并辐射周边城市和区域，是城市地域空间演化形态的高级形式，也是大城市发展到一定阶段出现的一种空间现象。发展都市圈是完善我国城镇化总体格局的关键环节，是全面深化改革的重点领域，也是推进高质量城镇化的重要抓手，对我国城市可持续竞争力的发展有重要意义。

通过对发达国家都市圈基本状况的分析与借鉴，将我国的都市圈分为三类，分别为成熟型都市圈（包括长三角都市圈、珠三角都市圈）、发展型都市圈（包括首都、合肥等 16 个都市圈）及培育型都市圈（包括南昌、昆明等 11 个都市圈）。本文仅以成熟型和发展型都市圈为研究对象，探究各都市圈可持续竞争力及其各指标分项的具体状况。

一　现象与发现

发现一：总体可持续竞争力均值分布密集，低指数城市较多

根据表9—2对我国2018年288个样本城市的可持续竞争力的描述性统计可以发现，2018年我国城市可持续竞争力的均值为0.299，较2017年相比下降0.043；方差为0.02，与均值的偏离程度很低，说明样本城市的截面数据波动不大；而变异系数比2017年略有增加，为0.478，说明排名靠前的城市与低值城市的偏离程度比2017年要大，反映出城市间差异性较大，各城市间的可持续发展程度参差不齐；中位数为0.278，低于均值城市的数量比前一年有小幅度下降，但仍有56.25%的城市的可持续竞争力低于平均水平。

表9—2　　　　　　　　2018年中国可持续城市竞争力指数描述性统计

年份	样本数	均值	方差	中位数	变异系数	低于均值城市数量
2018	288	0.299	0.020	0.278	0.478	162
2017	289	0.342	0.155	0.323	0.453	168

资料来源：中国社会科学院城市与竞争力指数数据库。

从总体数据上来看，2018年各城市可持续竞争力分布的带平滑曲线的散点图如图9—1所示，从图中趋势分布可以看出，2018年全国仅29

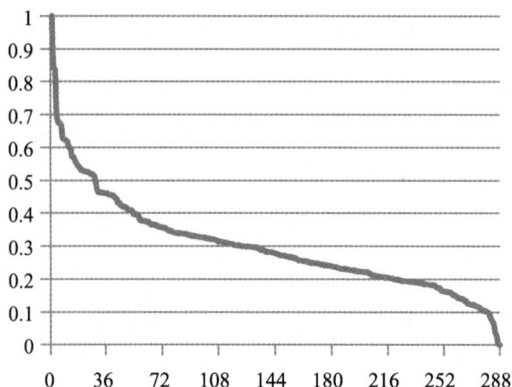

图9—1　2018年我国可持续竞争力排名分布图

资料来源：中国社会科学院城市与竞争力指数数据库。

个城市的可持续竞争力指数超过 0.5，较 2017 年下降 12 个，超过一半（57.64%）的城市指数介于 0.2—0.4 之间，指数分布在 0.3 附近的城市最多。因此，我国可持续竞争发展在整体上仍处于较低水平，其主要原因为落后城市较多，进而拉低了全国水平，因此低指数城市应成为未来贯彻可持续发展战略的重点对象。

发现二：分项指标发展不均衡，仍需关注知识城市和全域城市发展

从可持续发展的六个分项指标看，根据表 9—3 中数据对比，尽管我国知识城市和全域城市的均值比上一期有小幅提升，但仍有短板所在。知识城市中包含经济增长、科技投入、科技产出及知识经济四个指标，说明我国城市在知识上的投入产出比、创新能力非常薄弱；全域城市包含居民收入、公共服务、公共设施、结构转换四个指标，故该指标反映的是我国的城乡差距。十八大提出"以人为本的城镇化"概念后，我国多数城市的城镇化发展进度飞快，同时也拉大了城乡差距，与 2017 年相比，2018 年我国全域城市指标均值有微小上升，中位数则由 2017 年的 0.119 下降至 0.109，标准差和变异系数上升，说明我国促进城乡协同发展战略依旧任重道远。其他分项指标中，文化城市与信息城市的均值和中位数都有增加，变异系数也有所降低；而和谐城市与生态城市的均值和中位数则较 2017 年有所下降，这说明我国城市文化与科技发展稳步提升，而生态环境的保护与建设、社会保障体制的建设与社会安定的维护等进展缓慢。

表 9—3　　　　2018 年中国可持续城市竞争力分指数描述性统计

指标	年份	均值	中位数	标准差	变异系数
知识城市	2018	0.169	0.125	0.160	0.949
	2017	0.169	0.121	0.162	0.960
和谐城市	2018	0.347	0.343	0.136	0.392
	2017	0.487	0.493	0.183	0.376
生态城市	2018	0.428	0.425	0.209	0.488
	2017	0.437	0.427	0.189	0.431
文化城市	2018	0.508	0.494	0.214	0.421
	2017	0.417	0.389	0.210	0.503

续表

指标	年份	均值	中位数	标准差	变异系数
全域城市	2018	0.167	0.109	0.169	1.014
	2017	0.166	0.119	0.158	0.954
信息城市	2018	0.295	0.269	0.160	0.541
	2017	0.270	0.242	0.154	0.571

资料来源：中国社会科学院城市与竞争力指数数据库。

发现三：全国都市圈的可持续发展呈区域化集聚

图9—2为我国18个代表性都市圈的可持续竞争力均值柱状图，长三角、珠三角的可持续发展水平走在全国前列，同时，首都、青岛、厦门都市圈的可持续发展水平也较高，均值都高于0.4。而贵阳、南宁等西部都市圈的可持续水平则较低，贵阳都市圈均值为0.152，南宁都市圈为0.161，其未来发展应成为重点关注对象。

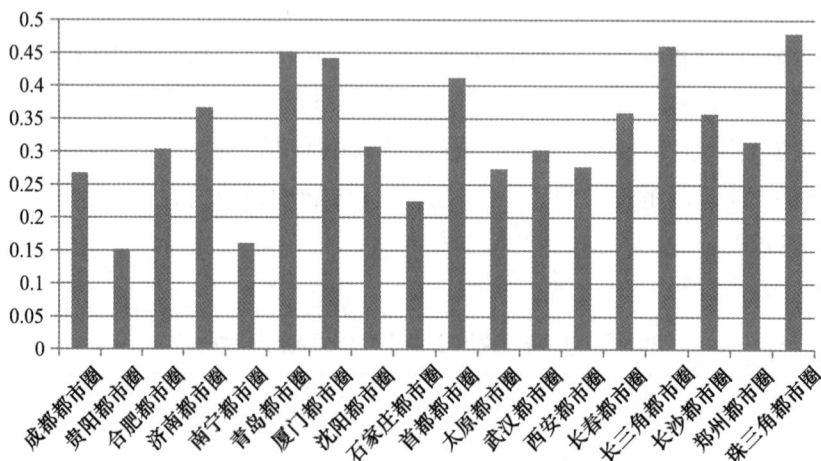

图9—2　2018年全国各都市圈可持续竞争力指数均值柱状图

资料来源：中国社会科学院城市与竞争力指数数据库。

二　城市视角下的中国科技创新

创新始终是一个国家和民族发展的重要力量，也是推动人类社会进步的重要力量；科技是国之利器，中国要强，中国人民生活要好，必须有强大科技。目前，我国已成为具有重要影响力的科技大国，而同建设世界科技强国的目标相比，我国还面临重大科技瓶颈，科技基础仍然薄弱，科技创新能力特别是原创能力还有很大差距。从国家和城市层面看，发展科技创新刻不容缓，创新驱动经济和可持续竞争力发展理念也被更多城市接受，为支撑我国科技创新发展创造条件。本文从城市视角出发，探究科技创新对我国城市可持续竞争力的影响。

发现一：科技投入转化为产出效率降低，知识经济发展仍有待加强

科技投入与产出的比率是衡量一个国家科技水平的重要标志。如图9—3 所示，2018 年我国 288 个城市的科技投入均值为 0.367，产出均值为 0.126，比 2017 年下降 0.015，降幅 10.64%，2018 年投入产出比为 34.33%，比 2017 年降低 4%，科技投入转化效率低。此外，2018 年知识经济发展均值仅为 0.083，与前一年相比仍有下降。我国城市科技产出远低于科技投入，知识经济也远落后于当地经济增长。因此，科技投入转化效率低下以及知识经济的落后是我国城市科技创新水平偏低的重要原因。所以，提升科技产出，提高科技投入产出效率，促进知识经济发展是我国大多数城市提升科技创新竞争力的首要任务。

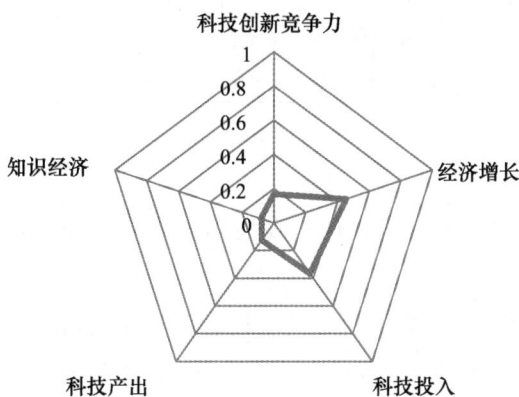

图 9—3　知识竞争力指数组成指标的雷达图

资料来源：中国社会科学院城市与竞争力指数数据库。

发现二：京沪深连续三年占据前三位，成都发展迅速

北京、上海、深圳连续三年占据十强的前三，北京稳居榜首，这说

明这三座城市的知识城市建设效果良好，优势地位得到巩固。成都于 2017 年首次进入榜单前十，并于 2018 年升至榜单第 4，对应的科技创新指数由 0.571 升至 0.634，涨幅 11.03%，进步迅速。其他城市变化则不明显，但第 4 名至第 10 名的科技创新水平均比 2017 年要低，这也反映了我国城市间差距有增大趋势。总体来看，东北和中部地区仍无城市跻身前十，说明这两个地区在科技创新方面处于劣势。

表9—4　2018 年、2017 年、2016 年全国科技创新水平十强城市对比

年份	2018			2017			2016		
排名	城市	所属区域	指数	城市	所属区域	指数	城市	所属区域	指数
1	北京	环渤海湾	1.000	北京	环渤海湾	1.000	北京	环渤海湾	1.000
2	上海	东南	0.839	上海	东南	0.826	上海	东南	0.830
3	深圳	东南	0.767	深圳	东南	0.758	深圳	东南	0.729
4	成都	西南	0.634	南京	东南	0.659	香港	港澳	0.715
5	杭州	东南	0.624	香港	港澳	0.654	天津	环渤海湾	0.606
6	香港	港澳	0.622	广州	东南	0.648	南京	东南	0.585
7	广州	东南	0.611	重庆	西南	0.617	重庆	西南	0.583
8	南京	东南	0.605	杭州	东南	0.614	杭州	东南	0.553
9	重庆	西南	0.567	天津	环渤海湾	0.603	广州	东南	0.543
10	苏州	东南	0.535	成都	西南	0.571	西安	西北	0.540

资料来源：中国社会科学院城市与竞争力指数数据库。

发现三：全国都市圈科技创新发展呈区域化集聚，东北及西部地区有待加强

从图 9—4 可看出，首都、厦门、长三角及珠三角都市圈的科技创新能力全国领先，均值都在 0.3—0.35，其中首都均值最高，为 0.3349。而西部的南宁都市圈和东北的沈阳都市圈则相对落后，其均值分别为 0.0829 和 0.1362，而其余大多数都市圈的均值都保持在 0.15—0.25，相对稳定。18 个样本都市圈均值为 0.2315，说明我国整体上的科技创新竞争力薄弱，尤其是东北及西部地区，应加强创新能力，引进高素质人才，加快推动传统行业的转型升级。

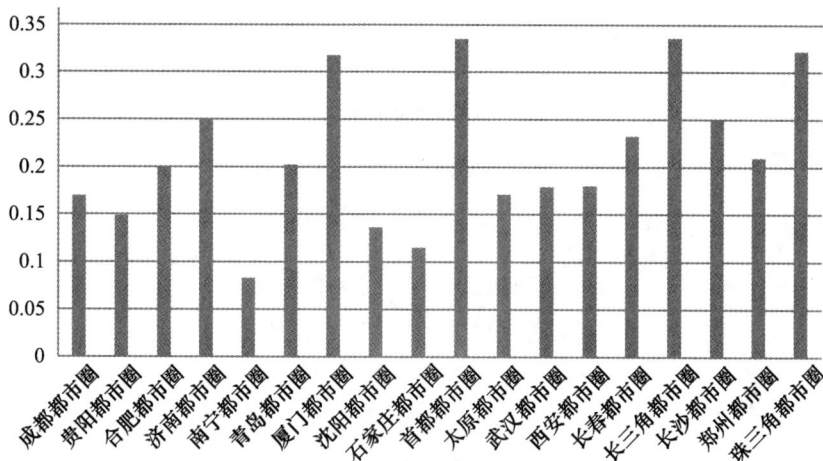

图9—4　2018年全国各都市圈科技创新竞争力指数均值柱状图

资料来源：中国社会科学院城市与竞争力指数数据库。

第二节　城市视角下的中国社会和谐包容

和谐社会是我国人民一直追求的社会理想，体现在民主法治、公平正义、诚信友爱、充满活力、安定有序、人与自然和谐共处。步入新的历史阶段，应承接和弘扬我国自古崇尚的以和为贵、以和为美的和谐社会理想，建设各阶层人民和睦相处、和谐共治的和谐社会，也是社会主义精神文明建设所追求的目标。本文将从城市的角度分析我国和谐包容的社会竞争力情况。

发现一：推进和谐城市发展需保证其他指标均衡发展前提下提高社会包容能力

图9—5的指标体系由社会公平、社会包容、社会保障及社会安定构成。社会安定、社会保障和社会公平三个指标均超过0.5，且相差不大，实现了三指标均衡发展。与国外相比，我国社会安定与居民安全有较强保障，犯罪率相对较低，促进了城市和谐发展。但社会包容仍为较低水平，均值为0.226，与其他发达国家比，我国仍处于发展中阶段，人口基数大，发展初期人口迅速增长导致现阶段老龄化严重，尽管近年来的制度在不断调整与完善，但仍不能满足所有居民的需求，城市包容性水平

较低。

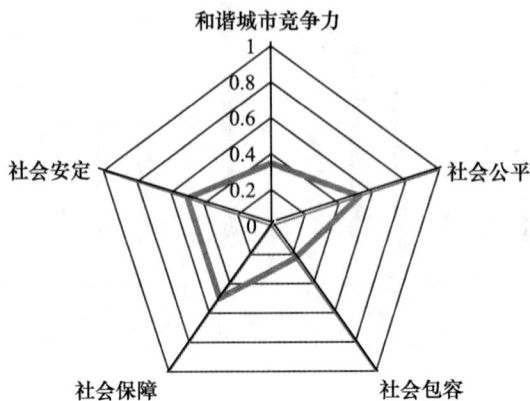

图9—5 2018年和谐社会竞争力指标雷达图

资料来源：中国社会科学院城市与竞争力指数数据库。

发现二：区域间发展较为均衡，东南、西南部城市内部差异相对较大

从图9—6可看出，港澳地区均值突出（0.711），其他六个区域的和谐城市都保持了较高水平。东北地区较突出，均值为0.475，变异系数全国最小，为0.212，但这并不完全代表东北地区各项指标发展良好，而是大部分原因归结于东北地区常住人口逐年下降，人均社会保障以及社会包容程度较高。而西南区域则有许多地区地属偏远，少数民族聚居地多，国家政策落地速度较慢，落实相对困难进而导致均值低、变异系数大，城乡差异明显。但总体上看，我国各区域的社会和谐竞争力发展仍较为均衡。

发现三：前十城市变动较大，大城市户籍控制严格

观察表9—5，与其他指标对比，社会和谐竞争力前10名城市大不相同，且上榜城市并非区域内经济发展的佼佼者，大多是区域内的二三线城市。2016年、2017年与2018年的前十城市都出现了很大变化，说明我国和谐城市竞争力处于不断变动中，竞争格局激烈。

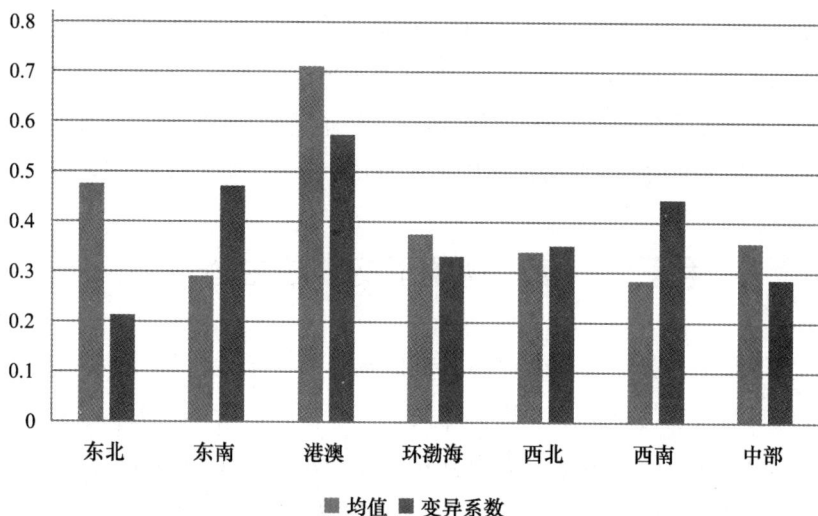

图9—6　2018年全国各区域社会和谐竞争力均值与变异系数柱状图

资料来源：中国社会科学院城市与竞争力指数数据库。

表9—5　　2018年、2017年、2016年全国社会和谐竞争力水平十强城市对比

排名	2018年			2017年			2016年		
	城市	所属区域	指数	城市	所属区域	指数	城市	所属区域	指数
1	香港	港澳台	1.000	香港	港澳	1.000	阜新	东北	1.000
2	梅州	东南	0.691	长治	中部	0.928	长治	中部	0.982
3	鹤岗	东北	0.642	黑河	东北	0.882	烟台	环渤海湾	0.974
4	双鸭山	东北	0.631	九江	中部	0.875	抚顺	东北	0.929
5	四平	东北	0.600	烟台	环渤海湾	0.856	大连	东北	0.893
6	淄博	环渤海湾	0.599	常德	中部	0.798	舟山	东南	0.885
7	武威	西北	0.591	酒泉	西北	0.797	九江	中部	0.875
8	大连	东北	0.589	德阳	西南	0.791	萍乡	中部	0.867
9	汉中	西北	0.588	白山	东北	0.788	白山	东北	0.859
10	宜昌	中部	0.585	鹰潭	中部	0.784	南昌	中部	0.838

资料来源：中国社会科学院城市与竞争力指数数据库。

在连续三年的榜单前十中，几乎没有经济水平较高的一线城市。主要原因为随着城市经济水平的提高，更多人口涌入大城市，外来人口的大规

模涌入在促进城市经济发展的同时，也给城市的资源、环境等带来巨大压力。因此，大城市的户籍管理制度更严格，造成户籍人口与非户籍人口在福利保障方面存在较大差距，对大城市的社会公平造成影响。一般来说人口净迁入越大的城市，越倾向于用更高的入户门槛以防人口过量涌入。

第三节　城市视角下的中国生态环境

生态环境是影响人类生存与发展的水资源、土地资源、生物资源以及气候资源数量与质量的总称，是关系到社会经济持续发展的复合生态系统。生态环境问题是指人类为自身生存和发展，在利用和改造自然的过程中对自然环境破坏和污染所产生的危害人类生存的各种负反馈效应。新中国初期一味发展经济而忽视发展过程中对生态环境造成的损害，导致现在许多城市的生态平衡遭到破坏，生态系统的结构和功能严重失调，大气污染、水污染、土地荒漠化、生物多样性受到威胁等问题频频出现。因此，城市生态环境的保护与修复具有重要现实意义。

发现一：生态状况和环境质量状态较好，但资源节约仍待加强

图9—7为2018年我国生态环境竞争力雷达图，从图中可看出，我国的生态状况指数处于较高水平，但我国多数城市的资源消耗情况较严重，今后在资源节约的生态城市建设方面仍有很大发展空间。

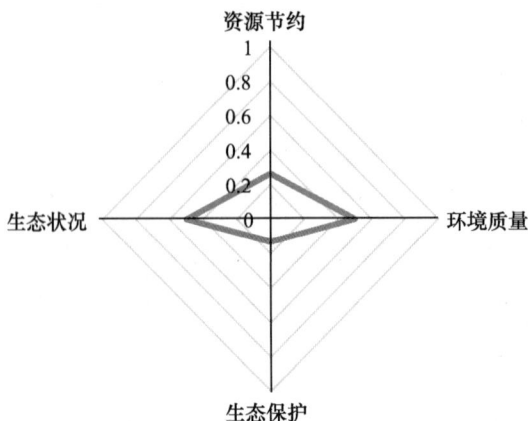

图9—7　2018年生态环境竞争力指标雷达图

资料来源：中国社会科学院城市与竞争力指数数据库。

城市的发展离不开能源消耗，近年来我国多数城市的单位 GDP 耗电量处于较高水平，2018 年全国样本城市的资源节约均值为 0.265，相比 2017 年的 0.269 有所下降，若以 0.6 为衡量标准，仅有咸阳、河池等 10 个城市达标，占总数 3.47%。图 9—8 为 2018 年我国城市资源节约型指数分布散点图，从图中可看出，我国大多数城市的资源节约指数低于 0.5，处于较低水平，仍有很大提升空间。

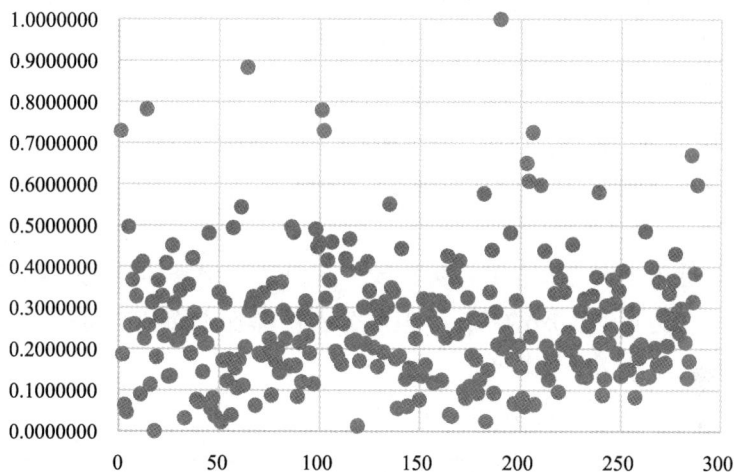

图 9—8　2018 年我国城市资源节约指数散点图

资料来源：中国社会科学院城市与竞争力指数数据库。

发现二：全国各区域整体生态环境差别不大

从图 9—9 可看出，我国七大区域均值相差不大，极差为 0.2082。港澳地区领先，均值为 0.5949，东南地区紧随其后，均值为 0.5084，其余五个区域的均值都在 0.4 左右，说明我国各区域生态城市竞争力为整体推进、稳步发展的状态。

发现三：我国都市圈生态环境发展较为均衡，个别中西部都市圈稍显落后

图 9—10 可看出，厦门、青岛、珠三角及长三角都市圈的生态环境竞争力处于全国的领先地位，其均值分别为 0.6880、0.6183、0.5763 及 0.5545，其他都市圈的生态水平也大多在 0.4 附近。而贵阳、石家庄及太原都市圈的生态竞争力相对较低，均值分别为 0.2297、0.1939 及

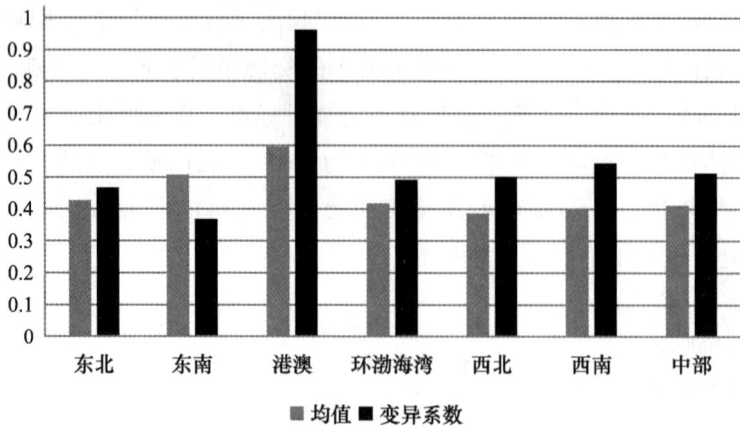

图9—9 2018年全国各区域生态环境竞争力均值与变异系数柱状图

资料来源：中国社会科学院城市与竞争力指数数据库。

0.2068，低于全国均值（0.4546）较多。说明我国整体呈现各都市圈生态环境竞争力均衡发展的状态，但部分中西部都市圈稍微落后，需在建设生态城市上投入更多精力。

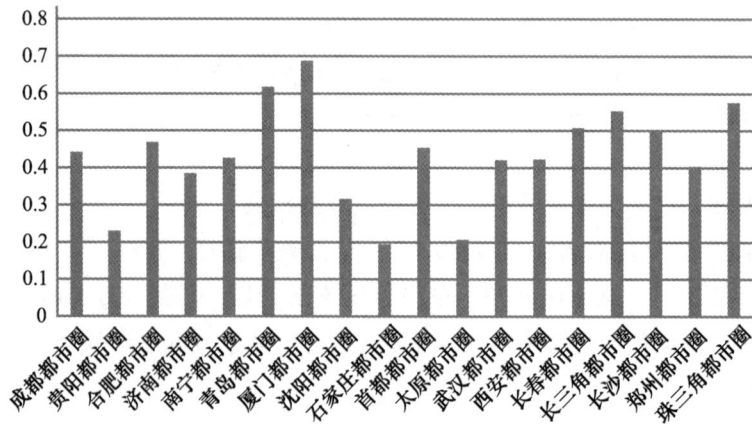

图9—10 2018年全国各都市圈生态环境竞争力指数均值柱状图

资料来源：中国社会科学院城市与竞争力指数数据库。

第四节　城市视角下的中国城乡协同一体

步入 21 世纪，我国城市化进程掀起了新一轮世界最大规模的城市化浪潮。图 9—11 为 2000—2018 年我国城镇化率的变化。从图中可看出，近年来我国的城镇化率从 2000 年的 36.22% 增至 2018 年的 59.58%。城市化在有利于产业调整、科技进步、文化交流的同时，也为城市发展带来了一系列问题。因此，无论是调整经济结构，还是实现公平发展，都离不开城乡一体化的相关政策与改革的新突破。从城市的角度出发，研究我国城乡协同一体具有很大的现实意义。

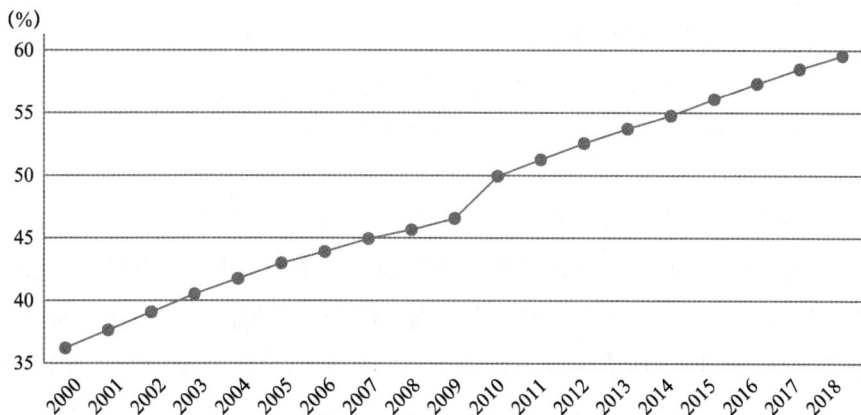

图 9—11　2000—2018 年我国城镇化率变化趋势折线图

资料来源：国家统计局官网。

发现一：各项指标均值普遍偏低，城乡全域发展任重道远

如图 9—12 所示，全域城市竞争力指标体系由居民收入、公共服务、公共设施及结构转换四部分构成。从图中可知，四个指标均值都低于 0.2，整体水平较低。从国家层面看，我国不同规模、不同发展程度、不同区域的城市普遍面临着城乡二元结构的问题；而从城市层面看，全域城市竞争力涉及城市与农村的指标的比值，城乡差异拉低了均值；从指标对比看，公共服务和结构转换是全域城市的短板。对此，应注重增加农村地区的基础设施和公共服务资源，努力实现资源均等化供给，促进

城乡协同发展。

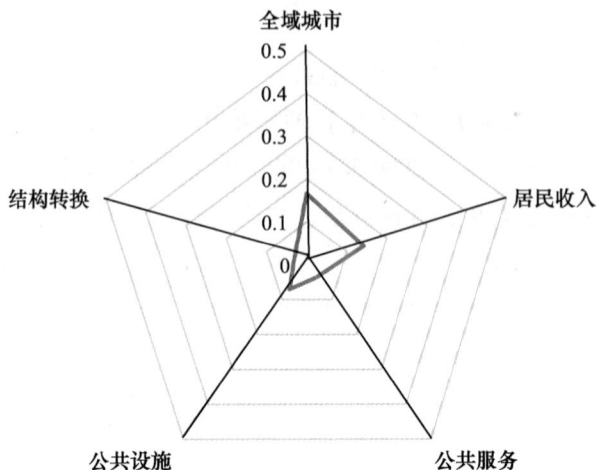

图 9—12　2018 年全域城市竞争力指标雷达图

资料来源：中国社会科学院城市与竞争力指数数据库。

发现二：港澳及东南地区处于领先地位，区域内极化明显

如图 9—13 所示，从均值看，港澳地区领先优势明显，标准差也很小，虽体现了港澳地区全域城市水平高，但也与该地区样本容量小有关。东南和环渤海地区均值也处于领先地位，其余四个区域仅少数大城市发展状况良好，大部分城市排名靠后，拉低区域均值。从变异系数看，大多数区域的变异系数较高，区域内部差异大，总结可知，经济发展水平越高，城乡协同程度越高。因此，推进城乡协同发展对实现乡村振兴、促进经济发展有重要意义。

发现三：我国都市圈全域城市发展水平整体较低，长三角、珠三角都市圈处于全国领先水平

如图 9—14 所示，长三角与珠三角都市圈的全域城市全国领先，均值分别为 0.445 与 0.426，其余都市圈均值都低于 0.3，其中，位于西部的贵阳、南宁和西安都市圈及环渤海的石家庄都市圈的均值低于 0.1。整体上看，东部都市圈的全域城市竞争力普遍较高，西部的部分都市圈发展水平相对弱。

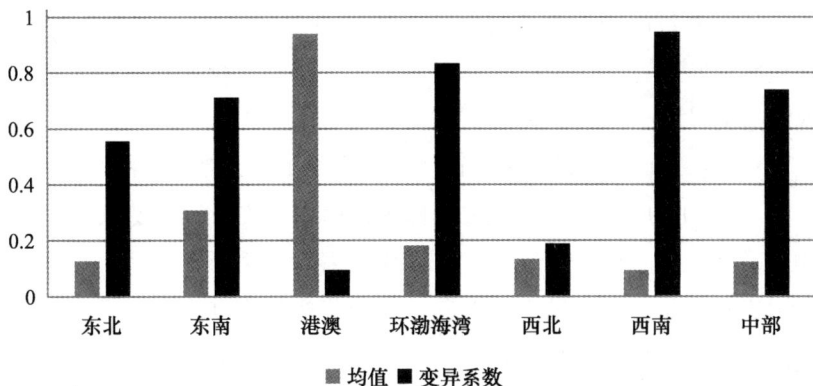

图9—13　2018年全国各区域全域城市竞争力均值与变异系数柱状图

资料来源：中国社会科学院城市与竞争力指数数据库。

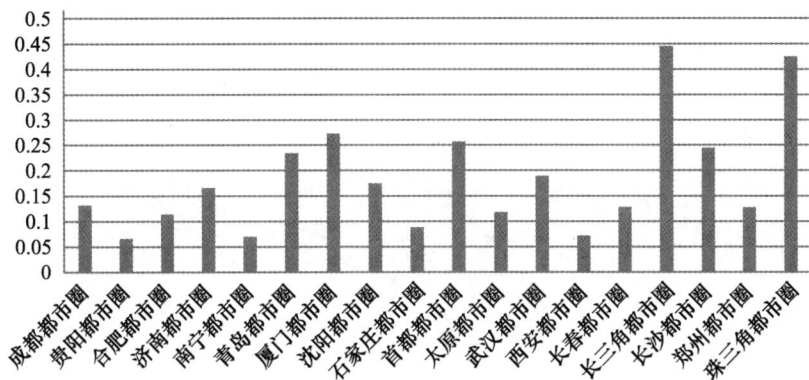

图9—14　2018年全国各都市圈全域城市竞争力指数均值柱状图

资料来源：中国社会科学院城市与竞争力指数数据库。

第五节　城市视角下的中国文化多元一体

文化是民族的血脉，是国家实力的象征与体现。党的十九大报告中指出，"文化是一个国家、一个民族的灵魂"，近年来我国也大力加强文化建设。然而，我国的文化建设面临着困难与挑战，文化产品的生产和供给相对不足、难以用统一标准满足群众差异化的文化需求等问题亟待解决。从城市角度看，现代城市的可持续发展离不开文化要素的支撑，文化是城市发展的内在驱动力，实现多元一体的文化城市发展具有很强的现实意义。

发现一：现代文化的发展及硬件支持有待提升，其他指标均衡发展

如图9—15所示，文化城市指标体系由历史文化、现代文化、文化多样性及文化产业四个分项构成，图中可看出，每万人剧场、影剧院数是我国文化城市竞争力的短板，其他三个指标均在0.5左右，实现了均衡发展，说明我国的现代文化发展处于弱势。随着我国经济发展和综合国力提升，我国在当今世界的政治经济格局中占据举足轻重的地位，因此，我国在弘扬传统文化、增强文化多样性、建设多元化文化产业的同时，也要注重现代文化发展，为我国现代文化发展提供强有力的硬件支持。

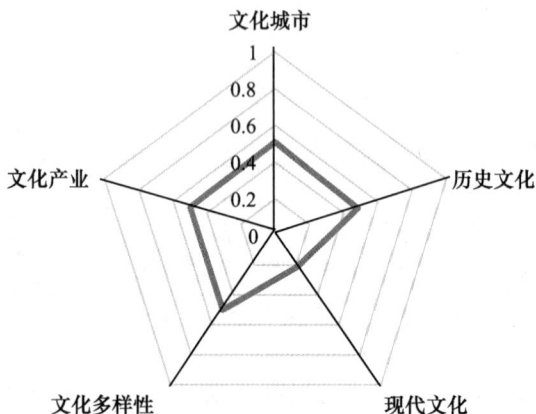

图9—15 2018年我国文化城市竞争力指标雷达图

资料来源：中国社会科学院城市与竞争力指数数据库。

发现二：前十城市得分普遍增加，六大区域城市上榜

如表9—6所示，与前两年比，2018年前十城市变化较大。同时，2018年全国前十城市分别来自环渤海、港澳、东南、西北、中部、西南六大区域，仅东北地区无城市上榜，比前两年更丰富，说明我国文化城市发展在逐渐均衡化。

表9—6　　　2018年、2017年、2016年全国文化城市竞争力水平十强城市对比

排名	2018年			2017年			2016年		
	城市	所属区域	得分	城市	所属区域	得分	城市	所属区域	得分
1	香港	港澳	1.000	北京	环渤海	1.000	北京	环渤海	1.000
2	北京	环渤海	0.988	武汉	中部	0.980	武汉	中部	0.975
3	上海	东南	0.972	杭州	东南	0.922	杭州	东南	0.901
4	南京	东南	0.958	南京	东南	0.903	澳门	港澳	0.892
5	杭州	东南	0.956	西安	西北	0.902	西安	西北	0.884
6	成都	西南	0.952	澳门	港澳	0.893	南京	东南	0.880
7	西安	西北	0.951	宁波	东南	0.873	宁波	东南	0.868
8	武汉	中部	0.948	香港	港澳	0.868	香港	港澳	0.850
9	济南	环渤海	0.942	上海	东南	0.861	上海	东南	0.850
10	澳门	港澳	0.941	济南	环渤海	0.824	哈尔滨	东北	0.823

资料来源：中国社会科学院城市与竞争力指数数据库。

发现三：我国都市圈文化城市竞争力水平较高，东部沿海地区处于领先地位

如图9—16所示，我国都市圈文化城市发展较均衡，除极少数都市圈

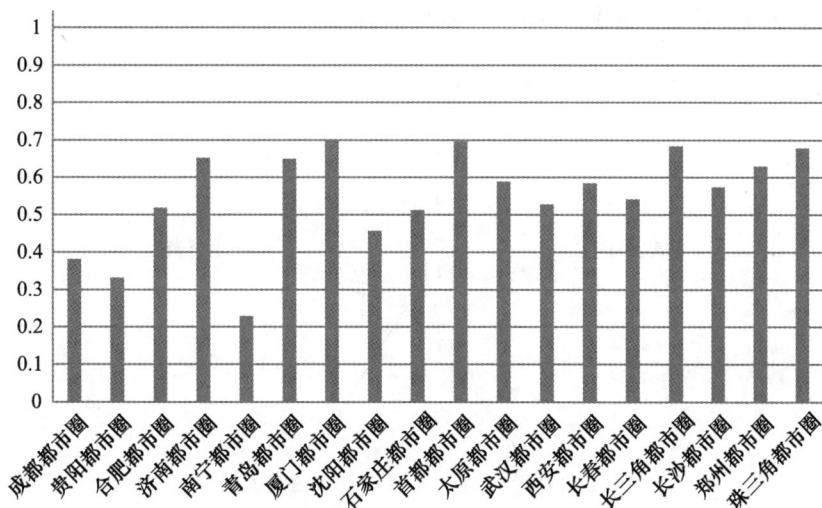

图9—16　2018年全国各都市圈文化城市竞争力指数均值柱状图

资料来源：中国社会科学院城市与竞争力指数数据库。

外，大多数都市圈的均值都在0.4以上，其中，厦门、首都、长三角、珠三角以及青岛、济南都市圈的发展水平处于全国领先地位，均值都在0.6以上，即我国的东部沿海地区文化城市发展水平普遍较高，处于全国的领先地位。

第六节　城市视角下的中国对外全球联系

在全球化时代背景下，国家间的对外联系内容以及联系的广度和深度都在发生深刻变化，一个国家与外界联系越密切，那么这个国家的经济发展水平便越高，其在全球范围内的地位也越突出。城市作为国家的基本构成单元，是国家对外联系的重要载体和网络节点，城市的崛起和发展对国家的对外联系有重要的支撑作用。在此背景下，对我国信息城市可持续竞争力的各项指标进行研究，对我国的贸易发展、对外联系等有积极意义。

发现一：国际商旅往来较弱，航空交通便利程度有待提高

如图9—17所示，信息城市由客体贸易、主体交流、信息生活、物质交流四个分项构成，2018年我国物质交流与主体交流处于较低水平，客体贸易与信息生活指标发展相对较好。因此，我国未来在大力发展对外

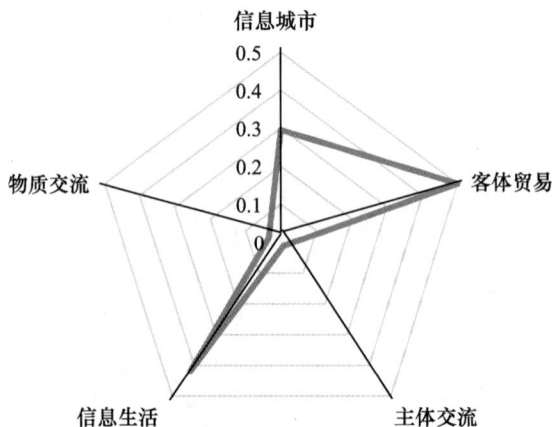

图9—17　2018年我国信息城市竞争力指标雷达图

资料来源：中国社会科学院城市与竞争力指数数据库。

贸易和普及互联网的同时，也要重视对外国际商旅人员的交流及航空交通的便利程度的发展。

发现二：港澳地区领跑全国，西部地区内部差异较大

如图9—18所示，港澳领先优势明显，均值为0.898，且变异系数很低，为0.161，说明港澳的信息城市竞争力都排在全国前列，且两座城市的水平差别很小；其次为东南地区，均值为0.453，排名第2，变异系数0.302也处于较低水平；其余五个地区的均值分布较均衡，都在0.2—0.4，而西南、西北地区的变异系数则处于较高水平，说明西部地区信息城市的间差异大，内陆城市应注重对外联系。

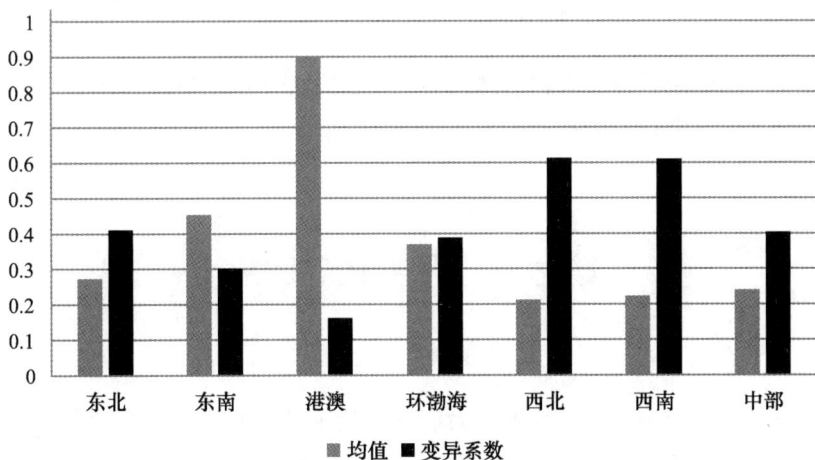

图9—18　2018年全国各区域信息竞争力均值与变异系数柱状图

资料来源：中国社会科学院城市与竞争力指数数据库。

发现三：东部沿海都市圈领跑全国，其余都市圈发展较为均衡

如图9—19所示，珠三角都市圈的领先优势明显，均值为0.597，均值在0.4—0.5的都市圈有3个，分别为青岛都市圈（0.492）、厦门都市圈（0.476）和长三角都市圈（0.477），说明我国东部沿海地区的都市圈信息城市发展水平较高。其余大多数都市圈的均值在0.2—0.4之间，差距不大，发展较为均衡。

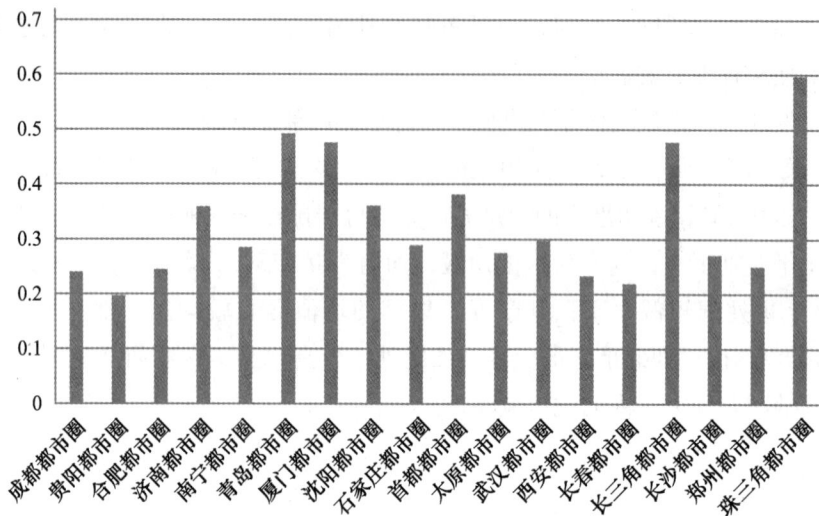

图9—19　2018年全国各都市圈信息城市竞争力指数均值柱状图

资料来源：中国社会科学院城市与竞争力指数数据库。

第七节　报告重点提炼

一　创新能力与科技研究能力制约了我国城市可持续能力的提升

通过对我国知识城市的可持续竞争力的分析，2018年我国科技投入转化为产出的效率低、区域间极化现象严重、区域内部分化明显、科研人员后备力量薄弱。新常态下，我国大力号召将经济增长方式转变为创新驱动，对此也颁布了一系列的政策和相关文件，近年来我国的科技创新能力在逐年提升，但总体来看仍处于起步模式，未来应更加注重知识城市的发展，注重培养和引进高素质的人才，缩小东西部的发展差距，使科技创新能力拉动我国可持续竞争力的增长。

二　我国的可持续竞争力水平区域极化现象严重，整体呈现"东中一体、南北分化"的基本局面

通过分析我国城市可持续竞争力的六大指标前10名城市的分布与变

化可以发现，除"生态城市"外，其余五个指标的竞争力全国前10名城市中，东南地区和中部地区的城市都占据了很大的比例。这说明我国东部沿海地区的可持续竞争力整体较高，且与中部地区有融合的趋势。而北方地区城市进入前十的次数和数量则相对较少，仅有个别城市发展良好，但同时也增大了与其他非重点城市间的差距，即南北分化的局面基本形成且趋势日渐明显。对此，应采取积极的措施来打破这种固化状态，否则南北极化现象将愈演愈烈，影响我国整体可持续竞争力的发展。

三　我国中部城市有崛起迹象，西部地区重点城市的带动能力不强

2019年在对我国城市的可持续竞争力进行评价时加入了对都市圈的分析，都市圈的各项指标发展状况体现了各区域重点城市的辐射和带动能力。通过对六大指标的综合分析可得到结论：西部区域的重点城市没有很好地带动其周围城市的整体可持续发展。西部地区都市圈发展相对较弱，以南宁和贵阳都市圈为代表，其各项指标的均值较低，且变异系数水平处于全国前列，这说明西部重点城市没有起到良好的模范作用，对周边城市的带动和辐射作用也较差，进一步导致了东西部地区可持续发展水平差距的增大。此外，中部城市近年来发展转良，与东部地区高水平都市圈的带动辐射作用分不开，中部地区有崛起的迹象，逐渐形成东中一体的协同发展态势。

四　高水平城市之间竞争日益激烈，指数标准化得分的差距逐渐缩小

通过观察可持续竞争力六大指标的全国前10名城市的对比与变化可以发现，各项指标全国前10名的竞争异常激烈，除个别经济发达的大城市的发展水平保持稳定在榜单前十外，每年的全国前十强中都会出现前一年未上榜的新面孔，且榜单上城市的排名变动也很大。此外，通过对比近三年名次相邻的城市之间的得分差距可以发现，各项指数标准化得分的差距在逐渐缩小，这说明我国可持续发展的高水平城市间的竞争日益激烈，得分的咬合非常紧密。

五　我国城市可持续竞争力在空间上呈现多中心协同发展的格局

前文的分析中分别从都市圈和地理区域的角度对我国地理格局进行了划分，从上述两个角度来看，我国城市的可持续竞争力在空间上呈现多中心协同发展态势。从区域划分来看，整体格局为"南北分化，东中一体"，其中，以港澳地区、东南沿海地区以及环渤海地区为发展中心，带动其他区域可持续竞争力的协同发展；而从都市圈角度来看，则是以长三角、珠三角、首都、厦门、青岛等都市圈为中心，以各都市圈的中心城市为辐射点，引领其他城市及都市圈共同发展的整体形势。

第 十 章

中国城市宜商竞争力报告

倪鹏飞　　徐海东

世界银行发布的多次评估报告指出，摆脱贫困最有效的方式是提供更多报酬更高的工作机会，而这有赖于该经济体拥有良好的宜商环境，而良好的宜商环境不仅应当拥有良好的环境，而且还要有良好的需求，并且有能把这一需求输送出去的能力。综合考虑到这些情况我们把宜商竞争力定义为当地要素竞争力、当地需求竞争力、软件环境竞争力、硬件环境竞争力和对外联系竞争力的综合，具体的框架和指标体系见附录。

第一节　中国城市宜商竞争力总体概况

一　十强分布：香港、北京、上海位列前三，引领总体宜商竞争力

2018 年中国城市宜商竞争力指数前十强分别为：香港、北京、上海、深圳、广州、南京、杭州、天津、重庆和青岛（见图 10—1）。首先，香港和北京的宜商竞争力处于最高等级，远远领先前 10 名中的其他 8 个城市；其次，上海的宜商竞争力则处于第二等级，远低于香港和北京，而略高于深圳、广州等城市；最后，深圳、广州、南京等城市处于第三等级，各城市宜商竞争力比较接近。从前 10 名城市所属的区域来看（见表 10—1），有 6 个城市处于东南区域（包含香港），3 个城市处于环渤海湾城市，1 个城市处于西南区域；从城市群角度来看，有 3 个城市位于粤港澳大湾区，3 个城市位于长三角城市群，2 个城市在京津唐城市群，1 个城市在成渝城市群，1个城市在山东半岛城市群。

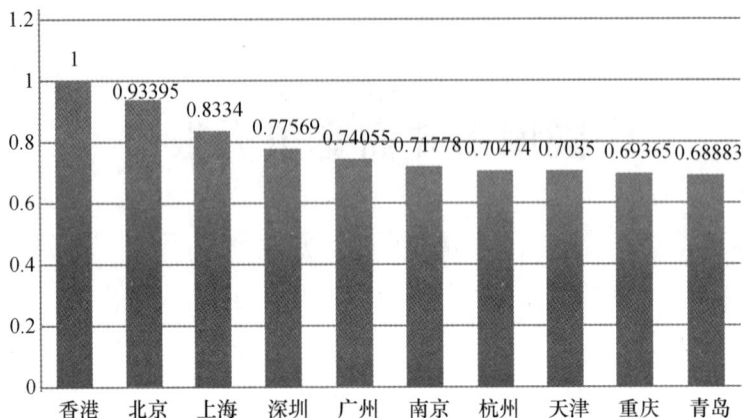

图10—1　城市宜商竞争力前10名

图表来源：笔者自制。

表10—1　　　　　　　　　　城市宜商竞争力前10分布

排名	城市	省（市、区）	区域	城市群	都市圈	宜商竞争力
1	香港	香港	东南	粤港大湾区	粤港大湾区	1.000
2	北京	北京	环渤海湾	京津唐城市群	首都都市圈	0.934
3	上海	上海	东南	长三角城市群	长三角都市连绵区	0.833
4	深圳	广东	东南	粤港大湾区	粤港大湾区	0.776
5	广州	广东	东南	粤港大湾区	粤港大湾区	0.741
6	南京	江苏	东南	长三角城市群	长三角都市连绵区	0.718
7	杭州	浙江	东南	长三角城市群	长三角都市连绵区	0.705
8	天津	天津	环渤海湾	京津唐城市群	首都都市圈	0.704
9	重庆	重庆	西南	成渝城市群	重庆都市圈	0.694
10	青岛	山东	环渤海湾	山东半岛城市群	青岛都市圈	0.689

资料来源：笔者整理。

二　总体格局：集聚现象显著，总体按经度呈"入"字型分布

从宜商竞争力总体来看，全国288个城市的总体宜商竞争力指数均值为0.322，总体偏低，变异系数为0.498，总体分化较为严重，宜商竞争

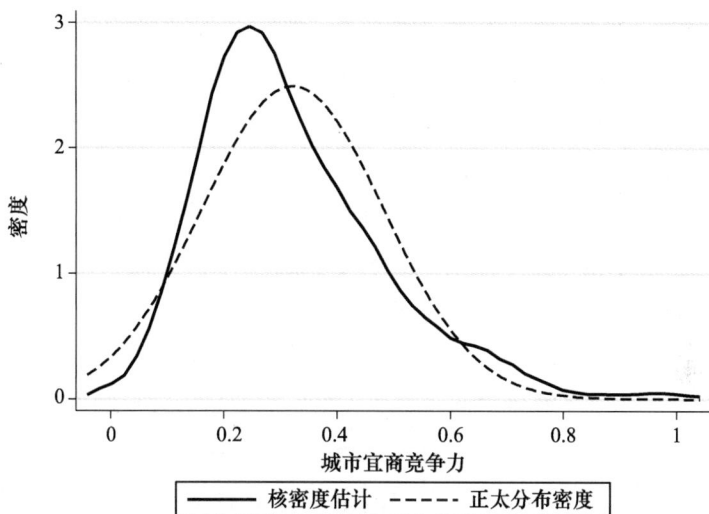

图10—2 城市宜商竞争力核密度图

图表来源：笔者自制。

力的核密度图也体现出这一点，核密度图总体呈现右偏分布，集聚现象明显。具体将宜商竞争力按照0.2等分区间来看，有63个城市的宜商竞争力低于0.2，有147个城市的宜商竞争力在0.2到0.4之间，占样本城市的51.04%，有60个城市的宜商竞争力在0.4到0.6之间，仅有18个城市宜商竞争力大于0.6。

表10—2 城市宜商竞争力区间分布

宜商竞争力区间	样本量	均值	标准差	变异系数	最小值	最大值
(0, 0.2)	63	0.145	0.043	0.297	0.000	0.199
(0.2, 0.4)	147	0.286	0.055	0.191	0.201	0.400
(0.4, 0.6)	60	0.476	0.059	0.124	0.400	0.597
(0.6, 0.8)	15	0.677	0.046	0.068	0.611	0.776
(0.8, 1)	3	0.922	0.084	0.091	0.833	1.000

资料来源：笔者整理。

从空间总体经纬度分布特征来看，主要呈现城市群内"双子星"引领模式（见图10—3），成渝城市群中的成都和重庆，京津冀城市群中北京和天津，长三角城市群中上海和南京，大珠三角城市群中香港、深圳和广州，山东半岛城市群中的济南和青岛，辽中南城市群的大连和沈阳；以及"中心城市"引领模型，如长江中游城市群中的武汉，关中城市群中的西安，中原城市群中的郑州，海峡西岸城市群中的厦门。这些城市在区域中的宜商竞争力均处于较高水平，引领着整个区域宜商竞争力的发展。具体从经度来看，总体宜商竞争力分布呈现"入"字型特征，在东经100度到东经120度之间积聚了大量宜商竞争力较低的城市，但随着经度的增加，城市宜商竞争力总体呈现上升趋势；而在东经115度左右，香港、北京、深圳、广州、上海、南京等城市的宜商环境竞争力都处于较高水平；在东经120度到东经130度区间的东北区域宜商竞争力总体呈现较低水平。

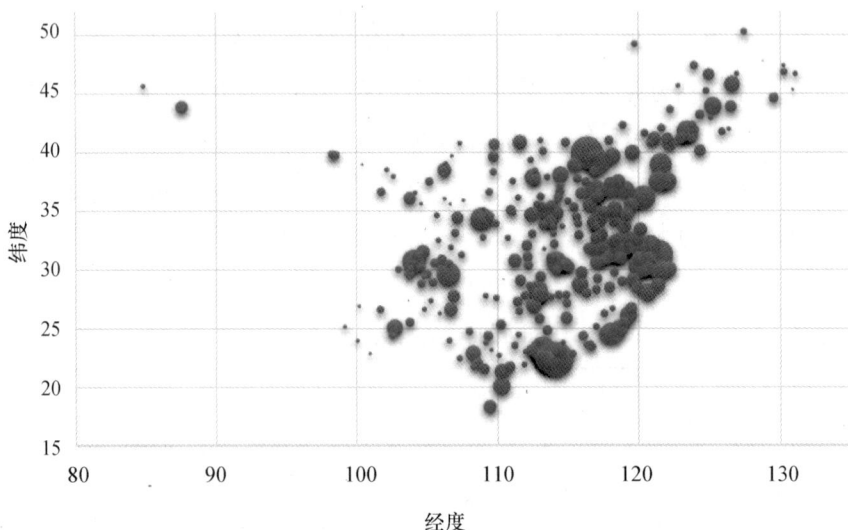

图10—3 城市宜商竞争力空间分布

图表来源：笔者自制。

三 区域格局：城市宜商竞争力南高北低、东高西低现象显著

从省域格局来看，北京、天津、上海、重庆、香港、澳门等直辖市

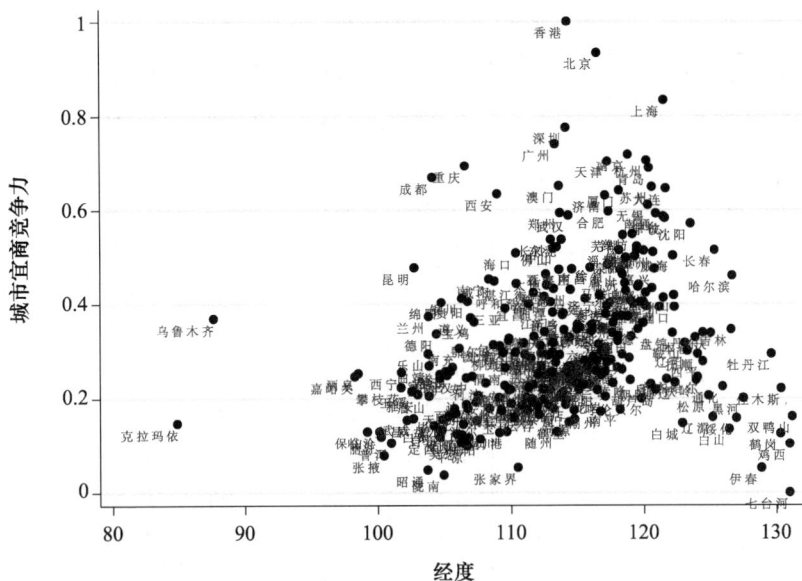

图10—4 城市宜商竞争力经度分布

图表来源：笔者自制。

和自治区的总体宜商竞争力水平处于绝对领先地位，并且内部也较为均衡，变异系数为0.178，其中最低是澳门，最高是香港。其次在所有省份中，江苏省的总体宜商竞争力最高；随后为浙江省、海南省和山东省；福建省、广东省、安徽省、辽宁省、河北省、湖北省和湖南省等省份总体宜商竞争力在0.3到0.4之间；江西省、陕西省、河南省、四川省、新疆自治区、青海自治区、吉林省、山西省、内蒙古自治区、广西自治区、贵州省、宁夏自治区的宜商竞争力在0.2到0.3之间；最低的黑龙江省、云南省和甘肃省，其宜商竞争力均低于0.2。总体为东南部省份宜商竞争力较高，中部省份宜商竞争力居中，东北部和西北部省份宜商竞争力最低。此外，从各个省份内部分布来看，总体呈现出宜商竞争力越低的省份，其内部分化越严重，如总体宜商竞争力排名后五位的贵州、宁夏、黑龙江、云南、甘肃，其变异系数均超过0.5，特别是云南省变异系数高达0.7294。

表 10—3　　　　　　　　　各省、市、区的宜商竞争力

省域	样本量	均值	标准差	变异系数	最小值	最大值
直辖市、香港、澳门	6	0.803	0.143	0.178	0.651	1.000
江苏	13	0.501	0.120	0.240	0.293	0.718
浙江	11	0.456	0.113	0.247	0.286	0.705
海南	2	0.450	0.083	0.185	0.391	0.509
山东	16	0.448	0.125	0.279	0.258	0.689
福建	9	0.366	0.156	0.425	0.176	0.641
广东	21	0.366	0.179	0.490	0.156	0.776
安徽	16	0.363	0.100	0.276	0.230	0.597
辽宁	14	0.347	0.125	0.361	0.219	0.645
河北	11	0.335	0.094	0.280	0.235	0.475
湖北	12	0.310	0.116	0.375	0.129	0.588
湖南	13	0.307	0.127	0.414	0.053	0.538
江西	11	0.298	0.075	0.253	0.214	0.477
陕西	10	0.295	0.149	0.504	0.127	0.634
河南	17	0.283	0.112	0.395	0.150	0.593
四川	18	0.269	0.118	0.439	0.133	0.669
新疆	2	0.259	0.157	0.605	0.148	0.369
青海	1	0.255	—	—	—	—
吉林	8	0.252	0.128	0.509	0.135	0.515
山西	11	0.249	0.080	0.323	0.187	0.464
内蒙古	9	0.244	0.098	0.402	0.116	0.425
广西	14	0.238	0.086	0.363	0.129	0.453
贵州	6	0.232	0.122	0.527	0.124	0.406
宁夏	5	0.207	0.127	0.615	0.106	0.412
黑龙江	12	0.197	0.127	0.648	0.000	0.461
云南	8	0.187	0.136	0.729	0.048	0.478
甘肃	12	0.162	0.091	0.562	0.038	0.373

资料来源：笔者整理。

从区域角度来看，东南区域和环渤海湾区域的宜商竞争力水平最高，分别为 0.439 和 0.431；西北区域和西南区域的宜商竞争力水平最低，分

别为 0.228 和 0.258，且内部分化较为严重，变异系数高达 0.532 和
0.519，中部城市则处于中间地位，总体呈现"南高北低、东高西低"的
格局。

表 10—4　　　　　　　　　　　各区域宜商竞争力

区域	样本量	均值	变异系数	最小值	最大值
全国	288	0.322	0.498	0.000	1.000
东北	34	0.271	0.516	0.000	0.645
东南	57	0.439	0.416	0.156	1.000
中部	80	0.304	0.353	0.053	0.597
环渤海湾	29	0.431	0.381	0.235	0.934
西北	39	0.228	0.532	0.038	0.634
西南	49	0.258	0.519	0.048	0.694

资料来源：笔者整理。

从各层级角度来看（见表 10—5），总体呈现"层级越高、宜商竞争
力越高、分化越低"趋势，具体一线城市（包含香港和澳门）的宜商竞
争力处于绝对领先状态；二线城市的宜商竞争力总体处于中等偏上状态，
且内部差异最小，总体比较接近；三线城市和四线城市的宜商竞争力水
平最低，分化也相对较为严重。

表 10—5　　　　　　　　　　　层级城市宜商竞争力

宜商竞争力	样本量	均值	标准差	变异系数	最小值	最大值
一线城市	6	0.822	0.128	0.156	0.651	1.000
二线城市	30	0.583	0.079	0.136	0.464	0.718
三线城市	69	0.388	0.096	0.249	0.148	0.593
四线城市	183	0.237	0.085	0.358	0.000	0.449

资料来源：笔者整理。

四　城市格局：都市圈内部"双子星"城市引领都市圈宜商竞争力提升

从都市圈的宜商竞争力格局来看（见表10—6），粤港澳大湾区的宜商竞争力水平最高，其次分别为青岛都市圈、长三角都市连绵区、厦门都市圈，其宜商竞争力总体水平均在0.5以上，处于较高水平；随后为首都都市圈和济南都市圈，处于第二等级；而长沙都市圈、合肥都市圈、武汉都市圈、西安都市圈、沈阳都市圈、郑州都市圈、长春都市圈和成都都市圈的宜商竞争力在0.3到0.4之间，处于第三等级；最后为石家庄都市圈、太原都市圈、贵阳都市圈和南宁都市圈，总体宜商竞争力水平低于0.3。此外，从都市圈总体可以看出，虽然南宁都市圈在都市圈中水平最低，但是其总体均值也达到了0.2401，总体处于中等水平，并且大部分都市圈宜商竞争力的水平均处于中等以上水平，这表明我国宜商竞争力的都市圈引领机制已经凸显。从城市群角度来看（见表10—7），我们同样可以得出这一结论，排名最低的银川城市群，其总体宜商竞争力水平为0.2068，并且大多数城市群的宜商竞争力均处于中等偏上水平。

表 10—6　　　　　　　　　各都市圈宜商环境竞争力

都市圈	样本量	均值	标准差	变异系数	最小值	最大值
粤港澳大湾区	11	0.579	0.196	0.339	0.340	1.000
青岛都市圈	5	0.553	0.094	0.170	0.437	0.689
长三角都市连绵区	22	0.517	0.126	0.244	0.374	0.833
厦门都市圈	3	0.501	0.140	0.280	0.361	0.641
首都都市圈	7	0.480	0.253	0.527	0.266	0.934
济南都市圈	6	0.413	0.137	0.332	0.258	0.631
长沙都市圈	5	0.383	0.120	0.314	0.220	0.538
合肥都市圈	7	0.381	0.104	0.274	0.292	0.597
武汉都市圈	6	0.355	0.125	0.352	0.230	0.588
西安都市圈	6	0.343	0.181	0.529	0.127	0.634
沈阳都市圈	6	0.342	0.117	0.341	0.239	0.571
郑州都市圈	9	0.337	0.128	0.379	0.150	0.593
长春都市圈	4	0.325	0.148	0.455	0.161	0.515

续表

都市圈	样本量	均值	标准差	变异系数	最小值	最大值
成都都市圈	10	0.301	0.149	0.494	0.133	0.669
石家庄都市圈	4	0.293	0.124	0.422	0.203	0.475
太原都市圈	4	0.286	0.127	0.444	0.187	0.464
贵阳都市圈	4	0.266	0.143	0.538	0.124	0.406
南宁都市圈	6	0.240	0.121	0.505	0.129	0.453

资料来源：笔者整理。

表 10—7　　　　　　　　　**各城市群宜商环境竞争力**

城市群	样本量	均值	标准差	变异系数	最小值	最大值
粤港澳大湾区	11	0.579	0.196	0.339	0.340	1.000
长三角城市群	15	0.560	0.126	0.225	0.405	0.833
山东半岛城市群	8	0.542	0.091	0.167	0.429	0.689
京津唐城市群	8	0.456	0.244	0.534	0.266	0.934
海峡西岸城市群	6	0.447	0.122	0.272	0.331	0.641
浙东城市群	3	0.428	0.077	0.179	0.360	0.511
皖江淮城市群	11	0.400	0.097	0.244	0.282	0.597
徐州城市群	8	0.380	0.074	0.194	0.292	0.485
琼海城市群	5	0.369	0.125	0.339	0.184	0.509
关中城市群	5	0.367	0.191	0.520	0.127	0.634
辽中南城市群	12	0.367	0.124	0.337	0.239	0.645
长株潭城市群	8	0.363	0.109	0.300	0.220	0.538
呼包鄂城市群	3	0.358	0.058	0.161	0.323	0.425
中原城市群	8	0.358	0.118	0.330	0.197	0.593
成渝城市群	11	0.356	0.169	0.476	0.205	0.694
武汉城市群	6	0.355	0.125	0.352	0.230	0.588
石家庄城市群	5	0.336	0.113	0.337	0.235	0.475
环鄱阳湖城市群	6	0.328	0.082	0.249	0.257	0.477
黔中城市群	3	0.310	0.136	0.438	0.155	0.406
长春城市群	5	0.301	0.139	0.461	0.161	0.515
南宁城市群	5	0.290	0.111	0.385	0.179	0.453
太原城市群	5	0.269	0.116	0.431	0.187	0.464

城市群	样本量	均值	标准差	变异系数	最小值	最大值
哈尔滨城市群	9	0.210	0.139	0.666	0.000	0.461
兰州城市群	5	0.209	0.106	0.507	0.117	0.373
银川城市群	5	0.207	0.127	0.615	0.106	0.412

资料来源：笔者整理。

　　具体从都市圈内部来看，主要呈现出都市圈内部"双子星"引领格局。表10—8表示18个都市圈内部首位城市和次位城市宜商竞争力的水平，总体来看，宜商竞争力水平排名较高和排名较低的都市圈内部"双子星"城市的宜商竞争力水平均较为接近；排名居中都市圈中的首位城市和次位城市的宜商竞争力差异较大，这表明都市圈的发展模式先中心城市提升，随后中心城市引领副中心城市提升，最后中心城市和副中心城市引领总体都市圈的提升。具体来看，排名第一的粤港澳大湾区内部首位城市和次位城市香港和深圳其宜商竞争力均处于较高水平，随后为青岛都市圈，其内部青岛和烟台的宜商竞争力也处于较高水平；而排名较低的贵阳都市圈和南宁都市圈内部首位城市和次位城市的宜商竞争力水平总体也处于较低水平。此外，特别注意的是长三角都市圈连绵区和首都都市圈，其首位城市和次位城市上海、南京、北京和天津的宜商竞争力均处于较高水平，但是由于都市圈内部其他城市的宜商竞争力水平较低，从而导致总体都市圈的宜商竞争力没有达到应有的水平，这表明在发展中心城市—副中心城市引领的机制条件下，都市圈内部其他城市的同步发展也至关重要。

表10—8　　都市圈中心城市与副中心城市宜商竞争力

都市圈	都市圈排名	首位城市	次位城市	都市圈	都市圈排名	首位城市	次位城市
粤港大湾区	1	香港	深圳	西安都市圈	10	西安	咸阳
		1.000	0.776			0.634	0.449
青岛都市圈	2	青岛	烟台	沈阳都市圈	11	沈阳	本溪
		0.689	0.586			0.571	0.329

都市圈	都市圈排名	首位城市	次位城市	都市圈	都市圈排名	首位城市	次位城市
长三角都市连绵区	3	上海 0.833	南京 0.718	郑州都市圈	12	郑州 0.593	洛阳 0.417
厦门都市圈	4	厦门 0.641	泉州 0.500	长春都市圈	13	长春 0.515	吉林 0.346
首都都市圈	5	北京 0.934	天津 0.704	成都都市圈	14	成都 0.669	绵阳 0.403
济南都市圈	6	济南 0.631	淄博 0.515	石家庄都市圈	15	石家庄 0.475	衡水 0.259
长沙都市圈	7	长沙 0.538	株洲 0.433	太原都市圈	16	太原 0.464	晋中 0.291
合肥都市圈	8	合肥 0.597	蚌埠 0.403	贵阳都市圈	17	贵阳 0.405	遵义 0.370
武汉都市圈	9	武汉 0.588	黄石 0.350	南宁都市圈	18	南宁 0.453	钦州 0.313

资料来源：笔者整理。

第二节 中国城市宜商竞争力分项竞争力概况

一 总体比较：对外联系竞争力是影响宜商竞争力的关键要素

总体来看（见表10—9），软件环境竞争力和硬件环境竞争力比较均匀，总体均值都在0.5左右，总体分化相对较低；对外联系竞争力总体水平较低，从而分化也最为严重，变异系数高达0.81；当地要素竞争力和当地需求竞争力水平也相对较低，总体水平仅为0.3，分化也较为严重。从各分项竞争力的数值和变异系数角度来看，对外联系竞争力、当地要素竞争力和当地需求竞争力是影响城市宜商竞争力差异的关键指标，其中对外联系竞争力对宜商竞争力的差异贡献最大。

表10—9 宜商竞争力各分项指标总体比较

分项指标	样本量	均值	标准差	变异系数
当地要素竞争力	288	0.318	0.196	0.616
当地需求竞争力	288	0.321	0.170	0.529
软件环境竞争力	288	0.518	0.194	0.374
硬件环境竞争力	288	0.511	0.189	0.371
对外联系竞争力	288	0.205	0.166	0.810

资料来源：笔者自制。

从区域角度来看（见图10—5、表10—10），东部区域和环渤海湾区域的各分项竞争力均处于较高水平，中部区域次之，西部区域的各分项竞争力最低，南部区域竞争力水平较高，北部区域竞争力水平较低。具体从分项来看，软件环境竞争力和硬件环境竞争力均比较接近，而东南区域和环渤海湾区域的对外联系竞争力则处于非常高的水平，总体呈现东中一体、南高北低的状态。

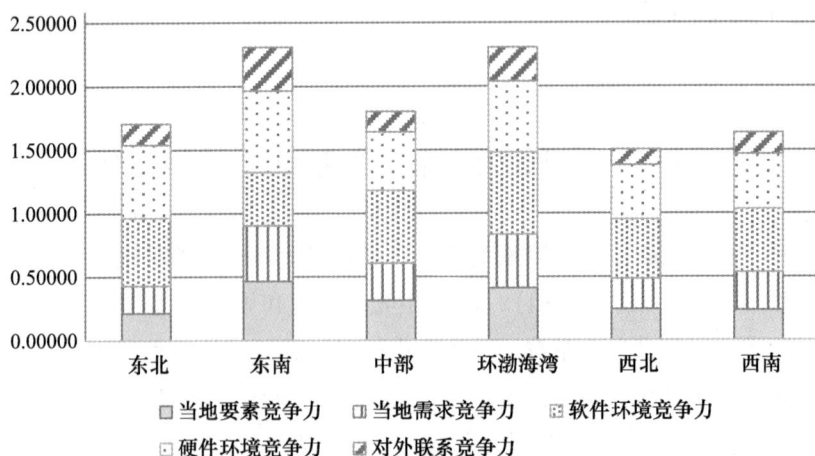

图10—5 各区域分项竞争力

图表来源：笔者自制。

表 10—10　　　　　　　　各区域分项指标竞争力均值

分项指标	东北	东南	中部	环渤海湾	西北	西南
当地要素竞争力	0.214	0.465	0.311	0.409	0.242	0.235
当地需求竞争力	0.215	0.439	0.297	0.424	0.241	0.300
软件环境竞争力	0.534	0.422	0.572	0.645	0.468	0.496
硬件环境竞争力	0.576	0.640	0.462	0.560	0.426	0.434
对外联系竞争力	0.165	0.343	0.161	0.268	0.127	0.169

资料来源：笔者自制。

二　当地要素竞争力：都市圈当地要素竞争力普遍高于全国水平

城市当地要素竞争力排名前十的城市分别为香港、北京、深圳、南京、澳门、上海、杭州、西安、苏州和厦门（见图 10—6）。从数值大小角度来看，香港、北京和深圳的当地要素竞争力要显著高于其他城市处于绝对领先地位，当地要素竞争力水平大于 0.9，而剩余的南京、澳门、上海等城市的当地要素竞争力比较接近。从当地要素竞争力总体来看，总体水平较低，有将近 59.38% 的城市当地要素竞争力低于平均水平。从其核密度角度来看（见图 10—7），显著右偏与正太分布，并且基本聚集在 0.2 左右，总体分化也较为严重，总体变异系数为 0.5938。

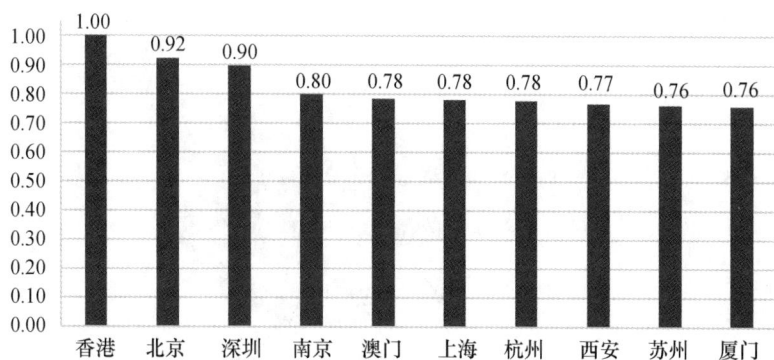

图 10—6　当地要素竞争力前 10 名

图表来源：笔者自制。

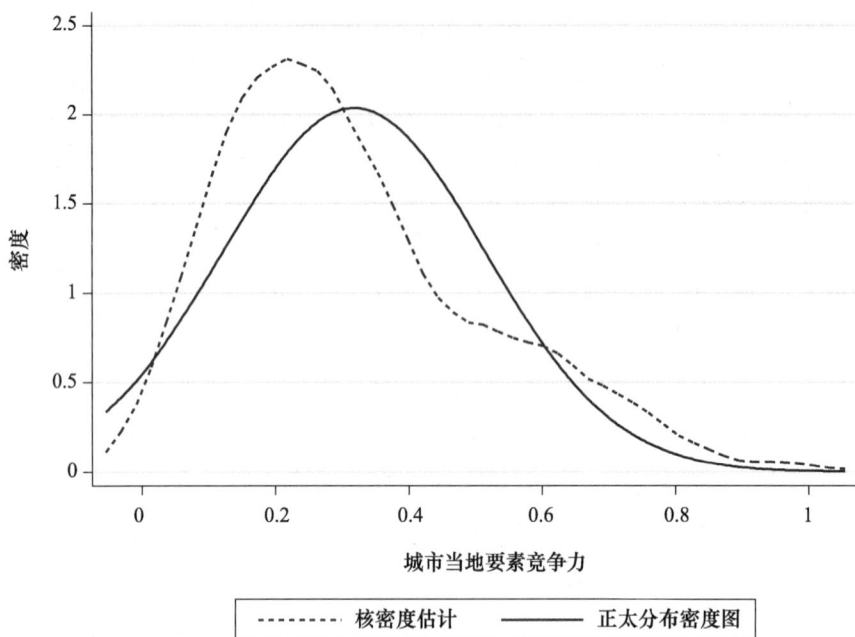

图 10—7 城市当地要素竞争力核密度估计图

图表来源：笔者自制。

从当地要素竞争力的空间分布角度来看（见图 10—8），东部沿海城

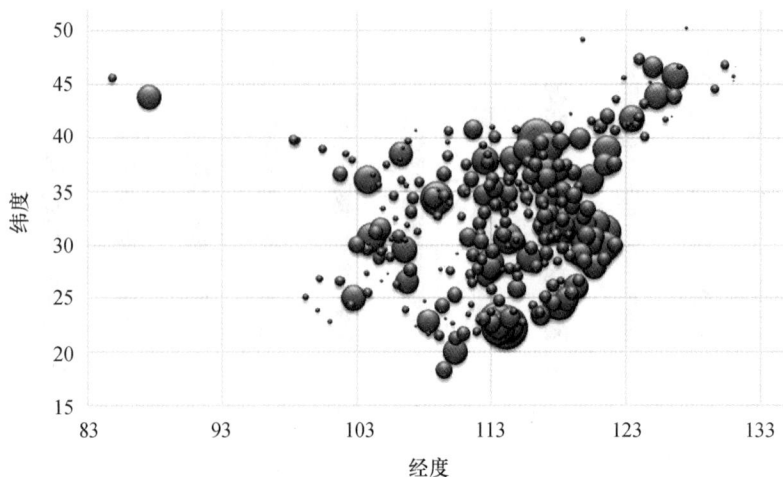

图 10—8 当地要素竞争力空间分布

图表来源：笔者自制。

市的当地要素竞争力水平显著高于其他区域，并且京津冀城市群、长三角城市和粤港澳大湾区的当地要素竞争力更为突出。具体从区域角度来看（见图10—9），当地要素竞争力最大的为东南区域，其次为环渤海湾区域，竞争力数值分别为0.46和0.41；当地要素竞争力最低的为东北区域，竞争力数值为0.21；而西北区域和西南区域的当地要素竞争力水相一致均为0.24。

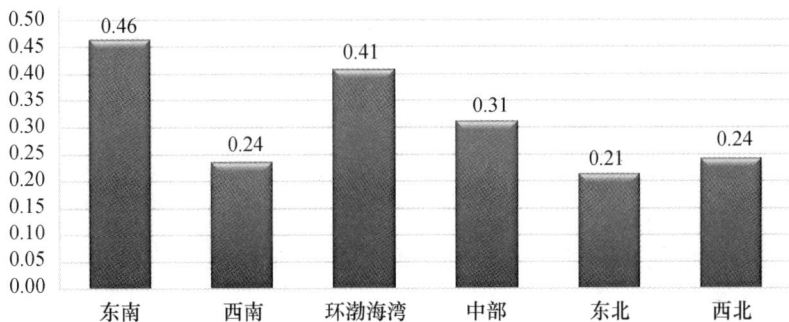

图10—9　分区域当地要素竞争力

图表来源：笔者自制。

　　从都市圈总体角度来看（见图10—10），城市群当地要素竞争力排名前四的都市圈分别为粤港澳大湾区、厦门都市圈、长三角都市连绵区和首都都市圈，并且粤港澳大湾区的当地要素竞争力要显著高于其他三个都市圈，而厦门都市圈、长三角都市连绵区、首都都市圈的当地要素竞争力水平相差不大；此外，当地要素竞争力最低的四个都市圈是成都都市圈、贵阳都市圈、沈阳都市圈和南宁都市圈，并且南宁都市圈的当地要素竞争力水平显著低于其他都市圈。从都市圈内部首位城市和次位城市角度来看，排名在前面的都市圈内部其首位城市和次位城市的当地要素竞争力都相差不多，如粤港澳大湾区、厦门都市圈、长三角都市连绵区、首都都市圈、长沙都市圈、济南都市圈和青岛都市圈，其内部城市当地要素竞争力均非常接近，中心和副中心城市共同引领都市圈提升。但是，其余都市圈内部首位城市和次位城市的当地要素竞争力相差均比较大，如郑州都市圈内部的郑州和洛阳，合肥都市圈中合肥和蚌埠，武汉都市圈中武汉和黄冈等，呈现"单中心"引领模式。

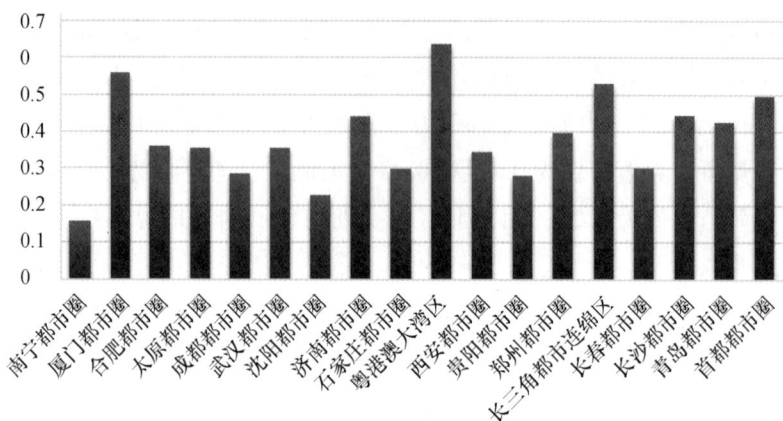

图10—10 都市圈当地要素竞争力分布

图表来源：笔者自制。

三 当地需求竞争力：南北分化严重，东南区域、环渤海湾区域领先

当地需求竞争力排名前十的城市分别为上海、北京、广州、深圳、香港、苏州、重庆、天津、杭州、成都（见图10—11），其中上海和北京的当地需求竞争力要显著高于其他城市，处于绝对领先地位；而广州和深圳的当地需求竞争力相对次之；剩余的香港、苏州、重庆等城市的当地需求竞争力水平较为接近。总体来看，城市当地需求竞争力呈现右偏分布特征，总体均值较低，数值大小为0.321，变异系数0.529，分化较为严重（见图10—12）。从当地需求分项指标中的全市常住人口来看，全国前10名的城市依次为重庆、上海、北京、成都、天津、广州、深圳、保定、石家庄和武汉，且这些城市都属于千万级人口的城市。从当地需求分项指标中的GDP总量来看，GDP规模均达到了万亿人民币以上的城市有13位，其依次为上海、北京、广州、深圳、香港、重庆、苏州、天津、成都、武汉、杭州、南京和青岛，其中东部占10位，中部占1位，西部占2位。从当地需求分项指标中的城镇居民人均可支配收入来看，除香港和澳门外，排名前十的城市依次为上海、北京、苏州、杭州、宁波、广州、绍兴和南京，这些城市基本上都处于东南地区。

从不同区域角度来看（见表10—11），当地需求竞争力最高的为东南

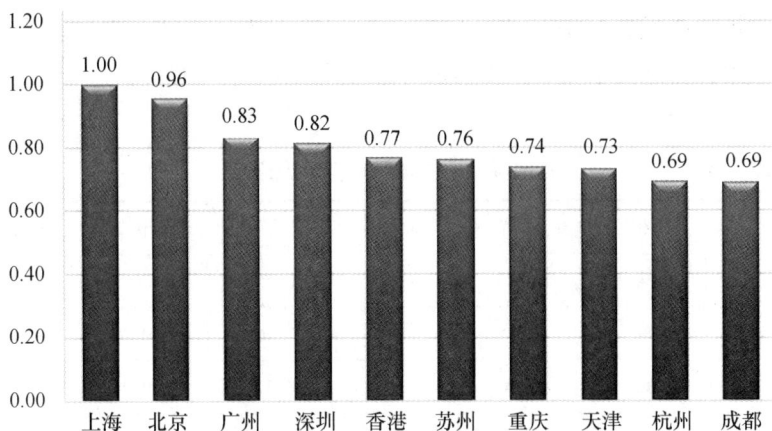

图 10—11 城市当地需求竞争力前 10 名

图表来源：笔者自制。

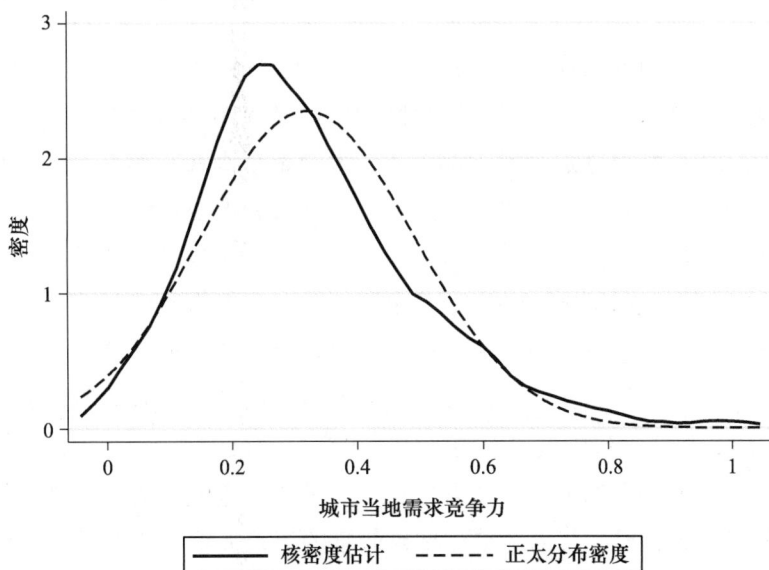

图 10—12 城市当地需求竞争力核密度估计图

图表来源：笔者自制。

区域，其次为环渤海湾区域，而东北区域和西北区域则最低，总体呈现"南北分化"迹象。从各区域内部情况来看，东北区域和西北区域内部分化相对较为严重，其中东北区域的变异系数高达0.7569，总的来看，中部地区内部当地需求竞争力差异较小，变异系数为0.3718。

表10—11　　　　　　　　各区域城市当地需求竞争力概况

区域	样本量	均值	标准差	变异系数	最小值	最大值
东北	34	0.215	0.163	0.757	0.000	0.584
东南	57	0.439	0.203	0.463	0.092	1.000
中部	80	0.297	0.111	0.372	0.040	0.678
环渤海湾	29	0.424	0.179	0.422	0.183	0.956
西北	39	0.241	0.140	0.578	0.026	0.559
西南	49	0.300	0.122	0.407	0.110	0.738

资料来源：笔者整理。

从都市圈角度来看（见表10—12），当地需求竞争力排名前3的分别为粤港澳大湾区、长三角都市连绵区和厦门都市圈，当地需求竞争力排名最低的3个城市分别为贵阳都市圈、太原都市圈和长春都市圈。从都市圈内部城市来看，粤港澳大湾区内首位城市和次位城市当地需求竞争力相对差异较小，属于首位城市和次位城市共同引领都市圈的提升，与此类似的还有厦门都市圈和青岛都市圈，这两个都市圈内部首位城市和次位城市当地需求竞争力都相对较低，但是都市圈当地需求竞争力却处于前列。此外，虽然长三角都市圈连绵区中首位城市上海的当地需求竞争力为1，但是次位城市苏州的当地需求竞争力仅为0.762，内部分化较为严重，从而导致都市圈当地需求竞争力低于粤港澳大湾区，与此类似的还有首都都市圈，其内部首位城市北京的当地需求竞争力搞到0.955，但是都市圈总体却排在第5位，低于厦门都市圈和青岛都市圈。除此之外的其他都市圈总体呈现出首位城市当地需求竞争力越高，都市圈当地需求竞争力越高的趋势。

表10—12　　　　　都市圈内首位城市和次位城市当地需求竞争力

都市圈	都市圈排名	首位城市	次位城市	都市圈	都市圈排名	首位城市	次位城市
粤港澳大湾区	1	广州	深圳	武汉都市圈	10	武汉	黄石
		0.835	0.816			0.678	0.329
长三角都市连绵区	2	上海	苏州	郑州都市圈	11	郑州	洛阳
		1.000	0.762			0.578	0.468
厦门都市圈	3	泉州	厦门	合肥都市圈	12	合肥	蚌埠
		0.588	0.509			0.548	0.317
青岛都市圈	4	青岛	烟台	沈阳都市圈	13	沈阳	鞍山
		0.656	0.571			0.584	0.403
首都都市圈	5	北京	天津	南宁都市圈	14	南宁	钦州
		0.956	0.731			0.469	0.330
长沙都市圈	6	长沙	株洲	石家庄都市圈	15	石家庄	邢台
		0.631	0.459			0.521	0.231
济南都市圈	7	济南	淄博	贵阳都市圈	16	贵阳	遵义
		0.585	0.492			0.392	0.324
西安都市圈	8	西安	咸阳	太原都市圈	17	太原	晋中
		0.559	0.435			0.387	0.327
成都都市圈	9	成都	绵阳	长春都市圈	18	长春	吉林
		0.688	0.372			0.390	0.241

资料来源：笔者自制。

四　软件环境竞争力：分布均匀，各区域差异不大

城市软件环境竞争力总体分布均匀，总体处于中等水平，从分化角度来看，总体变异系数为0.374，基本符合正太分布（见图10—13）。从城市软件环境竞争力的空间分布角度来看，总的来说山东、河北等环渤海湾区域的软件环境竞争力较强，而长三角流域和珠三角流域的软件环境竞争力相对较低（见图10—14）。具体从区域角度来看（见表10—13），环渤海湾区域的软件环境竞争力处于绝对领先地位，其次为中部地区；软件环境竞争力最低的为东南区域，均低于东北区域、西北区域和西南区域。从区域内部角度来看，东南区域软件环境竞争力内部分化较

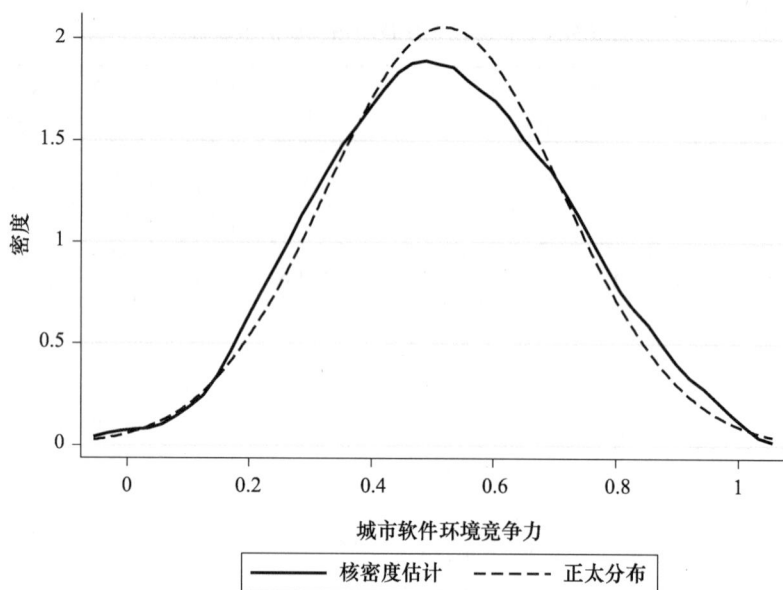

图10—13 城市软件环境竞争力核密度估计图

图表来源：笔者自制。

为严重，变异系数高达0.499，环渤海湾区域软件环境竞争力内部分化程度较低，变异系数为0.272。

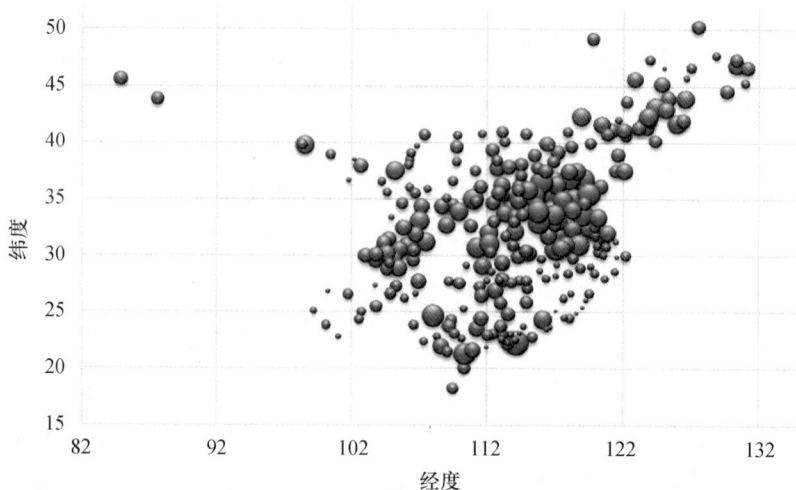

图10—14 城市软件环境竞争力空间分布

图表来源：笔者自制。

表 10—13 各区域城市软件环境竞争力

区域	样本量	均值	标准差	变异系数	最小值	最大值
东北	34	0.534	0.177	0.330	0.000	0.801
东南	57	0.422	0.211	0.499	0.019	1.000
中部	80	0.572	0.171	0.300	0.254	0.915
环渤海	29	0.645	0.175	0.272	0.271	0.934
西北	39	0.468	0.181	0.387	0.033	0.798
西南	49	0.496	0.177	0.356	0.070	0.922

资料来源：笔者整理。

从都市圈角度来看，都市圈软件环境竞争力前 5 名的都市圈分别是济南都市圈、青岛都市圈、长春都市圈、合肥都市圈和郑州都市圈，具体从数值角度来看，济南都市圈、青岛都市圈和长春都市圈的软件环境竞争力处于绝对领先地位。而粤港大湾区、南宁都市圈和厦门都市圈的城市软件环境竞争力水平处于较低水平。从都市圈内部软件环境分化角度来看，粤港澳大湾区内部差距最大，变异系数达到 0.555，而都市圈软件环境竞争力较大的都市圈内部城市差距均较低。

表 10—14 各都市圈城市软件环境竞争力

都市圈	样本量	均值	变异系数	最小值	最大值
济南都市圈	6	0.768	0.162	0.599	0.917
青岛都市圈	5	0.738	0.234	0.548	0.934
长春都市圈	4	0.712	0.098	0.638	0.801
合肥都市圈	7	0.700	0.194	0.476	0.882
郑州都市圈	9	0.616	0.172	0.472	0.785
成都都市圈	10	0.605	0.206	0.353	0.774
西安都市圈	6	0.562	0.264	0.363	0.747
沈阳都市圈	6	0.553	0.242	0.373	0.777
石家庄都市圈	4	0.533	0.106	0.479	0.608
武汉都市圈	6	0.510	0.240	0.277	0.630
长三角都市连绵区	22	0.503	0.402	0.193	0.921
太原都市圈	4	0.497	0.246	0.390	0.672

续表

都市圈	样本量	均值	变异系数	最小值	最大值
首都都市圈	7	0.494	0.242	0.271	0.624
长沙都市圈	5	0.435	0.401	0.254	0.633
贵阳都市圈	4	0.433	0.399	0.243	0.643
粤港大湾区	11	0.404	0.555	0.168	1.000
南宁都市圈	6	0.398	0.526	0.070	0.682
厦门都市圈	3	0.285	0.392	0.175	0.399

资料来源：笔者整理。

五 硬件环境竞争力：呈现"东中一体"格局

城市硬件环境竞争力总体分布较为均匀，其核密度估计图基本符合正太分布（见图10—15）。总的来看，城市硬件环境竞争力总体处于较高水平，有48.96%的城市硬件环境竞争力高于均值；从变异系数角度来

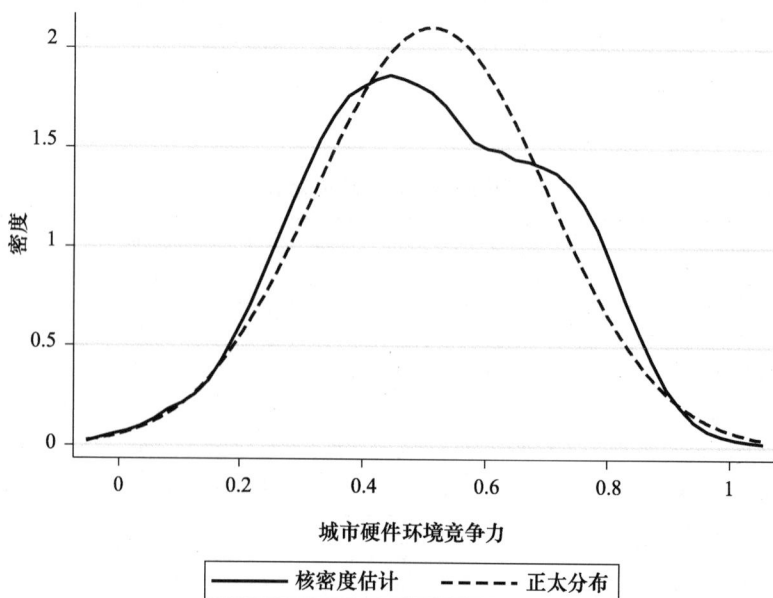

图10—15 城市硬件环境竞争力核密度图

图表来源：笔者自制。

看，总体变异系数为 0.37083，总体差异不大。从其空间分布状况来看（见图 10—16），靠近东中部城市的硬件环境要较强，而处于西部的城市硬件环境竞争力总体要显著低于其他城市。

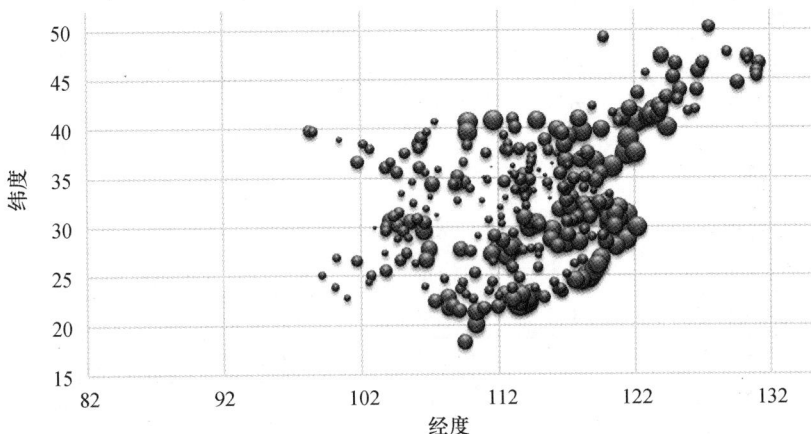

图 10—16　城市硬件环境竞争力空间分布

图表来源：笔者自制。

从都市圈角度来看（见表 10—15），厦门都市圈、青岛都市圈和粤港澳大湾区的硬件环境竞争力领跑 18 个都市圈，其硬件环境竞争力分别为 0.7996、0.7912 和 0.7804，处于绝对领先地位，并且前 3 名都市圈的硬件环境竞争力较为接近；从都市圈后 3 名角度来看，分别为成都都市圈、郑州都市圈和济南都市圈，数值分别为 0.4159、0.4130 和 0.3813，总体硬件环境竞争力在都市圈内部相对较低，但是仍然在 0.4 左右，并且大多数都市圈的硬件环境竞争力均处于中等偏上水平。从都市圈内部分化角度来看，除了成都都市圈和济南都市圈分化较为严重外，变异系数高达 0.4121 和 0.5942，其他都市圈内部较为均衡，变异系数均处于较低水平。具体从都市圈内部首位城市和次位城市硬件环境竞争力角度来看（见表 10—16），首位城市和次位城市的硬件环境竞争力较为接近，并且总体呈现首位城市和次位城市引领的都市圈的格局，即首位城市和次位城市硬件环境竞争力越高，都市圈硬件环境竞争力越高。

表10—15 各都市圈硬件环境竞争力

都市圈	样本量	均值	变异系数	最小值	最大值
厦门都市圈	3	0.800	0.137	0.710	0.922
青岛都市圈	5	0.791	0.124	0.636	0.887
粤港大湾区	11	0.780	0.119	0.683	1.000
长三角都市连绵区	22	0.698	0.202	0.269	0.897
沈阳都市圈	6	0.695	0.094	0.604	0.766
首都都市圈	7	0.681	0.128	0.538	0.807
长沙都市圈	5	0.643	0.210	0.416	0.740
武汉都市圈	6	0.634	0.134	0.520	0.735
合肥都市圈	7	0.559	0.129	0.450	0.634
长春都市圈	4	0.537	0.088	0.470	0.577
南宁都市圈	6	0.525	0.232	0.331	0.652
贵阳都市圈	4	0.519	0.318	0.323	0.672
西安都市圈	6	0.500	0.184	0.355	0.619
石家庄都市圈	4	0.436	0.107	0.390	0.499
太原都市圈	4	0.432	0.051	0.414	0.462
成都都市圈	10	0.416	0.412	0.076	0.589
郑州都市圈	9	0.413	0.286	0.170	0.517
济南都市圈	6	0.381	0.594	0.129	0.687

资料来源：笔者整理。

表10—16 都市圈内部首位城市和次位城市硬件环境竞争力

都市圈	都市圈排名	首位城市	次位城市	都市圈	都市圈排名	首位城市	次位城市
厦门都市圈	1	泉州	厦门	长春都市圈	10	长春	四平
		0.922	0.767			0.577	0.557
青岛都市圈	2	烟台	青岛	南宁都市圈	11	南宁	防城港
		0.887	0.859			0.652	0.600
粤港大湾区	3	澳门	广州	贵阳都市圈	12	遵义	贵阳
		1.000	0.851			0.672	0.636
长三角都市连绵区	4	宁波	无锡	西安都市圈	13	宝鸡	渭南
		0.897	0.836			0.619	0.537

都市圈	都市圈排名	首位城市	次位城市	都市圈	都市圈排名	首位城市	次位城市
沈阳都市圈	5	沈阳	鞍山	石家庄都市圈	14	阳泉	衡水
		0.766	0.760			0.499	0.440
首都都市圈	6	唐山	张家口	太原都市圈	15	太原	吕梁
		0.807	0.714			0.462	0.436
长沙都市圈	7	长沙	株洲	成都都市圈	16	遂宁	成都
		0.740	0.735			0.589	0.567
武汉都市圈	8	咸宁	黄冈	郑州都市圈	17	许昌	新乡
		0.735	0.677			0.517	0.515
合肥都市圈	9	蚌埠	六安	济南都市圈	18	济南	淄博
		0.634	0.620			0.687	0.634

资料来源：笔者自制。

六　对外联系竞争力："中心城市"引领格局凸显

城市对外联系竞争力总体水平较低，有169个城市的对外联系竞争力低于平均水平，占总样本城市的58.68%，仅有15个城市的对外联系竞争力高于0.5，仅占总样本的5.21%；总体分化较为严重，变异系数高达0.810。从其核密度图（见图10—17）也可以看出这一点，其核密度图呈现较强的右偏分布，且城市的集聚程度较高，大部分城市集聚在0到0.4之间。

从城市对外联系竞争力总体分布可以看出（见图10—18），环渤海湾区域的北京，长三角区域的上海，粤港澳大湾区的香港、广州和深圳，中部的成都、重庆和西安的对外联系竞争力均处于较高水平，总体显著强于区域内其他城市发展。这一点也可以从对外联系竞争力前10名城市看出（见图10—19），排名前十的城市分别为北京、上海、香港、成都、广州、重庆、深圳、西安、杭州和厦门，其中北京和上海的对外联系要显著高于其他城市，而香港、成都、广州的对外联系也要显著高于剩余城市。

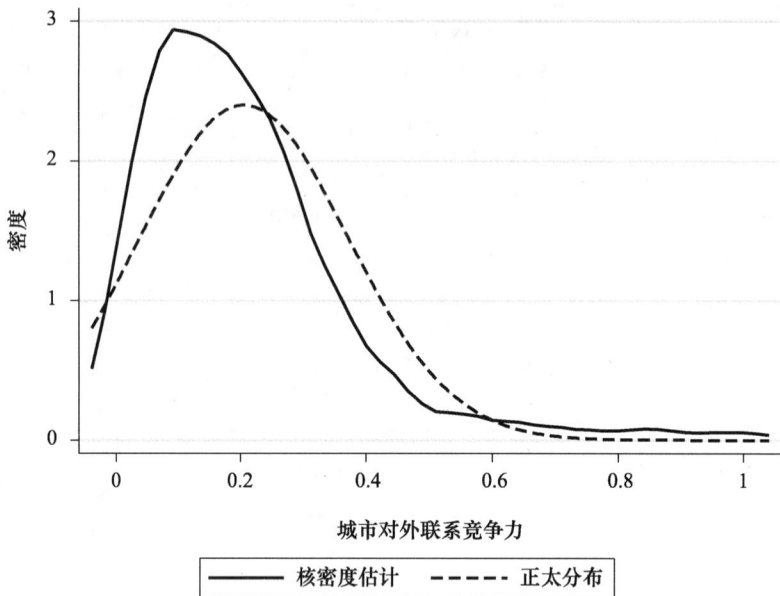

图 10—17 城市对外联系竞争力核密度图

图表来源：作者自制。

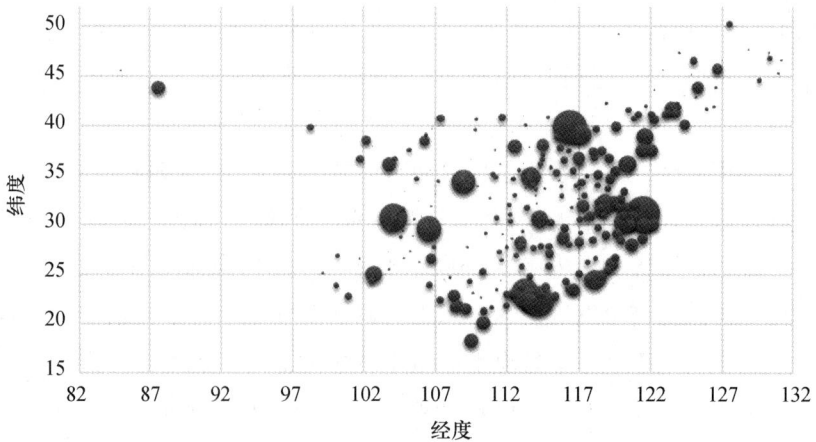

图 10—18 对外联系竞争力经纬度分布

图表来源：笔者自制。

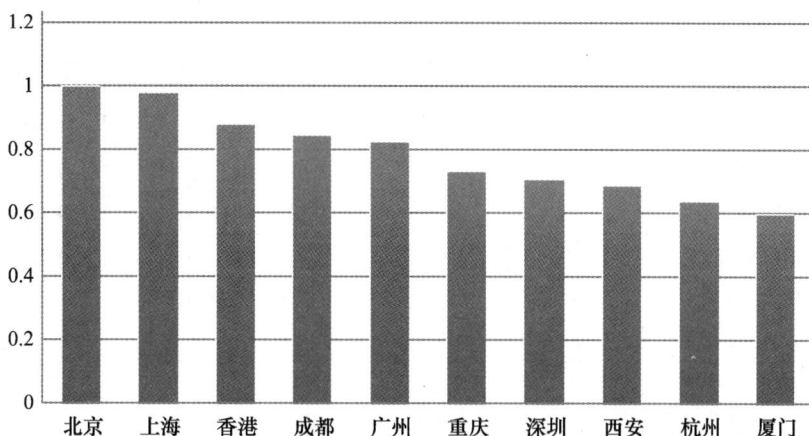

图 10—19　对外联系竞争力前 10 名

图表来源：笔者自制。

从城市群角度来看（见表 10—17），城市群对外联系竞争力排名前五的城市群分别为粤港澳大湾区、长三角城市群、海峡西岸城市群、山东半岛城市群和浙东城市群，从具体数值可以看出粤港澳大湾区和长三角城市群的对外联系竞争力要显著高于其余 23 个城市群，处于绝对领先状态；城市群对外联系竞争力排名后 5 名的城市群为呼包鄂城市群、太原城市群、银川城市群、长春城市群、哈尔滨城市群。从城市群内部分化角度来看，25 个城市群对外联系竞争力内部分化普遍比较严重，其中京津唐城市群、关中城市群、成渝城市群、太原城市群和长春城市群的分化最为严重，变异系数均大于 1。

表 10—17　　　　　　　　各城市群对外联系水平

城市群	样本量	均值	变异系数	最小值	最大值
粤港澳大湾区	11	0.476	0.467	0.255	0.879
长三角城市群	15	0.413	0.465	0.279	0.978
海峡西岸城市群	6	0.343	0.405	0.239	0.597
山东半岛城市群	8	0.340	0.283	0.208	0.522
浙东城市群	3	0.312	0.213	0.248	0.381
南宁城市群	5	0.297	0.176	0.229	0.360

续表

城市群	样本量	均值	变异系数	最小值	最大值
京津唐城市群	8	0.278	1.219	0.018	1.000
琼海城市群	5	0.271	0.467	0.125	0.413
环鄱阳湖城市群	6	0.249	0.317	0.161	0.386
辽中南城市群	12	0.249	0.464	0.116	0.509
石家庄城市群	5	0.240	0.385	0.156	0.374
关中城市群	5	0.234	1.194	0.022	0.686
成渝城市群	11	0.218	1.318	0.026	0.843
皖江淮城市群	11	0.204	0.381	0.074	0.361
徐州城市群	8	0.193	0.372	0.091	0.293
武汉城市群	6	0.190	0.822	0.090	0.497
中原城市群	8	0.177	0.933	0.071	0.578
黔中城市群	3	0.167	0.746	0.058	0.302
兰州城市群	5	0.166	0.991	0.015	0.410
长株潭城市群	8	0.160	0.519	0.077	0.347
呼包鄂城市群	3	0.150	0.397	0.113	0.219
太原城市群	5	0.131	1.233	0.041	0.419
银川城市群	5	0.120	0.960	0.000	0.287
长春城市群	5	0.118	1.221	0.014	0.369
哈尔滨城市群	9	0.116	0.872	0.002	0.325

资料来源：笔者整理。

从都市圈角度来看（见表10—18），粤港澳大湾区的对外联系竞争力处于一枝独秀的状态，显著高于其他都市圈，总体均值为0.476，其次分别为厦门都市圈、青岛都市圈、长三角都市连绵区和首都都市圈；对外联系竞争力最低的三个都市圈分别是太原都市圈、贵阳都市圈和长春都市圈，数值分别为0.151、0.144和0.140。从变异系数角度来看，基本与城市群相一致，首都都市圈、西安都市圈、成都都市圈、太原都市圈和长春都市圈的对外联系竞争力内部分化最为严重。这一点从都市圈内部首位城市和次位城市的对外联系竞争力水平看出（见表10—19），首都都市圈的首位城市北京的对外联系竞争力为1，次位城市天津的对外联系竞争力为 0.564，成都都市圈内部首位城市成都的对外联系竞争力为 0.842，次位城市绵阳的对外联系竞争力仅为 0.194，内部分化非常严重。

表 10—18　　　　　　　　各都市圈对外联系竞争力

都市圈	样本量	均值	变异系数	最小值	最大值
粤港大湾区	11	0.476	0.467	0.255	0.879
厦门都市圈	3	0.391	0.467	0.248	0.597
青岛都市圈	5	0.372	0.261	0.283	0.522
长三角都市连绵区	22	0.358	0.499	0.188	0.978
首都都市圈	7	0.315	1.104	0.044	1.000
济南都市圈	6	0.229	0.368	0.129	0.373
沈阳都市圈	6	0.224	0.464	0.125	0.415
南宁都市圈	6	0.210	0.622	0.030	0.360
西安都市圈	6	0.207	1.246	0.022	0.686
石家庄都市圈	4	0.200	0.678	0.051	0.374
武汉都市圈	6	0.190	0.822	0.090	0.497
合肥都市圈	7	0.185	0.565	0.074	0.361
长沙都市圈	5	0.174	0.582	0.095	0.347
郑州都市圈	9	0.165	0.962	0.071	0.578
成都都市圈	10	0.163	1.510	0.018	0.843
太原都市圈	4	0.151	1.186	0.041	0.419
贵阳都市圈	4	0.144	0.775	0.065	0.302
长春都市圈	4	0.140	1.118	0.014	0.369

资料来源：作者整理。

表 10—19　　　都市圈内首位城市和次位城市对外联系竞争力

都市圈	都市圈排名	首位城市	次位城市	都市圈	都市圈排名	首位城市	次位城市
粤港大湾区	1	香港	广州	石家庄都市圈	10	石家庄	衡水
		0.879	0.826			0.374	0.218
厦门都市圈	2	厦门	泉州	武汉都市圈	11	武汉	黄石
		0.597	0.328			0.497	0.204

续表

都市圈	都市圈排名	首位城市	次位城市	都市圈	都市圈排名	首位城市	次位城市
青岛都市圈	3	青岛	烟台	合肥都市圈	12	合肥	铜陵
		0.522	0.414			0.361	0.277
长三角都市连绵区	4	上海	杭州	长沙都市圈	13	长沙	湘潭
		0.978	0.638			0.347	0.174
首都都市圈	5	北京	天津	郑州都市圈	14	郑州	洛阳
		1.000	0.564			0.578	0.155
济南都市圈	6	济南	滨州	成都都市圈	15	成都	绵阳
		0.373	0.264			0.843	0.194
沈阳都市圈	7	沈阳	本溪	太原都市圈	16	太原	吕梁
		0.415	0.250			0.419	0.073
南宁都市圈	8	南宁	防城港	贵阳都市圈	17	贵阳	遵义
		0.360	0.305			0.302	0.140
西安都市圈	9	西安	咸阳	长春都市圈	18	长春	吉林
		0.686	0.316			0.369	0.092

资料来源：笔者自制。

第三节 重要变量关系和规律发现

一 城市各分项竞争力越协调，城市宜商竞争力越高

本章将城市宜商环境分项指标总体耦合协调度划分为四个等级，分别为优质协调、良好协调、勉强协调和濒临协调。通过计算得出，城市宜商竞争力各分项指标耦合协调度总体均值为 0.566，总体水平较高，标准差为 0.129，变异系数为 0.228，总体分化水平不高，分布较为均匀，从耦合协调度的核密度图也可以看出这一点（见图 10—20），其基本与正态分布图相一致。

从耦合协调度与城市宜商竞争力散点图角度来看（见图 10—21），两者具有高度的正相关关系，相关系数高达 0.886，这表明城市的宜商竞争力越高，其耦合程度越高，即基本上宜商环境都保证了城市在各个方面

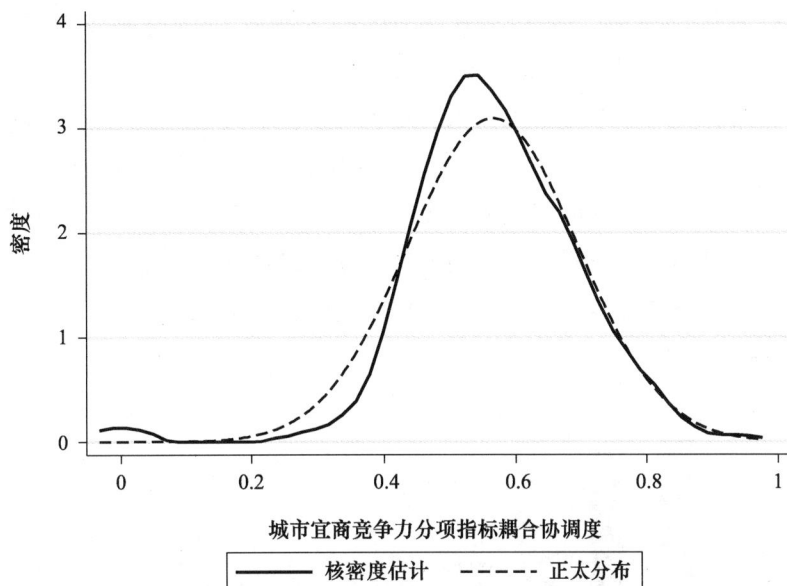

图10—20 耦合协调度的核密度图

图表来源：作者自制。

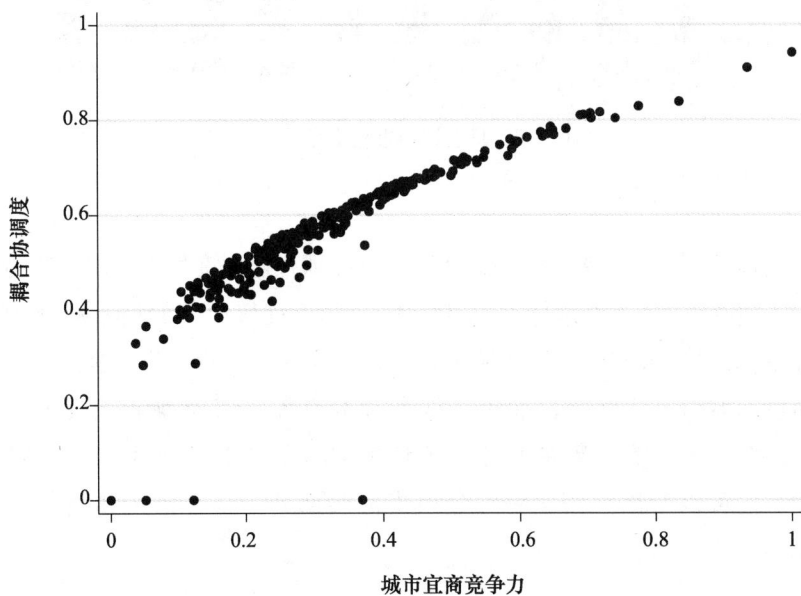

图10—21 城市耦合协调度与宜商竞争力散点图

图表来源：作者自制。

都协调发展,而基本上不存在有一个指数特别好,然后导致宜商竞争力好的情况。

城市宜商竞争力分项指标耦合协调度排名前十的城市分别为香港、北京、上海、深圳、南京、天津、重庆、青岛、广州和杭州(见图10—22)。从图中可以看出,香港和北京的耦合协调度分别高达0.9424和0.9099,显著高于其他城市,处于绝对领先状态;而其余八个城市的耦合协调度都较为接近,但都处于优质协调状态。

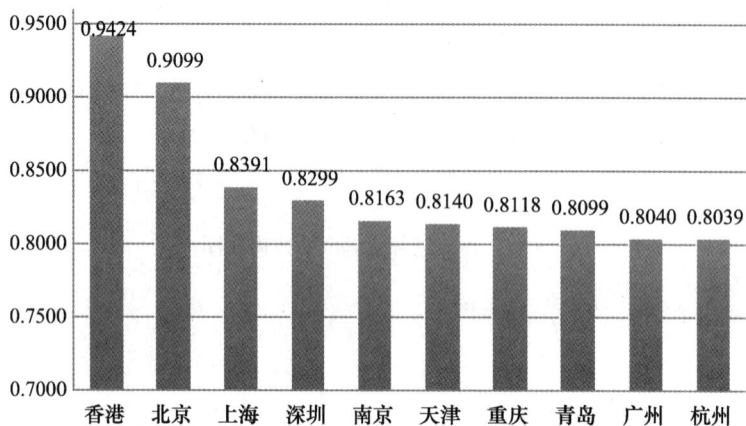

图10—22 耦合协调度排名前十的城市

图表来源:作者自制。

具体从等级角度来看(见表10—20),耦合协调度处于优质协调的城市样本量有10个,占总样本的3.47%;处于良好协调的城市有96个,占样本总体的33.33%,主要城市有大连、成都、苏州、济南等;处于勉强协调的城市有100个,占样本总体的34.72%,主要城市有北海、鞍山、淮北、枣庄等;濒临协调的城市有82个,占样本城市的28.47%。从而我们可以看出宜商竞争力分项指标大都处于良好协调和勉强协调状态。

表10—20　　　　　　　各耦合协调度等级的城市数量和主要城市

协调类型	城市数量	均值	主要城市
优质协调	10	0.838	香港、北京、上海、深圳、南京、天津、重庆、青岛、广州、杭州
良好协调	96	0.675	大连、成都、苏州、济南、厦门、澳门、西安、无锡、烟台、南通
勉强协调	100	0.550	北海、鞍山、淮北、枣庄、莆田、大庆、包头、桂林、郴州、衢州
濒临失调	82	0.425	南平、阳江、资阳、吕梁、沧州、酒泉、汉中、崇左、十堰、三门峡

资料来源：作者整理。

从都市圈角度来看（见表10—21），都市圈的耦合协调度总体可以分为两种状态，即良好协调和勉强协调。宜商竞争力分项指标耦合协调度排名前三的都市圈分别为青岛都市圈、粤港澳大湾区、长三角都市连绵区，都市圈耦合协调度最低的为贵阳都市圈、长春都市圈和南宁都市圈，虽然在所有都市圈内排名最后，但是仍然处于勉强协调状态，这表明都市圈内各个方面的协调度均较高。从变异系数角度来看，各个都市圈的变异系数总体上均处于较低水平，相对来看，长春都市圈的变异系数最大，为0.265，青岛都市圈的变异系数最低为0.073。

表10—21　　　　　　　各都市圈耦合协调度状况

	都市圈	样本量	均值	变异系数	最小值	最大值
良好协调	青岛都市圈	5	0.737	0.073	0.665	0.810
	粤港大湾区	11	0.734	0.133	0.610	0.942
	长三角都市连绵区	22	0.708	0.089	0.624	0.839
	厦门都市圈	3	0.693	0.106	0.625	0.771
	首都都市圈	7	0.668	0.221	0.513	0.910
	济南都市圈	6	0.638	0.135	0.545	0.774
	合肥都市圈	7	0.620	0.112	0.555	0.754
	长沙都市圈	5	0.619	0.120	0.516	0.710
	武汉都市圈	6	0.601	0.128	0.523	0.739

续表

	沈阳都市圈	6	0.587	0.179	0.418	0.747
	郑州都市圈	9	0.585	0.143	0.461	0.750
	西安都市圈	6	0.577	0.229	0.407	0.766
	石家庄都市圈	4	0.566	0.158	0.481	0.692
勉强协调	成都都市圈	10	0.546	0.197	0.433	0.782
	太原都市圈	4	0.546	0.162	0.485	0.676
	贵阳都市圈	4	0.538	0.196	0.439	0.640
	长春都市圈	4	0.537	0.265	0.384	0.711
	南宁都市圈	6	0.517	0.177	0.441	0.676

资料来源：作者整理。

从空间分布纬度角度来看（见图 10—23），从北纬 20 度到北纬 50 度这一区间内，中国城市耦合协调度的分布基本上处于均值左右波动，这表明从纬度角度来看，宜商环境耦合协调度分布均匀，不存在按纬度集聚的现象。

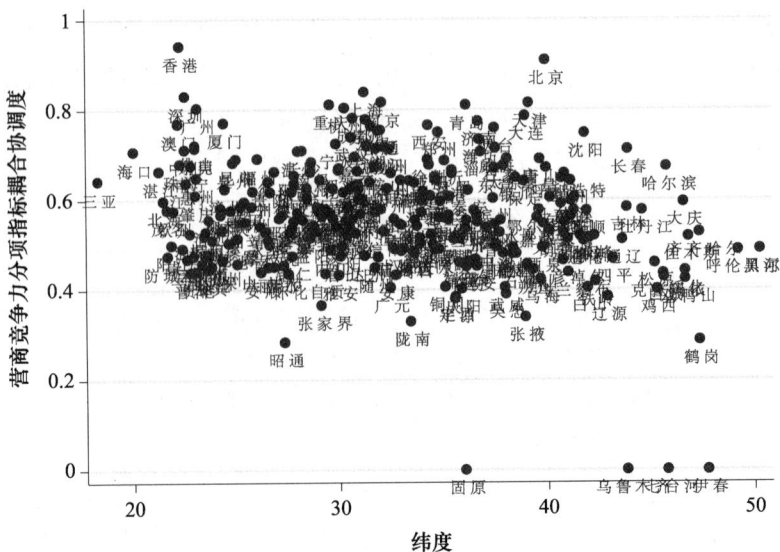

图 10—23 耦合协调度纬度分布

图表来源：作者自制。

从空间分布经度角度来看（见图10—24），呈现显著的"人"字形变化趋势，在东经80度到东经120度之间城市的总体耦合协调度呈现逐渐上升趋势，从东经120度到东经130度城市的总体耦合协调度呈下降趋势。具体匹配到我国具体地理位置，可以发现，中部和东部沿海城市耦合协调度较高，而东北地区城市的耦合协调度相对较低。

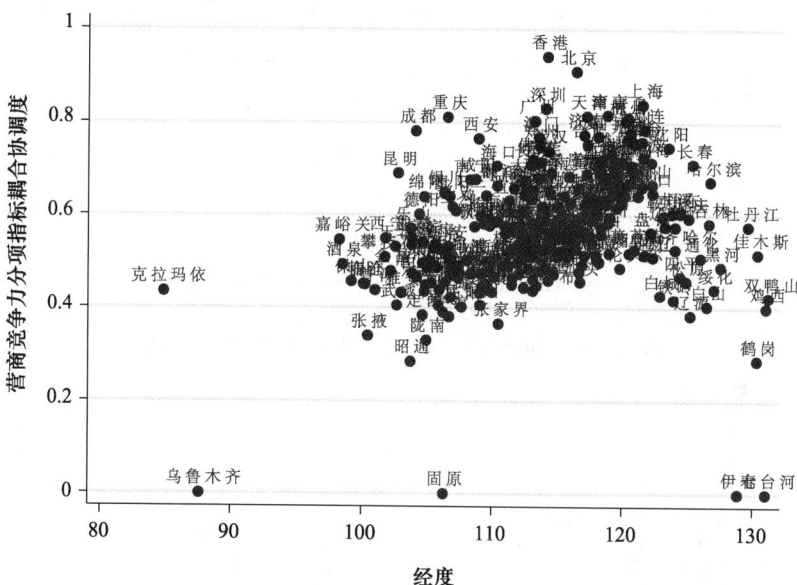

图10—24　耦合协调度经度分布

图表来源：作者自制。

二　软件环境竞争力与城市规模、城市发展水平总体呈现倒 U 形关系

从软件环境竞争力和城市规模角度来看，其总体呈现倒 U 形关系，即并不是城市规模越大，软件环境竞争力越强。不同的是，软件环境较强的城市其城市规模主要处于中等偏上水平，并且在中等规模城市中软件环境分布极不均匀（见图10—25）。

从城市发展水平角度来看，发展水平较高的城市，其软件环境基本处于中等偏下的水平，而相对发展水平较低的城市其软件环境却处于较高等级，且分布也极不均匀（见图10—26）。

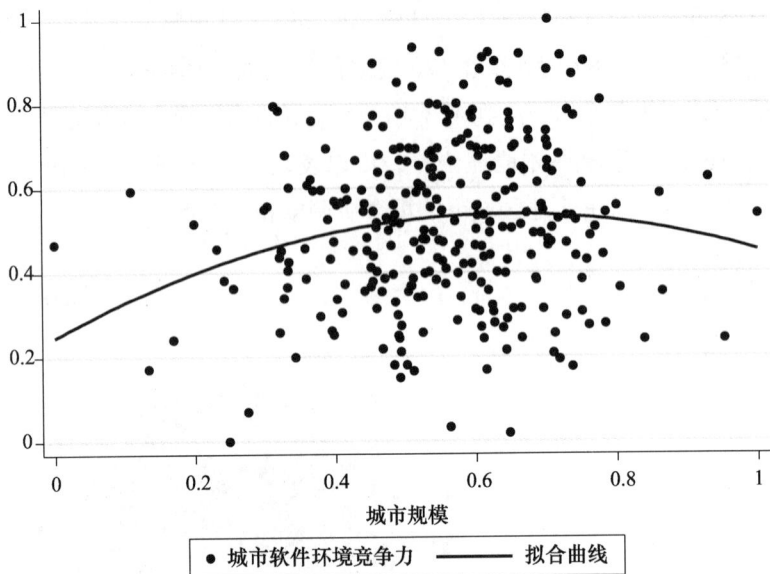

图 10—25　城市软件环境竞争力与城市规模散点图

图表来源：作者自制。

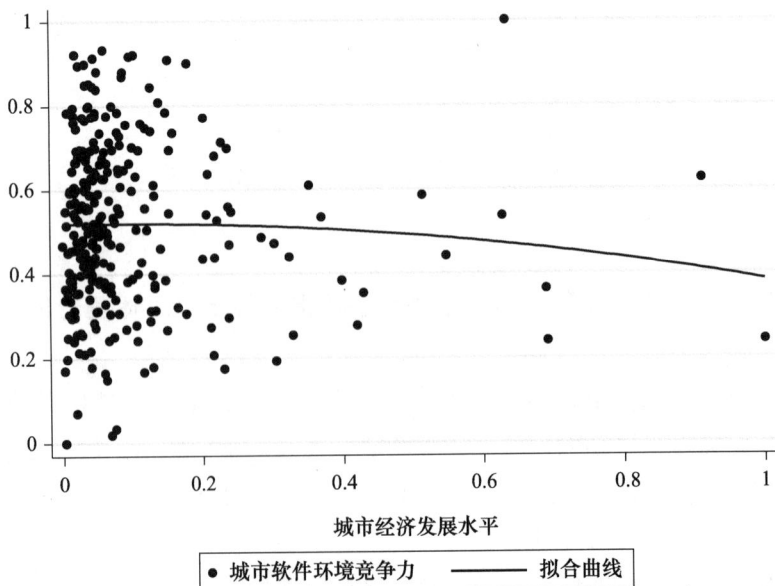

图 10—26　城市软件环境竞争力与城市经济发展水平散点图

图表来源：作者自制。

　　具体从城市软件环境竞争力分项指标角度来看（见图 10—27、图
10—28），城市的犯罪率、城市包容度、城市的经商便利度与城市规模和
城市经济发展水平之间均不存在明显的规律特征，在城市规模相对较小
和城市发展水平相对较低的城市呈现极强的随机分布特征，即在相同城
市规模和发展水平上均有分布，从而软件环境为相对独立的一个因素。

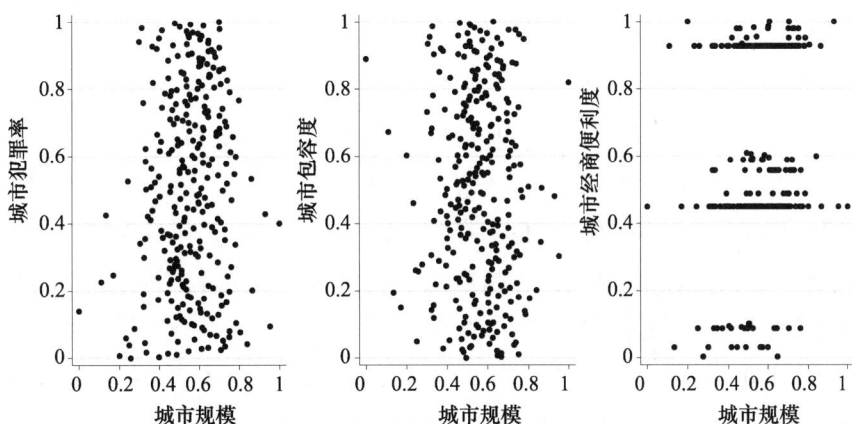

图 10—27　城市软件环境竞争力分项指标与城市规模散点图

图表来源：作者自制。

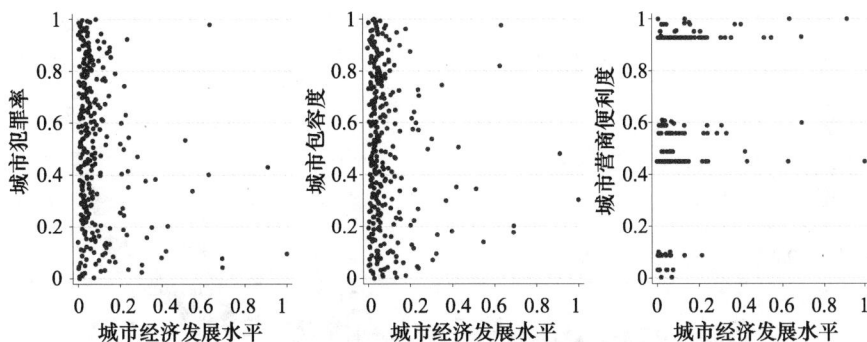

图 10—28　城市软件环境竞争力分项指标与城市经济发展水平散点图

图表来源：作者自制。

三 研发投入与经济发展呈现边际效应递增趋势

图 10—29 反映的是城市 R&D 投入与城市经济发展水平之间的散点图，总体来说城市的 R&D 投入越多，城市的经济发展水平越高，两者的相关系数达到 0.616。从散点图变化趋势角度来看，当投入总体处于较低水平时，其对经济增长的贡献较低，当 R&D 投入处于较高水平时，其对经济增长的贡献较大，即 R&D 投入的边际贡献率呈递增状态，从图形上看呈现出显著的指数分布趋势。具体从区间角度来看（见表 10—22），当 R&D 投入指数在 0 到 0.2 区间时，其与经济增长的相关性为 −0.281，即呈现负相关；当 R&D 投入指数在 0.2 到 0.4 区间时，其与经济增长的相关性为 0.303；当 R&D 投入指数在 0.4 到 0.6 区间时，其与经济增长的相关性为 0.353；当 R&D 投入指数在 0.6 到 0.8 区间时，其与经济增长的相关性为 0.549；当 R&D 投入指数大于 0.8 时，其与经济增长的相关性为 0.770，总体呈现递增趋势。具体分区域来看，总体变化趋势（见图 10—30）和相关性（见表 10—22）与此也较为一致。

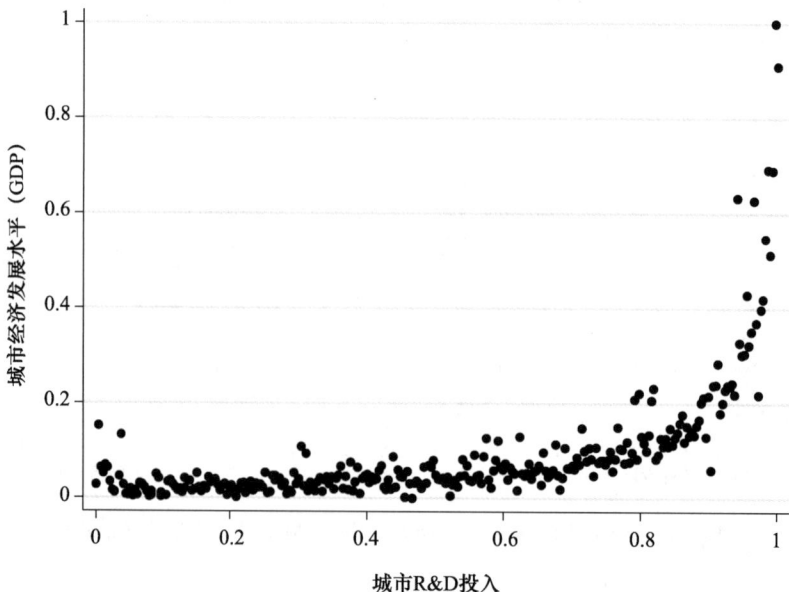

图 10—29　城市 R&D 投入与 GDP 散点图

图表来源：笔者自制。

表 10—22 　　　　　　　　　　 R&D 投入与 GDP 相关关系

R&D 水平	[0, 0.2)	[0.2, 0.4)	[0.4, 0.6)	[0.6, 0.8)	[0.8, 1]
相关系数	−0.281	0.303	0.353	0.549	0.770

资料来源：笔者自制。

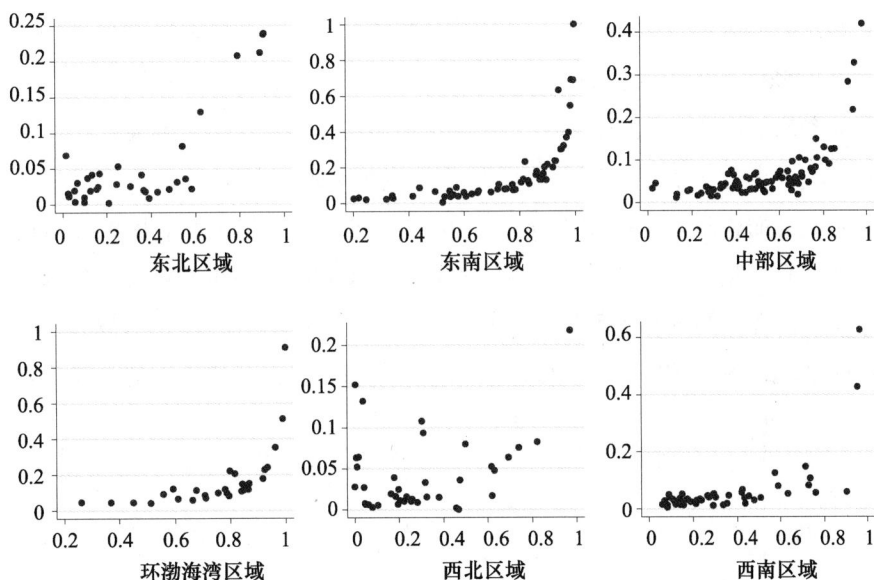

图 10—30 　各区域 R&D 投入与 GDP 散点图

图表来源：笔者整理。

表 10—23 　　　　　　　　　　 各区域 R&D 投入与 GDP 关系

区域	东北区域	东南区域	中部区域	环渤海湾区域	西北区域	西南区域
样本量	34	57	80	29	39	49
相关系数	0.794	0.644	0.656	0.591	0.331	0.649

资料来源：笔者自制。

四　城市经济发展水平由地理区位决定转向软联系决定

城市经济历来都受到城市所处地理区位的影响，如美国的波士顿—华盛顿城市群、芝加哥—匹兹堡城市群、圣地亚哥—旧金山城市群，欧洲西北部城市群，英国伦敦城市群，日本的东京城市群，以及中国的长三角城市群、珠三角城市群和环渤海湾区域等全都靠近沿海区域，拥有较好的交通地理区位，从而总体提升城市经济发展水平。但是这一现状在信息科技条件下得到改变，由地理区位决定经济发展转向信息联系决定城市经济发展。具体来看，我们用城市居港距离代表城市的地理区位水平，从图10—31可以看出当前的地理区位与经济发展水平的相关性并不大，相关系数仅为0.284，这表明在当前地理区位并不能决定城市的经济发展水平。在信息水平时代，一个城市的对外联系水平越强，其获取外部资源的机会也就相对越多，从而经济发展的机会也就越大。具体我们以城市全球联系度指数、百度联系度指数和城市航空联系度指数总体代表城市的软联系，从城市软联系指数与城市经济发展水平指数散点图角度来看（见图10—32），城市的软联系水平越高，城市的经济发展水平越高，两者之间的相关系数高达0.852。而分别从城市软联系指数的各项指标来看（见图10—33），城市全球联系与城市经济发展水平的相关系数

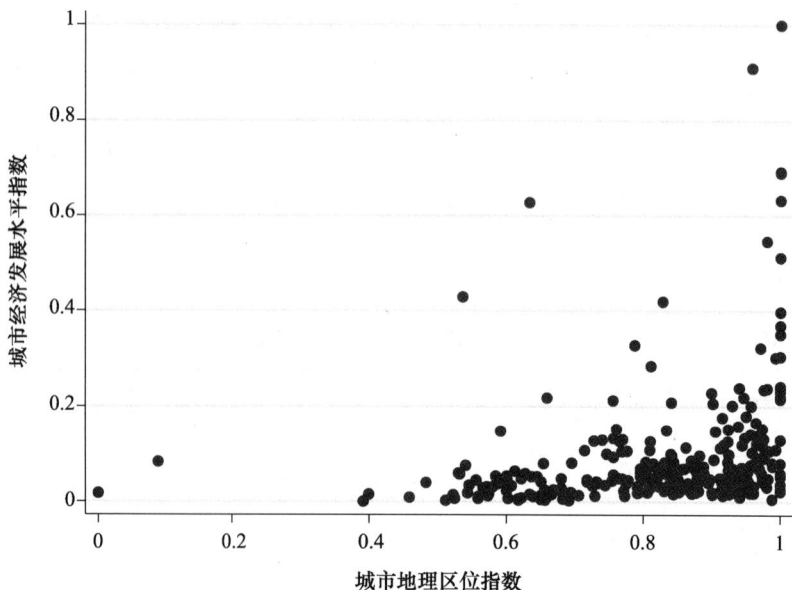

图10—31 城市地理区位与城市经济发展水平

图表来源：笔者自制。

为 0.833，城市百度联系与城市经济发展水平的相关系数为 0.807，城市航空联系与城市发展水平的相关系数为 0.720，总体均呈现出较强的相关性。

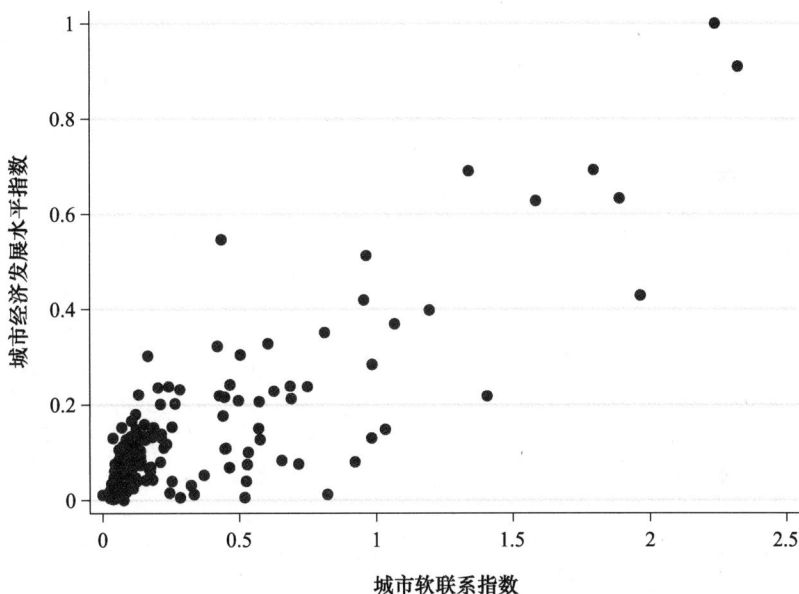

图 10—32　城市软联系与城市经济发展水平

图表来源：笔者自制。

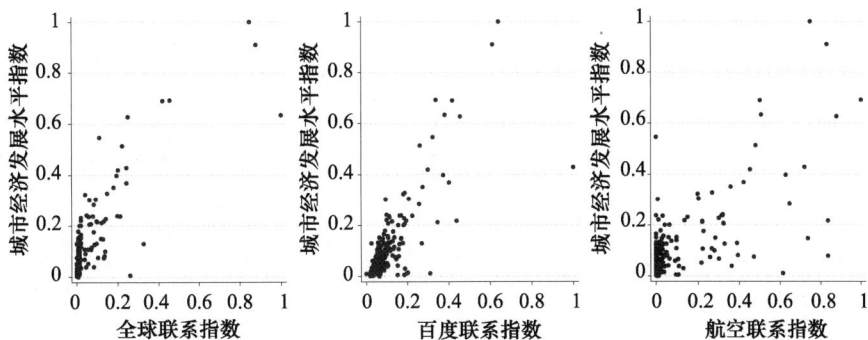

图 10—33　城市软联系与城市经济发展水平

图表来源：笔者自制。

第四部分

区域报告

第十一章

中国（东南地区）城市竞争力报告

张洋子　刘尚超[*]

第一节　中国城市竞争力（江苏省）报告

2018 年江苏省城市竞争力总体处于全国上游水平。全省总面积约 10.72 万平方公里，2018 年全省总人口约 8050.7 万人，GDP 总量 92595.4 亿元，增长率 6.7%。城镇人口占常住人口比重为 69.61%。

表 11—1　　　　　　　　　　2018 年江苏省省情信息

土地面积	10.72 万平方公里
常住人口	8050.7 万人
城镇人口占常住人口比重	69.61%
GDP 总量及增长率	92595.4 亿元，6.7%
一、二、三产占 GDP 比重	4.5∶44.5∶51

资料来源：2018 年江苏省国民经济和社会发展统计公报。

一　省内城市竞争力概况

第一，综合经济竞争力排名国内前列。2018 年度江苏省综合经济竞争力排名全国第 8 位，稳定在全国上游水平。苏州、南京、苏州、无锡等四座城市排在综合竞争力的前 20 位。省内其余城市与这四座城市还存

---

* 本部分江苏、福建、台湾由张洋子撰写;浙江、上海、长三角都市连绵区由刘尚超撰写。

在着较大的差距。

第二，可持续竞争力水平普遍较好，总体排名处于全国上游。2018
年度江苏省可持续竞争力排名居全国第 8 位，水平处全国上游。其中，
省内前三的南京、苏州和无锡分别位列全国第 7 位、第 10 位和第 19 位，
省内最末的宿迁位列全国第 227 位。

第三，宜居城市竞争力多座城市名列前茅，亮点较多。2018 年度江
苏省宜居城市竞争力指数位居全国第 6 位，亮点较多。其中，无锡宜居
城市竞争力排全国第 2 位，南通排全国第 4 位，南京排在第 6 位，苏州的
活跃的经济环境高居全国第一。苏北的宿迁、连云港、徐州的宜居环境
则相对落后，排在 100 名之外。

第四，宜商城市竞争力软件环境普遍较差，各城市间差异较大。从
2018 年度江苏省宜商城市竞争力指数来看，南京和苏州排名前 20 位。淮
安的软件环境高居全国第 4 位，苏州的当地需求指标排名第 6 位，无锡的
硬件环境排名第 9 位。省内共 7 座城市软件环境排名 100 位之外，存在较
大的提升空间。

表 11—2　　2018 年江苏省各城市综合经济竞争力指数排名

城市	综合经济竞争力		综合增量竞争力		综合效率竞争力	
	指数	排名	指数	排名	指数	排名
南京	0.200	7	0.480	9	0.077	14
无锡	0.183	11	0.272	21	0.101	10
徐州	0.098	40	0.264	22	0.017	51
常州	0.146	18	0.258	23	0.063	20
苏州	0.222	6	0.521	8	0.091	12
南通	0.116	27	0.309	15	0.027	36
连云港	0.069	80	0.132	72	0.009	81
淮安	0.077	62	0.172	46	0.010	77
盐城	0.082	51	0.218	32	0.009	82
扬州	0.105	33	0.219	31	0.029	34
镇江	0.117	26	0.189	42	0.047	23

续表

城市	综合经济竞争力		综合增量竞争力		综合效率竞争力	
	指数	排名	指数	排名	指数	排名
泰州	**0.102**	**37**	**0.205**	**36**	**0.029**	**35**
宿迁	0.069	81	0.138	64	0.008	96

资料来源：中国社会科学院城市与竞争力指数数据库。

注：表中阴影加黑为都市圈内城市。

表11—3　　　2018年江苏省各城市宜商竞争力指数排名

城市	宜商城市竞争力		当地要素	当地需求	软件环境	硬件环境	全球联系
	指数	排名	排名	排名	排名	排名	排名
南京	**0.718**	**6**	**4**	**12**	**133**	**32**	**11**
无锡	**0.611**	**18**	**21**	**16**	**186**	**9**	**27**
徐州	0.485	42	51	62	33	138	99
常州	**0.514**	**36**	**42**	**30**	**189**	**36**	**46**
苏州	**0.649**	**13**	**9**	**6**	**183**	**51**	**21**
南通	**0.593**	**21**	**27**	**24**	**51**	**46**	**48**
连云港	0.400	78	84	122	118	89	61
淮安	**0.406**	**71**	**82**	**68**	**4**	**260**	**125**
盐城	0.395	81	86	47	43	234	96
扬州	**0.515**	**34**	**40**	**45**	**54**	**105**	**62**
镇江	**0.523**	**30**	**46**	**46**	**106**	**33**	**68**
泰州	**0.405**	**73**	**110**	**42**	**175**	**72**	**70**
宿迁	0.293	140	156	205	41	212	140

资料来源：中国社会科学院城市与竞争力指数数据库。

注：表中阴影加黑为都市圈内城市。

表11—4　　　　　2018 年江苏省各城市可持续竞争力指数排名

城市	可持续竞争力		知识城市竞争力	和谐城市竞争力	生态城市竞争力	文化城市竞争力	全域城市竞争力	信息城市竞争力
	指数	排名	排名	排名	排名	排名	排名	排名
南京	0.666	7	8	77	18	4	15	26
无锡	0.540	19	19	155	67	33	9	31
徐州	0.396	54	33	96	128	70	100	118
常州	0.462	35	49	159	147	28	24	37
苏州	0.622	10	10	41	103	23	6	16
南通	0.457	39	35	65	72	80	33	53
连云港	0.266	154	113	246	80	195	113	85
淮安	0.333	89	137	17	192	118	92	127
盐城	0.331	92	90	160	77	134	70	109
扬州	0.463	33	34	114	75	30	51	71
镇江	0.461	37	38	158	70	46	28	51
泰州	0.348	76	141	105	107	122	55	70
宿迁	0.194	227	223	225	48	269	197	147

资料来源：中国社会科学院城市与竞争力指数数据库。

注：表中阴影加黑为都市圈内城市。

表11—5　　　　　2018 年江苏省各城市宜居竞争力指数排名

城市	宜居竞争力		优质的教育环境	健康的医疗环境	安全的社会环境	绿色的生态环境	舒适的居住环境	便捷的基础设施	活跃的经济环境
	指数	排名	排名	排名	排名	排名	排名	排名	排名
南京	0.732	6	11	20	99	48	268	251	8
无锡	0.780	2	16	36	158	110	56	135	11
徐州	0.391	126	61	68	178	263	85	236	134
常州	0.671	22	55	49	169	119	72	158	20
苏州	0.697	17	31	52	137	100	203	201	1
南通	0.734	4	51	55	21	64	63	187	36
连云港	0.384	133	111	120	155	169	182	143	148

续表

城市	宜居竞争力		优质的教育环境	健康的医疗环境	安全的社会环境	绿色的生态环境	舒适的居住环境	便捷的基础设施	活跃的经济环境
	指数	排名	排名	排名	排名	排名	排名	排名	排名
淮安	0.517	77	109	92	26	171	105	167	93
盐城	0.495	82	105	185	78	103	49	134	87
扬州	0.587	40	39	116	44	141	169	220	57
镇江	0.704	10	29	121	49	199	31	98	28
泰州	0.591	38	123	175	35	126	45	61	44
宿迁	0.200	243	228	193	194	193	139	68	235

资料来源：中国社会科学院城市与竞争力指数数据库。

注：表中阴影加黑为都市圈内城市。

二 都市圈的现状与条件：发展水平较高，发展条件优越

江苏城市在长三角都市连绵区当中发展水平较高，多座城市竞争力排名靠前。从长三角都市连绵区中江苏省城市的发展条件来看，在超大城市上海之后，南京被定位为唯一一个特大城市，苏州则为Ⅰ型大城市。南京、苏州等多座城市经济发展水平较高，历史文化悠久，资源丰富，交通便利。苏北的淮安、宿迁两个设区市则是扬子江城市群、沿海经济带和徐州共同的腹地、共同的后花园，是长江以北地区的"水龙头"。整个区域国土开发强度明显低于全省平均水平，淮安、宿迁均在17%以内，发展潜力较大。

三 都市圈的现象与规律：多个三线城市发展情况较为出色

在长三角都市连绵区内，江苏省多个三线城市发展情况较为出色。南通、扬州、镇江、常州、淮安等多个三线城市在综合经济、可持续、宜居、宜商竞争力等方面排名靠前，进步幅度较为明显，城市亮点较多（亮点指标见表11—6）。这些城市同上海、南京、杭州、宁波等城市一起，支撑起我国长三角都市连绵区的强大竞争力，在都市圈内形成了多点开花的良好局面。这些城市的良好表现，凸显了都市圈内江苏城市发展的均衡性、协调性和可持续性。

表 11—6　　　　2018 年江苏省部分三线城市竞争力亮点指标

城市	城市竞争力亮点指标
南通	宜居城市竞争力高居全国第 4 位
扬州	可持续城市竞争力位居全国第 33 位
镇江	宜居城市竞争力高居全国第 10 位
常州	综合经济城市竞争力位居全国第 18 位
淮安	软件环境高居全国第 4 位、和谐城市第 17 位

资料来源：中国社会科学院城市与竞争力指数数据库。

四　都市圈的问题与劣势：苏北城市与都市圈竞争力整体水平差距较大

苏北城市与长三角都市连绵区竞争力整体水平差距仍然较大。与长三角都市连绵区竞争力发达的城市相比，苏北城市的竞争力总体上处于劣势地位。主要体现为：硬件环境和当地需求问题相对薄弱，生态环境和宜居程度也相对落后。受经济发展导向变化、市场需求变动和前期产业布局等因素影响，苏北城市产业基础较为薄弱，缺乏高水平的人才资源，科学技术相对落后。部分行业的企业生产经营困难，转型升级阻力较大，生态资源环境负荷大，污染治理成本较高。

五　都市圈的趋势与展望：苏北城市未来发展前景广阔

依托都市圈，淮安、泰州、徐州等苏北城市发展的前景广阔。苏北发展事关全省大局，关心苏北、支持苏北、振兴苏北，是促进长三角都市连绵区均衡发展的重要因素。根据江苏省的发展战略，苏北城市将坚持生态优先、绿色发展原则，深化思想认识，着力改革创新。苏北城市发展前景广阔，未来需要积极打通与省内的南京、苏州等大城市，以及都市圈内的上海、杭州、宁波等城市的联系，促进资源、人才、科技、信息等方面的交流。

第二节　中国城市竞争力（福建省）报告

2018 年福建省城市竞争力总体处于全国中上游水平。全省总面积约

12.4 万平方公里，2018 年全省总人口约 3941 万人，GDP 总量 35804.04 亿元，增长率 8.3%。城镇人口占常住人口比重为 62.6%。

表 11—7　　　　　　　　　　2018 年福建省省情信息

土地面积	12.4 万平方公里
常住人口	3941 万人
城镇人口占常住人口比重	62.6%
GDP 总量及增长率	35804.04 亿元，8.3%
一、二、三产占 GDP 比重	6.6∶48.13∶45.22

资料来源：2018 年福建省国民经济和社会发展统计公报。

一　省内城市竞争力概况

第一，综合经济竞争力总体稳居中上水平，城市间差异较大。2018 年度福建省综合经济竞争力均值为 0.081，排名全国第 12 位，稳定在全国中等偏上水平。其中，厦门、泉州和福州三足鼎立态势，分别排在第 17 位、第 31 位和第 36 位。省内其余城市与这三座城市还存在着较大的差距，漳州等五座城市均排在 70 名之外。

第二，可持续竞争力水平提升较快，厦门一枝独秀。2018 年度福建省可持续竞争力排名居全国第 13 位，水平处全国中游。其中省内前三的厦门、福州和泉州位列全国第 15 位、第 30 位和第 48 位，省内最末的南平位列全国第 163 位。厦门在信息城市和生态城市方面是可持续竞争力表现的突出亮点，分别高居全国城市的第 8 位和第 9 位。

第三，宜居城市竞争力水平位居中游。2018 年度福建省宜居城市竞争力指数均值为 0.499，排全国各省区（除西藏）第 11 位，居全国上游水平。其中厦门宜居城市竞争力排全国第 5 位，优质的教育环境和绿色的生态环境分列第 4 位和第 7 位。省内城市总体上在安全的社会环境和舒适的居住环境方面表现较差。

第四，宜商城市竞争力城市间差异显著，软件环境普遍较差。从 2018 年度福建省宜商城市竞争力指数来看，城市间差异较大。厦门等三座城市排名前 50 位，南平、宁德排名 200 名之外。软件环境指标是最大短板，省内城市全部排名 200 位之外，存在较大的提升空间。

表 11—8　　　　2018 年福建省各城市综合经济竞争力指数排名

城市	综合经济竞争力		综合增量竞争力		综合效率竞争力	
	指数	排名	指数	排名	指数	排名
福州	0.103	36	0.285	18	0.019	48
厦门	**0.148**	**17**	**0.160**	**51**	**0.095**	**11**
莆田	0.071	74	0.112	96	0.015	57
三明	0.057	138	0.099	118	0.003	165
泉州	**0.107**	**31**	**0.276**	**20**	**0.023**	**40**
漳州	**0.074**	**70**	**0.172**	**47**	**0.008**	**92**
南平	0.054	165	0.090	139	0.002	208
龙岩	0.058	131	0.099	115	0.004	151
宁德	0.059	124	0.103	108	0.004	145

资料来源：中国社会科学院城市与竞争力指数数据库。

注：表中阴影加黑为都市圈内城市。

表 11—9　　　　2018 年福建省各城市宜商竞争力指数排名

城市	宜商城市竞争力		当地要素	当地需求	软件环境	硬件环境	全球联系
	指数	排名	排名	排名	排名	排名	排名
福州	0.503	40	35	27	275	22	29
厦门	**0.641**	**15**	**10**	**40**	**205**	**30**	**10**
莆田	0.331	114	113	86	283	19	87
三明	0.233	196	131	115	238	221	143
泉州	**0.500**	**41**	**43**	**20**	**280**	**2**	**43**
漳州	**0.361**	**96**	**93**	**64**	**254**	**52**	**88**
南平	0.176	243	208	162	256	190	166
龙岩	0.204	221	133	102	284	232	114
宁德	0.348	102	130	151	210	20	92

资料来源：中国社会科学院城市与竞争力指数数据库。

注：表中阴影加黑为都市圈内城市。

表 11—10 　　　　　2018 年福建省各城市可持续竞争力指数排名

城市	可持续竞争力		知识城市竞争力	和谐城市竞争力	生态城市竞争力	文化城市竞争力	全域城市竞争力	信息城市竞争力
	指数	排名	排名	排名	排名	排名	排名	排名
福州	0.463	34	25	236	64	21	62	33
厦门	**0.597**	**13**	**20**	**82**	**9**	**44**	**32**	**8**
莆田	0.202	219	150	287	158	172	96	83
三明	0.264	156	134	216	52	235	81	116
泉州	**0.390**	**57**	**46**	**281**	**34**	**60**	**54**	**50**
漳州	**0.339**	**82**	**103**	**227**	**90**	**75**	**53**	**89**
南平	0.221	203	145	259	174	142	147	139
龙岩	0.234	184	156	280	115	159	120	95
宁德	0.236	183	171	221	211	151	151	81

资料来源：中国社会科学院城市与竞争力指数数据库。

注：表中阴影加黑为都市圈内城市。

表 11—11 　　　　　2018 年福建省各城市宜居竞争力指数排名

城市	宜居竞争力		优质的教育环境	健康的医疗环境	安全的社会环境	绿色的生态环境	舒适的居住环境	便捷的基础设施	活跃的经济环境
	指数	排名	排名	排名	排名	排名	排名	排名	排名
福州	0.644	28	34	35	223	14	237	243	39
厦门	**0.704**	**11**	**4**	**32**	**249**	**7**	**274**	**234**	**13**
莆田	0.495	83	131	135	271	11	217	64	69
三明	0.470	93	75	205	210	31	177	86	103
泉州	**0.569**	**48**	**43**	**112**	**262**	**19**	**133**	**226**	**35**
漳州	**0.518**	**76**	**96**	**214**	**180**	**41**	**235**	**13**	**82**
南平	0.348	154	156	198	228	8	171	156	156
龙岩	0.413	117	119	199	275	12	251	81	91
宁德	0.339	164	179	246	229	29	168	79	142

资料来源：中国社会科学院城市与竞争力指数数据库。

注：表中阴影加黑为都市圈内城市。

二 都市圈的现状与条件：发展现状相对领先，发展条件比较有利

厦门都市圈发展水平在全国处于相对领先位置。根据清华大学发布的《中国都市圈发展报告2018》，厦门都市圈位列发展型都市圈之一。都市圈内厦门、泉州、漳州等三座城市在综合经济、可持续、宜居、宜商竞争力等方面均表现较好。其中，厦门竞争力领先于泉州和漳州，在都市圈中处于核心地位。但是，厦门都市圈总体上产业升级的动力不足，经济发展与内陆地区联系有限，核心城市厦门的发展对房地产的依赖度较大。未来，自贸区建设与闽台融合契机等为厦门都市圈竞争力提升创造了有利的条件。

三 都市圈的现象与规律：厦、泉、漳各项竞争力排名相对集中

总体而言，厦门、泉州、漳州在各项城市竞争力中的排名均较为集中。从综合经济、可持续、宜居、宜商竞争力的排名看，厦门在竞争力各方面集中排在10—20位。泉州则排在30—60位。漳州则排在70—100位。都市圈内三座城市竞争力呈阶梯状分布，厦门最强，泉州第二，漳州第三。三座城市各项竞争力发展较为均衡，没有明显短板。

四 都市圈的问题与劣势：房价高企是厦门竞争力主要短板

房价高企是制约厦门竞争力提升的主要短板。根据对全国大中城市房价的统计结果，2018年全年，厦门中位房价高达39753元/平方米，高居第5位，仅次于北上广深等一线城市。根据上海易居研究院公布的2018年全国50个大中城市房价排名，厦门房价收入比高达22.5，排在二线城市之首（见图11—1）。随着房价不断攀高，房价收入比大幅超出合理范围，厦门居民生活水平提升造成巨大压力，降低厦门生活质量主观满意度，也给厦门产业升级和人才吸引力带来负面影响。

五 都市圈的趋势与展望：厦漳泉同城化和旅游业发展前景广阔

展望未来，厦漳泉同城化和旅游业发展的前景广阔。首先，加快推进厦漳泉大都市区建设过程中，厦门需要发挥经济特区龙头带动作用，泉州要在创新转型中创造新优势，漳州要依托大项目建设推进城市化进

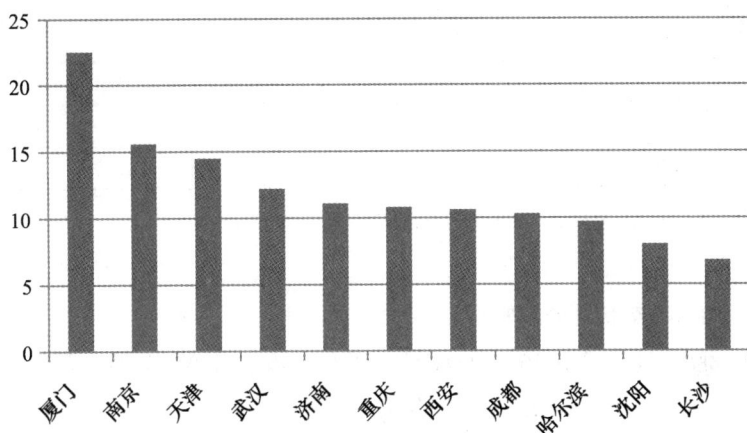

图 11—1　2018 年厦门房价收入比与部分二线城市的比较情况

资料来源：中国社会科学院城市与竞争力指数数据库。

程。通过抓住技术创新、提升产业层次，加速厦漳泉同城化发展。其次，厦漳泉都市圈旅游资源丰富，鼓浪屿、环岛路、沙坡尾、南普陀、崇武古城、云水谣古镇等一张张亮丽的城市名片闻名遐迩。近年来，该都市圈游客数量保持在较高水平地位。未来，通过扩大国际知名度，加强协同、互动，旅游业发展较为乐观。

表 11—12　　　　　　　　2018 年厦门都市圈城市竞争力指数比较

城市	综合经济竞争力		综合增量竞争力		综合效率竞争力		宜居竞争力		宜商竞争力		可持续竞争力	
	指数	排名	指数	排名	指数	排名	指数	排名	指数	排名	指数	排名
厦门	0.148	17	0.160	51	0.095	11	0.704	11	0.641	15	0.597	13
泉州	0.107	31	0.276	20	0.023	40	0.569	48	0.500	41	0.389	57
漳州	0.071	70	0.112	47	0.015	92	0.581	76	0.361	96	0.340	82

资料来源：中国社会科学院城市与竞争力指数数据库。

第三节　中国城市竞争力（台湾）报告

宝岛台湾位于我国东南沿海，总面积约 3.6 万平方公里，2018 年台湾总人口约 2357.1 万人，GDP 总量 1189.2 亿元，增长率 2.7%。

表11—13   2018 年台湾信息

土地面积	3.6193 万平方公里
常住人口	2357.1 万人
GDP 总量及增长率	1189.2 亿元，2.7%

资料来源：中国社科院城市与竞争力数据库。

一 台湾城市竞争力概况

台湾城市竞争力总体水平较好，存在小幅下滑的趋势。从整体情况来看，2018 年台湾的平均综合竞争力位居全国第 7，位于全国前列，但是较 2017 年下滑 1 位，较 2016 年下滑 3 位。台湾城市的综合经济竞争力整体较强，台北、新北、高雄、台中、台南等五座城市全部跻身于城市综合经济竞争力的前 50 强。台北和新北的表现相对突出，分别排在竞争力的第 9 位和 15 位，台中市、高雄市和台南市等三座城市位列省内三至五位，与台北和新北差距较大。从城市的历史比较来看，台湾城市综合经济竞争力排名均较 2017 年出现不同程度的下滑。其中，台北从第 4 位下降至第 9 位，高雄和台中分别从 46 位和 45 位上升至 35 位和 34 位。

表11—14   2018 年台湾各经济竞争力指数排名

城市	经济竞争力		综合增量竞争力		综合效率竞争力	
	指数	排名	指数	排名	指数	排名
台北	0.188	9	0.104	105	0.206	5
新北	0.153	15	0.094	128	0.146	6
高雄	0.104	35	0.076	174	0.073	17
台中	0.105	34	0.074	182	0.076	15
台南	0.086	48	0.062	209	0.053	21

资料来源：中国社会科学院城市与竞争力指数数据库。

注：表中阴影加黑为都市圈内城市。

台北和高雄历来具有重要地位，是台湾的六大"直辖市"之一，也是区域中心城市。台北是台湾的政治、经济、文化以及交通、教育中心。高雄是台湾的西南部城市，是台湾面积第二大的城市。因此，本部分着重以"一北一南"的台北和高雄为代表进行介绍。

二 都市圈的现状与条件：发展现状台北占优，发展条件各具特色

发展现状台北占优，发展条件各具特色。首先，发展现状方面台北占优。台北经济竞争力高居第9位，领先于高雄的35位。根据GaWC发布的全球关于世界一、二、三、四线城市体系的权威排名，台北也位于一线城市之列。高雄近年来竞争力则一直落后于台北，其发展面临的主要问题包括：劳动人口外移严重、年轻人就业困难、消费力不强等。其次，发展条件各具优势。台北是台湾的政治、经济、文化、旅游、工业、商业与传播中心，具有较强的国际影响力。高雄曾是岛内第二大城市，作为世界第十大港口之一，这里常年空气湿润，光照充足，具有较好的生态环境，也是南台湾的文化中心与近代台湾与外国联系的重要窗口。

三 都市圈的现象与规律：竞争力差距近两年有缩小的趋势

台北和高雄之间的竞争力差距近两年有缩小的趋势。首先，综合经济竞争力方面，相比，台北从2017年的第4位下降至2018年的第9位，高雄则从第46位上升至第35位。其次，综合增量竞争力方面，台北由2017年的第89位下降至2018年的第105位，高雄则较去年下降了20位。综合效率经济竞争力方面，台北由2017年的第1位下降至2018年的第5位。高雄则稳定在17位。目前，台北竞争力和高雄相比仍具有一定的优势，随着高雄的竞争力提升，二者之间的差距有所缩小。

四 都市圈的问题与劣势：投资低迷是存在的主要问题之一

投资低迷是困扰台北、高雄等台湾城市发展的主要因素之一。首先，外来投资较少。根据中新社给出的数据显示，2017年台湾吸引外来直接投资（FDI）为32.6亿美元，占全球份额较低，0.23%，低于其GDP在全球所占0.73%的比重。在由台当局经济事务主管部门举办的"全球招商大会"上，外商协议投资金额为540亿元新台币，创下4年新低。其次，民间投资意愿相对不高。根据台当局"主计总处"的数据，2016年台湾民间投资增长率2.77%，2017年降低为−1.35%，2018年上半年则为0.4%。受此影响，台北、高雄的综合增量竞争力排名也出现不同程度

下滑, 分别比去年下降了 16 位和 20 位。

五 都市圈的趋势与展望：未来发展前景比较广阔

未来, 台北、高雄等岛内城市的发展前景比较广阔。由于经济发展面临的岛内资源要素与市场规模的局限与约束, 台湾城市需要努力克服瓶颈, 探索具有国际竞争力的发展环境。对此, 在台北、高雄等城市的未来发展中, 可以积极融入"21 世纪海上丝绸之路"建设, 与内陆地区共享海上丝绸之路带来的发展机遇与红利; 加强台湾和福建方面的"福建自由贸易实验区"的合作, 推动闽台产业对接升级计划, 鼓励台胞来闽创业就业。推进海峡两岸青年创业基地建设, 推进两岸教育、科技、文化、人才、卫生、体育、旅游等领域交流。

表 11—15 **2018 年台北和高雄城市经济竞争力比较**

城市	经济竞争力		综合增量竞争力		综合效率竞争力	
	指数	排名	指数	排名	指数	排名
台北	0.188	9	0.104	105	0.206	5
高雄	0.104	35	0.076	174	0.073	17

资料来源：中国社会科学院城市与竞争力指数数据库。

第四节 中国城市竞争力（浙江省）报告

2018 年, 浙江省面对错综复杂的国内外环境和深化改革的发展任务, 经济社会建设工作取得了较大成就：全省 GDP 总量超过 5.6 万亿元, 增长率为 7.1%；全省一般公共预算收入 6598 亿元, 完成年度预算的106.3%, 增长 11.1%；省内产业结构持续优化, 服务业占比继续逐步提升；全面深化改革取得显著成效, 至 2020 年高水平全面建成小康社会、高水平推进社会主义现代化建设的两个"高水平建设目标"开局良好, "最多跑一次"等改革工作持续推进, 对外开放水平稳步提升。浙江省内各地市经济竞争力、可持续竞争力、宜居城市竞争力和宜商城市竞争力整体水平较高、多数位居全国前列, 但仍然面临竞争力水平提升缓慢、区域发展不均衡等问题。

表 11—16　　　　　　　　　　2018 年浙江省省情信息

土地面积	10.55 万平方公里
常住人口	5737 万
城镇人口占常住人口比重	68.9%
GDP 总量及增长率	56197 亿元，7.1%
一、二、三产占 GDP 比重	3.5%、41.8%、54.7%

资料来源：2018 年浙江省国民经济和社会发展统计公报。

一　现状与条件：宜商竞争力优势带动各项竞争力稳居全国前列

现状：2018 年度浙江省城市综合经济竞争力指数均值为 0.088，在全国所有省份中排名第 10；宜居城市竞争力指数均值为 0.575，全国排名第 7；宜商城市竞争力指数均值为 0.4562，全国排名第 8；可持续竞争力指数均值为 0.4355，全国排名第 7 位。竞争力各项排名与 2017 年度排名变化较小，位次变化都仅在两位以内上下浮动。

2018 年，浙江省城市竞争力呈现出以下格局：

第一，经济竞争力整体水平较高，省内部分城市综合竞争力水平提升较快，发展欠均衡的问题更加凸显。从具体指标来看，浙江省各地市经济增量水平普遍略高于其经济效率水平，因此经济效率是浙江多数地市经济竞争力进一步提升的主要制约因素。此外，浙江省各地市综合经济竞争力指数变异系数为 0.3292，在全国所有省份中排名第 16 位，说明浙江省各地市间经济竞争力水平不均衡的问题仍然存在。

第二，省内多数城市可持续竞争力水平稳居全国上游。2018 年，浙江省所有地市平均可持续竞争力排名全国第 7 位，与 2017 年相同，稳定在全国上游水平。省内所有地市可持续竞争力指数的变异系数仅为 0.25，位列全国第 4，可见省内各城市间可持续竞争力差距较小。从分项指标来看，浙江省内大多地市普遍在创新驱动的知识城市、多元友好的文化城市、城乡一体的全域城市和开放便捷的信息城市四个分项指标表现突出，而在公平包容的和谐城市和环境友好的生态城市方面的指标表现较差。

第三，宜居城市竞争力排名整体靠前。除台州和衢州外，浙江省其他 9 个地市的宜居竞争力均在全国百强之中；其中杭州和宁波宜居城市竞争力稳居全国前十。从各分项指标来看，优质的教育环境、绿色的生态环境和活跃的经济环境是浙江省地市普遍具有的宜居优势；而健康的医疗环境和安全的社会环境则是浙江省各地市的普遍短板；基础设施方面浙江省内各地市则出现了较大差异。浙江省宜居城市竞争力的变异系数仅为0.169，说明浙江省各地市间的宜居城市竞争力发展较为均衡。

第四，宜商竞争力优势较为明显。2018年度除衢州外，浙江省内所有地市宜商城市竞争力排名都位于全国百强之内，且变异系数仅为0.247，全国排名第3，可见省内各地市宜商竞争力发展水平较高且相对较为均衡。从分项指标看，对外联系优势明显，当地需求与当地要素表现突出，硬件环境水平参差不齐，软件环境水平普遍较差。

二 问题与劣势：受国际经济变化影响较大、区域发展欠平衡、医疗和社会保障水平有待进一步提升

第一，浙江省是典型的出口导向的开放型经济体，易受国际经济发展形势变化以及贸易摩擦等不确定性因素的影响。浙江省几大主要城市均有较高的"出口依存度"（即出口贸易额占GDP的比重），在全球经济复苏乏力、贸易摩擦加剧、企业信息普遍不足的情况下其更容易受到相关风险的负面影响。

第二，区域发展不平衡的问题尚未解决。作为开放型经济体的内陆城市，衢州、丽水等不具备省内其他沿海城市的区位优势，因此各方面竞争力水平都较为落后。而这是导致浙江省沿海地区和内陆区域发展欠均衡的主要原因。

第三，医疗水平、社会安全保障等方面的水平有待进一步提升。从前文的分析中不难看出，除经济竞争力外，浙江省内各地市之间可持续竞争力、宜居和宜商竞争力水平差别较小；且多数地市都存在医疗环境和社会环境方面的问题，而较差的软件环境也是制约浙江多数地市竞争力提升的主要因素。

三 现象与规律：发展潜力巨大、制度优势缓解地区发展不均衡

第一，经济竞争力水平普遍落后于可持续竞争力、宜居竞争力和宜商竞争力。浙江省省内的大多数城市经济竞争力的全国排名落后于其可持续竞争力、宜居竞争力和宜商竞争力，这也说明了浙江省整体的发展

空间和发展潜力较大。

第二，省内经济竞争力区域分布不均衡，而不同地市间可持续竞争力、宜居竞争力和宜商竞争力差距较小。而这也从侧面反映出浙江省内各地区之间发展潜力较为均衡，只是由于受到区位因素和发展阶段的影响，浙江省内各地市经济竞争力水平存在差异。

四　趋势与展望：宜商环境优势将更加凸显，民营经济进一步释放活力

作为我国民营经济最发达的省份，浙江省的改革开放取得了众多举世瞩目的成果，其对民营企业的重视、市场规制的完善程度、劳动力和资金土地等各项要素分配制度的创新都使得其在全国乃至世界都具有独特的优势。因此浙江省逐渐形成的经济模式和完善而灵活的政策制度形成了发展经济竞争力、可持续竞争力和宜商竞争力的天然沃土。此外，优越的自然条件也为浙江省宜居竞争力的发展提供了必要条件。因此不难预料，在未来的发展过程中浙江将缩小其现阶段经济竞争力水平与其可持续竞争力发展潜力的差距，并将逐步向均衡发展、全面发展的目标迈进。

表11—17　　　　　浙江省各城市综合经济竞争力指数排名

城市	经济竞争力		综合增量竞争力		综合效率竞争力	
	指数	排名	指数	排名	指数	排名
杭州	0.144	19	0.474	10	0.032	31
宁波	0.131	23	0.302	17	0.040	25
温州	0.085	49	0.205	35	0.013	67
嘉兴	0.100	38	0.154	55	0.036	29
湖州	0.071	75	0.111	98	0.015	58
绍兴	0.094	42	0.182	44	0.025	38
金华	0.076	63	0.158	52	0.012	70
衢州	0.052	187	0.066	197	0.004	134
舟山	0.083	50	0.080	161	0.038	27

续表

城市	经济竞争力		综合增量竞争力		综合效率竞争力	
	指数	排名	指数	排名	指数	排名
台州	0.077	59	0.150	56	0.014	61
丽水	0.052	192	0.075	179	0.002	188

资料来源：中国社会科学院城市与竞争力指数数据库。

表11—18　　　　　浙江省各城市可持续竞争力指数排名

城市	可持续竞争力		知识城市竞争力	和谐城市竞争力	生态城市竞争力	文化城市竞争力	全域城市竞争力	信息城市竞争力
	指数	排名	排名	排名	排名	排名	排名	排名
杭州	0.674	6	5	128	25	5	7	11
宁波	0.544	18	15	193	88	25	13	15
温州	0.431	44	41	275	30	59	26	36
嘉兴	0.421	47	81	252	129	49	11	24
湖州	0.379	58	76	266	169	55	19	34
绍兴	0.418	48	80	258	127	32	18	25
金华	0.409	51	39	282	102	39	31	29
衢州	0.308	114	162	157	223	88	56	56
舟山	0.531	20	60	99	11	78	12	23
台州	0.321	103	131	279	79	112	30	41
丽水	0.354	74	95	181	148	76	66	60

资料来源：中国社会科学院城市与竞争力指数数据库。

表11—19　　　　　浙江省各城市宜居竞争力指数排名

城市	宜居竞争力		优质的教育环境	健康的医疗环境	安全的社会环境	绿色的生态环境	舒适的居住环境	便捷的基础设施	活跃的经济环境
	指数	排名	排名	排名	排名	排名	排名	排名	排名
杭州	0.741	3	24	4	205	71	206	202	6
宁波	0.707	9	26	39	230	49	117	190	10
温州	0.504	80	70	85	269	42	249	216	16

续表

城市	宜居竞争力		优质的教育环境	健康的医疗环境	安全的社会环境	绿色的生态环境	舒适的居住环境	便捷的基础设施	活跃的经济环境
	指数	排名	排名	排名	排名	排名	排名	排名	排名
嘉兴	0.557	57	84	220	238	84	41	62	12
湖州	0.564	49	94	122	261	111	22	76	23
绍兴	0.545	61	72	98	266	94	33	188	14
金华	0.526	70	56	148	277	75	89	172	19
衢州	0.486	86	149	213	198	151	205	1	48
舟山	0.697	16	80	153	172	5	90	36	15
台州	0.441	106	153	181	268	22	108	189	17
丽水	0.558	56	103	165	197	50	129	55	47

资料来源：中国社会科学院城市与竞争力指数数据库。

表11—20　　　　　浙江省各城市宜商竞争力指数排名

城市	宜商竞争力		当地要素	当地需求	软件环境	硬件环境	对外联系
	指数	排名	排名	排名	排名	排名	排名
杭州	0.705	7	7	9	214	15	9
宁波	0.583	24	19	14	277	3	20
温州	0.511	37	38	19	247	41	32
嘉兴	0.476	45	64	37	219	13	49
湖州	0.425	64	65	53	235	45	66
绍兴	0.434	59	68	29	239	61	58
金华	0.405	74	49	36	252	178	51
衢州	0.286	147	140	88	199	213	78
舟山	0.420	66	91	90	188	28	47
台州	0.414	68	109	32	241	24	53
丽水	0.360	97	87	89	224	82	89

资料来源：中国社会科学院城市与竞争力指数数据库。

第五节 中国城市竞争力（上海市、长三角湾区）报告

一 上海市竞争力分析

2018 年，上海经济平稳增长，结构进一步优化，社会稳步发展。在自贸试验区改革开放全面深化的同时，长三角一体化发展的进程也逐步加快。2018 年度上海仍旧保持了其在城市竞争力方面的领先身位，经济竞争力、可持续竞争力和宜商竞争力均位居全国第 3，宜居城市竞争力位居全国第 12。制约上海进一步全方位提升竞争力的主要因素是超大城市管理和社会服务所面临的挑战，如构建包容和谐的城市环境、安全有保障的社会环境等方面。

2018 年度上海市经济竞争力指数为 0.559，在全国各省市中排名第 2，位列深圳之后；可持续城市竞争力指数为 0.823，位居全国第 3，仅次于香港和北京；宜居城市竞争力指数为 0.703，在全国各省市中排名第 12；宜商城市竞争力同样位居全国第 3，仅次于香港和北京。2018 年上海市城市竞争力主要呈现出以下特点：第一，经济竞争力持续领先。第二，可持续竞争力优势明显，潜力突出。第三，宜居城市竞争力尚有较大提升空间。

表 11—21　　　　　　　　2018 年上海市市情信息

土地面积	6340.5 平方公里
常住人口	2423.78 万
GDP 总量及增长率	32679.87 亿元，6.6%
一、二、三产占 GDP 比重	0.3%、29.78%、69.98%
城市、农村居民收入及增长率	62596 元，8.5%；27825 元，9.0%

资料来源：2018 年上海市国民经济和社会发展统计公报。

二 长三角湾区现状与条件：经济体量大、发展水平高，但包容性和多元一体化有待提升

长三角湾区是我国地域范围最广、包含城市最多、综合经济体量最

大的都市圈和城市连绵区。其包括上海、浙江、江苏和安徽四个省市在内的共23个地市。从长三角湾区城市的经济竞争力来看，其经济竞争力水平普遍较高，全国经济竞争力50强城市中长三角湾区占据14席；且地理上分布较为均衡，长三角湾区东部的上海和苏州、北部南京无锡与常州、东部的杭州和宁波构成了空间均衡分布的三个经济增长极。

从长三角湾区城市的可持续竞争力来看，其城市普遍具有较大的发展潜力，但是城市间可持续竞争力水平差异巨大。分指标来看，长三角湾区的城市普遍在城乡一体的全域城市、开放便捷的信息城市和创新驱动的知识城市层面表现突出，但都市圈内城市可持续竞争力的差异主要来自于其在公平包容以及多元一体方面指标的差距。

宜居城市竞争力方面，长三角湾区的优势同样较为明显，多数长三角城市较为宜居。共有14个长三角湾区城市的宜居城市竞争力位于全国的前50名之内。从具体指标看，优质的教育环境、健康的医疗环境、特别是活跃的经济环境是多数长三角城市宜居竞争力优势的主要来源。

宜商城市竞争力方面，长三角湾区在全国的地位无疑首屈一指。所有长三角湾区城市均在全国百强的排名之内。而长三角湾区城市所具有的宜商竞争力的显著优势主要是来自于其完备且充分流动的当地要素、充分的当地需求、全面支撑的硬件环境和紧密的对外联系。

三　长三角湾区问题与劣势：较大的城市与都市圈规模对治理能力构成挑战，区域一体化和城市联动机制急需完善

一是城市治理水平面临空前挑战。长三角湾区城市群总人口达到约1.5亿人，且仍然是我国人口持续流入的主要都市圈之一，因此巨大的人口压力也给城市治理水平带来了空前的挑战。具体来看，制约长三角湾区城市竞争力提升的因素主要包括社会安全、文化包容、基础设施等涉及公共服务的各个方面。

二是区域一体化和城市之间联动协调机制有待进一步完善提升。长三角湾区城市群涉及省份和地市数量较多，因此平衡协调各地市间的发展战略和经济利益，从长三角湾区整体的视角构建省市之间联动协调的平台和机制就显得尤为重要。虽然长三角地区一体化发展已上升为国家战略，但目前面临的具体问题和挑战仍然较多。

四 长三角湾区现象与规律：都市圈内部城市梯队分明但不同城市定位尚未明确

从以上的分析不难发现，对于多数长三角湾区城市来说，宜商竞争力全国排名最高，经济竞争力和可持续竞争力次之，宜居城市竞争力最差。因此，长三角湾区城市的主要优势在于其较强的经济竞争力，而其经济竞争力水平较高的关键主要在于其具有稳定优势的宜商城市竞争力，特别是在对外联系、当地需求和硬件环境几个方面具有明显的优势。此外，对于各项竞争力指标来说，长三角湾区城市之间发展较为均衡且城市竞争力排名的梯队分明，但这也意味着城市之间的特点不明晰，同质化竞争较为严重。

五 长三角湾区趋势与展望：合理的顶层设计和政策落实将引领长三角湾区进一步发展壮大

虽然长三角湾区城市以外向型结构为主，更易受到国际经济环境的风险影响，但其聚集了我国数量最多的经济竞争力和可持续竞争力龙头城市，且随着区域一体化进程的不断推进，以交通互联互通、能源互济互保、产业协同创新、信息网络高速泛在、环境整治联防联控、公共服务普惠便利、市场开放有序等七个重点领域为抓手，长三角湾区有望凭借其友好的宜商环境、独有的区位优势和深厚的产业基础打造成为全球资源配置的亚太门户、世界一流的湾区城市群。

表 11—22　　2018 年长三角湾区城市综合经济竞争力指数排名

城市	经济竞争力		经济增量		经济效率	
	指数	全国排名	指数	全国排名	指数	全国排名
上海	0.419	3	0.955	2	0.207	4
苏州	0.222	6	0.521	8	0.091	12
南京	0.200	7	0.480	9	0.077	14
无锡	0.183	11	0.272	21	0.101	10
常州	0.146	18	0.258	23	0.063	20
杭州	0.144	19	0.474	10	0.032	31
宁波	0.131	23	0.302	17	0.040	25

续表

城市	经济竞争力		经济增量		经济效率	
	指数	全国排名	指数	全国排名	指数	全国排名
镇江	0.117	26	0.189	42	0.047	23
南通	0.116	27	0.309	15	0.027	36
扬州	0.105	33	0.219	31	0.029	34
泰州	0.102	37	0.205	36	0.029	35
嘉兴	0.100	38	0.154	55	0.036	29
绍兴	0.094	42	0.182	44	0.025	38
温州	0.085	49	0.205	35	0.013	67
舟山	0.083	50	0.080	161	0.038	27
芜湖	0.078	58	0.139	63	0.017	54
台州	0.077	59	0.150	56	0.014	61
淮安	0.077	62	0.172	46	0.010	77
金华	0.076	63	0.158	52	0.012	70
湖州	0.071	75	0.111	98	0.015	58
马鞍山	0.060	119	0.068	189	0.013	69
滁州	0.055	156	0.091	137	0.002	182
衢州	0.052	187	0.066	197	0.004	134
丽水	0.052	192	0.075	179	0.002	188
宣城	0.051	194	0.072	184	0.002	190

资料来源：中国社会科学院城市与竞争力指数数据库。

注：表中阴影加黑为都市圈内城市。

表11—23　　　2018年长三角湾区城市可持续竞争力指数排名

城市	可持续竞争力		知识城市竞争力	和谐城市竞争力	生态城市竞争力	文化城市竞争力	全域城市竞争力	信息城市竞争力
	指数	排名	排名	排名	排名	排名	排名	排名
上海	0.834	2	2	125	7	3	3	2
杭州	0.674	5	5	128	25	5	7	11
南京	0.666	8	8	77	18	4	15	26
苏州	0.622	10	10	41	103	23	6	16

续表

城市	可持续竞争力		知识城市竞争力	和谐城市竞争力	生态城市竞争力	文化城市竞争力	全域城市竞争力	信息城市竞争力
	指数	排名	排名	排名	排名	排名	排名	排名
宁波	0.544	15	15	193	88	25	13	15
无锡	0.540	19	19	155	67	33	9	31
舟山	0.531	60	60	99	11	78	12	23
扬州	0.463	34	34	114	75	30	51	71
常州	0.462	49	49	159	147	28	24	37
镇江	0.461	38	38	158	70	46	28	51
南通	0.457	35	35	65	72	80	33	53
温州	0.431	41	41	275	30	59	26	36
嘉兴	0.421	81	81	252	129	49	11	24
绍兴	0.418	80	80	258	127	32	18	25
金华	0.409	39	39	282	102	39	31	29
湖州	0.379	76	76	266	169	55	19	34
芜湖	0.377	37	37	74	142	170	34	92
丽水	0.354	95	95	181	148	76	66	60
泰州	0.348	141	141	105	107	122	55	70
淮安	0.333	137	137	17	192	118	92	127
台州	0.321	131	131	279	79	112	30	41
滁州	0.311	123	123	84	63	198	84	145
衢州	0.308	162	162	157	223	88	56	56
宣城	0.288	245	245	75	89	167	177	122
马鞍山	0.279	67	67	180	130	268	47	80

资料来源：中国社会科学院城市与竞争力指数数据库。

注：表中阴影加黑为都市圈内城市。

表 11—24　　　　2018 年长三角湾区城市宜商竞争力指数排名

城市	宜商城市竞争力		当地要素	当地需求	软件环境	硬件环境	对外联系
	指数	排名	排名	排名	排名	排名	排名
上海	0.833	3	6	1	269	12	2
南京	0.718	6	4	12	133	32	11
杭州	0.705	7	7	9	214	15	9
苏州	0.649	13	9	6	183	51	21
无锡	0.611	18	21	16	186	9	27
南通	0.593	21	27	24	51	46	48
宁波	0.583	24	19	14	277	3	20
芜湖	0.547	27	29	67	37	60	86
镇江	0.523	30	46	46	106	33	68
扬州	0.515	34	40	45	54	105	62
常州	0.514	36	42	30	189	36	46
温州	0.511	37	38	19	247	41	32
嘉兴	0.476	45	64	37	219	13	49
马鞍山	0.445	54	61	72	81	93	94
绍兴	0.434	59	68	29	239	61	58
湖州	0.425	64	65	53	235	45	66
舟山	0.420	66	91	90	188	28	47
台州	0.414	68	109	32	241	24	53
淮安	0.406	71	82	68	4	260	125
泰州	0.405	73	110	42	175	72	70
金华	0.405	74	49	36	252	178	51
滁州	0.375	89	115	177	45	92	126
宣城	0.374	90	206	100	15	106	133
丽水	0.360	97	87	89	224	82	89
衢州	0.286	147	140	88	199	213	78

资料来源：中国社会科学院城市与竞争力指数数据库。

注：表中阴影加黑为都市圈内城市。

表 11—25 　　　　　2018 年长三角湾区城市宜居竞争力指数排名

城市	宜居城市竞争力		优质的教育环境	健康的医疗环境	安全的社会环境	绿色的生态环境	舒适的居住环境	便捷的基础设施	活跃的经济环境
	指数	排名	排名	排名	排名	排名	排名	排名	排名
无锡	0.780	2	16	36	158	110	56	135	11
杭州	0.741	3	24	4	205	71	206	202	6
南通	0.734	4	51	55	21	64	63	187	36
南京	0.732	6	11	20	99	48	268	251	8
宁波	0.707	9	26	39	230	49	117	190	10
镇江	0.704	10	29	121	49	199	31	98	28
上海	0.703	12	2	23	254	44	258	218	2
舟山	0.697	16	80	153	172	5	90	36	15
苏州	0.697	17	31	52	137	100	203	201	1
常州	0.671	22	55	49	169	119	72	158	20
马鞍山	0.652	25	62	119	119	178	6	66	41
泰州	0.591	38	123	175	35	126	45	61	44
扬州	0.587	40	39	116	44	141	169	220	57
芜湖	0.569	47	45	113	63	177	51	217	68
湖州	0.564	49	94	122	261	111	22	76	23
丽水	0.558	56	103	165	197	50	129	55	47
嘉兴	0.557	57	84	220	238	84	41	62	12
绍兴	0.545	61	72	98	266	94	33	188	14
金华	0.526	70	56	148	277	75	89	172	19
淮安	0.517	77	109	92	26	171	105	167	93
温州	0.504	80	70	85	269	42	249	216	16
衢州	0.486	86	149	213	198	151	205	1	48
宣城	0.461	97	226	225	45	166	128	10	81
台州	0.441	106	153	181	268	22	108	189	17
滁州	0.310	181	185	206	53	197	187	72	189

资料来源：中国社会科学院城市与竞争力指数数据库。

注：表中阴影加黑为都市圈内城市。

第十二章

中国(环渤海地区)城市竞争力报告

徐海东 杨 杰[*]

第一节 中国城市竞争力(北京市)报告

2018 年北京市坚持"稳中求进"工作总基调,坚持以供给侧结构性改革为主线,全面对标高质量发展要求,深入落实首都城市战略定位,大力推动京津冀协同发展,扎实推进疏功能、稳增长、促改革、调结构、惠民生、防风险各项工作。2018 年北京市全市国内生产总值(GDP)为30320 亿元,突破 3 万亿大关,比上年增长 6.6%,三产结构由 0.4 : 19.0 : 80.6 调整为 0.4 : 18.6 : 81.0;并且截至 2018 年底全市常住人口 2154.2 万人,比上年末减少 16.5 万人,其中常住外来人口 764.6 万人,占常住人口的比重为 35.5%,常住人口城镇化率为 86.5%。

表 12—1 　　　　　　　　2018 年北京市市情信息

变量	数值
土地面积	1.641 万平方千米
常住人口	2154.2 万人
城镇人口占常住人口比重	86.5%
GDP 总量及增长率	30320 亿元、6.6%
一、二、三产占 GDP 比重	0.4 : 18.6 : 81.0

资料来源:2018 年北京市国民经济和社会发展统计公报。

---

* 本部分北京市、天津市、首都都市圈、河北省由徐海东撰写;山东省由杨杰撰写。

2018 年度北京市综合经济竞争力指数为 0.25922（见表 12—2），在全国除西藏外的省级行政区域中排名第 3 位，仅次于香港和上海；其中综合增量竞争力指数在全国除西藏外的省级行政区域中排名第 1 名，显著领先于其他省份，综合效率竞争力指数在全国除西藏外的省级行政区域中排名第 5 名，综合增量竞争力成为拉动城市经济竞争力提升的主要力量。

表 12—2   北京市经济竞争力及分项指标

指标	竞争力指数	省域（直辖市、自治区）排名
综合经济竞争力	0.259	3
综合增量竞争力	1.000	1
综合效率竞争力	0.073	5

资料来源：中国社会科学院城市与竞争力指数数据库。

2018 年北京市可持续竞争力指数为 0.84626（见表 12—3），在全国除西藏的省级行政区域中排第 2 名。从可持续竞争力各分项指标来看，北京市可持续竞争力各分项指标均处于较高水平，在样本省域（直辖市、自治区）中均处于前 3 名，并且创新驱动的知识城市竞争力水平最高，总体排第 1 名，促使经济整体提升。从具体效果来看，2018 年北京市每万人人口发明专利拥有量为 111.2 件，比上年增加 16.6 件，全年高技术产业增加值 6976.8 亿元，增长 9.4%，占 GDP 比重为 23.0%，并且战略性新兴产业增加值 4893.4 亿元，增长 9.2%，占 GDP 比重为 16.1%；信息产业增加值 4940.7 亿元，增长 14.3%，占 GDP 比重为 16.3%。此外，各个指标数值总体协调发展，均处于领先地位（见图 12—1）。

表 12—3   北京市可持续竞争力及分项指标

指标	竞争力指数	省域（直辖市、自治区）排名
城市可持续竞争力	0.846	2
创新驱动的知识城市	1.000	1

续表

指标	竞争力指数	省域（直辖市、自治区）排名
公平包容的和谐城市	0.526	2
环境友好的生态城市	0.782	3
多元一本的文化城市	0.988	2
城乡一体的全域城市	0.690	4
开放便捷的信息城市	0.747	4

资料来源：中国社会科学院城市与竞争力指数数据库。

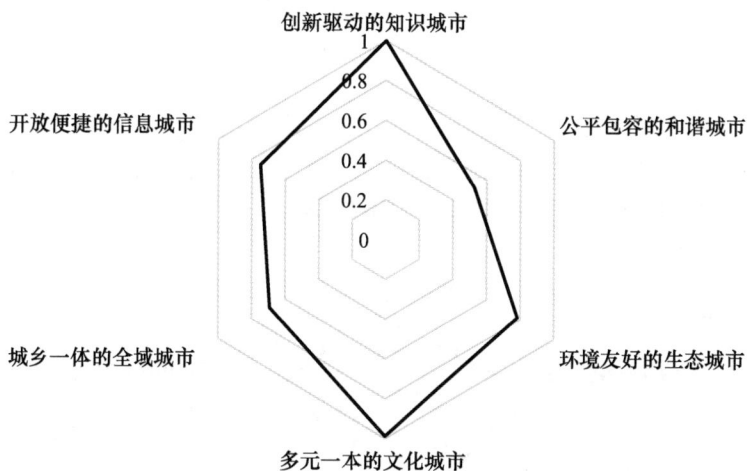

图12—1　城市可持续竞争力分项指标

资料来源：中国社会科学院城市与竞争力指数数据库。

2018年北京市城市环境得到大幅提升，其中PM2.5年均值为51微克/立方米，下降12.1%，二氧化氮和二氧化硫年均浓度值分别为42微克/立方米和6微克/立方米，分别下降8.7%和25.0%；全市林木绿化率达到61.5%，森林覆盖率达到43.5%，城市绿化覆盖率为48.44%，全市人均公园绿地面积为16.3平方米/人。2018年北京市宜居城市竞争力指数为0.70255，在样本省域（直辖市、自治区）中排第4名（见表12—4）。从分项指标角度来看，优质的教育环境竞争力、健康的医疗环境竞争力和活跃的经济环境竞争力排名较高，分别处于第1名、第1名和第2名，处于绝对领先地位，但是在安全的社会环境竞争力、绿色的生态环境竞争力、舒适的居住环境竞争力和便捷的基础设施竞争力方面还存在很大的进步空间（见图12—2）。

表12—4   北京市宜居城市竞争力及分项指标

指标	竞争力指数	省域（直辖市、自治区）排名
宜居城市竞争力	0.702	4
优质的教育环境	1.000	1
健康的医疗环境	0.824	1
安全的社会环境	0.312	25
绿色的生态环境	0.608	10
舒适的居住环境	0.257	30
便捷的基础设施	0.201	30
活跃的经济环境	0.997	2

资料来源：中国社会科学院城市与竞争力指数数据库。

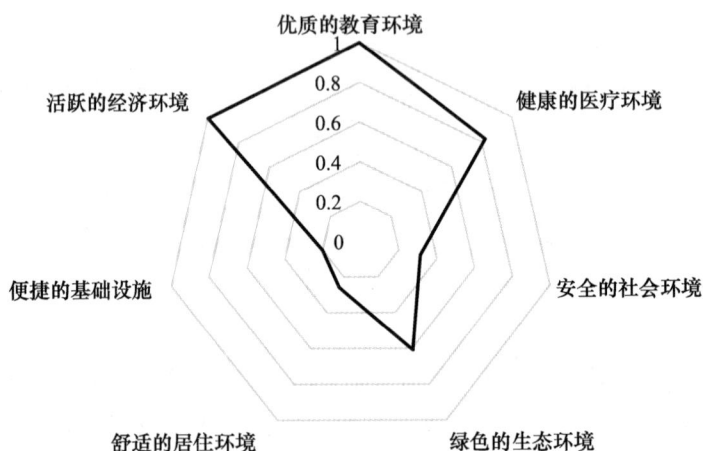

图12—2 城市宜居竞争力分项指标

资料来源：中国社会科学院城市与竞争力指数数据库。

2018年北京市宜商竞争力指数为0.93395，在样本省域（直辖市、自治区）中排第2名，处于领先地位（见表12—5）。从各分项指标来看，北京宜商竞争力分项均处于较高水平（见图12—3），各项竞争力均衡发展，各分项指标竞争力均处于领先地位，促使北京市宜商竞争力整体领先其他省份。

表 12—5　　　　　　　北京市宜商城市竞争力及分项指标

指标	竞争力指数	省域（直辖市、自治区）排名
宜商城市竞争力	0.933	2
当地要素竞争力	0.919	2
当地需求竞争力	0.956	2
软件环境竞争力	0.624	5
硬件环境竞争力	0.686	7
对外联系竞争力	1.000	1

资料来源：中国社会科学院城市与竞争力指数数据库。

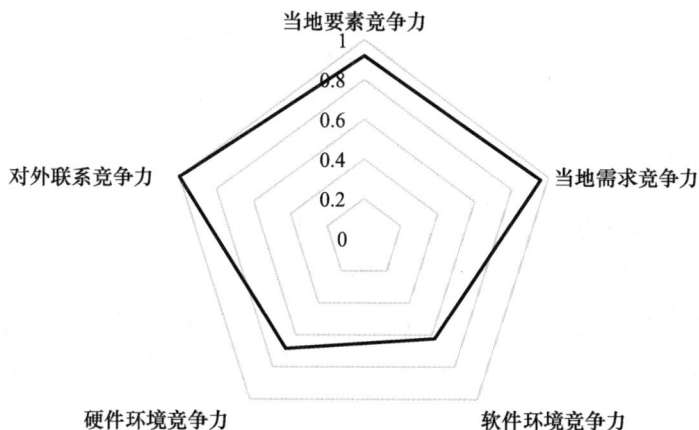

图 12—3　城市宜商竞争力分项指标

资料来源：中国社会科学院城市与竞争力指数数据库。

第二节　中国城市竞争力(天津市)报告

2018 年天津市以习近平总书记对天津工作提出的"三个着力"重要要求为元为纲，坚持稳中求进工作总基调，深入贯彻新发展理念，主动担当作为，统筹做好稳就业、稳金融、稳外资、稳投资、稳预期工作，经济运行整体保持平稳，结构优化持续推进，质量效益稳步提升，市场活力不断增强，民计民生明显改善，高质量发展态势正在形成。

2018 年天津市 GDP 为 18809.62 亿元，比上年增长 3.6%，三产结构由 1.2∶40.8∶58.0 调整为 0.9∶40.5∶58.6；截至 2018 年末，全市常住人口 1559.60 万人，比上年末增加 2.73 万人，其中外来人口 499.01 万人，占全市常住人口的 32.0%，城镇人口 1296.81，城镇化率为 83.15%。

表 12—6   2018 年天津市市情信息

变量	数值
土地面积	1.195 万平方千米
常住人口	1559.60 万人
城镇人口占常住人口比重	83.15%
GDP 总量及增长率	18809.62 亿元，3.6%
一、二、三产占 GDP 比重	0.9∶40.5∶58.6

资料来源：2018 年天津市国民经济和社会发展统计公报。

2018 年度天津市综合经济竞争力指数为 0.15279（见表 12—7），在全国除西藏外的省级行政区域中排名第 5 位，较 2017 年度下降 1 位，其中综合增量竞争力指数在全国除西藏外的省级行政区域中排名第 4 名，综合效率竞争力指数在全国除西藏外的省级行政区域中排名第 7 名。

表 12—7   天津市经济竞争力指数及分项指标

指标	竞争力指数	省域（直辖市、自治区）排名
综合经济竞争力	0.152	5
综合增量竞争力	0.364	4
综合效率竞争力	0.051	7

资料来源：中国社会科学院城市与竞争力指数数据库。

2018 年天津市可持续竞争力指数为 0.55135（见表 12—8），在全国除西藏外的省级行政区域中排第 6 名。从可持续竞争力各分项指标来看，创新驱动的知识城市竞争力在样本省域（直辖市、自治区）中排第 6 名，

环境友好的生态城市竞争力、多元一本的文化城市竞争力、城乡一体的
全域城市竞争力和开放便捷的信息城市竞争力均在样本省域（直辖市、
自治区）中排第 5 名，公平包容的和谐城市竞争力排第 20 名。从可持续
竞争力具体指数大小来看（见图 12—4），公平包容的和谐城市竞争力在
分项指标中处于较低水平。

表 12—8　　　　　　　　天津市可持续城市竞争力指数及分项指标

指标	竞争力指数	省域（直辖市、自治区）排名
城市可持续竞争力	0.551	6
创新驱动的知识城市	0.410	6
公平包容的和谐城市	0.335	20
环境友好的生态城市	0.551	5
多元一本的文化城市	0.887	5
城乡一体的全域城市	0.621	5
开放便捷的信息城市	0.542	5

资料来源：中国社会科学院城市与竞争力指数数据库。

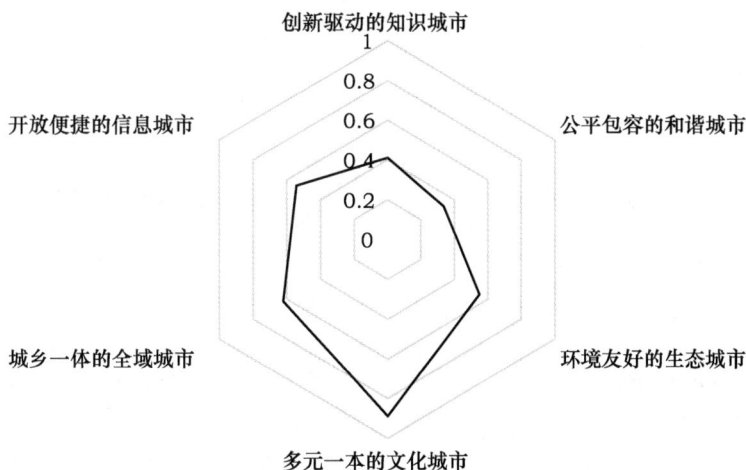

图 12—4　城市可持续竞争力分项指标

资料来源：中国社会科学院城市与竞争力指数数据库。

2018 年天津市宜居城市竞争力在样本省域（直辖市、自治区）中排

第 5 名（见表 12—9）。从分项指标角度来看，优质的教育环境竞争力、健康的医疗环境竞争力和活跃的经济环境竞争力排名较高；安全的社会环境竞争力、绿色的生态环境竞争力、舒适的居住环境竞争力和便捷的基础设施竞争力在样本省域（直辖市、自治区）中排名较低，从而这几个分项成为影响天津宜居城市竞争力的主要方面（见图 12—5）。

表 12—9　　　　　　　天津市宜居城市竞争力指数及分项指标

指标	竞争力指数	省域（直辖市、自治区）排名
宜居城市竞争力	0.606	5
优质的教育环境	0.969	4
健康的医疗环境	0.679	5
安全的社会环境	0.400	21
绿色的生态环境	0.399	28
舒适的居住环境	0.363	29
便捷的基础设施	0.256	27
活跃的经济环境	0.885	6

资料来源：中国社会科学院城市与竞争力指数数据库。

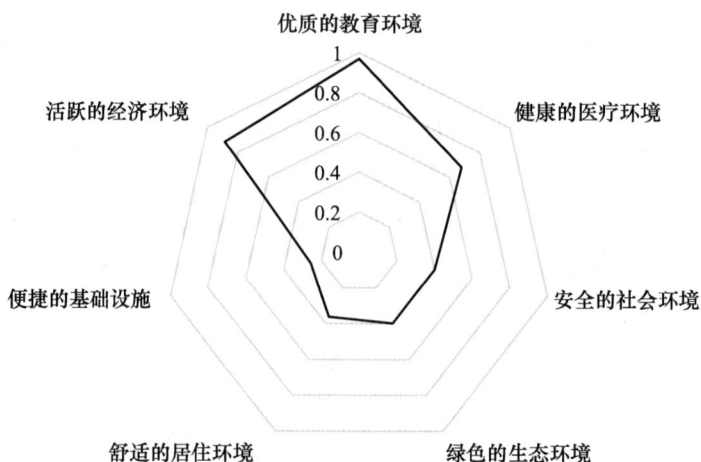

图 12—5　城市宜居竞争力分项指标

资料来源：中国社会科学院城市与竞争力指数数据库。

　　2018 年天津市牢固树立"产业第一，企业家老大"理念，全面落实
"天津八条"及 61 个实施细则，宜商环境不断向好，市场主体继续增加，
全市民营市场主体占全市市场主体的比重为 98.9％，并且全市民营经济
占全市经济的 45.5％。具体从宜商竞争力来看，2018 年天津市宜商竞争
力在样本省域（直辖市、自治区）中排第 4 名，处于领先地位（见表
12—10）。从各分项指标来看，天津市宜商竞争力分项均处于较高水平
（见图 12—6），各项竞争力均衡发展，各方差距不大。

表 12—10　　　　　　　天津市宜商城市竞争力指数及分项指标

指标	竞争力指数	省域（直辖市、自治区）排名
宜商城市竞争力	0.703	4
当地要素竞争力	0.733	5
当地需求竞争力	0.730	5
软件环境竞争力	0.586	9
硬件环境竞争力	0.711	4
对外联系竞争力	0.564	5

资料来源：中国社会科学院城市与竞争力指数数据库。

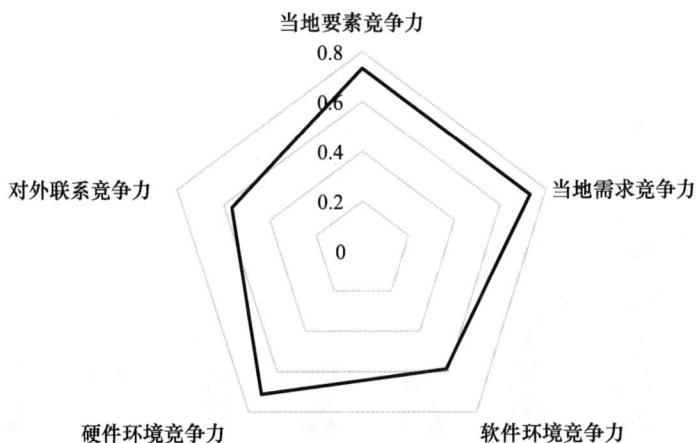

图 12—6　城市宜商竞争力分项指标

资料来源：中国社会科学院城市与竞争力指数数据库。

第三节　中国城市竞争力（首都都市圈）报告

一　都市圈的现状条件："双中心"城市竞争力引领都市圈发展

首都都市圈从规模上来看仅次于长三角都市连绵区和粤港澳大湾区，但是从作用上来看却是无可比拟的，其包含首都北京、直辖市天津、以及河北的张家口、保定、廊坊、承德、唐山、雄安新区等地。总体来看，首都都市圈发展水平得分60.74，仅低于长三角都市连绵区、粤港澳大湾区（清华都市圈报告）；从都市圈经济实力来看，2018年首都都市圈总体GDP为65799.94亿元，在京津冀城市群中总体占比高达78%，2018年常住人口总和为6837.997万人，在京津冀城市群中总体占比高达63.41%。因此发展首都都市圈不仅是为了促进北京、天津等城市的发展，更是为了促进城市群的整体发展。

从首都都市圈总体竞争力来看，无论是从经济竞争力、可持续竞争力来看，还是从宜居竞争力和宜商竞争力来看，北京均处于绝对领先地位，天津则处于次要位置，两者形成了中心—副中心模式，引领首都都市圈竞争力的提升。

首先，从经济竞争力角度来看（见图12—7、表12—11），北京的经

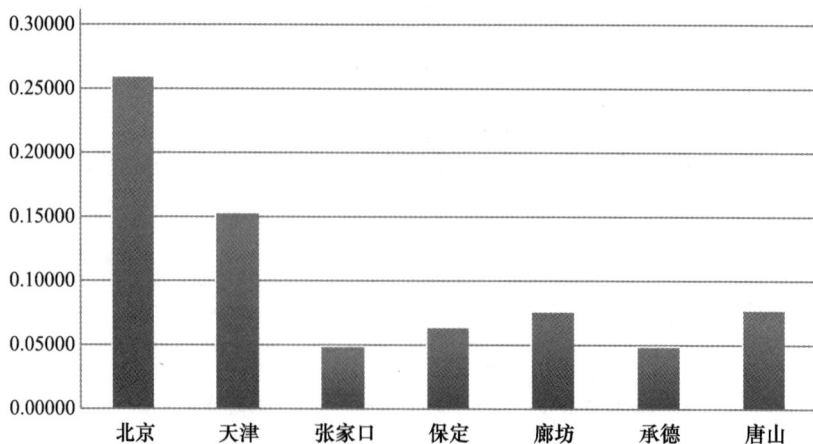

图12—7　首都都市圈经济竞争力

图表来源：笔者自制。

济竞争力指数为 0.25922，在所有样本地级市中（包含港澳台）排第 5 名，天津的经济竞争力为 0.15279，排第 16 名。在首都都市圈中经济竞争力排名前 50 的城市只有北京和天津，排名前 100 的城市中再加上唐山和廊坊，分别排在第 60 名和第 64 名，保定则排在 102 名，剩余的张家口和承德则分别排 215 名和 218 名。从经济竞争力的分项指标来看，首都都市圈内城市综合效率竞争力要弱于城市经济竞争力，从而都市圈内城市经济效率低下是制约城市经济竞争力提升的关键因素，若要保障都市圈城市经济竞争力的提升，则必须解决都市圈城市效率低下的问题。

表 12—11　　　　　　　首都都市圈经济竞争力及分项指标

城市	经济竞争力	排名	综合增量竞争力	排名	综合效率竞争力	排名
北京	0.259	5	1.000	1	0.073	16
天津	0.153	16	0.364	13	0.051	22
张家口	0.049	215	0.068	190	0.001	245
保定	0.063	102	0.138	66	0.003	164
廊坊	0.076	64	0.145	62	0.014	65
承德	0.049	218	0.067	195	0.001	241
唐山	0.077	60	0.126	78	0.018	50

资料来源：中国社会科学院城市与竞争力指数数据库。

其次，从首都都市圈可持续竞争力角度来看（见图 12—8、表 12—12），中心城市北京的可持续竞争力处于绝对领先地位，在所有样本城市中排第 2 名，仅次于粤港澳大湾区中的香港。副中心天津的可持续竞争力虽相对于北京来说较低，但在样本城市中也处于较高水平，总体排 17 名，处于前列。首都都市圈内廊坊、唐山、保定、承德和张家口等城市的可持续竞争力则比较接近，均处于 100 名到 200 名之间，可持续竞争力指数之间相差也不大，这表明总体来看，首都都市圈的可持续竞争力主要还是由北京和天津引导，其他城市起从属作用。从首都都市圈各个城市可持续竞争力的分项指标来看，各分项指标与可持续竞争力总体较为接近，呈现出多方协调均衡发展思想。

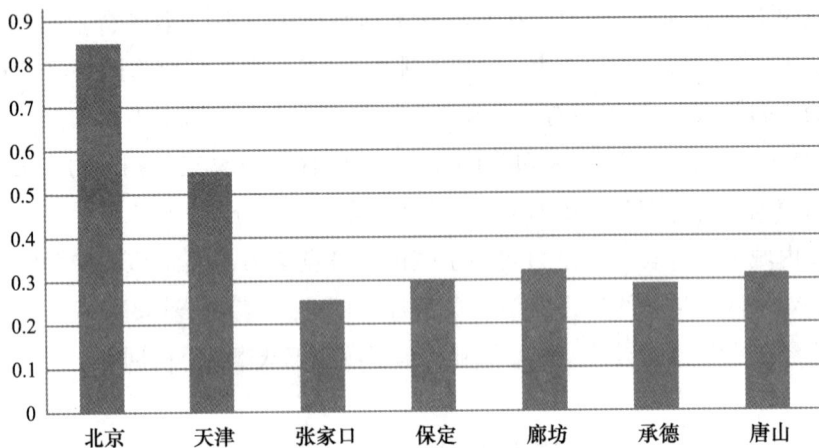

图12—8 首都都市圈可持续竞争力

资料来源：中国社会科学院城市与竞争力指数数据库。

表12—12 首都都市圈可持续竞争力及分项指标

城市	可持续竞争力	知识城市竞争力	和谐城市竞争力	生态城市竞争力	文化城市竞争力	全域城市竞争力	信息城市竞争力
北京	0.846	2	1	27	17	2	8	4
天津	0.551	17	24	156	82	17	10	21
张家口	0.256	161	174	147	185	79	218	212
保定	0.299	126	45	192	206	93	203	143
廊坊	0.323	102	129	208	74	131	132	45
承德	0.291	134	144	161	100	62	205	251
唐山	0.314	109	72	73	263	115	98	97

资料来源：中国社会科学院城市与竞争力指数数据库。

　　再次，从宜居竞争力角度来看（见图12—9、表12—13），首都都市圈宜居竞争力最高的两个城市为北京和天津，宜居竞争力最低的两个城市为张家口和保定，宜居竞争力居中的城市为唐山、廊坊和承德。从都市圈内宜居竞争力指数角度来看，天津的宜居竞争力指数与北京的相差不大，唐山和廊坊的宜居竞争力指数与天津的相差不大，但是总体排名却相差很远。从宜居竞争力分项指标角度来看，优质的教育环境竞争力、健康的医疗环境竞争力和活跃的经济环境竞争力与总体宜居竞争力指数比较接近，而其他分项指标竞争力则相差较大。

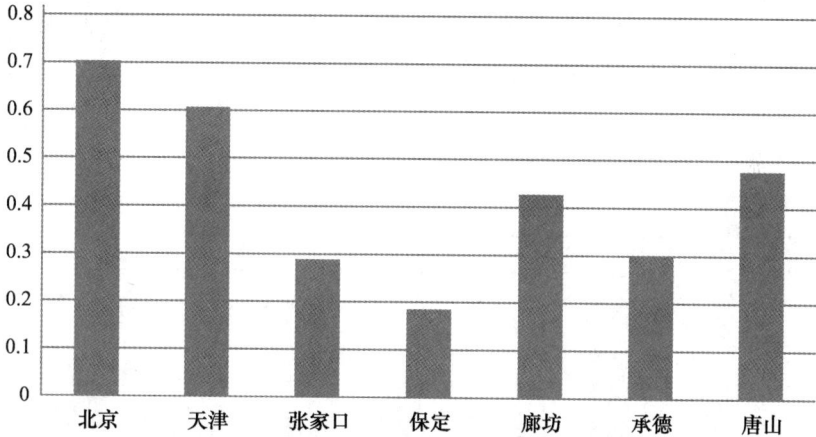

图12—9　首都都市圈宜居竞争力

资料来源：中国社会科学院城市与竞争力指数数据库。

表12—13　　　　　　　　首都都市圈宜居竞争力及分项指标

城市	宜居城市竞争力		优质的教育环境	健康的医疗环境	安全的社会环境	绿色的生态环境	舒适的居住环境	便捷的基础设施	活跃的经济环境
	指数	排名	排名	排名	排名	排名	排名	排名	排名
北京	0.703	13	1	7	216	92	277	230	3
天津	0.607	37	5	37	187	225	264	211	37
张家口	0.289	199	209	209	58	70	207	163	190
保定	0.185	248	101	60	132	281	261	276	208
廊坊	0.427	110	182	73	171	220	248	124	50
承德	0.3	190	232	83	38	120	278	114	227
唐山	0.477	89	90	47	50	272	53	260	63

资料来源：中国社会科学院城市与竞争力指数数据库。

最后，从宜商竞争力角度来看（见图12—10、表12—14），首都都市圈的宜商竞争力水平总体较高，其中北京和天津的宜商竞争力均进入前 10 名，分别排在第 2 名和第 8 名；唐山和保定的宜商竞争力则进入前100 名，排在 48 名和 70 名，其余城市排在 150 名左右，都市圈总体排名较高。从都市圈宜商竞争力分项指标来看，都市圈当地要素竞争力、当地需求竞争力、对外联系竞争力均处于较高水平，但都市圈软件环境竞争力和硬件环境竞争力则处于中等水平。

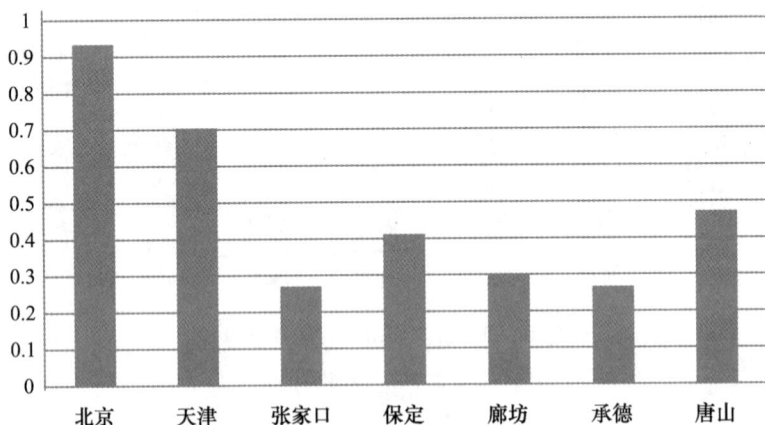

图 12—10　首都都市圈宜商竞争力

资料来源：中国社会科学院城市与竞争力指数数据库。

表 12—14　　　　　首都都市圈宜商竞争力及分项指标

城市	宜商城市竞争力	当地要素竞争力	当地需求竞争力	软件环境竞争力	硬件环境竞争力	对外联系竞争力
北京	2	2	2	88	64	1
天津	8	11	8	108	50	13
张家口	156	199	178	172	48	204
保定	70	44	114	120	127	135
廊坊	131	89	57	258	98	218
承德	162	132	230	195	53	251
唐山	48	75	34	137	17	111

资料来源：中国社会科学院城市与竞争力指数数据库。

二　首都都市圈的问题劣势：社会包容、软环境制约中心城市竞争力提升

中心城市、副中心城市由于拥有良好的医疗、教育、资源和机会往往会吸引着人们向此聚集，而北京更是全国的政治中心、经济中心、文化中心、科技创新中心、国际交往中心，导致这一现象更加明显，而靠近北京的副中心城市天津也是如此。在这样条件下，往往会导致"城市病"等问题，从首都都市圈中北京和天津的竞争力角度来看，这两个城市的交通环境、社会包容度、房价等各个方面的竞争力均处于较低水平，反而是都市圈内唐山、廊坊等城市在这些方面的竞争力较强，从而导致首都都市圈的总体宜居竞争力水平不高。

三　首都都市圈的现象规律：中心—副中心引领模式已经形成，但等级传导机制较差

目前来看，首都都市圈北京、天津的中心—副中心城市引领竞争力提升模式已经形成，在首都都市圈内，北京和天津在各方面均处于绝对领先地位。从而也导致首都都市圈内集聚现象非常明显，都市圈内城市竞争力发展极不均衡，从经济竞争力、可持续竞争力、宜居竞争力和宜商竞争力四大竞争力的排名来看，首都都市圈中北京和天津的竞争力基本都处于 20 名以内，甚至处于 10 名以内；但是都市圈内张家口、保定、廊坊、承德和唐山等城市的竞争力基本均在 100 名以外，这表明首都都市圈竞争力的发展并没有形成一个合理、协调的等级机制。

四　首都都市圈的趋势展望：发展周边城市，促进整体提升

发展中心城市的周边小城市，促使都市圈竞争力整体提升。一般而言，当都市圈内中心城市发展规模和影响力增强，其扩散效应会逐渐超过极化效应，逐步由中心城市带动都市圈内部中小城市的迅速发展，并逐渐成为分担区域中心城市职能的子中心城市。但是首都都市圈又有所不同，其中心城市北京的作用是其他任何一个中心城市都无法替代的，其极化效应可能一直处于较强地位；从而在此条件下，我们必须主动发展都市圈内部中小城市的竞争力，以达到都市圈整体竞争力的提升。如把握国家战略，着力发展雄安新区。通过发展雄安新区，疏解北京非首

都功能集中承载地，承接北京非首都功能疏解和人口转移，促进区域协调发展，并使其形成新的增长极，为首都都市圈产业一体化提供强劲动力。

第四节 中国城市竞争力（河北省）报告

2018 年河北省国民经济稳中向好，稳中有进，质量效应不断提高，产业结构更趋优化，新动能加快成长，生态环境明显好转，人民生活持续改善，社会事业全面进步，河北 GDP 总量 36010.3 亿，比上年增加 6.6%，三产结构由 9.2∶46.6∶44.2 调整为 9.3∶44.5∶46.2，第三产业首次超过第二产业，全省人均 GDP 生产总值为 47772 元，比上年增长 6.0%；全省年末常住人口 7556.30 万人，常住人口增加 36.78 万，其中城镇常住人口 4264.02 万人，常住人口城镇化率为 56.43%。

表 12—15　　　　　　　2018 年河北省省情信息

土地面积	18.88 万平方公里
常住人口	7556.30 万人
城镇人口占常住人口比重	56.43%
GDP 总量及增长率	36010.3 亿元，6.6%
第一、二、三产业占 GDP 比重	9.3∶44.5∶46.2

资料来源：2017 年河北省国民经济和社会发展统计公报。

一　河北省总体竞争力分析

2018 年河北省综合竞争力指数均值为 0.06247，在全国除西藏外的省级行政区域中排名第 16 位，与 2017 年排名相当。其中城市综合增量竞争力和城市综合效率竞争力与总体经济竞争力排名相当，分别为 15 名和 16 名。从省份内部分化角度来看，河北省内部城市综合效率竞争力分化较为严重，省份内部发展较不平衡，变异系数高达 0.88869。

2018 年河北省可持续竞争力指数为 0.27885，在全国除西藏和台湾外的省级行政区域中排名第 21 位，较 2017 年排名降低 4 位；从省内可持续竞争力角度来看，内部差异不大，变异系数为0.24066。从河北省可持续竞争力分项指标角度来看，河北省多元一本的文化城市竞争力水平最高，指数为0.60359，在样本省域（直辖市、自治区）中排第10名，并且河北省内部城市较为均衡，变异系数为0.16870。此外，创新驱动的知识城市竞争和开放便捷的信息城市竞争力总体处于中等区位，而河北省公平包容的和谐城市竞争力、环境友好的生态城市竞争力和城乡一体的全域城市竞争力处于偏下区位，制约着河北省可持续竞争力的提升。

2018年河北省宜居城市竞争力指数为0.28420，在全国除西藏和台湾外的省级行政区域中排名第30位，与2017年排名相当。从分项指标角度来看，河北省各分项指标竞争力水平相当，数值较为接近，差异不大，排名基本处于中等偏下位置。从河北省宜居城市竞争力内部城市分化角度来看，安全的社会环境竞争力差异最低，变异系数仅为0.06251，绿色的生态环境竞争力、舒适的居住环境竞争力、便捷的基础设施竞争力和活跃的经济环境竞争力内部分化非常严重，变异系数均超过10。

2018年河北省宜商竞争力指数为0.33524，在全国除西藏和台湾外的省级行政区域中排第15位，总体处于中等地位。从河北省宜商竞争力分项指标来看，河北省当地需求竞争力在样本省域（直辖市、自治区）中排名最高，总体排第10名，但河北省内部分化也非常严重。其次为河北省当地要素竞争力和硬件环境竞争力，总体排第14名，最后为软件环境竞争力和对外联系竞争力，在样本省域（直辖市、自治区）中排第20名。

表12—16　　　　　　　河北省城市经济竞争力及分项指标

指标	均值	排名	标准差	方差	排名	变异系数	排名
综合经济竞争力	0.062	16	0.013	0.000	10	0.213	7
综合增量竞争力	0.110	15	0.048	0.002	10	0.433	6
综合效率竞争力	0.007	16	0.006	0.000	11	0.889	7

资料来源：中国社会科学院城市与竞争力指数数据库。

表12—17　　　　　　　　　河北省城市可持续竞争力及分项指标

指标	均值	排名	标准差	方差	排名	变异系数	排名
城市可持续竞争力	0.279	21	0.067	0.005	2	0.241	3
创新驱动的知识城市	0.175	14	0.110	0.012	5	0.626	3
公平包容的和谐城市	0.291	25	0.111	0.012	19	0.380	18
环境友好的生态城市	0.327	26	0.157	0.025	8	0.480	15
多元一本的文化城市	0.604	10	0.102	0.010	2	0.169	3
城乡一体的全域城市	0.098	23	0.036	0.001	2	0.364	3
开放便捷的信息城市	0.285	16	0.112	0.012	15	0.393	14

资料来源：中国社会科学院城市与竞争力指数数据库。

表12—18　　　　　　　　　河北省城市宜居竞争力及分项指标

指标	均值	排名	标准差	方差	排名	变异系数	排名
宜居城市竞争力	0.284	30	0.144	0.021	12	0.507	19
优质的教育环境	0.375	26	0.206	0.042	3	0.550	12
健康的医疗环境	0.439	13	0.177	0.031	3	0.403	3
安全的社会环境	0.502	17	0.160	0.026	17	0.063	7
绿色的生态环境	0.289	31	0.216	0.047	24	10.377	5
舒适的居住环境	0.473	22	0.173	0.030	21	35.957	22
便捷的基础设施	0.360	23	0.227	0.052	7	66.698	24
活跃的经济环境	0.509	21	0.236	0.056	17	41.229	20

资料来源：中国社会科学院城市与竞争力指数数据库。

表12—19　　　　　　　　　河北省城市宜商竞争力及分项指标

指标	均值	排名	标准差	方差	排名	变异系数	排名
宜商城市竞争力	0.335	15	0.094	0.009	6	0.280	7
当地要素竞争力	0.361	14	0.130	0.017	2	19.404	6
当地需求竞争力	0.349	10	0.126	0.016	15	48.770	16
软件环境竞争力	0.471	20	0.079	0.006	5	4.243	2
硬件环境竞争力	0.575	14	0.152	0.023	14	26.088	14
对外联系竞争力	0.169	20	0.106	0.011	9	29.553	6

资料来源：中国社会科学院城市与竞争力指数数据库。

二　石家庄都市圈的现状条件：总体竞争力水平较低，提升空间较大

石家庄都市圈由河北省省会石家庄作为中心，周边城市保定、邢台、衡水和阳泉作为附属城市的都市圈，2018 年石家庄都市圈的总体 GDP 为 14114.76，占整个河北省 GDP（包含都市圈中的山西阳泉 GDP）的 39.25%，石家庄都市圈常住人口为 3464.52，占整个河北省（包含都市圈中的山西阳泉常住人口）常住人口的 48.05%，已经成为河北省经济发展的中坚力量。

竞争力分析表明：石家庄都市圈总体经济竞争力和宜商竞争力水平不高，但也处于中等偏上水平（见表 12—20、表 12—21）。从经济竞争力角度来看，中心城市石家庄的经济竞争力指数仅为 0.08858，在所有样本城市中（包含港澳台）排第 44 位；但是其综合增量竞争力却处于较高水平，总体排 30 位；除此之外，都市圈内保定、邢台、衡水和阳泉等城市的经济竞争力均在 100 名以外。从宜商竞争力角度来看，石家庄在所有样本城市中排 46 位，其次为保定，在样本城市中排 70 位，剩余的衡水、邢台和阳泉则排在 150 名以外。从石家庄都市圈宜商竞争力分项指标来看，当地要素竞争力、当地需求竞争力和对外联系竞争力均处于中等偏上位置，而软件环境竞争力和硬件环境竞争力则处于中等位置。

表 12—20　　　　　　　石家庄都市圈经济竞争力及分项指标

城市	经济竞争力	排名	综合增量竞争力	排名	综合效率竞争力	排名
石家庄	0.089	44	0.222	30	0.014	62
保定	0.063	102	0.138	66	0.003	164
邢台	0.055	157	0.088	147	0.003	172
衡水	0.054	161	0.083	156	0.003	156
阳泉	0.046	246	0.042	262	0.004	149

资料来源：中国社会科学院城市与竞争力指数数据库。

表12—21 石家庄都市圈宜商竞争力及分项指标

城市	石家庄	保定	衡水	邢台	阳泉
城市宜商竞争力	0.475	0.411	0.259	0.235	0.203
	46	70	167	194	222
当地要素竞争力排名	39	44	151	155	260
当地需求竞争力排名	39	114	235	194	213
软件环境竞争力排名	128	120	152	162	94
硬件环境竞争力排名	196	127	180	203	147
对外联系竞争力排名	33	135	113	159	248

资料来源：中国社会科学院城市与竞争力指数数据库。

从可持续竞争力和宜居竞争力角度来看（见表12—22、表12—23），石家庄都市圈总体处于中等偏下的位置。其中都市圈中可持续竞争力最好的城市石家庄，在样本城市中仅排在97位，勉强进入前100，而邢台、阳泉和衡水等城市均在200名以外，可持续竞争力处于较低水平。从可持续竞争力分项角度来看，石家庄的创新驱动的知识城市竞争力和多元一本的文化城市竞争力水平较高，总体排名分别为47位和48位，其他分项竞争力则处于较低水平。从都市圈宜居竞争力角度来看，基本均排在150名以外，都市圈整体宜居竞争力处于较低水平。

表12—22 石家庄都市圈可持续竞争力及分项指标

城市	石家庄	保定	邢台	阳泉	衡水
城市可持续竞争力	0.327	0.299	0.192	0.192	0.188
	97	126	229	230	237
知识城市竞争力排名	47	45	216	234	205
和谐城市竞争力排名	250	192	150	54	264
生态城市竞争力排名	219	206	279	281	176
文化城市竞争力排名	48	93	154	191	176
全域城市竞争力排名	127	203	150	178	259
信息城市竞争力排名	72	143	160	198	111

资料来源：中国社会科学院城市与竞争力指数数据库。

表 12—23　　　　　　　　石家庄都市圈宜居竞争力及分项指标

城市	石家庄	阳泉	保定	衡水	邢台
城市宜居竞争力	0.355	0.335	0.185	0.137	0.050
	150	166	248	267	285
优质的教育环境	59	162	101	178	264
健康的医疗环境	46	94	60	267	142
安全的社会环境	215	153	132	227	110
绿色的生态环境	282	270	281	274	286
舒适的居住环境	227	74	261	73	148
便捷的基础设施	252	78	276	18	192
活跃的经济环境	88	163	208	243	242

资料来源：中国社会科学院城市与竞争力指数数据库。

三　石家庄都市圈的问题劣势：可持续竞争力和宜居竞争力薄弱

石家庄都市圈，作为河北省的省会都市圈，其作用自然不言而喻，起到带动河北省经济增长的作用，为河北省发展形成新的增长极，促使河北省整体经济实力的提升。但是都市圈的经济发展往往又会牺牲都市圈的环境、生态，从而导致石家庄都市圈的经济竞争力和宜商竞争力相对较好，但是总体来看石家庄都市圈的可持续竞争力和宜居竞争力均处于较低水平，尤其是宜居竞争力的水平更低。

四　石家庄都市圈的现象规律：中心城市集聚现象显著

目前来看，石家庄都市圈还属于发展型都市圈，并且在发展型都市圈中还处于较低水平，中心城市石家庄的经济竞争力、宜商竞争力、可持续竞争力和宜居竞争力还处于较低水平，尤其是反映未来能力的可持续竞争力和宜居竞争力均处于非常低的水平，远远没有达到应有的水平。因此，从都市圈发展角度来看，资源仍然需要向中心城市聚集，率先发展中心城市的竞争力，然后再考虑都市圈周边小城市的发展。

五　石家庄都市圈的趋势展望：积极融入首都都市圈

强化与首都都市圈的联系，石家庄都市圈紧靠首都都市圈，同在京津冀城市群中，这一区位优势独一无二。因此，石家庄都市圈可以主动解决首都都市圈的问题，积极承接北京的功能转移项目，建立多个示范区和项目中心，促进基础设施与首都都市圈协同发展，增强联系。

第五节 中国城市竞争力（山东省）报告

2018 年山东经济增长继续放缓，增速为 6.4%，低于全国增速。反映在城市竞争力上，就是山东城市的经济竞争力有所下降，特别是山东两大都市圈的核心城市青岛和济南，经济竞争力分别由 2017 年的 17 名和 27 名，下降至 22 名和 28 名。然而，与此同时，青岛和济南的可持续竞争力排名却有所上升，分别由 2017 年的 12 名和 23 名，上升至 10 名和 16 名，主要原因在于两市可持续竞争力指数下降的幅度相对较小，从而显示出山东经济具有较好的韧性，经济竞争力未来可能会较快改变下滑的态势。

表 12—24 2018 年山东省省情信息

土地面积	15.8 万平方千米
常住人口	10047.24 万人
城镇人口占常住人口比重	61.18%
GDP 总量及增长率	76469.7 亿元、6.4%
一、二、三产占 GDP 比重	6.5%、44.0%、49.5%

资料来源：2018 年山东省国民经济和社会发展统计公报。

一 山东省城市经济竞争力总体较高，可持续竞争力两级分化

2018 年，山东省城市经济竞争力总体处于全国较高水平，各城市经济竞争力排名较为均匀地分布在 22 名至 104 名的区间内，相邻排名城市间排名差距最大为 13 名，绝大多数差距在 10 名以内。

山东省城市可持续竞争力两极分化，可持续竞争力排名明显地分化为两个集团，第一集团城市排名分布在 10 名至 69 名之间，第二集团城市排名分布在 115 名至 240 名之间。

山东省城市宜居城市竞争力也较为分化，有一半的城市排名在 100 名

之内，150 名之内的城市占比约为 2/3，还有 1/6 的城市排名在 280 名及以后。

山东省城市宜商竞争力总体水平也较高，约 2/3 的城市排名在 100 名之内，只有排名最低的城市排名在 150 名之外，为 169 名。

青岛和济南无疑是山东省最具竞争力的城市，经济竞争力分列省内第 1 和第 2 名，紧随其后的是烟台，特别是在可持续竞争力和宜商城市竞争力两项上，与青岛和济南之间差距较小，全国排名分别只比第 2 名济南低 7 名和 6 名。

表 12—25　　2018 年山东省各城市综合经济竞争力指数排名

城市	经济竞争力		综合增量竞争力		综合效率竞争力	
	指数	排名	指数	排名	指数	排名
青岛	0.142	22	0.381	12	0.040	26
济南	**0.115**	**28**	**0.251**	**24**	**0.034**	**30**
烟台	0.100	39	0.240	27	0.021	45
淄博	**0.094**	**43**	**0.149**	**58**	**0.031**	**33**
威海	0.088	45	0.145	61	0.025	37
潍坊	0.080	52	0.200	38	0.010	80
东营	0.079	55	0.115	92	0.022	43
济宁	0.079	56	0.177	45	0.011	71
泰安	**0.075**	**69**	**0.136**	**67**	**0.014**	**63**
临沂	0.070	79	0.161	50	0.006	123
德州	**0.068**	**83**	**0.133**	**71**	**0.008**	**91**
聊城	**0.068**	**84**	**0.129**	**74**	**0.009**	**83**
枣庄	0.067	89	0.092	134	0.015	60
菏泽	0.064	99	0.135	69	0.004	142
日照	0.064	100	0.093	129	0.011	72
滨州	**0.063**	**104**	**0.099**	**116**	**0.009**	**86**

资料来源：中国社会科学院城市与竞争力指数数据库。

注：表中阴影和阴影加黑为都市圈内城市。

表 12—26　　　2018 年山东省各城市可持续竞争力指数排名

城市	可持续竞争力		知识城市竞争力	和谐城市竞争力	生态城市竞争力	文化城市竞争力	全域城市竞争力	信息城市竞争力
	指数	排名	排名	排名	排名	排名	排名	排名
青岛	0.618	11	14	45	4	20	42	14
济南	**0.560**	**16**	**17**	**37**	**101**	**9**	**49**	**38**
烟台	0.526	24	58	35	31	31	41	35
淄博	**0.466**	**31**	**62**	**6**	**172**	**26**	**69**	**67**
威海	0.448	42	181	24	22	139	43	17
东营	0.396	55	214	30	43	158	63	28
潍坊	0.373	62	130	59	120	91	64	68
泰安	**0.364**	**67**	**54**	**137**	**81**	**94**	**68**	**149**
聊城	**0.307**	**115**	**83**	**71**	**246**	**110**	**159**	**107**
济宁	0.299	127	124	194	160	83	73	123
临沂	0.297	131	98	111	187	136	167	102
日照	0.294	133	240	52	202	149	128	55
滨州	**0.264**	**157**	**147**	**201**	**208**	**164**	**117**	**52**
德州	**0.238**	**181**	**135**	**244**	**159**	**123**	**142**	**158**
菏泽	0.204	216	221	88	272	175	260	129
枣庄	0.185	239	202	134	199	254	131	176

资料来源：中国社会科学院城市与竞争力指数数据库。

注：表中阴影和阴影加黑为都市圈内城市。

表 12—27　　　2018 年山东省各城市宜居竞争力指数排名

城市	宜居竞争力		优质的教育环境	健康的医疗环境	安全的社会环境	绿色的生态环境	舒适的居住环境	便捷的基础设施	活跃的经济环境
	指数	排名	排名	排名	排名	排名	排名	排名	排名
济南	**0.692**	**19**	**30**	**6**	**96**	**226**	**156**	**232**	**27**
青岛	0.688	20	33	22	199	37	257	196	25
威海	0.639	29	151	151	97	17	16	63	33

续表

城市	宜居竞争力		优质的教育环境	健康的医疗环境	安全的社会环境	绿色的生态环境	舒适的居住环境	便捷的基础设施	活跃的经济环境
	指数	排名	排名	排名	排名	排名	排名	排名	排名
烟台	0.611	34	46	144	80	40	67	238	40
东营	0.546	60	124	159	106	232	19	52	34
潍坊	0.542	62	113	72	103	233	143	71	64
泰安	**0.506**	**78**	**41**	**155**	**32**	**184**	**132**	**224**	**95**
淄博	**0.471**	**92**	**65**	**109**	**55**	**268**	**111**	**228**	**52**
济宁	0.425	112	161	87	174	218	151	80	100
临沂	0.414	115	141	125	177	242	34	145	79
滨州	**0.356**	**149**	**172**	**168**	**98**	**276**	**37**	**115**	**89**
日照	0.349	152	198	230	66	161	204	67	141
聊城	**0.345**	**158**	**88**	**128**	**48**	**278**	**122**	**9**	**256**
枣庄	0.320	180	163	57	201	255	219	85	154
德州	**0.084**	**280**	**160**	**217**	**192**	**267**	**102**	**168**	**264**
菏泽	0.027	287	268	154	122	275	240	175	268

资料来源：中国社会科学院城市与竞争力指数数据库。

注：表中阴影和阴影加黑为都市圈内城市。

表12—28　　　2018年山东省各城市宜商城市竞争力指数排名

城市	宜商城市竞争力		当地要素	当地需求	软件环境	硬件环境	对外联系
	指数	排名	排名	排名	排名	排名	排名
青岛	0.689	10	22	13	91	5	14
济南	**0.631**	**17**	**16**	**21**	**47**	**63**	**34**
烟台	0.586	23	52	25	124	4	24
潍坊	0.549	26	95	35	8	29	67
淄博	**0.515**	**33**	**71**	**43**	**7**	**84**	**119**
威海	0.504	39	96	58	54	18	41
临沂	0.464	49	80	41	19	168	75
日照	0.437	58	172	143	2	81	54
东营	0.429	62	150	61	38	91	69
济宁	0.420	65	117	52	24	132	121
泰安	**0.396**	**80**	**59**	**65**	**36**	**236**	**182**

续表

城市	宜商城市竞争力		当地要素	当地需求	软件环境	硬件环境	对外联系
	指数	排名	排名	排名	排名	排名	排名
聊城	0.343	106	78	206	5	284	103
枣庄	0.338	110	165	138	21	142	178
滨州	0.332	113	134	77	48	270	77
菏泽	0.280	150	181	204	13	280	98
德州	0.258	169	106	221	97	264	145

资料来源：中国社会科学院城市与竞争力指数数据库。

注：表中阴影和阴影加黑为都市圈内城市。

二 两大都市圈明显一强一弱

山东省内有两大都市圈，分别为青岛都市圈和济南都市圈，其中青岛都市圈主要包括青岛、威海、潍坊、烟台和日照5市，济南都市圈主要包括济南、滨州、德州、聊城、泰安和淄博6市。2018年，从两大都市圈核心城市竞争力来看（见图12—11），青岛除在宜居城市竞争力方面

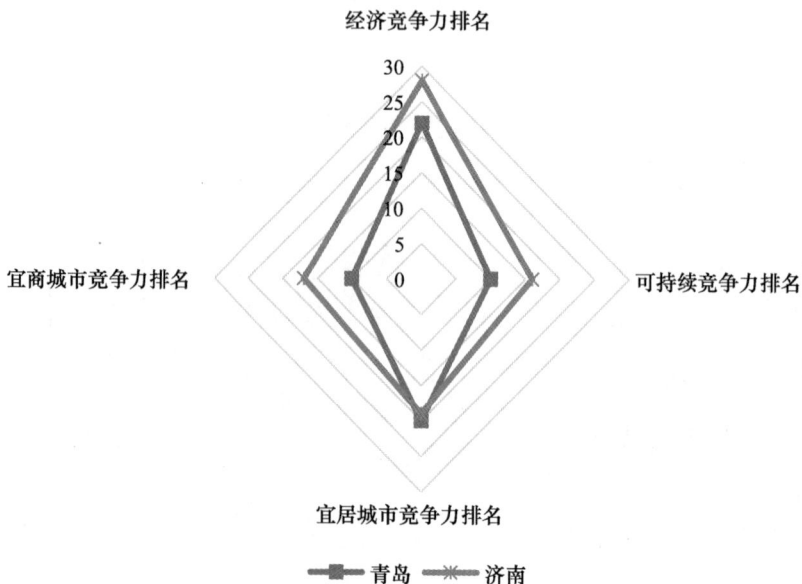

图12—11 山东省两大都市圈核心城市竞争力比较

资料来源：中国社会科学院城市与竞争力指数数据库。

排名较济南低 1 名外，在经济竞争力、可持续竞争力和宜商城市竞争力
上都比济南具有明显的优势。

从两大都市圈除核心城市外的城市的竞争力来看（见图 12—12），除
青岛外的青岛都市圈城市的各项竞争力指数均值均高于除济南外的济南
都市圈城市，且二者除经济竞争力较为接近外，其他竞争力均差距较为
明显，其中可持续竞争力差距相对较小，宜居城市竞争力差距最大，宜
商城市竞争力差距介于二者之间。

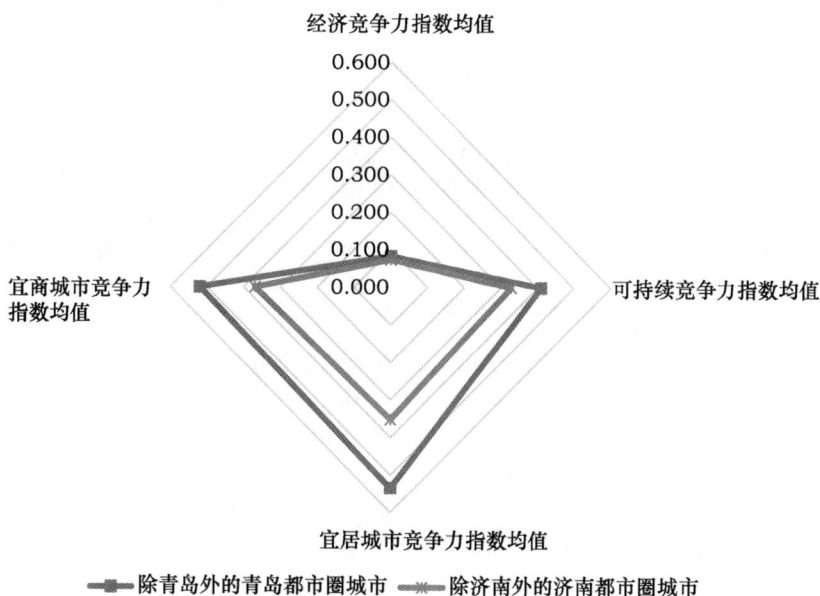

图 12—12 山东省两大都市圈除核心城市外的城市竞争指数均值比较

资料来源：中国社会科学院城市与竞争力指数数据库。

总体上，青岛都市圈竞争力明显强于济南都市圈，不仅青岛自身竞
争力明显强于济南，在都市圈的其他城市方面，济南都市圈的城市也与
青岛都市圈的城市存在明显差距。

三 近年来两大都市圈经济竞争力均趋下降

近三年来，山东省两大都市圈核心城市和其他城市的经济竞争力均
有逐年下降的现象（见图 12—13 和图 12—14），且都市圈内核心城市与

其他城市间的经济竞争力指数的绝对差距也同步缩小，但从相对比例来看，2018 年核心城市较其他城市的领先优势进一步扩大，其中青岛经济竞争力指数与青岛都市圈其他城市经济竞争力指数均值之比，由 2017 年的 1.97 下降至 2018 年的 1.71，济南经济竞争力指数与济南都市圈其他城市经济竞争力指数均值之比，由 2017 年的 1.79 下降至 2018 年的 1.57。

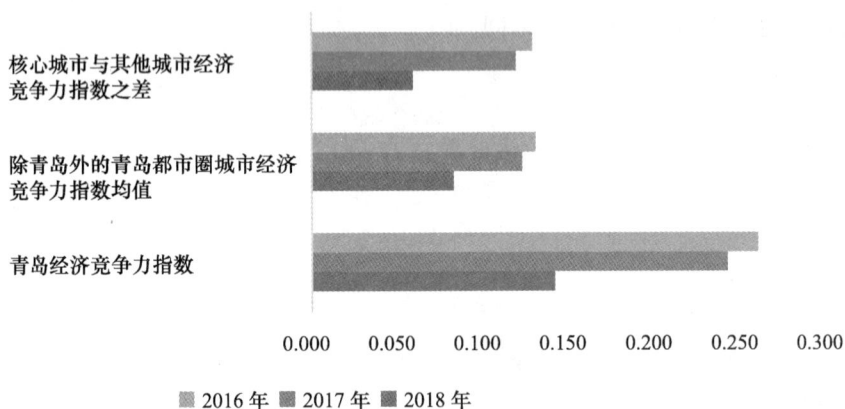

图 12—13　青岛都市圈近三年经济竞争力变化情况

资料来源：中国社会科学院城市与竞争力指数数据库。

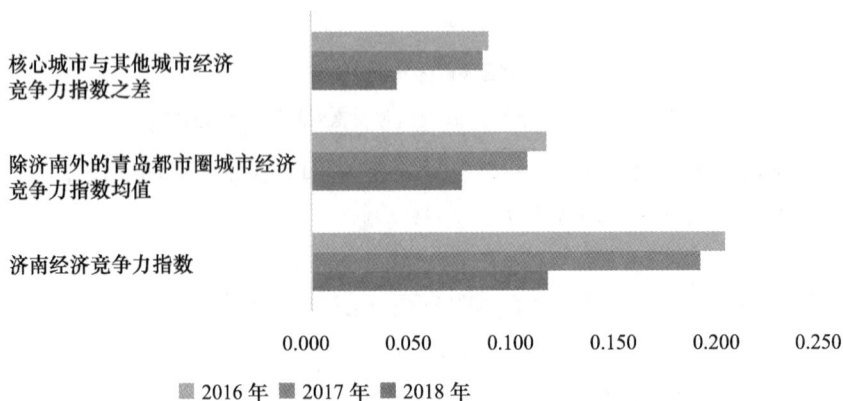

图 12—14　济南都市圈近三年经济竞争力变化情况

资料来源：中国社会科学院城市与竞争力指数数据库。

四　都市圈核心城市与其他城市间社会发展水平差距较大

山东省两大都市圈内部都表现出核心城市与其他城市间在经济竞争力上差距相对较小，但在可持续竞争力、宜居城市竞争力和宜商城市竞争力上均差距较大的问题（见图12—15）。特别是济南都市圈，其内部在经济竞争力上的差距略小于青岛都市圈，但在其他竞争力方面内部差距则显著地大于青岛都市圈，反映出其内部核心城市与其他城市间在社会发展水平上的显著差距。从而反映出作为一个都市圈，其内部发展更不均衡，发展水平要显著低于青岛都市圈。

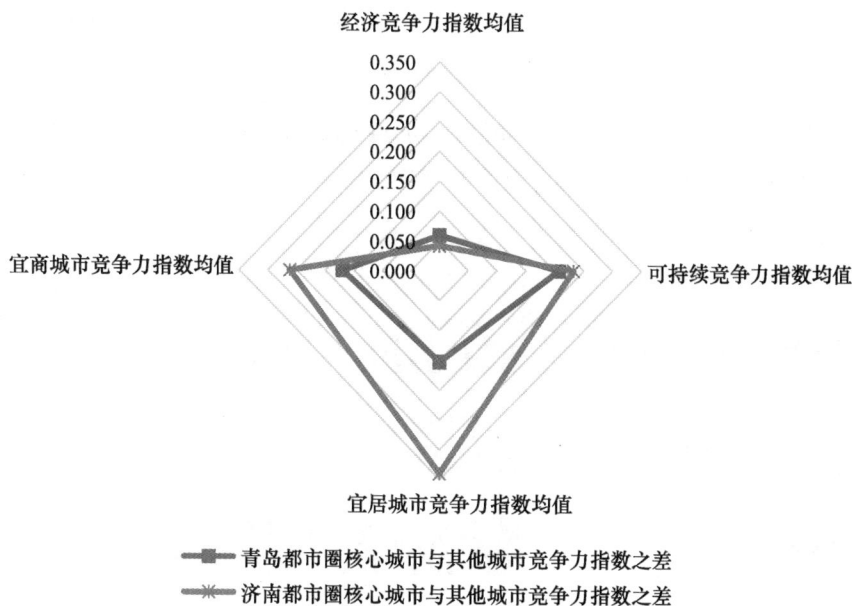

图12—15　山东省都市圈核心城市与其他城市竞争力差距

资料来源：中国社会科学院城市与竞争力指数数据库。

五　济南都市圈内城市发展趋于分化

两大都市圈可持续竞争力的不同变化趋势预示着两大都市圈将面临不同的发展趋势（见图12—16和图12—17）。青岛都市圈的核心城市和其他城市的可持续竞争力指数近三年来先升后降，有所波动，但其差距三年来基本保持稳定，2018年较2017年还有所缩小，显示出青岛都市圈内城市发展总体保持了一个相对稳定的格局，未来这一趋势也有望延续。而济南都市圈近三年来核心城市和其他城市的可持续竞争力指数均逐年下降，同时差距却逐年扩大，显示出了都市圈内城市发展分化的趋势。

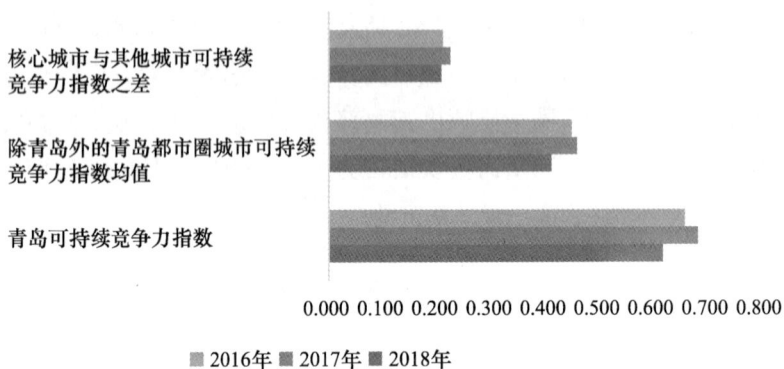

图 12—16　青岛都市圈近三年可持续竞争力变化情况

资料来源：中国社会科学院城市与竞争力指数数据库。

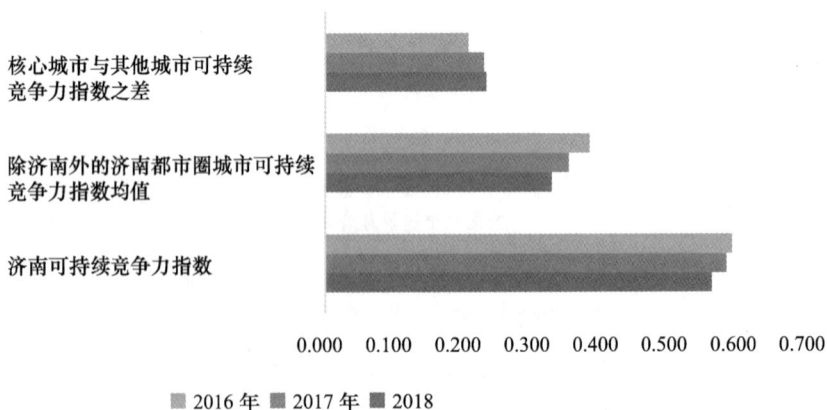

图 12—17　济南都市圈近三年可持续竞争力变化情况

资料来源：中国社会科学院城市与竞争力指数数据库。

第十三章

中国（东北地区）城市竞争力报告

程　栋

第一节　中国城市竞争力（辽宁省）报告

2018 年，辽宁省宜商竞争力、宜居竞争力以及可持续发展竞争力均处于全国中游水平，但是综合经济竞争力处于全国末尾状态。2018 年，虽然辽宁省多项经济指标止跌企稳，经济增长、财政收入、固定资产投资等增长有所提速，但短期内综合经济竞争力排名下滑的趋势难以得到有效遏止。增加有效投资、优化经济结构、完善经济发展软环境等仍然是辽宁经济工作的当务之急。

表 13—1　　　　　　　2018 年辽宁省省情信息

土地面积	14.8 万平方千米
常住人口	4359.3 万人
城镇人口占常住人口比重	68.1%
GDP 总量及增长率	25315 亿元，5.7%
一、二、三产占 GDP 比重	8.03%、39.6%、52.37%

资料来源：2018 年辽宁省国民经济和社会发展统计公报。

一　总体情况

2018 年，辽宁省综合经济竞争力方面表现不够理想，各指标排名均有明显的退步。综合经济竞争力排名全国居第 33 位，比 2017 年下降了

10 位；经济增量竞争力排名全国第 32 位，比 2017 年下降了 9 位；经济效率竞争力排名全国第 20 位，比 2017 年下降了 3 位。

2018 年整体宜商环境建设方面表现相对较好，宜商环境城市竞争力省域排名居全国第 14 位。辽宁省本身的发展基础仍然比较坚实，在硬件环境、对外联系、软件环境等方面表现突出，这 3 个分项指标中，排名分别为全国第 8 位、第 13 位、第 14 位。

辽宁省可持续竞争力排名居全国第 16 位。在和谐城市建设方面，辽宁省表现十分突出，公平包容的和谐城市排名居全国第 5 位。在生态城市和文化城市建设方面比较落后，这项指标排名分别位居全国第 27 位和第 32 位。

辽宁省宜居城市竞争力排名位居全国第 19 位。其中，在安定的社会环境构建方面表现突出，该项指标排名居全国第 7 位；健康的医疗环境和优质的教育环境排名表现上佳，居全国第 10 位和第 14 位。

二 都市圈的现状与条件

2018 年辽宁省城市竞争力总体上呈现以下特征：

第一，作为辽宁省全区域经济的双核心，沈阳和大连的区域中心地位稳固，但是在全国的竞争力下滑的趋势仍然没有得到有效遏止。2017 年，进入综合经济竞争力全国前 100 名的大连（第 30 位）和沈阳（第 33 位）相对于 2016 年分别下降了 4 位和 2 位。2018 年的城市综合经济竞争力排名中，沈阳和大连位居全国第 53 位和第 66 位，分别下降了 23 位和 30 位，下降的幅度远远超过 2017 年。第二，沈阳都市圈中的综合经济竞争力也出现了不同程度的整体大幅下滑。2017 年，鞍山、辽阳、本溪、抚顺、铁岭五市分别位居全国第 159、198、212、233、292 位。2018 年，除了沈阳之外的，沈阳都市圈的 5 个城市排名均位于 270 名到 300 名之间，整体排名非常靠后。第三，沈阳都市圈的可持续发展竞争力排名进步明显。在和谐城市建设和信息城市建设方面，2018 年沈阳都市圈变现上佳，六个城市均取得了大幅进步。从公平包容的和谐城市指标来看，沈阳、鞍山、抚顺、本溪、辽阳和铁岭六个城市的排名分别为 191、51、36、143、126 和 155 位，其中，沈阳、本溪、辽阳和铁岭分别提升了 124 位、54 位、50 位和 122 位，仅鞍山和抚顺分别下滑 17 位和 6 位。从信息城市建设来看，沈阳都市圈六个城市中，仅铁岭下滑 28 位，其余五个城市均产生提升了名次。

三　都市圈的问题与劣势

第一，沈阳都市圈以及整个辽宁省经济竞争力有明显的下降，经济增长速度没有大幅进步且经济运行效率存在突出问题。经济增长竞争力和综合效率竞争力同时下滑形成合力，沈阳都市圈各城市和辽宁省省域综合经济竞争力水平大幅度下滑。2018 年辽宁省经济综合竞争力、经济增长竞争力和综合效率竞争力排名分别为 33、32 和 20 位，对比 2017 年分别下滑了 10 位、5 位和 3 位。沈阳都市圈各城市综合效率竞争力排名为沈阳（47 位）、鞍山（101 位）、辽阳（159 位）、本溪（180 位）、抚顺（199 位）、铁岭（258 位）。对比 2017 年的排名，沈阳都市圈城市综合效率均出现了排名大幅度下滑的问题。第二，宜商竞争力指标表现尚可，但分项指标竞争力不足会制约经济发展。从 2019 年的宜商竞争力排名来看，沈阳都市圈的各城市的全国排名分别为：沈阳（25 位）、鞍山（123 位）、抚顺（138 位）、本溪（116 位）、辽阳（130 位）、铁岭（191 位）。但在其分项指标中，当地要素排名整体表现较差，六个城市排名状况分别为：沈阳（33 位）、鞍山（212 位）、抚顺（179 位）、本溪（184 位）、辽阳（233 位）、铁岭（286 名）。

四　都市圈的现象与规律

人口问题和宜商软环境是制约沈阳都市圈发展的重要因素。青年人口排名表现非常落后，沈阳都市圈的六个城市均位于全国 200 位之后，分别为沈阳（232 位）、鞍山（275 位）、抚顺（282 位）、本溪（272 位）、辽阳（270 位）、铁岭（276 位）。严重的人口老龄化和青年人才的外流是造成竞争力排名下滑的主要原因。另外，宜商环境中的软件环境沈阳都市圈表现也整体较差，仅有铁岭进入全国前 100 位，都市圈的核心城市沈阳排名居全国第 169 位，鞍山第 220 位，抚顺第 114 位，本溪第 115 位，辽阳第 111 位。作为核心城市，沈阳并没有表现出较好的排名，没有能够为都市圈的宜商环境塑造树立制度标准和典范。

五 都市圈的趋势与展望

辽宁省多项经济指标出现积极回暖，但增长速度仍落后于大多数省份，许多指标增幅在全国末尾徘徊，沈阳都市圈的城市竞争力在短期内难以有显著提升。近年来，辽宁省经历了经济增速和财政收入的明显下滑，自 2017 年开始多个指标止跌回升。2017 年辽宁省地区生产总值年增长 4.2%，2018 年增幅达到了 5.7%，增长速度明显在加快。2017 年固定资产投资额增幅仅为 0.1%，而 2018 年固定资产投资增长幅度达到了3.7%。2018 年辽宁省全年社会消费品零售总额达到了 14142.8 亿元，比2017 年增长 6.7%，增长速度远远超过了 2017 年的增速 2.9%。2018 年辽宁省全年进出口总额 7545.9 亿元，比 2017 年增长 11.8%。另外，2018年辽宁省全年一般公共预算收入增长 9.3%，增幅超过 2017 年的 8.6%。加上辽宁省本身在可持续发展和宜商环境方面都进入全国中等水平，具有坚实的经济基础，辽宁省经济运行企稳向好的趋势已经出现，从长期看，解决好人口问题和宜商环境问题，沈阳都市圈的城市竞争力表现值得期待。

表 13—2　　　2018 年辽宁省各城市综合经济竞争力指数排名

城市	经济竞争力		综合增量竞争力		综合效率竞争力	
	指数	排名	指数	排名	指数	排名
沈阳	**0.080**	**53**	**0.128**	**75**	**0.021**	**47**
大连	0.076	66	0.100	114	0.023	39
鞍山	**0.034**	**290**	**0.000**	**293**	**0.007**	**101**
抚顺	**0.034**	**291**	**0.007**	**290**	**0.002**	**199**
本溪	**0.033**	**292**	**0.004**	**291**	**0.002**	**180**
丹东	0.037	287	0.018	287	0.001	236
锦州	0.039	279	0.024	282	0.002	187
营口	0.043	269	0.025	279	0.006	117
阜新	0.039	283	0.025	280	0.000	263
辽阳	**0.035**	**289**	**0.008**	**289**	**0.003**	**159**
盘锦	0.043	266	0.021	285	0.009	84

续表

城市	经济竞争力		综合增量竞争力		综合效率竞争力	
	指数	排名	指数	排名	指数	排名
铁岭	**0.031**	**293**	**0.003**	**292**	**0.001**	**258**
朝阳	0.038	285	0.022	284	0.000	264
葫芦岛	0.041	274	0.032	273	0.001	237

资料来源：中国社会科学院城市与竞争力指数数据库。

注：表中阴影加黑为都市圈内城市。

表13—3　　　　2018年辽宁省各城市宜商竞争力指数排名

城市	宜商竞争力		当地要素	当地需求	软件环境	硬件环境	对外联系
	指数	排名	排名	排名	排名	排名	排名
沈阳	**0.571**	**25**	**33**	**22**	**169**	**31**	**23**
大连	0.645	14	23	26	117	11	15
鞍山	**0.317**	**123**	**212**	**74**	**220**	**34**	**116**
抚顺	**0.294**	**138**	**179**	**169**	**114**	**97**	**164**
本溪	**0.329**	**116**	**184**	**163**	**115**	**75**	**85**
丹东	0.340	108	189	228	136	27	64
锦州	0.394	82	108	141	95	42	109
营口	0.394	83	167	96	153	8	71
阜新	0.241	190	101	267	248	79	193
辽阳	**0.300**	**130**	**233**	**190**	**111**	**47**	**131**
盘锦	0.338	109	281	112	89	7	105
铁岭	**0.239**	**191**	**286**	**271**	**29**	**76**	**183**
朝阳	0.230	198	201	263	58	227	147
葫芦岛	0.219	211	230	214	131	194	139

资料来源：中国社会科学院城市与竞争力指数数据库。

注：表中阴影加黑为都市圈内城市。

表13—4 **2018年辽宁省各城市可持续竞争力指数排名**

城市	可持续竞争力		知识城市	和谐城市	生态城市	文化城市	全域城市	信息城市
	指数	排名	排名	排名	排名	排名	排名	排名
沈阳	0.520	26	29	67	76	18	44	40
大连	0.601	12	30	8	2	52	35	27
鞍山	0.324	100	89	68	258	92	87	96
抚顺	0.312	111	100	42	233	125	110	106
本溪	0.300	124	218	89	179	182	76	44
丹东	0.326	99	192	26	157	174	123	61
锦州	0.358	70	102	18	201	108	99	88
营口	0.270	151	232	47	248	201	60	66
阜新	0.260	158	77	179	220	135	129	161
辽阳	0.199	222	288	76	189	280	95	99
盘锦	0.296	132	250	29	215	150	105	79
铁岭	0.192	231	278	33	221	272	157	178
朝阳	0.204	217	211	56	278	186	220	175
葫芦岛	0.118	273	268	144	260	286	238	137

资料来源：中国社会科学院城市与竞争力指数数据库。

注：表中阴影加黑为都市圈内城市。

表13—5 **2018年辽宁省各城市宜居竞争力指数排名**

城市	宜居竞争力		优质的教育环境	健康的医疗环境	安全的社会环境	绿色的生态环境	舒适的居住环境	便捷的基础设施	活跃的经济环境
	指数	排名	排名	排名	排名	排名	排名	排名	排名
沈阳	0.666	23	10	16	159	145	186	265	38
大连	0.696	18	6	28	107	46	223	280	43
鞍山	0.441	107	60	97	156	216	209	248	83
抚顺	0.399	123	68	71	82	212	243	227	140
本溪	0.421	113	86	84	121	155	178	233	129
丹东	0.405	121	118	82	12	89	271	185	206
锦州	0.476	90	87	62	5	205	147	242	144

续表

城市	宜居竞争力		优质的教育环境	健康的医疗环境	安全的社会环境	绿色的生态环境	舒适的居住环境	便捷的基础设施	活跃的经济环境
	指数	排名	排名	排名	排名	排名	排名	排名	排名
营口	0.380	136	193	177	74	221	70	182	72
阜新	0.310	182	67	105	131	186	246	148	249
辽阳	**0.294**	**193**	**252**	**79**	**135**	**188**	**269**	**139**	**151**
盘锦	0.532	69	134	88	72	160	13	183	66
铁岭	**0.117**	**272**	**274**	**134**	**70**	**234**	**275**	**96**	**282**
朝阳	0.053	284	250	174	185	213	211	203	274
葫芦岛	0.112	275	194	229	220	238	265	157	194

资料来源：中国社会科学院城市与竞争力指数数据库。

注：表中阴影加黑为都市圈内城市。

第二节 中国城市竞争力(吉林省)报告

2018 年，吉林省社会经济发展速度稳中放缓，综合经济竞争力排名和宜居城市竞争力排名处于全国落后水平，而宜商竞争力和可持续竞争力排名均处于全国中游水平。2018 年，吉林省固定资产投资、进出口以及地方财政收入等指标都有一定幅度的增长，常驻人口却减少了 13.37 万，经济下行的压力依然存在。通过改善当地要素、当地需求、基础设施提高宜商竞争力，营造活动的经济环境，招商引资、吸引人才来解决当前有效投资不足和降低人才流失的突出问题。

表 13—6   2018 年吉林省省情信息

土地面积	18.74 万平方千米
常住人口	2704.06 万人
城镇人口占常住人口比重	57.53%
GDP 总量及增长率	15074.62 亿元，4.5%
一、二、三产占 GDP 比重	7.7%、42.5%、49.8%

资料来源：2018 年吉林省国民经济和社会发展统计公报。

一 总体情况

总体来看，2018 年吉林省综合经济竞争力处于全国中下游水平，排名居全国第 26 位，与 2017 年持平，居东北三省第 1 位。吉林省综合增量竞争力排名全国第 25 位，变异系数排名第 20 位。吉林省综合效率竞争力排名靠后，居全国第 27 位，变异系数排名全国第 8 位。

城市宜商城市竞争力在全国处于中游水平，排名全国第 24 位，变异系数排名第 19 位。吉林省的软件环境排名领先，居全国第 4 位，企业各项指标排名都比较靠后，排名依次为：硬件环境（第 23 位），当地要素（第 29 位）、当地需求（第 31 位）、对外联系（第 31 位）。

吉林省宜居城市竞争力省域排名落后，居全国第 29 位。其中，吉林省的社会环境建设成效显著，安定的社会环境排名全国第 3 位，生态环境排名全国第 13 位，优质的教育环境排名居全国第 15 位，医疗环境和基础设施均位居全国第 18 位。吉林省居住环境排名靠后，居全国第 28 位。吉林省的经济环境排名严重落后，居全国第 32 位。

吉林省可持续竞争力排名居全国第 15 位，变异系数排第 8 位。其中，吉林省在公平包容的和谐城市建设方面处于领先位置，排名居全国第 4 位，生态城市竞争力居全国第 12 位，文化城市排名第 21 位，全域城市排名居第 25 位。信息城市建设指标最落后，排名居全国第 28 位。

二 都市圈的现状与条件

2018 年吉林都市圈的城市竞争力总体上呈现以下特征：

第一，长春都市圈的单中心格局显著，长春市作为中心城市地位稳固。长春市的经济竞争力、可持续竞争力以及宜商竞争力等绝大多数指标领先其他城市。长春的经济竞争力排名居全国第 47 位，四平、吉林、松辽分别居全国第 229、220、195 位。长春的经济增量排名分别居全国第 28 位，四平、吉林、松辽分别居全国第 231、226、219 位。长春的综合效率排名居全国第 73 位，四平、吉林、松辽分别居全国第 202、170、127 位。从宜商城市竞争力来看，长春为全国第 35 位，四平、吉林、辽源分别排名为全国第 152、103、252 位。从可持续竞争力排名来看，长春为全国第 28 位，四平、吉林、辽源分别排名为全国第 113、60、185 位。

第二，都市圈的可持续竞争力和宜商城市竞争力表现居中游水平。从宜商城市竞争力来看，长春、四平、吉林、辽源分别排名为全国第35、152、103、252位。软件环境排名全部进入全国前100名，分别为全国第82、20、44、66位。硬件环境排名整体落后，全部位居全国100名之后，分别为107、115、122、162位。对外联系指标都市圈表现不均衡，长春遥遥领先，居全国第36位，其余三市均居全国200位之后。从可持续竞争力排名来看，长春、四平、吉林、辽源分别排名为全国第28、113、60、185位。在和谐城市和知识城市建设方面优势明显，和谐城市排名分别为全国第61、5、21、22位，创新驱动知识城市排名分别为全国第23、91、56位和第255位。在信息城市建设方面，长春都市圈整体落后，只有长春（86位）进入全国前100位，四平、吉林、辽源分别居全国第249、197、206位。

三 都市圈的问题与劣势

都市圈的综合经济竞争力和宜居城市环境竞争力表现严重落后。第一，受经济增长乏力的影响，吉林省综合增量竞争力水平不断下滑。2018年，从都市圈各城市情况来看，长春、四平、吉林、辽源综合增量排名分别为第28、231、226、219位。除长春市外，其他三个城市均有大幅下滑。第二，从宜居城市竞争力来看，长春都市圈相对比较落后。长春、四平、吉林和辽源分别位居全国88、196、119、252位。在居住环境建设方面表现相对落后，排名全部位居全国150位之后，长春、四平、吉林和辽源分别位居全国第254、160、285位和279位。在基础设施和经济环境方面表象严重落后，活跃的经济环境排名全部居全国200位之后。

四 都市圈的现象与规律

吉林省经济增长趋缓是吉林省城市竞争力面临的直接问题，需要结合改进宜商环境和宜居环境竞争力面临的突出问题。从宜商城市竞争力来看，长春、四平、吉林、辽源分别排名为全国第35、152、103、252位。当地要素排名分别为32、176、88、285位，当地需求排名分别为84、253、189、276位，硬件环境排名整体落后，全部位居全国100名。对外联系长春遥遥领先，居全国第36位，其余三市均居全国200位之后。针对这三个分项指标的具体情况，需要在青年人口、研发投入、改善经济区位、完善基础设施等角度着手工作。从宜居城市竞争力来看，四个城市的居住环境和经济环境排名分别位居全国 150 位和 200 位之后。需要从人口生育政策和收入分配政策、房地产价格政策等方面改进工作。

五 都市圈的趋势与展望

2018 年，吉林省多项经济指标在东北三省中排名相对靠前，但是增长幅度在全国依然排名靠后，短期内经济增长的压力依然存在。2018 年，经济增长稳中有进。地区生产总值增速逐季提高，全年增长 4.5%，增长幅度低于 2017 年的 5.3%。全社会固定资产投资增长 1.6%，增幅略高于 2017 年的 1.4%，规模以上工业增加值增长 5%。社会消费品零售总额增长 4.8%，增长幅度低于 2017 年的 7.5%。外贸进出口额增长 8.6%，增长幅度高于 2016 年增长 3.0%。地方级财政收入扭转 2017 年的负增长局面（-4.1%），实现增长 2.5%。但是，常驻人口却减少了 13 万，人口净流出的态势严峻。因而，经济发展坚持新发展理念，以供给侧结构性改革为主线，坚持深化市场化改革、改善宜商环境，稳定预期，在要素、需求、人口、收入分配等方向进行突破，保持竞争力。

表 13—7　　2018 年吉林省各城市综合经济竞争力指数排名

城市	经济竞争力		综合增量竞争力		综合效率竞争力	
	指数	排名	指数	排名	指数	排名
长春	0.087	47	0.236	28	0.011	73
辽源	0.051	195	0.060	219	0.005	127
松原	0.049	212	0.062	208	0.003	178
吉林	0.049	220	0.058	226	0.003	170
四平	0.047	229	0.054	231	0.002	202
通化	0.046	244	0.050	243	0.002	212
白山	0.045	248	0.049	244	0.001	223
白城	0.044	254	0.047	249	0.001	256

资料来源：中国社会科学院城市与竞争力指数数据库。

注：表中阴影加黑为都市圈内城市。

表13—8　　　　2018年吉林省各城市宜商竞争力指数排名

城市	宜商竞争力		当地要素	当地需求	软件环境	硬件环境	对外联系
	指数	排名	排名	排名	排名	排名	排名
长春	0.515	35	32	84	82	107	36
吉林	0.346	103	88	189	44	122	213
四平	0.278	152	176	253	20	115	283
辽源	0.161	252	285	276	66	162	219
通化	0.225	204	236	261	32	205	202
白山	0.135	265	282	285	96	201	206
松原	0.206	219	266	252	73	113	264
白城	0.147	262	255	278	70	240	253

资料来源:中国社会科学院城市与竞争力指数数据库。

注:表中阴影加黑为都市圈内城市。

表13—9　　　　2018年吉林省各城市可持续竞争力指数排名

城市	可持续竞争力		知识城市竞争力	和谐城市竞争力	生态城市竞争力	文化城市竞争力	全域城市竞争力	信息城市竞争力
	指数	排名	排名	排名	排名	排名	排名	排名
长春	0.517	28	23	61	20	24	67	86
吉林	0.376	60	56	21	183	57	149	197
四平	0.311	113	91	5	112	194	166	249
辽源	0.233	185	255	22	138	258	146	206
通化	0.339	83	188	11	113	86	187	192
白山	0.249	169	230	69	133	207	241	159
松原	0.237	182	249	92	54	206	164	272
白城	0.209	210	164	40	186	253	278	235

资料来源:中国社会科学院城市与竞争力指数数据库。

注:表中阴影加黑为都市圈内城市。

表13—10　　　　　2018年吉林省各城市宜居竞争力指数排名

城市	宜居竞争力		优质的教育环境	健康的医疗环境	安全的社会环境	绿色的生态环境	舒适的居住环境	便捷的基础设施	活跃的经济环境
	指数	排名	排名	排名	排名	排名	排名	排名	排名
长春	0.478	88	15	31	138	91	254	283	202
吉林	0.410	119	42	29	39	198	285	255	219
四平	0.291	196	93	114	105	191	160	173	253
辽源	0.180	252	167	183	150	124	279	40	288
通化	0.197	245	154	194	127	101	221	209	248
白山	0.305	185	142	172	28	147	262	20	283
松原	0.161	259	214	233	109	36	266	126	287
白城	0.294	195	202	247	10	67	229	30	284

资料来源：中国社会科学院城市与竞争力指数数据库。

注：表中阴影加黑为都市圈内城市。

第三节　中国城市竞争力（黑龙江省）报告

2018年，黑龙江社会经济发展速度稳中放缓，综合经济竞争力和宜商竞争力排名处于下游水平，宜居城市竞争力和可持续竞争力排名均处于全国中游。尽管，经济地区生产总值、城乡居民人均可支配收入、社会消费品零售总额、公共财政收入的指标都有一定程度的增长，但是增长放缓的趋势明显，经济下行的压力依然存在。综合来看，黑龙江仍然处在传统产业集中负向拉动与培育新动能、新增长领域相互交织关键时期，经济增长新旧动能转换仍然没有得到有效突破。

表13—11　　　　　　　　2018年黑龙江省省情信息

土地面积	47.3万平方千米
常住人口	3773.1万人
城镇人口占常住人口比重	60.01%
GDP总量及增长率	16361.6亿元，4.7%
一、二、三产占GDP比重	18.3：24.6：57.1

资料来源：2018年黑龙江省国民经济和社会发展统计公报。

一　总体概况

2018 年，从省域竞争力排名看，黑龙江省综合经济竞争力排名第 32 位，居东北三省 2 位，变异系数为第 11 位。黑龙江省综合增量竞争力排名居全国第 28 位，变异系数排名第 21 位。黑龙江省综合效率竞争力排名全国第 32 位，变异系数排名居全国第 24 位。

黑龙江省宜商城市竞争力排名居全国第 30 位，变异系数排名居全国第 24 位。在分项指标来看，黑龙江省在硬件环境方面表现相对较好，居全国第 20 位。软件环境和对外联系居于全国中下游水平，当地要素和当地需求居全国末尾水平，排名依次居全国第 30 位和第 29 位。

黑龙江省宜居城市竞争力居全国中游水平，排名居全国第 20 位，变异系数居全国第 15 位。其中，安定的社会环境排名全国第 2 位，健康的医疗环境排名居全国第 11 位，绿色的生态环境排名居全国第 12 位，这三项表现突出。

黑龙江省可持续竞争力表现相对较好，排名全国第 19 位，各城市之间变现相对均衡。黑龙江省和谐城市和生态城市建设方面处于全国上游水平，在公平包容的和谐城市排名中居全国第 6 位，在生态城市竞争力排名中为全国第 11 位。但黑龙江省在文化城市建设方面相对落后，多元一本的文化城市排名第 29 位。

二　都市圈的现状与条件

2018 年，黑龙江省城市竞争力总体上呈现以下特征：

第一，哈尔滨成为黑龙江省区域经济的唯一中心，哈尔滨市在绝大多数指标上都显著领先于其他城市。从综合经济竞争力来看，哈尔滨是黑龙江省进入全国前 100 名的唯一城市，位居全国第 67 位，其余城市均居全国 200 位。从综合增量竞争力来看，哈尔滨（27 位）也是唯一进入前 100 名的城市，牡丹江（175 位）和（绥化 181 位）处于 101 位到 200 位之间，其余城市均居 200 位之后。曾经作为双子星之一的大庆竞争力已经大幅下滑。第二，黑龙江省各城市在经济竞争力和宜商竞争力方面处于全国落后水平，在可持续竞争力和宜居城市竞争力方面表现尚可，居全国中游水平。在综合经济竞争力、综合增量竞争力和综合效率竞争力三项排名中，黑龙江省进入全国前 100 位的城市都只有一个，且其他 11 个城市排名处于全国下游甚至末尾水平。从宜商城市竞争力来，黑龙江省仅有哈尔滨市（51 位）一个城市进入前 100 位，排名全国第 51 位。进入 101—200 位之间仅有 3 个城市：大庆（111 位）、牡丹江（137 位）、齐齐哈尔（185 位），其余 8 个城市均居全国 200 位之后。

三 都市圈的问题与劣势

第一，黑龙江省综合经济竞争力严重落后。2018 年黑龙江省经济增长速度为 4.7%，低于 2017 年的 6.4%。综合经济竞争力位于全国第 32 位，较 2017 年下滑 1 位；综合增量竞争力位居全国第 28 位、综合效率竞争力位居全国第 32 位，这两项指标与 2017 年持平。第二，由于地理位置、人口流出等因素，黑龙江省各城市的宜商竞争力排名普遍落后。从当地要素排名来看，黑龙江省居全国第 30 位，仅有 2 个城市进入全国前 150 位。从青年人口指标来看，没有城市进入全国前 100 位，除哈尔滨（137 位）之外，其他 11 个城市均排名在全国 200 位以外。从地理位置来看，黑龙江省由于地处中国东北部，整体排名较差，所有城市均处于全国 200 位之后，省内排名第 1 和第 2 的哈尔滨和牡丹江分别居全国第 207 位和第 208 位。第三，区域中心城市哈尔滨在宜商竞争力某些重要指标上同样比较落后。从硬件条件的房价收入比来看，黑龙江省进入全国前 100 位的城市有黑河、双鸭山、牡丹江、伊春、七台河、鹤岗、大庆、绥化等 8 个城市，省会哈尔滨居全国第 224 位，在省内排在倒数第一的位置。从软件环境来看，仅佳木斯（64 位）进入全国前 100 位，哈尔滨和大庆排名分别居全国第 257 位和第 279 位，在宜商环境的软件环境构建落后于省内小城市，没能起到成为区域制度创新中心的作用。

四 都市圈的现象与规律

黑龙江省综合经济竞争力、宜商环境竞争力落后以及活跃经济环境指标排名靠后是黑龙江省经济发展的重要问题。黑龙江省综合经济竞争力指数排名从 2014 年的 28 名，2015 年的 29 名，2016 年和 2017 年的 31 名，到 2018 年下降到 32 位，完全处于全国落后水平。经济增量竞争力仍然出现不同程度的下滑，2017 年经济增量竞争力进入全国前 100 位的有 4

个城市，2018 年还剩 3 个城市。综合效率竞争力没有得到有效改善，2017 年和 2018 年，黑龙江效率竞争力仅有 2 个城市进入前 200 名。黑龙江在活跃经济环境方面的落后态势仍在加剧。从 2016 年到 2018 年的 3 年里，每年都没有城市进入前 50 名，只有两个城市进入全国前 50—100 位，9 个城市均位于 200 名之后。2018 年黑龙江省宜商竞争力位居全国第 30 位，对于招商引资，增加有效投资造成的压力巨大。黑龙江省当前新旧动能转换没有获得有效突破，需要在供给侧改革和改善宜商环境同时下功夫。

五　都市圈的趋势与展望

黑龙江省经济增长新动能尚未有效突破，传统经济结构难以推动经济持续增长。2018 年，黑龙江省全省固定资产投资增长率由 2017 年的 6.2% 下降到 -4.7%，给经济增长带了巨大的压力。全省社会消费品零售总额比上年增长 6.3%，比 2017 年 8.3% 的增长率下降了 2 个百分点。全省实现进出口总值 1747.7 亿元，比上年增长 36.4%，比 2017 年 14.5% 的增长率增加了 21 个百分点。全省实现公共财政收入 1282.5 亿元，比上年增长 3.2%，但增长速度比 2017 年的 11% 也有了大幅下滑。经济增长趋缓、下行压力增大的态势没有得到根本扭转。按照供给侧结构性改革要求，重聚产业发展新动能，增加有效投资，促进经济增长；重塑投资宜商新环境、吸引留住更多宝贵人才，重构协调发展新格局。

表 13—12　　　2018 年黑龙江省各城市综合经济竞争力指数排名

城市	经济竞争力		综合增量竞争力		综合效率竞争力	
	指数	排名	指数	排名	指数	排名
哈尔滨	0.076	67	0.223	29	0.004	144
牡丹江	0.051	204	0.076	175	0.001	235
绥化	0.050	209	0.074	181	0.001	261
齐齐哈尔	0.047	231	0.059	221	0.000	266

续表

城市	经济竞争力		综合增量竞争力		综合效率竞争力	
	指数	排名	指数	排名	指数	排名
佳木斯	0.046	241	0.055	229	0.001	259
黑河	0.044	255	0.048	247	0.000	289
大庆	0.048	222	0.037	270	0.009	85
伊春	0.041	275	0.035	271	0.000	290
鸡西	0.041	276	0.033	272	0.000	269
鹤岗	0.039	281	0.027	277	0.000	280
双鸭山	0.039	282	0.026	278	0.000	274
七台河	0.038	284	0.023	283	0.001	260

资料来源：中国社会科学院城市与竞争力指数数据库。

表13—13　　2018年黑龙江省各城市宜商竞争力指数排名

城市	宜商竞争力		当地要素	当地需求	软件环境	硬件环境	对外联系
	指数	排名	排名	排名	排名	排名	排名
哈尔滨	0.461	51	26	33	257	104	45
齐齐哈尔	0.245	185	154	210	204	85	222
鸡西	0.103	281	283	279	220	151	217
鹤岗	0.126	272	287	287	123	123	237
双鸭山	0.161	251	284	280	102	118	225
大庆	0.338	111	60	60	279	119	108
伊春	0.052	285	288	284	236	200	243
佳木斯	0.221	207	190	258	64	254	158
七台河	0.000	288	264	288	288	145	287
牡丹江	0.294	137	194	145	106	109	163
黑河	0.201	225	273	266	112	140	136
绥化	0.159	254	237	247	206	130	261

资料来源：中国社会科学院城市与竞争力指数数据库。

表 13—14　　　2018 年黑龙江省各城市可持续竞争力指数排名

城市	可持续竞争力		知识城市竞争力	和谐城市竞争力	生态城市竞争力	文化城市竞争力	全域城市竞争力	信息城市竞争力
	指数	排名	排名	排名	排名	排名	排名	排名
哈尔滨	0.457	38	22	106	97	22	59	141
齐齐哈尔	0.298	128	87	38	125	144	190	267
鸡西	0.255	163	210	39	145	200	236	194
鹤岗	0.195	225	276	3	184	288	244	168
双鸭山	0.273	147	274	4	164	199	163	215
大庆	0.373	63	44	215	53	124	57	74
伊春	0.314	108	258	16	50	183	118	189
佳木斯	0.365	66	104	12	13	228	175	157
七台河	0.116	274	262	233	203	251	211	242
牡丹江	0.345	78	132	80	23	181	89	132
黑河	0.248	170	207	48	155	243	195	124
绥化	0.174	249	155	186	135	247	266	266

资料来源：中国社会科学院城市与竞争力指数数据库。

表 13—15　　　2018 年黑龙江省各城市宜居竞争力指数排名

城市	宜居竞争力		优质的教育环境	健康的医疗环境	安全的社会环境	绿色的生态环境	舒适的居住环境	便捷的基础设施	活跃的经济环境
	指数	排名	排名	排名	排名	排名	排名	排名	排名
大庆	0.649	26	38	34	231	39	239	140	55
哈尔滨	0.561	52	18	18	162	190	242	288	67
牡丹江	0.533	68	97	48	167	79	158	88	137
佳木斯	0.389	128	107	51	61	95	194	195	238
齐齐哈尔	0.448	101	91	58	57	144	224	56	241
黑河	0.359	147	260	219	2	34	228	34	244
双鸭山	0.331	170	224	61	8	157	190	107	273
伊春	0.218	236	204	161	182	73	188	87	275

续表

城市	宜居竞争力		优质的教育环境	健康的医疗环境	安全的社会环境	绿色的生态环境	舒适的居住环境	便捷的基础设施	活跃的经济环境
	指数	排名	排名	排名	排名	排名	排名	排名	排名
七台河	0.103	277	255	146	202	196	145	169	276
绥化	0.299	191	159	245	40	60	198	57	278
鸡西	0.263	209	233	91	14	130	273	103	285
鹤岗	0.220	235	145	173	1	80	286	229	286

资料来源：中国社会科学院城市与竞争力指数数据库。

第十四章

中国(中部地区)城市竞争力报告

蔡书凯　郭　晗　刘　凯*

第一节　中国城市竞争力(安徽省)报告

近年来,安徽省着力稳增长、调结构,以大合肥建设为龙头实现了经济快速发展。从综合经济发展来看,产业结构呈现积极变化,三次产业比例从 2017 年的 9.5∶49.0∶41.5 调整为 2018 年的 8.8∶46.1∶45.1,产业结构高级化和合理化程度有所提升;需求结构方面,全年社会消费品零售总额 12100.1 亿元,比上年增长 11.6%;固定资产投资增速有所反弹,近三年分别为 11.7%、11.0%、11.8%;全年进出口总额 629.7 亿美元,比上年增长 16.6%。要素结构方面,科技创新对增长的贡献有所提升,全年用于研究与试验发展(R&D)经费支出 630 亿元,增长达11.5%;占全省 GDP 的比重为 2.1%。总体来看,安徽目前处于要素驱动向创新驱动开始转型的阶段,生态环境发展较好,社会治理成效显著。但由于省内经济发展不均衡的情况比较明显,皖南、皖北城市整体经济社会发展水平存在较大差异,皖北城市整体竞争力落后于皖南城市;同时,隶属于长三角都市连绵区的皖南城市普遍存在城市规模过小的问题,成为城市竞争力提升的制约因素。从城市层面来看,安徽省各城市的宜居竞争力和宜商竞争力表现优于综合经济竞争力和可持续竞争力。其中,

* 本部分安徽省、江西省由蔡书凯撰写;河南省、山西省由郭晗撰写;湖北省、湖南省由刘凯撰写。

合肥与芜湖无论在经济发展、宜居环境还是可持续竞争力方面都在全国处于靠前水平，特别是合肥作为省会的发展优势不断强化；马鞍山市在宜居竞争力和宜商竞争力方面也表现突出。未来安徽各城市应充分发挥长三角都市连绵区和合肥都市圈的辐射带动作用，进一步提升城市的综合经济竞争力和可持续竞争力。

表14—1 2018 年安徽省省情信息

土地面积	13.97 万平方千米
常住人口	6323.6 万人
城镇人口占常住人口比重	54.69%
GDP 总量及增长率	30006.82 亿元，8.02%
一、二、三产占 GDP 比重	8.8%、46.1%、45.1%

资料来源：2018 年安徽省国民经济和社会发展统计公报。

一 安徽省城市竞争力概况：合肥一骑绝尘

从综合经济竞争力来看，2019 年在前 100 名的仅有合肥和芜湖两个城市，大多数城市在 200 位左右徘徊。合肥和芜湖是安徽省双核城市，虽然在 2010 年之后，芜湖逐渐与合肥的差距拉大，但整体上还是呈紧跟步伐的状态，但经济总量的差距在不断拉大，2018 年合肥市的 GDP 达7822.9 亿元，芜湖却不到合肥的一半，仅为 3278.53 亿元。

从可持续竞争力来看，有 4 座城市进入全国前 100 位，分别为合肥、芜湖、黄山、安庆。合肥市是国家重要的科研教育基地，市域内高校林立，在知识城市竞争力方面表现出色。

从宜居竞争力来看，有马鞍山、合肥、芜湖、蚌埠、黄山、铜陵、宣城等 7 座城市位居全国前 100 位，表现最好的马鞍山市位居第 25 位。整体上，安徽省各城市的宜居竞争力表现要优于综合经济竞争力和可持续竞争力。

从宜商竞争力指数来看，合肥作为省会城市和国家现代制造业基地和综合交通枢纽，在当地要素和软硬件环境方面具有一定的优势，位居全国第 19 位。芜湖表现也比较抢眼，位居第 27 位。马鞍山、蚌埠、安庆、铜陵、滁州和宣城也位居前 100 位。

二　都市圈现状与条件：两大都市圈并存与重叠

安徽省主要城市横跨两大都市圈：长三角都市连绵区和合肥都市圈。滁州、马鞍山、芜湖、宣城主要隶属于长三角都市连绵区，同时也受到合肥都市圈的影响和辐射。安徽省各城市与长三角都市连绵区核心城市在经济竞争力方面有较大的差距，表现最好的芜湖市位居第58位，与上海、南京、杭州等长三角都市连绵区核心城市差距较大。

合肥都市圈的主要城市包括：合肥市、六安市、安庆市、蚌埠市、铜陵市、淮南市、宿州市等。合肥都市圈占安徽省国土面积的40.6%，人口的43.2%，都市圈经济总量占安徽省经济总量的比重接近59%。毫无疑问，合肥市是合肥都市圈经济竞争力最强的城市，排名全国第30位；但合肥都市圈中除合肥外，其他城市的经济竞争力都较弱。

由于合肥都市圈和长三角都市连绵区影响和辐射的城市有较大的重叠，如马鞍山、芜湖等城市，虽然属于长三角都市连绵区，但和合肥都隶属安徽省。合肥和南京的直线距离才100多公里，合肥都市圈和长三角都市连绵区存在较大的竞争和冲突，由于安徽省地界的存在，马鞍山、芜湖等城市融入长三角都市连绵区存在行政管辖上的障碍，难以真正全方位得到长三角都市连绵区的"辐射"或者好处。

表14—2　　　　安徽长三角都市连绵区城市经济竞争力排名

城市	经济竞争力	排名	综合增量合并	排名	综合效率合并	排名
合肥	0.108	30	0.303	16	0.021	46
蚌埠	0.059	120	0.095	127	0.006	120
淮南	0.049	213	0.058	224	0.003	160
铜陵	0.058	126	0.071	187	0.010	75
安庆	0.050	210	0.065	202	0.002	181
宿州	0.054	164	0.089	144	0.002	196
六安	0.048	223	0.062	210	0.001	234
芜湖	0.078	58	0.139	63	0.017	54

续表

城市	经济竞争力	排名	综合增量合并	排名	综合效率合并	排名
马鞍山	0.060	119	0.068	189	0.013	69
滁州	0.055	156	0.091	137	0.002	182
宣城	0.051	194	0.072	184	0.002	190

资料来源：中国社会科学院城市与竞争力指数数据库。

注：表中阴影加黑为都市圈内城市。

表14—3　　　安徽长三角都市连绵区城市可持续竞争力指数

城市	可持续竞争力		知识城市竞争力	和谐城市竞争力	生态城市竞争力	文化城市竞争力	全域城市竞争力	信息城市竞争力
	指数	排名	排名	排名	排名	排名	排名	排名
合肥	0.510	29	16	87	21	68	39	69
蚌埠	0.282	140	71	188	51	236	111	152
淮南	0.241	179	73	132	274	84	219	229
铜陵	0.323	101	166	36	78	221	188	78
安庆	0.365	65	105	43	33	126	106	171
宿州	0.161	255	203	230	266	101	262	255
六安	0.245	174	152	174	152	102	251	232
芜湖	0.377	59	37	74	142	170	34	92
马鞍山	0.279	143	67	180	130	268	47	80
滁州	0.311	112	123	84	63	198	84	145
宣城	0.288	135	245	75	89	167	177	122

资料来源：中国社会科学院城市与竞争力指数数据库。

注：表中阴影加黑为都市圈内城市。

表14—4　　　　安徽长三角都市连绵区城市宜居竞争力指数

城市	宜居竞争力		优质的教育环境	健康的医疗环境	安全的社会环境	绿色的生态环境	舒适的居住环境	便捷的基础设施	活跃的经济环境
	指数	排名	排名	排名	排名	排名	排名	排名	排名
合肥	0.610	35	20	33	112	136	259	273	51
蚌埠	0.468	94	78	126	193	200	154	35	125
淮南	0.259	212	152	241	83	266	24	210	133
铜陵	0.521	75	106	218	22	227	10	127	53
安庆	0.408	120	81	222	27	183	60	91	191
宿州	0.147	265	240	212	191	271	212	44	209
六安	0.246	216	211	231	101	97	263	49	239
芜湖	0.569	47	45	113	63	177	51	217	68
马鞍山	0.652	25	62	119	119	178	6	66	41
滁州	0.310	181	185	206	53	197	187	72	189
宣城	0.461	97	226	225	45	166	128	10	81

资料来源：中国社会科学院城市与竞争力指数数据库。

注：表中阴影加黑为都市圈内城市。

表14—5　　　　安徽长三角都市连绵区城市宜商竞争力指数

城市	宜商城市竞争力		当地要素	当地需求	软件环境	硬件环境	对外联系
	指数	排名	排名	排名	排名	排名	排名
合肥	0.597	19	15	31	65	95	37
蚌埠	0.403	77	74	129	87	83	122
淮南	0.307	128	85	150	164	103	229
铜陵	0.372	92	147	133	54	124	73
安庆	0.379	87	118	165	11	157	138
宿州	0.292	142	214	179	16	172	214
六安	0.315	124	158	219	60	88	198

城市	宜商城市竞争力		当地要素	当地需求	软件环境	硬件环境	对外联系
	指数	排名	排名	排名	排名	排名	排名
芜湖	0.547	27	29	67	37	60	86
马鞍山	0.445	54	61	72	81	93	94
滁州	0.375	89	115	177	45	92	126
宣城	0.374	90	206	100	15	106	133

资料来源：中国社会科学院城市与竞争力指数数据库。

注：表中阴影加黑为都市圈内城市。

三 都市圈的现象与规律：做强省会与融入东部

支持合肥进一步提升在全国省会城市中的地位是安徽省委省政府的既定目标。长期以来安徽省城市发展水平低，而且缺少首位城市，或者首位城市不够强大，让安徽省在全国排名中处于劣势。所以安徽省有必要打造自己的首位城市，打造首位城市非合肥莫属。目前合肥都市圈更多的展现的是合肥对其他城市的虹吸效应，尚处在加强中心城市经济实力的阶段，再带动周边城市发展的阶段。必须继续坚持以跨越发展、加速赶超为主基调，在确保质量和效益的前提下，以更快的速度扩大增量、做大总量。合肥将会强化对皖西地区、皖西南地区、皖西北地区的影响，强化合肥与这些地区的联系，特别是交通联系。促进安徽核心增长极的形成，全面提升全省的区域竞争力。马鞍山、滁州、宣城、芜湖将会强化东向发展战略，力争早日更深度地融入长三角都市连绵区。

四 都市圈的问题与劣势：两大都市圈的竞争与冲突

滁州、马鞍山、芜湖、宣城等隶属于长三角都市连绵区的城市，其综合发展质量明显优于合肥都市圈各城市，发展比较均衡。但长三角主要中心城市的联系强度有待加强，中心城市的贡献度也不高。同时，安徽省的几座城市与长三角中心城市在总体发展质量方面存在较大的断层，同时，由于跨省都市圈带来的行政机制不畅导致的同城化建设比较滞后。

合肥都市圈由于是围绕省会城市合肥而形成的都市圈，在同城化机制建设方面比较突出，促进了合肥都市圈的发展，但由于都市圈除合肥市以外，其他城市的经济体量都较小，经济发展水平较低，呈现出合肥市"一城独大"的现象。

表14—6　　　　　　　合肥都市圈城市主要经济数据

城市	人口（万人）	GDP（亿元）	人均GDP（万元）
合肥	796.5	7822.9	9.82
六安	480.0	1288.1	2.68
安庆	464.3	1917.6	4.13
蚌埠	337.7	1714.7	5.08
铜陵	160.8	1222.4	7.60
淮南	348.7	1133.3	3.25
宿州	516.9	1630.22	2.88

五　都市圈的趋势与展望：两大都市圈的协调与融合

长三角都市连绵区与长三角主要城市的竞争力差距都较大，未来将进一步加强与长三角主要城市的加强融入与对接，在更大范围、更宽领域、更高层次参与都市圈的分工合作，深化重点领域合作，聚集重点合作项目和平台，精准发力，通过有效发挥各城市比较优势，促进特色化、差异化发展，提升在长三角都市连绵区的价值链和产业分工体系中的位置。

合肥将会顺应工业化、城市化的时代潮流，继续做大做强，进一步提升省会城市首位度，进而发挥合肥省会城市、中心城市对都市圈城市的辐射带动作用，短期内将会继续放大虹吸效应；长期来看将进一步提升合肥的带动力和承载力，强化对都市圈城市的辐射带动作用。

第二节　中国城市竞争力（江西省）报告

近年来，江西省着力稳增长、调结构，经济发展保持良好势头，在全国处于前列。从综合经济发展来看，产业结构呈现积极变化，三次产业比例从2017年的9.4∶47.9∶42.7调整为2018年的8.6∶46.6∶44.8，服务业发展态势良好，产业结构高级化程度提高；需求结构方面，投资拉动型经济有所收敛，固定资产投资增速持续放缓，近年分别为17.6%、16.0%、14.0%、12.1%、11.1%，从投资结构来看，2018年民间投资拉动有力。民间投资增长12.5%，占全部投资的67.9%，对投资增长的贡献率为74.3%。最近三年，江西省经济发展速度较快，可持续竞争力处于中等靠前水平，出现良性上升趋势，特别是生态城市竞争力及和谐城市竞争力优势明显。总体来看，江西目前处于要素驱动向创新驱动转型的阶段，创新发展的速度加快，但还未能形成增长的主要驱动力，创新发展的绝对水平还有不足。同时，江西省内各个城市发展不均衡，且城乡一体化水平比较低。总体来看，江西省近几年可持续竞争力不断提升。从城市层面来看，经济发展仅有南昌具备优势，而在宜居环境方面，大多城市都处于相对较好水平，整体宜居环境在中部地区具备明显优势，在可持续竞争力方面，南昌、景德镇、九江和赣州表现较好。未来要紧抓长江经济带建设的重大机遇，以融合一体的大南昌都市圈为引领，通过可持续竞争力的优势促进综合经济竞争力的提升，以创新驱动实现绿色崛起。

表14—7　　　　　　　　2018年江西省省情信息

土地面积	13.97万平方千米
常住人口	6323.6万人
城镇人口占常住人口比重	54.69%
GDP总量及增长率	30006.82亿元，8.02%
一、二、三产占GDP比重	8.6%、46.6%、44.8%

资料来源：2018年江西省国民经济和社会发展统计公报。

一　江西省城市竞争力概况：南昌一枝独秀

从综合经济竞争力来看，2017年江西城市平均综合经济竞争力均值为0.05894，全国排在第19位，相比2018年进步三位，说明江西经济竞争力有较大提升，但仍处于全国省区市中下水平。从城市层面来看，南昌作为江西省的省会，无论是综合经济竞争力还是可持续竞争力都是省内唯一进入前50名的城市，因此发展情况要明显好于其他城市。从变异系数来看，江西综合经济竞争力变异系数居第8位，相比2018年进步两位，说明江西省内部各城市之间的综合经济竞争力差距逐渐缩小。

表14—8　　　　　　　江西省各城市综合经济竞争力指数

城市	经济竞争力		综合增量竞争力		综合效率竞争力	
	指数	排名	指数	排名	指数	排名
南昌	**0.096**	**41**	**0.203**	**37**	**0.023**	**41**
景德镇	0.051	197	0.061	214	0.005	131
萍乡	0.055	153	0.067	192	0.008	97
九江	**0.060**	**118**	**0.119**	**89**	**0.003**	**171**
新余	**0.058**	**130**	**0.059**	**222**	**0.013**	**66**
鹰潭	0.052	182	0.060	217	0.006	115
赣州	0.058	127	0.122	85	0.001	243
吉安	0.054	168	0.092	132	0.001	228
宜春	**0.057**	**141**	**0.105**	**106**	**0.002**	**200**
抚州	**0.052**	**191**	**0.080**	**162**	**0.001**	**222**
上饶	0.056	143	0.105	104	0.001	220

资料来源：中国社会科学院城市与竞争力指数数据库。

注：表中阴影加黑为都市圈内城市。

从可持续竞争力来看，有4座城市进入全国前100位，分别为南昌、景德镇、九江和赣州。南昌市作为江西省的省会，在文化城市竞争力方面表现出色，位居全国第13位。

表14—9　　　　　　　江西省各城市可持续竞争力指数

城市	可持续竞争力		知识城市竞争力	和谐城市竞争力	生态城市竞争力	文化城市竞争力	全域城市竞争力	信息城市竞争力
	指数	排名	排名	排名	排名	排名	排名	排名
南昌	**0.464**	**32**	**31**	**218**	**40**	**13**	**74**	**75**
景德镇	0.351	75	84	212	95	29	116	170
萍乡	0.190	235	220	107	284	216	103	135

续表

城市	可持续竞争力		知识城市竞争力	和谐城市竞争力	生态城市竞争力	文化城市竞争力	全域城市竞争力	信息城市竞争力
	指数	排名	排名	排名	排名	排名	排名	排名
九江	0.330	94	133	162	37	130	85	112
新余	0.272	149	217	78	216	155	94	100
鹰潭	0.231	189	260	226	41	255	90	94
赣州	0.328	95	74	83	137	116	217	140
吉安	0.279	144	112	169	134	161	162	114
宜春	0.182	245	190	199	239	205	202	169
抚州	0.227	193	86	220	212	156	181	179
上饶	0.229	191	212	265	44	169	239	136

资料来源：中国社会科学院城市与竞争力指数数据库。

注：表中阴影加黑为都市圈内城市。

从宜居竞争力指数来看，江西省有5座城市进入全国前100位，整体表现优于综合经济竞争力和宜商竞争力。宜居环境存在明显优势，其中南昌、景德镇在全国城市中排名前列，而吉安、九江、新余等城市均处于较好水平。从分项来看，各城市在舒适的居住环境方面优势明显。

表14—10　　　　　　　　江西省各城市宜居竞争力指数

城市	宜居竞争力		优质的教育环境	健康的医疗环境	安全的社会环境	绿色的生态环境	舒适的居住环境	便捷的基础设施	活跃的经济环境
	指数	排名	排名	排名	排名	排名	排名	排名	排名
南昌	0.648	27	44	11	218	56	36	268	58
景德镇	0.591	39	57	76	207	104	8	160	78
萍乡	0.360	144	210	201	147	223	27	123	86
九江	0.534	67	102	69	140	135	124	95	96
新余	0.549	59	122	160	152	207	4	8	70

城市	宜居竞争力		优质的教育环境	健康的医疗环境	安全的社会环境	绿色的生态环境	舒适的居住环境	便捷的基础设施	活跃的经济环境
	指数	排名	排名	排名	排名	排名	排名	排名	排名
鹰潭	0.360	143	200	251	195	105	116	46	119
赣州	0.386	132	76	90	54	173	91	281	171
吉安	0.506	79	115	99	60	206	32	110	114
宜春	**0.286**	**200**	**205**	**264**	**24**	**219**	**159**	**109**	**162**
抚州	**0.443**	**105**	**64**	**200**	**76**	**174**	**66**	**93**	**167**
上饶	0.411	118	189	145	134	152	54	99	118

资料来源：中国社会科学院城市与竞争力指数数据库。

注：表中阴影加黑为都市圈内城市。

　　从宜商竞争力指数来看，南昌作为省会城市和综合交通枢纽，在当地要素和对外联系方面具有一定的优势。九江和赣州也位居前100位。

表14—11　　　　　　　　　江西省各城市宜商竞争力指数

城市	宜商城市竞争力		当地要素	当地需求	软件环境	硬件环境	对外联系
	指数	排名	排名	排名	排名	排名	排名
南昌	**0.477**	**44**	**31**	**44**	**259**	**73**	**31**
景德镇	0.276	154	107	123	260	100	156
萍乡	0.214	216	235	121	180	211	137
九江	**0.356**	**98**	**126**	**79**	**228**	**43**	**90**
新余	**0.242**	**188**	**200**	**134**	**180**	**188**	**123**
鹰潭	0.257	172	218	193	261	56	74
赣州	0.356	99	70	106	135	199	95
吉安	0.254	175	160	98	184	262	81
宜春	**0.246**	**184**	**149**	**127**	**193**	**231**	**130**
抚州	**0.279**	**151**	**137**	**158**	**234**	**94**	**132**
上饶	0.321	120	186	80	215	58	91

资料来源：中国社会科学院城市与竞争力指数数据库。

注：表中阴影加黑为都市圈内城市。

二 南昌都市圈的现状与条件：都市圈尚在培育中

南昌都市圈指以南昌为核心、以赣江新区为引擎，以九江、抚州为支撑以一小时交通时空距离为半径，包括新余、宜春等城市的都市圈。南昌都市圈城市中仅城市竞争力表现较好，综合经济竞争力排名第 41 位，其他城市综合经济竞争力均在 100 名以外；可持续竞争力、宜居竞争力和宜商竞争力南昌市也是一骑绝尘，说明其他城市的竞争力都较弱，都市圈尚在培育和发育之中，都市圈城市结构处于不成熟发展阶段。

从可持续竞争力来看，南昌都市圈有 2 座城市进入全国前 100 位，分别为南昌和九江。但宜春和抚州均排在 200 位左右，都市圈内城市可持续竞争力差异较大。

从宜居竞争力指数来看，都市圈内的南昌、九江和新余进入全国前 100 位，抚州也处在 105 位。值得一提的是宜春，尽管其在经济竞争力、宜居环境和可持续竞争力方面都处于全国中游水平，但其居住环境和基础设施排在全国第 4 和第 8，优势非常突出。整体上，南昌都市圈的宜居竞争力指数相对表现较好且比较均衡。

从宜商竞争力指数来看，南昌和九江进入全国前 100 位，新余、宜春和抚州的排名则相对靠后。分指标来看，都市圈的软件环境均表现不佳，大都排在 200 位左右，尤其是南昌市的软件环境在全国的排名为 259，与其省会城市身份不相匹配。

三 南昌都市圈的现象与规律：做大做强核心城市

在城市发展格局上，省会南昌发展优势明显，但南昌市对周边城市的扩散效应和溢出效应还有所不足，作为中心城市的辐射功能尚在集聚中，尚处在提升中心城市及周边地区经济实力的阶段。未来需要进一步完善市域铁路网，打通快速铁路通道、提升机场航空枢纽功能、健全内部交通网络、推进城市内部以及与周边城市的轨道交通建设等，在现有的社会发展优势基础上，聚焦航空制造、虚拟现实（VR）、移动物联网、中医药四大优势产业，利用自身的区位优势、资源优势和人才优势，延伸产业链条，积极开发生态经济的潜力，并进一步加强科技投入，加快形成创新驱动的增长动力，不断提升都市圈核心城市的"磁场效应"，促进综合经济竞争力、可持续竞争力和宜商竞争力的提升。

四　南昌都市圈的问题与劣势：南昌独木难支

整体上看，南城都市圈首位城市南昌市的优势明显，GDP 为圈内排第 2 名城市的仅 2 倍，也是圈内唯一一个人均 GDP 超过 10 万的城市，具有相当强的垄断性。但圈内中等以上城市数目少且发育能力不强，城市规模等级结构处于不成熟发展阶段，圈内城市体系存在断层的问题。

表 14—12　　　　　　　　南昌都市圈城市主要经济数据

城市	人口（万人）	GDP（亿元）	人均 GDP（万元）
南昌	524.02	5274.67	10.07
九江	480.69	2700.19	5.62
新余	116.08	1027.34	8.85
宜春	549.33	2180.85	3.97
抚州	397.66	1382.40	3.48

五　南昌都市圈的趋势与展望：完善城市体系

南昌市作为省会城市，具有足够的发展潜力吸引更多的人才，扩大城市人口规模，强化软件环境建设，发挥区域中心的聚集作用，未来应该利用自身的政策优势、区位优势、资源优势和人才优势，积极提升自身的综合实力，提高集聚吸引和辐射扩散能力，从而增强对周边城市的辐射和带动作用，切实发挥"龙头"的作用。

在做大做强首位城市南昌市的基础上，进一步扶持九江市、新余市、抚州市、宜春市等二级中心城市的建设，增强各个城市的实力，合理分工、错位发展，从而构建合理的城市体系，其他城市应该依据各自不同条件，具有针对性和有效性地对产业发展作出具体规划并对城市产业结构进行调整优化，致力于打造城市特色产业，带动当地市的经济发展。

第三节　中国城市竞争力(河南省)报告

河南省位于我国中东部、黄河中下游，是中华民族和华夏文明的重要发祥地，历史文化悠久。河南省农业在全国处于领先位置，是全国农业大省和粮食转化加工大省；人口众多，劳动力资源丰富，消费市场巨大；同时地理位置优越，是全国重要的综合交通枢纽和人流物流信息流中心。河南省 2018 年 GDP 总量达 48055.86 亿元，比 2017 年增长 7.6%。三次产业结构为 8.9：45.9：45.2，第三产业增加值占生产总值的比重比上年提高 1.9 个百分点。人均生产总值 50152 元，增长 7.2%。2018 年末河南省常住人口为 9605 万人，比上年末增加 46 万人，其中城镇常住人口 4967 万人，常住人口城镇化率 51.71%，比上年末提高 1.55 个百分点。河南省正处于蓄势崛起、攻坚转型的关键阶段，发展活力和后劲不断增强。

一 河南省城市竞争力概况：经济竞争力和可持续竞争力具备优势，

2018 年度河南省综合经济竞争力指数在全国排名第 15 位，处于靠近中间位置；宜商竞争力指数排名为第 20 位；可持续竞争力位列全国省级行政区第 25 位；宜居竞争力表现则较为滞后，宜居竞争力指数排名位列全国省级行政区倒数第二，和 2017 年一致，都是略高于贵州省。河南省内，综合经济竞争力前 3 名城市为郑州、许昌、焦作，全国排名分别为 21、73、76；宜居竞争力前 3 名城市为郑州、洛阳、新乡，全国排名分别为 43、134、135；宜商竞争力前 3 名城市为郑州、洛阳、新乡，全国排名分别为 20、67、86；可持续竞争力前 3 名城市为郑州、洛阳、新乡，全国排名分别为 21、64、81。总体来看，河南省综合经济竞争力、可持续竞争力在全国具备优势，宜居竞争力相对稍弱。从各城市竞争力情况来看，郑州作为河南省的中心城市，其在各个方面均遥遥领先；许昌、焦作和洛阳在综合经济竞争力方面具备一定优势，洛阳和新乡在可持续竞争力方面具备一定优势。

表 14—13 　　　　　　　　2018 年河南省省情信息

土地面积	16.7 万平方公里
常住人口	9605 万人
城镇化率	51.71%

续表

GDP 总量及增长率	48055.86 亿元，7.6%
第一、二、三产业占 GDP 比重	8.9：45.9：45.2

资料来源：2019 年河南省国民经济和社会发展统计公报。

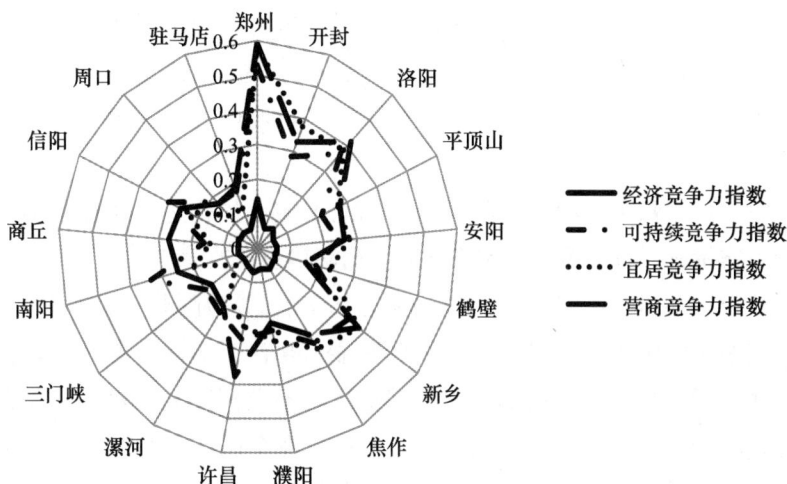

图 14—1　2018 年河南省城市竞争力雷达图

资料来源：中国社会科学院城市与竞争力指数数据库。

二　郑州都市圈的现状与条件：郑州国家中心城市建设实现新突破，文化软实力具备优势

郑州都市圈包括郑州市、开封市、新乡市、许昌市、焦作市、鹤壁市、洛阳市、晋城市、平顶山市等九个城市，是中西部地区经济实力最强、发展速度最快的地区之一。作为郑州都市圈的核心城市，郑州 2018 年以地区生产总值突破万亿元、常住人口突破千万、人均生产总值突破 10 万"三大突破"为标志，跨入特大城市行列，站在了高质量发展的新起点。从城市竞争力维度来看，2018 年郑州市在经济竞争力、宜居竞争力、可持续竞争力、宜商竞争力四个方面排名依次为 21、43、21、20，均处于靠前位置，竞争力较强。此外，洛阳、新乡二市在经济竞争力、可持续竞争力、宜商竞争力方面的排名也较为靠前，洛阳市三者排名都在 100 名以内。郑州都市圈在经济竞争力方面除晋城外 8 座城市均位于

200 以内, 郑州、许昌、洛阳、焦作四市位于 100 名以内, 九座城市综合效率排名也均在 170 名以内。从可持续竞争力的多元一本的文化城市排名来看, 郑州都市圈仅平顶山市排名 193, 其余都在 150 名以内, 说明郑州都市圈多元一本的文化方面实力较强。宜商竞争力方面, 郑州都市圈当地要素排名除鹤壁市排名 243, 其余均位于 160 名以内, 郑州都市圈当地要素实力较强。最后, 郑州都市圈的宜居竞争力相较于其他三方面竞争力较差, 绿色的生态环境排名均在 200 名以后。总体来说, 郑州都市圈内郑州市、洛阳市和新乡市整体竞争力较强, 其他城市稍显落后。

三 郑州都市圈的问题与劣势: 郑北区域一体化进展较慢, 郑州首位度有待提升, 都市圈内生态环境和宜居环境有待改善

从目前郑州都市圈建设的现状和态势来看, 以郑州市为中心, 郑州都市圈东南区域建设进展较快, 成效明显, 郑汴、郑许、郑上一体化发展步伐不断加快, 而郑州都市圈北部地区由于黄河隔离, 郑焦、郑新一体化发展步子不够快, 进展比较慢。其次, 在全国城市和城市群竞争日益激烈的背景下, 郑州首位度不高, 集聚力、辐射力、影响力、带动力、竞争力不强等是其突出的短板, 在一定程度上, 也制约了中原城市群竞争力的快速提升。从宜居竞争力来看, 河南省仅郑州市进入前 100 名, 且只有 5 座城市位于 200 名以内。郑州都市圈内的 9 座城市中郑州宜居竞争力排名 43, 最为靠前; 鹤壁、许昌二市排名较差, 分别为 229、230 名; 9 座城市的绿色的生态环境排名均在 200 名以后。这些说明郑州都市圈的宜居竞争力不强, 生态环境急需改善。

四 郑州都市圈的现象与规律: 以郑州中心城市建设为引领, 郑州都市圈呈现阶梯化发展格局

郑州都市圈是中原城市群的核心建设部分, 中原城市群位于京广、陇海两大城镇发展轴的交会处, 是北京、武汉、西安、济南之间, 半径500 公里区域内规模最大、人口最为密集、经济实力最强、交通区位优势最为突出的城市群, 也是河南乃至中西部地区承接东部沿海发达地区产业转移、西部地区战略资源输出的枢纽和核心区域之一, 对于推动中部崛起具有十分重要的战略意义。郑州都市圈的建设是中原城市群建设的

重中之重,从郑州都市圈的建设情况来看,郑州都市圈的发展呈现出比较明显的中心化和阶梯化发展特征,即以郑州市为核心,紧邻郑州的洛阳、焦作和许昌为第二集团,其余城市为第三集团的阶梯化发展格局。同时,近年来郑州市与周边地区的融合不断加速,在2019年郑州市《政府工作报告》明确提出要"以中心城市建设为引领,加快中原城市群一体化,加快郑州大都市区建设,带动开封、许昌、新乡、焦作等周边城市融合发展"。从郑州周边城市建设情况来看,也在积极将自身与郑州市发展相融合起来。如新乡以平原新区为第一战略节点,崛起了获嘉县等新兴融合发展区域,在未来的郑新融合中,将实现交通连接、生态对接、产业承接。焦作近年来围绕建设郑州大都市区门户枢纽城市,积极构建郑焦综合交通体系,有效跨越黄河天堑阻隔,承接郑州的引领辐射带动。

表14—14　　　2018年河南省各城市综合经济竞争力指数排名

城市	综合经济竞争力		综合增量竞争力		综合效率竞争力	
	指数	排名	指数	排名	指数	排名
郑州	0.142	21	0.354	14	0.043	24
开封	0.061	108	0.102	110	0.006	112
洛阳	0.070	77	0.147	60	0.008	95
平顶山	0.053	178	0.067	191	0.005	125
安阳	0.059	123	0.088	149	0.007	108
鹤壁	0.055	151	0.060	216	0.010	79
新乡	0.060	115	0.102	113	0.006	121
焦作	0.070	76	0.099	117	0.017	53
濮阳	0.060	112	0.089	143	0.009	89
许昌	0.071	73	0.113	93	0.015	59
漯河	0.057	134	0.066	198	0.010	76
三门峡	0.051	202	0.063	206	0.004	139
南阳	0.061	111	0.126	77	0.002	185
商丘	0.057	135	0.102	112	0.003	174

续表

城市	综合经济竞争力		综合增量竞争力		综合效率竞争力	
	指数	排名	指数	排名	指数	排名
信阳	0.058	128	0.112	95	0.002	189
周口	0.060	114	0.120	88	0.003	162
驻马店	0.058	132	0.107	102	0.002	184

资料来源：中国社会科学院城市与竞争力指数数据库。

注：表中阴影加黑为都市圈内城市。

表14—15　　2018 年河南省各城市宜居竞争力指数排名

城市	宜居竞争力		优质的教育环境	健康的医疗环境	安全的社会环境	绿色的生态环境	舒适的居住环境	便捷的基础设施	活跃的经济环境
	指数	排名	排名	排名	排名	排名	排名	排名	排名
郑州	0.584	43	23	14	142	250	179	258	65
开封	0.376	138	47	96	111	246	52	177	236
洛阳	0.383	134	71	66	133	265	200	277	84
平顶山	0.270	205	207	123	29	258	215	170	172
安阳	0.277	203	135	77	213	285	29	150	146
鹤壁	0.226	230	197	269	184	257	30	38	198
新乡	0.381	135	79	80	90	245	81	194	180
焦作	0.340	162	66	101	196	264	42	161	185
濮阳	0.272	204	243	89	36	243	225	164	188
许昌	0.229	229	191	158	208	239	44	176	175
漯河	0.164	257	244	202	240	195	28	207	182
三门峡	0.082	281	216	244	204	249	176	179	223
南阳	0.199	244	190	265	157	170	174	184	178
商丘	0.144	266	196	259	148	248	20	213	222
信阳	0.237	224	127	258	62	139	218	128	246
周口	0.129	269	206	257	129	194	58	186	269
驻马店	0.124	271	208	237	257	189	137	113	240

资料来源：中国社会科学院城市与竞争力指数数据库。

注：表中阴影加黑为都市圈内城市。

表 14—16　　　2018 年河南省各城市可持续竞争力指数排名

城市	可持续竞争力		创新驱动知识城市	公平包容的和谐城市	环境友好的生态城市	多元一本的文化城市	城乡一体的全域城市	开放便捷的信息城市
	指数	排名	排名	排名	排名	排名	排名	排名
郑州	0.530	21	18	118	106	12	40	30
开封	0.283	138	59	263	150	45	201	228
洛阳	0.370	64	40	146	163	34	158	154
平顶山	0.216	205	175	46	259	193	180	224
安阳	0.245	173	127	207	276	56	184	156
鹤壁	0.183	243	252	248	200	114	125	219
新乡	0.340	81	65	115	35	146	161	188
焦作	0.321	105	69	165	136	104	101	150
濮阳	0.242	177	253	91	126	173	210	200
许昌	0.266	155	143	152	168	119	160	172
漯河	0.218	204	270	198	140	141	173	196
三门峡	0.197	223	243	211	207	152	169	173
南阳	0.335	88	109	213	19	50	156	227
商丘	0.162	253	154	187	268	157	273	271
信阳	0.300	123	96	79	45	165	258	247
周口	0.174	248	198	237	65	234	255	241
驻马店	0.176	247	153	254	132	189	248	259

资料来源：中国社会科学院城市与竞争力指数数据库。

注：表中阴影加黑为都市圈内城市。

表 14—17　　　2018 年河南省各城市宜商竞争力指数排名

城市	宜商竞争力		当地要素	当地需求	软件环境	硬件环境	对外联系
	指数	排名	排名	排名	排名	排名	排名
郑州	0.593	20	14	23	159	155	12
开封	0.329	117	72	220	67	150	228
洛阳	0.417	67	58	51	90	146	160
平顶山	0.276	153	152	140	60	209	233
安阳	0.262	165	138	111	109	268	152

城市	宜商竞争力		当地要素	当地需求	软件环境	硬件环境	对外联系
	指数	排名	排名	排名	排名	排名	排名
鹤壁	**0.150**	**260**	**243**	**246**	**138**	**241**	**223**
新乡	**0.380**	**86**	**63**	**137**	**52**	**139**	**201**
焦作	**0.292**	**143**	**67**	**170**	**167**	**223**	**162**
濮阳	0.219	212	224	185	27	278	190
许昌	**0.377**	**88**	**97**	**148**	**24**	**136**	**168**
漯河	0.197	229	280	201	144	131	181
三门峡	0.174	246	231	245	143	247	161
南阳	0.250	180	125	99	147	269	173
商丘	0.269	157	124	168	78	202	249
信阳	0.258	168	153	198	46	230	226
周口	0.175	244	182	202	139	273	220
驻马店	0.187	233	191	192	157	228	239

资料来源：中国社会科学院城市与竞争力指数数据库。

注：表中阴影加黑为都市圈内城市。

五 都市圈趋势与展望：以国家中心城市建设为引领，充分发挥郑州作为国家重要交通枢纽的作用，形成中部经济发展新中心

郑州都市圈将以郑州国家中心城市建设为龙头，强化中心引领和集聚辐射功能，加快拓展周边城市的支撑空间，形成有影响力的现代化都市圈。未来郑州市将形成"双城引领、三绿融合、三轴交汇、多极联动"的空间形态：双城即优化主城，加快建设航空城，双城联动，引领城市与区域发展；三绿即黄河生态文化带、山区生态文化带和农区生态文化带；三轴即京广主轴、陇海主轴和机登洛次轴；多极即区域性功能中心、新的功能组团和外围特色小镇，通过加快郑州中心城市建设，增强郑州市的城市首位度。在郑州中心城市建设背景下，郑州都市圈的建设将成为我国中部地区发展的重要增长点，未来作为全国重要的综合交通枢纽和中部地区经济发展的中心，郑州都市圈的建设将能够有效辐射晋东南、鲁西南、冀南、皖西北等地区，拥有广阔的市场空间和巨大的市场潜力。

第四节　中国城市竞争力(山西省)报告

山西,简称"晋",古称河东,是中华民族发祥地之一。东有太行山,西有吕梁山,山区面积约占全省总面积的 80% 以上。山西省 2018 年 GDP 总量达 16818.1 亿元,比去年增长 6.7%,人均地区生产总值 45328元。2018 年末全省常住人口 3718.34 万人,比上年末增加 15.99 万人,其中,城镇常住人口 2171.88 万人,占总人口比重(常住人口城镇化率)为 58.41%,比上年末提高 1.07 个百分点。2018 年山西省深入贯彻党的十九大和习近平总书记视察山西重要讲话精神,贯彻新发展理念,以"三大目标"引领经济社会发展各项工作,全省经济和社会事业发展取得显著成绩,转型之路取得巨大进步。

一　山西省城市竞争力概况:总体竞争力在全国处于相对靠后,可持续竞争力好于综合经济竞争力

2018 年度山西省综合经济竞争力指数在全国排名第 30 位,与 2017年排名持平;宜居城市竞争力方面,山西省 2018 年宜居竞争力位列全国第 23 位,较 2017 年提高三位;对于宜商竞争力指数排名,山西省排名为第 25 位;可持续竞争力相比 2016 年上升一位,位列全国第 26 位。山西省综合经济竞争力前 3 名城市为太原、晋城、晋中,全国排名分别为 71、234、237;宜居竞争力前 3 名城市为太原、长治、晋中,全国排名分别为45、103、124;宜商竞争力前 3 名城市为太原、运城、晋中,全国排名分别为 50、139、144;可持续竞争力前 3 名城市为太原、晋城、晋中,全国排名分别为 30、90、122。总体来看,山西省综合经济竞争力总体较差,可持续竞争力、宜商竞争力和宜居竞争力均要好于综合经济竞争力;根据城市竞争力排名可以发现,太原在四大竞争力方面均处于领先位置,在经济竞争力方面,除太原在全国处于较好之外,其余城市均不容乐观,在可持续竞争力方面,太原在省内表现一枝独秀,晋城、长治和晋中位于第二梯队。

表14—18   2018年山西省省情信息

土地面积	15.67万平方千米
常住人口	3718.34万人
城镇人口占常住人口比重	58.41%
GDP总量及增长率	16818.1亿元，6.7%
一、二、三产占GDP比重	4.4%、42.15%、53.44%

资料来源：2019年山西省国民经济和社会发展统计公报。

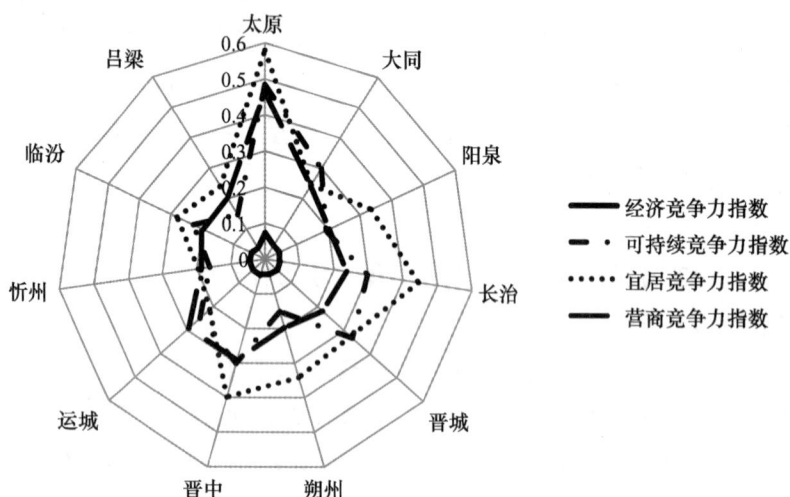

图14—2 2018年山西省城市竞争力雷达图

资料来源：中国社会科学院城市与竞争力指数数据库。

二 都市圈现状与条件：以转型发展为目标，太原晋中同城化带动太原都市圈加快发展

目前山西省正在经历经济转型过程，转型之路困难重重，建设太原都市圈是山西转型跨越发展的关键环节。太原都市圈包括太原市、晋中市、阳泉市、吕梁市、忻州市共五座城市，太原市为山西省省会。2018年，太原市在经济竞争力、宜居竞争力、可持续竞争力、宜商竞争力四个方面排名依次为71、45、30、50，都处在前100名以内。晋中市的可持续竞争力排名为90，进入前100名。在太原晋中同城化的带动下，晋中市的经济社会发展取得显著成效。晋中除综合经济竞争力排名在200名

以后，其他三大竞争力排名均在150名以内，处于中间位置。阳泉四大竞争力排名均位于150名以后。忻州市和吕梁市四大竞争力排名均在200名之外，竞争力较差。从经济竞争力来看，太原排名71，其余四座城市排名都在230名以后，太原都市圈内仅太原市经济实力较强。宜商竞争力方面，太原市、晋中市排名分别为50、144，阳泉、吕梁和忻州排名都在220名，之后，尤其在软件环境方面，晋中市表现良好，排名68，而太原市的软件环境则是最差的。在可持续竞争力方面，晋中市和阳泉市的公平包容的和谐城市排名依次为51和54，排名较为靠前，说明晋中、阳泉二市城市内部较为和谐，氛围良好。宜居竞争力方面，太原市的教育、医疗环境十分优越。整体看来，太原都市圈以太原市为核心，晋中、阳泉二市正在围绕太原市加快发展步伐，忻州市和吕梁市发展步调稍显落后。

三 都市圈问题与劣势：综合经济竞争力和可持续竞争力有所不足，较差的生态环境成为高质量发展的短板

长期以来，太原市作为全国的能源重化工基地的中心城市，过多地强调生产性职能。尽管近年来产业结构调整取得重大进展，城市的服务功能得到增强，但发展水平和档次较低，城市的综合竞争力和辐射力仍显不足。其次，"行政区经济"的模式，严重阻碍了市场要素的自由流动和资源的有效配置，降低了太原都市圈的经济和社会整体发展活力。之前太原晋中同城化呼吁了很多年，但是实质性突破不大，根本原因就是行政区划导致的行政壁垒难以破除，导致太原城市圈建设实质性进展缓慢。从综合经济竞争力来看，2018年山西省除太原市排在71名，其余城市均处在全国200名以后，整体排名靠后，正处在转型过程中的山西经济发展极为困难。从可持续竞争力的环境友好的生态城市排名来看，太原市处在110位，其余四座城市都在250名之后，宜居竞争力方面都市圈内五座城市的绿色的生态环境排名均在220名以后，山西过去对煤炭资源的开发给环境造成了巨大破坏，而生态环境的改善又将是一个缓慢的过程。宜商竞争力方面，太原都市圈对外联系整体不强，除太原市排名22，其余四座城市均位于230名之后。太原都市圈地理位置处在中部地区，对外交流不强，先进技术等有利于经济社会发展的要素难以进入和发挥作用。

四 都市圈现象与规律：资源环境承载力对太原都市圈实现转型发展形成制约，需以山西转型发展先导区为引领，实现绿色发展

作为山西的省会，近年来，太原市城市建设不断加快，城市面貌有了显著改善，商业和经济模式在快速升级。但太原是水资源匮乏、建设用地紧张的城市，承载能力脆弱，发展空间狭小，以及太原多年来形成的传统重工业结构，这些对城市竞争力产生影响。因此，加快建设太原都市圈，发挥都市圈作用显得十分重要。目前晋中市已开通太原—晋中广播电视及资讯同城化网络，太原用户与晋中用户可互享太原电视台四套节目和晋中电视台两套节目。此外，两市浦发银行、兴业银行、交通银行、华夏银行已实现同城结算，晋中正在加快融入太原都市圈。过去，山西省作为资源大省，传统的粗放型资源扩张型增长模式给山西的生态环境带来了巨大破坏，十分不利于经济的可持续发展。从一般规律和世界经验看，资源型城市的经济转型是十分艰巨的任务，也是一个长期的过程。在太原都市圈建设过程中，要坚持绿色发展的新型发展理念，以山西转型发展先导区为引领，实现太原晋中一体化发展，走出一条具有山西特色的资源型经济转型发展新路。

表 14—19　　　　　　山西省各城市综合经济竞争力指数排名

城市	经济竞争力		综合增量竞争力		综合效率竞争力	
	指数	排名	指数	排名	指数	排名
太原	0.073	71	0.122	84	0.015	55
大同	0.046	243	0.051	241	0.001	218
阳泉	0.046	246	0.042	262	0.004	149
长治	0.043	267	0.038	269	0.002	193
晋城	0.047	234	0.048	248	0.003	161
朔州	0.044	258	0.039	268	0.003	177
晋中	0.046	237	0.053	234	0.001	219
运城	0.046	238	0.053	232	0.001	224
忻州	0.044	253	0.049	246	0.000	270
临汾	0.043	270	0.039	266	0.001	233
吕梁	0.037	288	0.018	286	0.001	249

资料来源：中国社会科学院城市与竞争力指数数据库。

注：表中阴影加黑为都市圈内城市。

表 14—20　　　　　2018 年山西省各城市宜居竞争力指数排名

城市	宜居竞争力		优质的教育环境	健康的医疗环境	安全的社会环境	绿色的生态环境	舒适的居住环境	便捷的基础设施	活跃的经济环境
	指数	排名	排名	排名	排名	排名	排名	排名	排名
太原	0.580	45	14	1	224	228	253	231	109
大同	0.246	217	188	41	252	140	220	253	196
阳泉	0.335	166	162	94	153	270	74	78	163
长治	0.445	103	117	50	7	260	140	180	152
晋城	0.325	177	158	86	51	269	230	142	149
朔州	0.341	161	225	262	168	231	12	21	131
晋中	0.399	124	89	103	102	262	96	162	121
运城	0.213	238	166	204	73	283	38	89	216
忻州	0.196	246	195	192	183	279	127	12	233
临汾	0.280	202	83	102	67	288	155	159	177
吕梁	0.240	220	254	133	116	261	99	17	245

资料来源：中国社会科学院城市与竞争力指数数据库。

注：表中阴影加黑为都市圈内城市。

表 14—21　　　　　2018 年山西省各城市可持续竞争力指数排名

城市	可持续竞争力		创新驱动知识城市	公平包容的和谐城市	环境友好的生态城市	多元一本的文化城市	城乡一体的全域城市	开放便捷的信息城市
	指数	排名	排名	排名	排名	排名	排名	排名
太原	0.485	30	32	189	110	19	38	22
大同	0.299	125	136	109	245	27	213	191
阳泉	0.192	230	234	54	281	191	178	198
长治	0.298	129	173	13	196	103	135	231
晋城	0.333	90	233	15	178	74	145	142
朔州	0.151	259	269	151	283	153	216	257
晋中	0.301	122	85	51	254	85	133	180
运城	0.250	166	186	62	273	105	252	128
忻州	0.163	252	189	138	285	163	275	218

续表

| 城市 | 可持续竞争力 | | 创新驱动知识城市 | 公平包容的和谐城市 | 环境友好的生态城市 | 多元一本的文化城市 | 城乡一体的全域城市 | 开放便捷的信息城市 |
	指数	排名	排名	排名	排名	排名	排名	排名
临汾	0.230	190	92	120	270	132	228	202
吕梁	0.147	260	237	184	267	192	243	221

资料来源：中国社会科学院城市与竞争力指数数据库。

注：表中阴影加黑为都市圈内城市。

表14—22　　　　2018年山西省各城市宜商竞争力指数排名

| 城市 | 宜商竞争力 | | 当地要素 | 当地需求 | 软件环境 | 硬件环境 | 对外联系 |
	指数	排名	排名	排名	排名	排名	排名
太原	0.464	50	24	87	209	164	22
大同	0.242	187	146	195	190	141	205
阳泉	0.203	222	260	213	94	147	248
长治	0.237	193	128	147	54	275	272
晋城	0.219	213	145	164	97	279	191
朔州	0.197	228	205	161	113	220	274
晋中	0.291	144	123	119	68	198	254
运城	0.293	139	129	184	14	281	144
忻州	0.187	234	193	237	162	191	234
临汾	0.198	227	94	154	121	285	252
吕梁	0.202	223	159	236	182	184	232

资料来源：中国社会科学院城市与竞争力指数数据库。

注：表中阴影加黑为都市圈内城市。

五　都市圈趋势与展望：加快太原晋中同城化，引领太原都市圈建设

从太原都市圈建设来看，未来太原与晋中的同城化建设将成为引领太原都市圈建设的核心。在太原晋中同城化方面，将实现金融、电信、社保、人才流动、医疗认证、农产品检测认证、公共交通、基础教育等

领域的同城化发展,以"规划同筹、交通同网、设施同布、生态同建、环境同治"为导向,将太原、晋中两市行政边界的接合部确定为"同城化重点协调区域",通过拓展新的城市空间,推进公共设施、基础设施和生态修复的一体化。通过"一核三片两轴多联"、多个城市副中心以及三小时交通圈建设,未来太原市及太原都市圈将发挥对全省创新驱动、转型升级的核心引领作用,实现资源型经济成功转型,实现城乡一体化,扭转单中心的空间结构,改善环境质量,提高综合竞争力、文化影响力和辐射带动力,推动山西省经济高质量发展。

第五节 中国城市竞争力(湖北省)报告

湖北省位于长江中游,洞庭湖以北,是中部崛起、长江经济带等国家战略的重要支点。近年来,湖北统筹推进稳增长、促改革、调结构、惠民生、防风险、保增长各项工作,进一步向高质量发展迈出坚实的步伐。从综合经济发展水平来看,经济发展总体平稳、稳中有进,第三产业占比稳步提升,但区域经济发展不平衡的情况依然存在,武汉市综合经济竞争力排名遥遥领先其他地级市。2018 年湖北全年地区生产总值 39366.55 亿元,比上年增长 7.8%,三次产业结构由 2017 年的 10.0:43.5:46.5 调整为 9.0:43.4:47.6。武汉市综合竞争力排名全国第 8,其他地级市排名均在 60 名以后,与武汉相比差距较大。从可持续竞争力方面来看,各地级市发展水平有所差异,但整体呈现出"一超独大、两强追赶"的局面,武汉市可持续竞争力全国排名 14,宜昌和襄阳分别排名 40 和 73,其他地级市排名则都在 100 名以后。从宜居竞争力水平来看,各地级整体排名都较为落后,仅有武汉和宜昌两所城市的排名在 100 名以内,其他城市的宜居竞争力都表现较差。从宜商竞争力发展水平来看,可以发现,与其他三项竞争力相比,各地级市的宜商竞争力都是发展最为滞后的。表现最好的武汉全国排名为 22,与其综合经济竞争力相比有较大的差距。其他地级市的情况也大体类似,都表现出宜商竞争力与其他竞争力水平不匹配的现象。

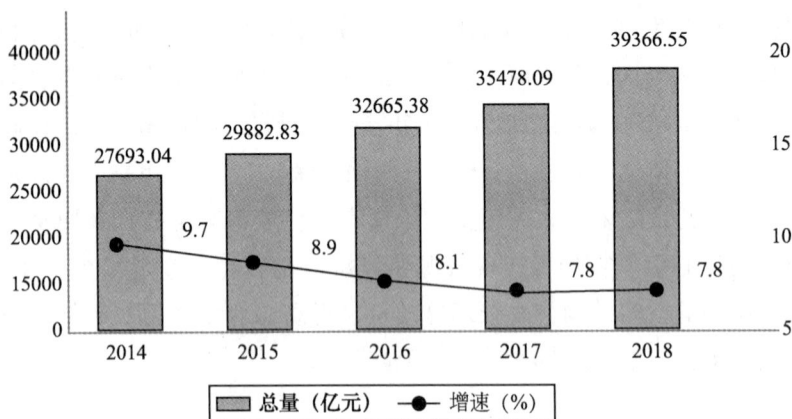

图14—3 2014—2018年湖北省生产总值及增长速度

表14—23 2018年湖北省省情信息

土地面积	18.59万平方公里
常住人口	5917万人
城镇化率	60.3%
GDP总量及增长率	39366.55亿元，7.8%
第一、二、三产业占GDP比重	9.0∶43.4∶47.6

一 现状与条件：武汉一家独大，遥遥领先

武汉城市圈又称武汉"1+8"城市圈，主要包括武汉市及周边8个城市，鄂州市、黄冈市、黄石市、仙桃市、咸宁市、孝感市、潜江市、天门市。武汉城市圈面积虽不到湖北省三分之一，却集中了全省一半以上的人口，以及六成以上的GDP总量。

从各项竞争力发展水平来看，武汉城市圈呈现出明显的"一家独大"的局面，在综合经济发展、可持续、宜居、宜商竞争力方面均遥遥领先城市圈的其他城市。在综合经济竞争力方面，武汉市全国排名第8，经济总量占湖北省总量三成之多，在整个武汉都市圈内甚至整个中部地区竞争力优势十分明显，处于绝对领先地位。而都市圈内其他城市综合经济竞争力排名基本都在100名以后，与武汉市差距较大。在宜商竞争力方面，武汉市的排名与自身经济竞争力排名相比也不够匹配，排名22名，但依然大幅度领先都市圈内其他城市。在宜居竞争力和可持续竞争力方面,依然是武汉表现较好,排名15和14,都市圈内其他城市的发展都较为滞后,大多排名都在100名以后。

二　现象与规律:需进一步深化改革、扩大开放,实现"总量跨越、质效提升"

武汉城市圈不仅是湖北经济发展的核心区域,也是中部崛起的重要战略支点,但仍需进一步深化改革、扩大开放,抢抓历史发展机遇,实现"总量跨越、质效提升"。湖北省积极融入长江经济带发展,发挥核心城市龙头作用和交通网络疏解功能,加快把武汉城市圈打造成长江中游城市群最重要的增长极,推动武汉、鄂州、黄石、黄冈等相邻城市联动发展。但随着经济社会发展进入新阶段,转型发展和结构优化的压力更大,居民对生态环境和民生需求也更为迫切。在加快构建现代化经济体系的关键时期,武汉城市圈既需要继续保持经济中高速增长,同时又面临严峻的资源环境约束,如何处理好两者之间的关系是武汉城市群发展需直面的问题。

三　问题与劣势:横向各城市发展水平不平衡,纵向各竞争力发展不平衡

第一,横向来看,都市圈内各城市发展水平不平衡,城市之间发展差距较大,武汉市在各项竞争力发展水平方面都大幅度领先于都市圈内其他城市。武汉作为湖北省省会城市以及城市圈中心城市,在发展过程中占据了大量的资本、劳动力和教育科技资源,导致城市圈内长期存在极化效应大于扩散效应的区域发展格局,城市圈内其他8个城市在各项竞争力方面与武汉市差距都很大。伴随着"一主两副多极"战略的推进,中心城市与都市圈内其他8个城市之间面临发展差距进一步扩大的隐忧。

第二,纵向来看,都市圈内城市的各项竞争力发展较不平衡,宜居经济力和宜商竞争力发展水平表现较为滞后。对比城市圈内城市的4项竞争力排名,可以发现,多数城市的综合经济竞争力排名发展水平较高,可持续竞争力次之,宜居竞争力和宜商竞争力表现都较差,特别是宜居竞争力,鄂州、孝感、咸宁全国排名都在150名以后。

四 趋势与展望：统筹布局，促进区域协调发展

武汉城市圈是中国中部最大的城市组团之一，城市圈的建设，涉及工业、交通、教育、金融、旅游等诸多领域。2018 年 4 月习近平总书记在湖北考察时强调，要坚持新发展理念，坚持稳中求进工作总基调，着力打好"三大攻坚战"，扎实解决发展不平衡不充分问题，奋力谱写新时代湖北发展新篇章。未来武汉城市圈将在中部崛起、长江经济带等国家区域发展战略依托下，按照"一主两副多极"思路统筹重大基础设施与生产力布局，促进基本公共服务均等化和区域经济协调发展。

表 14—24　　　　　2018 年湖北省各城市竞争力指数排名

城市	综合经济竞争力		可持续竞争力		宜居竞争力		宜商城市竞争力	
	指数	排名	指数	排名	指数	排名	指数	排名
武汉	**0.195**	**8**	**0.572**	**14**	**0.701**	**15**	**0.589**	**22**
黄石	**0.057**	**139**	**0.297**	**130**	**0.392**	**125**	**0.350**	**100**
十堰	0.054	163	0.317	107	0.364	139	0.184	236
宜昌	0.076	65	0.455	40	0.586	41	0.400	79
襄阳	0.075	68	0.355	73	0.416	114	0.312	126
鄂州	**0.063**	**101**	**0.231**	**186**	**0.325**	**178**	**0.230**	**199**
荆门	0.056	142	0.281	142	0.445	104	0.295	135
孝感	**0.057**	**136**	**0.222**	**201**	**0.334**	**167**	**0.3453**	**105**
荆州	0.0568	140	0.313	110	0.348	153	0.270	158
黄冈	**0.056**	**144**	**0.283**	**139**	**0.363**	**141**	**0.346**	**104**
咸宁	**0.053**	**174**	**0.212**	**207**	**0.289**	**198**	**0.268**	**161**
随州	0.049	208	0.249	167	0.126	270	0.129	269

资料来源：中国社会科学院城市与竞争力指数数据库。

注：表中阴影加黑为都市圈内城市。

第六节　中国城市竞争力（湖南省）报告

湖南省位于长江中游、洞庭湖以南，是我国东南腹地。近年来，湖南省坚持稳中求进工作总基调，对标高质量发展要求，大力实施创新引

领开放崛起战略，经济水平保持总体平稳、稳中有进、稳中向好的发展
态势。从综合经济竞争力方面来看，经济发展水平稳步提升，但区域经
济发展不够平衡，存在断层现象。2018 年，湖南省全年地区生产总值达
36425.8 亿元，比上年增长 7.8%。全省三次产业结构为 8.5：39.7：
51.8，第三产业增加值占地区生产总值的比重比上年提高 2.3 个百分点。
长株潭地区，岳阳、衡阳地区经济竞争力较为领先，排名在 100 名以内，
但其他地区经济竞争力水平较为落后，有部分地区排名在 150 位以后，省
内整体经济发展呈现出两极化发展的断层现象。从可持续竞争力方面来
看，除了长株潭地区，以及常德、岳阳地区表现较好外，其他地区的可
持续竞争力水平表现出较为严重的落后发展现象，尤其是邵阳、怀化、
张家界等地的排名在 200 名以后。从宜居竞争力方面来看，整体发展水平
都较为滞后，呈现出"三段阶梯式"发展局面，其中长株潭地区处于较
高水平，排名较为靠前，在 100 名以内；衡阳、岳阳、常德等地表现稍
差，排名位于 100—200 之间；张家界、益阳等地宜居竞争力水平表现最
为滞后，排名在 200 名以后。从宜商竞争力方面来看，长株潭地区依然遥
遥领先，其他地区表现较为滞后，值得一提的是，相较其他三项竞争力
水平，衡阳地区的宜商竞争力水平表现最好，全国排名 57，在湖南省内
仅次于长沙。

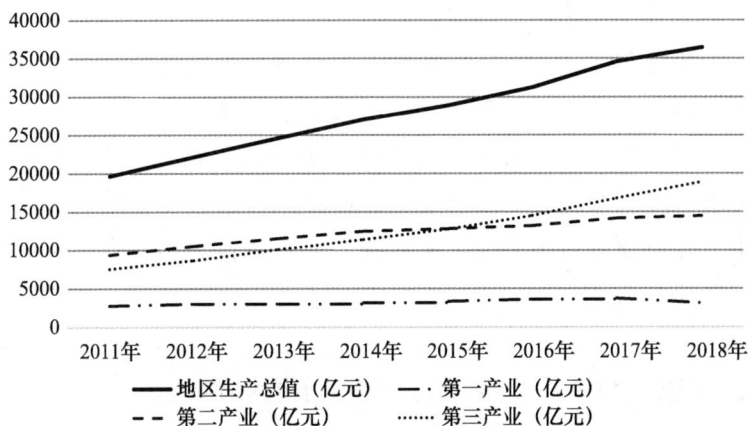

图14—4 湖南省生产总值

表14—25 2018年湖南省省情信息

土地面积	21.18万平方公里
常住人口	6898.8万人
城镇化率	56.02%
GDP总量及增长率	36425.8亿元，7.8%
人均GDP及增长率	52949元，7.2%
第一、二、三产业占GDP比重	8.5：39.7：51.8

资料来源：2018年湖南省国民经济和社会发展统计公报。

一 现状与条件：一超两强，长株潭地区处于领先地位

湖南省内长沙都市圈包括五个城市，除长沙之外，还有湘潭、株洲、益阳、岳阳。整体来看，长沙城市圈竞争力呈现出"一超两强"的格局，长株潭地区发展水平在城市圈内处于领先地位。长沙市优势十分明显，诸项竞争力指标都处于都市圈城市的领头位置。同时，株洲、湘潭"两强追赶"的趋势也在逐步形成，其各项城市竞争力排名都较为靠前。从经济竞争力方面来看，长沙城市圈内各城市排名呈现出较好的增长势头。2018年除长沙综合经济竞争力出现小幅下滑，排名从18变为20，湘潭、益阳、株洲和岳阳城市经济竞争力排名相比去年均呈现位次前移，其中益阳市显示出较为强劲的增长势头，竞争力排名相比2017年提升了18位。在可持续发展竞争力方面，长沙仍然遥遥领先，湘潭、岳阳、株洲三市的排名基本持平，而益阳市在可持续发展竞争力发展方面则表现得较为滞后，排名197。在宜居竞争力方面，除长株潭三个城市表现较好以外，岳阳和益阳均位于中下游水平。在宜商竞争力方面，依然是长株潭三市表现较好，岳阳和益阳发展较为落后。

二 现象与规律：部分地区城市竞争力发展水平失衡

长株潭以外地区——岳阳和益阳，各项城市竞争力发展失衡。综合经济竞争力与宜居竞争力、可持续竞争力、宜商竞争力不匹配，是后发地区推进工业化和城镇化过程中面临的普遍问题。岳阳和益阳均面临这种问题，与综合经济竞争力 78 和 148 相比，两个地区的宜居竞争力为 183 和 225，宜商竞争力为 122 和 208，可持续竞争力为 79 和 197。在后发地区实现赶超的发展过程中，既需要继续保持经济中高速增长，同时又面临各种的资源与环境的约束，如何处理好这之间的关系是提升长沙城市圈整体实力需直面的问题。

三　问题与劣势：区域发展不平衡，中心城市发展速度放慢

第一，整体来看，城市圈城市之间发展差距较大。长沙城市圈综合经济竞争力整体呈现"阶梯式"格局，长沙遥遥领先，湘潭、株洲、岳阳处于中间水平，益阳发展则较为落后。虽然益阳近年来在经济竞争力上显示出了强劲的增长势头，但由于其与城市圈内其他地区的差距较大，且长株潭地区在发展过程中集聚了大量的要素资源，伴随着两型社会试验区战略的推进，区域一体化进程快速推进，其与长株潭地区的发展差距有进一步扩大的隐忧。

第二，局部来看，中心城市长沙发展速度放慢。2017 年、2018 年两年间，长沙市综合经济竞争力均有下滑，在 20 名左右徘徊。新兴产业和传统产业之间"小不足以补大、新不足以补旧、增不足以补减"的矛盾依旧突出。在资源环境约束的前提下，未来推进城镇化和工业化的过程中将会面临严峻的转型发展压力。

四　趋势与展望：加大投入，解决发展不平衡不充分问题

随着长沙城市圈经济由高增长阶段转向高质量发展阶段，新发展理念将逐步贯彻落实，整个地区将着力加大创新投入和转方式调结构力度，花大力气解决发展不平衡不充分问题，经济增长的稳定性和可持续性将进一步加强。伴随着一批国家战略实施以及加快实施创新引领开放崛起战略，特别是以高速铁路和高速公路网络为代表的基础设施建设项目稳步推进，为长沙城市圈全方位开放合作奠定了坚实的基础，城市可持续发展有望迎来一个相当长的历史机遇期。

表 14—26 2018 年湖南省各城市竞争力指数排名

城市	综合经济竞争力		可持续竞争力		宜居竞争力		宜商城市竞争力	
	指数	排名	指数	排名	指数	排名	指数	排名
长沙	**0.144**	**20**	**0.527**	**22**	**0.702**	**14**	**0.538**	**28**
株洲	**0.066**	**92**	**0.338**	**84**	**0.496**	**81**	**0.433**	**60**
湘潭	**0.069**	**82**	**0.357**	**71**	**0.523**	**74**	**0.405**	**75**
衡阳	0.066	91	0.267	153	0.414	116	0.441	57
邵阳	0.054	160	0.209	209	0.207	242	0.285	148
岳阳	**0.070**	**78**	**0.342**	**79**	**0.309**	**183**	**0.318**	**122**
常德	0.068	88	0.337	86	0.307	184	0.3318	115
张家界	0.046	242	0.160	256	0.095	279	0.053	284
益阳	**0.056**	**148**	**0.224**	**197**	**0.235**	**225**	**0.220**	**208**
郴州	0.061	110	0.246	172	0.304	186	0.297	133
永州	0.055	158	0.239	180	0.237	223	0.229	201
怀化	0.053	176	0.207	212	0.181	250	0.190	232
娄底	0.056	145	0.126	267	0.177	253	0.252	177

资料来源：中国社会科学院城市与竞争力指数数据库。

注：表中阴影加黑为都市圈内城市。

第十五章

中国(西南地区)城市竞争力报告

张安全　刘笑男[*]

第一节　中国城市竞争力(四川省)报告

2018 年度，四川经济运行总体平稳、稳中有进，但四川省的综合经济竞争力仍处于中下游水平，而可持续竞争力排名靠后。成都作为首位城市，其综合经济竞争力远远高于其他城市，一城独大的特征很明显。随着"一干多支、五区协同"和"四向拓展、全域开放"重大战略部署的深入推进，成都都市圈内成员城市的协同发展能力在逐步增强，城市间不充分和不平衡发展问题在逐步改善。

表 15—1　　　　　　　　　2018 年四川省省情信息

土地面积	48.6 万平方公里
常住人口	8341 万人
城镇化率	52.29%
GDP 总量及增长率	40678.1 亿元，8%
一、二、三产占 GDP 比重	10.9∶37.7∶51.4

资料来源：2018 年四川省国民经济和社会发展统计公报。

---

* 本部分四川省、广西壮族自治区、重庆市由张安全撰写;海南省、贵州省、云南省由刘笑男撰写。

一 全省城市竞争力概况：城市发展仍然不充分、不平衡

2018 年度四川省综合经济竞争力在全国省级行政区域中的排名第 20 位，处于中下游水平。除了成都在全国地级城市中排名第 13 位，其余城市的排名在 100 名至 250 名之间。总体来看，四川省各城市的经济发展水平还相对较低、城市之间的差异较大。从排名变化来看，攀枝花、雅安、广元、巴中和乐山这五个城市的综合经济竞争力排名在持续提升，2018 年度排名分别上升了 20 个、15 个、14 个、9 个和 7 个名次。

2018 年度四川省宜商城市竞争力在全国省级行政区域中的排名第 21 位，其中成都市在全国地级城市中排名第 11 位，而其余绝大多数城市的排名均在 200 名左右。当地要素、硬件环境和对外联系是拉低宜商城市竞争力的主要因素。

2018 年度四川省宜居城市竞争力在全国省级行政区域中的排名第 21 位，其中成都、攀枝花和绵阳的表现相对较好，在全国地级城市中排名分别为第 21 位、第 44 位和第 72 位，大约有 2/3 的城市排名在 150 名之后，有 1/3 的城市排名在 200 名之后。广安、南充和资阳三个城市的宜居城市竞争力排名提升幅度较大，2018 年度分别上升了 63 个、44 个和 43 个名次。

2018 年度四川省可持续竞争力在全国省级行政区域中的排名第 27 位，其中成都在全国地级城市中排名第 9 位，而其余城市的排名基本都在 150 名之后。尽管大多数城市的可持续竞争力排名都有所提升，其中南充、乐山、泸州和遂宁这四个城市的可持续竞争力排名上升幅度最大，分别上升了 44 个、35 个、33 个和 25 个名次，但是可持续竞争力依然整体偏弱。

二 都市圈的现状与条件：成都都市圈发展程度较低，但发展优势明显

从现阶段来看，成都都市圈属于发展型的都市圈，其综合经济竞争力、宜商竞争力、宜居竞争力和可持续竞争力都还处于相对低位，与成熟型的都市圈还存在一定差距，有待进一步提升。但是，从长期来看，成都都市圈具有一定的发展优势：首先，成都都市圈的交通体系较为完

善,基本形成了铁路、公路、民航、管道运输等相互衔接、安全可靠、高效便捷的综合交通运输体系。其次,成都都市圈的人力资源丰富,人口总量大、密度高,且拥有各类高等院校、职业技术学校和科研机构。

三　都市圈的问题与劣势:城市断档的问题突出,成都独木难支

成都都市圈内城市发展不平衡,成都作为首位城市与其他城市的差距悬殊。从城市的竞争力来看,成都的竞争力最强,其次就是绵阳和德阳等几个城市的竞争力相对较强,而其余大部分城市的竞争力均处于中等水平。然而,成都的发展阶段已经基本进入工业化中后期,面临着经济增长动力转换的问题。但是,成都在创新能力上也还存在短板。成都作为成都都市圈内最具竞争力和辐射带动能力的核心城市,要想支撑起如此庞大的成都都市圈的持续发展,还必须增强创新活力、大力发展新经济。

四　都市圈的现象与规律:区域经济空间形态由"虹吸集聚"向"辐射扩散"转变

从 2018 年度各城市综合经济竞争力的排名变化来看,都市圈内排名最靠前的五个城市中,除了成都排名提升了 2 个名次以外,德阳、自贡、内江和资阳这四个城市的排名均出现了下降;相反,都市圈内排名最靠后的五个城市中,除了遂宁的排名下降了 6 个名次以外,其余城市的排名均有所上升,而且排名越靠后的城市其排名上升的幅度越大。

五　都市圈的趋势与展望:成都都市圈的发展将会越来越充分、越来越平衡

虽然成都都市圈内各城市的发展还不充分,也不平衡,但是四川省提出的"一干多支"战略,有利于各城市明确定位、突出特色,在错位发展中实现协同发展。同时,四川省在着力构建现代立体综合交通运输体系,这将进一步推动资源要素有序自由流动,提高资源空间配置效率,促进人口、经济和资源、环境的空间均衡。

表15—2   四川省城市竞争力整体情况

	均值	排名	标准差	方差	排名	变异系数	排名
综合经济竞争力	0.058	20	0.024	0.001	20	0.418	24
宜居城市竞争力	0.349	21	0.147	0.022	14	0.422	13
宜商城市竞争力	0.269	21	0.118	0.014	12	0.439	16
可持续竞争力	0.233	27	0.115	0.013	15	0.495	21

表15—3   四川省城市综合经济竞争力及其分项

城市	经济竞争力		综合增量竞争力		综合效率竞争力	
	指数	排名	指数	排名	指数	排名
成都	0.155	13	0.579	6	0.032	32
自贡	0.057	133	0.079	167	0.008	99
攀枝花	0.054	169	0.070	188	0.005	124
泸州	0.055	152	0.092	133	0.003	175
德阳	0.062	107	0.095	125	0.009	88
绵阳	0.056	146	0.098	119	0.002	191
广元	0.047	230	0.059	223	0.001	254
遂宁	0.053	179	0.074	180	0.004	148
内江	0.055	155	0.078	169	0.005	126
乐山	0.054	167	0.082	157	0.003	168
南充	0.055	150	0.096	122	0.002	194
眉山	0.054	170	0.078	168	0.004	150
宜宾	0.055	154	0.090	140	0.003	169
广安	0.053	177	0.075	177	0.003	154
达州	0.051	193	0.077	173	0.001	216
雅安	0.046	245	0.052	237	0.001	248
巴中	0.045	247	0.053	233	0.000	277
资阳	0.046	240	0.043	258	0.004	146

资料来源：中国社会科学院城市与竞争力指数数据库。

注：表中阴影加黑为都市圈内城市。

表15—4　　　　　　　　　　四川省城市宜商竞争力及其分项

城市	宜商城市竞争力		当地要素	当地需求	软件环境	硬件环境	对外联系
	指数	排名	排名	排名	排名	排名	排名
成都	0.669	11	17	10	232	114	4
自贡	0.133	266	185	149	193	286	221
攀枝花	0.223	206	170	128	196	169	241
泸州	0.257	171	188	105	50	237	240
德阳	0.337	112	100	108	85	174	157
绵阳	0.403	76	53	94	86	173	129
广元	0.168	248	242	232	69	246	285
遂宁	0.266	163	251	180	62	101	210
内江	0.257	170	244	142	31	154	268
乐山	0.295	136	144	132	78	193	186
南充	0.305	129	122	156	42	163	260
眉山	0.205	220	263	135	91	179	256
宜宾	0.250	178	135	116	133	249	188
广安	0.244	186	239	146	122	121	203
达州	0.206	218	216	167	28	277	255
雅安	0.208	217	83	224	100	282	276
巴中	0.178	241	238	212	77	252	247
资阳	0.242	189	271	152	59	117	250

资料来源：中国社会科学院城市与竞争力指数数据库。

注：表中阴影加黑为都市圈内城市。

表15—5　　　　　　　　　　四川省城市宜居竞争力及其分项

城市	宜居竞争力		优质的教育环境	健康的医疗环境	安全的社会环境	绿色的生态环境	舒适的居住环境	便捷的基础设施	活跃的经济环境
	指数	排名	排名	排名	排名	排名	排名	排名	排名
成都	0.674	21	12	3	234	127	106	241	49
自贡	0.356	148	230	75	136	251	68	118	136
攀枝花	0.582	44	164	24	87	146	9	165	71
泸州	0.329	172	150	152	69	215	69	256	124

续表

城市	宜居竞争力		优质的教育环境	健康的医疗环境	安全的社会环境	绿色的生态环境	舒适的居住环境	便捷的基础设施	活跃的经济环境
	指数	排名	排名	排名	排名	排名	排名	排名	排名
德阳	**0.332**	**169**	**181**	**216**	**95**	**172**	**164**	**153**	**117**
绵阳	**0.525**	**72**	**63**	**93**	**114**	**121**	**39**	**214**	**111**
广元	0.439	108	257	117	65	21	134	19	205
遂宁	**0.339**	**163**	**241**	**195**	**108**	**45**	**110**	**102**	**174**
内江	**0.240**	**221**	**261**	**115**	**64**	**236**	**112**	**262**	**150**
乐山	**0.253**	**213**	**212**	**179**	**94**	**253**	**136**	**181**	**132**
南充	0.354	151	99	132	37	77	193	259	200
眉山	**0.233**	**227**	**287**	**239**	**144**	**201**	**21**	**155**	**128**
宜宾	0.170	256	220	95	233	256	201	266	139
广安	0.343	160	235	288	41	159	23	60	143
达州	0.097	278	282	136	89	237	216	284	197
雅安	**0.456**	**98**	**77**	**157**	**143**	**143**	**172**	**27**	**166**
巴中	0.189	247	283	274	34	28	48	282	204
资阳	**0.362**	**142**	**286**	**223**	**115**	**38**	**104**	**48**	**135**

资料来源：中国社会科学院城市与竞争力指数数据库。

注：表中阴影加黑为都市圈内城市。

表15—6　　　　　　四川省城市可持续竞争力及其分项

城市	可持续竞争力		知识城市竞争力	和谐城市竞争力	生态城市竞争力	文化城市竞争力	全域城市竞争力	信息城市竞争力
	指数	排名	排名	排名	排名	排名	排名	排名
成都	**0.625**	**9**	**4**	**195**	**28**	**6**	**29**	**10**
自贡	**0.272**	**148**	**139**	**203**	**84**	**121**	**121**	**199**
攀枝花	0.190	234	158	153	255	231	88	190
泸州	0.271	150	126	66	161	137	140	239
德阳	**0.257**	**159**	**117**	**72**	**131**	**266**	**109**	**126**
绵阳	**0.330**	**93**	**66**	**154**	**55**	**184**	**115**	**105**

续表

城市	可持续竞争力		知识城市竞争力	和谐城市竞争力	生态城市竞争力	文化城市竞争力	全域城市竞争力	信息城市竞争力
	指数	排名	排名	排名	排名	排名	排名	排名
广元	0.194	226	241	25	195	237	245	273
遂宁	**0.228**	**192**	**264**	**121**	**32**	**249**	**183**	**223**
内江	**0.140**	**263**	**179**	**57**	**265**	**279**	**204**	**253**
乐山	**0.277**	**145**	**128**	**58**	**247**	**113**	**176**	**151**
南充	0.253	164	99	28	146	222	212	280
眉山	**0.119**	**272**	**266**	**168**	**252**	**271**	**141**	**226**
宜宾	0.191	232	159	166	282	140	165	201
广安	0.114	275	238	149	286	238	199	246
达州	0.122	271	204	94	277	262	230	279
雅安	**0.227**	**194**	**68**	**55**	**177**	**263**	**235**	**254**
巴中	0.181	246	271	110	165	210	253	275
资阳	**0.202**	**218**	**284**	**102**	**109**	**233**	**182**	**244**

资料来源:中国社会科学院城市与竞争力指数数据库。

注:表中阴影加黑为都市圈内城市。

第二节 中国城市竞争力(广西壮族自治区)报告

2018 年全区经济运行总体平稳,结构不断优化,呈现稳中提质的发展态势,各城市的综合经济竞争力排名普遍提升。虽然广西也在推进南宁都市圈的建设,但是考虑到珠三角都市连绵区的虹吸效应,要在南宁都市圈内聚集资源要素并在区域内实现优化配置是存在一定的外部竞争压力的。同时,可持续竞争力偏低将也是制约南宁都市圈发展的重要因素。

表 15—7　　　　　　　　2018 年广西壮族自治区信息

土地面积	23.67 万平方公里
常住人口	4926 万人
城镇化率	50.22%

续表

GDP 总量及增长率	20352.51 亿元，6.8%
一、二、三产占 GDP 比重	14.8∶39.7∶45.5

资料来源：2018 年广西壮族自治区国民经济和社会发展统计公报。

一 全区城市竞争力概况：城市竞争力整体偏弱、崛起难度较大

2018 年度广西壮族自治区综合经济竞争力在全国省级行政区域中的排名第 25 位，同时综合经济竞争力变异系数较小，在全国省级行政区域中的排名第 4 位，综合经济竞争力整体偏低，处于下游水平。有一半的城市在全国地级城市中的排名均在 200 名以后，其中贺州、河池和来宾三个城市的综合经济竞争力最弱，排名分别为第 252 位、第 257 位和第 265 位。

2018 年度广西壮族自治区宜商城市竞争力在全国省级行政区域中的排名第 27 位，宜商城市竞争力也相对偏弱，绝大部分城市的排名均在 200 名以后，其中贵港和玉林两个城市的宜商城市竞争力最弱。

2018 年度广西壮族自治区宜居城市竞争力在全国省级行政区域中的排名第 26 位，宜商城市竞争力也相对偏弱，绝大部分城市的排名也均在 200 名以后，其中贵港和玉林两个城市的宜商竞争力最弱。

2018 年度广西壮族自治区可持续竞争力在全国省级行政区域中的排名第 30 位，其中防城港、贵港、玉林、贺州和来宾这五个城市的可持续竞争力最弱，在全国地级城市中的排名均在 250 名之后。除了钦州和崇左两个城市在 2018 年可持续竞争力排名分别上升了 58 位和 44 位，其余城市近年来可持续竞争力的排名提升不大，甚至还有所下降。

二 都市圈的现状与条件：战略地位重要、区位优势明显、但发展基础较差

南宁都市圈属于发展型的都市圈，在发展型的都市圈中排名相对靠后。从现阶段来看，都市圈内成员城市的经济发展水平都相对较低，南宁作为中心城市对于其他城市的辐射带动能力也还相对有限，加之都市圈内交通设施条件不足，都市圈内各成员城市协同发展的能力相对较弱，从而导致其综合经济竞争力、宜商竞争力、宜居竞争力和可持续竞争力

都整体较弱。但是，北部湾城市群作为沿海沿边开放的交汇地区，在我国与东盟开放合作的大格局中具有重要战略地位，这是南宁都市圈今后经济发展格局中最具活力和潜力的地区，是生产力布局的重要增长极。

三　都市圈的问题与劣势：毗邻珠三角、被反向"虹吸"

南宁都市圈覆盖区域的经济发展水平较低，和与之毗邻的珠三角都市连绵区相比，存在着较大的差距。由于两个都市圈的距离很近，但经济社会发展水平差距较大，南宁都市圈不仅没有享受到珠三角经济快速发展的溢出效应，反而南宁都市圈内的生产要素，如劳动力、资本、人才等都流向了珠三角地区。因此，南宁都市圈的发展面临着较大的竞争压力。

四　都市圈的现象与规律：综合经济竞争力呈现全面提升态势

防城港、钦州、贵港、来宾和崇左这几个南宁都市圈的成员城市最近两年的综合经济竞争力排名都在稳步提升，而且2017年度和2018年度的排名上升名次都在10位以上。但是需要指出的是，这几个城市综合经济竞争力的提升并不一定是得益于南宁都市圈的发展，因为非都市圈成员城市也出现了综合经济竞争力的提升，而且名次上升的幅度更大，例如百色这个城市的综合经济竞争力排名在2018年就上升了36位，是全区所有城市中提升幅度最大的。因此，都市圈成员城市的综合经济竞争力的提升可能是因为全区某些共同因素的影响。但无论如何，这对于南宁都市圈的进一步发展都是有益的。

五　都市圈的趋势与展望：加深分工协作、提升交通联系、助推南宁都市圈发展

近年来，广西也采取了一系列措施推进城市群城镇带建设，实施强首府战略，建设南宁都市圈。首先，推进北海、防城港、钦州三市一体化发展，促进玉林市、崇左市两翼特色发展；其次，加快铁路、公路等建设，强化城市间的综合交通网络支撑；最后，不断提升城镇功能和宜居水平。随着区域内交通联系便捷度的提高和城市间的分工协作加深，南宁都市圈将可能是推动区域协调发展的有力支撑。

表15—8 广西壮族自治区城市竞争力整体情况

	均值	排名	标准差	方差	排名	变异系数	排名
综合经济竞争力	0.053	25	0.008	0.000	3	0.154	4
宜居城市竞争力	0.310	26	0.115	0.013	8	0.371	11
宜商城市竞争力	0.238	27	0.086	0.007	4	0.363	10
可持续竞争力	0.195	30	0.115	0.013	16	0.591	22

表15—9 广西壮族自治区城市综合经济竞争力及其分项

城市	经济竞争力		综合增量竞争力		综合效率竞争力	
	指数	排名	指数	排名	指数	排名
南宁	0.072	72	0.186	43	0.005	128
柳州	0.063	103	0.124	80	0.004	136
桂林	0.057	137	0.106	103	0.002	204
梧州	0.052	183	0.078	170	0.002	186
北海	0.061	109	0.085	151	0.010	78
防城港	0.050	207	0.059	220	0.004	141
钦州	0.052	185	0.079	166	0.002	201
贵港	0.049	217	0.066	200	0.001	225
玉林	0.054	166	0.087	150	0.002	195
百色	0.051	200	0.079	164	0.001	257
贺州	0.045	252	0.049	245	0.001	252
河池	0.044	257	0.047	251	0.000	284
来宾	0.043	265	0.043	260	0.001	250
崇左	0.048	224	0.060	215	0.001	232

资料来源：中国社会科学院城市与竞争力指数数据库。

注：表中阴影加黑为都市圈内城市。

表15—10 广西壮族自治区城市宜商竞争力及其分项

城市	宜商城市竞争力		当地要素	当地需求	软件环境	硬件环境	对外联系
	指数	排名	排名	排名	排名	排名	排名
南宁	0.453	52	48	50	242	78	39
柳州	0.296	134	104	85	171	207	146

续表

城市	宜商城市竞争力		当地要素	当地需求	软件环境	硬件环境	对外联系
	指数	排名	排名	排名	排名	排名	排名
桂林	0.297	132	98	76	246	166	104
梧州	0.223	205	245	173	74	210	196
北海	0.311	127	169	155	191	112	42
防城港	**0.179**	**239**	**257**	**188**	**285**	**99**	**55**
钦州	**0.313**	**125**	**265**	**117**	**63**	**110**	**79**
贵港	**0.129**	**268**	**275**	**171**	**197**	**238**	**230**
玉林	0.159	253	259	73	243	208	235
百色	0.187	235	219	175	200	255	118
贺州	0.191	231	232	223	101	189	259
河池	0.232	197	269	256	3	226	212
来宾	**0.174**	**245**	**270**	**153**	**126**	**186**	**265**
崇左	**0.192**	**230**	**278**	**225**	**229**	**111**	**101**

资料来源：中国社会科学院城市与竞争力指数数据库。

注：表中阴影加黑为都市圈内城市。

表 15—11　　　　广西壮族自治区城市宜居竞争力及其分项

城市	宜居竞争力		优质的教育环境	健康的医疗环境	安全的社会环境	绿色的生态环境	舒适的居住环境	便捷的基础设施	活跃的经济环境
	指数	排名	排名	排名	排名	排名	排名	排名	排名
南宁	**0.540**	**64**	**27**	**42**	**286**	**27**	**150**	**278**	**85**
柳州	0.388	129	69	53	287	112	170	267	99
桂林	0.480	87	37	81	279	62	130	245	101
梧州	0.282	201	236	226	212	66	77	94	170
北海	0.348	155	253	210	264	33	65	75	113
防城港	**0.303**	**189**	**273**	**277**	**242**	**118**	**87**	**7**	**110**
钦州	**0.379**	**137**	**157**	**137**	**282**	**47**	**94**	**117**	**115**
贵港	**0.114**	**274**	**280**	**284**	**274**	**208**	**109**	**54**	**181**
玉林	0.326	175	217	276	280	57	100	29	105
百色	0.260	211	187	129	267	168	144	111	176

续表

城市	宜居竞争力		优质的教育环境	健康的医疗环境	安全的社会环境	绿色的生态环境	舒适的居住环境	便捷的基础设施	活跃的经济环境
	指数	排名	排名	排名	排名	排名	排名	排名	排名
贺州	0.209	241	239	286	276	149	25	39	179
河池	0.250	215	234	236	43	88	93	101	260
来宾	0.297	192	262	263	250	202	2	23	123
崇左	0.163	258	259	281	272	13	121	178	184

资料来源：中国社会科学院城市与竞争力指数数据库。

注：表中阴影加黑为都市圈内城市。

表15—12　　广西壮族自治区城市可持续竞争力及其分项

城市	可持续竞争力		知识城市竞争力	和谐城市竞争力	生态城市竞争力	文化城市竞争力	全域城市竞争力	信息城市竞争力
	指数	排名	排名	排名	排名	排名	排名	排名
南宁	0.395	56	36	274	14	58	102	90
柳州	0.318	106	97	253	58	63	153	134
桂林	0.340	80	55	276	38	38	155	167
梧州	0.223	198	182	222	62	219	207	182
北海	0.275	146	196	278	46	87	185	84
防城港	0.134	266	265	228	262	278	214	63
钦州	0.199	221	184	229	49	276	223	117
贵港	0.000	288	279	272	287	287	224	245
玉林	0.096	281	199	286	153	264	193	236
百色	0.194	228	163	242	111	248	231	138
贺州	0.103	279	183	241	222	261	267	260
河池	0.224	196	209	64	92	239	277	233
来宾	0.026	286	281	257	275	283	269	263
崇左	0.210	208	224	285	10	273	237	76

资料来源：中国社会科学院城市与竞争力指数数据库。

注：表中阴影加黑为都市圈内城市。

第三节　中国城市竞争力（重庆市）报告

2018 年重庆市的经济社会发展呈现出"稳、进、好"的态势，经济发展水平不断提升，对外联系不断增强。但是由于地理因素，重庆主城区和周边城市的交通联系便捷度一直是经济发展和竞争力提升的瓶颈因素，这也是制约重庆都市圈发展的关键因素。为了增强重庆主城区与周边城市的协同发展，需要加强交通基础设施建设，提升互联互通水平。

表 15—13　　　　　　　　　**2018 年重庆市市情信息**

土地面积	8.2402 万平方公里
常住人口	3101.79 万人
城镇化率	65.5%
GDP 总量及增长率	20363.19 亿元，6%
一、二、三产占 GDP 比重	6.8：40.9：52.3

资料来源：2018 年重庆市国民经济和社会发展统计公报。

一　全市城市竞争力状况：城市竞争力全面稳步提升

在国际国内环境错综复杂多变，国内经济下行压力有所加大的背景下，重庆经济景气总体稳定，但稳中承压。2018 年度重庆市综合经济竞争力在全国省级行政区域中的排名第 6 位。在全国地级城市中的排名第 24 位，与上一年度相比仅下降了一个名次。

重庆着力打造重商、亲商、近商、安商、富商的宜商环境取得了良好的成效，2018 年度重庆市宜商城市竞争力在全国省级行政区域中的排名第 5 位，在全国地级城市中的排名第 9 位。

随着生态环境的改善和交通的便利，重庆的宜居城市竞争力也在提升。2018 年度重庆市宜居城市竞争力在全国省级行政区域中的排名第 9 位，在全国地级城市中的排名第 66 位，宜居城市竞争力排名相较于上一年度则提升了 17 个名次。

2018 年度重庆市可持续竞争力在全国省级行政区域中的排名第 5 位，在全国地级城市中的排名第 15 位，可持续竞争力排名也提升了 2 个名次。

二 都市圈的现状与条件：重庆都市圈呼之欲出

启动重庆都市圈建设，对于重庆市的发展的重要性是显而易见的，它有助于提升重庆资源要素集聚和辐射带动周边地区的能力，并在日趋激烈的区域竞争中占得先机。由于区位和地理因素，目前能够纳入重庆都市圈的城市数量非常有限，中心城市对其他城市的辐射带动作用，以及与其他城市协调发展的能力相对较弱，重庆都市圈尚且属于培育型的都市圈。但是需要指出的是，重庆都市圈的发展也具有一些优势，例如：行政壁垒相对较少，各种资源要素在区域内的市场配置和自由流动能力更强；产业基础雄厚、经济活跃，经济转型升级和新旧动能转换持续推进，战略性新兴产业和新产品增长较快。

三 都市圈的问题与劣势：交通联系是制约重庆都市圈发展的重要因素

要在都市圈内实现资源要素的自由流动、产业布局的结构优化和区域经济的协调发展，互联互通的交通体系所发挥的作用是非常巨大的。根据一些学者的观点，都市圈就是一个以核心城市为中心、与周边中小城市以轨道交通相连的日通勤圈。然而，城市快速路等交通基础设施一直是重庆社会经济发展的"瓶颈"，2018 年度重庆市宜居城市竞争力的分项"便捷的基础设施"在全国地级城市中的排名为第286 位，排名非常靠后，与重庆市的经济发展等其他方面的排名不相匹配。

四 都市圈的现象与规律：可持续发展战略下的生态竞争力大幅提升

近年来，重庆市的可持续竞争力持续提升，在全国地级城市中的排名已经由 2016 年的第 20 位，逐步上升到 2017 年的第 17 位和 2018 年的第 15 位。引起重庆可持续竞争力提升的原因是生态城市竞争力、文化城市竞争力和全域城市竞争力这三个分项指标排名的提升，与 2017 年度的排名相比，2018 年度这三个分项的排名分别提升了 14 个名次、6 个名次和 5 个名次。因此，生态城市竞争力的提升是重庆可持续竞争力提升的主要原因，这说明重庆坚持"生态优先"的发展思路、推进生态文明建设，取得了显著的成效。

五　都市圈的趋势与展望：重庆都市圈培育由市辖区逐步向成渝城市群逐步蔓延

由于地形的限制，重庆与其他城市之间缺乏高效、便捷的交通，因此重庆都市圈的培育首先以主城区和12个市区、外加2个经济技术开发区为主，再向成渝城市群重庆部分蔓延、辐射，进而拓展到成渝城市群四川部分，最终与成都都市圈形成双向联动，然后以重庆和成都为中心，引领成渝城市群发展。

表15—14　　　　　　　　重庆市城市竞争力整体情况

	均值	排名	标准差	方差	排名	变异系数	排名
综合经济竞争力	0.130	6	——	——	——	——	——
宜居城市竞争力	0.538	9	——	——	——	——	——
宜商城市竞争力	0.694	5	——	——	——	——	——
可持续竞争力	0.571	5	——	——	——	——	——

表15—15　　　　　　重庆市城市综合经济竞争力及其分项

城市	经济竞争力		综合增量竞争力		综合效率竞争力	
	指数	排名	指数	排名	指数	排名
重庆	0.130	24	0.827	4	0.007	106

表15—16　　　　　　　重庆市城市宜商竞争力及其分项

城市	宜商城市竞争力		当地要素	当地需求	软件环境	硬件环境	对外联系
	指数	排名	排名	排名	排名	排名	排名
重庆	0.694	9	30	7	130	62	6

表15—17　　　　　　　　　重庆市城市宜居竞争力及其分项

城市	宜居竞争力		优质的教育环境	健康的医疗环境	安全的社会环境	绿色的生态环境	舒适的居住环境	便捷的基础设施	活跃的经济环境
	指数	排名	排名	排名	排名	排名	排名	排名	排名
重庆	0.538	66	36	45	125	132	114	286	107

表15—18　　　　　　　　　重庆市城市可持续竞争力及其分项

城市	可持续竞争力		知识城市竞争力	和谐城市竞争力	生态城市竞争力	文化城市竞争力	全域城市竞争力	信息城市竞争力
	指数	排名	排名	排名	排名	排名	排名	排名
重庆	0.571	15	9	31	93	35	21	42

第四节　中国城市竞争力(海南省)报告

一　全省城市竞争力格局

2018年海南省可持续竞争力、宜商城市竞争力、宜居城市竞争力均处于全国上游水平,竞争优势明显。海南省拥有良好的生态环境,生态环境竞争力位居全国第二,同时,海南还拥有便捷的基础设施和广泛的对外联系,为对外贸易创造了良好条件,2018年创造高达848.96亿元的对外贸易进出口总额,比上年增长20.8%。经济活力方面,全省实现地区生产总值4832.05亿元,可比价格下比上年增长5.8%,全省常住居民人均可支配收入24579元,比上年增长9.0%,扣除价格因素实际增长6.3%。产业结构方面,第一、二、三产业增加值分别增长3.9%、4.8%、6.8%,三次产业增加值占地区生产总值的比重由2016年的22.0∶22.3∶55.7调整为2017年的20.7∶22.7∶56.6。需求结构方面,房地产投资仍是海南经济增长的重要驱动力,由于今年是全域实施限制购房房地产调控最严格的一年,房地产开发投资大幅下降,下降幅度高达16.5%,从而导致全省固定资产投资也跟随下降,全省固定资产投资

(不含农户)比上年下降12.5%。要素结构方面，科技教育提升明显，全省组织实施国家自然科学基金项目201项，比上年增长6.3%，普通高等院校所比去年提升5.3%，招生人数上升4.9%。除此之外，旅游业、现代交通运输业、高端金融服务业、节能环保业等重点产业发展势头良好，未来有更好的发展前景。总体来看，海南省生态环境优势明显，宜商宜居，可持续发展劲头明显。在新时代、新目标、新征程、新的要求下，海南省经济运行呈现稳中有进、稳中向好、稳中提质的良好态势。

表15—19　　　　　　　　　　2018年海南省省情信息

土地面积	3.54万平方千米
常住人口	934.32万人
城镇人口占常住人口比重	59.06%
GDP总量及增长率	4832.05亿元，5.8%
一、二、三产业占GDP比重	20.7%、22.7%、56.6%

资料来源：2018年海南省国民经济和社会发展统计公报。

综合经济竞争力不高，但是有良好的增长潜力。2018年，海南省的综合经济竞争力指数为0.06，在除西藏外的省级行政单位中排名第18位，比过去三年的竞争力排名提升了7位，且连续三年均处于不断上升趋势。在综合经济竞争力的两个分项中，综合效率竞争力明显强于综合增量竞争力，海南增长势头强劲，未来有更好的增长潜力。

表15—20　　　　　2018年海南省各城市综合经济竞争力及其分项

城市	经济竞争力		综合增量竞争力		综合效率竞争力	
	指数	排名	指数	排名	指数	排名
海口	0.068	86	0.088	148	0.017	52
三亚	0.052	188	0.052	239	0.008	90

资料来源：中国城市与竞争力研究中心数据库。

可持续竞争力与去年持平，但各分项差距明显。2018年，海南省的可持续竞争力指数为0.373，在除西藏外的省级行政单位中排名第9位，与去年的可持续竞争力排名是一致的。从各分项看，生态城市竞争力和文化城市竞争力具有非常强的竞争优势，其排名分别位居全国的第4位和第8位；全域城市竞争力属于中等偏下水平，和谐城市竞争力严重偏后，二者在全国的排名分别是第19位和第29位，和谐城市竞争力是最大的短板。

表15—21　　　　2018年海南省各城市可持续竞争力及其分项

城市	可持续竞争力		知识城市竞争力	和谐城市竞争力	生态城市竞争力	文化城市竞争力	全域城市竞争力	信息城市竞争力
	指数	排名	排名	排名	排名	排名	排名	排名
海口	0.409	52	43	232	73	40	139	39
三亚	0.337	87	157	224	59	73	122	73

资料来源：中国城市与竞争力研究中心数据库。

宜商城市竞争力较强。2018年，海南省宜商城市竞争力的指数为0.45，在除西藏外的省级行政单位中排名第9位，全国宜商城市竞争力排名中处于中上游水平。海南省的当地要素和对外联系分别在全国排名第8名和第7名，具有明显的竞争优势。而当地需求和软件环境全国排名第19名和第17名，属于中等偏下的水平。

表15—22　　　　2018年海南省各城市宜商城市竞争力及其分项

城市	宜商城市竞争力		当地要素	当地需求	软件环境	硬件环境	全球联系
	指数	排名	排名	排名	排名	排名	排名
海口	0.509	38	34	104	147	49	30
三亚	0.391	84	81	174	177	102	25

资料来源：中国城市与竞争力研究中心数据库。

宜居竞争力位居全国中上游水平，但社会环境和居住环境是短板。2018年，海南省宜居城市竞争力的指数为0.519，在除西藏外的省级行政单位中排名第10位，全国宜居城市竞争力排名中处于中上游水平。

表 15—23　　　　　2018 年海南省各城市宜居城市竞争力及其分项

城市	宜居竞争力		优质的教育环境	健康的医疗环境	安全的社会环境	绿色的生态环境	舒适的居住环境	便捷的基础设施	活跃的经济环境
	指数	排名	排名	排名	排名	排名	排名	排名	排名
海口	0.586	42	52	15	284	3	280	200	80
三亚	0.453	99	169	140	273	2	288	32	77

资料来源：中国城市与竞争力研究中心数据库。

二　中心城市海口的现状与条件

海口是海南省省会城市，经济活力强，引领整个海南省的发展，2018 年海口全国地级城市综合经济竞争力的排名位于第 86 位，比去年提升了 4 位，位居全国综合经济竞争力百强城市之列。其中，海口市的地均 GDP 是 809.37 元/平方米，人均 GDP 是 8392.22 元/人，这明显增强了海口的综合效率竞争力，从而推动海口的综合经济竞争力不断向前发展。

三　中心城市海口的现象与规律

海口宜商竞争力和宜居竞争力跃居全国上游水平。海口的当地要素、硬件环境和对外联系跻身全国前 50 强，带来良好的宜商环境，其竞争优势明显；海口的绿色生态环境和健康的医疗环境极大地提升了海口的宜居竞争力。

海口可持续竞争力显著高于综合经济竞争力。海口除了拥有绿色生态环境优势之外，还积极加强知识、文化、信息等要素的投入，打造知识、文化、信息融一体的良性循环健康发展城市。

四　中心城市海口的问题与劣势

综合经济竞争力有待进一步提升。2018 年，海口的综合经济竞争力位居全国 86 位，综合增量竞争力更是位居全国 148 位，与宜居竞争力、宜商竞争力和可持续竞争力排名形成较大反差，鉴于综合经济竞争力起着基础性作用，因此，海口的最大问题和劣势就在于综合经济竞争力。

五 中心城市海口的趋势与展望

随着中国（海南）自贸区建设的持续推进以及多项国家级政策的叠加，海口正在迎来新一轮发展高潮。如果未来能够牢牢把握这一轮机遇，充分利用相关政策红利，那么海口乃至整个海南必将得到更大的前所未有的发展，海口的城市竞争力特别是综合经济竞争力也有望进一步提升。

第五节 中国城市竞争力（云南省）报告

一 全省城市竞争力格局

2018年云南省地区生产总值为17881.12亿元，同比增长8.9%，高于全国2.3个百分点，在全国经济增速排名中位于第3位，城镇和农村常住居民人均可支配收入分别增长8%和9.2%，全省经济发展势头良好，人民群众获得感、幸福感、安全感不断增强。经济结构方面，一二三产业结构从2017年的14.0：38.6：47.4稳步提升至2018年的13.97：38.91：47.11，第三产业保持持续健康稳步发展。要素方面，积极加大高科技产业的投入，凝聚科技力量，提高科技创新能力。云南借助生态环境优势，优先发展生物医药、信息和有机绿色食品等高新技术产业，2018年有123家高科技企业落户云南，同时中国林业大数据中心和林权交易（收储）中心也正式落户云南，积极开启创新性投入建设。需求方面，加快推进高速公路、机场、4G网络工程等重点工程建设，弥补基础设施建设短板。全省固定资产投资（不含农户）同比增长11.6%，增速高于全国5.7个百分点，全省一二三产业投资同比增长比率依次为36.8%、11.3%、10.6%，其中，房地产投资同比增长16.5%，商品房销售面积同比增长4.7%。总体来看，云南省经济发展目前尚处于要素驱动、投资驱动向创新型驱动的发展阶段，但在供给侧结构性改革这一主线的推动下，稳增长、促改革、调结构、惠民生、防风险等各项工作正在积极稳步推进。未来，云南应主动融入"一带一路"、长江经济带发展战略，积极参与大湄公河区域合作以及东盟自由贸易区的建设发展，加快与南亚、东南亚各国的经贸交流合作，促进云南的经济发展。

表 15—24　　　　　　　　**2018 年云南省省情信息**

土地面积	39 万平方千米
常住人口	4829.5 万人
城镇人口占常住人口比重	47.69%
GDP 总量及增长率	17881.12 亿元、8.9%
一、二、三产占 GDP 比重	13.97%、38.91%、47.11%

资料来源:云南省统计局相关网站。

云南省各城市综合效率竞争力较低,制约综合经济竞争力的提高。2018 年,云南省综合经济竞争力指数均值为 0.052,在全国除西藏外的省级行政区域中排名第 27 位,连续三年的综合经济竞争力都处于上升阶段。2018 年云南省综合经济竞争力指数的标准差和变异系数分别为 0.0113 和 0.2169,其排名依次为第 7 位和第 10 位,总体上优于去年的表现。云南省的综合增量竞争力明显优于综合效率竞争力,综合增量竞争力在全国的名次比综合效率竞争力高出 10 个位次,云南省的综合效率竞争力偏低,发展后劲不足,严重制约综合经济竞争力的提高。

表 15—25　　　　　　**云南省各城市综合经济竞争力及其分项**

城市	经济竞争力		综合增量竞争力		综合效率竞争力	
	指数	排名	指数	排名	指数	排名
昆明	0.079	54	0.216	33	0.007	105
曲靖	0.053	171	0.090	138	0.001	227
玉溪	0.052	180	0.077	172	0.003	173
保山	0.047	225	0.062	207	0.000	267
昭通	0.047	226	0.063	204	0.000	288
丽江	0.044	263	0.046	256	0.000	281
普洱	0.047	232	0.060	218	0.000	287
临沧	0.047	227	0.061	212	0.000	278

资料来源:中国社会科学院城市与竞争力指数数据库。

云南省各城市可持续竞争力整体水平发展较低。2018 年,云南省可持续竞争力指数均值为 0.193,在全国除西藏外的省级行政区域中排名第

31 位，连续四年的可持续竞争力排名均是一致的，且可持续竞争力比综合经济竞争力低 4 个位次。除昆明、丽江、玉溪的可持续竞争力在全国的排名均在前 200 位之外，其他城市的可持续竞争力排名均在 200 位之后。云南省城市可持续竞争力整体水平发展较低，说明云南省在奋进新时代、阔步新征程的新局面中忽视了城市的知识、文化、和谐、生态、信息、城乡一体化等方面的建设发展，今后应当重视可持续发展，积极制定与可持续发展观相协调的策略。

表 15—26　　　　　　　云南省各城市可持续竞争力及其分项

城市	可持续竞争力		知识城市竞争力	和谐城市竞争力	生态城市竞争力	文化城市竞争力	全域城市竞争力	信息城市竞争力
	指数	排名	排名	排名	排名	排名	排名	排名
昆明	0.444	43	26	239	87	16	104	43
曲靖	0.123	270	172	277	229	225	186	214
玉溪	0.231	188	180	256	117	168	170	104
保山	0.105	277	219	217	237	257	264	264
昭通	0.039	285	282	209	249	282	288	288
丽江	0.249	168	251	167	143	61	215	262
普洱	0.222	202	257	131	108	240	227	130
临沧	0.135	265	283	141	190	281	270	186

资料来源：中国社会科学院城市与竞争力指数数据库。

软硬件环境严重制约宜商城市竞争力的提高。2018 年云南省宜商城市竞争力指数均值为 0.193，在全国除西藏外的省级行政区域中排名第 31 位。其中，全省的软件环境和硬件环境在全国分别处于第 29 位和第 31 位，这处于全国下游发展水平，软硬件环境有待大力提高。除昆明、曲靖的宜商城市竞争力比较高之外，其他城市的宜商城市竞争力均处于全国的 200 之后，宜商城市竞争力普遍较差，两极分化严重。建立宜商城市还需大力提升软硬件环境，营造良好的宜商环境，从而提升宜商城市竞争力。

表15—27 云南省各城市宜商竞争力及其分项

城市	宜商城市竞争力		当地要素	当地需求	软件环境	硬件环境	全球联系
	指数	排名	排名	排名	排名	排名	排名
昆明	0.478	43	36	38	213	192	17
曲靖	0.269	159	180	81	146	149	215
玉溪	0.215	215	192	93	211	258	124
保山	0.129	270	229	176	249	244	207
昭通	0.048	286	253	234	273	265	286
丽江	0.118	275	221	216	276	229	180
普洱	0.105	280	258	254	266	261	110
临沧	0.130	267	254	264	208	242	142

资料来源:中国社会科学院城市与竞争力指数数据库。

总体宜居城市竞争力水平较低。2018年云南省宜居城市竞争力指数均值为0.297,在全国除西藏外的省级行政区域中排名第27位;方差为0.032,全国排名第21位;变异系数为0.606,全国排名第24位,区域发展整体水平较低。玉溪综合经济竞争力不高,但宜居竞争力指数排名比较高,这得益于其便捷的基础设施、活跃的经济环境和绿色的生态环境的协调发展。中国优秀生态环境城市丽江的宜居竞争力处于下降趋势,宜居竞争力指数排名在全国处于中等水平,而昭通宜居竞争力指数排名最低,曲靖综合竞争力较强。总体上综合经济实力与宜居竞争力排名相匹配。

表15—28 云南省各城市宜居竞争力及其分项

城市	宜居竞争力		优质的教育环境	健康的医疗环境	安全的社会环境	绿色的生态环境	舒适的居住环境	便捷的基础设施	活跃的经济环境
	指数	排名	排名	排名	排名	排名	排名	排名	排名
昆明	0.615	33	22	26	256	63	157	263	45
曲靖	0.267	207	155	268	237	116	185	154	112

续表

城市	宜居竞争力		优质的教育环境	健康的医疗环境	安全的社会环境	绿色的生态环境	舒适的居住环境	便捷的基础设施	活跃的经济环境
	指数	排名	排名	排名	排名	排名	排名	排名	排名
玉溪	0.525	73	139	107	221	51	165	69	60
保山	0.220	234	237	285	211	83	260	65	155
昭通	0.080	282	278	261	166	117	241	146	251
丽江	0.264	208	258	278	120	16	267	137	145
普洱	0.221	233	256	282	163	43	97	74	232
临沧	0.180	251	203	280	181	59	149	105	259

资料来源：中国社会科学院城市与竞争力指数数据库。

二 中心城市昆明的现状与条件

昆明是云南省省会，中国西南地区重要的中心城市。2018年昆明市的综合经济竞争力、可持续竞争力、宜商城市竞争力和宜居城市竞争力在全国的294个城市中排名前50位左右，宜居城市竞争力最强，最宜居。2018年昆明市实现地区生产总值5206.9亿元、增长8.4%，城乡居民人均可支配收入分别达42988元和14895元、分别增长8%和8.7%，固定资产投资增长5.5%，一般公共预算收入595.6亿元、增长6.2%，单位地区生产总值能耗下降7%。创新驱动能力增强，新增院士工作站5个，全社会研发投入强度达2.3%，科技对经济增长贡献率较上年提高2.8个百分点。昆明中心城市团结拼搏，攻坚克难，加快改革开放步伐，经济社会发展内生动力和活力进一步激活，全市经济平稳健康发展，开创了区域性国际中心城市建设新局面。

三 中心城市昆明的现象与规律

综合经济竞争力和可持续竞争力的差距在降低。2018年昆明市综合经济竞争力的指数为0.0789，全国排名为54位，比去年提升4个位次，且综合增量竞争力和综合效率竞争力也不同程度地比上年提升，而可持续竞争力比去年下降4个位次，综合经济竞争力和可持续竞争力的差距在下降。影响可持续竞争力发展的各分项指标有升有降,且降幅远高于升幅,其中知识城市竞争力、和谐城市竞争力、文化城市竞争力和全域城市竞争力指数在上升,而生态城市竞争力和信息城市竞争力在下降。

安全和谐的社会环境和便捷的基础设施建设不足。2018 年昆明市公平包容的和谐城市的指数为 0.209,全国排名 239 位,这比去年的排名提升 3 个位次;便捷的基础设施的指数为 0.107,全国排名 263 位,比去年下降 58 个位次。出现这一现象主要源于昆明市对外来人口的包容性不高、户籍与非户籍人口之间缺乏公平性、社会保障制度不健全,参加社保人员比例不高,每万人刑事案件逮捕人数偏高,交通拥堵指数过高,数字生活化程度不高等多方面因素的制约。未来有望进一步加强公平包容的和谐城市建设和便捷的基础设施建设。

四 中心城市昆明的问题与劣势

生态文明建设不足,特色自然资源优势未被充分挖掘。昆明拥有优质的绿色生态环境,2018 年的环境友好生态城市竞争力指数为 0.546,全国排名 87 位,比去年降低 50 个位次,绿色发展面临严峻考验。昆明较为粗放的产业结构导致昆明市单位 GDP 的二氧化硫排放量在全国排名 200位。国家级自然保护区面积占全市面积的比例为 0.78%,市辖区人均绿地面积为 43.03 公顷/万人,这说明昆明生态文明建设不足,亟待加快转型发展,加大步伐建设环境友好型城市,通过绿色发展提升可持续竞争力。

五 中心城市昆明的趋势与展望

昆明作为云南省的中心城市,综合经济竞争力、可持续竞争力、宜商竞争力和宜居竞争力一枝独秀,需要紧紧抓住中国面向西南开放重要的"桥头堡"和"一带一路"、长江经济带发展战略的机遇,以改善民生为根本出发点,释放农村需求,扩大商业范围,积极参与大湄公河区域合作以及东盟自由贸易区的建设发展,加快与南亚、东南亚各国的经贸交流合作,发挥中心城市对周边城市的推动作用,促进中心城市及周边城市的经济发展。

第六节　中国城市竞争力（贵州省）报告

一　贵州省竞争力概况

2015 年至 2018 年，贵州省地区生产总值由 10541 亿元提升至 14806.45 亿元，比上年增长 9.1%，一、二、三产业的结构比重由 15.6：39.6：44.8，优化调整至 14.6：38.9：46.5，人均地区生产总值由 29847 元提升至 41244 元。2018 年城镇居民和农村居民人均可支配收入分别为 31592 元和 9716 元，城乡收入差距较大。总体来看，贵州省打破经济发展瓶颈，稳步推进经济结构转型升级，经济社会发展稳中有进、稳中向好发展。但贵州省整体经济基础较为薄弱，城镇化水平较低，人均收入差距较大。未来，应不断坚持新发展理念，坚持稳中求进工作总基调，坚持以脱贫攻坚统揽经济社会发展全局，落实高质量发展要求，牢牢守住发展和生态两条底线，全面深化改革开放，全力打好三大攻坚战，强力推进三大战略行动，着力加快三大国家级试验区建设，促进综合经济实力跃上新台阶。

表 15—29　　　　　　　　　　**2018 年贵州省省情信息**

土地面积	17.6167 万平方千米
常住人口	3600 万人
城镇人口占常住人口比重	47.52%
GDP 总量及增长率	14806.45 亿元，9.1%
一、二、三产占 GDP 比重	14.6%、38.9%、46.5%

资料来源：2018 年贵州省国民经济和社会发展统计公报。

综合经济竞争力位于全国中游，区域差异较大。2018 年度贵州省综合经济竞争力指数均值为 0.062，在全国除西藏外的省级行政区域中排名第 17 位；标准差 0.0134，全国排名第 11 位；变异系数 0.216，全国排名第 9 位。除贵阳、遵义的综合经济竞争力指数排名位于全国的前 50 位和前 100 位之外，其他城市的综合经济竞争力位于 100 位之后，有的高达 198 位，不同区域的综合经济竞争力差异较大。

表15—30　　　　　　　贵州省各城市综合经济竞争力及其分项

城市	经济竞争力		综合增量竞争力		综合效率竞争力	
	指数	排名	指数	排名	指数	排名
贵阳	0.087	46	0.215	34	0.014	64
六盘水	0.058	125	0.104	107	0.004	153
遵义	0.066	94	0.164	49	0.002	203
安顺	0.051	198	0.075	178	0.001	215
毕节	0.059	122	0.124	82	0.001	239
铜仁	0.052	189	0.084	155	0.001	246

资料来源：中国社会科学院城市与竞争力指数数据库。

注：表中阴影加黑为都市圈内城市。

可持续竞争力呈现"一强多弱"的格局。2018年度贵州省可持续竞争力指数均值为0.15，在全国除西藏外的省级行政区域中排名第32位；标准差0.116，全国排名第17位；变异系数0.778，全国排名第25位；可持续竞争力指数均值排名和去年是一致的，可持续竞争力排名在全国属于比较差的状态。除贵阳的可持续竞争力排名位居全国的前100位之外，其他城市的可持续竞争力均是在200位之后，在全国城市排名中属于非常差的状态。

表15—31　　　　　　　贵州省各城市可持续竞争力及其分项

城市	可持续竞争力		知识城市竞争力	和谐城市竞争力	生态城市竞争力	文化城市竞争力	全域城市竞争力	信息城市竞争力
	指数	排名	排名	排名	排名	排名	排名	排名
贵阳	0.338	85	42	261	180	81	65	48
六盘水	0.104	278	244	247	166	267	268	265
遵义	0.190	233	107	240	194	178	247	203
安顺	0.074	283	195	268	213	270	279	269
毕节	0.003	287	247	249	288	285	287	284
铜仁	0.188	238	225	214	61	220	234	268

资料来源：中国社会科学院城市与竞争力指数数据库。

注：表中阴影加黑为都市圈内城市。

宜商城市竞争力整体水平很差。2018 年度贵州省宜商城市竞争力指数均值为 0.232，在全国除西藏外的省级行政区域中排名第 28 位；标准差 0.122，全国排名第 14 位；变异系数 0.527，全国排名第 20 位。除贵阳和遵义的宜商城市竞争力排在全国的第 72 位和第 93 位之外，其他城市的宜商城市竞争力排在全国的 240 位之后，在全国属于非常差的行列。全省生态自然环境优美，软件环境建设不足成为制约宜商城市竞争力发展的重要要素。

表 15—32　　　　　　　贵州省各城市宜商竞争力及其分项

城市	宜商城市竞争力		当地要素	当地需求	软件环境	硬件环境	全球联系
	指数	排名	排名	排名	排名	排名	排名
贵阳	0.405	72	41	82	268	80	57
六盘水	0.154	257	274	229	166	158	245
遵义	0.370	93	116	124	80	71	172
安顺	0.124	273	210	255	230	239	242
毕节	0.162	250	279	181	158	177	236
铜仁	0.177	242	261	243	206	87	227

资料来源：中国社会科学院城市与竞争力指数数据库。

注：表中阴影加黑为都市圈内城市。

宜居城市竞争力普遍发展较差。2018 年的贵州省宜居城市竞争力指数均值为 0.227，在全国除西藏外的省级行政区域中排名为 32 位；标准差 0.19，全国排名 22 位；变异系数 0.836，全国排名 25 位。2018 年宜居城市竞争力排名与去年一致，较 2015 年下降 3 个位次，宜居城市竞争力发展较差。除贵阳的宜居城市竞争力在全国排名前 50 位之外，其他城市的宜居城市竞争力普遍发展较差。全省基础设施和安全社会环境建设不足，是宜居城市竞争力的最大短板。

表 15—33　　　　　　　贵州省各城市宜居竞争力及其分项

城市	宜居竞争力		优质的教育环境	健康的医疗环境	安全的社会环境	绿色的生态环境	舒适的居住环境	便捷的基础设施	活跃的经济环境
	指数	排名	排名	排名	排名	排名	排名	排名	排名
贵阳	0.564	50	19	13	281	68	138	254	108
六盘水	0.047	286	271	171	255	185	146	285	211
遵义	0.290	197	121	65	270	87	173	271	168
安顺	0.066	283	247	253	246	61	272	221	226
毕节	0.160	260	275	250	124	182	234	70	225
铜仁	0.234	226	229	196	209	24	120	138	234

资料来源：中国社会科学院城市与竞争力指数数据库。

注：表中阴影加黑为都市圈内城市。

二　贵阳都市圈的现状和条件

贵阳都市圈现包含贵阳、遵义、安顺、毕节、黔南州等五个地区，由于黔南州属于自治州，因此，我们主要分析贵阳、遵义、安顺、毕节等四个城市。贵阳都市圈 2018 年 GDP 总和为 9569.51 亿元，占全省 GDP 的 64.6%，其 2018 年常住人口则为 2019 万人，占全省总人口的 56.1%，其中，核心城市贵阳的 GDP 为 3798.45 亿元，同比增长 9.9%，年末常住人口为 488.19 万人，此外，遵义实现地区生产总值 3000.23 亿元，比上年增长 10.4%，年末常住人口为 627.07 万人，安顺实现地区生产总值 849.40 亿元，比上年增长 10.3%，年末常住总人口为 235.31 万人，毕节实现地区生产总值 1921.43 亿元，同比增长 10.2%，年末常住人口为 668.61 万人。

三　贵阳都市圈的现象与规律

贵阳都市圈城市发展极为迅速，经济发展效率较低。从综合经济竞争力而言，贵阳、遵义、安顺、毕节分别位列全国 46、94、198、122 位，排名相对靠后，但是再仔细分析综合增量竞争力，可以发现，这四个城市的综合增量竞争力排名分别为 34、49、178、82，均显著高于综合经济竞争力排名，这说明贵阳都市圈内城市具有增长迅速的特点。与此同时，再观察贵阳、遵义、安顺、毕节的综合效率竞争力，可以发现，这四个城市的排名分别为64、203、215、239，均要显著低于综合经济竞争力排名，这又说明贵阳都市圈城市存在发展效率较低的现象。

四　贵阳都市圈的问题与劣势

都市圈内部两极分化严重，尚未形成协调发展局面。就综合经济竞争力而言，核心城市贵阳位列46，而其他城市如遵义、安顺、毕节则分列94、198、122位，核心城市与周边城市的差距明显，尚未形成协同发展的局面。就可持续竞争力而言，贵阳位列全国85位，而遵义、安顺、毕节则分别位列全国233、283、287，差距更为显著。就宜商竞争力而言，贵阳位列72位，而遵义、安顺、毕节则分别位列93、273、250位。就宜居竞争力而言，贵阳位列50位，而遵义、安顺、毕节则分别位列197、183、260位，由此可见，贵阳都市圈的一个显著问题就是内部差距极大，发展极不平衡。

五　贵阳都市圈的趋势与展望

目前，贵阳都市圈正处于初步成型期，受益于国家的政策红利，都市圈内部城市虽然发展普遍较快，但是相对而言，核心城市与周边城市之间的差距依然很大，并且有进一步扩大的趋势，未来，贵阳都市圈将可能进入"先集聚后扩散"的发展轨迹，即资源要素先向核心城市贵阳集聚，等贵阳发展到一定程度后，再向周边城市扩散。

第十六章

中国(西北地区)城市竞争力报告

魏　婕　李　冕[*]

第一节　中国城市竞争力(陕西省)报告

一　全省竞争力分析

陕西省,位于黄河中游,地处中国内陆腹地,是中国大西北的门户,同时连接东、中部地区和西北西南地区。全省横跨黄河和长江两大流域中部,周边与山西、河南、湖北、四川、甘肃、宁夏、内蒙古、重庆 8 个省市接壤,是国内邻接省区数量最多的省份,具有承东启西、连接西部的区位之便。2018 年是全面贯彻党的十九大精神的开局之年,也是陕西发展进程中不平凡的一年。面对各种风险挑战和繁重发展任务,陕西坚持以习近平新时代中国特色社会主义思想为指导,在省委领导下,牢固树立"四个意识",坚定"四个自信",坚决做到"两个维护",认真贯彻党的十九大和十九届二中、三中全会精神,坚持稳中求进工作总基调,落实高质量发展要求,以供给侧结构性改革为主线,紧扣追赶超越和"五个扎实"要求,统筹推进稳增长、促改革、调结构、惠民生、防风险各项工作,经济持续健康发展,社会大局稳定。陕西省内,综合经济竞争力前 3 名城市为西安、咸阳、宝鸡,全国排名分别为 32、87、121;宜居竞争力前 3 名城市为西安、宝鸡、安康,全国排名分别为 51、

---

* 本部分陕西省、甘肃省、内蒙古自治区由魏婕撰写;青海省、宁夏回族自治区、新疆维吾尔自治区由李冕撰写。

111、156；宜商竞争力前 3 名城市为西安、咸阳、宝鸡，全国排名分别为 16、53、95；可持续竞争力前 3 名城市为西安、咸阳、延安，全国排名分别为 11、52、111。可以看出，西安作为西北地区的中心城市，其在各方面均遥遥领先，咸阳在西咸一体化的进程上也不断前进，各项指标均表现不错。

表 16—1 2018 年陕西省省情信息

土地面积	20.58 万平方千米
常住人口	3864.4 万人
城镇人口占常住人口比重	58.13%
GDP 总量及增长率	24438.32 亿元，8.3%
一、二、三产占 GDP 比重	7.5 : 49.7 : 42.8

资料来源：2019 年陕西省国民经济和社会发展统计公报。

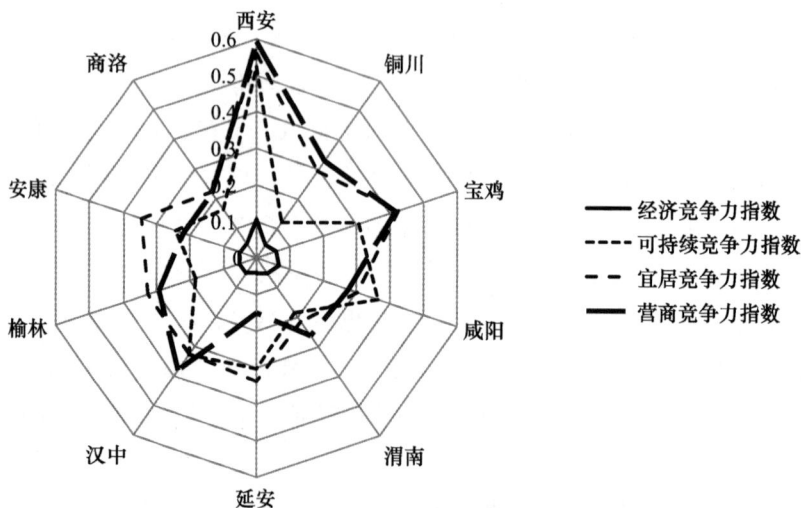

图 16—1 2018 年陕西省城市竞争力雷达图

资料来源：中国社会科学院城市与竞争力指数数据库。

二 都市圈的现状与条件：西安国家中心城市的建设取得了新的成就，关中城市群的发展建设带动陕西省内其他城市的发展

关中城市群包括西安、宝鸡、铜川、渭南、杨凌、商洛、运城、临

汾、天水、平凉、庆阳等城市。是整个西北地区经济实力最强，发展速度最快的地区。西安作为关中城市群的核心城市，2018 年地区生产总值突破八千亿元，新的户籍制度下西安户籍人口突破 100 万，跨入"特大城市"的行列。2018 年西安市在经济竞争力、宜居竞争力、可持续竞争力、宜商竞争力四个方面排名依次为 32、51、11、16，均处于靠前位置，竞争力较强。此外，咸阳、宝鸡二市在经济竞争力、可持续竞争力、宜商竞争力方面的排名也较为靠前，截至 2018 年底，西安常住人口城镇化率为 58.13%，比上年增长 1.34 个百分点。实现生产总值 2.44 万亿元，增长 8.3%，完成地方财政收入 2243.1 亿元，增长 11.8%，城乡居民人均可支配收入分别增长 8.1% 和 9.2%，单位生产总值能耗预计下降 4.7%，居民消费价格上涨 2.1%，较好完成了十三届人大一次会议确定的各项任务。关中城市群内除了西安、咸阳、渭南、宝鸡四市之外，其他城市的竞争力稍弱，未来的发展潜力还很大。

三　都市圈的问题与劣势：西咸城市一体化的进程较慢，关中城市群的发展程度较低，各城市整体的竞争力仍显落后

从目前关中城市群的发展情况以及省内其他省市的发展情况来看，陕西城市总体综合竞争力不高，处于全国中下游水平。在综合城市竞争力和宜居城市竞争力方面均有排行特别靠后的城市，由此可见，陕西省绝大多数城市综合竞争力并不高，处于我国中下游水平，仍有较大的发展空间。省内各城市之间的差距也较大。在可持续竞争力方面有 4 个城市排在 200 名之外，可持续发展的道路还很漫长。陕西省各城市在和谐、全域、信息城市竞争力方面整体比较落后。在城市软硬件以及全球联系方面大部分城市均处于 200 名之后，可见陕西省在适应世界经济一体化发展，融入全球信息化潮流方面、信息与通信技术加速经济发展方面仍有欠缺。总体来看，陕西省内城市的发展呈现出一个两极分化的趋势，形成了一个以西安为中心的城市群以及陕北，陕南两片相对分散的城市区域。

四　都市圈的现象与规律：以西安为中心城市为引领呈现阶梯分级效应发展

关中城市群是我国西北地区国家层面上唯一设立的城市群。关中城

市群位于陕西中部和甘肃东部。是整个西北地区区域内规模最大、人口最为密集、经济实力最强、交通区位优势最为突出的城市群，也是陕西省乃至西北，西南部区域承接东部沿海发达地区产业转移、西部地区战略资源输出的枢纽和核心区域之一，对于推动西部地区的发展具有十分重要的战略意义。西安都市圈的建设是关中城市群建设的重点，从西安都市圈的建设情况来看，西安都市圈的发展呈现出比较明显的中心化和阶梯化发展特征，即以西安市为核心，紧邻西安的咸阳、宝鸡和渭南为第二集团，其余城市为第三集团的阶梯化发展格局。同时，近年来西安市与周边地区的融合不断加速，其中以西咸一体化最为明显。西咸地铁的一体化，西咸新区的批复并由西安市代管。从西安周边城市建设情况来看，也在积极将自身与西安市发展相融合起来。在未来的西安城市群发展融合中，将实现交通连接、生态对接、产业承接。焦作近年来围绕建设西安大都市区门户枢纽城市，积极构建关中城市群综合交通体系，承接西安的引领辐射带动。

表 16—2   2018 年陕西省各城市综合经济竞争力指数排名

城市	经济竞争力		综合增量竞争力		综合效率竞争力	
	指数	排名	指数	排名	指数	排名
西安	0.107	32	0.278	19	0.023	42
铜川	0.044	262	0.040	265	0.002	205
宝鸡	0.059	121	0.110	100	0.003	157
咸阳	0.067	87	0.138	65	0.007	109
渭南	0.052	181	0.080	163	0.002	198
延安	0.040	277	0.029	275	0.001	247
汉中	0.052	186	0.085	152	0.001	242
榆林	0.053	173	0.082	158	0.002	179
安康	0.051	205	0.077	171	0.001	251
商洛	0.049	221	0.067	194	0.001	253

资料来源：中国社会科学院城市与竞争力指数数据库。

注：表中阴影加黑为都市圈内城市。

表16—3 　　　　　　　2018 年陕西省各城市可持续竞争力指数排名

城市	可持续 竞争力		创新驱动 知识城市	公平包容 和谐城市	环境友好 生态城市	多元一本 文化城市	城乡一体 全域城市	开放便捷 信息城市
	指数	排名	排名	排名	排名	排名	排名	排名
西安	0.524	25	11	269	24	7	78	20
铜川	0.121	271	254	231	271	185	229	238
宝鸡	0.307	116	165	113	60	82	246	209
咸阳	0.365	68	50	190	47	72	192	155
渭南	0.185	242	185	182	235	160	227	240
延安	0.303	119	111	234	124	14	272	258
汉中	0.328	99	125	9	98	99	274	277
榆林	0.183	245	197	245	228	95	124	261
安康	0.242	178	200	23	154	180	281	281
商洛	0.164	251	228	129	241	202	283	234

资料来源:中国社会科学院城市与竞争力指数数据库。

注:表中阴影加黑为都市圈内城市。

表16—4 　　　　　　　2018 年陕西省各城市宜居竞争力指数排名

城市	宜居竞争力		优质的 教育 环境	健康的 医疗 环境	安全的 社会 环境	绿色的 生态 环境	舒适的 居住 环境	便捷的 基础 设施	活跃的 经济 环境
	指数	排名	排名	排名	排名	排名	排名	排名	排名
西安	0.561	51	8	25	244	244	184	250	54
铜川	0.294	194	226	215	235	217	18	28	159
宝鸡	0.425	111	180	221	91	222	3	112	74
咸阳	0.303	188	74	189	164	277	75	274	76
渭南	0.214	237	245	234	88	284	115	42	161
延安	0.338	165	137	190	203	85	17	264	116
汉中	0.325	176	192	100	11	230	50	219	210
榆林	0.327	174	242	110	217	123	276	92	97
安康	0.346	156	270	130	9	65	118	125	229
商洛	0.223	232	277	249	23	108	61	199	214

资料来源:中国社会科学院城市与竞争力指数数据库。

注:表中阴影加黑为都市圈内城市。

表16—5 2018年陕西省各城市宜商竞争力指数排名

城市	宜商竞争力		当地要素	当地需求	软件环境	硬件环境	对外联系
	指数	排名	排名	排名	排名	排名	排名
西安	0.593	16	8	28	187	137	8
铜川	0.329	271	268	250	227	129	270
宝鸡	0.417	95	143	70	71	90	194
咸阳	0.276	53	55	63	75	183	50
渭南	0.262	164	139	131	149	128	266
延安	0.150	203	103	110	202	218	278
汉中	0.380	182	136	208	22	274	258
榆林	0.292	210	161	95	215	176	262
安康	0.219	224	195	227	52	245	284
商洛	0.219	209	226	242	39	222	231

资料来源：中国社会科学院城市与竞争力指数数据库。

注：表中阴影加黑为都市圈内城市。

五 都市圈的趋势与展望：以西安国家中心城市为发展增长极，充分发挥西安的带动发展作用，形成西北地区经济发展的中心

西安都市圈将以西安国家中心城市建设为龙头，强化中心引领和集聚辐射功能，加快拓展周边城市的支撑空间，形成有影响力的现代化都市圈。在西安中心城市建设背景下，西安都市圈的建设将成为我国中部地区发展的重要增长点，未来作为全国重要的综合交通枢纽和西部地区经济发展的中心，西安都市圈的建设将能够有效辐射西北，西南等地区，拥有广阔的市场空间和巨大的市场潜力。2019年关中城市群发展的工作重点是要加快建设现代化经济体系，继续打好三大攻坚战，着力激发微观主体活力，创新和完善宏观调控，统筹推进稳增长、促改革、调结构、惠民生、防风险工作，进一步稳就业、稳金融、稳外贸、稳外资、稳投资、稳预期，提振市场信心，增强人民群众获得感、幸福感、安全感，保持经济持续健康发展和社会大局稳定，以优异成绩庆祝中华人民共和国成立70周年。

第二节　中国城市竞争力(甘肃省)报告

一　全省竞争力分析

甘肃,简称甘或陇,省会兰州。甘肃省地处中国西北地区,东通陕西,南瞰四川、青海,西达新疆,北扼宁夏、内蒙古,西北端与蒙古国接壤,下辖 12 个地级市、2 个自治州,幅员面积 42.59 万平方公里,省内形成了以石油化工、有色冶金、机械电子等为主的工业体系,是中国重要的能源、原材料工业基地。2018 年是甘肃全省上下凝心聚力、攻坚克难的一年,是干部群众重整行装、守正出新的一年,也是经济实现止滑回稳、稳中向好的一年。甘肃省 2018 年 GDP 总量达 8246.1 亿元,比 2017 年增长 6.3%。三次产业结构为 11.2∶33.9∶54.9,第三产业增加值占生产总值的比重比上年提高 1.6 个百分点。2018 年末甘肃省常住人口为 2637.26 万人,按照省第十三次党代会和省委的各项决策部署,紧紧依靠全省各族人民,较好完成了省十三届人大一次会议确定的各项任务,朝着建设幸福美好新甘肃的目标迈出了坚实步伐。

2018 年,甘肃省综合经济竞争力指数为 0.04476,居于全国第 32 位,比上年前进一位。但是仍处于全国靠后的位置;在宜居城市竞争力方面,甘肃省位于全国第 18 位,取得了较明显的进步,好于甘肃综合城市竞争力排名。在可持续竞争力方面,甘肃省位于全国第 28 位,且方差较小。在甘肃省内,综合经济竞争力前 3 名城市为兰州、天水、武威,全国排名分别为 79、228、240;宜居竞争力前 3 名城市为嘉峪关、酒泉、兰州,全国排名分别为 71、85、96;宜商竞争力前 3 名城市为兰州、嘉峪关、天水,全国排名分别为 25、171、177;可持续竞争力前 3 名城市为兰州、酒泉、嘉峪关,全国排名分别为 69、116、160。可以看出,兰州作为河南省的省会城市,其在各方面均具有领先的地位,天水因其处于关中城市群之中,在部分方面也在甘肃省内名列前茅。嘉峪关和酒泉都有其城市的特殊定位,在国内知名度较高,部分成绩也较好,其余的城市均没有明显的过人之处。

表16—6 2018年甘肃省省情信息

土地面积	45.37万平方千米
常住人口	2637.26万人
城镇人口占常住人口比重	47.69%
GDP总量及增长率	8246.1亿元，6.3%
一、二、三产占GDP比重	11.2∶33.9∶54.9

资料来源：2019年甘肃省国民经济和社会发展统计公报。

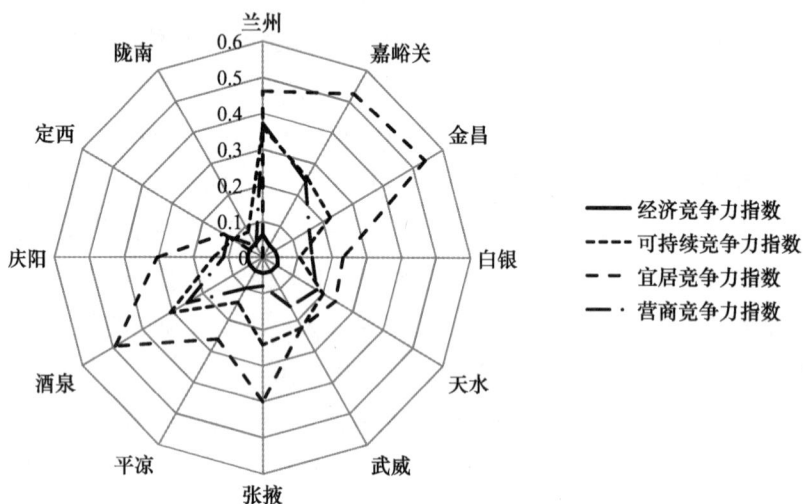

图16—2 2018年甘肃省城市竞争力雷达图

资料来源：中国社会科学院城市与竞争力指数数据库。

二 都市圈的现状与条件：甘肃省内没有形成较大的城市圈，甘肃东部部分城市融入关中城市群发展，兰州的城市圈发展建设亟待解决

目前甘肃省内还没有形成真正规模上的都市圈，其中一部分原因是甘肃的地形狭长，山地较多，各地区的文化，经济上面的发展差距较大。并且各个地市之间的距离较远。以省会兰州市为例，兰州市依河而建，呈狭长型发展，向两边扩展的幅度有限，兰州市的发展扩大尚且存在着部分问题，更不用说都市圈的发展了。所以当下甘肃省内的都市圈的建设就成为引领甘肃发展的重要问题之一。另外，甘肃东部靠近陕西省的几个城市被划归关中城市群之中，以西安为中心带动了天水、庆阳等城市的发展，2018 年，兰州市在经济竞争力、宜居竞争力、可持续竞争力、宜商竞争力四个方面排名依次为 98、69、96、98，都处在前 100 名以内。在省会城市内的排名靠后，天水市在经济竞争力、宜居竞争力、可持续竞争力、宜商竞争力四个方面排名依次为 228、220、248、177，虽然总体来看排名靠后，但是同甘肃省内其他城市相比，天水市的发展状况仍在前列。虽然甘肃省的发展状况仍不太理想，但是仍有一些成绩比较亮眼。例如兰州市的对外联系排名 26，对于一个处于西北内陆的城市来说这样的成绩非常优秀，再比如武威市的公平包容和谐城市单项排名中取得了第 7 名的成绩，在安全的社会环境方面排名第 4，同省的定西市排名第 6。基础设施上，嘉峪关市排名第 3。这一系列数据都显示出甘肃省内城市的发展取得的成就。

三　都市圈问题与劣势：省内缺乏带动经济的龙头城市，集群效应仍显不足，较差的生态环境成为高质量发展的短板，可持续发展的竞争力较差

目前甘肃省内综合成绩最好的城市就是兰州市。2018 年，兰州市在经济竞争力、宜居竞争力、可持续竞争力、宜商竞争力四个方面排名依次为 98、69、96、98，都处在前 100 名以内。这个成绩放到中东部城市，只能属于二线甚至三线城市的水平，但在甘肃省内却是不可撼动的省内老大的位置。兰州市缺乏特色产业，产业结构单一，经济活力不足，不能起到带动甘肃发展的作用。所以对于甘肃省来说，缺乏一个带动全省发展的“龙头”成为制约甘肃都市圈发展的一大原因。另外甘肃省发展的问题还存在于以下方面：

第一，甘肃省各城市知识、生态城市竞争力较弱。在宜商城市竞争力方面，除兰州排在全国第 31 位外，其余 11 个城市里有 8 个位于全国200 位之后，可见创新驱动特征仍然不足。在生态城市竞争力方面，除酒泉、庆阳两个城市排在全国前 100 位外，其余 10 个城市中有一半位于全国 200 位之后，可见甘肃省生态环境保护方面仍需加强。总体而言，甘肃由于地处我国西北地区，经济发展较为落后，目前甘肃省提升经济总量快速发展，积极坚持精准扶贫精准脱贫方略，扎实推进脱贫攻坚工作，提升人民生活水平仍是当务之急。

第二，甘肃省各城市综合经济竞争力偏低，提升城市整体经济实力仍是首要任务。甘肃省在城市综合经济竞争力方面整体上排我国最后一位，除省会兰州外其他11个城市均排在我国230位之后，可见甘肃省城市普遍问题在于经济实力较差，因此提升各城市经济实力仍是当务之急。

第三，甘肃省各城市可持续竞争力均较差，经济发展的持久动力不足。在甘肃省除了兰州市排名69位之外，有六个城市排名在200名之后，其余城市均在100名之后。相比于2017年均有了不同程度的下降，以兰州为例，2017年排名56，2018年排名69，下降了13位，武威更是从199名下降到222名。所以对于甘肃来说，寻找新动能，增强可持续发展的能力是当下亟待解决重要问题。

四 都市圈现象与规律：地理区位环境的限制制约了甘肃城市的发展，要实现可持续发展所面临的压力较大，未来急需找到发展的新动能

首先，甘肃省各城市经济发展较为落后，综合城市竞争力较差。可持续竞争力和宜居城市竞争力好于综合城市竞争力。2018年甘肃省综合城市竞争力全国排名倒数第2位，除省会城市兰州外，其余11个城市均排名靠后。综合增量竞争力与综合效率竞争力表现与综合城市竞争力大致相同。在宜居城市竞争力方面，甘肃省位于全国第25位，好于甘肃综合城市竞争力排名。在可持续竞争力方面，甘肃省位于全国第28位。宜居、可持续方面城市竞争力要好于综合城市竞争力，这说明甘肃省各城市未来仍有较大的竞争力发展空间。

其次，甘肃省各城市可持续竞争力排位比较落后，城市整体可持续经济效率低。可持续城市竞争力方面，省会兰州排在全国第56位，其余11个城市中，全国排名200位之后的甘肃省占5席。说明城市可持续竞争力方面，甘肃省各城市比较落后，长期持续的增长能力不高，生活质量和社会福利较差。

最后，在安全的社会环境方面甘肃省的工作值得肯定。全省共有8个城市位列前100位，没有城市在200名之外，武威和定西更是分列为第4名和第6名。说明甘肃在宜居城市的营造上应该更加注重经济的发展和教育、生态等方面的不断完善，保持住已经取得的成就，提高甘肃地区的宜居度。

表 16—7　　　　　　2018 年甘肃省各城市综合经济竞争力指数排名

城市	综合经济竞争力		综合增量竞争力		综合效率竞争力		宜商城市	当地要素	当地需求	软件环境	硬件环境	全球联系
	指数	排名	指数	排名	指数	排名	排名	排名	排名	排名	排名	排名
兰州	0.064	98	0.125	79	0.006	122	91	25	97	286	160	26
嘉峪关	0.039	280	0.024	281	0.002	207	183	171	233	170	156	117
金昌	0.040	278	0.030	274	0.001	255	258	228	199	281	219	72
白银	0.042	273	0.039	267	0.000	276	264	241	259	237	206	150
天水	0.046	239	0.056	228	0.000	272	240	177	260	155	250	169
武威	0.045	250	0.052	240	0.000	282	255	225	273	97	214	282
张掖	0.044	259	0.047	254	0.000	285	283	215	286	201	267	279
平凉	0.043	271	0.042	263	0.000	279	282	248	268	179	248	273
酒泉	0.043	272	0.042	261	0.000	292	176	217	172	23	204	263
庆阳	0.044	256	0.047	253	0.000	273	278	174	248	240	251	269
定西	0.044	260	0.047	252	0.000	292	276	234	274	230	152	280
陇南	0.044	261	0.047	255	0.000	291	287	247	275	265	263	281

资料来源：中国社会科学院城市与竞争力指数数据库。

表 16—8　　　　　　2018 年甘肃省各城市可持续竞争力指数排名

城市	可持续竞争力		创新驱动知识城市	公平包容和谐城市	环境友好生态城市	多元一本文化城市	城乡一体全域城市	开放便捷信息城市
	指数	排名	排名	排名	排名	排名	排名	排名
兰州	0.360	69	27	271	114	51	206	59
嘉峪关	0.257	160	235	119	217	218	45	58
金昌	0.226	195	239	197	214	212	72	65
白银	0.106	276	261	173	264	284	221	165
天水	0.199	220	169	191	227	143	280	204
武威	0.223	199	259	7	230	162	257	283
张掖	0.248	171	170	172	188	71	137	274
平凉	0.143	261	277	63	238	259	263	270

续表

城市	可持续 竞争力		创新驱动 知识城市	公平包容 和谐城市	环境友好 生态城市	多元一本 文化城市	城乡一体 全域城市	开放便捷 信息城市
	指数	排名	排名	排名	排名	排名	排名	排名
酒泉	0.306	116	229	34	83	127	86	217
庆阳	0.142	262	201	235	242	145	282	276
定西	0.100	280	287	135	234	265	284	286
陇南	0.083	282	286	251	232	232	286	282

资料来源：中国社会科学院城市与竞争力指数数据库。

表16—9　　　　　2018年甘肃省各城市宜居竞争力指数排名

城市	宜居竞争力		优质的 教育 环境	健康的 医疗 环境	安全的 社会 环境	绿色的 生态 环境	舒适的 居住 环境	便捷的 基础 设施	活跃的 经济 环境
	指数	排名	排名	排名	排名	排名	排名	排名	排名
兰州	0.462	96	35	27	283	167	222	246	104
嘉峪关	0.526	71	174	147	251	76	40	3	62
金昌	0.540	63	108	162	151	114	95	33	73
白银	0.231	228	168	254	79	180	183	122	218
天水	0.241	219	248	150	31	69	247	129	265
武威	0.223	231	284	186	4	156	163	130	255
张掖	0.400	122	95	104	46	86	236	51	272
平凉	0.261	210	251	149	19	106	256	97	254
酒泉	0.492	85	199	118	20	115	181	83	98
庆阳	0.303	187	231	242	130	82	88	43	217
定西	0.131	268	269	271	6	181	287	59	281
陇南	0.000	288	266	266	92	150	232	275	280

资料来源：中国社会科学院城市与竞争力指数数据库。

表 16—10　　　　　2018 年甘肃省各城市宜商竞争力指数排名

城市	宜商竞争力		当地要素	当地需求	软件环境	硬件环境	对外联系
	指数	排名	排名	排名	排名	排名	排名
兰州	0.373	91	25	97	286	160	26
嘉峪关	0.246	183	171	233	170	156	117
金昌	0.154	258	228	199	281	219	72
白银	0.142	264	241	259	237	206	150
天水	0.179	240	177	260	155	250	169
武威	0.157	255	225	273	97	214	282
张掖	0.079	283	215	286	201	267	279
平凉	0.099	282	248	268	179	248	273
酒泉	0.252	176	217	172	23	204	263
庆阳	0.114	278	174	248	240	251	269
定西	0.117	276	234	274	230	152	280
陇南	0.038	287	247	275	265	263	281

资料来源：中国社会科学院城市与竞争力指数数据库。

五　趋势与展望：加快兰州甘肃中心城市的发展，引领建设新的兰州城市圈

从未来甘肃省的发展建设来看，未来兰州的建设将成为引领甘肃都市圈建设的核心。要以"规划同筹、交通同网、设施同布、生态同建、环境同治"为导向，通过拓展新的城市空间，推进公共设施、基础设施和生态修复的现代化。未来兰州市将发挥对全省创新驱动、转型升级的核心引领作用，实现资源型经济成功转型，实现城乡一体化，扭转单中心的空间结构，改善环境质量，提高综合竞争力、文化影响力和辐射带动力，推动甘肃省经济高质量发展。2019 年甘肃省经济社会发展的主要预期目标是：实现 85 万以上贫困人口脱贫，贫困发生率降到 1.3%，29 个片区县、1 个插花县摘帽；单位生产总值能耗和主要污染物排放完成国家下达的控制目标；十大生态产业增加值占生产总值比重有较大提升。在此基础上，生产总值增长 6% 左右；固定资产投资增长 6% 左右；社会消费品零售总额增长 8%；一般公共预算收入同口径增长 6%；城乡居民人均可支配收入分别增长 7% 左右和 8% 左右；城镇新增就业 38 万人，城

镇登记失业率控制在 4% 以内；居民消费价格指数涨幅控制在 3% 以内。

第三节　中国城市竞争力（内蒙古自治区）报告

一　内蒙古自治区竞争力分析

内蒙古自治区，简称"内蒙古"，地处欧亚大陆内部，我国北部边疆。内蒙古横跨中国东北、华北、西北三大地区，邻接 8 个省区，是中国邻省较多的省级行政区之一。首府为呼和浩特，现自治区下辖呼和浩特等 9 个地级市，兴安等 3 个盟，另有满洲里、二连浩特 2 个计划单列市，52 个旗，17 个县，11 个盟辖县级市以及 23 个市辖区。内蒙古资源储量丰富，有"东林西矿、南农北牧"之称，草原、森林和人均耕地面积居全中国第一，也是中国最大的草原牧区，同时其稀土金属储量居世界首位。内蒙古同时还是中国大陆 6 个步入高收入阶段和工业化后期阶段发展水平较高的省级单位之一。经初步核算，2018 年全年 GDP 为17289.2 亿元，地区生产总值增长 5.3%，一般公共预算收入增长 9.1%，城乡常住居民人均可支配收入分别增长 7.4% 和 9.7%。人口城市化率不断提高，收入水平稳步提升。第一、二、三产业对生产总值增长的贡献率分别为 10.2%、14.6%、75.2%。第三产业对生产总值增长的贡献率较之上年 47.2% 得到大幅提升，第三产业的贡献显著增大。2018 年，内蒙古自治区综合经济竞争力指数的均值为 0.05561，居全国第 23 位，比上一年前进两位，综合竞争力指数的方差较小，说明内蒙古各城市的竞争力总体来说差距较小。在宜居城市方面，内蒙古整体排在我国 11 位，处于我国上游水平，比上年前进三位，但是宜居方面各城市之间数据方差很大，说明内蒙古各城市宜居能力差异较大。包头、呼和浩特、鄂尔多斯均位于排名前 40 位，但是赤峰、乌兰察布、巴彦淖尔表现较差，位于我国宜居城市排名 200 名之后。在内蒙古自治区内，综合经济竞争力前3 名城市为鄂尔多斯、呼和浩特、包头，全国排名分别为 54、70、86；宜居竞争力前 3 名城市为包头、呼和浩特、鄂尔多斯，全国排名分别为 24、30、36；宜商竞争力前 3 名城市为呼和浩特、包头、鄂尔多斯，全国排名分别为 63、118、119；可持续竞争力前 3 名城市为呼和浩特、鄂尔多斯、呼伦贝尔，全国排名分别为 45、72、96。可以看出，在内蒙古自治区内部前三位的城市基本稳定在呼市，鄂尔多斯和包头市，并且这三座城市之间的差距并不大，发展比较均衡。

表 16—11　　　　　　　　2018 年内蒙古自治区区情信息

土地面积	118.3 万平方千米
常住人口	2534 万人
城镇人口占常住人口比重	62.7%
GDP 总量及增长率	17289.2 亿元，5.3%
一、二、三产占 GDP 比重	10.1∶39.4∶50.5

资料来源：内蒙古自治区 2019 年国民经济和社会发展统计公报。

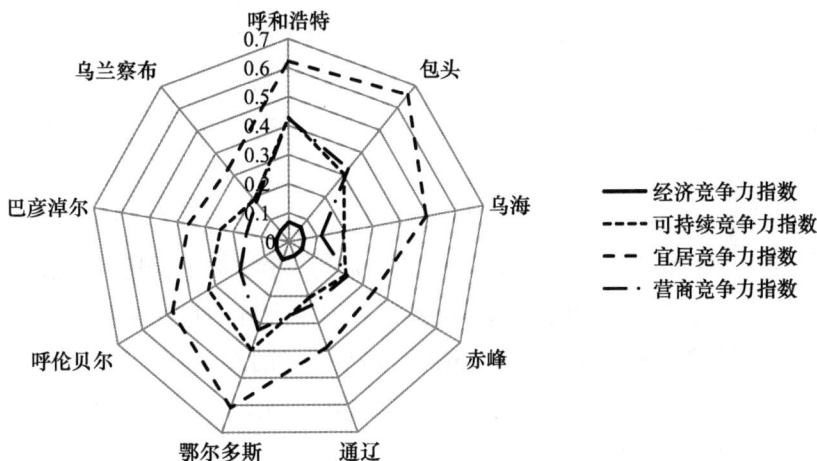

图 16—3　2018 年内蒙古自治区城市竞争力雷达图

资料来源：中国社会科学院城市与竞争力指数数据库。

二　现状与条件：大型城市圈没有真正意义上形成，城市间的差距大，呼和浩特，鄂尔多斯的发展实现了新的成就

目前内蒙古自治区内还没有形成真正规模上的都市圈，绝大部分的原因是内蒙古自治区区域面积大，人口较少，各城市之间的地理位置比较远，难以形成彼此联系的城市群整体，所以目前在内蒙古自治区内部还没有形成具有规模的城市圈。仅仅形成了三个相对独立的大城市。所以当下内蒙古自治区内的都市圈的建设就成为引领内蒙古发展的重要问题之一。2018 年城市综合经济竞争力与上年相比上升两位。2018 年内蒙古综合经济竞争力和可持续竞争力均排在全国第 27 位。比上一年下降两位，由此可见内蒙古的城市竞争力近年出现下降。内蒙古自治区内各个城市的宜居城市竞争力差距仍然较大。内蒙古自治区内部城市之间的差距仍然较大，发展的不平衡仍然凸显。在宜居城市竞争力方面，2018 年内蒙古包头、呼和浩特、鄂尔多斯均位于全国排名前 40 位，但是赤峰、乌兰察布、巴彦淖尔位于我国宜居城市排名 200 之后。40 位到 110 位之间内蒙古城市完全缺位，由此可见内蒙古各个城市的宜居城市竞争力差距仍然明显。

三 都市圈的问题与劣势：内蒙古城市对于能源的依赖性较大，可持续发展和对外联系的程度不够，省内二线城市的发展遇到了问题

首先，省内一系列依赖资源能源发展的城市在可持续增长方面的排名提升，但是仍然和最好排名具有差距。以鄂尔多斯为例，2018 年的排名为 72，比 2017 年提升了 10 名，与其当年在全国排名 50 左右还有 20 名左右的差距。此类城市面临着经济结构转型的问题，伴随着经济的不断发展和产业类型不断增多，此类城市面临着产业结构不合理、生态环境遭到人为破坏等一系列问题。从位次相对去年上升的情况来看，内蒙古加快产业转型升级取得了一定的成绩，但是未来的发展形势仍不容乐观。

其次，以乌海、包头为代表的内蒙古第二梯队城市可持续城市竞争力仍在滑落，包头和乌海已经位于我国可持续竞争力水平全国城市排名的中下游水平，其他各城市也未呈现出明显的超越迹象。内蒙古全省各市整体在综合效率竞争力方面排名较低，对外联系的程度不够。在这两项指标中，均有一半左右的城市排名在 200 名之外。可见内蒙古在经济发展的过程中存在着效率低下，对外联系程度不够的现象。对比 2017 年的数据，各城市在排名上有细微的上升，但整体上仍然处于全国垫底的位置。

四 都市圈的现象与规律：以鄂尔多斯和呼和浩特两大城市为引领，促进全区在各方面的追赶发展

呼和浩特和鄂尔多斯这两个城市各方面排位均很接近，在可持续竞

争力的排名上均很靠前，具有较大的发展潜力。内蒙古有三个城市的可持续竞争力排名在前100名。但是首府呼市的可持续增长竞争力出现下滑，鄂尔多斯市的排名前进近20名，两市差距逐步减小。省内其他城市与这两个城市的差距明显，但差距呈现出逐步减小的差距。内蒙古自治区整体城市宜居竞争力排名较高，在社会环境和生态环境等指标上排名靠前。其中有5个城市在宜居竞争力排行上面位居全国前100名，所有地区的排名均在前180名，说明内蒙古自治区在城市宜居方面取得了较大的成就

表16—12　　2018年内蒙古自治区各城市综合经济竞争力指数排名

城市	综合经济竞争力		综合增量竞争力		综合效率竞争力		宜商城市	当地要素	当地需求	软件环境	硬件环境	全球联系
	指数	排名	指数	排名	指数	排名	排名	排名	排名	排名	排名	排名
呼和浩特	0.068	85	0.135	70	0.008	93	63	66	54	233	14	112
包头	0.065	95	0.121	86	0.007	107	118	168	49	222	23	192
乌海	0.054	162	0.041	264	0.015	56	277	223	157	270	235	257
赤峰	0.053	172	0.093	131	0.001	262	192	267	144	29	224	199
通辽	0.052	184	0.084	154	0.001	229	195	209	160	154	116	246
鄂尔多斯	0.066	93	0.156	54	0.003	167	119	249	59	126	25	197
呼伦贝尔	0.051	203	0.081	160	0.000	286	226	256	139	141	167	244
巴彦淖尔	0.045	249	0.053	236	0.000	271	259	277	239	165	253	100
乌兰察布	0.046	235	0.058	225	0.000	268	238	240	222	160	133	271

资料来源：中国社会科学院城市与竞争力指数数据库。

表16—13　　2018年内蒙古自治区各城市可持续竞争力指数排名

城市	可持续竞争力		创新驱动知识城市	公平包容和谐城市	环境友好生态城市	多元一本文化城市	城乡一体全域城市	开放便捷信息城市
	指数	排名	排名	排名	排名	排名	排名	排名
呼和浩特	0.431	45	51	204	16	42	78	113
包头	0.303	119	78	145	167	148	93	115
乌海	0.196	224	226	202	218	230	37	148
赤峰	0.231	187	191	49	123	250	172	220

续表

城市	可持续 竞争力		创新驱动 知识城市	公平包容 和谐城市	环境友好 生态城市	多元一本 文化城市	城乡一体 全域城市	开放便捷 信息城市
	指数	排名	排名	排名	排名	排名	排名	排名
通辽	0.205	214	108	108	205	226	208	243
鄂尔多斯	0.356	72	227	101	3	166	4	184
呼伦贝尔	0.327	96	206	20	29	187	114	207
巴彦淖尔	0.244	175	242	100	141	246	97	101
乌兰察布	0.189	236	193	116	151	242	107	278

资料来源：中国社会科学院城市与竞争力指数数据库。

表16—14　　　2018年内蒙古自治区各城市宜居竞争力指数排名

城市	宜居竞争力		优质的 教育 环境	健康的 医疗 环境	安全的 社会 环境	绿色的 生态 环境	舒适的 居住 环境	便捷的 基础 设施	活跃的 经济 环境
	指数	排名	排名	排名	排名	排名	排名	排名	排名
呼和浩特	0.623	30	21	21	190	163	199	257	32
包头	0.658	24	53	38	123	148	84	198	31
乌海	0.494	84	221	182	145	209	43	4	46
赤峰	0.346	157	133	163	117	125	255	108	165
通辽	0.387	130	85	207	170	102	167	90	164
鄂尔多斯	0.609	36	104	138	186	32	126	58	29
呼伦贝尔	0.476	91	129	127	81	99	282	11	130
巴彦淖尔	0.359	146	222	187	77	138	213	2	192
乌兰察布	0.331	171	267	283	25	78	59	47	186

资料来源：中国社会科学院城市与竞争力指数数据库。

表16—15　　　2018年内蒙古自治区各城市宜商竞争力指数排名

城市	宜商竞争力		当地要素	当地需求	软件环境	硬件环境	对外联系
	指数	排名	排名	排名	排名	排名	排名
呼和浩特	0.425	63	66	54	233	14	112
包头	0.327	118	168	49	222	23	192

城市	宜商竞争力		当地要素	当地需求	软件环境	硬件环境	对外联系
	指数	排名	排名	排名	排名	排名	排名
乌海	0.116	277	223	157	270	235	257
赤峰	0.238	192	267	144	29	224	199
通辽	0.233	195	209	160	154	116	246
鄂尔多斯	0.323	119	249	59	126	25	197
呼伦贝尔	0.199	226	256	139	141	167	244
巴彦淖尔	0.153	259	277	239	165	253	100
乌兰察布	0.179	238	240	222	160	133	271

资料来源:中国社会科学院城市与竞争力指数数据库。

五 都市圈的趋势与展望:以鄂尔多斯为标准加快进行全区经济转型发展,实现绿色可持续发展

作为著名的资源型城市,近年来,鄂尔多斯市城市建设和城市转型不断加快,城市面貌有了显著改善,商业和经济模式在快速升级。但是不可避免的是鄂尔多斯市仍然面临着一系列"资源后遗症"亟待解决。鄂尔多斯这些年经济转型的经验也为整个内蒙古自治区的转型发展提供了宝贵的经验。今年内蒙古自治区发展的主要预期目标是:地区生产总值增长6%左右;居民消费价格涨幅3%左右;城乡常住居民人均可支配收入分别增长7%左右和8%左右;城镇新增就业22万人以上,城镇调查失业率和登记失业率分别控制在5.5%左右和4.5%以内;完成国家下达的年度节能减排任务目标。未来的内蒙古,发展仍是第一要义,突出抓重点、补短板、强弱项,特别是要坚决打好防范化解重大风险攻坚战、精准脱贫攻坚战、污染防治攻坚战,把政府债务率降到合理水平,守住不发生系统性风险的底线;国家现行标准下农村牧区贫困人口全部脱贫,贫困旗县全部摘帽;主要污染物排放总量大幅减少,生态环境持续改善。要以供给侧结构性改革为主线,统筹推进稳增长、促改革、调结构、惠民生、防风险各项工作,深化改革开放,推动质量变革、效率变革、动力变革。加快建设实体经济、科技创新、现代金融、人力资源协同发展的产业体系,强化制度保障,建设现代化经济体系。在全面建成小康社会的基础上，乘势而上，开启全面建设现代化新征程，推动经济社会更高水平、更高质量发展。加快做大做强鄂尔多斯，呼和浩特和包头三大城市，争取形成内蒙古自治区的三大都市圈，共同促进内蒙古自治区城市圈的发展。

第四节 中国城市竞争力(青海省)报告

一 全省城市竞争力概况

2018 年，青海省综合经济竞争力和宜商城市竞争力处于全国中游偏下水平，宜居城市竞争力处于全国中游偏上水平，可持续竞争力处于全国中游水平，其中知识城市竞争力跻身全国前列，但生态城市竞争力依然存在明显差距。总的来看，青海经济保持稳中向好的发展态势。在产业结构方面，三次产业比例由 2017 年的 9∶44.7∶46.3 调整为 2018 年的 9.4∶43.5∶47.1，第三产业占比进一步提升，产业结构更趋优化。需求结构方面，投资仍然是青海经济增长的重要驱动力，2018 年全省固定资产投资比上年增长 7.3%，高于 GDP 增长率，其中工业投资增长 19.8%，基础设施投资增长 12.4%。要素结构方面，科技要素有所集聚，2018 年全省取得省部级以上科技成果 518 项，比上年增加 8 项。专利授权 2664 件，比上年增加 1084 件，其中发明专利授权 295 件，增加 55 件。总体来看，青海省还处于要素驱动的发展阶段，生态环境等短板对经济社会发展的制约明显，未来必须加快推进新旧动能转换，走生态优先的绿色发展之路。

表 16—16 　　　　　　　　　2018 年青海省省情信息

土地面积	72.1 万平方公里
常住人口	603.23 万人
城镇化率	54.47%
GDP 总量及增长率	2865.23 亿元，7.2%
一、二、三产占 GDP 比重	9.4%、43.5%、47.1%

资料来源：2018 年青海省国民经济和社会发展统计公报。

2018 年青海省城市竞争力总体上呈现以下特征：

第一，综合经济竞争力仍然处于全国中游偏下水平。2018 年，青海综合经济竞争力指数均值为 0.056，在全国除西藏外的省级行政区域中排名第 24 位，与上年持平。在两个分项中，综合效率竞争力表现更好，地均 GDP 排名全国第 22 位，在西北地区仅次于新疆。

第二，可持续竞争力分化明显，折射出青海城市可持续发展最大的优势和短板。2018 年，青海可持续竞争力指数均值为 0.287，在全国除西藏和台湾外的省级行政区域中排名第 18 位。从分项表现来看，知识城市竞争力跻身全国前 10 位，但生态、全域城市竞争力排名靠后，特别是生态城市竞争力仅排在第 30 位，其他各项竞争力均处于中游水平。这集中体现了青海城市可持续发展格局中最突出的特点是创新发展潜力巨大、生态约束形势严峻。

第三，优质的教育环境和健康的医疗环境引领宜居竞争力进入全国中游偏上水平。2018 年青海宜居城市竞争力指数均值为 0.449，在全国除西藏和台湾外的省级行政区域中排名第 14 位，较上年上升了 3 位。2018 年，青海推行了现代医院管理制度，控辍保学工作走在全国前列，义务教育巩固率 96.9%，比上年提高 2.6 个百分点，健康的医疗环境、优质的教育环境分别位列全国第 2 位、第 7 位，成为提升青海宜居城市竞争力的主要动力。

第四，软件环境不佳制约宜商城市竞争力提升。2018 年青海宜商城市竞争力指数均值为 0.255，在全国除西藏和台湾外的省级行政区域中排名第 23 位，处于中游偏下水平。实际上，青海宜商城市竞争力分项指标大多处于全国中游水平，但由于开办企业便利度较差，软件环境在全国垫底，成为制约青海宜商城市竞争力的主要因素。

二　中心城市的现状与条件：城市综合经济竞争力稳步提升

近三年，青海中心城市西宁的城市综合经济竞争力稳步提升，2018 年进入了全国前 150 位，经济发展保持良好势头。综合增量竞争力和综合效率竞争力表现均衡，规模增长与效率优化同步发力。2018 年，西宁市全年完成地区生产总值 1286.41 亿元，增长 9.0%，特别是第三产业增加值增长 9.4%，对 GDP 贡献率达到 50.25%。

表16—17　　　　　2018年青海省各城市综合经济竞争力及其分项

城市	经济竞争力		综合增量竞争力		综合效率竞争力	
	指数	排名	指数	排名	指数	排名
西宁	0.056	149	0.081	159	0.005	129

资料来源：中国社会科学院城市与竞争力指数数据库。

三　中心城市的现象与规律：优质的教育环境与知识城市竞争力良性互动

实践表明，优质的教育环境不仅是宜居城市竞争力的重要体现，也与知识城市竞争力互为支撑。2018年，西宁的教育环境进入全国前50位，其中，中学指数跻身全国前10位，大学指数、每百人公共图书馆藏书量均排名靠前。良好的教育资源集聚推动西宁科研人员指数表现突出，排名全国第26位，进而带动西宁知识城市竞争力在其可持续竞争力各分项中表现最佳，知识经济和创新驱动为西宁可持续发展提供了不竭动力。2018年，西宁高技术产业工业增加值增长32.8%，占规模以上工业增加值的18.6%，比重较上年提高了2.8个百分点。

表16—18　　　　　2018年青海省各城市宜居竞争力及其分项

城市	宜居竞争力		优质的教育环境	健康的医疗环境	安全的社会环境	绿色的生态环境	舒适的居住环境	便捷的基础设施	活跃的经济环境
	指数	排名	排名	排名	排名	排名	排名	排名	排名
西宁	0.449	100	49	10	175	175	238	269	160

资料来源：中国社会科学院城市与竞争力指数数据库。

四　中心城市的问题与劣势：城市竞争力依然是主要短板

西宁的可持续竞争力排名全国第137位，较上年提升了9位。生态城市竞争力虽然也有相应提升，但排名依然靠后，成为制约可持续发展的主要短板。具体来看，人均绿地面积在西北地区省会（首府）城市中表现最差，特别是单位GDP二氧化硫排放量较高，单项指标排在全国250位之后，反映了青海产业层次落后与环境约束加剧的突出矛盾，实现绿色转型依然任重而道远。

表16—19 　　　　2018年青海省各城市可持续竞争力及其分项

城市	可持续竞争力		知识城市竞争力	和谐城市竞争力	生态城市竞争力	文化城市竞争力	全域城市竞争力	信息城市竞争力
	指数	排名	排名	排名	排名	排名	排名	排名
西宁	0.287	137	70	148	225	100	189	146

资料来源：中国社会科学院城市与竞争力指数数据库。

五　中心城市的趋势与展望：可持续竞争力优于综合经济竞争力，机遇与挑战并存

近三年来，西宁的可持续竞争力连续优于综合经济竞争力，为其综合经济竞争力的稳步提升提供了后发优势的支撑，特别是知识城市竞争力和文化城市竞争力均跻身全国百强行列。与此同时，还有一些制约因素给西宁的可持续发展及竞争力提升带来了严峻挑战，除了生态城市竞争力外，开办企业便利度较差拉低了西宁宜商城市竞争力，基础设施不够便捷制约了西宁宜居城市竞争力的进一步提升，这些因素在一定程度上阻碍了高端人才、要素的集聚，为西宁综合经济竞争力的继续提升带来了不确定性，未来必须逐步改善。

表16—20 　　　　2018年青海省各城市宜商竞争力及其分项

城市	宜商城市竞争力		当地要素	当地需求	软件环境	硬件环境	对外联系
	指数	排名	排名	排名	排名	排名	排名
西宁	0.255	174	99	183	272	135	107

资料来源：中国社会科学院城市与竞争力指数数据库。

第五节　中国城市竞争力(宁夏回族自治区)报告

一　全区城市竞争力概况

2018年，宁夏综合经济竞争力、可持续竞争力、宜居城市竞争力和

宜商城市竞争力均处于全国下游水平，虽然整体排名靠后，但宁夏综合经济竞争力较上年有所提升，经济发展保持良好态势。从产业结构来看，宁夏三次产业比例由 2017 年的 7.6：45.8：46.6 调整为 2018 年的 7.6：44.5：47.9，第三产业占比进一步提升；需求结构方面，消费升级步伐加快，居民人均消费支出中服务性消费占比达到 33.1%，较上年提高了 1.5 个百分点；要素结构方面，创新驱动基础薄弱，科技要素培育力度有所增强，国家级高新技术企业增加到 150 家。总体来看，宁夏仍处于要素驱动发展阶段，整体竞争力水平偏低，在知识城市竞争力等方面存在明显不足，未来必须加快转型、补齐短板，着力提升城市竞争力。

表 16—21　　　　　　　　2018 年宁夏回族自治区区情信息

土地面积	6.64 万平方公里
常住人口	681.79 万人
城镇化率	57.98%
GDP 总量及增长率	3705 亿元，7.0%
一、二、三产占 GDP 比重	7.55%、44.54%、47.91%

资料来源：2018 年宁夏回族自治区政府工作报告，宁夏回族自治区统计局。

2018 年宁夏城市竞争力总体上呈现以下特征：

第一，城市发展水平与综合经济竞争力的位次基本一致。综合经济实力是城市发展的基础，用人均 GDP 来衡量城市发展水平，由高到低依次为银川、石嘴山、吴忠、中卫、固原，与城市综合经济竞争力的位次保持一致。2018 年，宁夏城市综合经济竞争力指数均值 0.048，在全国除西藏外的省级行政区域中排名第 29 位，其中首府银川未进入前 100 位，其他 4 个城市均在 200 位开外，表明综合经济实力不强是宁夏城市发展面临的突出问题。

表 16—22　2018 年宁夏回族自治区各城市综合经济竞争力及其分项

城市	经济竞争力		综合增量竞争力		综合效率竞争力	
	指数	排名	指数	排名	指数	排名
银川	0.060	116	0.097	120	0.007	110
石嘴山	0.047	233	0.047	250	0.003	155
吴忠	0.045	251	0.050	242	0.000	265
固原	0.043	268	0.043	259	0.000	283
中卫	0.043	264	0.044	257	0.000	275

资料来源:中国社会科学院城市与竞争力指数数据库。

第二,城市的开放便捷程度是影响可持续竞争力格局的重要因素。经验表明,扩大开放是内陆城市克服区位劣势进而实现可持续发展的重要途径,开放程度也是判断城市可持续竞争力水平的重要标准。从宁夏各城市可持续竞争力及其分项表现来看,衡量开放便捷程度的信息城市竞争力位次排布与可持续竞争力整体格局基本一致。银川的信息城市竞争力跻身全国上游行列,石嘴山、中卫处于全国中游水平,相应地,这三个城市的可持续竞争力排在宁夏前三位,而吴忠、固原的信息城市竞争力与可持续竞争力均排在全国250位开外。

表 16—23　2018 年宁夏回族自治区各城市可持续竞争力及其分项

城市	可持续竞争力		知识城市竞争力	和谐城市竞争力	生态城市竞争力	文化城市竞争力	全域城市竞争力	信息城市竞争力
	指数	排名	排名	排名	排名	排名	排名	排名
银川	0.453	41	57	136	36	36	77	57
石嘴山	0.206	213	256	139	204	245	50	121
吴忠	0.155	257	263	219	162	217	222	256
固原	0.065	284	176	284	243	252	249	285
中卫	0.205	215	246	183	253	109	276	164

资料来源:中国社会科学院城市与竞争力指数数据库。

第三,宜居和宜商城市竞争力均呈现梯度分布格局。相比综合经济竞争力和可持续竞争力，宜居城市竞争力和宜商城市竞争力的梯度分布特征更加明显。除了银川处于全国上游水平外，石嘴山的宜居城市竞争力和中卫的宜商城市竞争力均进入全国中游行列，形成"1+1+3"的梯度分布格局，有利于发挥高、中梯度城市对低梯度城市的接续带动作用，实现更加均衡的区域竞争力格局。

表16—24　　2018年宁夏回族自治区各城市宜居竞争力及其分项

城市	宜居竞争力		优质的教育环境	健康的医疗环境	安全的社会环境	绿色的生态环境	舒适的居住环境	便捷的基础设施	活跃的经济环境
	指数	排名	排名	排名	排名	排名	排名	排名	排名
银川	0.559	53	32	30	225	162	92	240	90
石嘴山	0.359	145	146	180	141	240	7	22	207
吴忠	0.160	261	238	260	149	210	192	53	257
固原	0.181	249	128	275	206	137	244	45	267
中卫	0.213	239	201	273	33	203	210	50	261

资料来源：中国社会科学院城市与竞争力指数数据库。

表16—25　　2018年宁夏回族自治区各城市宜商竞争力及其分项

城市	宜商城市竞争力		当地要素	当地需求	软件环境	硬件环境	对外联系
	指数	排名	排名	排名	排名	排名	排名
银川	0.412	69	45	113	218	96	65
石嘴山	0.145	263	262	269	215	144	184
吴忠	0.106	279	252	277	211	181	267
固原	0.123	274	211	282	225	148	288
中卫	0.249	181	220	281	24	175	154

资料来源：中国社会科学院城市与竞争力指数数据库。

二　中心城市的现状与条件：龙头地位显著，四大竞争力均居全区首位

银川在宁夏的竞争力格局中具有较高的首位度，综合经济竞争力、可持续竞争力、宜居城市竞争力、宜商城市竞争力均居全区首位。特别

是可持续竞争力，跻身全国前 50 位，除了和谐城市竞争力外，其余各分项都进入前 100 位。作为宁夏发展的龙头，银川应充分发挥辐射带动作用，推进宁夏沿黄地区城市协同发展。

三　中心城市的现象与趋势：创新驱动的知识城市竞争力是衡量可持续竞争力水平的重要风向标

对于资源环境约束日益趋紧的西北城市而言，创新驱动是带动产业向中高端迈进，促进经济社会可持续发展的根本出路，知识城市竞争力已经成为衡量其可持续竞争力水平的重要风向标。近三年来，银川知识城市竞争力稳中略降，相应地，可持续竞争力排名也呈现连续小幅下降的态势，最近三年分别排在全国第 38、40、41 位。总体来看，银川知识城市竞争力仍处于全国较好水平，科研人员指数等指标具有一定优势，2018 年申请专利 5765 件，较上年增长 31.9%，未来还需强化产业与研发、人才等高端创新要素的协同，进一步激发知识城市竞争力的引领作用。

四　中心城市的问题与劣势：基础设施建设相对滞后成为制约宜居城市竞争力的主要短板

2018 年银川宜居城市竞争力排在全国第 53 位，较上年大幅提升了 36 位，其中优质的教育环境、健康的医疗环境、舒适的居住环境、活跃的经济环境等四项均进入全国前 100 强。但银川的基础设施条件排名靠后，已难以满足宜居城市竞争力进一步提升的需要。从具体指标来看，建成区每平方公里的排水管道密度在西北地区省会（首府）城市中最低，衡量道路交通拥堵程度的拥堵指数也排在全国 200 位开外，基础设施环境亟待改善。

五　中心城市的趋势与展望：生态城市竞争力有望进一步提升

近年来，银川实施了"生态立市"战略，生态环境质量持续优化，2018 年生态城市竞争力排在全国第 36 位，较上年提升了 18 位，在西北地区城市中表现较为突出，特别是国家级自然保护区数量、人均绿地面积等重要指标均进入了全国前 50 位。2019 年，银川还将大力推动绿色发展，如计划投放 500 辆新能源公交车，促进绿色出行；计划淘汰 5000 吨以上落后产能，着力发展节能环保、清洁能源等"绿色＋"产业。随着这些政策的有效推进和逐步落地，银川的生态城市竞争力有望继续提升。

第六节 中国城市竞争力（新疆维吾尔自治区）报告

一 全区城市竞争力概况

2018 年，新疆综合经济竞争力和宜商城市竞争力总体处于全国下游水平，宜居城市竞争力处于上游水平，可持续城市竞争力均处于中游偏上水平，其中全域城市竞争力表现良好。从产业结构来看，新疆三次产业比例从 2017 年的 15.5∶39.3∶45.2 调整为 2018 年的 13.9∶40.3∶45.8，第二、三产业占比均有上升；需求结构方面，消费保持平稳增长，2018 年社会消费品零售总额 3186.97 亿元，比上年增长 5.2%；要素结构方面，科技要素加快集聚，2018 年高技术制造业增加值较上年快速增长 32.1%。总体来看，新疆的综合经济竞争力还有待提升，必须加快培育新动能，推动经济高质量发展。

表 16—26 　　　　　　　 2018 年新疆维吾尔自治区区情信息

土地面积	166 万平方公里
常住人口	2486.76 万人
城镇人口占常住人口比重	50.91%
GDP 总量及增长率	12199.08 亿元，6.1%
一、二、三产占 GDP 比重	13.9%、40.3%、45.8%

资料来源：2018 年新疆自治区国民经济和社会发展统计公报。

2018 年新疆城市竞争力总体上呈现以下特征：

第一，增长放缓导致综合经济竞争力持续下降。2018 年，新疆综合经济竞争力指数均值为 0.050，在全国除西藏外的省级行政区域中排名第 28 位，较上年下降 1 位，连续第二年出现下滑。其中，克拉玛依仅排在全国第 286 位，在西北地区城市中垫底。2018 年新疆全区生产总值较上年增长 6.1%，较上年下降 1.5 个百分点，也低于全国 6.6% 的水平，增长放缓是新疆综合经济竞争力连续下降的主要原因。

表16—27　2018年新疆维吾尔自治区城市综合经济竞争力及其分项

城市	经济竞争力		综合增量竞争力		综合效率竞争力	
	指数	排名	指数	排名	指数	排名
乌鲁木齐	0.063	105	0.111	97	0.006	116
克拉玛依	0.038	286	0.014	288	0.004	140

资料来源：中国社会科学院城市与竞争力指数数据库。

第二，可持续竞争力在西北地区表现最佳。2018年，新疆可持续竞争力指数均值为0.355，在全国除西藏和台湾外的省级行政区域中排名第11位，较上年提升2位，在西北地区表现最佳，且各分项表现均衡，没有明显短板。其中，全域城市竞争力排名全国第8位，具有一定优势。2018年新疆农村居民人均可支配收入为11975元，较上年实际增长5.9%，增速高出城镇居民1.3个百分点，城乡居民收入差距更趋缩小。

表16—28　2018年新疆维吾尔自治区城市可持续竞争力及其分项

城市	可持续竞争力		知识城市竞争力	和谐城市竞争力	生态城市竞争力	文化城市竞争力	全域城市竞争力	信息城市竞争力
	指数	排名	排名	排名	排名	排名	排名	排名
乌鲁木齐	0.406	53	53	127	119	90	36	46
克拉玛依	0.303	118	215	123	144	215	14	144

资料来源：中国社会科学院城市与竞争力指数数据库。

第三，宜居城市竞争力跻身全国上游行列。2018年，新疆宜居城市竞争力指数均值为0.549，在全国除西藏和台湾外的省级行政区域中排名第8位，连续两年排名上升，跻身全国上游行列，其中优质的教育环境、健康的医疗环境、便捷的基础设施等方面均体现了较好的竞争力。同时，宜居城市竞争力指数的变异系数仅为0.026，为全国最低，表明城市间差距较小，乌鲁木齐和克拉玛依均进入全国前100位。

表 16—29 　　2018 年新疆维吾尔自治区城市宜居竞争力及其分项

城市	宜居竞争力		优质的教育环境	健康的医疗环境	安全的社会环境	绿色的生态环境	舒适的居住环境	便捷的基础设施	活跃的经济环境
	指数	排名	排名	排名	排名	排名	排名	排名	排名
乌鲁木齐	0.539	65	28	2	219	280	226	225	59
克拉玛依	0.559	54	110	141	179	107	208	5	56

　　资料来源：中国社会科学院城市与竞争力指数数据库。

　　第四，地理区位劣势对宜商环境竞争力形成制约。2018 年，新疆宜商城市竞争力指数均值为 0.259，在全国除西藏和台湾外的省级行政区域中排名第 22 位。其中大多数分项位于全国中上游水平，但硬件环境在全国垫底，特别是地理区位劣势凸显。虽然乌鲁木齐的高铁枢纽地位不断强化，但尚不足以完全扭转传统区位劣势，未来须围绕丝绸之路经济带核心区的功能定位，尽快优化覆盖全区的高铁网络，将区位劣势转变为新的发展优势。

表 16—30 　　2018 年新疆维吾尔自治区城市宜商竞争力及其分项

城市	宜商城市竞争力		当地要素	当地需求	软件环境	硬件环境	对外联系
	指数	排名	排名	排名	排名	排名	排名
乌鲁木齐	0.369	94	47	66	125	288	28
克拉玛依	0.148	261	198	182	103	287	238

　　资料来源：中国社会科学院城市与竞争力指数数据库。

二　中心城市的现状与条件：和谐城市竞争力大幅提升助力可持续竞争力持续改善

　　2018 年，乌鲁木齐可持续竞争力排名全国第 53 位，较上年提升了 5 位，全域城市竞争力和信息城市竞争力均进入全国前 50 位。特别是，和谐城市竞争力较上年大幅提升了 106 位，进步明显。2018 年乌鲁木齐大力推进就业、教育、医疗、社保、扶贫、住房等九项惠民工程，民生领域支出占到公共预算支出的 70% 以上，公平包容的和谐城市建设取得积极进展。

三　中心城市的现象与规律：宜居城市竞争力各分项之间分化明显

2018 年，乌鲁木齐宜居城市竞争力排名全国第 65 位，在七个分项中，优质的教育环境、健康的医疗环境、活跃的经济环境处于全国上游水平，特别是健康的医疗环境高居全国第 2 位，每万人拥有的医生数及医院床位数等指标表现突出。其余四项均处于全国 200 位开外的下游水平，特别是绿色的生态环境仅排在全国第 280 位。总的来看，乌鲁木齐宜居城市竞争力的优、劣势分化明显，应着力发挥优势、补齐短板，综合施策建设宜居城市。

四　中心城市的问题与劣势：硬件环境表现不佳是宜商环境竞争力的主要短板

2018 年，乌鲁木齐的宜商城市竞争力排名全国第 94 位，其中当地要素和对外联系两分项进入全国前 50 位。然而，乌鲁木齐的硬件环境仅排在全国倒数第 2 位，除了地理区位等传统劣势外，较高的房价收入比应予关注，空气质量虽然有所改善，但 PM2.5 的年均值仍相对较高。

五　中心城市的规律与展望：综合经济竞争力与可持续竞争力的分化有望收敛

综合经济竞争力反映城市当期的产出和竞争力，可持续竞争力反映城市的投入与未来潜力。乌鲁木齐的可持续竞争力已连续数年优于综合经济竞争力，前者较好的表现意味着后者提升的潜力，但二者却朝相反方向出现分化。2018 年，乌鲁木齐可持续竞争力进一步上升 5 位，但综合经济竞争力却较上年下降了 20 位。这主要是由于，从投入到产出存在一定时滞，竞争力的转换需要一个过程，可以预见，只要坚持新发展理念，继续扎实推动新旧动能转换，乌鲁木齐可持续竞争力的持续改善最终会转化为综合经济竞争力的提升，二者之间的分化趋势会逐渐收敛。

第十七章

中国（粤港澳地区）城市竞争力报告

沈建法　刘成昆　周晓波

第一节　中国城市竞争力（香港）报告

2018 年，在全球贸易保护主义抬头的环境下，世界经济增长出现放缓，受此影响香港经济去年增速为 3.0%，低于上一年的 3.8%。虽然经济增长较去年下滑，但经济亮点仍可圈可点，如失业率创 20 年新低、香港金融市场的新股融资额再次荣膺全球第 1。根据美国传统基金会排名，香港连续 24 年被评选为全球最自由经济体；在瑞士洛桑国际管理发展学院发表的 2018 年世界竞争力排名中，香港高居全球第 2。作为国际和亚太地区最具竞争力的城市之一，香港在金融、贸易、航运及全球离岸人民币业务枢纽等方面发挥着全球影响力。

表 17—1　　　　　　　　香港特别行政区区情信息

土地面积	1106 平方公里
2018 年常住人口	748.25 万人
2018 年 GDP 总量及增长率	28453.17 亿港币，3%

资料来源：中国社会科学院城市与竞争力指数数据库。

一　现状与条件

从总体上来看，在综合经济竞争力方面，香港高居全国第 2 位，仅次于深圳，高于上海。综合竞争力分项表现稍有差异，从综合增量竞争

—— 经济竞争力指数　　----- 宜居竞争力指数
----- 可持续竞争力指数　—— 营商竞争力指数

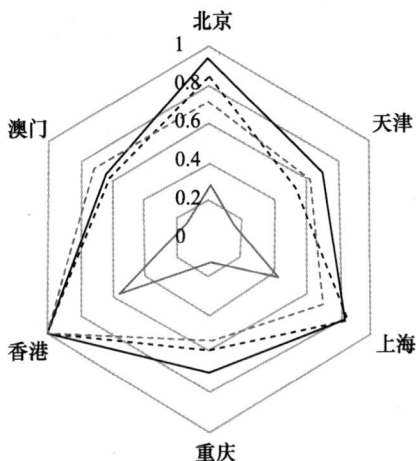

图17—1　香港特别行政区城市竞争力雷达图

资料来源：中国社会科学院城市与竞争力指数数据库。

力分项指数来看，香港在全国整体表现良好，香港的综合增量竞争力指数从去年的0.268降到0.194，较去年的全国第30位下降至第39位。从

—— 综合经济竞争力　—— 综合增量竞争力　----- 综合效率竞争力

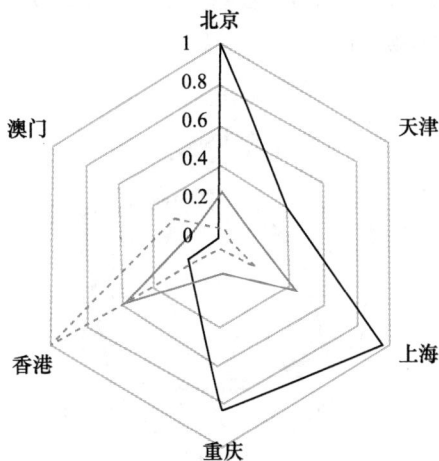

图17—2　香港特别行政区综合经济竞争力分项雷达图

综合效率竞争力分项指数来看，香港表现优异，指数为1，较去年排名上升2位，位居全国第1，这得益于其经济集聚程度高，商业和贸易规则简约便利和良好的专业服务等一系列软硬件支撑体系。

表17—2　　香港特别行政区和代表性城市综合竞争力指数排名

城市	经济竞争力		综合增量竞争力		综合效率竞争力	
	指数	排名	指数	排名	指数	排名
北京	0.259	5	1	1	0.073	16
天津	0.153	16	0.364	13	0.051	22
上海	0.419	3	0.955	2	0.207	4
重庆	0.130	24	0.827	4	0.007	106
香港	0.559	2	0.194	39	1	1
澳门	0.155	14	0.028	276	0.268	3

资料来源：中国社会科学院城市与竞争力指数数据库。

香港在可持续竞争力方面整体领先，排名全国首位。香港经济总量近年保持了整体良好的发展态势。但从结构的视角看，香港在科技创新、产业多元化及转型升级方面所面临的挑战依然较大。为此特区政府加大

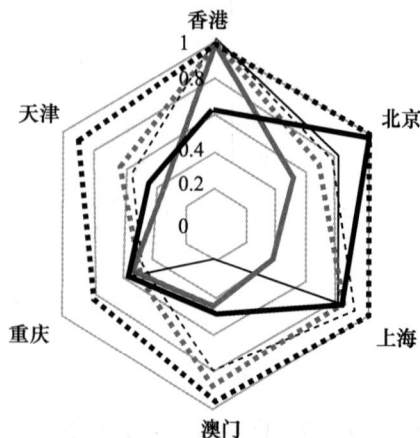

图17—3　香港特别行政区可持续竞争力分项雷达图

了对科技创新的支持力度，致力于为香港未来发展创造一个良好的产业基础和政策环境，夯实香港全国可持续竞争力第1的地位。

表17—3　　香港特别行政区和代表性城市可持续竞争力指数排名

城市	可持续竞争力		知识城市竞争力	和谐城市竞争力	生态城市竞争力	文化城市竞争力	全域城市竞争力	信息城市竞争力
	指数	排名	排名	排名	排名	排名	排名	排名
北京	0.846	2	1	27	17	2	8	4
天津	0.551	17	24	156	82	17	10	21
上海	0.834	3	2	125	7	3	3	2
重庆	0.571	15	9	31	93	35	21	42
香港	1.000	1	6	1	1	1	1	1
澳门	0.627	8	13	90	250	10	2	3

资料来源：中国社会科学院城市与竞争力指数数据

　　如表17—3所示，香港文化城市竞争力整体领先，相比去年第8的位次有较大的上升。高效自由的管理体制使香港文化充满生机活力，同时也吸引全球跨国公司入驻和国际人才的流入，成为东西方文化交流的重要窗口，既保留了中国传统文化，也形成了香港独特的自由开放、多元包容的特色文化。在创建生态城市方面领先内地所有城市，香港居全国第1，较去年提升1位。香港政府近几年竭力打造健康优质的生活环境，推行了连串环境保护政策和措施及各种提高公众环保生活意识的计划，至目前空气质量、水质均有较大幅度改变。知识城市竞争力整体领先，与去年的第5名相比下降一个位次，仅落后于内地北京、上海、深圳等5个城市。香港拥有全球领先的高等教育资源和世界顶级科研机构，具备条件成为国际创新科技中心。全域城市竞争力整体领先，位居全国第1位，较去年提升1位。香港作为一个拥有700多万人口的国际化大都市，背后离不开一系列予以支撑的社会服务机制，如以人为本的公屋制度、社工体系、医疗福利、教育及劳工制度等，这些软环境共同运作实现高密度城市化模式的可持续发展，并有空间进一步提升。信息城市竞争力全国排名第1，与去年保持一致。作为亚太地区的重要航运枢纽，香港航运业发达，海上运输网络通达全球五大洲、三大洋。此外，香港与内地的交通联系日益增强。如港珠澳大桥的开通将为香港与珠江三角洲西岸提供直接道路连接，广深港高速铁路香港段与国家高铁网连接，对推动本港的物流、商务、贸易、旅游发挥重大作用。

香港的宜居竞争力处于全国第一的位置。分项来看，优质的教育环境、健康的医疗环境、绿色的生态环境和活跃的经济环境是香港宜居竞争力处于全国第一的重要原因，而居住环境是香港宜居竞争力提升的短板。与去年相比，香港的社会环境出现较大的改善。随着"明日大屿愿景"与其他土地开发项目的逐步推动，香港房屋和土地供应问题将会有所缓解，长期看有利于改善香港紧张的居住环境。

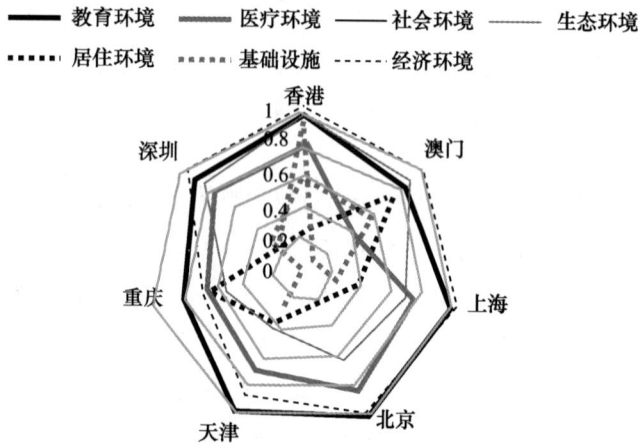

图17—4 香港特别行政区宜居竞争力分项雷达图

表17—4　　香港特别行政区和代表性城市宜居竞争力指数排名

城市	宜居竞争力		优质的教育环境	健康的医疗环境	安全的社会环境	绿色的生态环境	舒适的居住环境	便捷的基础设施	活跃的经济环境
	指数	排名	排名	排名	排名	排名	排名	排名	排名
北京	0.703	13	1	7	216	92	277	230	3
天津	0.607	37	5	37	187	225	264	211	37

城市	宜居竞争力		优质的教育环境	健康的医疗环境	安全的社会环境	绿色的生态环境	舒适的居住环境	便捷的基础设施	活跃的经济环境
	指数	排名	排名	排名	排名	排名	排名	排名	排名
上海	0.703	12	2	23	254	44	258	218	2
重庆	0.538	66	36	45	125	132	114	286	107
香港	1.000	1	3	12	3	1	281	84	4
澳门	0.712	7	25	124	285	4	55	104	5

资料来源：中国社会科学院城市与竞争力指数数据

　　香港的宜商城市竞争力继续领先内地城市，香港的低税环境有利于跨国企业的发展。香港税率低、税种少，国际上有许多机构利用香港的税务优势达到合理避税，在香港成立亚洲总部或区域分公司。在宜商城市竞争力分项中，香港当地要素、软件环境、对外联系和当地需求均位居全国城市前列，凭借着优越的地缘政治位置、自由的经济制度、透明的法制运行，香港不断吸引着国内外企业、资金、人才的聚集。

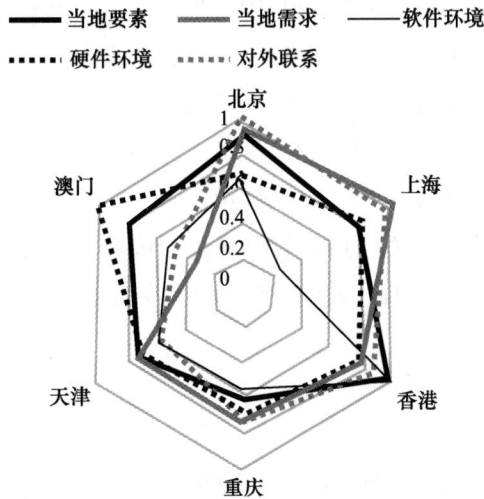

图17—5　香港特别行政区宜商竞争力分项雷达图

表17—5　　　　　香港特别行政区和代表性城市宜商竞争力指数排名

城市	宜商城市竞争力		当地要素	当地需求	软件环境	硬件环境	对外联系
	指数	排名	排名	排名	排名	排名	排名
北京	0.934	2	2	2	88	64	1
天津	0.704	8	11	8	108	50	13
上海	0.833	3	6	1	269	12	2
重庆	0.694	9	30	7	130	62	6
香港	1.000	1	1	5	1	16	3
澳门	0.650	12	5	107	144	1	19

资料来源：中国社会科学院城市与竞争力指数数据

二　问题与劣势

香港经济总量近年保持了良好的发展态势，但从经济结构的视角看，香港在产业多元化及再工业化等方面整体进程仍然缓慢。在创新能力尤其是科技创新、金融科技发展方面也存在短板，特区政府统计处发布的《2017年香港创新活动统计》数据显示，2017年香港本地研发支出占GDP比例仅有0.8%，创新投入不足制约了香港先进产业的发展。在挑战方面，香港同时面临着全球挑战和国内挑战。从全球挑战看，新一轮科技革命的加速进行增大了香港的赶超难度，新经济崛起、传统产业升级缓慢增加了香港的转型难度，全球生产网络和全球价值链重构加剧了香港"再工业化"的不确定性，贸易保护主义抬头和全球化政策遇挫恶化了香港发展的外部环境；从国内挑战看，内地区域和城市崛起改变了香港与内地原有的竞合关系，内地转型升级加快对香港与内地的合作提出了更高的要求，内地全面开放的新格局使得香港作为内地开放窗口的作用相对下降。

三　现象与规律

当前，科技创新和金融科技正在成为提升香港活力和国际竞争力的新的推动力。香港拥有全球领先的高等教育资源和科研机构，战略性新兴产业上市公司数量众多，具备条件成为国际创新科技中心。最近三年，特区政府坚持"有为政府"的执政理念，加大了对科技创新的支持力度，为推动创科产业发展，香港本地研发总开支在本地生产总值中的占比不断提升。香港的本地研发总开支于 2017 年达 212.8 亿元，较 2016 年上升 8%。自 2015 年设立创新及科技局以来，香港的创科生态系统取得了较好的发展。2018 年的特首施政报告上提出要投放 280 亿港元于大学研究、再工业化、公共服务应用科技和加强创科氛围等工作，这些举措有助于为香港未来发展创造一个良好的产业基础和政策环境。

同时，随着世界金融科技的迅猛发展，越来越多的香港金融机构和传统行业开始认识到金融科技的发展潜力，特区政府也意识到金融科技创新对保持香港国际金融中心地位的重要性。过去三年，特区政府积极扮演促成者和推广者的角色，陆续推出了大量有利于金融科技发展的新举措。如 2016 年 3 月成立金融科技促进办公室；2016 年 8 月发出包括阿里、腾讯、Paypal 在内的 13 个储值支付牌照；2016 年 11 月香港应用科技研究院宣布成立金融科技研究院金融科技创新中心；2017 年 9 月香港金融管理局推出"监管沙盒"2.0，通过七大新措施推动金融科技发展；2018 年 9 月金管局开通快速支付系统"转数快"（FPS）；2019 年 3—4 月金管局向四家金融机构授予香港虚拟银行牌照。随着金融科技创新的发展，香港作为全球金融中心的地位有望得到进一步巩固。

四　趋势与展望

展望未来，香港要用好自身优势，抓紧"一带一路"和粤港澳大湾区的机遇，开拓经济的新增长点，同时要进一步增加研发资源，夯实香港的创科基础，提升科技创新对经济发展的引领作用。一是要争做粤港澳大湾区的龙头。加强与内地区域特别是粤港澳大湾区的经济深度融合，努力成为粤港澳大湾区建设的首要参与者、推动者和受益者。在粤港澳大湾区建设中强化与深圳的创新力量融合，积极打造广深港澳科技创新走廊、香港创业创新研究院、港深创新及科技园，促进香港的金融、贸易、信息、专业服务和体制等方面的优势资源与大湾区内资金、技术、人才、商品等要素的对接联动，拓展香港产业发展的新空间。二是继续打造"科技 + 金融"的核心功能。巩固提升香港的传统优势产业，大力推动人工智能、生物医药、先进制造及文化创意产业发展。在金融方面，要进一步提高香港作为离岸人民币主要市场的深度和广度，积极参与

"一带一路"投融资活动，发挥好国内企业和金融机构走出去的中转站作用，同时争取在大湾区国际商业银行、大湾区基金体系、大湾区金融科技以及大湾区创新走廊建设过程中贡献"香港方案""香港智慧"。

第二节 中国城市竞争力（澳门）报告

2018 年澳门的综合经济竞争力位列全国第 14，可持续竞争力名列第 8，宜商城市竞争力排名第 12，宜居城市竞争力排名第 7。2019 年 2 月 18 日《粤港澳大湾区规划纲要》发布，明确澳门作为湾区四大中心城市之一的功能定位。澳门正按规划纲要的要求，积极推进建设世界旅游休闲中心、打造中国与葡语国家商贸合作服务平台，构建以中华文化为主流、多元文化共存的交流合作基地，融入粤港澳大湾区。

澳门是典型的微型城市经济体，2018 年澳门土地面积为 32.9 平方公里，人口 66.74 万人，GDP 约为 4403 亿澳门元，人均 GDP 约为 66.69 万澳门元，GDP 实际增速为 4.7%，比 2017 年（9.7%）下降了 5 个百分点。澳门经济呈现出人均或地均 GDP 高，但经济易于波动的特征。

表 17—6   澳门特别行政区区情信息

	2017	2018
土地（平方公里）	30.8	32.9
人口（万人）	65.31	66.74
GDP（亿澳门元）	4057.9	4403.16
GDP 实际增速（%）	9.7	4.7

资料来源：澳门统计暨普查局。

2018 年澳门经济竞争力指数为 0.155，在全国 294 个地级及以上城市中排名第 14，较 2017 年（第 12）位次下降两位。澳门的综合效率竞争力指数为 0.268，在全国位居第 3，与 2017 年相比下降一位；综合增量竞争力指数为 0.028，在全国名列第 276，比 2017 年上升三位。澳门可持续竞争力指数为 0.627，在全国排名第 8，较 2017 年上升一位。构成可持续竞争力的六个分项指数中，全域、信息、文化和知识城市竞争力的优势十分明显，分列第2、3、10和13；和谐城市竞争力偏上，位居第90，但生态城市竞争力偏后，位列第250。

2018年澳门宜商竞争力指数为0.65，在全国排名第12，其中硬件环境和当地要素表现优异，分列第1和第5，当地需求和软件环境则偏后，分列第107和第144。澳门宜居竞争力指数为0.712，在全国排名第7，其中生态环境和经济环境的优势突出，分列第4和第5；但社会环境偏后，名列第285。

第三节　中国城市竞争力(广东)报告

作为全球制造业基地和中国改革开放的先行地，广东经济实力雄厚，创新活力充沛。2018年广东省GDP总量达97277.77亿元，比2017年增长6.8%，经济总量连续30年位居全国第一。人均生产总值50152元，增长7.2%。2018年末省内常住人口为11346.00万人，比上年末增加177万人，常住人口城镇化率70.7%，比上年末提高0.85个百分点。当前，广东省内仍存在区域经济发展不平衡不充分的问题，随着粤港澳大湾区建设的深入推进，有望扭转区域发展不协调的局面，为广东经济高质量发展注入新活力、动力源。

2018年度广东省综合经济竞争力指数在全国排名第9位，处于靠近前列位置；宜商竞争力指数排名为第12位；可持续竞争力位列全国省级行政区第12位；宜居竞争力表现中等、位列全国省级行政区第18。广东省内，综合经济竞争力前4名城市为深圳、广州、东莞、佛山，全国排名分别为1、4、10、12；宜居竞争力前4名城市为广州、深圳、东莞、佛山，全国排名分别为5、8、31、32；宜商竞争力前4名城市为广州、深圳、东莞、中山，全国排名分别为4、5、29、31；可持续竞争力前4名城市为深圳、广州、东莞、佛山，全国排名分别为4、5、27、36。可以看出，深圳、广州作为广东省的中心城市，其在各方面均遥遥领先。

表 17—7   2018 年广东省省情信息

土地面积	18 万平方公里
常住人口	11346 万人
城镇化率	70.70%
GDP 总量及增长率	97277.77 亿元，6.8%
一、二、三产占 GDP 比重	4.0：41.8：54.2

资料来源：2018 年广东省国民经济和社会发展统计公报。

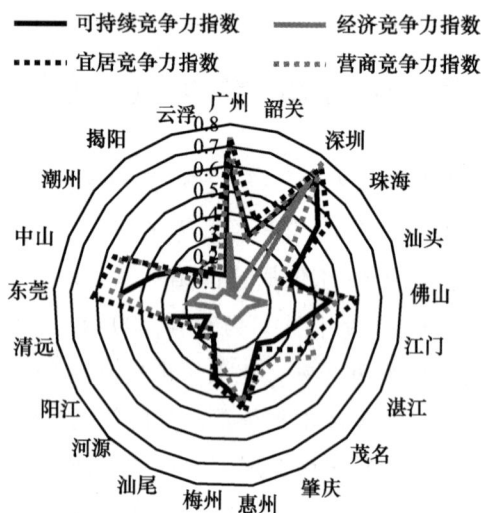

图 17—6　2018 年广东省城市竞争力雷达图

资料来源：中国社会科学院城市与竞争力指数数据库。

一　现状与条件

广东省生产总值占全国比重高达 10% 以上，是中国经济实力最强、发展速度最快的地区之一。2018 年，深圳 GDP 高达 24221.98 亿元，首次超过香港；深圳国家级高新技术企业总量超过 1.4 万家，数量居全国第 2，战略性新兴产业增加值占地区生产总值比重达到 37.8%，成为引领珠三角地区创新驱动发展的核心力量。2018 年广州、深圳在经济竞争力、宜居竞争力、可持续竞争力、宜商竞争力四个方面排名均处于全国城市前列。此外，东莞、佛山在经济竞争力、宜居竞争力、可持续竞争力、宜商竞争力方面的排名也较为靠前，排名均在全国 40 名以内。

二　问题与劣势

结合当前经济发展情况，广东省内城市间经济社会发展的整体性、协调性有所提升，但经济发展中仍存在许多不平衡不充分的矛盾和问题，主要表现为粤北及粤西、粤东多数城市经济竞争力仍不够理想。珠三角辐射带动作用尚未充分发挥，粤东粤西产业基础相对薄弱，粤北绿色发展水平仍然不高。此外，广东省内存在两个特大型城市深圳和广州，如何形成促进两个城市在发展的联动、分工、合作、互补等长效机制构建方面存在不足，以及下一步如何推动珠三角地区产业、生态环境、基本公共服务等方面的深度一体化、协同化也存在较大的难度。

三　现象与规律

创新驱动是广东最鲜明的特征，也是引领广东未来发展的最重要活力源和动力源。当前，广东省内金融、企业、社会文化、科技人才等创新资源基础雄厚，具有活跃的民营经济，高度完备的产业链条，丰富的金融和创新要素，研发、生产和市场能够快速有效对接，这些优势培育了都市圈一流的综合创新体系和创新生态链。随着广东省内战略性新兴产业的不断壮大、创新资源生态圈集聚性的不断提升，以及珠三角国家科技成果转移转化示范区等创新基础设施的完善，广东省经济高质量发展的内生动力有望得到进一步夯实。

四　趋势与展望

随着港珠澳大桥等重大基础设施的互联互通和粤港澳大湾区建设的深入推进，未来广东省内的城市专业化分工将会更加明确，城市功能互补性将会不断增强。具体表现在以下几个方面：一是将形成珠江口东西两岸融合互动发展良性格局，区域内部发展不协调、不平衡的局面将有所缓和。二是区域深度一体化进程将会加快，如广佛同城化发展、广深科技创新走廊建设等将成为区域经济的亮点、名片。三是深圳、广州等城市的国际化水平进一步提升，在城市经贸对外交往、城市文化影响力输出、国际化宜商环境方面增添新活力。

表 17—8　2018 年香港、澳门和广东省各城市综合经济竞争力指数排名

城市	综合经济竞争力		综合增量竞争力		综合效率竞争力	
	指数	排名	指数	排名	指数	排名
香港	0.559	2	0.194	39	1.000	1
澳门	0.155	14	0.028	276	0.268	3
深圳	0.667	1	0.853	3	0.523	2
广州	0.306	4	0.764	5	0.132	7
东莞	0.184	10	0.247	25	0.110	8
佛山	0.179	12	0.243	26	0.106	9
中山	0.128	25	0.136	68	0.078	13
珠海	0.112	29	0.117	90	0.063	18
汕头	0.078	57	0.115	91	0.022	44
惠州	0.077	61	0.168	48	0.011	74
揭阳	0.064	96	0.113	94	0.008	94
茂名	0.064	97	0.124	81	0.006	119
湛江	0.062	106	0.123	83	0.004	137
江门	0.060	113	0.093	130	0.008	98
肇庆	0.060	117	0.110	99	0.004	138
阳江	0.056	147	0.084	153	0.005	132
潮州	0.054	159	0.066	199	0.007	102
韶关	0.051	201	0.074	183	0.002	210
清远	0.050	206	0.072	185	0.002	211
汕尾	0.049	211	0.061	213	0.003	166
云浮	0.049	214	0.063	205	0.002	197
梅州	0.049	216	0.067	193	0.001	238

资料来源：中国社会科学院城市与竞争力指数数据库。

注：表中阴影加黑为都市圈内城市。

表17—9 2018年香港、澳门和广东省各城市宜居竞争力指数排名

城市	宜居竞争力		优质的教育环境	健康的医疗环境	安全的社会环境	绿色的生态环境	舒适的居住环境	便捷的基础设施	活跃的经济环境
	指数	排名	排名	排名	排名	排名	排名	排名	排名
香港	1.000	1	3	12	3	1	281	84	4
澳门	0.712	7	25	124	285	4	55	104	5
广州	0.732	5	13	9	263	25	196	235	7
深圳	0.708	8	17	17	253	6	283	208	9
东莞	0.620	31	40	44	245	72	195	206	26
佛山	0.620	32	82	19	236	55	98	197	24
珠海	0.574	46	125	63	241	9	250	136	18
中山	0.558	55	136	64	243	53	46	166	22
惠州	0.463	95	143	164	188	20	125	193	61
江门	0.435	109	114	106	260	113	83	106	106
韶关	0.389	127	130	70	226	96	15	141	199
湛江	0.386	131	140	59	128	26	142	215	224
梅州	0.364	140	170	270	13	81	71	25	250
清远	0.321	179	265	248	30	54	57	77	212
肇庆	0.268	206	144	243	259	109	35	82	203
汕头	0.251	214	54	170	288	18	270	222	221
云浮	0.244	218	272	228	71	153	64	14	270
茂名	0.239	222	213	232	165	23	103	132	252
阳江	0.213	240	276	235	258	74	189	15	213
潮州	0.175	255	215	272	214	35	123	73	277
揭阳	0.159	262	281	188	247	30	86	120	263
河源	0.151	264	263	256	265	58	153	31	271
汕尾	0.111	276	288	287	278	15	175	16	266

资料来源:中国社会科学院城市与竞争力指数数据库。

注:表中阴影加黑为都市圈内城市。

表17—10 2018年香港、澳门和广东省各城市可持续竞争力指数排名

城市	可持续竞争力		创新驱动的知识城市	公平包容的和谐城市	环境友好的生态城市	多元一本的文化城市	城乡一体的全域城市	开放便捷的信息城市
	指数	排名	排名	排名	排名	排名	排名	排名
香港	1.000	1	6	1	1	1	1	1
澳门	0.627	8	13	90	250	10	2	3
深圳	0.706	4	3	104	6	66	22	5
广州	0.677	5	7	164	12	11	17	6
珠海	0.526	23	93	112	5	77	16	9
东莞	0.519	27	28	178	91	106	5	7
佛山	0.461	36	64	126	193	41	23	13
惠州	0.417	49	94	196	66	64	48	18
中山	0.376	61	119	223	226	54	25	12
江门	0.346	77	88	176	156	138	61	32
韶关	0.331	91	138	70	71	190	152	77
梅州	0.321	104	168	2	280	111	225	108
汕头	0.303	120	61	288	68	120	58	47
肇庆	0.288	136	149	260	96	96	126	82
湛江	0.282	141	106	117	121	188	194	131
潮州	0.255	162	167	267	224	67	233	54
清远	0.242	176	231	143	191	197	191	64
茂名	0.222	200	118	50	149	274	209	211
河源	0.207	211	222	171	198	227	144	98
汕尾	0.168	250	285	243	171	244	261	87
揭阳	0.161	254	273	273	139	241	240	91
云浮	0.140	264	280	206	209	275	256	110
阳江	0.125	268	236	270	261	229	174	119

资料来源：中国社会科学院城市与竞争力指数数据库。

注：表中阴影加黑为都市圈内城市。

表 17—11　2018 年香港、澳门和广东省各城市宜商竞争力指数排名

城市	宜商竞争力		当地要素	当地需求	软件环境	硬件环境	对外联系
	指数	排名	排名	排名	排名	排名	排名
香港	1.000	1	1	1	5	1	16
澳门	0.650	12	5	107	144	1	19
深圳	0.776	4	3	4	226	26	7
广州	0.741	5	13	3	271	6	5
东莞	0.537	29	20	18	251	55	35
中山	0.521	31	28	48	203	10	52
佛山	0.518	32	57	17	167	37	44
珠海	0.474	47	37	69	264	54	18
湛江	0.444	55	112	166	12	57	106
惠州	0.431	61	56	56	282	21	38
江门	0.382	85	73	92	245	67	59
肇庆	0.340	107	105	187	198	66	82
茂名	0.318	121	111	207	76	120	185
韶关	0.292	141	142	217	105	165	115
梅州	0.287	146	187	240	34	217	93
清远	0.255	173	207	209	140	170	83
汕头	0.250	179	62	186	287	171	56
汕尾	0.228	202	202	262	178	159	80
揭阳	0.218	214	157	226	266	185	60
阳江	0.184	237	203	238	278	108	127
潮州	0.172	247	163	270	274	187	84
云浮	0.166	249	250	272	172	225	97
河源	0.156	256	213	265	262	216	76

资料来源:中国社会科学院城市与竞争力指数数据库。

注:表中阴影加黑为都市圈内城市。

第四节　中国城市竞争力(粤港澳大湾区)报告

湾区经济作为重要的区域经济形态,是当今国际经济版图的突出亮点。粤港澳三地经过多年发展的自然融合和基于各自经济的内外需要,大湾区经济形态逐渐成型，成为继世界三大湾区之后的又一湾区。粤港澳大湾区土地面积占全国的 0.6%，经济总量占全国的 1/9，常住人口占全国比重接近 5%。粤港澳大湾区空间区位优势明显，海陆空交通网络密集，南接东南亚、南亚，东接中国台湾地区和海峡西岸经济区，北接长江经济带，西接北部湾经济区。此外，同世界成熟的大湾区相比，粤港澳大湾区享有"一个国家、两种制度、三个关税区、四个中心城市"的独特优势。

一 现状与条件

粤港澳大湾区是指由广东省的广州、深圳、珠海、佛山、中山、东莞、肇庆、江门、惠州等九市和香港、澳门两个特别行政区组成的城市群（"9+2"），总面积 5.6 万平方公里，2017 年末总人口约 7000 万人，经济总量约 10 万亿元。根据规划纲要，广州、深圳、香港、澳门四大中心城市作为区域发展的核心引擎，其余七个城市构成特色鲜明、功能互补、具有竞争力的重要节点城市。

粤港澳大湾区是中国开放程度和市场化程度最高、发展活力最强的地区之一，具有高效的资源配置能力、强大的集聚外溢功能、发达的对外联系网络等优势。金融资源雄厚和创新基础强大是粤港澳大湾区最为显著的特点，如大湾区三地的银行存款总额和保险保费收入位居全国前列，香港交易所和深圳交易所的总市值之和也位居全球前列。同时粤港澳大湾区也是创新要素高度聚集的地带，拥有一批在全国和国际上有影响力的知名高校、科研院所和科技企业。

湾区四大中心城市中，深圳和香港的综合经济竞争力分列全国前两位，广州名列第 4，澳门位居第 14。香港的宜商和宜居竞争力均位居全国首位，深圳和广州的宜商竞争力分列第 4 和第 5，澳门位居第 12；广州、澳门和深圳的宜居竞争力都进入前 10 名。香港的可持续竞争力位列全国榜首，深圳和广州分列第 4 和第 5，澳门名列第 8。

七个节点城市中，东莞和佛山的经济竞争力十分突出，分列第 10 和第 12；江门和肇庆的经济竞争力相对偏后，分列第 113 和第 117；节点城市的宜商、宜居竞争力多数表现良好，除肇庆和江门外，其余排名均位居前列；珠海和东莞的可持续竞争力表现较好，名列第 23 和第 27，其余除肇庆偏低外,亦排名比较靠前。

二　问题与劣势

与三大世界级湾区相比,粤港澳大湾区在经济、人口、面积等数量规模指标上基础较好,但人均发展水平、创新能力等方面与其他三个湾区还存在较大差距,在开放性、创新性、宜居性和国际化方面还有较大的提升潜力。此外,纽约湾、旧金山湾和东京湾只有一个超大城市,而粤港澳湾区有深圳、香港和广州三个量级相近的超大城市。如何协调好这三个量级相近的城市之间的竞合关系,明确好基于各自比较优势的发展定位,是粤港澳大湾区实现协同发展、高质量发展的关键挑战。

三　现象与规律

粤港澳大湾区战略性新兴产业发达,各个城市梯队层次明显,具备较好的产业基础和创新潜力。香港和深圳处于第一梯队,2018 年两个城市的战略性新兴产业上市公司数量分别有 337 家和 229 家;深圳战略性新兴产业上市公司实现营业收入 21385.8 亿元,香港战略性新兴产业上市公司实现营业收入 19708.3 亿元。相比之下,深圳战略性新兴产业上市公司的平均收入规模更高。此外,广州、珠海、佛山、东莞处于第二梯队,战略性新兴产业上市公司数量分别为 77 家、29 家、26 家、21 家。惠州、中山、江门、肇庆、澳门处于第三梯队。惠州、中山、江门、肇庆战略性新兴产业上市公司数量分别为 11 家、9 家、6 家、4 家。

四　趋势与展望

通过三个方面的努力,为打造具有全球竞争力的世界一流大湾区奠定基础:首先,要将粤港澳大湾区打造成为世界级的科创中心,为大湾区的产业结构升级和经济高质量发展增添新动力。科技与创新是全球经济发展的主要方向,也是推动粤港澳大湾区成为世界级城市群的重要因素。未来通过粤港澳三地创新资源的整合和协同,加快"广深港澳"科技创新走廊建设,尽快上线大湾区知识产权交易平台等创新基础设施,进一步夯实粤港澳大湾区的科技实力,成为带动世界经济发展的重要增长极和引领技术变革的领头羊。

其次，要将粤港澳大湾区打造成国际风投创投中心，从而更好发挥金融资源对大湾区创新经济发展的促进作用。可以在细化差异化的地区金融功能分工、优化综合化的科技金融产品体系、搭建多元化的金融服务生态、完善数字化的金融科技赋能模式等方面下功夫。尽快设立粤港澳大湾区国际商业银行、广州创新型期货交易所，加快发展创业投资基金、科技信贷，扩大知识产权质押融资。进一步取消或放宽对港澳投资者的资质要求、持股比例、行业准入等限制，促进湾区内部资金流、信息流、技术流的充分自由流动。

最后，要在更全面而准确地认识各自比较优势的基础上，对接各个城市的发展规划，在协同发展中释放合力。如广州的突出优势是腹地广阔，联系内地方便；深圳的突出优势是创新活跃，金融科技发达；香港的突出优势是开放程度高，参与全球化的经验丰富；澳门的突出优势是与葡语国家经贸往来中的平台作用，要整合好四个中心城市以及其他城市的各自优势，强化产业协作和优势资源互补，实现多方共赢、共同进步。

附　　录

倪鹏飞　　侯庆虎　　徐海东

一　指标体系

（一）城市综合经济竞争力指标体系

指标含义	指标	指标衡量方法	数据来源
经济增长	综合增量	GDP 连续五年平均增量	国家统计局
经济效率	综合效率	平均 GDP	国家统计局

（二）宜居城市竞争力指标体系

指标含义	指标	指标衡量方法	数据来源
优质的教育环境	中学指数	各市入选清华北大自主招生计划的高中生数/全市高中生数	清华北大官网
	大学指数	各城市最好大学排名	校友会网
	每百人图书馆藏书量	—	国家统计局
健康的医疗环境	城市健康档案	各城市流动人口健康档案覆盖率	流动人口调查
	每万人拥有医生数	—	国家统计局
	三甲医院数	—	卫计委官网
	每万人医院床位数	—	国家统计局

指标含义	指标	指标衡量方法	数据来源
安全的社会环境	城市教育问题	各城市教育问题反映度	流动人口调查
	每万人刑事案件逮捕人数	—	国家统计局
	人均社会保障、就业和医疗卫生财政支出	—	国家统计局
	户籍与非户籍人口之间的公平性	根据各城市非户籍人口入学政策打分	各城市政府网站
绿色的生态环境	空气质量	PM2.5 年均值	绿色和平组织
	单位 GDP 二氧化硫排放量	全市工业二氧化硫排放量/全市 GDP	国家统计局
	绿化覆盖率	—	国家统计局
舒适的居住环境	气温舒适度	年平均温度	中国天气网
	房价收入比	（住宅平均售价 * 90）／（城镇居民人均可支配收入 * 3）	国家统计局
	每万人剧院、影院数	—	国家统计局
便捷的基础设施	交通拥堵指数	—	高德地图官网
	排水管道密度	—	国家统计局
	信息生活	—	中国信息社会发展报告
活跃的经济环境	城镇居民人均可支配收入	—	国家统计局
	城镇居民人均可支配收入增长率	—	国家统计局
	小学生数增长率	—	国家统计局

（三）城市可持续竞争力指标体系

指标含义	指标	指标衡量方法	数据来源
创新驱动的知识城市	GDP 增量	—	国家统计局
	大学指数	各城市最好大学排名	校友会网

指标含义	指标	指标衡量方法	数据来源
创新驱动的知识城市	专利指数	专利申请量	WIPO 网站
	科研人员指数	金融业＋信息传输、计算机服务和软件业＋科学研究、技术服务和地质勘查业从业人员占比	国家统计局
公平包容的和谐城市	城市包容性	各城市流动人口包容性感受度	流动人口调查
	城市教育问题	各城市教育问题反映度	流动人口调查
	社会保障程度	参加医疗、失业、养老保险人数占常住人口比重	国家统计局
	人均社会保障、就业和医疗卫生财政支出	—	国家统计局
	每万人刑事案件逮捕人数	—	国家统计局
环境友好的生态城市	单位 GDP 耗电	—	国家统计局
	单位 GDP 二氧化硫排放量	全市工业二氧化硫排放量/全市 GDP	国家统计局
	国家级自然保护区指数	国家级自然保护区数量和面积	国家级自然保护区名录
	人均绿地面积	—	国家统计局
多元一本的文化城市	历史文明程度	历史文化指数＋非物质文化指数	国家历史文化名城名单中国非物质文化遗产名录数据库系统
	每万人剧场、影剧院数量	—	国家统计局
	城市国际知名度	城市拼音名 google 英文搜索结果条数	google 搜索

续表

指标含义	指标	指标衡量方法	数据来源
多元一本的文化城市	每百万人文化、体育和娱乐业从业人数	—	国家统计局
城乡一体的全域城市	城乡人均收入比	城镇居民人均可支配收入/农村居民人均纯收入	国家统计局
	每百人公共图书馆藏书量比（全市/市辖区）	全市每百人公共图书馆藏书量/市辖区每百人公共图书馆藏书量	国家统计局
	城乡人均道路比	城区人均道路面积/市辖区人均道路面积	国家统计局
	城市化率	市辖区人口/全市总人口	国家统计局
开放便捷的信息城市	外贸依存度	（进口总额＋出口总额）/（2×GDP）	国家统计局
	国际商旅人员数	接待海外商旅人数	国家统计局
	信息生活	—	中国信息社会发展报告
	航空交通便利程度	机场飞行区等级和起降架次/市中心离最近机场距离	全国运输机场生产统计公报及各机场网站、百度地图

（四）城市宜商竞争力指标体系

宜商竞争力组成部分	具体分项指标	衡量方法
当地要素竞争力	金融机构存贷款总额占GDP比重	金融机构存贷款总额占GDP比重
	金融业从业人员	金融业从业人员
	科技产出指数	城市专利申请量
	R&D投入指数	城市R&D投入水平
	教育水平指数	各城市最好大学排名
	青年人口指数	城市青年人口占比

宜商竞争力组成部分	具体分项指标	衡量方法
当地需求竞争力	人口规模指数	城市常住人口总数
	经济发展指数	城市 GDP 总量
	人均收入	城镇居民人均可支配收入
软件环境竞争力	犯罪率指数	每万人刑事案件逮捕人数
	城市包容度指数	城市流动人口调查中主观感受
	宜商水平指数	城市开办企业所需时间
硬件环境竞争力	环境指数	PM2.5 年均值
	房价指数	城市房价收入
	区位指数	行政区位水平
		经济区位水平
		交通区位水平
		地理区位水平
全球联系竞争力	外贸依存度指数	（进口总额 + 出口总额）/（2 * GDP）
	百度联系度指数	城市在百度指数中的搜索数量
	全球联系度指数	福布斯 2000 强中五个生产性服务业的跨国公司在全球的分支机构分布
	航空联系度指数	城市航空等级与航空线路数

二　样本选择

报告中的样本城市包括中国 34 个省、市、区和特别行政区的 293 个城市，具体为内地 286 个地级以上城市和香港、澳门、台北、新北、台中、台南、高雄。

三　计算方法和模型

（一）指标数据标准化方法

城市竞争力各项指标数据的量纲不同，首先对所有指标数据都必须进行无量纲化处理。客观指标分为单一客观指标和综合客观指标。对于单一性客观指标原始数据无量纲处理，本文主要采取标准化、指数化、阀值法和百分比等级法四种方法。

标准化计算公式为：$X_i = \dfrac{(x_i - \bar{x})}{Q^2}$，$X_i$ 为 x_i 转换后的值，x_i 为原始数据，$\bar{x}$ 为平均值，Q^2 为方差，X_i 为标准化后数据。

指数法的计算公式为：$X_i = \dfrac{x_i}{x_{0i}}$，$X_i$ 为 x_i 转换后的值，x_i 为原始值，x_{0i} 为最大值，X_i 为指数。

阀值法的计算公式为：$X_i = \dfrac{(x_i - x_{\min})}{(x_{\max} - x_{\min})}$，$X_i$ 为 x_i 转换后的值，x_i 为原始数据，$x_{\max}$ 为最大样本值，$x_{\min}$ 为最小样本值。

百分比等级法的计算公式为：$X_i = \dfrac{n_i}{(n_i + N_i)}$，$X_i$ 为 x_i 转换后的值，x_i 为原始数据，n_i 为小于 x_i 的样本值数量，N_i 为除 x_i 外大于等于 x_i 的样本值数量。

综合客观指标原始数据的无量纲化处理是：先对构成中的各个单个指标进行量化处理，再用等权法加权法求得综合的指标值。

（二）城市竞争力计量的方法

1. 城市竞争力总指数：综合经济竞争力、宜居竞争力和可持续竞争力的计算方法。

综合经济竞争力、宜居竞争力和可持续竞争力各项指标综合的方法是非线性加权综合法。所谓非线性加权综合法（或"乘法"合成法）是指应用非线性模型 $g = \prod x_j^{\omega_j}$ 来进行综合评价的。式中 ω_j 为权重系数，$x_j \geqslant 1$。对于非线性模型来说，在计算中只要有一个指标值非常小，那么最终的值降迅速接近于零。换言之，这种评价模型对取值较小的指数反映灵敏，对取值较大的指标反映迟钝。运用非线性加权综合法进行城市竞争力计量，能够更全面、科学地反映综合指标值。另外，在综合计算宜居竞争力各项指标的过程中还对关键指标赋予更大的权重，以凸显关键指标在宜居竞争力中的重要作用。

2. 城市竞争力的解释指数：宜居竞争力、可持续竞争力分项竞争力的计算方法

尽管报告设计的解释性城市竞争力的指标为二级指标，实际上包括原始指标在内，解释性城市竞争力的指标为三级，在三级指标合成二级指标和二级指标合成一级指标时，采用先标准化再等权相加的办法，标准化方法如前所述。其公式为：

$$z_{il} = \sum_j z_{ilj}$$

其中，z_{il} 表示各二级指标，z_{ilj} 表示各三级指标。

$$Z_i = \sum_l z_{il}$$

其中，Z_i 表示各一级指标，z_{il} 表示各二级指标。

3. 城市竞争力分类指数

报告将城市分别按照区域、省份、城市规模和发展阶段进行了归类，各类别中某一类型的竞争指数是对该类别所有城市该项指标的竞争力指数求平均。比如区域分类中，东南地区的区域经济竞争力指数是对东南所有 57 个城市的经济竞争力指数求平均。

（三）多变量耦合协调度计算方法

多变量耦合协调度计算公式为：

$$Cv = \left\{ \frac{\prod_{i=1}^{n} f_i(x)}{\left[\prod_{i=1, i<j}^{n} \left(\frac{f_i(x) + f_j(x)}{2} \right) \right]^{2/n}} \right\}^{1/n}$$

$$T = \sum_{i=1}^{n} \alpha_i f_i(x)$$

$$D = \sqrt{Cv * T}$$

其中 $f_i(x)$ 表示一个城市的第 i 个变量的数值，Cv 表示一个城市 n 个变量之间的协调度，α_i 表示评价体系中赋予第 i 个变量的权重，D 表示 n 个变量之间的协调耦合度。

后　记

　　《中国城市竞争力报告 No. 17》由中国社会科学院财经战略研究院倪鹏飞博士牵头，数十家国内著名高校、地方院校、权威统计部分、企业研发机构的近百名专家参与，历经大半年时间，进行理论和调查、计量和案例等经验研究而形成的成果。《中国城市竞争力报告 No. 17》的基础理论、指标体系、研究框架和重要结论主要由主编倪鹏飞博士做出。副主编天津大学应用数学中心侯庆虎博士（数学专家）负责计量、提供计算支持。特邀主编沈建法、林祖嘉、刘成昆分别负责香港、台湾、澳门的数据支持、审核和报告的讨论工作。副主编李超（中国社会科学院研究生院博士）负责总体报告的撰写工作；副主编徐海东（中国社会科学院研究生院博士）负责报告的数据采集、具体计算、资料汇总、底图绘制和协调调度等工作。

　　关于城市竞争力，本次报告将其分为综合经济竞争力、可持续竞争力、宜居竞争力、宜商竞争力四个部分，并分别设计了指标体系，从而对中国 293 个城市的综合经济竞争力和中国（除台湾外）288 个城市的宜居竞争力、可持续竞争力进行了衡量。本书根据当前房地产宏观形势，撰写了"住房，关系国与家"的主题报告。此外，从城市竞争力的每一分项对样本城市进行了分析和比较，形成了四份分项报告。同时，还制作了中国七大区域的区域报告。报告的文稿是在锤炼理论、采集数据，进行计量并得出基本结论后，由执笔者撰写而成的。

　　各章的文字贡献者是：第一章：中国城市竞争力 2018 年度排名，课题组集体；第二章：中国城市竞争力 2018 年度综述，倪鹏飞、李超（中国社会科学院财经战略研究院）；第三章：住房发展与经济增长，曹清峰（天津财经大学）、马洪福（天津财经大学）；第四章：住房发展与结构调整，李启航（山东财经大学）；第五章：住房发展与经济风险，龚维进（中国社会科学院财经战略研究院）、蒋震（中国社会科学院财经战略研究院）、沈立（中国社会科学院研究生院）；第六章：住房保障与居住民生，姜雪梅（中国社会科学院财经战略研究院）；第七章：中国城市经济竞争力报告，丁如曦（西南财经大学）、刘梅（西南财经大学）；第八章：中国城市宜居竞争力报告，李博（天津理工大学）；第九章：中国城市可持续竞争力报告，王雨飞（北京邮电大学）；第十章：中国城市宜商竞争力报告，倪鹏飞、徐海东；第十一章：中国（东南地区）城市竞争力报告，张洋子（中国光大银行）、刘尚超；第十二章：中国（环渤海地区）城市竞争力报告，徐海东、杨杰（国土资源部信息中心）；第十三章：中国（东北地区）城市竞争力报告，程栋（哈尔滨商业大学）；第十四章：中国（中部地区）城市竞争力报告，蔡书凯（安徽工程大学）、郭晗（西北大学）、刘凯（中央财经政法大学）；第十五章：中国（西南地区）城市竞争力报告，张安全（西南财经大学）、刘笑男（中国社会科学院研究生院）；第十六章：中国（西北地区）城市竞争力报告，魏婕（西北大学）、李冕（中国人民银行西安分行）；第十七章：中国（港澳台地区）城市竞争力报告，沈建法（香港中文大学香港亚太研究所）、刘成昆（澳门科技大学行商学院）、周晓波（南开大学）；附录：倪鹏飞、侯庆虎、徐海东。整个报告的计量数据，由倪鹏飞、侯庆虎领导的课题组完成。

《中国城市竞争力报告 No.17》和中国城市竞争力的研究得到报告顾问及诸多机构和人士真诚无私的支持。我们对所有支持和关心这项研究的单位和人士表示钦佩、敬意和感谢。

倪鹏飞

2019 年 5 月 19 日